기독교문서선교회(Christian Literature Center: 약칭 CLC)는 1941년 영국 콜체스터에서 켄 아담스에 의해 시작되었으며 국제 본부는 미국 필라델피아에 있습니다.
국제 CLC는 59개 나라에서 180개의 본부를 두고, 약 650여 명의 선교사들이 이동 도서차량 40대를 이용하여 문서 보급에 힘쓰고 있으며 이메일 주문을 통해 130여 국으로 책을 공급하고 있습니다. 한국 CLC는 청교도적 복음주의 신학과 신앙 서적을 출판하는 문서선교기관으로서, 한 영혼이라도 구원되길 소망하면서 주님이 오시는 그날까지 최선을 다할 것입니다.

천로역정

천국을 향한 순례자의 여정

- 최초 원작 1, 2편 완역본 -

존 번연 (John Bunyan, 1628년 11월 28일 ~ 1688년 8월 31일)

The Pilgrim's Progress
Written by John Bunyan
Translated by Young-Ho Park
All rights reserved.
Korean Edition Copyright ⓒ 2020, 2022 by Christian Literature Center, Seoul, Korea

천로역정

1993년 6월 30일 초판 발행
2022년 01월 20일 개정증보 2쇄 발행

지 은 이 | 존 번연
옮 긴 이 | 박영호

편　　집 | 이경옥
디 자 인 | 박성준
펴 낸 곳 | (사)기독교문서선교회
등　　록 | 제16-25호(1980.1.18.)
주　　소 | 서울특별시 서초구 방배로 68
전　　화 | 02-586-8761~3(본사) 031-942-8761(영업부)
팩　　스 | 02-523-0131(본사) 031-942-8763(영업부)
이 메 일 | clckor@gmail.com
홈페이지 | www.clcbook.com
송금계좌 | 기업은행 073-000308-04-020 (사)기독교문서선교회

ISBN 978-89-341-2108-4 (03230)

이 도서의 국립중앙도서관 출판예정도서목록(CIP)은 서지정보유통지원시스템 홈페이지(http://seoji.nl.go.kr)와 국가자료종합목록 구축시스템(http://kolis-net.nl.go.kr)에서 이용하실 수 있습니다. (CIP제어번호 : CIP2020007684)

이 책의 저작권은 저자와 (사)기독교문서선교회가 소유합니다. 신저작권법에 의하여 한국 내에서 보호받는 저작물이므로 무단 전재와 무단 복제를 금합니다.

천로역정

천국을 향한 순례자의 여정

존 번연 지음
박 영 호 옮김

CLC

목차

- 저자 서문 .8
- 역자 서문 .16
- 천로역정의 줄거리, 등장 인물, 등장 지역 .19
- 천로역정의 12 영성 .38

제1부

제1장 저자의 꿈 이야기-죄와 심판에 대해 괴로워하던 크리스천이 순례 여행을 시작하고 낙심의 수렁을 지나다 .44

제2장 세상 지혜자의 말에 귀를 기울여 길을 벗어나나, 복음 전도자의 도움으로 여행을 계속하다 .55

제3장 좁은 문을 지나 해설자의 집에 영접되어 여러 유익한 일들을 보다 .66

제4장 십자가에서 무거운 짐을 벗다 .81

제5장 깊이 잠든 우둔, 나태, 건방과 허례와 위선을 만나고 고난산에 도착하다 .85

제6장 소심과 불신의 말에도 불구하고 무사히 사자 곁을 지나, 아름다움의 집에 도착하여 신중, 경건, 자선의 따뜻한 환대를 받다 .90

제7장 크리스천과 아볼루온의 격렬한 싸움 .107

제8장 암흑과 마귀, 지옥과 죄의 위험이 가득한 사망의 음침한 골짜기를 주님의 도우심으로 아무런 해를 받지 않고 지나가다 .114

제9장 크리스천이 믿음의 친구인 신실과 동행하다 .121

제10장 신실과 허풍성과의 대화, 복음 전도자의 조언 .131

제11장 허영 도시에서의 신실의 순교 .146

제12장 소망과 이기주 일행과의 동행, 이기주의 일행은 데마의 유혹에 빠지다 .157

제13장 샛길 초원으로 잘못 들어 의심의 성 성주 절망 거인과 의혹 부인에게 고난을 당하나, 언약 열쇠로 지하 감옥에서 빠져나와 여행을 계속하다 .172

제14장 크리스천과 소망이 기쁨의 산에 도착하여 목자들로부터 여러 비밀에 대한 계시를 받다 .183

제15장 크리스천과 소망이 무지를 앞질러 가고 작은 믿음에 관한 이야기를 나누다 .189

제16장 크리스천과 소망이 아첨꾼을 만나 그물에 빠지나, 광채 나는 사람의 도움으로 바른길로 오다 .200

제17장 무신론자와의 만남, 크리스천과 소망의 대화 .203

제18장 크리스천과 소망이 무지와 다시 만나다 .215

제19장 크리스천과 소망이 뿔라 땅에 이르러, 다리가 없는 강을 건너 빛나는 수호 영들과 함께 천성에 가서 왕께 기쁘게 영접받다 .229

결론 .241

제2부

제2부를 시작하며 .243

제1장 크리스천의 부인 크리스티아나가 자비 양과 네 아들과 함께 순례 여행을 시작하고 좁은 문을 지나다 .254

제2장 순례자들의 구원을 방해하려는 두 악당으로부터 구출된 뒤, 해설자의 집에 이르러 많은 유익한 대화를 나누다 .280

제3장 안내자 용감이 동행하고, 고난산의 사자 곁을 지나 아름다움의 집에 이르러 환담을 나누다 .299

제4장 자비 양에게 청혼한 거품 씨가 떠나고 마태가 병에 걸렸다가 회복되다 .321

제5장 다시 순례 여행을 떠나고 겸손의 골짜기를 지나다 .332

제6장 사망의 음침한 골짜기에서 용감이 순례자들을 괴롭히던 거인 나무망치와 싸워 그를 거꾸러뜨리다 .339

제7장 정직 노인과의 동행, 그와의 대화 .346

제8장 순례자들이 가이오의 집에 머무르며, 그곳에서 마태와 자비가 결혼을 하고, 살선 거인을 물리친 뒤 다시 길을 떠나다 .361

제9장 헛된 도시에서 나손의 친절한 대접을 받으며 지내다 .380

제10장 돈벌이 언덕과 기쁨의 산기슭의 강가를 지나, 샛길 초원의 의심의 성을 부수고 절망 거인과 의혹 부인을 죽이다 .387

제11장 기쁨의 산에 이르러 목자들과 만나 여러 진기한 것을 보다 .394

제12장 순례자들이 진리의 용사와 만나다 .402

제13장 순례자들이 마법에 걸린 땅에 이르나 유혹에 넘어가지 않고 무사히 통과한 뒤 확고부동과 만나다 .412

제14장 순례자들이 뿔라땅에 도착하고 하나님의 부르심을 받은 사람들은 전달자의 인도로 천성에 영접되다 .421

제3부

천로역정 연구 지침서 .430

머리말 .434
제1장 비틀거리며 나아가는 크리스천 .436
제2장 은혜를 다시 발견하는 크리스천 .449
제3장 아름다움의 집으로 가는 길 .461
제4장 겸손의 골짜기와 사망의 음침한 골짜기에서 받은 교훈들 .475
제5장 신실을 만난 크리스천 .483
제6장 헛된 시장의 유혹들 .492
제7장 소망이 크리스천과 동행하다 .505
제8장 기쁨의 산에서 영혼의 안식 .519
제9장 크리스천이 만난 악한 여행자들 .526
제10장 크리스천의 복음을 거부하는 무지 .541
제11장 천성에 이르는 크리스천 .549

부록
존 번연의 생애와 작품 소개 .557

저자 서문

존 번연 목사

　내가 처음 글을 쓰고자 펜을 들었을 때는 이런 형식의 소설을 쓸 생각이 전혀 없었다. 다른 형식으로 작품을 쓸 생각이었는데, 이 작품을 쓰기 시작한 뒤 나도 모르는 사이에 이렇게 완성되어 버린 것이다. 그렇게 된 이유는 오늘날 성도들의 생활 방식과 행로에 관해 쓰기 시작하다가 갑자기 나도 모르게 성도들의 여로와 영광을 향해 가는 길에 관한 비유 소설로 바뀌어 버리며, 애초의 생각보다 20가지 이상의 내용이 추가되었기 때문이다.

　내 머릿속에 20가지 이상의 내용이 떠올랐고, 그 생각들은 마치 숯불에서 튀어 날아다니는 불꽃처럼 증폭되기 시작했다. 이렇게 빠르게 증폭되고 있는 생각들을 그대로 내버려 두게 된다면 무한대로 불어나서 결국 내가 쓰기 시작한 책까지 망쳐 버릴 것이라는 생각이 들었다.

　그래서 나는 이 작품을 썼다. 그러나 이런 형식으로 쓴 작품을 온 세상에 보여 줄 생각은 하지 않았다. 단지 나는 나도 알지 못하는 작품을 쓴다고 생각했다. 또한, 나는 이 책을 이웃을 기쁘게 하기보다는 나 자신을 만족하게 하려고 썼던 것 같다.

　하지만 그렇다고 해서 낙서로 공백 기간을 채워보려고 쓴 것은 아니며, 나를 교란하는 무익한 생각들을 떨쳐 버리려고 쓴 것도 아니었다. 나는 즐거운 기분으로 펜을 들고 생각들을 원고지에 빠르게 옮겼다. 목표와 체계를 정하고 계속 밀고 나감으로써 마침내 독자 여러분이 보시는 깊이와 넓이와 부피를 가진 책이 완성되었다.

　이렇게 내 생각들을 정리한 다음 나는 다른 사람들에게 원고를 보여 주었다. 그들이 내 생각을 비난할 것인가, 또는 옳다고 할 것인가를 알아보기 위해서였다. 그러자 어떤 이들은 "이 작품을 살려라"라고 했다. 그런가 하면 또 어떤 이들은 "폐기하라"라고 했다.

또 "존, 이 책을 출판하세요"라고도 했고, 또 다른 이들은 "출판하지 마세요"라고 했다. 어떤 이들은 이 책이 유익할 것이라고 말했지만, 다른 이들은 유익하지 않다고 했다. 나는 혼란스러워 어떻게 하는 것이 최선인지 알 수 없었으나, 결국 의견이 분분하므로 출판한 이후 그 결과를 보기로 결정 내렸다.

왜냐하면, 동조하지 않는 사람도 있지만, 출판을 원하는 사람도 있었으므로 누구의 충고가 최선의 충고인지 입증하기 위해 이 책을 시금석으로 사용하는 것이 좋다고 판단했기 때문이었다. 더 나아가 나는 출판하지 말라는 사람들의 기분을 맞추기 위해 출판하라는 사람들의 권고를 거절할 경우, 출판을 원하는 사람들이 누릴 수 있는 큰 기쁨을 가로막게 될지 모른다는 생각이 들었다.

이 책이 나오는 것을 바라지 않는 사람들에게 나는 이렇게 말했다.

> 당신들의 기분을 상하게 하고 싶지는 않지만, 당신들의 형제들이 이 책이 나오는 것을 즐거워하니 판단을 보류하고 앞으로의 추이를 지켜봐 주십시오. 만일 이 책을 읽고 싶지 않으면 읽지 마십시오.
>
> 어떤 사람들은 살코기를 좋아하지만, 갈비를 좋아하는 사람들도 있지 않겠습니까?

나는 그들을 달래기 위해 이렇게 설득했다.

이런 문제로 글을 쓰면 안 된단 말인가?

이런 방식으로 글을 쓰면서 나의 목적, 곧 당신의 유익에서 벗어나지 않으면 되지 않는가 말이다.

그렇게 하면 안 되는 이유가 무엇인가?

흰 구름이 비를 뿌리지 않을 때는 검은 구름이 비를 뿌린다. 검은 구름이든 흰 구름이든 은빛 빗방울을 내려 주면, 땅은 곡식을 냄으로써 어느 한쪽을 비난하지 않고 검은 구름과 흰 구름 모두를 찬양한다. 땅은 두 구름이 함께 맺게 하는 열매를 원하고 두 구름 모두를 받아들이므로, 열매를 보고 어느 구름의 소산인지 구별할 수 있다. 땅이 굶주릴 때는 두 구름을 모두 만족스럽게 여긴다. 그러나 배부를 때 땅은 두 구름이 내리는 비를 모두 토해 버려 그 은덕을 쓸모없는 것이 되게 한다.

어부가 물고기를 잡는 방법을 아는가?

그는 여러 가지 기구들을 사용한다. 어부는 자신의 지혜를 총동원할 뿐만 아니라 투망, 낚싯줄, 낚싯바늘, 그물도 사용한다. 그러나 물고기가 있어도 낚싯바늘, 낚싯줄, 투망, 그물 등의 도구로 잡지 못할 수도 있다. 물고기를 찾아서 낚지 않으면 다른 어떠한 일을 한다 해도 잡을 수 없을 것이다.

사냥꾼이 얼마나 다양한 수단들을 동원해 사냥감을 잡기 위해 애쓰는지 보라. 엽총, 그물, 덫, 등불, 방울을 가지고 그는 살금살금 기기도 하고, 걷기도 하고, 서 있기도 한다.

그가 취하는 여러 가지 행동들은 말로 다 표현할 수 없을 정도이다. 그러나 이 모든 수단으로도 그가 바라는 새를 못 잡을 수 있다. 그는 어떤 새를 잡기 위해 피리를 불고 휘파람을 불어야 하는데, 그렇게 함으로써 다른 새를 놓칠 수도 있다.

만일 진주가 두꺼비의 머릿속에 들어 있거나 굴 껍데기 속에서도 발견될 수 있다면 그리고 아무 가치도 없는 것에 금보다 더 귀한 것이 들어 있을 수 있다면, 그런 것에 관심을 가지고 얻기 위해 찾아다니는 사람을 누가 멸시할 수 있겠는가?

나의 작은 책은 (비록 여러 부류의 사람들의 마음을 사로잡을 만한 온갖 미사여구들은 없지만) 화려하지만 공허한 문장들만 가득한 책들을 능가할 수 있는 훌륭한 점이 없지 않다.

"그렇지만 당신의 책을 자세히 살펴볼 때 그 가치를 충분히 이해할 수 없소."

어째서인가?

문제가 무엇인가?

"당신 책은 내용이 모호하오."

그것이 무슨 문제가 되는가?

"게다가 상상적인 이야기요."

그것이 무슨 장애가 된단 말인가?

나는 나처럼 모호하고 상상적인 말들을 사용해 진리를 드러내고 진리의 빛을 빛나게 하는 사람들을 알고 있다.

"그러나 그런 작품들은 확실성이 없단 말이오."

여보시오, 구체적으로 말해 보시오.

"그런 작품들은 마음이 약한 사람들을 해로운 상태에 빠지게 한단 말이오. 비유들은 우리의 눈을 멀게 한단 말이오."

실제로 확실한 기록이 사람들에게 신령한 내용을 전달하는 것은 사실이다.

그러나 내가 비유로 말하기 때문에 확실성이 부족하다고 할 수 있는가?

과거에 하나님의 율법, 복음의 법들은 상징과 그림자와 비유로 제시되지 않았던가?

분별 있는 사람이라면 최고의 지혜를 공격하는 자가 되지 않기 위해 하나님의 율법과 복음의 법들을 헐뜯는 짓을 하려 들지 않을 것이다. 오히려 그는 하나님께서 성막의 말뚝과 고리, 송아지와 양, 암소와 숫염소, 새와 채소들, 어린양의 피로 자신에게 말씀하시는 바를 겸손하게 발견하려 애쓴다. 그리고 그런 비유들 가운데서 빛과 은혜를 발견하는 사람은 행복한 사람이다.

그러므로 나에게 확실성이 부족하다고, 세련되지 못하다고 너무 조급하게 결론 내리지 말라. 보기에 확실한 것이 모두 확실한 것은 아니다. 가장 해로운 것들을 경솔하게 받아들이고 선한 것들을 영혼에서 빼앗기지 않기 위해 우리는 비유로 말한다고 모든 것을 멸시해서는 안 된다. 나의 모호한 말들은 마치 장 속에 황금이 들어 있는 것처럼 진리를 담고 있다.

선지자들은 진리를 나타내는 데 많은 비유를 사용했다. 그리스도와 사도들을 깊이 상고해 본 사람이라면 진리가 오늘날까지도 비유라는 덮개 안에 감추어져 있다는 사실을 분명히 알 것이다.

문체와 어구에 모든 지혜를 함축하고 있는 성경의 모든 곳에 모호한 비유와 우화가 가득하다고 나는 주저 없이 말한다. 그런데도 성경에는 우리의 어두운 말을 밝은 대낮으로 변화시키는 광채와 광선이 솟아 나온다.

나를 비난하는 자들이여, 그대의 삶을 관찰해라. 그리고 나의 책 모든 곳에서 그대가 발견한 것보다 더 모호한 표현들을 그대의 삶에서 발견하라. 그리고 그대의 가장 훌륭한 점들에도 악한 표현들이 존재한다는 것을 알기 바란다. 우리가 공명정대한 사람들 앞에 함께 나서 보면 좋겠다. 그대는 그대의 모호한 표현 하나를 제시하라. 나는 나의 모호한 표현 열 개를 떳떳이 제시하겠다. 그러면 공명정대한 사람들은 은으로 꾸민, 그대의 무덤에 감추어진 거짓보다 훨씬 더 훌륭한 의미를 나의 그 표현들 가운데서 발견할 것이다.

나는 알고 있다. 진리는 비록 어린아이의 옷을 입고 있을지라도 판단력을 주고, 마음을 개선하며, 이해력을 만족하게 하고, 의지로 복종케 한다. 또한, 지혜는 우리의 기억을 즐거운 상상으로 가득 채우고 우리의 고민을 진정시켜 주는 경향이 있다.

나는 디모데가 온전한 말을 사용하고, 망령되고 허탄한 말을 피했다는 것을 안다. 그렇지만 근엄한 사람이었던 바울도 비유의 사용을 금한다는 말을 한 적이 없다. 비유에는 최고의 주의를 기울여 파낼 가치가 있는 황금과 진주와 보석들이 감추어져 있기 때문이다.

한마디만 더 하겠다.

하나님의 사람이여 마음이 상했는가?

그대도 내가 다른 형태로 내 생각을 나타냈기를 바라는가?

혹은 내가 더 분명하게 표현했기를 바라는가?

그렇다면 세 가지 사항을 설명하고 그다음에 마땅히 나보다 훌륭하신 분들의 생각을 따르겠다.

첫째, 나는 나의 글 쓰는 방식이 거부당하고 있다고 생각지 않는다.
나는 나의 말과 사실들로 독자들을 악의로 가식하지 않았으며 상징이나 비유를 경솔하게 적용하지 않았다. 오히려 여러 가지 방법으로 진리를 제시하기 위해 애썼다. 나는 거부당하지 않았다. 나는 이런 방식으로 내 생각을 표현하고, 이런 방식으로 가장 뛰어난 일들을 독자들에게 선포해도 좋다는 허락을 받았다. 오늘날 살아있는 어떤 사람들보다 말이나 행동으로 하나님을 더 기쁘시게 해 드린 사람들의 실례도 있다.

둘째, 나는 매우 고귀한 사람들이 대화 방식으로 글 쓰는 것을 알고 있다.
그렇지만 그들이 그렇게 글을 쓴다고 그들을 멸시할 사람은 아무도 없다. 만일 그들이 진리를 왜곡했다면 당연히 저주받아야 하며, 진리를 왜곡하기 위해 그들이 사용하는 기교도 저주받아야 할 것이다. 그러나 그들은 하나님께서 기뻐하시는 방법으로 진리가 여러분과 나에게 자유롭게 다가오도록 한다. 하나님의 계획을 이루시기 위해 우리의 마음과 글쓰기를 인도하시는 데 있어, 최초로 우리에게 밭을 가는 법을 가르치신 하나님보다 그 방법을 더 잘 아는 이가 누구이겠는가?

또한, 하나님께서는 비천한 것들을 신령하게 인도하시는 분이기도 하다.

셋째, 나는 성경 여러 곳에서 이와 유사한 방식이 사용된 것을 본다.
즉, 어떤 일을 나타내기 위해 다른 일에 주의를 환기하는 방식이다. 그러므로 내가 그 방식을 사용하면 진리의 황금빛이 가려지기는커녕 오히려 진리의 빛이 낮과 같이 밝게 퍼져 나가는 것이다.

이제 펜을 놓기 전에 내 책의 유익을 소개한 다음, 강한 자를 낮추고 약한 자를 높이시는 하나님의 손에 독자와 이 책을 맡기겠다.

이 책은 독자들 앞에 영원한 상을 찾고 있는 사람을 간략하게 보여 준다. 즉 그가 어디를 떠나 어디로 가는지 그가 미완성으로 남겨 놓은 것은 무엇이고 행한 것은 무엇인지 그리고 그가 영광의 문에 다다르기까지 어떻게 힘써 달려갔는지도 보여 준다.

또한, 이 책은 마치 영원한 면류관을 얻을 것처럼 급히 생명을 향해 출발하는 사람들도 보여 주는데 이를 통해 그들의 수고가 헛되어 바보처럼 죽는 이유가 무엇인지도 볼 수 있다.

만일, 당신이 이 책의 권고를 따른다면 이 책은 당신을 여행자로 만들어 줄 것이다. 만일, 당신이 이 책의 지시들을 이해한다면 이 책은 당신을 거룩한 땅으로 인도할 것이다. 진실로 이 책은 나태한 자들을 민첩하게 하고, 소경들이 기쁜 일들을 볼 수 있게 해 줄 것이다.

여러분은 희귀하며 유익한 것을 얻기 원하는가?

우화 가운데서 진리를 보기 원하는가?

혹시 여러분은 쉽게 망각하지 않는가?

그런데도 신년 초하루부터 12월 말일까지 기억하기 원하는가?

그렇다면 나의 상상들을 읽어라. 나의 상상들은 가시덤불처럼 달라붙어 무력한 사람들에게 위로가 될 것이다.

이 책은 무관심한 사람들의 마음을 감동하게 할 수 있는 대화 형식으로 쓰였다. 이 책에는 진기한 사건에 불과해 보이지만 건전하고 진실한 복음의 노래들이 담겨 있다.

여러분은 우울한 가운데 기분 전환을 원하는가?

어리석지 않게 기쁨을 얻기 원하는가?

수수께끼와 설명들을 읽기 원하는가?

아니면 혼자만의 생각에 깊이 잠기기 원하는가?

돼지같이 먹는 것만을 좋아하는가?

아니면 구름 탄 사람을 바라보며 그가 들려주는 이야기를 듣고 싶은가?

여러분은 잠들지 않고 꿈을 꾸고 싶지 않은가?

또는 웃음과 울음의 경험을 동시에 하고 싶지 않은가?

위험 없이 무아지경에 몰입했다가 주문을 외지 않고도 다시 제정신으로 돌아오고 싶지 않은가?

자기 자신을 읽고 싶지 않은가?

자신이 알지 못하는 것을 읽고 알며, 또한 같은 행을 읽음으로 자신이 복을 받고 있는지 그렇지 못한지를 알고 싶지 않은가?

그렇다면 이리로 와서 나의 책에 그대의 머리와 가슴을 함께 모으라.

역자 서문

박 영 호 박사
전 성서대학교 교수 · CLC 대표

존 번연(John Bunyan)의 『천로역정』(天路歷程, The Pilgrim's Progress)이 역사상 성경 다음으로 베스트셀러가 되게 한 이유가 무엇일까?

영국 설교가요 작가인 존 번연이 1678년에 출간한 책으로 원제목은 『세상에서 장차 올 세상에 이르는 나그네의 길』(The Pilgrim's Progress from this world to that which is to come)이다.

제1부는 주인공인 크리스천이 '멸망의 성 장망성'에서 출발해 '낙담의 수렁,' '사망의 골짜기,' '허영의 거리'를 지나 마침내 '천성'(天城)에 이르는 과정을 그리고 있다. 이는 원제목에서도 나타나듯이 언약도(청교도)가 이 세상에서 장차 올 세상에 이르기까지의 구원의 서정 단계를 비유적으로 묘사한 것이다.

제2부는 6년 뒤인 1684년에 완성되었는데, 주인공 크리스천의 처자(妻子) 크리스티아나가 크리스천(주인공, 남편)의 뒤를 따라가는 여정이 간결하고 소박한 문체로 그려져 있다.

이 책은 영국 근대 문학의 선구자로서 영국 문학에 크게 기여했다는 평가를 받고 있다. 우리가 문학의 성공이 사람들에게 영향력을 갖는 것이라고 가정해 보자. 만일 그렇다면 인간의 죄로부터의 구속 과정을 천사들과 사람들이 간절히 읽고 싶어 하는 존 번연의 저서는 사람들에게 계속 영향력을 주게 될 것이다.

어거스틴, 칼빈, 오웬, 에드워드 같은 과거의 신학자들은 그들의 탁월한 신학 교리와 저술들로 인해 인정받았다. 그러나 그리스도인의 단순한 사건들인 『천로역정』의 특징을 통해 같은 신학적 진리들이 우리의 두 눈앞에 생생하게 제시된다. 존 번연은 언약신학과 교리를 흥미진진한 사건으로 변화시키고 이 진리들을 의인화함으로써 우리의 상상력을 사로잡는다.

사실 『천로역정』을 완전하게 이해하는 사람은 숙달된 신학자라고 할 수 있다. 『천로역정』의 특별한 힘은 성경과 일반적이며 공통적인 감정에 의해 보강되는 진리를 제시한다는 데서 발견된다. 만일 진리가 영혼의 양식이라면, 이 책으로 영혼이 배부름을 얻을 수 있다. 성경의 진리들은 마치 심령이라는 과녁에 명중시키는 명중탄처럼, 레이저 유도탄처럼 페이지마다 맹렬하게 발사되고 있다. 존 번연이 가진 탁월한 성경 지식은 "존 번연을 바늘로 찌르면 성경의 피를 흘릴 것이다"라고 말한 찰스 스펄전에 의해 입증되었다.

또한, 스펄전은 "『천로역정』은 성경 다음으로 나의 생애에 가장 중요한 책이었다"라고 까지 말했다. 이 진술은 스펄전이 『천로역정』을 적어도 일백 번 이상, 일 년에 두 번씩 읽었다는 사실로 증명된다.

존 번연의 직접적인 삶의 경험이 『천로역정』의 일부를 이루고 있는 것은 분명한 사실이다. 그러나 이 내용이 모든 진실한 그리스도인의 여정을 반영하는 것은 아니다. 『천로역정』은 풍유(allegory)로 이야기되고 있다. 『웹스터의 새 대학영어 사전』(Webster's English New Collegiate Dictionary)은 풍유를 "인간의 실존이나 경험에 대한 진리 또는 일반론을 상징적이며 허구적인 비유와 행동 때문에 표현하는 것"이라고 정의한다.

따라서 『천로역정』에서 인물들과 장소들은 이 세상에서 한 그리스도인이 싸워나가고 있는 수많은 영적 전투들을 예증한다.

존 번연의 『천로역정』의 내용을 간단하게 줄이자면 다음과 같다.

어떤 사람이 자신의 영혼이 지옥에 붙잡혀 있다는 사실을 깨달은 다음, 그를 저지하려는 사탄의 여러 가지 시도에도 불구하고 그리스도를 찾아간다. 그는 그리스도의 십자가로 나아가 구원을 받는다. 그는 회심한 다음 천국을 향해 여행하며 많은 경험을 하는 가운데, 사탄과 몇 번 마주치고, 또 친구들을 만난다. 우리는 모든 시련과 유혹에 하나님께서 어떻게 모든 필요한 것을 예비해 주시고 확실한 도움이 되시는가를 보게 한다. 이후 『천로역정』은 순례자가 천국에 들어가는 것으로 끝난다.

존 걸리버 (John Gulliver) 목사는 『천로역정』을 다음과 같이 묘사했다.

> 존 번연의 『천로역정』의 처음 장면은 12권의 논문에 맞먹을 정도의 논증으로, 믿음에 의한 의와 행위에 의한 의의 대조를 생생하게 제시한다. 풍유를 전개하면서 전적타락에서 부활까지의 모든 중대한 교리들이 실제로 적응할 만한 가치를 가진 어느 한 부분이나 단계를 거의 빠뜨리지 않고 제시하고 있다. 독자는 새로운 발견들로 계속 자극을 받는다. 그는 페이지마다 마음을 끌어들이는 가장 심오하고 가장 위대한 주제들을 그의 사상의 장고에 추가한다. 그는 『천로역정』을 읽으면 재미있을 뿐만 아니라 가르침을 받고 있다는 사실까지도 깨닫게 된다.

오늘날 읽을 수 있는 책은 많이 있으나 읽을 가치가 있는 책은 매우 드물다. 읽을 가치가 있는 책이란 상상력과 사려가 깊고 경건한 묵상을 자극하는 책인데, 바로 존 번연의 『천로역정』이 그러하다. 이 귀한 청교도 신앙의 책 『천로역정』의 원작을 1976년 여름에 글라스고우대학교 도서관에서 읽으면서 깊은 감동과 영감을 받아 틈틈이 책 전체를 번역했다. 또한, 고전 영어가 매우 어려우나 독자가 이해하기 쉽고 통찰력을 갖게 하려고 전공자들에게 자문 받아 번역했다.

제3부에는 「연구 지침서」를 첨부했다. 본 「연구 지침서」의 토의와 묵상을 위한 질문들과 요약 및 적용은 성서대학의 '청교도 신학' 강의실에서 적용하여 얻어진 것이다. 따라서, 독자들에게도 매우 깊은 감명과 흥미를 주게 될 것이다. 독자들이 활용해 보면 많은 도전을 받을 것이다. 사실 본 번역서를 출판하는 이유가 제3부의 「연구 지침서」가 너무 귀하기 때문일 수도 있다.

책 부록에서 『존 번연의 생애와 작품』에 대해서 자세히 서술했다.

본서를 통해서 독자들이 청교도의 언약신학과 구원의 서정 단계의 삶을 체험하기를 바란다.

2020년 3월 28일

*천로역정의 줄거리, 등장 인물, 등장 지역

1.천로역정 줄거리

『천로역정』은 번연자신의 회심과정을 서술하고 있으며 청교도 사상과 이념을 구현하는 영적 자서전이다. 청교도 신앙과 신학을 비유형식으로 설명하며 한 언약도가 임마누엘의 천성에 가는 구원의 서정 단계를 보여준다. 여기서 순례자의 여정이 통과하는 곳의 갖가지 난관이나 방해자들은 모두 성경적 알레고리, 은유 그리고 상징(symbol)을 사용하여 묘사하였다. 이 작품의 특징은 『천로역정』이 순례자의 참된 삶을 표현한 알레고리라는 점일 것이다. 하나님의 은혜 언약과 위로와 희망을 보여주며 천사의 도움을 받아 크리스쳔이 드디어 천성에 도착한다.

청교도 운동이 영국 국교회를 반대하므로 국가의 박해가 시작되고 복음전파를 "금지하는 법"과 "공동기도서" 위반으로 설교를 한 존 번연이 12년 감옥 생활을 하면서 이 천로역정을 쓰게 된다.

천로역정은 1, 2부가 있다. 제1부는 영원한 목표를 찾아가는 크리스쳔의 여정이며, 제2부는 크리스쳔의 아내 크리스티아나와 네 아들이 천성에 가는 순례길을 보여준다.

어느 광야의 동굴에서 낡은 옷을 입은 무은혜[1]가 잠을 자다가 긴 꿈을 꾸었다. 이 무은혜는 무거운 짐을 지고 책을 읽다가 불안해하며 집으로 돌아가 우리는 멸망 당할 것이다. 모두가 죽고 말 것이니 장망성을 떠나자고 말했다. 멸망의 도시에 사는 가족들은 그가 미쳤다고 생각했다. 어느 날 그는 복음 전도자를 만났고 "진노를 피하라"고 적혀있는 두루마리를 받

---

[1] 낡은 옷을 입은 남자(무은혜)의 이름이 드디어 크리스쳔으로 바뀐다.

는다(소명). 그리고 좁은 문을 가리키며 그 문을 두드리면 당신이 어떻게 해야 좋을지를 가르쳐줄 것이라고 말했다(중생). 그 말을 들은 크리스천은 세상을 떠나서 곧장 천성만 바라 보고 갔고(회심), 외고집(고집쟁이)과 무줏대(약함)가 따라왔다.

외고집은 찾는 것이 도대체 뭐냐고 물었고 크리스천은 영원한 천국이라고 대답했다 외고집은 크리스천을 따라온 것을 후회하며 무줏대에게 되돌아가자고 한다. 그러나 무줏대는 진리를 찾겠다고 하여 외고집만 돌아갔다. 무줏대가 크리스천에게 물었다.

우리가 가는 곳은 어떤 곳인가?

알고 싶지. 영원한 곳에서 영생을 얻을 것이다. 이 성경책에 모두 기록되어 있다. 그런데 등에 진 이 무거운 죄의 짐 때문에 빨리 걸을 수가 없다. 이때 그들이 이야기에 팔려 절망(낙담)의 수렁에 빠지고 말았다. 크리스천은 무거운 짐으로 인하여 진흙 수렁 속으로 점점 가라앉기 시작했다. 그러자 무줏대가 당신이 말한 행복이 겨우 이거냐며 버럭 소리를 지르고 돌아가 버렸다.

그때 '도움'이라는 남자가 크리스천을 구해주었다. 크리스천이 외롭게 사막을 걷고 있는데 세상 지혜자(세속 현자)가 다가왔다. 그는 일단 짐부터 벗어 던지라고 하였다. 크리스천은 '내 말이 그 말'이라고 대답했다. 크리스천은 성경을 읽게 되면서 짐이 생겨났다고 말을 했고 현자는 갈등과 오류에 기인한 것이니 그 위험을 벗어나기 위해 율법의 언덕 마을에 가서 도덕이라는 합법 신사를 만나라고 조언한다. 그가 집에 없다면 그의 아들 '예의'를 찾으면 된다고 하여 크리스천은 율법의 언덕 마을로 간다. 그런데 방향을 바꾼 그 율법의 언덕이 엄청 가팔랐고 이내 후회했다.

그때 전도자가 왔고 다시는 옆길로 나아가지 말도록 충고한다. 그리고 얼마 후 크리스천은 좁은 문에 도착한다. 그 좁은 문에는 "두드리라. 그러면 열릴 것이니라"라고 적혀있었다. 크리스천이 문을 두드리자 친절(선의)이라는 문지기가 양의 문을 열어주었다. 크리스천은 문지기가 가르쳐주는 길을 보며 길을 잃거나 방해물을 만날까 걱정했다. 바알세불 성에서 화살이 무수히 날아온다. 문지기 친절은 길은 단 하나뿐이며 그 길은 매우 좁고 곧으니 분간할 수 있다고 말한다.

크리스천은 등에 진 짐이 무겁다며 도와달라고 했고 문지기 친절(선의)은 구원의 장소(십자가 언덕)에 가면 해결될 것이라고 말한다. 크리스천은 '친절'이 일러준 대로 해설자의 집으로 찾아갔다. 해설자(성령)가 하녀에게 청소를 시키자 너무도 많은 먼지가 일어났다. 그래서 해설자가 물을 뿌리라고 했고 먼지는 가라앉고 이내 청소가 끝났다. 해설자는 청소가 안 된 방이 인간의 마음이며 먼지는 죄라고 말한다. 이 방을 쓸기 시작한 사람은 '율법'이고, 물을 뿌린 아가씨는 '복음'이다. 꿈속에서 보니 해설자는 크리스천을 다른 방으로 인도하고 있었다. 벽난로에서 불이 타오르고 있었는데 한 사람이 물을 끼얹어 끌려고 했으나 더 타올랐다. 불을 끄려고 노력하는 자는 마귀이고 불은 은총이다.

벽 뒤에 가보니 계속 불 위에 기름을 끼얹고 있는 사람이 있었는데 그가 바로 그리스도이다. 그리고 크리스천은 겨우 구원이라는 십자가 언덕바지에 이르게 되었는데 그곳에는 십자가가 서 있고 조금 떨어진 곳에는 빈 무덤이 입을 딱 벌린 채 놓여있었다. 거기서 짐이 풀어져 벗겨지더니 마침내 무덤으로 굴러떨어져 다시는 보이지 않게 되었다. 드디어 백리향 풀밭에서 '언약의 열쇠'를 받는다. 그러나 꿈속에서 크리스천이 겸손의 계곡 골짜기에서 난관에 봉착했다. 멸망의 도시 왕이자 괴물인 거짓 왕 아볼루온을 만난 것이다.

아볼루온은 배반한 죄에 용서를 빌고 사탄을 섬기지 않는다면 벌을 주겠다고 했다. 그러나 크리스천은 대항했고 아볼루온은 크리스천의 잘못과 죄들을 열거하며 아무런 보상을 받지 못할 것이라고 빈정댔다. 그러자 당신 말이 맞지만 난 용서받았다고 했고 아볼루온이 결국 벌컥 화를 냈고 공격했다. 그러나 하나님이 도우사 가장 치열한 결투에서 크리스천은 승리했다. 계속 길을 가던 크리스천은 여행을 재촉하고 있는 신실을 만났다.

* 천로역정의 줄거리, 등장 인물, 등장 지역

신실은 사망의 골짜기 고난의 산에서 기만의 도시에 사는 첫 사람 아담을 만난 일을 이야기했다. 아담은 육신의 정욕, 안목의 정욕, 이생의 자랑이라는 자신의 세 딸과 결혼하라고 했다. 그러나 신실은 그의 제안을 거절했고 모세의 도움을 받아 시온 산으로 피했다고 한다. 그렇게 그들이 이야기하면서 광야를 거의 벗어날 무렵 전도자와 다시 만났다.

전도자는 그들이 겪어야 할 환난과 복음을 증거 해야 할 것에 대해서 말했다. 그들은 허영의 시장에 도착했고 예수도 여기를 지나갔다고 한다. 순례자들은 천국으로 향하기 위하여 반드시 이 헛된 허영의 도시를 통과해야만 했다. 허영의 시장에 놓인 묵주반지, 면제부 등 상품을 거들떠보지도 않자 상인들이 불쾌하게 여기며 길을 막았으며 결국 두 순례자는 심문을 받기 위해 법정으로 끌려가고 말았다.

순례자들이 물건을 사지 않고 진리만을 구하겠노라고 대답한 일밖에 없다고 했으나 재판장 '증선경'이 그들이 미쳤다며 마구 때리고 옥에 가두어 구경거리가 되도록 했다. 그러나 순례자들은 전도자의 말을 떠올리며 처분을 기다렸다. 다시 재판이 시작되고 질투와 미신 그리고 아첨이라는 증인들이 등장하여 결국 신실에게 사형이 선고되고 바로 형이 집행되어 순교했다. 집행이 유예되었던 크리스천은 간신히 감옥을 탈출하여 가던 길을 계속 갈 수 있었다. 그러나 신실의 죽음은 크리스천에게 혼란스러웠고 고통스러웠다. 그때 한 사람이 크리스천을 따라오고 있었다.

그의 이름은 '소망'이며 크리스천에게, 머지않아 허영의 도시에 사는 많은 사람이 천국을 향한 순례의 길에 따라나서게 될 것이라고 말해 주었다. 그때 그들은 두 개의 길을 발견하고 망설였다.

아직 마음이 너무 힘들어서 그랬을까요?

그들은 두 개의 길 가운데 넓고 편한 길을 택해 가기로 했다. 얼마쯤 걷다 보니 앞서가던 헛된 확신이라는 사람을 만나게 되었다. 그들은 결국 길을 잘못 택한 탓으로 의심의 성으로 들어갔는데 그곳의 영주인 절망거인과 그 아내 의혹에 붙들려 지하 감옥에 처박혔다가 겨우 도망갔다. 그들은 기쁨의 산에 이르렀고 양치기에게 천국 거리가 얼마나 남아 있느냐고 물었다. 양치기는 멀어서 못가는 사람도 있지만, 거기 갈 사람들은 다 가더라고 대답했다. 목자들 이름이 지식, 경험, 경계, 성실이었는데 그들의 인도로 두 사람은 망원경을 들여다보게 되었다. 장애물 때문에 똑똑히 볼 수 없지만 이를 통해 큰 대문 같은 성문과 그곳의 영광을 약간 볼 수 있었다.

순례자는 천성으로 가는 큰길을 따라 산에서 내려가고 있었다. 왼쪽에는 자만이라는 도시가 있고 그들은 구부러진 오솔길에서 '무지'를 만났다. 크리스천은 무지가 좁은 문을 통해서 들어오지 않고 구부러진 오솔길을 통해 들어왔기 때문에 너는 심판 날의 도둑이요, 강도라고 책망받게 될 것이라고 말했다. 그러자 무지는 남들보다 착하게 살았으며 늘 기도하고 금식하고 십일조도 바치고 자선을 베풀었으므로 천국으로 가는 것은 염려 없다고 자신했다(행위 구원).

얼마 후에 그들은 '무신론자'를 만났고 당신들이 꿈꾸는 곳은 어디에도 존재하지 않는다며, 자기와 함께 돌아가자고 권했습니다. 그러나 그들은 기쁨의 산에서 그 천성문을 보았던 것을 상기하며 거절했고 무신론자는 그들을 비웃으면서 자기 길을 갔다. 그들은 공기를 마시면 졸린 마법에 걸린 땅으로 접어들고 있었는데, 그때 무지가 뒤따라오는 것을 보았고 크리스천이 무지에 물었다.

지금 하나님과 당신 영혼 사이의 관계는 어떠냐?

하나님과 천국이 있다는 데에 동의하기 때문에 좋으며 위안이 된다. 그리고 나는 하나님과 천국을 위해서 모든 것을 버렸다. 크리스천이 어떻게 하나님과 하늘나라를 위해 모든 것을 버렸다고 생각했느냐 물었고 무지는 내 마음이 그렇게 말했다오.

자기의 마음을 믿는 자는 미련한 자라 하였지만 내 마음과 생활은 잘 일치된다. 그러므로 나의 소망은 든든한 근거가 있다.

크리스천은 다시, 누가 당신의 마음과 생활이 잘 일치된다고 말했나요?

그러자 무지는 "내 마음이 내게 말해 주었다"라고 대답했다. 그래서 크리스천과 신실은 멀찍이 앞서가고, 무지는 뒤에서 절름거리며 따라갔다.

이윽고 순례자들은 마법의 땅을 벗어나 평온의 재충전 뿔라나라(Beulah, 회복의 이스라엘, 사 62:4:) 땅에 들어갔고 천성문이 보이는 곳까지 도달했다(성화). 그런데 다리가 없는 깊은 강이 그들을 가로막고 있었고 그들은 넋이 빠져버렸다. 이 강은 믿음에 따라 더 깊어질 수도 있고 더 얕아질 수도 있다. 순례자들은 결국 그 사망의 강, 요단강에 들어갔고 칠흑 같은 어둠과 공포가 크리스천을 덮쳤다. 그는 빠져 죽어 천성문에 도달하지 못할 것 같았다.

소망이 몇 번씩이나 그를 건져냈지만, 크리스천은 이내 가라앉기를 반복했다. 소망은 저기 천성문이 보입니다. 사람들이 우릴 영접하려고 서 있군요. 그러자 크리스천은 그들이 기다리는 것은 당신이요. 내가 분명히 올바르게 행했다면 지금쯤 그가 나를 도와주셨을 것이요. 그러나 내 죄로 인해 나는 버림받았다. 그러한 그에게 소망은, 환난 때에 그에 의지하여 사는지 시험하시는 것으로 말했다(견인).

그때 그들은 주의 친절한 팔에 안기어 올림을 받았다. 그들은 자신들을 접대해 주는 영광의 동반자들을 만나 즐거운 이야기를 나누며 올라갔다. 그들이 빛나는 천사들과 나눈 이야기는 그곳의 영광에 관한 이야기였다. 꿈에 보니, 그 두 사람이 천성문 안으로 들어가는데, 들어가자마자 그들의 몸은 변화(영화)되었고 천성은 마치 태양처럼 빛났다. 나도 거기 들어가 살고 싶은 생각이 간절해졌다.

2. 순례길의 등장 인물

『천로역정』에 나오는 등장 인물의 이름과 지명들은 알레고리적 해석을 통해 은유적 의미들을 잘 이해해야 존 번연의 의도를 알 수 있다.

• **크리스천 (Christian)**

　제1부의 주인공이며, 제2부에서도 빈번히 언급된다. 멸망의 도시(장망성) 출신으로, 성경책을 발견한 뒤 죄의 짐을 진 채 괴로워하다가 복음 전도자의 말을 듣고 '좁은 길'을 따라 천성으로 향한다. 천성에 도달할 때까지 여러 시련과 고난을 겪게 되지만 결국 이를 모두 극복하고 천성에 다다라 영원한 생명을 얻게 된다. 제2부에서는 순례자들 사이에서 전설적인 인물로 알려져 있으며, 크리스천이 거쳐 간 몇몇 장소에 기념비가 세워져 있다.

• **복음 전도자 (Evangelist)**

　크리스천과 더불어 제1부의 주요 인물. 죄의 짐을 진 채 괴로워하는 크리스천에게 나타나, 증표 두루마리(a parchment roll)를 주면서 좁은 길을 따라 천성으로 갈 것을 권유한다. 크리스천의 여행에 동행하진 않지만, 가끔 나타나 크리스천에게 도움을 준다. 샛길로 빠져 도덕 마을로 가다가 죽을 뻔한 크리스천을 구해줬고, 사망의 골짜기를 빠져나온 크리스천과 신실에 나타나 곧 도착할 허영의 시장에서 두 사람이 끔찍한 환난을 겪을 것을 알려주며, 하지만 얼마 머지않았으므로 이겨내면 반드시 승리할 것이라고 격려한다. 허영의 시장 이후로는 등장하지 않는다. 바울이 디모데에게 주는 충고(딤후 4:1-5)에서 선택하다.

• **약함, 무줏대**

　크리스천의 동행자가 될 뻔한 사람. 크리스천, 외고집과 마찬가지로 멸망의 도시 출신이다. 크리스천이 순례에 나서자 그를 만류하러 뛰어왔다가 그의 말을 듣고 솔깃해 동행했지만, 세속의 절망(낙담)의 수렁에 빠지자 "이게 네가 말하던 하늘나라냐?"라고 화를 내며 동행을 포기하고 멸망의 도시로 돌아가 버렸다. 그러나 돌아간 뒤에는 '줏대 없는 놈(무줏대)'이라고 불리고, 제2부에서도 여전히 비난받고 있다. 돌밭에서(마 13:20-21) 선택하다.

- **세상 지혜자, 세속 현자, 속물 도사**

절망의 수렁에서 가까스로 빠져나온 크리스천에게 나타난 세속 현자. 존 번연과 대립하던 목사의 동기라고 한다. 전도자를 매도하고 크리스천이 어리석다고 책망하면서 도덕 마을로 간다면 죄의 짐을 떼버릴 수 있다고 꼬드긴다. 그러나 그의 말을 따른 크리스천은 도덕 마을로 가던 중 짐이 무거워져 죽을 뻔하다가 전도자에게 가까스로 구출 받았다. 복음 전도자의 말에 의하면 수많은 사람이 속물 도사(요일 4:15)에게 낚여 죽고 말았다.

- **해설자 (interpreter)**

'해설자의 집'의 주인. 이 집을 지나 천성까지 가는 이들에게 가르침을 주는 사람으로, 크리스천(2부에선 크리스티나)에게 여러 가지 비유를 보여주며 순례자, 즉 천성에 들어가고자 하는 사람이 가져야 할 마음가짐과 정신 등에 대해 그들에게 깨달음을 줬다. 제2부에선 크리스티나 일행을 배웅하며 그들이 여자와 어린이뿐이라는 걸 고려해 하인 '담대'를 호위로 붙여주기도 했다.

- **순진(우매), 나태, 건방(방자)**

계곡에서 족쇄를 찬 채 자고 있던 사람들. 걱정된 크리스천이 이들을 깨워 족쇄를 풀어주겠다고 했지만, 이들은 한 마디씩 쏘아붙인 뒤 다시 잠들었다. 제2부에선 교수형 당한 모습(!)으로 등장. 담대의 말에 따르면 순례자들을 유혹하고 하나님을 '공사판의 십장,' 천성을 '별 볼 일 없는 곳'으로 모욕했기에 교수형을 당했다. 이들 때문에 신세를 망친 순례자들도 여럿 있다.

• 신실, 믿음 (Faithful)

크리스천과 마찬가지로 멸망의 도시 출생. 크리스천이 멸망의 도시를 떠난 뒤, 멸망의 도시가 곧 망할 것이라는 이야기를 듣자 부름(소명)을 받고 순례에 나섰다. 크리스천처럼 순례 도중 여러 어려움을 겪다가 사망의 골짜기를 지나며 크리스천과 만난 뒤 함께 간다. 이후 허영의 시장에서 시장 사람들에게 밉보여 감옥에 갇히고, 재판에서 허영의 시장 사람들에 맞서 자신과 크리스천을 훌륭히 변호하다가 그를 죽이기로 한 허영의 시장 헛된 사람에게 고문당하고 결국 화형당해 순교했다.

그러나 화형당하는 그의 머리 위에는 날개 달린 천사와 마차가 그의 영혼을 천성으로 데려가기 위해 기다리고 있었고, 신실은 한발 먼저 낙원으로 가서 생명의 면류관(계 2:10)을 받는다. 크리스천은 허영의 시장 전체에 천벌이 떨어져 아수라장이 된 틈을 타 우여곡절 끝에 허영의 시장을 빠져나와 계속해서 여행길에 나선다.

• 수다, 떠벌이 (Talkative)

사망의 골짜기를 빠져나온 크리스천과 신실에 나타난 젊은이. 이름처럼 신앙과 관련된 이야기를 떠벌렸지만, 실상은 제대로 알지 못하면서 지껄이는 가짜 허풍선이다. 신실과는 달리 크리스천은 이 청년에 대해서 알았고 신실이 여러 질문을 던지도록 조언해 결국 무안해진 수다가 떨어져 나가도록 했다. 크리스천의 언급에 의하면 자기 집안에서도 무시당한다고 한다(마 23:3).

• 증선경

허영의 시장에서 누명을 쓴 크리스천과 신실의 재판을 담당한 재판장. 두 명에게 완전히 불리하게 돌아가도록 재판을 짜 놓고 신실에 사형을 선고했다. 크리스천 역시 신실의 뒤를 따를 뻔했으나 다행히도 일행에게 감화된 사람들의 도움으로 감옥을 빠져나올 수 있었다.

•소망(Hopeful)

허영의 시장에서 태어난 젊은이. 허영의 시장 사람들이 그렇듯 방탕한 삶을 살았지만, 한편으로는 그런 생활에 대한 죄책감과 죽은 뒤 자신에게 일어날 일에 대해 불안함을 느꼈다. 그러던 중 크리스천과 신실이 시장 사람들에게 괴롭힘당하고 신실이 끝내 순교하는 것을 보면서 순례자가 되기로 다짐하고 크리스천과 함께 천성으로의 여정을 떠난다. 크리스천은 소망의 그런 결단을 용감하다고 칭찬했다. 크리스천보다 성경 지식이 적어 크리스천에게 배우는 일이 많지만, 이름처럼 어떤 상황에서도 희망을 잃지 않아 종종 절망에 빠졌던 크리스천을 격려하고 천성까지 동행한다.

•사심(by-end), 물탐 물욕, 배금 배전, 자린고비

어떻게든 허영의 시장에서 빠져나온 크리스천이 소망과 합류한 뒤 만난 패거리. 현실적인 이익과 금전을 위해 종교에 귀의하고자 하는 인간쓰레기들로, 모두 같은 학교를 나왔으며 스승에게서 주먹을 휘두르든 사기를 치든 돈만 벌면 장땡이라고 배웠다. 꼴에 종교에 귀의해 이익을 추구하고자 하는 게 정당하다고 자신들 나름의 예시를 드는 것이 가관이다. 그 뒤 크리스천에게 자신들이 도출해 낸 예시에 관해 물어보지만, 오히려 크리스천에게 멀리 떨어져 버리고 만다. 이후 크리스천과 소망이 무시하고 지나친 데마의 금광으로 달려갔다가 영영 행방을 알 수 없게 되어버린 돌팔이다.

•절망(Despair) & 의혹, 의심(Diffidence)

샛길 초원에 있는 절망의 성(Doubting castle)의 주인 부부. 거인 절망이 남편이고, 의혹이 아내이다. 천성으로 향하는 순례자들을 멸시해 어쩌다가 샛길 초원으로 들어선 순례자들을 박해하고 죽이기까지 했다. 절망은 툭하면 하인들을 끌고와 두 사람을 죽어라고 패고, 그 전의 길을 잘못 든 순례자 중에 아예 죽거나 의심에게 눈을 뽑혀 내버려 진 자들도 있다. 크리스천과 소망 역시 이 거인에게 잘못 걸려 죽을 뻔했지만, 천만다행으로 결투에서 승리해 빠져나올 수 있었다. 제2부에서는 '담대'와 여러 남성 순례자에게 몰매를 맞아 죽고 1주에 걸쳐 성이 무너진다. 여담으로 이 성으로 가는 갈림길은 상당히 길이 편한 길인데, '천성으로 가는 길은 좁고 험한 길'이라는 것을 잊은 크리스천과 소망도 길에 지친 나머지 여기서 걸리고 말았다.

•아첨

즐거움의 동산에서 나온 크리스천과 소망을 인도하는 척하면서 유혹하여 그들의 뒤통수를 친 악인(잠 29:5)이다. 크리스천과 소망은 아첨을 믿지 말라는 목자들의 조언을 까먹고 그를 따라갔다가 그물에 갇힌 신세가 되어버렸다. 다행히도 '연단'이라는 남자가 나타나 이들을 구해준다. 연단은 그들을 잠시 안내해 가면서 지도를 받았을 텐데도 불구하고 말에 혹해 아첨을 따라간 것을 책망하는 의미로써 채찍을 한 대씩 때린 뒤 사라졌다.

•무신론자

아첨에 한바탕 골탕을 먹은 크리스천과 소망이 만난 인물. 이름 그대로 신이 존재하지 않는다고 믿는 사람이며 수십 년 동안 천성을 찾아다녔지만 결국 천성을 찾지 못했다며 두 사람에게 여행을 그만두고 돌아갈 것을 종용했다. 당연히 크리스천과 소망은 그의 말을 듣지 않고 다시 순례에 나섰다.

•무식, 무지(Ignorance)

크리스천과 소망이 순례 중 만난 젊은이. 자기 말로는 신자이지만 그 실상은 수다와 마찬가지인 사이비 전문가. 크리스천과 소망이 천성에 도착한 뒤 천성의 문에 도착해 자신도 들어가게 해달라고 요청한다. 요청을 듣고 나온 문지기 천사가 믿음의 증표인 두루마리를 제시할 것을 요구했지만 가짜 신자나 마찬가지였던 그가 가지고 있을 리 만무했고, 결국 천사들에게 붙들려 지옥으로 내던져진다. 행보를 보면 이 무식의 이름 의미는

'아는 게 없다'가 아니라 '무엇을 모르는지 모른다'라는 의미이다.

• 크리스티나

제2부의 주인공. 멸망의 도시 출신이자, 크리스천의 아내. 제1부에서는 남편이 순례에 나선다고 하자 광인 취급하는 등 철저히 그를 무시했지만, 제2부에선 잘못을 뉘우치고 순례자가 되어 남편의 뒤를 따른다. 순례 도중 적들에게 공격을 당하고 심지어 성추행을 당하는 고난을 겪지만, 동료 순례자들이 도와주어 무사히 천성에 들어가 남편을 만난다. 천성에 들어가기까지 그녀와 함께한 동료들은 크리스천과는 비교도 안 되도록 많았지만, 크리스티나 외에는 모두 복음 사역을 위해 남았기 때문에 천성으로 들어간 것은 크리스티나 하나뿐이었다.

• 담대(Great-heart)

해설자의 하인이자 제2부의 멘토. 해설자의 명에 따라 중무장을 하고 크리스티나 일행을 호위한다. 본래 아름다움의 궁전까지 호위할 예정이었지만, 크리스티나 일행의 요청으로 다시 천성까지 그들을 호위했다. 크리스티나 일행 이전에도 여러 번 순례자들의 호위를 맡은 듯하다. 2부에서 절망 거인을 쓰러뜨린다.

• 마태, 안드레, 야고보, 사무엘

크리스천의 네 아들. 크리스티나처럼 천성을 찾아가는 아버지를 비웃었지만, 후에 마음을 고쳐먹고 어머니와 함께 천성 여행에 동참한다. 제2부 마지막에는 다들 장성하여 결혼도 하고 자식들도 뒀지만, 천성으로 가는 순례자들을 위한 선교 사역을 계속하기 위해 천성에 들어가지 않고 남는다.

- **자비, 자선, 사랑**

멸망의 도시에서 살던 아가씨. 아름답지만 기질이 약하며 소심하다. 하지만 이름대로 상냥한 사람. 크리스티나와 함께 천성 여행에 동참했고, 후에는 크리스티나의 며느리가 되었다. 크리스티나는 자비를 특별히 아꼈고, 중간중간 자비에 성경 말씀을 가르쳐 주는 등 조언을 아끼지 않는다. 자비는 사랑의 성격(고전 13:4-8) 인물을 선택하다.

- **진리**

제2부의 등장 인물. 크리스티나 일행이 여행 중반에 만난 용사. '예루살렘'이라는 보검을 갖고 있으며, 담대한 이와 함께 팀의 메인 전투원으로 활약한다.

- **겁보**

제2부에서 크리스티나 이전에 담대의 호위를 받았던 순례자. 이름처럼 겁이 많다. 좁은 문 앞에서도 며칠 동안 망설이며 들어가질 못하다가 보다 못한 좁은 문의 문지기가 들여보내 주었고, 죽음의 골짜기에서는 완전히 겁에 질려서 안절부절못했다고 한다. 하지만 신앙에 위협이 될 만한 일에는 누구보다도 담대한 모습을 보여주었다. 천성 앞 죽음의 강에서는 놀랍게도 강물이 무릎까지도 차지 않아서 수월하게 천성으로 들어갈 수 있었다. 그 크리스천도 죽음의 강에서 빠져 죽을 뻔했던 걸 보면 여러모로 대단한 순례자다.

- **아볼루온**(아폴론, 아바돈)

제1부에서 크리스천이 처음으로 만난 마귀이자 크리스천이 살던 멸망의 도시의 주인. 어느 판본에서는 배에서 불을 뿜어대는 용의 형상이라고도 하고, 다른 판본에서는 활과 창을 든 인간형 악마의 괴물 모습이라고도 한다. 크리스천을 만나 출신과 목적지를 묻고, 자기 도시를 떠나 자신이 가장

증오하는 자가 다스리는 천성으로 가지 말라며 크리스천을 협박한다. 그러나 크리스천은 돌아서지 않고 맞서 싸운다. 하지만 아볼루온이 너무 강했고, 크리스천을 쓰러뜨린 후에 마무리를 지으려고 했으나 순간 기도하여 힘을 얻은 크리스천이 칼로 깊이 찔렀고 그가 도망쳤다(계 9:11; 약 4:7).

3. 순례길의 등장 지역

- **멸망의 도시** (장망성, The city of Destruction)

순례자들의 시작 마을. 크리스티나, 크리스천, 믿음 등의 인물이 이곳 출신이며, 많은 사람이 이곳 출신이다. 이 도시는 곧 현실 세상이나 장차 멸망할 도성이다.

- **절망의 수렁** (Slough of Despond)

멸망의 도시를 빠져나온 순례자들의 첫 번째 고비. 말 그대로 굉장히 깊은 수렁으로 빠져나오기 쉽지 않다. 크리스천이 이곳에 빠졌을 때 짐의 무게 때문에 하마터면 익사할 뻔했다. 그러나 도움(help)이라는 사람이 이름 그대로 크리스천을 도와준다. 작중에 나오는 설명은 이 수렁은 신자가 된 이가 자신이 저질러왔던 죄악에 대해서 깨달았을 때 그 죄악의 찌꺼기가 모여 만들어졌으며, 하나님 역시 이곳을 없애기 위해 천국에 모여드는 수많은 지식과 지혜를 동원했지만, 이 수렁은 그 모든 것을 집어 삼켜버렸다. 하지만 아주 자세히 보지 않으면 알 수 없는 징검다리가 놓여 있다.

- **좁은 문** (Wicket Gate)

평범한 관문이지만 근처에 있는 바알세불성 마귀 궁수가 문을 열어달라고 요청하는 순례자들을 향해 화살을 쏴 댄다. 크리스천도 좁은 문의 관리자 친절이 도와주지 않았다면 화살에 맞을 뻔했다. 제2부에 궁수 대신 사나운 개가 묶여 있다. 또한, 이 부근엔 바알세불성에서 난 사과나무가 있어서 따먹는 사람들을 탈이 나게 한다. 크리스티나의 막내아들 야고보가 사과를 따 먹은 뒤 아름다움의 궁전에서 배탈이 났지만, 약사가 약을 지어준 덕에 나을 수 있었다. 약사들은 별의별 것으로 약을 만든다.

• 해설자의 집 (House of the interpreter)

해설자가 사는 집. 순례자들에게 도움이 될 비유들을 가르치기 위한 구역들이 존재한다. 이 비유 중 몇몇은 신자가 아닌 사람도 한 번 곱씹어 볼 만한 내용이다. 해설자(요 14:26)는 "보혜사 성령"을 보여 준다.

• 십자가 언덕 (The cross)과 빈 무덤

크리스천이 해설자의 집을 떠나 '구원'이라는 담을 지나서 나온 장소. 이곳에서 그동안 크리스천을 괴롭히던 죄의 짐이 크리스천이 십자가에 기대자마자 빈 무덤으로 굴러떨어졌다. 이후 크리스천에게 천사들이 나타나 새 옷을 입히고 천성에 이를 때 제시할 언약의 열쇠 두루마리를 건넨다.

• 험로 (險路)

십자가를 지나며 죄의 짐을 벗어 던진 크리스천이 도착한 고난의 산에서 세 갈래 길 중 하나로 산을 넘어가야 한다. 이름 그대로 매우 가파른 고난의 산으로 오르기 힘들지만, 그 길만이 천성에 이르는 길임을 알고 있었던 크리스천은 험로를 지나 아름다움의 궁전에 무사히 도착한다. 나머지 두 길은 산의 허리를 지나는데 이 둘의 이름은 '파멸의 길'과 '위험의 길'로 이름처럼 한 번 들어가면 결코 빠져나오지 못하고 생명을 잃고 만다.

• 아름다운 궁전, 교회 (House Beautiful) [17]

고난의 산 험로를 넘어선 곳에 있는 크고 아름다운 궁전. 궁전 앞에는 사자 두 마리가 묶여 있어 순례자들을 겁에 질리게 하지만 사실 이는 순례자의 믿음과 용감함을 시험하기 위해 문지기가 매어둔 것이다. 이곳에서 크리스천은 아름다운 세 자매를 만나 그들의 배려로 며칠 휴식을 취하고 완전무장을 하게 된다. 세2부에서 사자들을 길러 순례지들을 도망가게 하는 악당이 등장하지만 담대한 이에게 쓰러진다.

- **겸손의 골짜기** (The valley of Humiliation)

크리스천이 아볼루온과 싸워 겨우 이긴 곳. 제2부의 설명에 따르면 이 골짜기에서 발이 미끄러진 사람은 크리스천처럼 곤경을 겪는다고 한다. 다만 이런 곤경만 있는 건 아니라서 여기서 천사를 만난 사람도 더러 있었다.

- **사망의 골짜기**

매우 끔찍한 곳으로, 순례자들이 지나가야 하는 곳 중 하나. 길은 매우 좁고 골짜기 오른쪽에는 소경이 소경을 인도하려다가 둘 다 빠져 사망했다고 하는 매우 깊은 도랑이, 왼쪽에는 대단히 위험한 수렁이 있다. 작중에선 다윗 왕 역시 하나님의 보호가 없었다면 영영 빠져나오지 못했을 것이다. 또한, 악마, 용들이 날아다니며 순례자들을 위협하며 골짜기 중간에는 지옥의 문이 있다. 다 빠져나와도 방심한 사람들을 낚기 위한 온갖 함정이 설치되어 있기에 끝까지 방심할 수 없는 곳. 크리스천은 이 골짜기에서 하마터면 정신적 혼란을 이기지 못하고 미쳐버릴 뻔했지만 거기서 기도하다 응답을 듣고는 아주 쾌청한 정신으로 통과할 수 있었다. 2부에서도 지나가지만, 불행 중 다행히도 담대한 이가 호위하고 있었고 밤에 지나가야 했던 크리스천과 달리 낮 동안 지나갔기에 별 위기 없이 무사히 건넜다.

- **허영의 시장, 헛된 도시** (Vanity Fair)

쾌락의 도시로 불려도 아무 손색이 없는 소도시. 이곳에서는 돈, 아내, 남편, 아들, 딸, 나라, 영혼, 생명, 명예, 나라 등이 팔려나갈 뿐만 아니라 성추행, 강간, 음란한 행위, 살인, 거짓된 맹세 등이 1년 365일 하루도 빠짐없이 일어나고 있는 곳이다. 신기한 건 헛된 도시에 사는 사람들은 그걸 죄라고 생각도 안 하고 죄책감도 느끼지 않는다. 이 도시의 기원은 바알세불과 아볼루온(계 9:11) 그리고 군대(Legion, 막 5:9)라는 세 명의 악마들이 순례자가 이 도시를 통과한다는 걸 알아채고는 5,000년 전에 세운 곳으로 예수가 이 시장을 지나갈 때 시장을 세운 악마가 시장 곳곳을 안내하며 예수에게 물건을 살 것을 종용했지만 예수는 아무것도 사지 않고 이 도시를 떠났다.

제2부에서 신실의 순교로 사람들이 죄책감을 느껴서인지 순례자에 대한 박해도 사라지고 아예 신자가 된 사람도 여럿 등장한다. 아직도 불신자가 많지만, 서서히 변화되고 있다는 점이 암시되고 있다. 만약 예수가 악마에게 경배했더라면 이 허영의 시장 영주 자리를 주려고 했다는 작중 언급과 성경 속 사탄의 유혹 중 "네가 나에게 경배하면 이 모든 것(열국과 천하 영광)을 네게 주리라"라는 말을 고려하면 동기는 일견 화려해 보이나 각종 죄악으로 얼룩진 인간 세상이다.

• 데마의 금광 (a dangerous silver mine)

크리스천에 따르면 데마(Demas)의 유혹에 빠진 사람들이 들어갔다가 모두 희생당하거나 평생 불구자가 되었다. 금광 옆 길의 끝에는 소금기둥(The pillar of salt)이 된 롯의 아내의 비석이 있다. 비석에는 "롯의 처를 기억하라"고 써 있다. 데마의 증조부가 '게하시'이고 아버지가 '가룟 유다'이다.

• 샛길 초원, 절망의 성

데마의 금광을 지나가다 보면 샛길 초원이라는 넓은 평원이 펼쳐져 있다. 대다수 순례자가 더 빨리 지나가기 위해 이 초원으로 지나가지만 잘못된 길이다. 사실 이 초원은 절망 거인의 영지로 뭣도 모르고 이곳으로 넘어왔다가 절망에 걸린 순례자들은 의심의 성(약 1:6)으로 끌려가 심한 매질을 당하며 감금당한다. 이로 인해 수많은 순례자가 죽었으며, 죽지 않았어도 절망의 아내 의혹이 두 눈을 뽑고 묘지로 내몰아버린다. 크리스천과 소망도 하마터면 이곳에서 죽을 뻔했으나(너무 절망적이어서 크리스천은 자살까지 생각할 정도였다!) 여행 도중 받은 '언약'이라는 열쇠 덕분에 무사히 빠져나오는 데 성공했고, 후에 자신들처럼 낚여 피해를 보는 순례자들이 없게 올바른 길을 가리키는 팻말을 설치했다.

제2부에서는 담대와 순례자들이 지나가는데, 담대가 팻말을 통해 크리스천이 지나갔던 곳임을 알고는 아예 절망을 처단하기 위해 절망의 성으로 간다. 그리고 담대와 크리스티나의 네 아들을 비롯한 남성 순례자들의 협공으로 절망(Despair)과 절망의 부인 '의혹'(Diffidence)이 살해되고 순례자들은 7일에 걸쳐 성을 파괴한다.

- 기쁨의 산 (Delectable Mountains)

임마누엘이라는 사람으로부터 위임받은 지식, 경계, 성실, 경험이라는 이름의 목자(Shepherd)들이 지키고 있는 동산으로, 절망의 성에서 죽을 뻔한 크리스천과 소망은 이곳에서 쉬면서 '영혼의 장날' 재충전의 기회를 얻었다. 다만 신자들의 경종을 울리기 위해 그릇된 믿음, 경고 그리고 지옥의 샛길이라는 장소가 존재한다. 목자들의 안내를 받아 이 장소들을 모두 둘러본 뒤, 크리스천과 소망은 목자들에게 망원경을 받아 천성의 모습을 잠시 보게 된다.

- 마법에 걸린 땅 (The enchanted ground)

천성으로 향하는 순례자들의 최후의 난관. 이곳의 공기는 사람을 매우 졸리게 해 순례자들이 잠들도록 유도하지만, 한 번 잠드는 순간 죽을 때까지 영원히 깨어날 수 없다. 불굴의 말마따나 "소망과 함께 시작한 여행을 허무하게 마치는 곳." 빠져나가는 쪽에 지나가는 순례자들이 쉬다가 잠들도록 유도하는 정자가 설치되어 있어 극한의 인내를 요구하는 곳이다. 소망 역시 이곳에서 잠들 뻔했지만, 크리스천의 말에 정신을 차리고 빠져나갈 때까지 졸음을 쫓기 위해 크리스천과 이런저런 이야기(자신이 어떻게 신자가 되었는가)를 나누며 지나갔다.

• **뿔라 (Beulah)**

천성 바로 앞에 있는 동산으로 순례자들이 천성에 이르기 전 피로를 풀며 재충전하는 곳. 회복된 이스라엘(사62:4), 하나님의 영역이기 때문에 악한 이는 존재하지 않는다. 제1부에서 크리스천과 소망은 잠시 휴식한 뒤 천성으로 떠났지만 제2부에서 크리스티나 일행은 정착하고 전도하면서 살다가 하나님이 부를 때마다 천성으로 향했다. 아마 작가가 1부와 2부의 초점을 다르게 맞춰서인듯 하다.

• **천성 (天城)**

멸망의 도시 장망성이 세상이라면, 이 도시는 새 예루살렘성 천국에 해당한다. 이 도시에는 순례를 완주한 순례자, 천성의 지배자인 하나님, 천성에 막 들어온 순례자들을 환영해주는 예수, 천사와 의인 등이 있으며 악인은 당연히 없다. 이 안으로 들어오는 자들은 모두 황금 옷과 금관을 쓰게 되고 정결해진다. 모든 순례자의 종착점. 도착하기 위해선 그 앞에 흐르는 요단강 '죽음의 강'을 건너야 하며, 강의 깊이는 건너는 순례자의 그리스도에 대한 믿음에 따라 달라진다.

* 천로역정의 12 영성

존 번연은 성경적인 신앙의 본질, 정도, 바른길, 옛적 길(old paths), 선한 길(렘 6:16-19), 좁은 길(곧은 길)을 추구했다. 그가 하늘나라를 가는 옛길의 가치를 보존하고 지키는 것이 청교도 영성이다.

청교도는 하늘나라로 가는 길에 "십자가 없이는 면류관이 없다"(No Cross, No Crown), "오직 진리만을 추구한다"(We Want Buy the True) 는 영성이 삶의 목적이었다.

청교도의 진정한 영성(spirituality)은 성경과 일치한 경건함, 거룩함을 추구했다. 영성은 성령(Spirit)이 인간의 영(spirit)을 만날 때 양심에 일어나는 조명, 교훈, 정화의 경험으로 성령의 인도와 능력에 따라 살아가는 삶의 전체 경험이다. 그리고 일상의 일터에서 거룩한 삶을 사는 데서 나온다. 모든 삶을 예배를 위해 드려지는 제물로 자신을 하나님께 드리는 예배 행위로 보았으며 오직 하나님께 영광을 돌린다. 영성을 외면과 내면의 평화를 추구하는 인간의 가장 심오한 갈망과 일상생활의 의미와 목적에 부여했다.

하나님과 관계 기초 위에서 세워진 인간관계에서 하나님을 찾고, 알고(knowing), 체험하는 생활이다. 영성은 일회성이 아닌 지속적 삶의 여정이다. 마음, 성품, 목숨, 힘을 다하여 하나님을 사랑한다(신 6:5). 예수 그리스도를 닮아 가는 삶이다.

백스터는 참 목자는 성도의 영적 성장에 게을리하지 않는 것으로 말한다. 또 성경에 나오는 인물 2,930명 중 30%는 영성이 충만했고 70%는 영성이 부족한 것으로 지적했다. 성도들의 영성 상태를 A(30%), B(30%), C(30%), D(10%)로 구분한다.

천로역정은 하늘나라로 가는 여정에 12단계의 영성이 필요함을 강조한다.

1. 생명(구원)의 영성

(1) 크리스천(선택 자)은 생명! 생명! 영원한 생명!을 외치며, 거룩함을 추구하며 멀지만(광야, 험로) 구원의 영성으로 천성을 향해 간다.

(2) 사도 바울의 "오호라 나는 곤고한 자로다"고 외치는 자격이 없는 삶

을 연상시킨다 (disqualified).
(3) 이스라엘 선민의 출애굽을 연상시킨다(광야, 만나, 메추라기, 반석, 가나안).
(4) 크리스천은 부르심과 중생, 구원의 체험이 확실하여 마음으로 생명의 맛을 본다.

2. 동행의 영성

(1) 크리스천은 믿음의 동역자가 필요했다. 내가 누구냐가 중요하지않고, 내가 누구와 동행하느냐가 삶의 방향을 결정한다. 번연은 기퍼드 목사의 영향을 받고 동행한다. 해석자 집의 현관에 있는 참 목자 상이 기퍼드 목사이다. 순례자의 길에서 위기 때마다 기퍼드 목사가 동행자로 나타난다. 그리고 순례의 길 전반부는 신실(믿음, 성실)과 후반부는 소망과 동행하여 천성에 함께 입성한다.
(2) 동행의 영성은 서로 권고, 격려, 돌봄(권면, 위로, 경고) 그리고 세워준다.
(3) 무지는 홀로 가다가 천로역정의 마지막 장면을 장식하는 이름이며 지옥문으로 들어간다.

3. 분별의 영성

(1) 좌우로 치우치지 않아야 한다(구원의 확신이 있어야 한다).
(2) 어디를 향해 가느냐는 목적, 과정, 속도, 방향이 중요하다.
(3) 속물도사(세속현자)의 조언을 분별하지 못하여 도덕 마을로 간다.
(4) 천사와 사탄을 분별하는 영성이 있어야 한다.
(5) 크리스천은 절망 거인과 의혹 부인의 공격으로 순간 자살을 생각한다.

4. 인내의 영성

(1) 정욕: 바로 지금 성취하고자 한다. 인간 본능은 당장이다. 재물은 육체의 소욕이다(육신의 정욕, 안목의 정욕. 이생의 자랑)
(2) 인내: 믿음의 관점과 성도의 견인이다. 성령의 소욕은 꾸준히 상을 얻기 위하여 달려간다.

5. 십자가의 영성

(1) 예수 그리스도의 피로 맺은 약정, 맹세, 헌신을 믿는다.
(2) 죄의 짐(고뇌)을 벗는 체험과 칭의를 깨닫는다.
(3) 권리와 특권 포기하고 굴욕과 악의를 극복하며 죽음을 수용한다.
(4) 하나님의 은혜언약과 절대 주권을 깨닫는다.

6. 천사(수호)의 영성

(1) 천사는 하나님의 심부름꾼이다.
(2) 성부의 죄 용서를 선언한다.
(3) 성자의 새 옷을 입힌다.
(4) 성령의 인침 도장을 찍는다.
(5) 수호천사의 도움을 받아야 한다.

7. 일상의 영성

(1) 두 마음 즉, 날마다 기쁘고 슬픈 경험을 한다.
(2) 사탄의 전술 전략을 파악하고 승리하기 위해서 수호천사의 도움을 받아야 한다.
(3) 온종일 좁은 문, 사망의 골짜기, 마법의 땅을 통과하고 미궁, 기쁨의 산, 뿔라가 있다.
(4) 일상과 일터의 영성이 필요하다.

8. 고난(전투)의 영성

(1) 샛길이 널려 있다(도덕 마을, 위험의 길, 멸망의 길, 데마의 은광).
(2) 고난의 언덕 길, 정자에서 쉬다가 두루마리를 분실하고 되돌아가서 찾는다,
(3) 굴욕의 골짜기(겸손)에서 아볼루온과 전투에서 상처가 겸손하게 한다.
(4) 사망의 골짜기(지팡이가 지탱하고(self support), 막대기가 사탄을 때려서 쫓는다(beart, smart)
(5) 절망의 감옥에서 자살을 생각한다.
(6) 마법의 땅에서 깊은 잠을 잔다.

9. 공동체의 영성 (전 4:12)

(1) 교회는 공동체의 영성이다.
(2) 우리의 심령에 하나님이 역사하셨다.
(3) 인간의 비참한 죄의 상태를 깨닫는다(나-하나님, 하나님-나)
(4) 하나님이 나의 영혼을 찾아오셨다고 간증한다.
(5) 우리는 사탄의 유혹에 대항하여 물리쳐야 한다.
(5) 한 지체로서 서로 생각하고, 섬기며 신령한 도움을 주며, 상처를 치료받는다.
(6) 평화의 쉼터, 영적 지식, 영적 무장을 한다.
(7) 연약한 인물(심약, 주저, 낙심, 질겁)들이 교회 공동체에서 믿음으로 승리한다.
(8) 크리스티나 가족 공동체 6명과 4명의 용사들이 신앙공동체로 천성을 향해 행진한다.

10. 성화의 영성

(1) 십자가 언덕은 순례 길 5분의 1이다. 5분의 4는 거룩한 길을 더 가야 한다.
(2) 성경의 전 인물 중 3분의 1이 성화의 영성이 충만했다.
(3) 성결, 성별, 사랑과 은사가 넘쳐야 한다.

11. 영화(완주)의 영성

(1) 천성 문까지 완주하여 하늘 문이 열리고 시온성에 도착하여 감격과 감동의 눈물을 흘린다.
(2) 천사들의 나팔 소리로 "어서 오라! 영원한 영광"의 환영과 영접을 받는다.
(3) 금빛 찬란한 옷을 입고 면류관 상급을 받는다(의의 면류관, 썩지 않는 면류관, 기쁨과 자랑의 면류관, 생명의 면류관, 영광의 면류관).
(4) 예수님이 하나님 보좌 우편에서 세상을 통치하고 중보기도 하는 모습을 보며 천국의 영광을 누린다.

12. 천성(하나님 나라)의 영성

(1) 주님이 왕이시다.
(2) 주님의 통치(기름 부음)를 받는다.
(3) 새 예루살렘은 주님의 영역이다.
(4) 친백성이다(나의 백성, 나의 하나님)
(5) 언약의 나라(하나님 나라 확장)이다.

제1부

언약도가 멸망의 도시에서 천성에이르기까지의
구원의 서정을 비유적으로 묘사하고 있다

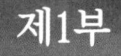

제1장

번연의 꿈 이야기

죄와 심판에 대해 괴로워하던 크리스천이
순례 여행을 시작하고 낙심의 수렁을 지나다

나는 광야 같은 이 세상을 두루 다니다가 어느 동굴[1] 앞에 이르렀다. 그 동굴에 누워 잠자다가 나는 꿈을 꾸었다. 꿈속에서 남루한 옷을 입은 한 남자를 보았다. 그는 자신의 집을 뒤로하고 서 있었고, 손에는 책 한 권을 들고 있으며, 어깨에는 무거운 짐을 지고 있었다(사 64:6; 눅 14:33; 시 38:4; 합 2:2). 내가 보고 있자니 그는 책을 펴고 읽기 시작했다. 책을 읽으면서 그는 계속 눈물 흘리며 몸을 떨었다.

그러다가 더 감정을 억제하지 못하겠는지, 슬픈 목소리로 탄식한다.

"나는 어떻게 해야 좋단 말인가?"

계속 부르짖었다(행 2:37).

이렇게 갈등하면서 그는 집으로 돌아갔다. 그리고 가능한 한 아내와 아들들이 자신의 고민을 알아차리지 못하도록 참으려 했다. 그러나 마음의 고통이 너무 심해져서 더 침묵을 지킬 수 없었다. 마침내 그는 아내와 아들들에게 마음을 열어놓기로 하고 입을 열었다.

---

[1] 동굴은 존 번연이 수감된 감옥을 말한다.

사랑하는 아내! 나의 소중한 아이들아!

사랑하는 남편과 아버지가 되어야 할 내가 나를 억누르는 짐 때문에 고통스러워서 죽을 지경에 이르렀어. 그뿐만 아니라 나는 우리가 사는 이 도시가 하늘에서 쏟아지는 불로 타버릴 것이라는 확실한 이야기를 들었어.

만일, 우리가 피해 살길을 찾지 못하면 나와 당신, 사랑하는 아이들이 다 무섭고 끔찍한 죽임을 당할 텐데 그 길을 아직 찾을 수 없으니 어쩌면 좋을까?

이 말에 그의 가족들은 매우 놀랐다. 그러나 그들이 놀란 이유는 그가 한 말을 사실로 믿어서가 아니라, 그의 정신이 이상해졌다는 생각이 들어서였다. 걱정되었지만 가족들은 밤이 되었으니 그가 잠을 자고 나면 정신이 올바로 돌아올 것으로 생각하고 서둘러 그를 잠자리에 들게 했다. 그러나 그에게는 밤 역시 낮과 마찬가지로 괴로웠다. 그래서 그는 잠 못 든 채 한숨과 눈물로 밤을 지새웠다.

아침이 되자 가족들은 그에게 좀 어떠냐고 물었다. 그는 더 심하다고 했다. 그는 가족들에게 어제 한 이야기를 다시 하기 시작했고, 가족들의 마음은 더욱 무거워졌다. 가족들은 그에게 쌀쌀맞고 퉁명스럽게 대하면 정신 이상이 나을지 모른다고 생각했다. 그래서 그의 말을 비웃거나 싫은 소리를 하기도 하고, 때로는 아예 무시하기도 했다. 그러자 그는 자기 방에 틀어박혀 가족들을 위해 기도하며, 그들을 걱정하고 자신의 불행을 슬퍼했다. 수시로 혼자 들을 거닐며 책을 읽거나 기도하면서 며칠을 보냈다.

어느 날 그는 들을 거닐며 여느 때처럼 책을 읽었다.

그러다가 마음이 심히 괴로워져서 전에 했던 것처럼 탄식한다.

크리스천 "내가 어떻게 해야 구원을 얻을 수 있는단 말인가?"

그는 이렇게 울부짖었다(행 16:30-31).

그는 도망치고 싶은 듯 사방을 두리번거렸으나, 어디로 가야 할지 도무지 알 수 없어 그 자리에 우두커니 서 있을 수밖에 없었다.

그때 복음 전도자(Evangelist)라는 이름의 한 남자가 그에게 다가와서 이렇게 물었다.

복음 전도자 "왜 울고 계십니까?"

그는 대답했다.

크리스천 "선생님! 저는 제 손에 들고 있는 이 책을 보고, 제가 죽을 것이며, 죽은 후에는 심판받을 운명에 처해 있다는 것을 알았습니다. 그런데 저는 죽고 싶지도 않고, 그렇다고 심판받고 싶지도 않습니다" (히 9:27; 욥 16:21-22; 겔 22:14).

그러자 복음 전도자가 물었다.

복음 전도자 "이 세상은 너무나 많은 악으로 가득 차 있는데, 왜 죽고 싶지 않다는 말입니까?"

그는 대답했다.

크리스천 "왜냐하면, 내가 지고 있는 이 무거운 짐이 나를 무덤보다 더 깊은 곳에 빠뜨려, 내가 도벳(사 30:33, Tophet: 예루살렘 근처의, 우상에게 사람을 제사로 들이던 곳, 지옥의 상징)에 떨어질 것이 두렵기 때문이지요.

감옥 생활도 감당 못 할 텐데, 심판받고 처형받는 것을 어떻게 감당하겠습니까?

이런 생각을 하고 있으려니 자꾸 눈물이 납니다."

복음 전도자가 다시 물었다.

복음 전도자 "당신 형편이 그렇다면 왜 우두커니 서 있기만 합니까?"

크리스천 "어디로 가야 할지 모르기 때문이지요."

그는 대답했다.

그러자 복음 전도자는 그에게 양피지로 만든 두루마리를 건네주었다. 거기에는 "임박한 진노를 피하라"(마 3:7)라고 쓰여 있었다. 그는 양피지에 쓰인 글을 읽고 복음 전도자를 매우 간절하게 바라보면서 물었다.

크리스천 "저는 어디로 피해야 할까요?"

복음 전도자는 손을 들어 넓은 들을 가리켰다.

복음 전도자 "저기 좁은 문(마 7:13-14)이 보입니까?"

그가 "안 보이는데요"라고 대답했다.

복음 전도자 "그러면 저쪽에 환하게 비치는 빛은 보이겠지요?"(시 119:105; 벧후 1:19)

다시 물었다. 그가 "보이는 것 같습니다"라고 대답하자 복음 전도자는 말했다.

복음 전도자 "저 빛에서 눈을 떼지 말고 그리로 똑바로 가십시오. 그러면 좁은 문이 보일 것입니다. 그리로 가서 문을 두드리면 당신이 어떻게 해야 할지 알려 줄 것입니다."

내 꿈속의 그 남자는 달리기 시작했다. 집에서 얼마 멀리 달려가지 못했을 때, 그의 아내와 자녀들이 그가 도망치는 것을 발견하고는 그를 따라오며 돌아오라고 외쳤다(눅 14:26). 그러나 그는 자기 귀를 손으로 막고 "생명! 생명! 영원한 생명!"이라고 외치며 계속 달려갔다. 그는 뒤돌아보지 않고(창 19:17) 평원 한가운데를 가로질러 질주했다.

이웃 사람들도 그가 도망치는 것을 보려고 나왔다. 그가 도망치는 것을 보면서 어떤 사람들은 놀려댔고, 어떤 사람들은 돌아오라고 위협했다. 또 어떤 사람들은 돌아오라고 외치면서 뒤를 쫓아왔다. 이들 중에 강제로 그를 끌어 데려오기로 작정한 두 사람이 있었다. 그중 한 사람의 이름은 외고집(Obstinate)이고, 또 한 사람의 이름은 무줏대(Pliable)였다.

현재 그는 그 두 사람에게서 상당히 멀리 떨어져 있었으나, 그들은 그를 추격하기로 작정하고 뒤를 쫓아 곧 그를 따라잡았다.

그는 따라온 사람들에게 말했다.

크리스천 "이웃 친구들이여, 무엇 때문에 나를 따라 왔습니까?"

외고집, 무줏대 "우리와 함께 돌아가자고 당신을 설득하러 따라왔죠."

그들이 대답하자 그는 이렇게 말했다.

크리스천 "절대로 그럴 수 없습니다. 당신들은 멸망의 도시에 살고 있어요. 그곳은 내가 태어난 도시이지만, 나는 그곳이 멸망할 것을 알고 있습니다. 당신들은 조만간에 그곳에서 죽어 무덤보다 더 깊은 곳으로 빠지게 될 것입니다. 그 무서운 곳은 꺼지지 않는 유황불이 타고 있는 곳이에요. 사랑하는 친구들이여! 이 사실을 깨닫고 나와 함께 가도록 합시다."

외고집 "뭐라고요?

친구들과 편안한 생활을 버리란 말이오?"

크리스천 "그렇습니다. 왜냐하면, 여러분이 버려야 할 그 모든 것은 지금 내가 찾고 있는 영원한 즐거움에 비교하면 지극히 작은 것에 불과하기 때문이죠"(고후 4:18). 만일 두 분이 나와 함께 가서 그 영원한 즐거움을 맛본다면 나와 같이 간 것을 후회하지 않을 것입니다.

왜냐구요?

내가 가고 있는 그곳에는 모든 것이 풍족하고 부족함이 없거든요 (눅 15:17). 그러니 나와 함께 가서 내 말이 사실인지 거짓인지 확인해 봅시다."

외고집 "도대체 당신이 찾는 게 무엇이길래 그것을 찾기 위해 온 세상을 버리겠다는 거요?"

크리스천 "나는 썩지 않고 더럽혀지지 않으며 쇠하지 않는 기업을 찾고 있답니다. 그 기업은 천국에 간직되어 있기 때문에(벧전 1:4-6; 히 11:6, 16) 안전하죠. 그리고 정한 때가 이르면 그 기업은 열심히 찾는 사람들에게 주어질 것입니다. 못 믿겠으면 이 책에 그 이렇게 쓰여 있는 것을 읽어 보세요."

외고집 "체, 당신 책 같은 것은 보고 싶지 않으니 치워 버려요.

그건 그렇고, 우리와 함께 돌아갈 거요, 말 거요?"

크리스천 "절대로 돌아갈 수 없어요. 왜냐하면, 나는 이미 쟁기를 손에 잡고 있어 뒤돌아볼 수가 없거든요"(눅 9:62).

외고집 "그렇다면 할 수 없지. 자! 무춧대 씨, 저 친구를 내버려 두고 우리나 돌아갑시다. 세상에는 머리가 돌아버린 인간 같지 않은 놈들이 있지요. 그들은 일단 망상에 사로잡히면, 바른 도리를 설명해 줄 수 있는 일곱 사람보다 자신이 더 현명하다고 생각하는 법이에요."

무릇대 "외고집 씨, 그렇게 욕할 것이 아닌 것 같소. 만일 이 착한 크리스천 씨가 말하는 게 사실이라면, 그가 얻고자 하는 것은 우리가 가진 것보다 더 훌륭한 것일지도 모르잖소?

나는 이 친구와 함께 가고 싶어졌소."

외고집 "뭐라고요?

바보가 하나 더 늘게 생겼네. 그러지 말고 내 말대로 돌아갑시다. 머리가 돈 저 작자가 당신을 어디로 데려가려 하는지 모른단 말이오?

자! 정신 차리고 어서 돌아갑시다."

크리스천 "아닙니다. 무릇대 씨, 당신의 이웃인 나를 따라오세요. 내가 가는 곳에서는 내가 이야기했던 것들을 모두 소유할 수 있을 뿐 아니라, 훨씬 더 많은 영광을 얻게 될 거예요. 만일 나를 못 믿겠거든 이 책에 있는 말씀을 읽어 보세요. 이 책에 표현된 모든 진리는 이 책을 지으신 분의 피로 확증되었어요"(히 9:17-22).

무릇대 "좋습니다. 여보시오 외고집 씨, 나는 결심했소. 나는 이 착한 분과 동행하기로 했소. 그와 운명을 함께할 것이오.

그런데 선한 동반자 크리스천 씨, 당신이 바라는 곳으로 가는 길은 알고 있는 겁니까?"

크리스천 "저 앞에 있는 좁은 문까지 빨리 가면, 그 길에 대해 지시를 받게 될 거라고 복음 전도자라는 사람이 가르쳐 주었답니다."

무릇대 "그럼, 선한 이웃 크리스천 씨, 어서 갑시다."

그들은 함께 걷기 시작했다.

외고집 "나나 집으로 돌아가야지. 저런 정신 나간 망상가들과는 동반자가 될 수 없어."

외고집은 집으로 돌아가고 크리스천과 무릇대는 평원을 걸으며 다음과 같은 이야기를 나누는 것을 나는 꿈속에서 보고 들었다.

크리스천 "자! 무릇대 씨, 당신은 어떠신지 모르지만, 나는 당신이 나와 동행하기로 해서 너무 기쁩니다. 외고집 씨는 유감스럽게도 가버렸지만,

만일 그 사람도 내가 아직 보지 못한 일에 대해 느낀 압박과 공포를 느꼈다면 그렇게 경솔히 우리에게 등 돌리지 못했을 것이요."

무즛대 "그건 그렇고 크리스천 씨, 이제 우리 두 사람밖에 없으니 우리가 얻고자 하는 것들이 무엇이며 어떻게 얻을 수 있는지 그리고 지금 우리가 어디로 가고 있는지 더 자세히 이야기해 주세요."

크리스천 "그것들은 말로 이야기하는 것보다는 마음으로 더 잘 알 수 있긴 하지만, 이 책을 읽어 드리죠."

무즛대 "그런데 당신은 그 책이 분명한 진실이라고 생각하십니까?"

크리스천 "그렇습니다. 정말 진실입니다. 왜냐하면, 이 책은 거짓말을 하실 수 없는 분이 만드셨거든요"(딛 1:2).

무즛대 "좋습니다. 그러면 그 책에서 말하는 게 무엇입니까?"

크리스천 "이 책에 의하면, 우리가 거할 끝없는 왕국이 있고 우리가 받을 영생이 있는데, 우리는 그 왕국에서 영원히 거할 수 있다고 하는군요" (사 65:17; 요 10:27-29).

무즛대 "좋은 얘기군요. 또 뭐라고 말하고 있죠?"

크리스천 "우리는 영광의 면류관을 쓰게 되고, 하늘의 해처럼 우리를 빛나게 할 옷을 입게 될 것이라고 합니다"(딤후 4:8; 계 22:5; 마 13:43).

무즛대 "정말 좋습니다. 또 무엇이 있지요?"

크리스천 "눈물과 슬픔이 없을 것입니다. 왜냐하면, 그 나라의 주인이신 분이 우리 눈에서 모든 눈물을 씻어 주실 것이기 때문이죠" (사 25:8; 계 7:16-17; 21:4).

무즛대 "그러면 그곳에서 우리는 어떤 친구들과 사귀게 될까요?"

크리스천 "그 나라에서 우리는 지금은 눈이 부셔 쳐다볼 수 없는 스랍 천사들과 그룹 천사들 그리고 여러 피조물과 함께 지낼 거예요(사 6:2; 살전 4:16-17). 또한, 그곳에서 우리는 우리보다 앞서 그곳으로 간 천천만만의 성도들과 만날 것이고요. 그들 중 우리를 해칠 이는 아무도 없죠. 오직 사랑스럽고 거룩한 분들만 있답니다. 우리는 영원히 용납받고, 하나님 앞에서 행하며, 하나님의 임재 가운데 거할 것입니다. 한마디로 말해, 그곳에서 우리는 장로들이 금 면류관을 쓰고 있는 것과(계 4:4) 정절을 지킨 여인들이 금거문고 타는 것을 보게 될 거예요(계 14:1-5). 또한, 그곳에서 우리는 주님을 사랑한 까닭에 세상에서 몸이 갈가리 찢기고, 불에 타고, 야수에게 먹히고, 바다에 던져진 사람들이 모두 건강한 몸으로, 마치 옷을 덧입듯 불멸을 덧입은 것을 보게 될 것입니다"(계 4:4; 14:1-5; 요 12:25; 고후 5:2-4).

무릇대 "말만 들어도 마음이 황홀해지는군요. 그런데 그 모든 것을 정말로 얻을 수 있을까요? 어떻게 해야 우리가 그 좋은 것들을 소유하게 될까요?"

크리스천 "그 나라를 다스리시는 주님께서 이 책에 다 그 방법을 기록해 놓으셨죠. 내용은 이렇습니다. 즉, 우리가 진실로 얻기를 원하면, 주님께서는 우리에게 값없이 그 축복을 주신다는 것입니다" (사 55:1-8; 요 6:37; 7:37; 계 21:6-7; 22:17).

무릇대 "나의 좋은 친구여! 정말 그 이야기를 들어 기쁘기 한량없습니다. 자! 어서 빨리 가도록 합시다."

크리스천 "나도 빨리 가고 싶지 만, 내가 짊어진 이 무거운 짐 때문에 생각만큼 빠르게 갈 수가 없군요."

그때 나는 꿈속에서 그들이 이 이야기를 마치는 것과 동시에 평원 중앙에 있는 매우 깊은 진흙 수렁으로 가까이 다가가는 것을 보았다. 아차 하는 사이에 그들은 수렁에 빠지고 말았다. 그 수렁의 명칭은 낙심의 수렁(the slough of despond)이었다. 그들은 그 수렁에서 얼마 동안 바둥거렸고, 그들의 몸은 진흙투성이가 되어 버렸다. 특히, 크리스천은 등에 짊어진 무거운 짐으로 인해 진흙 속으로 가라앉기 시작했다.

무릇대 "아이고! 크리스천 씨, 이제 어떻게 해야 하나요?"

크리스천 "사실은 나도 알 수가 없소."

무릇대는 분통이 터지기 시작해 크리스천에게 화를 냈다.

무릇대 "당신이 여태 말한 행복이 바로 이런 것이란 말이오?

출발하자마자 이렇게 재수 없는 봉변을 당했으니, 지금부터 여행이 끝날 때까지 어떤 일을 당할지 모르겠군요. 나는 내 생명을 구해 돌아갈 테니, 나는 상관 말고 당신이나 혼자 그 멋진 나라를 얻으시오."

그리고 무긋대는 필사적으로 허우적거리기를 거듭하더니, 마침내 자기 집 쪽 수렁 가장자리로 기어 나와 가버렸다. 크리스천은 그 후 그를 더 보지 못했다.

이제 크리스천은 낙심의 수렁에 혼자 남아 빠져나오려고 버둥대야만 했다. 그는 자기 반대편 좁은 문 쪽 수렁 가장자리로 기어 나오려 애썼으나, 그가 짊어진 무거운 짐 때문에 빠져나올 수가 없었다. 그때 나는 꿈속에서 크리스천에게로 다가오는 조력자(Helper)라는 이름의 남자를 보았다. 조력자는 크리스천에게 다가와 물었다.

조력자 "거기서 무얼 하고 계십니까?"

크리스천 "선생님, 나는 복음 전도자라는 사람에게서 장차 임할 진노를 피하려면 이 길로 해서 저쪽 문으로 가라는 지시를 받았답니다. 그래서 그곳으로 가다가 그만 여기 빠지고 말았어요."

조력자 "그런데 왜 발밑을 조심하지 않으셨어요?"

크리스천 "두려움이 너무 심하게 몰려와서 지름길로 도망치다가 빠져버렸죠."

조력자 "자! 손을 내미세요."

크리스천이 손을 내밀자 조력자는 그를 끌어내어 마른 땅에 세운 다음에서 갈 길을 계속 가라고 했다(시 40:2).

크리스천은 조력자를 쫓아가서 그를 잡고 질문했다.

크리스천 "선생님, 이 길은 멸망의 도시에서 저쪽 문으로 가는 길인데, 왜 수렁을 메워서 가엾은 여행자들이 안전하게 이곳을 지나갈 수 있도록 하지 않았을까요?"

그러자 조력자는 그에게 이렇게 설명해 주었다.

조력자 "이 진흙 수렁은 고칠 수 없는 곳입니다. 이곳은 죄를 깨달을 때 따르기 마련인 죄의 찌꺼기와 오염물이 계속 흘러들어오는 경사지이거든요. 그래서 이곳을 '낙심의 수렁'이라고 부른답니다. 항상 죄인이 자신의 멸망 상태를 깨달을 때, 그의 영혼에 많은 공포와 불신, 낙심과 불안이 생겨나고, 그것들이 모두 이곳에 모이게 되죠. 이것이 바로 이 토양이 나쁜 이유예요. 이곳이 계속 더러운 수렁으로 남아 있는 것을 왕께서는 기뻐하지 않으십니다(사 35:3-4, 8). 그래서 왕의 측량 기사들 지도로, 많은 일꾼이 이 작은 땅을 보수하기 위해 약 1,600여 년 동안 수고해 왔죠.

그리고 내가 알기로는 수시로 왕의 모든 영토에서 모아 온 수백만 가지의 유익한 교훈들을 적어도 2만 수레나 퍼부었어요. 그 정도면 이곳을 좋은 땅으로 만들 수 있는 최선의 재료들이니까 보수되어야 할 텐데 여전히 낙심의 수렁으로 남아 있어요. 그러니까 앞으로도 사람들이 할 수 있는 수단을 다한다 해도 이곳은 계속 수렁으로 남아 있을 것입니다.

다행히 왕이신 하나님의 명령에 따라 이 수렁 한가운데를 지나도록 만들어 놓은 매우 훌륭하고 튼튼한 계단이 있죠. 그러나 폭풍우가 칠 때마다 이 수렁이 오물을 토해내어, 이 계단은 진흙과 오물에 덮여 거의 보이지 않는답니다. 혹시 보인다 해도 어지러워 현기증이 나기 때문에 발을 헛디며 결국 진흙에 빠지고 말지요(삼상 12:21). 그러나 일단 문으로 들어가면 지면이 좋아집니다."

이때 나는 무즛대가 자기 집에 도착한 것을 꿈에서 보았다. 이웃 사람들이 그를 방문해, 어떤 사람들은 그가 돌아온 것을 보니 현명하다고 말하는가 하면, 어떤 사람들은 무즛대가 크리스천과 함께 쓸데없는 짓을 한 바보라고 말하기도 했다. 또 어떤 사람들은 일단 모험을 시작한 이상 작은 어려움 때문에 포기한 것은 비겁한 일이라고 무즛대를 놀려댔다.
무즛대는 아무 소리도 못 하고 사람들 가운데 앉아만 있었으나, 나중에는 상당히 뻔뻔스러워졌다. 그리고 그들은 화제를 바꾸어 가엾은 크리스천을 험담 대상으로 삼기 시작했다. 무즛대에 대한 이야기는 이것이 전부이다.

제2장

세상 지혜자(세속 현자)의 말에 귀 기울여 길을 벗어나나, 복음 전도자의 도움으로 여행을 계속하다

크리스천은 혼자 쓸쓸히 걷고 있었다. 그때 그는 어떤 사람이 멀리서 들을 가로질러 그에게로 다가오는 것을 발견했다. 그들은 서로 지나가며 마주치게 되었다. 그와 마주친 신사의 이름은 세상 지혜자(Worldly Wiseman)였다. 그는 크리스천이 살던 도시에서 가까운 세속 정책(Carnal Policy)이라는 이름의 매우 큰 도시에 살고 있었다. 그는 크리스천을 얼핏 알아보았다.

왜냐하면, 크리스천이 멸망의 도시를 떠난 일은 크리스천이 살던 도시에서만 크게 소문난 것뿐만 아니라, 다른 지역들에서도 화제가 되기 시작했기 때문이다. 그러므로 세상 지혜자는 크리스천이 힘들게 걸어가는 모습과 그의 한숨, 신음 등을 보고 이 사람이 크리스천이라고 짐작하고 다가와 말을 걸었다.

세상 지혜자 "안녕하십니까?

선생, 이렇게 힘들고 괴로운 모습으로 어딜 가십니까?"

크리스천 "사실 제가 생각해도 이렇게 힘들고 괴로운 모습의 불쌍한 인간이 어디 있겠습니까?

선생께서 제게 어디로 가느냐고 물으셨으니 말씀해 드리죠. 저는 제 앞의 좁은 문으로 가고 있습니다. 왜냐하면, 저곳에서 저의 무거운 짐을 벗는 방법을 배울 수 있다고 들었거든요."

세상 지혜자 "당신에게는 아내와 자녀들이 있지 않습니까?"

크리스천 "그렇습니다. 그러나 저는 이 무거운 짐에 너무 시달려서 전처럼 아내와 자녀들에게서 기쁨을 얻을 수가 없답니다. 이제 그들은 제게 없는 거나 마찬가지예요"(고전 7:29).

세상 지혜자 "내가 충고하면 들어주시겠소?"

크리스천 "좋은 충고라면 들어야지요. 저는 지금 좋은 충고가 필요한 입장이거든요."

세상 지혜자 "그러면 충고하리다. 어서 빨리 그 무거운 짐을 벗어 버리시오. 왜냐하면, 그 짐을 벗어 버리기 전까지는 절대로 마음이 안정되지 않을 것이며, 하나님이 당신에게 주신 축복의 유익들을 즐거워할 수 없기 때문이오."

크리스천 "이 무거운 짐을 벗는 것이 바로 제가 간절히 바라는 바입니다. 그러나 제힘으로는 이 짐을 벗을 수가 없어요. 또한 이 나라의 누구도 제 어깨에서 이 짐을 치워 줄 수 있는 사람이 없답니다. 그러므로 제가 말한 대로 이 길로 가서 제 짐을 벗으려는 것입니다."

세상 지혜자 "그 짐을 벗기 위해 이 길로 가라고 말한 사람이 누구요?"

크리스천 "매우 훌륭하고 존경스럽게 보이는 사람이었어요. 제 기억으로 그분의 이름은 복음 전도자라고 했습니다."

세상 지혜자 "그런 충고를 하다니, 괘씸한 사람이군! 이 세상에 그가 당신에게 지시한 것보다 더 위험하고 힘든 길은 없소. 그의 충고를 따른다면 당신은 그 길이 얼마나 위험하고 힘든지 알게 될 것이오. 당신이 낙심의 수렁의 진흙으로 범벅이 되어 있는 걸 보니 이미 어떤 위험을 만났는지 알 수 있소.

그러나 그 수렁은 이 길을 가는 사람들을 따라다니는 많은 고난 중 시작에 불과합니다. 나는 당신보다 나이가 많으니까 내 말을 들으시오. 당신은 이 길에서 피로와 고통, 굶주림, 위험, 헐벗음, 칼, 사자, 용, 암흑 등, 한

마디로 말해 죽음 외에 만날 것이 없을 것이오. 이 무서운 일들은 많은 증거로 확인된 틀림없는 사실이오. 그런데 낯선 사람의 말을 듣고 이런 위험들에 경솔하게 몸을 내던져서야 하겠습니까?"

크리스천 "글쎄요, 그렇지만 저에게는 제가 짊어진 이 무거운 짐이 선생께서 언급한 그 모든 무서운 일들보다 더 무서운 걸요. 그래서 저는 이 짐으로부터 해방될 수만 있다면 이 길에서 무엇을 만나던지 상관없을 것 같습니다."

세상 지혜자 "처음에 어쩌다가 그 무거운 짐을 지게 되었소?"

크리스천 "제 손에 있는 이 책을 읽은 다음부터입니다."

세상 지혜자 "그럴 줄 알았소. 다른 어리석고 심약한 사람들에게 일어난 일이 당신에게도 일어난 것이오. 그들은 자신에게 과분한 일에 쓸데없이 참견했다가 갑자기 정신착란에 빠지곤 하죠. 이 정신착란은 당신이 그러하듯, 인간을 비인간화시킨답니다. 그뿐만 아니라 무엇인지 알지도 못하는 것을 얻으려는 자포자기의 모험으로 사람을 몰아가기도 하고요."

크리스천 "저는 제가 얻으려는 것이 무엇인지 알고 있습니다. 그것은 제가 무거운 짐으로부터 편안함을 얻는 것입니다."

세상 지혜자 "그런데 왜 편안함을 얻으려고 수많은 위험이 있는 것을 알면서 이 길을 택하는 거요?

만일, 내 말을 참고 듣는다면 당신이 위험에 뛰어들 필요 없이 바라는 바를 얻는 방법을 가르쳐 드릴 수 있어요. 실로 구제책은 가까운 데 있는 법입니다. 그뿐만 아니라, 나는 이 위험들 대신 큰 안전과 우정 그리고 만족을 얻는 방법까지 덧붙여 알려드리겠소."

크리스천 "선생님, 제발 그 비결을 알려 주십시오."

세상 지혜자 "저쪽을 보시오. 저 도덕(Morality)이라는 마을에는 율법(Legality)이라는 이름을 가진 분이 살고 계십니다. 그분은 매우 판단력이 뛰어나고 당신처럼 어깨에 무거운 짐을 지고 있는 사람들이 짐을 벗도록 돕는 능력에 있어 명성이 뛰어난 분이지요. 내가 알기로 그는 훌륭한 일을 많이 했어요. 그리고 그분은 무거운 짐을 벗도록 도와줄 뿐만 아니라, 무거운 짐으로 인해 약간 정신이 이상해진 사람들을 치료하는 기술도 갖고 있어요. 내가 말한 대로 그에게 가면 즉각 도움을 받을 수 있을 거요. 그분의 집은 여기서 별로 멀지 않아요. 만일 그분이 집에 안 계시면, 그분의 아들인 예절(Civility)이라는 예쁘게 생긴 어린 아들을 찾으시오. 그 아들도 아버지 못지 않게 당신을 도울 수 있을 겁니다.

그곳에서 무거운 짐을 벗은 다음 당신이 살던 곳으로 돌아가고 싶지 않으면—사실 나도 당신이 돌아가는 것이 바람직하지 못하다고 생각합니다—도덕 마을에 아내와 자녀들을 불러와서 살아도 좋을 것입니다. 그 마을은 현재 빈집들이 여러 채 있으니까, 그중 한 채를 적당한 가격으로 살 수 있거든요.

또한, 그 마을은 식료품값이 저렴하고 품질이 좋아요. 그러니 그 마을에서 더 행복한 생활을 하게 될 거예요. 또한, 그 마을에서 당신은 신용 있고 훌륭한 상류 사회 이웃들과 더불어 살게 될 것을 보장합니다."

크리스천은 잠시 주저했으나 곧 결심했다. 이 신사의 말이 사실이라면, 그의 충고를 따르는 것이 가장 현명한 길이라고 생각하고 크리스천은 다시 물었다.

크리스천 "그 훌륭하신 분 댁은 어디로 가면 됩니까?"
세상 지혜자 "저기 높은 언덕이 보입니까?"
크리스천 "예, 아주 잘 보입니다."
세상 지혜자 "그 언덕으로 올라가서 첫 번째 집이오."

크리스천은 율법 씨의 집을 찾아가 도움을 얻기 위해 길을 바꿨다. 그러나 그가 힘들게 언덕까지 갔을 때 그 언덕은 매우 높아 보였고, 길가에 솟아 있는 언덕 측면이 상당히 돌출되어 있어, 언덕이 머리 위로 무너져 내릴 것 같아 더 앞으로 나아가기 두려웠다. 그래서 그는 어찌할 바를 모르고 망연히 서 있었다. 게다가 그가 길을 바꾸어 오는 동안 등에 진 짐이 더 무겁게 느껴지기 시작했다. 그런데 또 갑자기 언덕에서 불꽃이 솟아오르는 것이 아닌가!

크리스천은 그 불에 타죽을 것이 두려워졌다(출 19:16-18; 히 12:21). 그 자리에서 크리스천은 진땀을 흘리며 떨고 서 있을 수밖에 없었다.

이제 크리스천은 자신이 세상 지혜자의 말을 따른 것을 후회하기 시작했다. 그때 그는 복음 전도자가 자기 쪽으로 오는 것을 발견했다. 그는 난처해 얼굴이 붉어지기 시작했다. 복음 전도자는 점점 가까이 다가와 그와 마주 서더니, 엄하고 무서운 표정으로 그를 쳐다보며 나무라기 시작했다.

복음 전도자 "크리스천 씨, 여기서 무엇을 하고 있습니까?"

이 질문에 크리스천은 어떻게 대답해야 할지 몰라서, 아무 말 못 하고 우두커니 서 있을 뿐이었다. 그러자 복음 전도자가 다시 말했다.

복음 전도자 "당신은 멸망의 도시 성벽 밖에서 울고 있던 사람이 아닙니까?"

크리스천 "그렇습니다. 선생님 제가 바로 그 사람입니다."

복음 전도자 "내가 좁은 문으로 가는 길을 가르쳐 드리지 않았나요?"

크리스천 "예, 가르쳐 주셨습니다."

복음 전도자 "그런데 이게 웬일입니까?
 어째서 이렇게 빨리 빗나갔습니까?
 지금 선생은 그곳으로 가는 길에 있지 않군요."

크리스천 "낙심의 수렁을 빠져나온 다음 바로 한 신사를 만났는데, 그분이 저 앞마을에 가면 제가 무거운 짐을 벗겨 줄 사람을 찾을 수 있다고 강력하게 권했답니다."

복음 전도자 "도대체 그 사람은 무얼 하는 사람이던가요?"

크리스천 "그 사람은 신사처럼 보였습니다. 그리고 제게 많은 이야기로 결국 자신의 말을 따르게 해, 저는 여기까지 오게 됐죠. 그런데 이 언덕을 쳐다보니 길 위에 솟아오른 모양이 내 머리 위에 떨어질 것 같아 갑자기 발을 멈추었습니다."

복음 전도자 "그 신사가 당신께 무슨 말을 하던가요?"

크리스천 "어디로 가느냐고 물었습니다."

복음 전도자 "그다음에는 뭐라던가요?"

크리스천 "가족이 있느냐고 물었죠. 그래서 전 제가 짊어진 짐에 너무 시달려서, 전처럼 아내와 자녀들에게서 기쁨을 얻을 수 없다고 대답했고요."

복음 전도자 "그러니까 그가 또 뭐라고 말하던가요?"

크리스천 "빨리 짐을 벗어 버리라고 했습니다. 그래서 그것이 바로 내가 찾고 있는 편안함이고, 그것 때문에 구원의 장소에 다다를 수 있는 더 자세한 지시를 얻고자 저쪽 문을 향해 가고 있다고 대답했죠. 그랬더니 그 사람은 제게 선생님이 가르쳐주신 길처럼 어려움이 따르지 않는 보다 쉬운 지름길을 알려 주겠다고 했어요. 그리고 그는 이 무거운 짐을 벗겨 줄 수 있는 한 신사의 집으로 가라더군요. 그래서 저는 그 사람을 믿고 빨리 이 무거운 짐에서 편안함을 얻을 수 있다면 얼마나 행복할까 생각하며 그 길을 버리고 이 길로 들어섰습니다. 그러나 이곳에 와 보니 이처럼 무서운 광경들이 있어, 아까 말씀드린 것처럼 두려워 어찌할 바를 모르고 서 있는 것입니다."

복음 전도자 "당신께 알려 드릴 하나님의 말씀이 있으니 잠깐 그대로 서 계십시오."

크리스천은 떨며 서 있었다. 복음 전도자는 하나님의 말씀을 읽었다.

> 너희는 삼가 말씀하신 이를 거역하지 말라 땅에서 경고하신 이를 거역한 그들이 피하지 못하였거든 하물며 하늘로부터 경고하신 이를 배반하는 우리일까보냐(히 12:25).

복음 전도자는 하나님의 말씀 한 곳을 더 읽었다.

> 나의 의인은 믿음으로 말미암아 살리라 또한 뒤로 물러가면 내 마음이 그를 기뻐하지 아니하리라 하셨느니라(히 10:38).

복음 전도자는 말씀을 읽은 다음 그 말씀을 이렇게 적용해 들려주었다.
복음 전도자 "당신은 이 불행을 향해 달려가고 있습니다. 당신은 지극히 높으신 분의 권고를 거절하고 평화의 길에서 발길을 돌려서, 거의 멸망을 자초하는 자리에 이르기 시작하고 있는 것입니다."

이 말을 듣던 크리스천은 사색이 되어 복음 전도자의 발 앞에 엎드리며 울부짖었다.

크리스천 "어쩌죠?

나는 이제 끝이군요."

이 모습을 보고 복음 전도자는 오른손을 잡아 일으키며 말했다.

복음 전도자 "사람에 대한 모든 죄와 모독은 사하심을 얻을 수 있습니다(마 12:31; 막 3:28). 믿음 없는 자가 되지 말고 믿는 자가 되십시오"(요 20:27).

이 말에 크리스천은 약간 생기를 되찾았으나 여전히 복음 전도자 앞에서 떨고 있었다.

복음 전도자는 말을 계속했다.

복음 전도자 "내가 당신에게 말할 일들에 더욱 진지하게 주의를 기울이십시오. 이제 나는 당신에게 당신을 미혹한 자가 누구이며, 또한 그가 누구에게로 당신을 보냈는지 설명해 드리겠습니다. 당신이 만났던 자는 세상 지혜자라고 하죠. 그렇게 불리는 것이 정확합니다.

왜냐하면, 그는 이 세상의 교훈만이 입맛에 맞아(요일 4:5), 항상 도덕 마을의 교회를 다니기 때문입니다. 그리고 그는 이 세상의 교훈을 가장 사랑해, 그것을 얻기 위해 십자가로부터 가장 멀어졌기 때문이고요(갈 6:12). 또한, 그는 이러한 세속적인 기질을 갖고 있으므로 제 방법들이 옳은데도 그 방법들을 왜곡시키려 애씁니다. 이 자의 권고에서 당신이 혐오해야 했던 세 가지 사항이 있어요.

(1) 당신을 바른길에서 돌이키려 한 것,

(2) 십자가를 당신에게 끔찍한 것이 되게 하려 애쓴 것,

(3) 당신의 발길을 사망의 권세로 나가는 길로 이끈 것입니다.

첫째, 당신은 그가 당신을 바른길에서 돌이키게 하고, 당신이 거기에 동의한 것을 혐오해야 합니다. 왜냐하면, 이것은 세상 지혜자의 권고를 듣기 위해 하나님의 권고를 거절한 것이기 때문이죠. 주님께서는 좁은 문으로 들어가기를 힘쓰라(눅 13:24)고 말씀하십니다. 그것은 바로 제가 당신께 가라고 한 그 문이죠.

또한, 주님께서는 구원으로 인도하는 문은 좁고 길이 협착해 찾는 이가 적다(마 7:13-14)고 말씀하십니다. 세상 지혜자라는 그 악한 자는 이 좁은 문에서 그리고 그리로 가는 길에서 당신을 돌아가게 해 거의 멸망에 이르게 했어요. 그러므로 그가 이 길에서 당신을 돌이키게 한 것을 미워하고, 그의 말에 귀 기울인 당신 자신을 혐오해야 합니다.

둘째, 당신은 그가 십자가를 당신에게 끔찍스러운 것이 되게 하려 애쓴 것을 증오해야 합니다. 당신은 십자가를 애굽의 모든 보화보다 더 큰 재물로 여겨야 해요(히 11:25-26). 그뿐 아니라, 영광의 왕께서는 당신에게 '제 목숨을 얻고자 하는 자는 잃을 것이요'(눅 17:33)라고 말씀하셨어요. 또한, 말씀하셨죠.

> 무릇 내게 오는 자가 자기 부모와 처자와 형제와 자매와 더욱이 자기 목숨까지 미워하지 아니하면 능히 내 제자가 되지 못하고 누구든지 자기 십자가를 지고 나를 따르지 않는 자도 능히 내 제자가 되지 못하리라(눅 14:26-27).

십자가 없이는 영생을 얻을 수 없다고 말씀하셨는데, 십자가를 당신의 죽음이라고 설득하는 교리는 반드시 혐오해야 합니다.

셋째, 당신은 그가 당신의 발길을 사망의 권세로 나아가는 길로 이끈 것을 증오해야 합니다. 그리고 여기서 당신은 그가 당신을 보내려고 한 대상이 누구인지를, 또 그가 당신을 절대로 무거운 짐에서 해방해 줄 수 없다는 것을 깊이 생각해 보아야 합니다.

당신이 편안함을 얻으려고 찾아가는 율법이라는 이름을 가진 자는 현재 자녀들과 함께 종노릇하는 여종의 아들이에요(갈 4:21-27). 그리고 그 여종은 바로 당신이 머리 위로 무너질까 봐 두려워했던 불가사의한 시내산이고요. 자, 생각해 보십시오.

그녀가 자녀들과 함께 종노릇하고 있는데 어떻게 당신이 그들에 의해 자유로워질 것을 기대할 수 있겠습니까?

따라서, 이 율법이라는 자는 당신을 그 무거운 짐에서 자유롭게 할 수 없어요. 지금까지 아무도 그에 의해 짐을 벗은 사람이 없었고, 앞으로도 없을 거예요. 당신은 율법의 행위로 의롭다 하심을 얻을 수 없습니다.

왜냐하면, 율법의 행위로 자신의 무거운 짐을 벗을 수 있는 사람은 아무도 없기 때문이죠. 세상 지혜자는 이방인이고, 율법은 사기꾼입니다. 그리고 율법의 아들 예절은 곱상한 표정을 하고 있지만, 위선자에 불과해 당신을 도울 수 없어요. 나를 믿으십시오. 이 바보 같은 자들에 대해 당신이 들은 모든 헛소리는 내가 알려준 길에서 당신을 돌이키게 함으로써, 당신을 미혹해 구원을 빼앗으려는 흉계 외에 아무것도 아니랍니다."

이 말을 한 다음 복음 전도자는 하늘을 향해 큰소리로 자신의 말을 확인해 주시기를 구했다. 그러자 불쌍한 크리스천이 바라보던 산으로부터 말씀과 불길이 솟아올라 크리스천의 모골을 송연하게 했다. 그 말씀은 이렇게 선언했다.

> 무릇 율법 행위에 속한 자들은 저주 아래에 있나니 기록된 바 누구든지 율법 책에 기록된 대로 모든 일을 항상 행하지 아니하는 자는 저주 아래에 있는 자라 하였음이라 (갈 3:10).

이제 크리스천은 죽음밖에는 바랄 것이 없어 슬프게 통곡하기 시작했다. 그는 세상 지혜자와 만난 시간까지도 저주하며, 그의 권고에 귀 기울인 자신을 바보 중에 가장 바보라고 여겼다. 또한, 그는 세상의 욕망에서 흘러나온 세상 지혜자의 주장들을 유익하다고 생각해 바른길을 저버린 자신이 너무 수치스러웠다. 이렇게 고민하다가 그는 다시 복음 전도자에게 애원했다.

크리스천 "선생님, 어떻게 생각하십니까?

 아직 저에게 소망이 있을까요?

 지금 다시 돌아가서 좁은 문으로 갈 수 있을까요?

 그렇지 않으면 이 일로 인해 하나님으로부터 버림 당하고 수치스럽게 고향으로 되돌아가야 할까요?

 세상 지혜자의 권고에 귀 기울인 것이 후회됩니다.

 저의 죄를 용서받을 수 있을까요?"

복음 전도자 "당신의 죄는 두 가지 악을 범했기 때문에 매우 중합니다. 당신은 선한 길을 버리고 금지된 길을 밟았어요. 그렇지만 좁은 문을 지키는 사람은 누구에게나 친절하니까 당신을 받아 줄 겁니다. 다시 곁길로 나가지 않도록 주의하세요."

> 그렇지 아니하면 진노하심으로 너희가 길에서 망하리니 그의 진노가 급하심이라 (시 2:12).

크리스천은 돌아갈 자세를 취했다. 그러자 복음 전도자는 크리스천에게 입 맞추고 미소를 지으며 가는 길의 안전을 빌어주었다. 크리스천은 서둘러 걸었다. 그는 길에서 만나는 누구와도 말을 하지 않았고, 누가 말을 걸어도 한 마디도 대답하지 않았다. 그는 계속 금지된 땅을 밟았던 사람답게 걸어갔다. 그리고 자신이 세상 지혜자의 권고를 따라 버렸던 바른길에 다시 들어서기까지는 절대로 자신을 안전하다고 생각할 수 없었다.

제3장

좁은 문을 지나 해설자의 집에 영접되어
여러 유익한 일들을 보다

얼마 후 크리스천은 마침내 좁은 문 앞에 도착했다. 문 위에는 말씀이 쓰여 있었다.

두드리는 이에게는 열릴 것이니라(마 7:8).

크리스천은 계속 문을 두드리며 말했다.
크리스천 "지금 제가 여기로 들어갈 수 있을까요? 비록 저는 들어갈 수 없는 배반자였지만, 안에 계신 분께서 저를 불쌍히 여겨 문을 열어 주실 수 있겠습니까?
만일 열어 주신다면, 하나님의 영원하신 찬송을 높이 부르겠습니다."
이윽고 친절(Good will), 즉, 선의라는 이름의 엄숙한 모습을 한 사람이 문에 나와서 물었다.
친절 "누구십니까?
어디서 오셨나요?
무슨 볼일이 있으신지요?"

크리스천 "저는 무거운 짐을 진 불쌍한 죄인이랍니다. 저는 멸망의 도시에 장차 임할 진노로부터 구원을 얻기 위해 시온산으로 가는 길이에요. 이 문이 그곳으로 가는 길이라고 들었습니다. 선생님께서 저를 들어가게 해 주실지 알고 싶군요."

친절은 "진심으로 환영합니다"라고 말하면서 문을 열었다.

크리스천이 발을 들여놓으려 하자, 친절은 와락 그를 끌어당겼다.

크리스천은 놀라서 "왜 그러십니까?"

이렇게 물었다. 그러자 친절은 "이 문에서 얼마 멀어지지 않은 곳에 견고한 성이 하나 서 있는데, 그 성의 성주는 바알세불이죠. 바알세불과 그의 부하들은 그 성에서 이 문으로 오는 사람들을 들어오기 전에 죽이려고 활을 쏘아대고 있어요"라고 대답했다.

크리스천이 "그 말씀을 들으니 기쁘기도 하고 떨리기도 하는군요"라고 말하자, 문지기 친절은 물었다.

친절 "누가 이곳을 가르쳐 주었나요?"

크리스천 "복음 전도자라는 분이 이리로 와서 문을 두드리라고 일러주었죠. 그리고 그분은 선생님께서 제게 무엇을 해야 할지 설명해 주실 거라고 말씀하셨어요."

친절 "열린 문이 당신 앞에 있으니, 아무도 그 문을 닫을 수 없답니다."

크리스천 "이제야 위험을 무릅쓴 보람을 거두기 시작하는군요."

친절 "그런데 어떻게 혼자 오셨습니까?"

크리스천 "제가 위험하다고 생각한 것처럼 자신들이 위험하다고 생각한 이웃이 아무도 없었기 때문이죠."

친절 "그들 중에 당신이 이리로 온 것을 아는 사람이 있나요?"

크리스천 "있고말고요. 아내와 자녀들이 먼저 저를 보고 돌아오라고 불렀어요. 또 몇몇 이웃들도 서서 큰 소리로 돌아오라고 외쳤죠. 그러나 저는 손으로 귀를 막고 계속 걸어왔습니다."

친절 "그러면 당신을 쫓아와서 돌아가자고 설득한 사람은 아무도 없었나요?"
크리스천 "있었습니다. 외고집과 무줏대라는 친구들이 쫓아왔지요. 하지만 설득해도 소용없다는 것을 알고 외고집은 욕하면서 돌아갔고, 무줏대는 잠깐 저와 동행했습니다."
친절 "그런데 왜 그는 함께 여기까지 오지 않았습니까?"
크리스천 "사실은 함께 오다가 낙심의 수렁에 이르러 갑자기 둘 다 빠져버렸어요. 그래서 이웃 무줏대는 용기를 잃고 더 위험을 무릅쓰려 하지 않게 되었지요. 그래서 그는 자기 집 쪽의 언덕으로 기어 올라가서는, 제게 상관 말고 그 좋은 나라를 가지라고 말하고는 자기 길을 갔고, 저는 제 길을 갔지요. 무줏대는 결국 외고집을 따라갔고, 저는 이 문으로 오게 된 것입니다."
친절 "저런, 불쌍한 사람 같으니라고! 그에게는 천국의 영광을 얻는 것이 작은 어려움을 무릅쓰는 것보다 가치 없이 보이거나, 그 영광을 너무 작게 평가했나 보군요."
크리스천 "사실은 제가 무줏대 씨에 대해 말했지만, 저 자신에 대해서도 말한다면, 저도 그보다 나을 것이 없어 보일 것입니다. 그는 자기 집으로 돌아갔지만, 저는 세상 지혜자라는 자의 가증스러운 주장에 설득당해 곁길로 벗어나 사망의 길로 갔었거든요."
친절 "아니, 당신도 그자와 만났습니까?
저런! 그자가 당신에게 율법이라는 자에게서 편안함을 구하라고 했겠군요. 그들은 모두 사기꾼들이죠. 그런데 당신은 그의 권고를 받아들였군요."
크리스천 "예, 할 수 있는 데까지 받아들인 것이 사실입니다. 저는 율법을 찾아 나섰죠. 그런데 그의 집 근처에 있는 산이 제 머리 위에 무너질 것 같은 생각이 들어 거기서 멈춰 서지 않을 수 없었습니다."
친절 "그 산은 많은 사람의 목숨을 앗아갔고, 앞으로도 더 많은 사람을 죽게 할 거예요. 당신이 그 산에 깔려 가루가 되지 않고 피한 것은 천만다행입니다."
크리스천 "정말 그렇습니다. 만일 제가 그곳에서 기운이 빠져 당황하고 있을 때, 다행스럽게도 복음 전도자님을 다시 만나지 못했다면, 저는 어떻게 되었을지 모릅니다. 복음 전도자님을 제가 다시 만난 것은 하나님이 긍휼히 여기셨기 때문이에요. 그렇지 않다면 저는 절대로 여기 이르지 못했을 거예요.

그러나 저는 사실상 주님과 서서 이야기하기보다는 그 산에 깔려 죽는 게 더 합당한 사람으로 지금 여기 왔습니다.

그런데 제가 이곳에 들어오도록 허락받았으니, 이 얼마나 큰 은총입니까?"

친절 "우리는 누구도 이리로 들어오는 것을 막지 않는답니다. 그들이 여기 오기 전에 행한 모든 일에도 불구하고 주님께서는 '내가 결코 내쫓지 아니하리라'(요 6:37)라고 약속하셨습니다. 그러니까 선한 크리스천 씨, 나와 함께 저리로 가십시다. 내가 당신의 갈 길에 대해 가르쳐 드리겠습니다.

저 앞을 보십시오. 좁은 길이 보이십니까?

저 길이 당신이 가야 할 길입니다. 저 길은 믿음의 족장들과 예언자들, 그리스도 자신과 그리스도의 사도들이 닦아놓은 길이기 때문에 자로 그어놓은 것처럼 똑바릅니다. 당신은 이 길로 가야 합니다.

크리스천 "생소한 사람이 길을 잃게 하는 샛길이니 갈림길들이 그 길에는 없나요?"

친절 "있죠. 넓고 굽은 많은 길이 이 길과 연결되어 있죠. 그러나 당신은 옳은 길과 그릇된 길을 구별할 수 있을 것입니다. 왜냐하면, 옳은 길은 똑바르고 좁거든요"(마 7:14).

크리스천 "한 가지 더 여쭤 보겠습니다. 저는 이 무거운 짐을 벗고 싶은데, 누군가의 도움 없이는 벗을 수가 없어요.

혹시 당신이 이 짐을 벗도록 도와주실 수 있습니까?"

친절 "그 짐은 구원의 장소에 이를 때까지 지고 가야 합니다. 그곳에 이르면 그 짐은 저절로 당신의 등에서 굴러떨어질 거예요."

크리스천은 허리띠를 졸라매며 길 떠날 준비를 하기 시작했다.

친절 "이 문에서 조금 가시면 해설자(Interpreter)의 집에 이를 거예요. 그 문을 두드리십시오. 그러면 해설자가 나와서 당신에게 여러 가지 좋은 일들을 가르쳐 줄 거예요."

크리스천이 친절에게 작별을 고하자, 친절은 성공적인 여행을 기원했다.

크리스천은 해설자의 집까지 쉬지 않고 걸어가서 그 문을 여러 번 두드렸다. 그러자 어떤 사람이 나와서 누구냐고 물었다.

크리스천 "저는 이 댁의 주인님을 잘 아시는 분이 이리로 가서 주인님에게서 유익한 것을 얻으라고 가르쳐 주셔서 온 여행자입니다. 이 댁 주인님과 이야기하기를 원합니다."

문간에 나왔던 하인이 주인에게 고하자, 잠시 후 주인인 해설자가 나와서 무슨 용건이냐고 물었다.

크리스천 "저는 멸망의 도시에서 시온산으로 가는 사람인데, 이 길 어귀에 있는 분께서 이리로 가면 당신이 제 여행에 유익한 일들을 가르쳐 주실 거라고 말씀하셔서 이렇게 찾아왔습니다."

해설자 "어서 들어오십시오. 당신께 도움 될 만한 일들을 보여 드리도록 하죠."

해설자는 하인에게 등불을 켜라고 명하고는 크리스천에게 따라오라고 했다. 그는 크리스천을 어느 방으로 인도한 다음 하인에게 문을 열라고 했다. 하인이 방문을 열자 크리스천은 그 방 벽에 걸려 있는 매우 엄숙한 인물의 초상화를 볼 수 있었다. 그 초상화의 인물은 손에 가장 훌륭한 책을 들고 하늘을 바라보고 있었다. 그의 입술 위에는 진리의 율법이 기록되어 있었고, 그의 등 뒤에는 세상이 펼쳐져 있었다. 그는 사람들을 설득하는 모습으로 서 있었고, 머리에는 황금 면류관을 쓰고 있었다.

크리스천 "이 그림은 무엇을 의미합니까?"

해설자 "이 초상화의 인물은 보기 드물게 귀한 사람이랍니다. 그는 자녀를 낳음으로(고전 4:15) 해산의 수고를 하고(갈 4:19), 자녀를 낳은 다음 양육할 수 있는 사람이죠. 보시는 바와 같이 그의 눈은 하늘을 향하고 있고, 손에는 가장 훌륭한 책을 들고 있어요. 그리고 입술 위에는 진리의 율법이 기록되어 있습니다. 또한, 이 그림의 인물이 사람들을 설득하는 것처럼 서 있는 모습을 통해 알 수 있는 바와 같이, 이 그림의 내용이 당신에게 가르쳐 주는 것은, 이 사람이 하는 일이 흑암의 일들을 알아내어 죄인들에게 설명해 주는 일이라는 것입니다.

또한, 당신은 그가 세상을 뒤로하고 있고 머리에 면류관을 쓰고 있는 것을 봅니다. 당신이 여기서 배워야 하는 바는 주님을 사랑으로 섬기기 위해 이 세상의 일들을 중히 여기지 않는 사람은 반드시 내세에 영광의 상을 받게 된다는 사실이에요. 내가 이 그림의 인물을 맨 먼저 당신에게 보여 준 이유는, 당신이 가고 있는 곳의 주님께서 이 그림의 인물을 당신의 유일한 인도자, 곧 당신이 길에서 만날지 모르는 온갖 어려움 가운데 당신을 안내할 유일한 인도자로 세우셨기 때문이죠. 그러므로 내가 당신에게 보여 준 것을 특별히 유의하고 명심하십시오. 그렇지 않으면 당신이 가는 길에서 바른길로 당신을 안내하는 것처럼 가장하는 자들과 만날 때, 그들을 따라 사망에 빠져버릴 것입니다."

그런 다음 해설자는 크리스천의 손을 잡고 매우 넓은 응접실로 안내했다.

그런데 그 응접실은 전혀 청소한 적이 없어 먼지가 가득했다. 해설자는 그 방을 잠시 둘러본 다음 한 사람을 불러 청소를 시켰다. 그가 청소를 시작하자 얼마나 많은 먼지가 일어나는지, 크리스천은 거의 숨이 막힐 듯했다. 그러자 해설자는 옆에 서 있는 소녀에게 "물을 가져다 뿌리럼" 하고 지시했다. 소녀가 물을 가져다 뿌리자 먼지가 가라앉고 응접실은 깨끗하게 청소되었다.

크리스천 "이것은 무엇을 의미하나요?"

해설자 "이 응접실은 복음의 달콤한 은혜에 의한 성화를 전혀 경험하지 못한 사람의 마음이죠. 이 먼지는 그 사람 전체를 더럽힌 원죄와 마음속의 부패입니다. 처음에 청소를 시작한 남자는 율법이고, 물을 가져와서 뿌린 소녀는 복음입니다. 보시다시피 율법은 이 방을 청소할 수가 없었어요.

그가 청소를 시작하자마자 먼지가 온 방에 가득해 숨도 쉴 수 없지 않았습니까?

여기에서 당신이 깨달아야 하는 것은, 율법이 그 행위로 죄를 발견하고 금하려 해도 마음을 죄에서 깨끗하게 하기는커녕, 영혼에 죄를 자극하고 강화하며 증가시킨다는 것입니다.

왜냐하면, 율법은 죄를 정복할 능력을 주지 못하기 때문이죠(롬 5:20; 7:7-11; 고전 15:56).

그러나 소녀가 물을 뿌리자 방이 깨끗하고 기분 좋게 청소되는 것을 보셨지요?

이것은 복음이 달콤한 은혜의 영향력으로 마음에 들어올 때, 마치 소녀가 물을 바닥에 뿌려 먼지를 가라앉히는 것처럼 죄가 극복되고, 영혼이 복음을 믿음으로 인해 정결해지며, 영광의 왕께서 거하시기에 합당하게 된다는 것을 당신께 보여 드리고 있습니다"(요 14:21-23; 15:3; 행 15:9; 롬 16:25-26; 엡 5:26).

이어 나는 꿈속에서 해설자가 다시 크리스천의 손을 잡고 두 명의 어린이가 각각 다른 의자에 앉아 있는 작은 방으로 데려가는 것을 보았다. 그중 큰 어린이의 이름은 욕망(Passion)이었고, 작은 어린이의 이름은 인내(Patience)였다. 욕망은 매우 불만스러워 보인 반면 인내는 매우 평화스러웠다.

크리스천이 "욕망이 불만스러워하는 이유는 무엇이지요?"

해설자는 "이 아이들의 아버지가 내년 초에 가장 좋은 선물을 줄 테니 기다리라고 했는데, 욕망은 지금 당장 갖고 싶어하죠. 반면에 인내는 즐겁게 기다리고 있고요"라고 대답했다.

그때 꿈속에서 나는 어떤 사람이 욕망에게 한 자루의 보물을 가져와서 발 앞에 쏟아놓는 것을 보았다. 욕망은 그 보물들을 가지고 놀면서 인내를 비웃고 조롱했다. 그러나 잠깐 사이에 욕망이 그 보물들을 몽땅 낭비해 버려, 넝마 조각밖에 남지 않은 것을 나는 보았다.

크리스천 "이 일을 제게 좀 더 자세히 해석해 주십시오."

해설자 "이 두 소년은 상징입니다. 욕망은 이 세상 사람들의 상징이고, 인내는 장차 올 세상의 사람들을 상징하죠. 당신이 보는 바와 같이 욕망은 당장 올해에, 즉 이 세상에서 모든 것을 가지려 합니다. 이 세상 사람들이 그러하죠. 그들은 당장 그들에게 좋은 모든 것을 다 소유해야 합니다. 그들은 내년까지, 즉 내세까지 못 기다려요. 손안의 한 마리 새가 숲속의 두 마리 새보다 낫다는 속담이 그들에게는 장차 올 세상의 유익에 대한 모든 신령한 증거들보다 더 권위를 갖죠. 그러나 당신이 보다시피 욕망은 금방 모든 것을 낭비해 버려, 그에게 남은 것이라곤 누더기밖에 없어요. 이처럼 정욕에 휩싸인 사람들은 이 세상의 종말 때 아무것도 갖지 못할 것입니다."

크리스천 "이제 저는 여러 가지 이유로 볼 때 인내가 가장 훌륭한 지혜를 갖고 있다는 것을 알았습니다.

첫째, 그는 가장 좋은 것들을 기다리고 있으며,

둘째, 욕망에게 누더기밖에 남은 것이 없을 때, 그는 영광을 얻을 것이기 때문입니다."

해설자 "옳습니다. 그러나 한 가지 더 추가할 수 있어요. 즉 내세의 영광은 영원한 것이지만, 현세의 영광은 갑자기 사라진다는 것이죠. 그러므로 정욕이 좋은 것을 먼저 얻었다고 인내를 비웃을 이유가 없죠. 오히려 인내가 나중에 가장 좋은 것을 얻고 정욕을 비웃게 될 것입니다. 정욕은 인내에게 자리를 빼앗기게 돼요. 그러나 인내의 자리를 빼앗을 자는 아무도 없습니다.

왜냐하면, 인내의 뒤에 올 자가 없기 때문이죠. 자신의 몫을 먼저 얻는 사람은 그것을 정해진 기간밖에 사용할 수가 없으므로 낭비하게 됩니다.

그러나 나중에 자기 몫을 얻는 사람은 영원히 소유할 수 있어요. 그러므로 그리스도께서 어떤 부자에게 '너는 살았을 때에 좋은 것을 받았고 나사로는 고난을 받았으니 이것을 기억하라 이제 그는 여기서 위로를 받고 너는 괴로움을 받느니라'(눅 16:25)라고 말씀하신 것입니다."

크리스천 "이제 저는 이 세상의 것들을 탐내지 않고 장차 올 세상의 것들을 기다리는 것이 가장 훌륭한 일이라는 사실을 깨달았습니다."

해설자 "당신은 진리를 말했습니다.

'보이는 것은 잠깐이요 보이지 않는 것은 영원함이라'(고후 4:18).

그렇지만 이 세상 것들과 육체의 욕망은 서로 매우 가까우므로 금방 친밀해지는 반면에, 장차 올 일들과 세속적인 생각은 서로 전혀 낯선 사이여서, 그 둘 간의 간격은 끝없이 계속된답니다."

나는 다시 해설자가 크리스천의 손을 잡고 벽난로가 있는 곳으로 데리고 가는 것을 꿈속에서 보았다. 벽난로에는 불이 타고 있었고, 한 사람이 옆에 서서 불을 끄려고 많은 물을 끼얹고 있었으나 불은 더 높이, 더 뜨겁게 타올랐다.

크리스천 "이것은 무슨 의미입니까?"

해설자 "이 불은 마음속에서 역사하는 은혜의 역사입니다. 그리고 이 불을 끄려고 물을 끼얹는 자는 마귀입니다. 마귀의 노력에도 불구하고 불은 더 높이, 더 뜨겁게 타오르고 있죠. 그 이유를 보도록 합시다."

해설자는 크리스천을 데리고 벽 뒤쪽으로 갔다. 그곳에는 한 사람이 기름통을 들고 불에다 몰래 계속 기름을 붓고 있었다.

크리스천 "이것은 또 무엇을 의미합니까?"

해설자 "이분은 그리스도이십니다. 그리스도께서는 이미 사람의 마음속에 시작하신 역사를 은혜의 기름을 부으심으로 계속 불타오르게 하십니다. 그러므로 마귀가 할 수 있는 온갖 일에도 불구하고 그리스도 백성의 영혼은 항상 은혜롭죠. 그리스도께서는 당신이 보시다시피 벽 뒤에 서서 불을 타오르게 하고 계십니다. 이것은 은혜의 역사가 영혼 속에서 유지되는 방법을 시험받는 자가 깨닫기 어렵다는 것을 가르쳐주죠."

해설자는 다시 크리스천의 손을 잡고 웅장한 궁전이 서 있는, 바라만 보아도 아름답고 즐거운 곳으로 갔다. 크리스천은 궁전을 보고 크게 기뻐했다. 또한, 그는 궁전 위에서 금빛 옷을 입은 사람들이 걸어 다니는 것을 보았다.

크리스천이 "저 궁전 안에 우리도 들어갈 수 있나요?"

이렇게 묻자, 해설자는 그를 궁전 문 앞으로 데리고 갔다.

궁전 문 앞에는 안으로 들어가고 싶지만, 감히 못 들어가고 서 있는 사람들이 많았다. 문에서 조금 떨어진 곳에는 잉크병과 책 한 권이 놓인 책상 앞에 한 사람이 앉아서 안으로 들어갈 사람들의 이름을 적고 있었다. 그런데 입구에는 무장한 많은 병사가 안으로 들어가려는 사람들에게 할 수 있는 한 큰 상처와 해를 입히려 작정한 듯 서서 지키고 있었다.

크리스천은 이 광경에 약간 놀랐다. 모든 사람이 무장한 병사들이 두려워 뒷걸음질 치는데, 매우 강인한 용모의 한 남자가 이름 적는 사람에게로 뚜벅뚜벅 걸어가 "제 이름을 적어 주십시오"라고 말하고 이름을 적었다. 그다음 그는 칼을 뽑아 들고 머리에 투구를 쓰더니 문을 지키는 무장병사들을 향해 돌진했다. 병사들은 무서운 기세로 그에게 달려들었으나, 이 용감한 사나이는 전혀 굴하지 않고 이리저리 격렬히 치고 베어 병사들을 쓰러뜨렸다.

마침내 그 자신도 많은 상처를 입었으나 자신을 가로막는 병사들에게도 많은 상처를 입힌 뒤, 그들을 밀치고 궁전을 향해 나아갔다. 그때 궁전 안에 있는 사람들과 궁전 뒤를 거닐던 사람들의 기쁜 음성이 흘러나왔다.

들어오라, 들어오라.
그대는 영원한 영광을 얻으리라.

그 용감한 사람은 안으로 들어가 안에 있는 사람들처럼 금빛 옷을 입었다. 이것을 본 크리스쳔은 미소를 띠며 말했다.

크리스쳔 "이 의미를 알 것 같군요. 자, 그러면 이제 저는 길을 떠나겠습니다."

그러자 해설자는 말했다.

해설자 "아닙니다. 기다리세요. 좀 더 보여 줄 것이 있으니 마저 보고 떠나십시오."

이번에 그는 철로 만든 감옥 속에 한 남자가 앉아 있는 매우 어두운 방으로 인도했다.

철창 속에 갇혀 있는 남자는 매우 슬퍼 보였다. 그는 팔짱을 끼고 앉아 땅바닥을 내려다보며 가슴이 터질 듯 한숨을 쉬었다.

크리스쳔이 "이 광경이 의미하는 바는 무엇이지요?"

이렇게 묻자, 해설자는 "저 사람과 직접 이야기해 보십시오"라고 대답했다.

크리스쳔은 그 남자에게로 걸어가 물었다.

크리스쳔 "당신은 누구십니까?"

남자 "과거에 저는 자타가 공인하는 훌륭하고 성공적인 신자였어요. 그때 저는 스스로 생각해 보아도 천국에 합당한 자로서 천국에 들어갈 생각을 하며 즐거워했지요."(눅 7:13).

크리스쳔 "그런데 지금 당신은 어떠한데요?"

남자 "지금 저는 절망의 사람입니다. 저는 이 철창 속에 갇힌 것같이 절망 속에 갇혀 있어요. 저는 나갈 수가 없습니다. 아! 이제 저는 절망입니다."

크리스쳔 "도대체 어쩌다가 이런 상태에 빠졌습니까?"

남자 "깨어 정신을 차리는(살전 5:6) 습관을 버렸어요. 그러자 세상 정욕이 제 목을 얽어매었고, 저는 세상을 비추는 빛(요 1:1-5)과 하나님의 자비하심에 거역하는 죄를 범했답니다. 저는 성령을 근심하게 했기 때문에 성령께서 떠나셨어요. 저는 마귀의 관심 대상이 되어 마귀가 제게 들어와 버렸죠. 저는 하나님의 진노를 격동시켜 하나님께서 저를 버리셨습니다. 저는 마음이 강퍅해져 회개할 수가 없답니다."

크리스천이 해설자에게 "이런 사람에게는 전혀 소망이 없습니까?"

이렇게 묻자 해설자는 대답했다.

해설자 "그에게 직접 물어보시오."

크리스천 "당신은 아무런 소망 없이 이 절망의 철창 속에 계속 갇혀 있어야 하나요?"

남자 "제게 소망은 없어요. 전혀 없습니다."

크리스천 "찬송 받으실 하나님의 아들께서는 매우 자비가 많으신데, 왜 소망이 없다는 말입니까?"

남자 "저는 그분을 다시 십자가에 못 박았거든요. 저는 그분의 의를 멸시하고, 그분의 보혈을 부정한 것으로 여겼으며, 은혜의 성령을 욕되게 했어요(눅 19:14; 히 6:4-6; 10:28-29). 그래서 저는 모든 약속으로부터 끊어지고 남은 것은 위협들, 끔찍한 위협들, 원수처럼 나를 삼킬 확실한 심판과 분노의 위협들뿐입니다."

크리스천 "도대체 어떻게 이런 상태에까지 이르렀단 말입니까?"

남자: "육신의 정욕과 안목의 정욕, 이생의 자랑 때문이지요. 그때 저는 이런 것들을 소유함으로써 많은 쾌락을 얻을 거라고 믿었어요. 그러나 이제 이 모든 것이 무서운 독충처럼 저를 물어뜯으며 쏘아대고 있습니다."

크리스천 "지금이라도 회개하고 돌이킬 수는 없나요?"

남자 "하나님께서는 저의 회개를 거절하셨습니다. 하나님의 말씀은 제게 믿음의 격려가 되지 않아요. 하나님께서 직접 저를 이 철창 속에 가두셨으니, 이 세상의 어떤 사람도 저를 꺼낼 수 없습니다.

아! 영원, 영원이여! 영원히 맞이해야 할 그 고통을 제가 어떻게 견딘단 말입니까?"

해설자 "크리스천 씨, 이 사람의 비참한 불행을 기억해서 영원한 경계로 삼으십시오."

크리스천 "알았습니다. 정말 무서운 일이군요. 하나님이시여, 나로 항상 근신하고 깨어 있게 하시고 이 사람의 불행의 원인을 피할 수 있도록 기도하게 도와주시옵소서! 그런데 해설자 선생님, 이제 떠나야 할 때가 되지 않았습니까?"

해설자 "한 가지 더 보여 줄 것이 있으니 기다리세요. 그런 다음에 떠나도록 하십시오."

해설자는 다시 크리스천의 손을 이끌고 어느 방으로 데리고 갔다. 그 방에는 한 남자가 잠자리에서 일어나 옷을 갈아입으며 심하게 몸을 떨고 있었다.

크리스천이 "이 사람은 왜 이렇게 떨고 있습니까?"

이렇게 묻자, 해설자는 그 이유를 크리스천에게 설명해 주라고 그 남자에게 일렀다.

떠는 남자 "어젯밤 저는 자면서 꿈을 꾸었죠. 하늘이 점점 새카맣게 어두워지고 무섭게 천둥 번개가 쳐서 몹시 불안했습니다. 하늘을 보니 구름이 전에 없이 이상한 속도로 몰려들고, 큰 나팔 소리가 울렸어요. 그런데 한 사람이 천군 천사들과 함께 구름 위에 앉아계신 것이 보였습니다. 그들은 모두 타오르는 불꽃 가운데 있었고 하늘도 불길에 휩싸여 있었죠. 그때 저는 커다란 음성을 들었어요.

'너희 죽은 자들이여! 일어나 심판으로 나아오라.'

그 소리와 함께 바위들이 갈라지며 무덤들이 열리고 죽은 자들이 그 속에서 나왔습니다(요 5:28-29; 고전 15:51-58; 살후 1:7-10; 유 1:14-15; 계 20:11-15). 그들 중에 어떤 이들은 몹시 기뻐하며 하늘을 쳐다보았고, 어떤 이들은 산 밑에 숨으려 했어요(시 50:1-3, 22; 사 26:20-21; 미 7:16-17).

그때 구름 위에 앉으신 분께서 책을 펴시더니 가까이 나아오라고 명령하셨습니다. 그러나 그분 앞에서 발하는 격렬한 불길 때문에 마치 재판장과 죄수들이 칸막이로 나뉘어 있는 것처럼, 그분과 사람들 간에 상당한 거리가 있었죠(단 7:9-10; 말 3:2-3). 저는 구름 위에 앉으신 분이 호위 천사들에게 "가라지와 쭉정이와 그루터기를 모두 거두어 불붙는 못에 던져 넣으라"라고 선포하는 음성을 들었습니다. 그러자 바닥없는 깊은 함정(무저갱)이 바로 내가 서 있는 곳 옆에서 열렸고, 그 구멍에서 엄청난 연기와 화염이 무시무시한 소리를 내며 쏟아져 나왔어요. 다시 구름 위에 앉으신 분이 천사들에게 "내 알곡을 모아 곳간에 들이라"라고 말씀하시자(말 4:2; 마 3:12; 18:30; 눅 3:17) 많은 사람이 구름 속으로 들어올려지는 것이 보였답니다(살전 4:13-18).

그러나 저는 들림 받지 못하고 뒤에 남겨졌어요. 저도 숨으려 애썼으나 숨을 수가 없었습니다. 왜냐하면, 구름 위에 앉으신 분께서 제게서 계속 눈을 떼시지 않았기 때문이죠. 그리고 저의 죄악들이 제 마음속에 떠올랐고, 제 양심이 각 방면으로 저를 고발했기 때문이었습니다(롬 2:14-15).

바로 이때 저는 잠에서 깨어난 것입니다."

크리스천 "그 광경이 왜 그렇게 무서웠을까요?"
남자 "왜냐하면, 심판 날이 이르렀는데 저는 준비를 못했다는 생각이 들었기 때문이지요. 그러나 가장 두려웠던 것은 천사들이 사람을 모으면서 저를 남겨둔 것과, 지옥의 구덩이가 바로 제가 선 곳에서 열린 것이었어요. 제 양심도 저를 괴롭혔고요. 제가 생각했던 대로 재판장께서는 얼굴에 노기를 띠고 줄곧 저를 바라보고 계셨습니다."
해설자 "크리스천 씨, 이 일들을 깊이 생각해 보셨습니까?"
크리스천 "예, 이 일들을 생각할 때 저는 소망과 두려움에 빠지곤 했었죠."
해설자 "좋습니다. 이 모든 일을 깊이 명심해서 당신이 가야 할 길에서 모든 면에 자극과 격려가 되게 하십시오."

크리스천은 허리띠를 졸라매고 길 떠날 준비를 했다. 해설자는 "착한 크리스천 씨, 보혜사 성령께서 항상 당신과 함께하사 천성에 이르는 길로 인도하시기를 빕니다"라고 기원해 주었다. 크리스천은 이렇게 말하면서 여로에 올랐다.

여기서 나는 희귀하고 유익한 일을 보았도다.

즐거운 일, 무서운 일 그리고 나를 안정시키는 일들을,

내가 손에 취하기 시작한 것 속에서,

나로 그 일들을 생각하게 해 교훈을 이해하게 한 선한 해설자여,

당신께 감사드립니다.

The Pilgrim's
Progress

제4장

십자가에서 무거운 짐을 벗다

나는 꿈속에서 크리스천이 올라야 할 길 양편에 구원의 벽이 둘러져 있는 것을 보았다(사 26:1). 크리스천은 이 길을 달려갔다. 그러나 그의 무거운 짐으로 인해 달리기가 무척 어려웠다. 그는 약간 오르막길까지 달려갔다. 그곳에는 십자가가 서 있었고, 그 밑의 조금 떨어진 곳에는 입 벌린 무덤 하나가 있었다. 크리스천이 십자가에 이르렀을 때 그의 무거운 짐이 어깨에서 풀어져 등으로 굴러떨어지더니 구르기 시작했다. 그 짐은 계속 무덤 입구까지 구르더니, 무덤 속으로 빠져 더 이상 보이지 않았다.

무거운 짐을 벗은 크리스천은 기쁘고 쾌활해진 즐거운 심령으로 말했다.

크리스천 "주께서 슬픔을 당하심으로 나에게 안식을 주셨고, 죽임을 당하심으로 생명을 주셨도다."

그는 한참 동안 가만히 서서 십자가를 바라보았다. 자기의 무거운 짐을 벗겨 편안하게 해준 십자가가 그에게는 매우 놀라울 따름이었다. 그래서 머릿속의 샘물이 그의 뺨을 따라 눈물로 흘러내리기까지 십자가를 바라보고 또 바라보았다(슥 12:10).

그가 십자가를 바라보며 눈물 흘릴 때, 광명의 세 천사가 그에게 다가와 "평안할지어다" 하고 문안했다.

첫째 천사는 크리스천에게 "네 죄 사함을 받았느니라"(막 2:5)라고 말했고,

둘째 천사는 크리스천의 더러운 옷을 벗기고 아름다운 옷을 갈아입혔다 (슥 3:4).

셋째 천사는 크리스천의 이마에 표시를 하고 봉인된 두루마리 하나를 그에게 주면서(엡 1:13) "달려가며 읽고 천국 문에서 이 두루마리를 제시하라"라고 일러주었다. 그리고 세 천사는 떠났다. 크리스천은 기뻐 세 번 뛰어올랐다가 다시 길을 떠나며 노래 불렀다.

> 나의 죄를 지고 이렇게 멀리 왔다네.
> 여기 이르기까지 나의 고통을 면할 길 전혀 몰랐는데,
> 이 얼마나 놀라운 곳인가?
> 여기가 내 행복의 시작인가?
> 여기서 내 짐이 굴러가는가?
> 여기서 나를 묶었던 사슬이 끊어지는가?
> 복된 십자가여!
> 복된 무덤이여!
> 나 대신 수치를 받으신 더욱 복되신 그분, 주님이시여!

The Pilgrim's
Progress

무거운 짐을 벗은 크리스천

제5장

깊이 잠든 우둔, 나태, 건방과 허례, 위선을 만나고 고난산에 도착하다

그 후 나는 꿈속에서 크리스천이 이렇게 노래하며 언덕 밑에 이르는 것을 보았다. 크리스천은 길에서 조금 떨어진 곳에서 발목에 쇠고랑을 찬 세 남자가 잠들어 있는 것을 발견했다. 그들의 이름은 우둔(Simple), 나태(Sloth), 건방(Presumption)이었다.

크리스천은 누워 자는 이들을 깨우려 그들에게 다가가 외쳤다.

크리스천 "여러분들, 당신들은 마치 돛대 위에서 자는 사람들과 같습니다(잠 23:34). 왜냐하면, 바닥없는 깊은 심연인 죽음의 바다가 당신들을 지배하고 있기 때문입니다. 그러니 그만 자고 이리로 오십시오. 만일 당신들이 원하신다면, 쇠고랑을 벗도록 도와드릴게요. 그렇게 잠만 자다가 '우는 사자같이 두루 다니는 자'(벧전 5:8)가 다가오면 여러분은 그의 날카로운 이빨에 먹이가 되어 삼켜지고 말 것입니다."

그러나, 그들은 크리스천을 쳐다보며 이렇게 대답했다.

우둔 "위험한 일은 없어요."

나태 "아무튼 좀 더 잡시다."

건방 "남의 일 참견 말고 자기 일이나 하시죠."

그리고 그들은 다시 누워 잠들었다. 크리스천은 어쩔 수 없이 계속 자기 길을 갔다.

크리스천은 그 위험 가운데 있는 사람들이, 그들을 깨워 충고해 주고 그들이 쇠고랑을 벗도록 도와주겠다고, 아무런 대가를 바라지 않고 제의한 자신의 친절을 그처럼 보잘것없이 평가한 것을 생각할 때 마음이 괴로웠다. 심란하게 걷고 있는데, 좁은 길 왼쪽 담을 뛰어넘어 오는 두 사람이 보였다. 그들은 크리스천을 향해 빠른 걸음으로 다가왔다. 그들의 이름은 허례(Formalist)와 위선(Hypocrisy)이었다. 그들이 가까이 다가오자 크리스천은 대화를 시작했다.

크리스천 "신사 여러분! 여러분은 어디서 와서 어디로 가고 계십니까?"

허례와 위선 "우리는 헛된 영광(Vain glory)이라는 도시에서 태어난 사람들이죠. 지금 주의 이름을 찬송하러 시온산으로 가는 길입니다"(시 9:2).

크리스천 "그런데 왜 이 길 어귀에 있는 문으로 들어오지 않고 담을 넘어 오셨나요?

'문으로 들어가지 아니하고 다른 데로 넘어가는 자는 절도며 강도요'라고 기록된 말씀(요 10:1)을 모르십니까?"

허례와 위선 "우리 도시 사람은 문으로 들어가는 길은 너무 멀리 돌아가는 길이라고 생각합니다. 그래서 우리는 항상 해 온 대로 지름길을 찾아 담을 넘어 다닌답니다."

크리스천 "그러나 그렇게 하는 것은 우리가 향해 가는 천성의 주님의 법을 어기는 것이고, 주님의 계시된 뜻을 위반하는 것이 아닐까요?"

허례와 위선 "그 점에 대해서는 당신이 골머리 앓을 필요가 없소. 왜냐하면, 우리의 행동은 천 년 이상 지속해 온 관습이기 때문이죠. 필요하면 이 관습을 입증하는 증거도 제시할 수 있소."

크리스천 "그러나 그 관습이 주님의 법정에서 유효할까요?"

허례와 위선 "천 년 이상 지속해 온 관습이니까, 공정한 재판장이라면 분명히 합법적인 일로 인정할 것이오.

그뿐만 아니라 우리가 이 길에 들어섰으면 그것으로 그만이지, 어떤 길로 들어왔느냐가 무슨 문제가 됩니까?

우리는 지금 이 길에 들어와 있으니까 들어와 있는 것 아니오?

보아하니, 당신은 문으로 들어와 이 길에 있는 것 같소. 그러나 담을 뛰어넘어 왔을망정, 우리도 이 길에 있지 않습니까?

그런데 당신의 상황이 우리보다 나을 게 뭐란 말이오?"

크리스천 "나는 주님의 법에 따라 행합니다. 그러나 당신들은 자기 멋대로 무례히 행하고 있어요. 당신들은 이 길의 주님에 의해 이미 도둑으로 간주했어요. 나는 당신들이 이 길의 종착지에서 진실한 사람들로 인정받을지 의심스럽군요. 당신들은 주님의 지시 없이 제멋대로 들어왔으니, 주님의 긍휼을 못 얻고 나가게 될 것입니다."

이 말에 허례와 위선은 대답하지 않고, "남 걱정하지 말고 당신이나 잘 하시오"라고 퉁명스럽게 말할 뿐이었다. 이들은 서로 대화도 없이 시무룩하게 걷기만 했다. 얼마 후 이들은 크리스천에게 말을 걸었다.

허례와 위선 "율법과 규례에 있어 우리는 당신처럼 양심적으로 행해야 한다고 믿어 의심치 않아요. 그러니까 당신이 걸친 옷 외에는 우리와 당신이 다를 게 없는 듯합니다. 그런데 당신의 그 옷은 벌거벗은 수치를 가리기 위해 당신 이웃이 준 것 같은데요."

크리스천 "문으로 들어오지 않은 당신들은 율법과 규례에 의해 구원받지는 못할 것입니다(갈 2:16). 그리고 제가 입은 이 옷은 제가 가는 그곳의 주인께서 제게 주신 것이며, 당신들 말씀처럼 저의 벌거벗은 모습을 가리기 위한 것이죠. 그리고 저는 이 옷을 저에 대한 그분의 사랑의 증표로 입습니다. 왜냐하면, 전에 제게는 누더기밖에 없었기 때문이죠. 그뿐 아니라 저는 제가 천성문에 이를 때 주님께서 저를 선하다고 알아보실 것을 생각하면서 가는 길에 위로를 받습니다.

왜냐하면, 제가 주님의 옷, 곧 주님께서 저의 누더기를 벗기시던 날 제게 값없이 주신 이 옷을 입고 있으므로 주님께서 저를 알아보실 것이기 때문이죠. 게다가 당신들은 알아보지 못했을지 모르지만, 저는 이마에 표적을 갖고 있답니다. 이 표적은 무거운 짐이 제 어깨에서 굴러떨어지던 날,

주님의 가장 친밀한 분들 가운데 한 분이 여기 붙여주신 것이죠. 당신들에게 말씀드릴 게 또 있군요. 그것은 제가 길을 가는 동안 읽으며 위로를 얻으라고 제게 주신 봉인된 두루마리가 있다는 것입니다.

또한, 천국 문에 이르렀을 때 통과하는 증표로 이 두루마리를 제시하라는 지시도 받았어요. 그런데 당신들은 문으로 들어오지 않았으니, 이 모든 것들을 얻지 못했을 테지요."

허례와 위선은 이 말에 대답하지 않고 서로 마주 보며 조소의 웃음을 지었다. 그러자 크리스천은 그들과 더 대화하지 않고 그들보다 앞서 나가며 혼자 생각에 잠겨 걸어갔다. 때로는 한숨을 쉬기도 하고 때로는 즐거운 기분이 되기도 했다. 또한, 그는 수시로 광명의 천사 중 한 명이 그에게 준 두루마리를 읽음으로 새 힘을 얻곤 했다.

얼마 후 그들은 모두 고난(Difficulty)의 산기슭 샘물 앞에 이르렀다. 여기서 길은 세 갈래로 나누어졌다.

첫 번째 길은 좁은 문에서부터 똑바로 올라가는, 고난의 길이라는 이름의 좁은 길이었다.
두 번째 길은 왼쪽으로 굽어지는 위험의 길이었고,
세 번째 길은 오른쪽으로 굽어지는 멸망의 길이었다.

크리스천은 샘에서 물을 마시고 새 힘을 얻었다(사 49:10-12). 그는 고난의 길을 오르며 이렇게 찬송했다.

> 아무리 산이 높아도 오르고 싶은 내 욕망은 더 높도다
> 여기가 생명의 길인데, 나를 막을 고난이 어디 있을까?
> 가자, 용기 있게. 겁내지 말고 두려워 말라.
> 쉽고 편한 길은 멸망에 이르는 길이니
> 어려워도 바른길로 가는 것이 유익이네.

허례와 위선도 산기슭에 도착했다. 그들은 산이 높고 가파르며 두 개의 다른 길이 더 있다는 것을 발견했다. 그래서 그들은 이 두 길이 크리스천이 올라간 좁은 길과 산 뒤편에서 다시 합류하리라 추측하곤, 이 두 길을 택해 가기로 했다. 이 두 길의 이름은 각각 위험(Danger)의 길과 멸망(Destruction)의 길이었다. 그래서 위험의 길로 간 자는 깊은 숲속으로 들어가 길을 잃었다. 또 멸망의 길을 택한 자는 어두운 골짜기들로 가득 찬 넓은 광야를 헤매다 실족해 넘어지더니, 거기서 다시는 일어나지 못했다.

The Pilgrim's
Progress

제6장

소심과 불신의 말에도 불구하고
무사히 사자 곁을 지나, 아름다움의 집에 도착하여
신중, 경건, 자비의 따뜻한 환대를 받다

    나는 꿈속에서 다시 크리스천에게로 눈을 돌려보았다. 크리스천은 처음에 산을 달려 올라가다가 지형이 너무 험해 넘어졌다. 그다음 그는 걸어 올라가다가 결국 손과 무릎으로 기어 올라갔다. 산 중턱에 이르자 피곤해서 지친 여행자들이 휴식하도록 이 산 주인이 만들어 놓은 아름다운 정자가 하나 있었다. 크리스천은 그 정자에 앉아 휴식을 취했다.

    그는 품속에서 두루마리를 꺼내 읽으며 위로를 얻었다. 또한, 십자가 옆에서 받은 옷을 다시 살펴보며 손질하기도 했다. 이렇게 잠시 휴식을 즐기다가 그는 졸기 시작했고, 결국 깊은 잠에 빠져 거의 밤까지 그곳에서 지체하고 말았다. 손에 들고 있던 두루마리도 떨어뜨린 채 깊은 잠이 들어 있었는데 누군가가 다가와서 그를 깨우며 말했다.

    게으른 자여 개미에게 가서 그가 하는 것을 보고 지혜를 얻으라(잠 6:6).

    이 소리에 크리스천은 정신을 차렸다. 그리고 일어나 산꼭대기까지 쉬지 않고 서둘러 올라갔다.

    그가 산 정상에 오르자 두 사람이 급히 달려왔다. 이들의 이름은 소심

(Timorous)과 불신(Mistrust)이었다. 크리스천은 그들에게 물었다.

크리스천 "여보시오, 어찌 된 일입니까?

당신들은 반대 방향으로 달려오고 있지 않습니까?"

소심 "우리는 시온성으로 가려고 이 험난한 곳을 올라왔지요. 그런데 가면 갈수록 더 많은 위험과 만나게 되어, 돌이켜 집으로 돌아가는 중이랍니다."

불신 "그렇습니다. 바로 저 앞에 사자 두 마리가 누워 있는데, 잠들었는지 깨어 있는지 알 수가 없군요. 가까이 가면 우리를 갈가리 물어뜯어 버릴 것 같더라고요."

크리스천 "당신들의 말을 들으니 저도 무서워지는군요.

그렇지만 어디로 도망간들 안전하겠습니까?

고향으로 돌아간다 해도 그곳은 유황불이 내리기로 예정된 곳이니, 거기 있다간 분명히 저도 멸망할 것 아닙니까?

그러니 절대로 안전을 보장받을 수 있는 천성에 가기 위해서라면 위험을 무릅써야 합니다. 되돌아가면 죽음밖에 없지만, 앞으로 나아가면 죽음의 두려움은 있을지언정 그 저편에 영생이 있기에 저는 계속 앞으로 나아가겠습니다."

그리하여 소심과 불신은 산을 달려 내려갔고, 크리스천은 계속 앞으로 나아갔다. 크리스천은 소심과 불신에게서 들은 무서운 이야기가 다시 생각났다. 그래서 그는 품속의 두루마리를 읽고 위로를 얻으려 가슴에 손을 넣었다. 그때 그는 두루마리가 없어진 것을 발견했다.

크리스천은 크게 당황해서 깊은 고민에 빠졌다. 수시로 자신에게 안심과 위로를 준, 천성의 통행증이 될 수 있는 그 두루마리를 잃어버린 것이다. 어찌할 바를 모르고 한참 혼란에 빠진 크리스천은 자기가 산 중턱 정자에서 잠들었던 일이 생각났다. 그는 즉시 무릎을 꿇고 자신의 어리석은 행동을 용서해 달라고 하나님께 기도드린 다음 두루마리를 찾기 위해 산을 되돌아 내려갔다.

되돌아 내려가는 도중의 그의 슬픈 심정을 누가 완전하게 표현할 수 있겠는가?

그는 한숨을 쉬거나 울면서, 잠시 피로를 풀라고 만들어 놓은 정자에서 깊은 잠에 빠져버린 어리석음을 한없이 자책했다. 그는 여행 중에 수없이 위로가 되어준 두루마리를 혹시 길에 떨어뜨린 것은 아닐까 해서 걸으며 길 양쪽을 자세히 살폈다. 그가 앉아서 잠들었던 정자가 멀리 보이기 시작했다. 그곳을 보자 어리석게 잠든 자신의 행동이 새삼 떠오르며, 슬픔이 더욱 격렬해졌다.

크리스천은 자신의 죄악 된 잠을 탄식하며 말했다.

크리스천 "오호라, 나는 곤고한 사람이로다. 대낮에 잠을 자다니(살전 5:7-8; 계 2:4-5)!

그 어려운 와중에 잠을 자다니!

이 산 주인께서 순례자들이 심령을 쉬도록 세워놓으신 안식처를 방종하게 내 육신의 안락을 위해 사용하다니!

그리하여 얼마나 많은 헛걸음을 하고 있는가!

마치 이스라엘 백성이 그들의 죄로 인해 홍해 길로 되돌아왔던 것같이 나도 그 죄악 된 잠을 자지 않았다면 기쁨으로 걸었을 텐데, 슬픔으로 걷는구나, 그렇지 않다면 얼마나 멀리 나아갈 수 있었을까?

한 번만 밟아도 될 길을 세 번씩 밟아야 하지 않는가! 벌써 낮이 지나고 밤이 되는구나!

아! 저기서 잠들지 않았다면 얼마나 좋을까?"

크리스천은 정자에 도착하자 후회와 슬픔이 복받쳐 잠시 앉아서 울었다. 그리고 걱정스러운 마음으로 [섭리가 함께 하시기를 빌며] 자신이 앉았던 곳 밑을 내려다보니, 그의 두루마리가 있었다.

그는 떨리는 손으로 급히 두루마리를 집어 품속에 넣었다.

두루마리를 다시 찾은 이 사람의 큰 기쁨을 누가 설명할 수 있겠는가?

왜냐하면, 이 두루마리는 그의 생명의 보증서이며 간절히 바라는 천국의 입장 허가서이기 때문이다. 그렇기에 그는 두루마리를 품속에 고이 집어넣고, 이 두루마리가 있는 곳으로 자신의 눈길을 인도해 주신 데 대해 하나님께 감사한 다음, 기쁨의 눈물을 흘리며 다시 길을 떠났다. 얼마나 가벼운 발걸음으로 산에 올라갔는지!

그러나 그가 산꼭대기에 이르기 전 해가 져버렸고, 그는 다시 자신의 무익한 잠을 회상하며 자책하기 시작했다.

크리스천 "아, 너 죄악 된 잠이여!

너 때문에 길을 다 못 가고 날이 저물고 말았구나!

나는 어두움이 발 앞을 가리는 태양 없는 길을 걸어야 하는구나!

너 죄악 된 잠 때문에 무서운 야수들의 으르렁대는 소리를 들어야 하는구나!"

그때 그는 소심과 불신이 사자를 보고 놀랐다는 이야기가 생각났다.

크리스천 "사자 같은 야수들은 밤에 먹이를 찾아 돌아다니는데, 어둠 속에서 사자를 만나면 어떻게 물어뜯기지 않고 피할 수 있을까?"

이렇게 자신의 실수를 한탄하며 걷다가 문득 눈을 들어 앞을 보니, 길옆에 아름다움(Beautiful)이란 이름의 아주 웅장한 집이 서 있었다.

크리스천이 혹시 그 궁전에서 하룻밤 숙박할 수 있지 않을까 해서 서둘러 달려가는 것을 나는 꿈속에서 보았다. 그러나 얼마 안 가서 그는 아주 좁은 길로 들어섰는데, 그곳에서 약간 떨어진 곳에 문지기가 사는 조그만 오두막집이 보였다. 길을 주의해 살피며 가던 그는 사자 두 마리가 길에 누워 있는 것을 발견했다. 그는 '소심과 불신이 놀라 쫓겨 온 위험이 바로 저것이구나'라는 생각이 들자(사자들은 사슬에 매여 있었으나 그는 사슬을 보지 못했다) 두려워졌다. 그는 앞으로 나아가 봤자 죽음밖에 없다고 생각하며 되돌아가려 했다. 그러나 경계(Watchful)라는 이름의 문지기가 크리스천이 거의 되돌아가려는 것을 발견하고는 그를 향해 소리쳤다.

문지기 "어째서 그렇게 무서워합니까?(막 4:40)

사자들은 사슬에 매여 있으므로 무서워할 것 없습니다. 그 사자들은 믿음이 있나 없나 시험하기 위해 그곳에 둔 것입니다. 길 한가운데로 오십시오. 그러면 전혀 해치지 않을 겁니다."

크리스천이 사자들을 무서워하면서 문지기의 지시대로 앞으로 나아가는 모습을 나는 보았다. 문지기의 말대로 사자들은 으르렁대기만 할 뿐 그를 전혀 해치지 않았다. 그는 급히 문지기가 서 있는 문 앞으로 가서 그에게 말했다.

크리스천 "이 집은 어떤 집입니까?

오늘 밤 여기서 묵을 수 있을까요?"

문지기 "이 집은 저 산 주인께서 순례자들의 휴식과 안전을 위해 지으신 것이죠.

그런데 당신은 어디서 와서, 어디로 가시는 길인지요?"

크리스천 "저는 멸망의 도시에서 시온산으로 가고 있습니다. 그러나 해가 졌으니 가능하다면 이곳에서 하룻밤 묵기 원합니다."

문지기 "당신 이름은 무엇입니까?"

크리스천 "지금의 제 이름은 크리스천입니다. 그러나 처음에 제 이름은 무은혜(Graceless)였습니다. 저는 하나님께서 셈의 장막에 거하게 하신 야벳 족속 출신입니다"(창 9:27).

문지기 "그런데 어쩌다 이렇게 늦게 도착하셨나요?

벌써 해가 저물었어요."

크리스천 "더 일찍 도착할 수도 있었는데, 이 곤고한 사람이 산 중턱의 정자에서 잠을 자고 말았답니다. 아니, 그래도 좀 더 빨리 올 수 있었는데, 잠자다가 증명서인 두루마리를 떨어뜨렸지 뭡니까?

그것도 모르고 산꼭대기까지 다 올라가 찾아보니 없지 않겠어요?

어쩔 수 없이 후회막심한 가운데 잠들었던 곳으로 되돌아가 두루마리를 찾아서 지금에야 도착하는 길입니다."

문지기 "그랬군요. 자, 그러면 이 집 딸 중의 한 명을 불러 드리겠습니다.

그녀가 당신의 이야기에 호감을 느끼면, 이 집 규칙에 따라 나머지 가족들을 당신께 소개해 드리겠습니다."

경계라는 이름의 문지기가 종을 울리자, 그 소리를 듣고 '착한 분별'(Discretion)이라는 이름의 아름답고 침착한 아가씨가 나와 무슨 일이냐고 물었다.

문지기 "이분은 멸망의 도시에서 시온산으로 여행하시는 분인데, 피곤하고 날이 저물어 오늘 밤 여기 묵을 수 있느냐고 물으십니다. 그래서 제가 아가씨를 불러들이겠다고 했지요. 그러나 아가씨께서 대화를 나눠보신 후 선하게 보이시면 이 댁의 규칙에 따라 결정하시지요."

분별이라는 아가씨는 어디서 와서 어디로 가는 길이냐고 크리스천에게 다시 물었다. 어떻게 좁은 길로 들어섰는지도 물었다. 그가 자세히 이야기하자 그녀는 길에서 무엇을 보았으며 누구와 만났느냐고 했다. 그 질문에 크리스천이 대답하자 그녀는 마지막으로 그의 이름을 물었다.

크리스천 "제 이름은 크리스천입니다. 저는 이 산 주인께서 순례자들의 휴식과 안전을 위해 이 집을 세우셨다고 들었기 때문에 더욱 이곳에서 하룻밤 묵고 싶습니다."

이 대답을 듣자 아가씨는 미소를 지어 보였다. 하지만 그녀의 눈에는 눈물이 글썽거렸다. 잠시 목이 메는지 아무 말 하지 않았다. 그러다가 그녀는 "식구들을 더 불러오겠어요"라고 말하고는 문으로 달려가 신중(Prudence), 경건(Piety), 자선(Charity)이라는 세 아가씨를 데려왔다. 그들은 잠시 크리스천과 이야기를 나눈 후 그를 가족에게로 데리고 갔다. 많은 가족이 문 앞까지 나와 크리스천을 맞으며 "주님의 축복을 받으신 분이여, 어서 오십시오. 이 집은 당신 같은 순례자들을 대접하기 위해 저 산 주인께서 세우신 집이랍니다"라고 인사했다.

크리스천은 머리 숙여 그들에게 인사하고 그들을 따라 집으로 들어갔다. 크리스천이 방으로 들어가 자리에 앉자 그들은 음료수를 대접하며, 저녁 식사가 준비될 때까지 남는 시간을 유익하게 사용하기 위해 가족 중 몇 사람과 특별한 대화를 나누라고 권했다. 그러고는 경건, 신중, 자선 세 아가씨에게 크리스천과 환담하도록 지명했다. 그들은 다음과 같은 이야기를 주고받았다.

경건 "어서 오세요, 선한 크리스천 선생님. 선생님을 오늘 밤 우리 집에 모시게 되어서 너무 기쁩니다. 선생님의 순례 여행 중에 일어난 모든 이야기를 들려 주시면 저희에게 매우 유익할 것 같아요."

크리스천 "기꺼이 이야기해 드리겠습니다. 여러분이 아름다운 마음으로 대해 주셔서 정말 기쁩니다."

경건 "처음에 선생님께서 순례의 삶을 택하게 된 동기는 무엇이었나요?"

크리스천 "제 귀에 들리는 무서운 소리 때문에, 쫓기듯 고향을 뛰쳐나왔죠. 그 소리는 제가 살던 멸망의 도시에 계속 거하면 피할 수 없는 멸망이 저에게도 이른다는 것이었습니다."

경건 "그런데 어떻게 고향을 떠나 이 길에 오게 되었나요?"

크리스천 "하나님의 뜻이었습니다. 왜냐하면, 멸망의 공포에 눌려 있을 때 저는 어디로 가야 할지 몰랐거든요. 그래서 떨며 울고 있는데, 우연히 만난 복음 전도자라는 분이 좁은 문을 가르쳐 주셨지요. 그분이 아니면 전혀 몰랐을 텐데 말입니다. 또 그분이 이 집으로 직접 통하는 길을 제게 가르쳐 주셨답니다."

경건 "해설자의 집은 안 들르셨나요?"

크리스천 "들렀어요. 그곳에서 평생 잊지 못할 일들, 특히 세 가지 일을 보았죠. 즉 그리스도께서 사탄의 온갖 역사에도 불구하고 우리 마음속에서 은혜가 지속하도록 역사하고 계시다는 사실과 하나님의 긍휼하신 소망에서 끊어지는 죄를 지은 사람 그리고 심판 날이 이른 꿈을 꾼 사람을 본 것입니다."

경건 "그 사람에게서 꿈 이야기를 들으셨나요?"

크리스천 "물론 들었습니다. 무서운 꿈이었어요. 그가 꿈 이야기를 할 때 제 마음이 아팠지만, 그 이야기를 듣게 된 것을 기쁘게 생각합니다."

경건 "해설자의 집에서 본 것은 그게 전부인가요?"
크리스천 "아니, 또 있습니다. 해설자는 저를 데리고 가서 웅장한 궁전을 보여 주었죠. 그 궁전 안에 있는 사람들은 금빛 옷을 입고 있었어요. 그런데 어느 용감한 사람이 나타나더니 문 앞에서 그를 막는 무장한 병사들에게 돌진해 그들을 무찔렀습니다. 그러자 안에서 들어와 영광을 얻으라고 그에게 명하는 소리가 들렸습니다. 이 일들은 저를 황홀하게 했어요. 더 가야 할 길이 없었다면, 그 친절하신 분 집에 1년쯤 머물고 싶었지요."
경건 "오시는 길에서는 또 어떤 일들을 보셨나요?"
크리스천 "여러 가지를 보았습니다. 해설자의 집에서 얼마 안 가 나무 위에 매달린 어떤 분을 본 것이 생각나는군요. 그분을 보자마자 제 등에서 무거운 짐이 떨어져 나갔습니다.

저는 매우 무거운 짐을 지고 신음하고 있었는데, 그 짐이 제게서 굴러떨어져 나가는 게 아니겠어요?

그런 일은 본 적이 없으므로 매우 놀라웠죠. 그래서 십자가를 쳐다보고 있는데 세 명의 빛나는 천사들이 제게 오더니, 그중 한 명이 저의 죄가 용서받았다며 증인이 돼 주었어요. 그리고 또 한 명은 제 누더기를 벗기더니 이 아름다운 수를 놓은 옷을 입혀 주었어요. 또 세 번째 천사는 보시다시피 이마에 이 증표를 찍어주고 봉인된 이 두루마리를 주었고요."

크리스천은 품속에서 두루마리를 꺼내 아가씨들에게 보여 주었다.
경건 "또 보신 것이 있으시지요?"
크리스천 "지금까지 이야기한 것은 제가 본 가장 좋은 일들이랍니다. 그 밖에도 몇몇 다른 일들을 보았지요. 예를 들어 제가 가는 길에서 조금 떨어진 곳에 우매, 나태, 건방이라는 세 남자가 쇠고랑에 발목이 묶인 채 누워 자는 것을 보았습니다. 어떠세요?

제가 그들을 깨울 수 있었을 것이라고 생각하십니까?

결국 저는 그들을 깨워 일으키지 못했습니다.

그다음에 허례와 위선이라는 자들이 뻔뻔스럽게 시온산으로 간다고 하면서 길옆 담을 뛰어넘어 오는 것을 보았죠. 저는 그들에게 여러 가지 설명을 해 주었지만, 그들은 믿으려 들지 않아 결국 금방 길을 잃고 말았답니다. 그런데 무엇보다 힘들었던 것은 이 산을 오르는 것이었어요. 그리고 사자 옆을 지나오는 것도 힘들었지요. 사실 이 댁 문 앞에 서 있는 착한 문지기가 없었다면 저는 되돌아갔을지도 몰라요.

저는 지금 여기 있게 된 것을 하나님께 감사드리고, 저를 영접해 주신 여러분께도 감사드립니다."

이번에는 신중이 크리스천에게 몇 가지 질문을 하고 답변을 듣고 싶어 했다.

신중 "때때로 떠나오신 고향이 생각나지 않으세요?"

크리스천 "생각나지요. 그러나 심한 수치와 혐오가 섞인 생각입니다. 솔직히 제가 나온 본향을 생각했다면 돌아갈 기회가 있었겠지만, 이제 저는 더 나은 본향을 사모하니, 곧 하늘에 있는 것입니다"(히 11:15-16).

신중 "고향에 있을 때 아끼던 것 중에 아직 미련이 남은 것이 있나요?"

크리스천 "그럼요, 있죠. 제 의지와는 매우 상반되게도 말이죠. 특히 저뿐 아니라 고향 사람 모두가 즐거워했던 내적이고 육욕적인 생각들이 있죠. 그러나 이제 그 모든 일은 마음에 고통을 줍니다. 만일 제가 일을 선택할 수 있다면, 전 절대로 그런 일들에 대해 생각하는 것을 더 이상 선택하지 않겠습니다. 그러함에도 선을 행하기 원하는 저에게 악이 함께 있는 것이지요"(롬 7:21).

신중 "어떤 때는 이런 것들이 사라진 것 같다가, 또 어떤 때는 이런 것들로 혼란스러워지지 않으세요?"

크리스천 "드물지만, 가끔 그렇습니다. 그러나 그런 일이 일어날 때가 제겐 귀한 시간이지요."

신중 "때때로 선생님을 괴롭히는 일들이 어떤 방법으로 극복되었다고 생각하는지 말씀해 주실 수 있으세요?"

크리스천 "물론이죠.

    첫째, 저는 십자가에서 본 것을 생각합니다.
    둘째, 이 수놓은 옷을 바라봅니다.
    셋째, 제가 품속에 넣고 다니는 이 두루마리를 봅니다.
    넷째, 제가 지금 가는 곳을 생각하며 마음을 따뜻하게 녹일 때 괴로움이 극복되었다고 느껴집니다."

신중 "선생님이 그처럼 시온산에 가기 원하시는 이유는 무엇인가요?"
크리스천 "그곳에 가면, 십자가에 못 박히신 분이 살아 계신 것을 볼 수 있고, 또 이날까지 저를 괴롭혀온 모든 것이 사라질 것이기 때문이지요. 또 그곳에는 죽음이 없다고 하기 때문입니다(사 25:8; 계 21:4). 그리고 그곳에서 제가 가장 사랑하는 사람들과 살 수 있기 때문이고요. 저는 마음속의 고통으로 지쳤습니다. 저는 제 무거운 짐을 벗겨주신 그분을 사모합니다. 저는 죽음이 없는 그곳에서 영원히 '거룩, 거룩, 거룩'을 찬송하는 친구들과 함께 살고 싶어요."

  이번에는 자선이 크리스천에게 물었다.
자선 "선생님은 가족이 있으시죠?
    결혼하신 분이시죠?"
크리스천 "예, 아내와 아들 넷이 있습니다."
자선 "그런데 왜 가족들은 함께 데리고 오지 않으셨나요?"
    그 말을 듣자 크리스천은 눈물을 흘리며 말했다.
크리스천 "아! 얼마나 그들을 데리고 오고 싶었는지 모릅니다. 그러나 가족들은 모두 제가 순례 여행 떠나는 것을 필사적으로 반대했어요."
자선 "그래도 선생님께서 그들에게 남아 있는 것이 위험하다는 사실을 알려 주고 설득하셨어야죠."

크리스천 "물론 그렇게 했지요. 그뿐만 아니라 하나님께서 우리 도시의 멸망을 제게 보여 주셨다고까지 이야기했지만, 가족들은 제가 헛소리를 한다며 믿으려 들지 않았답니다."

자선 "가족들이 선생님의 권고를 듣도록 하나님께서 축복해 주시도록 기도드리셨나요?"

크리스천 "아가씨도 아시겠지만, 아내와 자녀들은 제게 매우 소중한 존재들이기 때문에 당연히 큰 애정을 갖고 간절히 기도드렸죠."

자선 "선생님의 괴로움과 멸망에 대한 두려움을 가족들에게 알려 주셨나요? 제가 볼 때 선생님께 멸망은 눈으로 보는 것같이 확실했을 듯한데요."

크리스천 "물론입니다. 몇 번이고 되풀이해서 말했죠. 그들은 제가 임박한 심판을 알고 두려워하는 것을 제 표정과 눈물 그리고 떨고 있는 모습에서 깨달았을 것입니다. 그러나 그 모든 것도 그들을 설득해서 데려오기에 불충분했어요."

자선 "가족들이 따라오지 않는 이유가 무엇이라고 하던가요?"

크리스천 "글쎄요, 아내는 이 세상을 잃을까 봐 두려워했고, 애들은 젊은 날의 어리석은 쾌락에 빠져 있었죠. 그래서 각자 이런저런 핑계로 저를 이렇게 홀로 방황하도록 놔뒀습니다."

자선 "혹시 선생님이 평소에 불성실한 생활을 했기 때문에 그들을 함께 데려오려는 선생님의 말씀과 설득이 무력했던 것은 아닐까요?"

크리스천 "솔직히 저의 생활은 칭찬할 수 없었죠. 저는 제 생활에 많은 결함이 있다는 걸 깨닫고 있어요. 또한, 저는 다른 사람들을 유익하게 하려는 대화가 쉽게 논쟁이나 강요로 변한다는 사실도 알고 있습니다. 그래서 저의 잘못된 행동으로 인해 가족들이 제가 순례 여행을 떠나는 데 대해 반대할 핑곗거리를 만들지 않으려 매우 조심했죠. 그런데 바로 그 점 때문에 가족들이 제가 너무 까다롭다고 말하더군요. 즉 그들이 전혀 악하다고 생각지 않는 일들에 대해 제가 그들을 위해 저 자신을 부인한다는 것입니다.

만일 가족들이 제 행동에서 그들을 방해하는 것이 있었다고 한다면, 그것은 제가 하나님께 죄를 범하지 않고 이웃에게 잘못하지 않으려 무척 마음 썼던 것밖에는 없다고 말할 수 있습니다."

자선 "그러셨군요. 사실 가인이 아벨을 미워한 이유도 자기 자신의 행실은 악하고 동생의 행실은 의로웠기 때문이지요(요일 3:12). 만일 선생님의 부인과 아들들이 그런 이유로 선생님의 행동에 화를 냈다면, 그것은 그들 스스로가 선에 대해 마음이 강퍅하다는 것을 나타내는 것입니다. 선생님은 그들의 피로부터 자신의 영혼을 구원하신 것입니다"(겔 3:19).

나는 그들이 저녁 식사가 준비될 때까지 앉아서 대화하는 것을 보았다. 저녁 식사가 준비되자 모두 식탁에 앉았다. 식탁에 "기름진 것과 오래 저장했던 포도주"(사 25:6)가 차려졌다. 식사 중에 나누는 그들의 모든 대화는 이 산 주인에 대한 것이었다. 즉 그분이 하신 일과 그분이 그 일하신 이유 그리고 그분이 이 집을 지으신 이유에 관한 이야기였다. 나는 그들의 이야기를 듣고 이 산의 주인이 위대한 용사이신데, 큰 위험을 무릅쓰고 죽음의 세력을 잡은 자와 싸워 그를 죽였다는 사실을 알게 되었다(히 2:14). 그로 인해 크리스천은 그분을 더욱 사랑하게 되었다.

사람들도 그렇게 말하고 있고, 나도 그렇게 믿고 있는 바와 같이, 그분은 많은 피를 흘리심으로 그 일을 행하셨다고 크리스천은 말했다. 그리고 그분이 행하신 모든 일에 은혜의 영광을 더하는 사실은 그분이 이 나라에 대한 순수한 사랑으로 그 일을 행하셨다는 점이다. 그 밖에도, 그분이 십자가에서 돌아가신 이래로 그분을 따르던 사람 중에는 그분과 함께 지내며 대화를 나누는 사람들이 있었다. 그들은 자신들이 그분의 입에서 직접 이야기를 들었다고 했다. 또한, 그분이 불쌍한 순례자들을 사랑하시는 분이며, 그분과 같은 사람은 동서고금에 없다고 증거했다.

그 증거자들은 자신들이 주장하는 바에 대해 예를 제시했다. 그것은 그분께서 불쌍한 사람들을 구원하시기 위해 스스로 영광을 포기하셨다는 것이다. 그리고 그 증거자들은 그분께서 시온산에 혼자 거하지 않겠다고 말씀하고 확언하시는 것을 들었다고 증거했다. 더욱이 그 증거자들은 많은 순례자가 비록 궁핍한 자로 태어나 본래 거름더미에서 살던 자들임에도 불구하고 왕으로 삼으셨다고 말했다(삼상 2:8; 시 113:7).

그들은 이렇게 대화를 나누다가 밤이 깊어지자 주님께 보호를 부탁하는 기도를 드리고 잠자리에 들었다. 이 집의 가족들은 순례자에게 이 층의 큰 방을 내주었다. 그 방 창문은 해 뜨는 쪽으로 열려 있었다. 그 방의 이름은 평안(Peace)이었다. 크리스천은 그 방에서 새벽까지 잠을 잤다. 새벽에 잠을 깬 그는 이렇게 노래했다.

> 내가 지금 있는 곳이 어디인가?
> 순례자들을 위해 예비하신 예수님의 사랑과 보호가 아닌가?
> 내가 죄 사함 받고 이렇게 천국 옆방에 벌써 머물고 있다니 꿈만 같구나.

아침이 되자 이 집 가족들은 모두 일어나 또 귀한 대화를 나누었다. 그들은 크리스천에게 이 집의 귀한 것들을 둘러보고 떠나라고 말했다. 그들은 먼저, 크리스천을 서재로 데리고 가서 아주 오래된 기록들을 보여주었다. 내가 기억하는 것에 의하면, 그것은 이 산 주인의 족보였다. 그 족보에는 이 산 주인이 옛적부터 항상 계신 분의 아들이며 영원부터 계신 분이라고 기록되어 있었다. 또한, 그분의 행적과 그분이 자신을 섬기도록 택하신 수많은 사람의 이름 그리고 그분께서 그들을 오랜 세월이나 자연재해도 무너뜨릴 수 없는 처소에 살게 하셨다는 내용이 매우 자세히 기록되어 있었다.

그 후 이 집 가족들은 크리스천에게 주님의 종들이 행한 훌륭한 행동들을 들려주었다. 즉 그들이 나라들을 이기기도 하며, 의를 행하기도 하며, 약속을 받기도 하며, 사자들의 입을 막기도 하며, 불의의 세력을 막기도 하며, 칼날을 피하기도 하며, 연약한 가운데서 강해지기도 하며, 전쟁에서 용맹스럽게 이방 사람들의 진을 물리치기도 했다는 기록이었다(히 11:33-34).

그다음에는 이 집의 다른 기록 부분을 읽어 주었다. 그 기록은 주님께서 과거에 자신에게 큰 모욕을 한 자들이라 할지라도 기꺼이 은총 가운데로 영접하신다는 것을 보여 주었다. 또한, 이 기록에는 수많은 유명한 사건들의 역사가 기록되어 있었다. 크리스천은 그 내용을 자세히 살펴보았다. 그 기록들은 반드시 성취되는 고금의 모든 예언으로, 원수들에게는 두려움과 놀라움이지만, 순례자들에게는 위로와 도움이 되는 것이었다.

다음날 이 집 가족들은 크리스천을 무기고로 데려가 그들의 주인께서 순례자들을 위해 예비해 놓으신 온갖 종류의 무기들 곧 칼과 방패, 투구와 흉배, 모든 기도 그리고 닳지 않는 신을 보여 주었다. 이 무기고에는 주님을 섬기는 사람들이 하늘의 별처럼 많다고 해도 다 무장시킬 수 있을 만큼 충분한 무기들이 있었다.

또 그들은 크리스천에게 주님의 몇몇 종들이 놀라운 일을 행했던 기구 몇 가지를 보여 주었다. 그것들은 모세의 지팡이, 야엘이 시스라를 죽일 때 사용했던 말뚝과 방망이, 기드온이 미디안 군대와 싸울 때 사용했던 항아리와 나팔 그리고 횃불, 삼갈이 육백 명을 죽일 때 사용했던 소 모는 막대기, 삼손이 놀라운 공적을 세울 때 사용한 나귀 턱뼈, 다윗이 가드 사람 골리앗을 쳐서 쓰러뜨린 물매와 돌이었다.

또한, 장차 주님께서 대적을 짓밟으실 날에 불법의 사람(살후 2:3-4)을 죽이는 데 쓸 칼도 있었다. 이 밖에도 여러 가지 훌륭한 물건들을 구경하면서 크리스천은 크게 기뻐했다. 구경을 마친 후 그들은 다시 잠자리에 들었다.

다음 날 아침 크리스천이 일어나 떠나려는 것을 나는 꿈속에서 보았다. 그러나 이 집 가족들은 내일까지만 더 머물라고 간곡히 부탁했다. 만일 내일 날씨가 맑으면 기쁨의 산들(Delectable Mountains)을 볼 수 있는데, 그 산은 크리스천이 지금 있는 이곳보다 목적지인 천국에 더 가까우므로 그에게 더욱 많은 위로를 줄 것이라고 했다. 그래서 크리스천은 기쁘게 동의하고 하루를 더 묵었다.

이튿날 아침이 되어 그들은 크리스천을 옥상으로 데리고 올라가 남쪽을 보라고 했다. 크리스천이 남쪽을 바라보자 저 멀리 너무나 아름다운 산마을이 보였다. 그곳은 수풀과 포도원, 온갖 종류의 과일과 꽃들 그리고 샘물과 분수들로 한층 더 아름다워, 보기만 해도 즐거웠다(사 33:16-17).

크리스천이 "저 마을의 이름은 무엇입니까?

조용히 묻자, 그들은 "저곳의 이름은 하나님이 함께 계시는 '임마누엘의 나라'(Immanuel's Land) 입니다. 저곳도 이 산과 마찬가지로 모든 순례자를 위한 곳이죠. 당신이 저곳에 도착하면 천국 문과 그곳에 사는 목자들도 보게 될 것입니다"라고 설명해 주었다.

크리스천은 이제 떠나야겠다는 생각이 들었다. 그들도 기쁘게 떠나라고 하면서, 떠나기 전에 다시 무기고로 가자고 말했다. 무기고로 가서 그들은 크리스천이 길에서 습격 받을지도 모른다며 견고한 갑옷으로 머리에서 발까지 무장시켜 주었다. 크리스천은 무장하고 그 집에서 사귄 친구들과 함께 문으로 걸어갔다. 문 앞에서 그는 문지기에게 물었다.

크리스천 "혹시 다른 순례자들이 지나가는 것을 보셨습니까?"

문지기 "네, 봤습니다."

크리스천 "그가 누구인지 알아보셨나요?"

문지기 "그의 이름을 물어봤더니 신실(Faithful)이라고 하더군요."

크리스천 "아! 저도 아는 사람입니다. 그는 제 고향의 이웃이죠. 그는 제가 태어난 곳에서 왔습니다.

그가 저보다 얼마나 앞섰을까요?"

문지기 "지금쯤 저 언덕 밑에 이르렀을 겁니다."

크리스천 "잘 알았습니다. 착하신 문지기 양반 주님께서 당신과 함께하시기를 빕니다. 그리고 제게 친절을 베풀어 주셨으니 당신께 많은 축복이 더하시기를 빕니다."

그는 길을 가기 시작했다. 신중, 분별, 경건, 자선이 언덕 아래까지 배웅을 하겠다고 했다. 언덕을 걸어 내려가면서 그들은 전에 하던 이야기를 계속했다.

크리스천 "올라오기도 힘들었지만, 내려가는 길도 위험하군요."
신중 "예, 그래요. 왜냐하면, 사람이 겸손의 골짜기를 미끄러지지 않고 내려가는 것은 어려운 일이기 때문이죠. 그래서 우리가 언덕 밑까지 동행해 드리려고 온 것이랍니다."

크리스천은 매우 조심스럽게 언덕을 내려갔지만, 한두 번 미끄러져 넘어지지 않을 수 없었다. 언덕 밑까지 내려온 다음 이 착한 동행자들은 크리스천에게 빵 한 덩어리와 건포도 한 송이를 건네주었다. 크리스천은 여행을 계속했다.

경건한 친구들 가운데 있을 때,
그들의 황금과 같은 이야기들은
크리스천의 모든 근심을 완전히 치료해 주었다네.
그들은 크리스천을 머리에서 발끝까지
철갑을 입혀 보냈다네.

제7장

크리스천과 아볼루온의 격렬한 싸움

그러나 이 겸손의 골짜기에서 불쌍한 크리스천은 어려움에 봉착했다. 그는 불과 얼마 안 가서 아볼루온(Apollyon) 이라는 추악한 괴물이 그의 맞은편에서 들을 지나 다가오는 것을 발견했다. 크리스천은 두려워지기 시작해서 도망쳐야 하는지 그대로 서 있어야 하는지 망설이기 시작했다. 그러나 그는 등에 갑옷을 두르지 않았기 때문에 돌아서면 괴물에게 등을 보여 화살에 맞을 가능성이 더 커지므로 용감하게 서 있기로 했다. 그는 '생명을 구원하는 것보다 지금 나에게 더 중요한 일은 없다. 그러기 위해서는 버티고 서 있는 것이 최상책이다'라고 생각했다.

크리스천은 앞으로 나가 아볼루온과 마주했다. 그 괴물은 보기만 해도 끔찍했다. 아볼루온은 자랑거리인 물고기 같은 비늘로 덮여 있었고, 공룡 같은 날개가 달려 있었다. 발은 곰 같았고 배에서 불과 연기가 뿜어 나오고 있었으며, 입은 사자 입 같았다. 괴물은 크리스천에게로 다가와 멸시하는 눈초리로 물었다.

아볼루온 "네놈은 어디서 와서 어디로 가는 놈이냐?"

크리스천 "나는 모든 악의 소굴인 멸망의 도시를 떠나 시온성으로 가는 길이다."

아볼루온 "그러고 보니 네놈은 내 부하 중의 하나로구나. 왜냐하면, 모든 세상 나라가 내 것이고 나는 세상 나라의 왕이요 신이기 때문이다.

그런데 네 놈이 네 왕에게서 도망치고 있다고?

네 놈을 더 부려먹을 생각이 내게 없었다면, 당장 한 주먹에 쓰러뜨렸을 것이다."

크리스천 "내가 네 영토에서 태어난 것은 사실이다. 그러나 너를 섬기기는 힘들고, 네가 주는 삯은 사람을 죽이는 것이다. 왜냐하면, 죄의 삯은 사망이기 때문이다(롬 6:23). 그래서 나는 이렇게 나이 먹어서 다른 분별 있는 사람들이 했던 것처럼 나 자신을 개선하고자 정신 차렸다."

아볼루온 "세상에 그렇게 가볍게 자기 부하를 잃는 왕이 어디 있겠느냐? 나는 네 놈을 절대로 놓치지 않을 것이다. 일과 삯을 불평하는 거라면, 안심하고 돌아가라 우리나라 형편이 허락하는 만큼 너에게 주기로 여기서 분명히 약속하마."

크리스천 "나는 다른 분, 곧 왕 중 왕께 나 자신을 드렸다. 그러니 내가 어떻게 불신실하게 네게로 돌아갈 수 있단 말이냐?"

아볼루온 "너는 악을 바꾸려다 더 악해진다는 속담대로 행하고 있구나. 그의 종이 되겠다고 고백했다가, 얼마 안 돼 그를 버리고 내게 돌아오는 자들은 흔하다. 너도 그렇게 해라. 그러면 모든 것을 없던 일로 하겠다."

크리스천 "나는 그분을 믿고 그분에게 충성을 맹세했다. 그런데 어떻게 여기서 돌아선단 말이냐?

그렇게 하면 나는 반역자가 될 것 아니냐?"

아볼루온 "너는 내게도 믿음과 충성을 맹세해 놓고 반역했다. 그렇지만 네가 지금이라도 돌아오면, 내 기꺼이 모든 일을 없던 것으로 해 준다고 하지 않느냐?"

크리스천 "내가 네게 약속한 것은 철없이 어릴 때 한 것이다. 나는 지금 나를 해방해 주신 왕의 군기 아래 서 있다. 그 왕께서는 내가 너를 따르며 했던 일도 용서해 줄 수 있는 분이시다. 그뿐 아니라, 너 멸망할 아볼루온아, 진실을 말해 주마. 나는 그분의 일, 그분의 삯, 그분의 종들, 그분의 통치, 그분의 친구, 그분의 나라를 너의 모든 것보다 더 사랑한다. 그러니 나를 더 설득하려 들지 말고 떠나거라. 나는 그분의 종이며, 그분을 따를 것이다."
아볼루온 "자! 흥분하지 말고 냉정하게 네가 가는 길에서 만나게 될 위험들을 잘 생각해 보아라.

너는 그자의 종들이 나와 나의 방식들을 위반한 까닭에 대부분 비참한 종말을 맞았다는 사실을 알고 있지 않느냐?

얼마나 많은 그자의 종들이 수치스러운 죽임을 당했는지 아느냐?

그런데도 그를 섬기는 것이 나를 섬기는 것보다 더 좋다고 생각한다고?

그뿐만 아니라 그자는 자신을 섬기는 자를 구하러 자기 처소를 떠난 일이 전혀 없었다. 그러나 나로 말하자면, 온 세상이 너무나 잘 아는 바와 같이, 능력으로 또는 사기행각으로 나를 충성스럽게 섬기다가 그자의 종들에게 잡힌 자들을 구한 일이 얼마나 많은지 모른다. 그자와 그자의 종들에게서 말이다. 그래서 너도 그렇게 구해 주겠다."

크리스천 "그분께서 지금 자기 종들을 구하지 않고 참으시는 것은 그들의 사랑을 시험하시기 위함이다. 즉, 그들이 끝까지 그분과 연합하는지 보시기 위함이다. 그리고 너는 그들이 비참한 종말을 맞는다고 말하지만, 그러한 종말이 그들의 판단에는 가장 영광스러운 종말이다.

왜냐하면, 그들은 현재의 구원을 크게 기대하지 않기 때문이지. 그들은 자신들의 영광을 기다린다. 그리고 그들의 왕께서 자신의 영광과 천사들의 영광 가운데 오실 때, 그들은 그들이 기다리는 영광을 얻게 될 것이다."

아볼루온 "네놈은 이미 그자를 섬기는데 불충실했으면서, 어떻게 그자의 상을 받을 거로 생각하느냐?"

크리스천 "아볼루온아! 내가 어떤 점에서 그분께 불충실했다는 것이냐?"

아볼루온

"**첫째**, 네놈은 낙심의 수렁에 빠져 거의 질식해 죽게 되었을 때, 길 떠난 것을 후회했었다.

둘째, 네 왕이 네 짐을 벗겨주기를 기다려야 하는데, 도리어 그 짐을 벗으려고 그릇된 길로 들어섰다.

셋째, 죄악 된 잠을 자다가 네놈의 귀중한 것을 잃어버리기도 했다.

넷째, 사자들을 만났을 땐 거의 돌아올 뻔했다. 그리고 네놈이 네 여행에 대해 말할 때, 네 모든 언행은 속마음으로 헛된 영광을 구하고 있다."

크리스천 "모두 사실이다. 그뿐만 아니라 네가 빠뜨린 더 많은 잘못들이 있다. 그러나 내가 섬기고 존경하는 왕께서는 긍휼이 많은 분이어서, 기쁘게 용서해 주신다. 게다가 그 약점들은 너의 나라에서 얻은 것들이다. 너의 나라에서 나는 그 약점들에 빌붙어 후회하며 괴로워하고 신음했다. 그러나 나의 왕께서는 그 약점들을 용서하셨다."

그러자 아볼루온은 격분해 외쳤다.

아볼루온 "나는 그 왕의 철천지원수다. 나는 그자와 그의 율법 그리고 그의 백성을 증오한다. 그래서 네놈을 가로막으려고 일부러 여기까지 왔다."

크리스천 "아볼루온아! 함부로 날뛰지 말고 조심해라. 나는 지금 왕의 소유인 바른길, 거룩한 길에 서 있다. 그러니 너는 몸조심하는 게 좋을 것이다."

그러자 아볼루온은 양 팔다리를 벌리고 길 전체를 막으며 외쳤다.

아볼루온 "내가 이런 일에 두려워할 것 같으냐?

네놈은 죽을 각오해라. 내 지옥을 두고 맹세하노니, 네놈은 한 발자국도 더 나아가지 못하고 여기서 목숨을 내놓게 될 것이다."

이 말과 함께 마귀는 불붙은 창을 크리스천의 가슴을 향해 던졌다. 그러나 크리스천은 손에 잡고 있던 방패로 창을 막아 위험을 넘겼다.

크리스천은 더 이상 망설일 때가 아니라는 생각이 들어 칼을 빼 들었다. 아볼루온은 여러 개의 투창을 우박처럼 퍼부으면서 맹렬히 공격했다. 크리스천은 간신히 피했으나 머리와 손과 발에 상처를 입고 약간 뒤로 물러서지 않을 수 없었다. 그러자 아볼루온은 더욱 맹렬히 공격을 가했다. 크

리스천은 다시 용기를 내어 최선을 다해 용감하게 대항했다. 이 격렬한 전투는 반나절 이상 계속되었다. 크리스천은 힘이 거의 다 빠졌다. 여러분도 알다시피 크리스천은 상처로 인해 점점 힘이 약해질 수밖에 없었다.

이때가 기회라고 생각한 아볼루온은 크리스천에게 와락 달려들어 부둥켜 잡고, 죽어라 하고 밀어 넘어뜨렸다. 그 바람에 크리스천은 손에서 칼을 놓쳤다. 아볼루온은 "이제 네 놈은 끝장이다"라고 소리치며 크리스천의 목을 힘껏 내리눌렀다.

크리스천의 생명은 풍전등화와 같았다. 그러나 아볼루온이 최후의 일격을 가해 이 선한 사람을 완전히 죽이려 할 때, 하나님의 도우심으로 크리스천은 재빨리 손을 뻗쳐 떨어뜨린 칼을 잡고 "나의 대적이여 나로 말미암아 기뻐하지 말지어다 나는 엎드러질지라도 일어날 것이요"(미 7:8)라고 외치며, 있는 힘을 다해 아볼루온을 찔렀다.

아볼루온은 치명상을 입고 뒤로 자빠졌다. 크리스천은 그가 치명상을 입은 것을 알고 "이 모든 일에 우리를 사랑하시는 이로 말미암아 우리가 넉넉히 이기느니라"(롬 8:37, 39)라고 외치며 다시 일격을 가했다. 이 공격과 함께 아볼루온은 날개를 펼쳐 급히 도망쳐 버렸다. 그 후 크리스천은 그를 다시 보지 못했다(약 4:7).

아볼루온이 싸움 내내 용처럼 얼마나 크고 끔찍한 고함을 질러댔는지, 나처럼 이 전투를 보고 듣지 못한 사람은 아무도 상상할 수 없을 것이다. 반면에 크리스천의 심령에서 얼마나 깊은 한숨과 신음이 솟아 나왔는지, 상상할 사람 역시 없을 것이다. 그는 자신의 좌우에 날 선 검으로 아볼루온에게 상처 입혔다는 사실을 알았을 때까지 전혀 즐거운 표정을 보이지 않았다. 아볼루온이 도망쳤을 때 비로소 그는 미소를 띠고 하늘을 쳐다보았다. 이 광경은 지금까지 내가 본 것 중 가장 무서운 광경이었다.

전투가 끝났을 때 크리스천은 "사자의 입에서 나를 구원해 주시고 아볼루온과의 싸움에서 나를 도우신 분께 이 자리에서 감사를 드리나이다"라고 말하며 다음과 같은 찬송을 드렸다.

마귀의 두목 대장 바알세불은

나를 멸망시키려는 흉계를 꾸미고

아볼루온을 무장시켜 보냈다.

아볼루온은 지옥의 광란으로

맹렬히 나를 공격했다.

그러나 고마운 미가엘 천사의 도움과 이 칼의 일격으로

나는 그를 패퇴시켰다

나로 영원한 찬송을 부르게 하신 분께 감사를 드리고

그 거룩한 이름을 항상 찬송하리라.

그때 생명 나뭇잎을 든 손이 그에게 나타났다. 크리스천이 그 잎을 받아 다친 상처에 대자 즉시 상처가 나았다. 크리스천은 그 자리에 앉은 채 조금 전 아가씨들에게서 받은 빵을 먹고 포도주를 마셨다. 이렇게 새 힘을 얻은 크리스천은 "다른 적이 가까운 데 있을지 모른다"라고 혼잣말을 하며 칼을 뽑아 든 채 길을 떠났다.

그러나 이 계곡을 다 통과할 동안 아볼루온의 다른 공격을 받지 않았다. 그러나 이 골짜기 끝에 이르자 사망의 음침한 골짜기(Valley of the Shadow of Death)라는 이름의 또 다른 골짜기가 나타났다.

천국으로 가는 길이 이 골짜기 한가운데를 관통하기 때문에 크리스천은 이 죽음의 골짜기를 지나가지 않을 수 없었다. 예언자 예레미야는 이 골짜기를 "광야, 곧 사막과 구덩이 땅, 건조하고 음침한 땅, (크리스천 외에는) 사람이 다니지 아니하고 거주하지 아니하는 땅"(렘 2:6)이라고 묘사했다.

이 죽음의 골짜기에서 크리스천은 아볼루온과의 전투보다 더 큰 위험과 만나게 된다. 계속해서 그 위험을 보도록 하자.

제8장

암흑과 마귀, 지옥과 죄의 위험이 가득한
사망의 음침한 골짜기를 주님의 도우심으로
아무런 해를 받지 않고 지나가다

 내가 꿈속에서 보니, 크리스천은 사망의 음침한 죽음의 골짜기 입구에 이르러 두 남자를 만났다. 그들은 좋은 땅에 대해 악하게 보고했던 자들(민 13장)의 후손들로서 삼무와 사밧이 급히 되돌아가고 있었다. 그들에게 크리스천은 질문했다.

크리스천 "어디로 가는 길입니까?"
두 남자 "돌아가는 길이요. 되돌아가고 있어요. 당신도 생명이나 평안을 귀하게 여긴다면, 되돌아가는 것이 옳을 것이오."
크리스천 "대체 무슨 일인데 그래요?"
두 남자 "무슨 일이냐고요?

 우리도 당신이 가고 있는 이 길을 가던 사람들이죠. 그리고 갈 수 있는 데까지 갔소. 사실상 거의 되돌아올 수 없는 데까지 갔단 말이오. 만일 좀 더 나아갔다면, 여기서 당신에게 소식을 전하지 못했을 거요."
크리스천 "대관절 무엇을 봤기에 그러십니까?"
두 남자 "참, 기가 막혀서. 우리는 거의 사망의 음침한 골짜기 속으로 들어갔소(시 44:19). 그런데 불행 중 다행으로 앞을 바라보게 되었는데, 거기에 닿기 전에 그 위험을 보게 된 것이오."

크리스천 "글쎄 무슨 위험의 길을 봤냐고 하잖소?"

두 남자 "위험의 길을 봤어요! 바로 골짜기 자체가 위험의 길이었소, 죽음의 골짜기는 역청처럼 새카맣습니다. 또한, 우리는 그 골짜기 구덩이 속에서 도깨비들과 반인반수의 괴물들, 용들이 우글거리는 것을 보았소, 그뿐 아니라 골짜기 가운데 쇠사슬로 묶인 채 말할 수 없는 고통과 비참한 불행에 빠져, 사람들이 끊임없이 아우성치고 신음하는 것을 들었소. 그리고 그 골짜기에는 절망과 혼돈의 구름이 덮여 있었고, 죽음이 항상 그 날개를 펼치고 있었소(요 3:5; 10:22). 한마디로 말해서 그 골짜기는 질서라곤 전혀 없이, 온통 공포로 가득 차 있었단 말이오."

크리스천 "당신들이 이야기한 것을 나는 아직 못 봤지만, 나는 이 길이 내가 바라는 천국으로 인도하는 나의 길이라는 생각에 변함이 없어요."

두 남자 "멋대로 가 보시오. 우리는 절대로 안 갈 테니."

이렇게 이들은 갈라졌다. 크리스천은 습격을 받을까 봐 걱정되어 계속 칼을 뽑아 들고 전진했다.

그때 나는 꿈속에서 이 골짜기 끝까지 오른쪽으로 매우 깊은 구덩이가 이어져 있는 것을 보았다. 이것은 모든 시대에 소경이 소경을 인도하다 둘 다 빠져 비참하게 멸망한 바로 그 구덩이였다(눅 6:39). 또한, 오른쪽에는 매우 위험한 수렁이 있었다. 선한 사람조차 이곳에 빠지면 발을 딛고 설 바닥을 발견할 수 없는 수렁이었다. 다윗 왕도 이 수렁에 빠진 적이 있었다. 만일 그때 그를 끄집어내실 수 있는 하나님이 아니었다면, 그는 그곳에서 분명히 질식해 죽었을 것이다(시 69:14).

죽음의 골짜기의 길이 매우 좁으므로 착한 크리스천은 더욱 애를 먹었다. 어둠 속에서 한쪽 구덩이를 피하려다 미끄러져 반대쪽 수렁에 빠지기 쉬웠다. 또한, 크게 주의를 기울이지 않고 수렁을 피하려다가는 구덩이에 빠지기 쉬웠다. 이렇게 위험하게 나아가며 크리스천이 괴롭게 한숨 쉬는 것을 나는 들었다.

왜냐하면, 위에서 말한 위험 외에도 이 골짜기의 길은 너무 캄캄해서, 그가 앞으로 내딛기 위해 발을 든 다음 어디를 디뎌야 할지 알 수가 없었기 때문이다.

나는 이 골짜기 중간쯤에 지옥 입구가 있는 것을 보았다.

지옥의 입구는 길가에 바싹 붙어 있었다.

그것을 본 크리스천은 '자, 이제 나는 어떻게 해야 할까?'

깊은 생각에 잠겼다.

게다가 이따금 불꽃과 무서운 굉음을 내며 불과 연기가 엄청나게 솟아올랐다. 이런 것들은 아까 아볼루온의 경우와는 달리 크리스천의 칼을 개의치 않는 공포였다. 그래서 크리스천은 칼을 넣고 "모든 기도"(엡 6:18)라는 다른 무기에 전념을 기울이며, "여호와여, 주께 구하오니 내 영혼을 건지소서"(시 116:4)라고 내게도 들릴 정도로 부르짖었다.

기도를 드리며 오랫동안 걸었지만, 여전히 화염은 그에게 닿을 것 같았다. 또한, 그는 이곳저곳에서 터져 나오는 음울한 목소리들을 들었다. 그래서 그는 때때로 길에 떨어진 진흙처럼 자신이 산산이 흩어지거나 짓밟히는 것이 아닐까 생각하곤 했다. 이 무서운 광경과 끔찍한 소음들은 수 마일을 걷는 동안 끊임없이 그에게 나타나고 들려왔다. 한 장소에 이르렀을 때 그는 마치 마귀 떼거리가 자신에게 다가오는 소리를 들었다는 생각이 들어 멈춰선 채, 어떻게 하는 것이 최선일까 깊이 생각했다. 때로 그는 거의 돌아가고픈 생각이 들기도 했다. 하지만 이미 골짜기를 절반 정도 지나왔을지 모른다는 생각이 들었다. 그는 자신이 이미 많은 위험을 극복한 것을 기억했다. 그는 돌아가는 위험이 전진하는 위험보다 훨씬 더 클지 모른다는 생각 속에서 계속 나아가기로 했다. 그러나 마귀들은 점점 더 가까이 다가오는 것 같았다. 하지만 귀신들이 그에게 거의 이르자 그는 우레와 같은 목소리로 소리쳤다.

크리스천 "내가 주 여호와의 능하신 행적을 가지고 가노라"(시 71:16).

그러자 마귀들은 물러가고 더 이상 가까이 오지 않았다.

빠뜨려서는 안 될 한 가지 사실이 있다. 나는 크리스천이 너무 당황해서 자신의 목소리도 분간 못 하는 것을 보았다. 그가 불타는 지옥의 입구 옆을 지나갈 때 마귀 한 놈이 솟아올라 가만히 그에게로 다가갔다. 그리고는 그의 귀에 신성모독적이기 그지없는 말을 많이 속삭였다. 그런데 크리스천은 이 말들이 자기 마음에서 솟아 나왔다고 생각했다. 그는 그전에 그처럼 사랑하던 분을 이제 모독했다고 생각하니, 그가 전에 겪은 어떤 일보다 더욱 괴로웠다. 이런 생각을 그치게 할 방법을 알았다면, 더 이상 그것을 생각지 않았을 것이다. 그러나 그는 귀를 막거나 이 신성모독의 말들이 어디서 오는지 알아낼 분별력이 없었다. 그는 이러한 절망적인 상태로 꽤 오랫동안 걷다가, 그의 앞을 걸어가는 어떤 사람이 다음과 같이 말하는 소리를 들었다.

> 내가 사망의 음침한 골짜기를 다닐지라도 해를 두려워하지 않을 것은 주께서 나와 함께 하심이라(시 23:4).

그때 그는 다음과 같은 이유로 기뻐했다.

첫째, 그는 이 말씀에서 죽음의 골짜기에 자신만 있는 것이 아니라, 하나님을 경외하는 사람들이 있다는 것을 알았다.

둘째, 그는 이 어둡고 음침한 상황에서도 하나님께서 그들과 함께하신다는 것을 알았고, 그렇다면 하나님께서 그와도 함께 하시지 않는다는 법이 없다고 생각했다. 비록 이곳에 있는 장애 때문에 깨닫지 못할지라도, 하나님께서 동행하신다고 그는 생각했다(욥 9:11).

셋째, 그는 그들을 쫓아가면 머지않아 동행자를 만나게 될 것이라는 소망을 가졌다. 그래서 크리스천은 계속 나아가면서 앞서가는 사람을 불렀다. 그러나 앞서가는 사람도 혼자 걷고 있다고 생각했기 때문에 대답하지 않았다.

이윽고 날이 밝았다. 그래서 크리스천은 "하나님께서 사망의 그늘로 아침이 되게 하셨다"라고 외쳤다(암 5:8).

아침이 되자 크리스천은 밝은 빛을 의지해 뒤를 돌아보았다. 돌아가고 싶어서가 아니라, 어둠 속에서 자신이 어떤 위험들을 통과해 왔는지 보고 싶었기 때문이다. 그는 한편의 구덩이와 반대편의 수렁을 보다 똑똑하게 볼 수 있었다. 그리고 그 양편의 위험 가운데로 난 길이 얼마나 좁은지도 보았다.

또한, 이제 그는 구덩이에 있는 도깨비들과 반인반수들 그리고 용들도 보았다. 그러나 이 모든 괴물은 멀리 떨어져 있었다. 왜냐하면, 날이 밝자 가까이 따라올 수 없었기 때문이다. 그러나 "어두운 가운데 은밀한 것을 드러내시며 죽음의 그늘을 광명한 데로 나오게 하시며"(욥 12:22)라는 말씀대로 괴물들은 크리스천에게 드러났다.

크리스천은 혼자 걸어온 길의 모든 위험으로부터 구원받은 데 대해 크게 감동했다. 비록 아까는 그 위험들을 크게 두려워했지만, 지금 그는 낮의 빛으로 모습을 똑똑히 드러낸 그 위험들을 더욱 현명하게 바라보았다. 이 무렵 태양이 떠오르기 시작한 것은 크리스천에게 또 하나의 은혜였다.

왜냐하면, 죽음의 골짜기 전반부도 위험했지만, 크리스천이 이제부터 가야 할 후반부는 훨씬 더 위험했기 때문이다. 그가 지금 서 있는 지점부터 골짜기 끝까지의 길은 이곳저곳 온통 덫과 함정, 올무와 그물, 구렁텅이와 같은 구멍, 미끄러운 경사들 천지였다. 그러므로 만일 크리스천이 골짜기의 전반부를 지날 때처럼 이때도 어두웠다면, 목숨이 천 개라도 절대 모자랐을 것이다. 그러나 이미 말한 대로 바로 이때 태양이 떠오르고 있었다. 그러자 크리스천은 "그의 등불이 내 머리에 비치었고 내가 그의 빛을 힘입어 암흑에서도 걸어다녔느니라"(욥 29:3)라고 외쳤다.

이 빛 가운데서 그는 골짜기 끝에 이르렀다. 나는 꿈속에서 사망의 음침한 골짜기 끝에 전에 이 길을 지나간 순례자들의 피와 뼈, 재와 난도질당한 몸들이 널려 있는 것을 보았다. 나는 이런 것들이 널려 있는 이유가 무엇일까 생각하던 중 바로 앞에서 동굴 하나를 발견했다 이 동굴에는 오랫동안 교황(Pope)과 이교도(Pagan)라는 두 거인이 살면서, 권세와 폭정으로 이곳에 널려 있는 피와 뼈 임자들을 잔인하게 죽였다. 그러나 크리스천이 이곳의 위험을 만나지 않고 지나가는 것을 보고 나는 약간 의아스러웠다. 이교도는 오래전에 죽었고, 교황은 아직 살아있지만 늙었을 뿐 아니라, 젊은 시절에 겪은 수많은 격렬한 싸움으로 인해 허약해지고 관절이 굳어, 이제는 동굴 입구에 앉아 지나가는 순례자들에게 덤비지 못하고 이빨을 갈거나 손톱을 깨물어 뜯기밖에 할 수 없다는 것을 알았기 때문이다.

　나는 크리스천이 길을 계속 나아가는 것을 보았다. 굴 앞에 앉아 있는 늙은이가 그를 쫓아올 수는 없지만, "네놈들은 더 많이 불에 태워 죽일 때까지 절대 제정신 들지 않을 놈들이야"라고 욕을 퍼부을 때, 크리스천은 특별히 어떻게 생각해야 할지 알 수 없었다. 그래서 크리스천은 평안하게 태연한 표정을 짓고 지나가며 전혀 해를 받지 않았다. 크리스천은 찬송을 불렀다.

　　이 얼마나 놀라운 세상인가! (나는 이렇게밖에 말할 수 없네)
　　내가 이곳에서 만난 환난에서 구조되다니!
　　암흑과 마귀와 지옥과 죄의 위험이
　　내가 이 골짜기에 있을 때 나를 에워쌌고
　　덫과 함정과 올무와 그물이 가득해
　　쓸모없고 어리석은 나는 덫에 걸리고
　　구덩이에 빠지거나 함정에 빠질 형편이었다네.
　　그러나 나를 살리셨으니
　　예수님께 영광의 면류관을 드리세.

제9장

크리스천이 믿음의 친구 신실과 동행하다

크리스천은 계속 전진해 약간 경사진 길에 이르렀다. 이 경사는 순례자들이 앞을 바라보도록 흙을 북돋아 놓은 것이었다. 크리스천은 경사길로 올라가 앞을 바라보았다. 그는 자신을 앞서가는 신실(Faithful)을 발견하고, "여보시오, 여보시오, 기다리시오. 나와 동행합시다"라고 큰소리로 외쳤다. 마침내 신실은 뒤를 돌아보았다. 크리스천은 다시 소리쳤다.

크리스천 "제가 당신께 갈 때까지 기다려 주십시오."

그러나 신실은 "안 돼요, 제 목숨이 위태롭습니다. 피의 복수자가 저를 따라오고 있어요"라고 대답했다.

이 대답에 약간 화가 난 크리스천은 신실을 따라잡아 앞질렀다. 나중 된 자가 먼저 된 것이다. 크리스천은 친구를 앞질렀다는데 우쭐해져 웃다가, 자기 발밑을 조심하지 못해 발이 걸려 넘어지고 말았다. 그는 신실이 와서 도와줄 때까지 일어나지 못했다.

그 후 나는 그들이 매우 친밀하게 함께 걸으며 순례 여행 중에 일어난 모든 일에 대해 다정히 대화하는 것을 꿈에서 보았다.

크리스천 "존경하고 친애하는 형제 신실 씨, 당신을 따라오게 되어 기쁩니다. 하나님께서 우리를 화목하게 하셔서 이렇게 동반자로 즐거운 여행을 할 수 있게 되었군요."

신실 "사랑하는 친구 크리스천 씨, 우리 동네에서부터 당신과 동행하고 싶었답니다. 그런데 당신이 먼저 떠났기 때문에 어쩔 수 없이 이 먼 길을 혼자 왔죠."

크리스천 "내 뒤를 따라 순례 여행을 떠나기 전 얼마 동안 멸망의 도시에 머무르셨나요?"

신실 "당신이 우리 도시를 떠난 직후 하늘에서 내려오는 불로 우리 도시가 완전히 불타버린다는 소문이 널리 퍼졌습니다. 그래서 저는 오래 머무를 수 없었지요."

크리스천 "아니, 이웃들이 그런 이야기를 했단 말입니까?"

신실 "그렇습니다. 그 이야기는 한동안 모든 사람 입에 오르내렸지요."

크리스천 "뜻밖이네요. 그런데 당신 외에 다른 사람들은 그 위험을 피하고자 떠나지 않았단 말입니까?"

신실 "아까 말한 대로 소문은 자자했지만 확신하는 사람은 없었던 것 같습니다. 그 이유는, 그 일에 대해 격렬한 토론이 벌어질 때 일부 사람들이 당신과 당신의 무모한 여행(사람들은 당신의 순례 여행을 이렇게 부른답니다)을 비웃듯 말하는 것을 들었기 때문이죠. 그러나 저는 하늘에서 내려오는 유황불로 우리 도시가 종말을 맞을 것을 확실히 믿었고 지금도 믿고 있어요. 그래서 전 탈출했죠."

크리스천 "무줏대라는 이웃에 관한 이야기를 들어보셨습니까?"

신실 "예, 들었습니다. 제가 듣기로 그는 낙심의 수렁까지 당신을 따라갔다가 그곳에 빠졌다고 하더군요. 본인은 수렁에 빠졌다는 사실이 소문나는 것을 싫어했지만, 저는 그가 분명히 그 수렁의 진흙으로 더럽혀져 있는 것을 봤습니다."

크리스천 "이웃 사람들은 그에게 뭐라고 말들 하던가요?"

신실 "그는 가다가 되돌아왔기 때문에 모든 사람에게 심히 '줏대없는 놈'이라 조롱당했죠. 어떤 사람들은 그를 무시하고 멸시해 그에게 거의 일도 맡기려 하지 않아요. 현재 그의 형편은 도시를 떠나지 않았을 때보다 일곱 배나 더 어렵게 되었어요."

크리스천 "그런데 무줏대가 포기한 길을 멸시하는 사람들은 왜 그를 그렇게 업신여길까요?"

신실 "사람들은 그를 '못된 놈, 그자는 변절자야, 자기가 한 약속에 성실치 못한 놈이야'라고 욕합니다. 그가 이 길을 버렸기 때문에 하나님께서 하나님 자신을 반대하는 자들까지 일으켜 그를 멸시하게 하시고 그를 웃음거리로 만드신 것 같습니다"(렘 29:18-19).

크리스천 "당신은 도시를 떠나기 전에 그와 이야기한 적이 있으세요?"

신실 "한 번 길에서 그를 만났는데, 자신의 행실이 부끄러웠는지 외면해 버리더군요. 그래서 그와 이야기를 못 나누었습니다."

크리스천 "저런! 처음 출발할 때 그 사람을 기대했었는데 … 그러나 지금은 도시가 멸망할 때 그도 함께 멸망할 것이 걱정되는군요. 그는 정확히 '개가 그 토하였던 곳에 돌아가고 돼지가 씻었다가 더러운 구덩이에 도로 누웠다'라는 속담대로 되고 말았어요"(벧후 2:22).

신실 "저도 그게 걱정입니다. 하지만 그렇게 되는 것을 누가 막을 수 있겠습니까?"

크리스천 "자! 이제 그 사람 이야기는 그만두고 신실 씨, 우리와 보다 직접 관련된 일들을 이야기합시다.

당신이 이 길을 오면서 어떤 일들을 만났는지 이야기해 주시겠습니까?

여러 가지 일을 만나셨을 텐데요. 그렇지 않다면 오히려 이상한 일이죠."

신실 "다행히 당신이 낙심의 수렁에 빠졌다는 사실을 알고 있었기 때문에 빠지지 않고 좁은 문까지 도착했습니다. 그런데 음탕(Wanton)이라는 여인을 만나 큰 해를 당할 뻔했죠."

크리스천 "그 여자의 올가미를 피하셨다니 정말 다행이군요.

요셉도 그 여자에게 어려움 당하지 않았습니까?

당신처럼 요셉도 피할 수 있었지만, 목숨을 잃을 뻔했지요(창 39:11-13). 그런데 그 여자가 당신에게는 어떻게 했나요?"

신실 "어느 정도 알고 계시긴 하겠지만, 음탕이라는 여자가 얼마나 달콤하게 말하는지 당신은 상상도 못 하실 겁니다. 그녀는 제게 모든 만족을 주겠다며, 자기하고 딴 길로 가자고 끈질기게 쫓아왔어요."

크리스천 "그러나 선한 양심을 만족하게 해 준다는 약속은 안 했겠지요?"

신실 "그럼요. 모두 관능적이고 육신적인 약속들이었어요."

크리스천 "당신이 그녀의 유혹을 피하게 해 주신 하나님께 감사드립니다. 말씀을 보면 '음녀의 입은 깊은 함정이라 여호와의 노를 당한 자는 거기 빠지리라'(잠 22:14)라고 했습니다."

신실 "그러나 제가 그녀의 유혹을 완전히 피한 것인지는 모르겠군요."

크리스천 "설마 그녀의 욕망을 만족하게 해 준 것은 아니겠지요?"

신실 "아닙니다. 몸을 더럽히지는 않았습니다. 저는 음녀의 '걸음은 스올로 나아가나니'(잠 5:5; 욥 31:1)라는 말씀을 읽은 일이 기억났습니다. 그래서 전 그녀의 미모에 유혹되지 않으려 눈을 감아 버렸지요. 그러자 그녀는 제게 욕을 퍼붓더군요. 그래서 전 제 갈 길을 갔습니다."

크리스천 "오면서 다른 공격을 받진 않으셨어요?"

신실 "고난산 밑에 도착했을 때 나이 많은 노인과 만났어요. 제가 누구이며 어디로 가느냐고 묻길래, 천성으로 가는 순례자라고 말했죠.

그랬더니 그 노인은 '그대는 매우 정직한 사람처럼 보이는데, 내가 넉넉한 품삯을 줄 테니 나와 살 생각이 없냐?'

이렇게 묻는 거예요. 그래서 그 노인에게 이름과 사는 곳을 물었죠. 그러자 노인은 이름은 첫 사람 아담이고(고전 15:45), 유혹(Deceit)의 마을(엡 4:22)에 산다고 했어요. 제가 다시 시킬 일과 품삯이 뭐냐고 묻자, 일은 '많은 쾌락'이고 품삯은 나중에 그의 상속인이 된다고 노인이 대답하더군요. 저는 또 노인에게 어떻게 생활하는지 그리고 어떤 다른 종들을 데리고 있는지 물었죠. 그러자 노인은 자기 집에는 세상 모든 진미가 가득하고, 그의 종들은 자기 자손들이라고 말했어요. 다음에 제가 자녀가 몇 명이냐고 묻자, '육신의 정욕, 안목의 정욕, 이생의 자랑'(요일 2:16)이라는 이름의 딸만 세 명 있는데, 내가 원하면 그들과 결혼해도 좋다는 것이었습니다. 그래서 제가 노인에게 얼마나 오랫동안 나하고 살기 원하냐고 물었더니, 자기가 죽을 때까지라나요."

크리스천 "그래서 결국 그 노인과 당신은 어떻게 결론 내렸습니까?"

신실 "처음에는 그의 말이 매우 그럴듯해 따라가고 싶은 생각이 약간 들었죠. 그러나 그와 이야기하면서 그의 이마를 보니, 거기에 '옛사람과 그 행위를 벗어 버리라'(골 3:9)라고 쓰여 있었습니다."

크리스천 "그래서 어떻게 했습니까?"

신실 "그 노인이 온갖 감언이설로 유혹하고 있지만, 일단 저를 집으로 데리고 가면 노예로 팔아먹을 거라는 생각이 번쩍 들더군요. 그래서 저는 그 노인의 집 문 가까이에도 가지 않을 테니 더 아무 말 말라고 했어요. 그러자 그 노인은 제게 악담을 퍼부으면서, 내 뒤에 사람을 딸려 보내어 내 여행을 고통스럽게 느껴지게 하겠다고 말했습니다. 제가 그를 떠나야 하겠다고 몸을 돌이키는 순간, 그가 얼마나 나를 죽어라 하고 잡아 비트는지, 저는 몸 일부가 떨어져 나가는 줄 알았지 뭡니까.

저는 '오호라 나는 딱한 사람이로다'(롬 7:24)라고 외치며 산 위로 달려갔습니다. 산을 반쯤 올라가다 뒤돌아보았더니, 바람처럼 빨리 저를 쫓아오는 사람이 있었어요. 곧 그는 정자 있는 곳 바로 옆에서 저를 따라잡았지요."

크리스천 "바로 그곳에서 제가 앉아 쉬려다가 그만 잠에 빠져, 품속에 있던 이 두루마리를 잃어버렸었답니다."

신실 "잠깐 제 이야기를 마저 들어주십시오. 그 사람은 저를 따라잡자마자 한마디 말도 없이 일격에 나를 때려눕혀 정신을 잃게 했습니다. 저는 겨우 정신을 차리고, 왜 이렇게 때리냐고 물었죠. 그랬더니 그는 '네가 마음속으로 첫 사람 아담에게 이끌렸었기 때문'이라고 말하며, 다시 제 가슴을 세게 내리쳐 넘어뜨렸어요. 저는 또 그의 발밑에 죽은 사람처럼 정신을 잃고 누워 있었죠. 다시 정신이 들었을 때 저는 그에게 제발 자비를 베풀어 달라고 간청했어요. 그러나 그는 '나는 자비를 베풀 줄 모른다'라며 다시 저를 때려눕혔어요. 만일 그때 어떤 사람이 지나가며 그에게 그만두라고 명하지 않았다면, 분명히 그는 저를 죽였을 것입니다."

크리스천 "그에게 그만두라고 명하신 분이 누구였나요?"

신실 "처음에 저는 그분을 못 알아봤습니다. 그러나 그분이 옆을 지나가실 때 저는 그분의 손과 옆구리에 구멍이 있는 것을 보고, 그분이 우리 주님이 분명하시다고 판단했죠. 주님 덕분에 저는 계속 산을 오를 수 있었습니다."

크리스천 "당신을 뒤쫓아온 사람은 모세였습니다. 모세는 자신의 율법을 범한 사람들을 누구도 용서하지 않고, 그들에게 자비를 베풀 줄 모릅니다."

신실 "저도 그것을 잘 알고 있습니다. 모세와 제가 만난 것은 그때가 처음이 아닌 걸요. 제가 집에서 편안히 살고 있을 때 제게 찾아와서, 계속 그곳에 거하면 저를 안에 놓아둔 채 불태워 버리겠다고 말한 사람이 바로 모세였습니다."

크리스천 "혹시 당신은 모세와 만났던 산 위에 서 있는 집을 못 보셨습니까?"

신실 "물론 봤지요. 그리고 그 집 앞을 지나면서 사자들도 봤습니다. 그때가 정오라서 저는 사자들이 낮잠을 잔다고 생각했어요. 해가 많이 남아 있었기 때문에 저는 문지기 옆을 그냥 지나 산에서 내려갔지요."

크리스천 "문지기가 당신이 지나가는 것을 봤다고 하더군요. 그렇지만 당신도 그 집에 들렀으면 참 좋았을 텐데요. 그러면 평생 잊지 못할 귀한 것들을 구경했을 텐데 말입니다.

그건 그렇고, 겸손의 골짜기에서는 누구 만난 이가 없습니까?

이야기해 주십시오."

신실 "예, 불만(Discontent)이라는 사람을 만났는데, 자기와 함께 돌아가자고 끈덕지게 저를 설득하더군요.

겸손의 골짜기에는 존귀한 게 아무것도 없기 때문이라면서 말이에요. 그뿐인 줄 아세요?

그는 제가 겸손의 골짜기로 가면 자존심(Pride), 거만(Arrogance), 자기 기만(Self-conceit), 세상 영광(Worldly-glory) 등 저의 모든 친구를 배반하는 거라고 주장했죠. 그의 말에 의하면, 만일 제가 그 골짜기를 어기적거려 저 자신을 바보로 만든다면, 그 친구들이 매우 화를 낼 거라는 것이었습니다."

크리스천 "그런 어처구니없는 말이 어디 있습니까?

그래서 그에게 뭐라고 대답하셨나요?"

신실 "전 그에게 이렇게 말했죠. 비록 그가 말한 그 모든 친구가 나의 친족일지 모르지만, 사실상 그들은 제 육신의 친척들이었습니다. 제가 순례자가 되므로 그들은 저와 의절했고 저도 그들을 버렸기 때문에 그들은 마치 전혀 저의 혈통이 아닌 것이나 마찬가지라고요. 저와 더 아무 관련이 없다고 말입니다.

또한, 저는 그에게 '자네는 이 골짜기에 대해 전혀 잘못된 생각을 하고 있네. 왜냐하면, 겸손은 존귀의 앞잡이요 교만은 패망의 선봉(잠 15:33; 16:18)이기 때문이지. 그러므로 나는 자네가 정욕을 위해 가장 가치 있다고 평가하는 것을 택하기보다는, 가장 지혜로운 사람들이 소중히 여기는 존귀를 얻기 위해 이 골짜기를 지나가겠네'라고 말해 주었습니다."

크리스천 "그 골짜기에서 또 다른 사람을 못 만났습니까?"

신실 "수치(Shame)라는 사람을 만났지요. 그런데 제가 생각할 때 저의 순례 여행에서 만난 사람 중 어울리지 않는 이름을 가진 사람은 이 사람뿐인 것 같아요. 다른 사람들은 어느 정도 논쟁 같은 것을 벌이면 수긍하는데, 이 염치를 모르는 수치라는 자는 절대 그런 법이 없었어요."

크리스천 "아니, 도대체 그가 당신에게 무슨 말을 했기에 그러나요?"

신실 "기가 막힙니다. 글쎄, 그자는 신앙 자체를 부정합니다. 사람이 신앙에 신경 쓰는 것은 가련하고, 치사하며 비열한 일이랍니다. 그는 예민한 양심은 비겁한 것이며, 사람이 자신의 말과 행동을 경계함으로써 이 시대의 용감한 사람들이 즐겨 사용하는 남을 괴롭히는 자유를 스스로 억제하는 것은 자신을 그 시대의 조롱거리가 되게 하는 것이라고 말합니다.

그는 또한 권력자, 부자 또는 지혜로운 사람 중에 나와 같은 생각을 하는 사람은 거의 없으며, 그 정체를 아는 자가 아무도 없는데, 그것을 위해 자진해서 모든 것을 잃는 모험을 하라고 설득하는 것은 차라리 그들에게 바보가 되라는 것이라고, 그러므로 아무도 설득 당하지 않는다고 주장합니다(요 7:48; 고전 1:26; 3:18; 빌 3:7-9).

그뿐만 아니라 그는 이 시대에 사는 순례자들의 비천한 경제 상태와 사회적 지위 그리고 자연과학에 대한 무지와 이해 부족을 욕하더군요.

그는 나를 붙들고 늘어져 지금 여기서 제가 말을 다 못 할 정도로 많은 비난을 해댔습니다. 예를 들어 설교를 들으며 우는 것, 예배를 마치고 집으로 돌아가는 길에 한숨을 쉬며 괴로워하는 것, 이웃에게 내가 사소한 잘못의 용서를 구하는 것, 또는 다른 사람에게서 훔친 것을 변상하는 것이 수치스러운 일이라는 겁니다.

또한, 그는 신앙이 몇 가지 나쁜 폐단들―그는 이 고약한 폐단들에 더욱 멋진 명칭들을 붙였습니다―로 인해 사람을 위대한 사람들과는 점점 멀어지게 하고, 같은 신앙을 가졌다고 해서 비천한 자들을 인정하고 존경하게 만든다고 주장하며, '이것이 수치가 아니고 뭐냐?'라고 했어요."

크리스천 "그래서 당신은 그에게 뭐라고 말했습니까?"

신실 "하도 어이가 없어서 처음에는 아무 말도 못했죠. 그가 하도 몰아붙이는 바람에 피가 거꾸로 솟아 얼굴이 상기됐지요. 수치란 놈이 이것을 눈치채고 거의 저를 거꾸러뜨릴 뻔했지요. 그러나 저는 마음을 가다듬고 '사람 중에 높임을 받는 그것은 하나님 앞에 미움을 받는 것이니라'(눅 16:15)라는 말씀을 깊이 생각해 보았어요.

그리고 이 수치라는 자가 인간에 대해서는 많은 말을 했으나, 하나님이나 하나님의 말씀에 대해서는 아무것도 말하지 않았다는 것을 발견했습니다. 또한, 저는 최후의 심판 날에 우리의 영생과 사망이 이 세상의, 사람을 괴롭히는 것을 즐거워하는 자에 의해 결정되는 것이 아니라, 지극히 높으신 분의 지혜와 율법에 따라 결정된다는 사실을 생각했습니다. 그래서 저는 비록 세상 모든 사람이 반대할지라도, 하나님께서 말씀하시는 바가 수치를 물리치는 데 최선의 방법이라고 생각했죠.

저는 수치에게 이렇게 말했어요. 하나님께서 자신을 믿는 신앙을 즐겨 택하셨고, 하나님께서 예민한 양심을 즐겨 택하셨다. 그리고 천국을 얻기 위해 스스로 어리석은 자가 된 자가 가장 지혜로운 자들이며, 그리스도를 사랑하는 가난한 사람들이 그리스도를 미워하는 세상에서 가장 위대한 자들보다 더 부자이다.

그러므로 수치야, 물러가라! 너는 나의 구원의 대적이다.

내가 나의 주권을 가지신 주님을 대적하고 네 생각을 받아들일 것 같으냐?

그렇게 하고 내가 어떻게 주님께서 오실 때 주님의 낯을 뵙겠느냐?

내가 지금 주님의 길과 주님의 종들을 부끄럽게 여기고 어찌 축복을 기대할 수 있겠느냐(막 8:38) 하고 말입니다. 그러나 정말로 이 수치란 놈은 뻔뻔스럽기 짝이 없는 악당이더군요. 그놈은 끈질기게 나를 따라오며 계속 이것저것 신앙의 결점들을 제 귀에 속삭였습니다.

마침내 저는 그에게 '더 이상 헛된 시도를 하지 말라, 네가 멸시하는 것들에서 나는 가장 큰 영광을 보고 있다'라고 말하고는, 이 성가신 놈을 멀찌감치 뒤로하고 나아갔죠. 그자를 떼어 버리자 노래가 절로 나오기 시작했어요."

    하늘의 부르심에 순종하는 사람들이
    만나는 시험은 많도다.
    육신을 만족하게 하는 시험들이 오고 또다시 오고 와서
    언제 신자를 빼앗아 굴복시켜
    버림받게 할지 모르니
    오, 순례자들이여! 천국 가는 나그네들이여!
    경계를 늦추지 말고
    용감히 나아갈지어다.

크리스천 "형제여! 당신이 그 악당을 그처럼 용감하게 대항하신 일을 들으니 정말 기쁘군요. 당신 말처럼 그자는 전혀 잘못된 이름을 갖고 있어요. 그자는 길거리에서 뻔뻔스럽게 우리를 따라와 모든 사람 앞에서 창피를 주어, 결국 우리에게 선한 것을 부끄럽게 여기게 하려는 자입니다. 웬만큼 넉살 좋은 놈이 아니고서는 그놈과 같은 행동은 생각도 못 할 것입니다.

그러니 우리, 계속 그놈을 격퇴합시다. 그런 놈은 제아무리 잘난 체해도, 바보가 아닌 이상 그놈에게 넘어갈 사람은 없죠. 그래서 솔로몬이 말했지요."

> 지혜로운 자는 영광을 기업으로 받거니와 미련한 자의 영달함은 수치가 되느니라 (잠 3:35).

신실 "하나님께 수치를 이기도록 도와주셔서, 이 땅에서 진리를 용감히 선포하게 해달라고 간구해야 합니다."
크리스천 "옳습니다. 그 밖에, 그 골짜기에서 만난 사람이 또 있습니까?"
신실 "없어요. 그 후 나머지 모든 길을 지나는 동안, 사망의 음침한 골짜기를 지날 때조차도 계속 태양이 비쳤답니다."
크리스천 "얼마나 다행입니까?

저는 정반대로 일이 풀렸어요.

그 겸손의 골짜기에 들어서자마자 저는 괴물 아볼루온과 장시간 동안 무서운 전투를 벌였죠. 정말로 전 그놈이 저를 죽일 줄 알았습니다. 특히 그놈이 저를 내동댕이칠 때 그런 생각이 들었죠. 그놈이 저를 내던졌을 때 제가 칼을 놓쳤기 때문에 그는 '이제 넌 끝장이다'라고 장담했죠. 그러나 저는 하나님께 부르짖었고, 하나님은 제게 귀를 기울이셔서 제 모든 환난에서 저를 구원하셨습니다.

그다음 저는 사망의 음침한 골짜기로 들어갔어요. 그런데 거의 절반을 지나는 동안 전혀 빛이 없었죠. 저는 여러 번 그곳에서 죽는다고 생각했습니다. 그러나 결국 날이 밝고 해가 떠서 나머지 길은 훨씬 쉽고 안전하게 지나왔어요."

제10장

신실과 허풍선(떠버리)과의 대화, 복음 전도자의 조언

내가 꿈속에서 보니 두 사람은 계속 걸어가고 있었다. 그러다가 신실이 우연히 옆을 쳐다보았을 때, 허풍선(Talkative)이라는 이름의 남자가 그들 옆으로 멀리 떨어져 걸어가는 것을 발견했다. 이곳의 길은 매우 넓어 그들 모두가 함께 걸어갈 수 있었다. 허풍선은 키가 크고, 가까이서 보는 것보다 멀리서 볼 때 더 잘생겨 보였다. 허풍선에게 신실이 말을 걸었다.

신실 "여보시오, 어디로 가시는 길입니까?

　혹시 천국으로 가시지 않습니까?"

허풍선 "바로 거기로 가는 중입니다."

신실 "잘됐네요. 우리는 좋은 동행자가 될 수 있을 겁니다."

허풍선 "기꺼이 동행자가 되겠습니다."

신실 "자, 이리 와서 함께 걸으며, 유익한 이야기로 시간을 선용합시다."

허풍선 "누구와도 유익한 이야기를 나누는 걸 저는 매우 환영합니다. 그처럼 좋은 일에 관심 있는 분들과 만나게 되어서 기쁘군요. 솔직히 말해서 여행하면서 이렇게 시간 보내는 것을 즐거워하는 사람들은 거의 없고, 대부분은 유익하지 않은 농담을 훨씬 좋아하지요. 이 점을 저는 항상 걱정해 왔답니다."

신실 "정말로 통탄할 일입니다.

하늘에 계신 하나님에 관한 일들을 이야기하는데 이 땅, 사람들의 혀와 입을 사용하는 것만큼 가치 있는 일이 무엇이겠습니까?"

허풍선 "당신이 아주 마음에 드는군요. 왜냐하면, 당신 말씀은 확신으로 가득하거든요. 제가 덧붙여 말씀드리겠습니다.

하나님의 일들에 관해 대화하는 것만큼 즐겁고 유익한 일이 무엇이겠습니까?

다시 말해서, 사람이 놀라운 일들에서 어떤 기쁨을 느낀다 해도 하나님의 일에 대해 말하는 것만큼 기쁨을 느낄 수 있을까요?

예를 들어 사람이 역사나 신비한 일들에 관해 이야기하기를 즐긴다거나 기적, 불가사의, 징조에 관해 이야기하기 좋아한다면, 성경처럼 즐겁고 달콤하게 기록된 일들을 어디서 찾을 수 있겠습니까?"

신실 "옳습니다. 그런 일들을 이야기함으로써 유익을 얻는 것이 우리의 주된 목적이 되어야 하죠."

허풍선 "제 말이 바로 그 말이라고요. 그런 일들에 관해 이야기하는 것이 가장 유익하다니까요. 왜냐하면, 그런 이야기를 통해 사람은 많은 일에 대한 지식을 얻을 수 있거든요. 예를 들면, 이 세상일들의 허무함과 하늘의 일들의 유익에 대한 지식이지요. 일반적으로 말해 그건 지식이고, 더욱 특별하게 말하자면 이러한 대화를 통해 우리는 중생의 필연성, 인간 행위의 불충분성, 그리스도의 의의 필요성 등을 배울 수 있죠. 그 외에도 이러한 대화를 통해 우리는 회개, 믿음, 기도, 고난 등이 무엇인지 배울 수 있고, 또한 복음의 위대한 약속과 위로가 무엇인지 배워 자신을 위로할 수 있는 것입니다. 더 나아가 이런 대화를 통해 우리는 그릇된 견해들을 물리치고 진리를 옹호하며, 무지한 자들을 가르치는 법도 배우게 됩니다."

신실 "모두 맞는 말씀입니다. 당신에게서 이런 이야기를 듣게 되어 기쁘군요."

허풍선 "그러나 슬프게도 이러한 대화가 부족한 까닭에, 영생을 얻기 위해 믿음이 필요하고 영혼에 은혜의 역사가 필요하다는 것을 깨닫는 자가 거의 없죠. 절대로 천국을 얻게 할 수 없는 율법의 행위 가운데서 무지하게 사는 것입니다."

신실 "말씀 중에 죄송하지만, 이러한 천국의 지식은 하나님의 선물입니다. 인간의 노력으로나 단지 그것들을 이야기하는 것만으로는 천국의 지식을 얻을 수 없어요."

허풍선 "모든 사실을 저도 잘 알고 있습니다. 인간은 하늘에서 주시는 것 외에는 아무것도 받을 수 없습니다(요 3:27). 모든 것이 은혜로 되는 것이며, 행위로 되는 것은 없는 것이죠(딤후 1:9). 이 사실을 확증하기 위해 저는 성경 백 군데라도 제시할 자신이 있습니다."

신실 "좋습니다. 그러면 이제 한 가지 주제를 정하고 대화를 나누는 것이 어떨까요?"

허풍선 "무슨 주제든지 원하는 대로 정하십시오. 저는 우리에게 유익하기만 하다면, 하늘의 일이든 땅의 일이든, 도덕적인 일이든 복음적인 일이든, 거룩한 일이든 속된 일이든, 과거의 일이든 미래의 일이든, 외국의 일이든 본국의 일이든, 더욱 본질적인 일이든 부수적인 일이든 다 이야기할 수 있습니다."

신실은 경탄을 금치 못한 채 혼자 떨어져 걷는 크리스쳔에게 다가가 작은 소리로 말했다.

신실 "정말 용감한 동반자를 얻었군요. 분명히 이 사람은 매우 뛰어난 순례자가 될 것입니다."

크리스쳔은 이 말에 조용히 미소 지으며 말했다.

크리스쳔 "당신이 그토록 마음을 뺏긴 저 사람은 혀로 그를 모르는 사람 스무 명은 속일 것입니다."

신실 "그러면 당신은 저 사람을 알고 있다는 말씀입니까?"

크리스쳔 "아냐고요?

물론이지요. 저 사람이 자신을 아는 것보다 더 잘 알지요."

신실 "그러면 저 사람은 어떤 사람인가요?"

크리스쳔 "그의 이름은 허풍선이며, 그는 우리 도시에 살고 있습니다. 당신이 저 사람을 모른다는 게 이상하군요. 하긴 우리 도시는 크니까 이해되긴 합니다만."

신실 "그는 누구 아들인가요, 어디쯤 살고 있죠?"

크리스천 "그는 말쟁이(Say-well)라는 사람의 아들로서 재잘재잘 동네(Prating Row)에 삽니다. 그는 그를 아는 모든 사람에게 재잘재잘 동네의 떠버리로 알려져 있답니다. 그는 말만 잘 하는 변변치 못한 건달이거든요."

신실 "그래도 매우 품위 있어 보이는데요."

크리스천 "그를 잘 모르는 사람에게는 그렇게 보입니다. 왜냐하면, 그는 멀리서 볼 땐 가장 좋고, 가까이서 보면 아주 추하게 생겼죠. 당신이 그를 품위 있는 사람이라고 하니, 어느 화가의 그림이 생각납니다. 그의 그림은 멀리서 볼 땐 매우 좋은데, 아주 가까이서 보면 매우 불쾌하죠."

신실 "당신이 미소 짓는 것을 보니 농담을 하고 계시다는 생각이 들려고 하는군요."

크리스천 "비록 미소 짓기는 했지만 제가 이 문제를 놓고 농담한다거나 어떤 사람을 거짓되게 중상한다는 건 당치도 않은 말씀이에요. 그의 정체를 더 자세히 알려드리죠. 이자는 지금 당신과 이야기한 것처럼 어떤 친구나 어떤 이야기에도 상대가 됩니다. 그는 지금 당신과 하던 이야기를 술집에 앉아서도 합니다. 술에 취하면 취할수록 더 많이 이런 이야기를 입에 담지요. 신앙은 그의 마음에도 집에도, 대화 가운데도 존재하지 않아요. 그의 혀에만 존재합니다. 따라서 그의 신앙은 시끄러운 소리에 불과하답니다."

신실 "정말 그렇습니까?

그렇다면 제가 이 자에게 단단히 속았군요."

크리스천 "속으셨죠! 확실히 속으셨죠. '그들은 말만 하고 행치 아니하는 도다'(마 23:3)라는 말씀을 기억하십시오. 하나님의 나라는 말에 있지 아니하고 오직 능력에 있습니다(고전 4:20). 그는 기도, 회개, 믿음, 중생에 대해 말하지만, 단지 그것들에 대해 말하는 것만 알뿐이에요. 저는 그의 집에 가본 적이 있고, 집 안팎 모두에서 그를 관찰한 적이 있습니다. 그러므로 제가 그에 대해 하는 말은 사실입니다. 달걀 흰자위가 맛이 없듯이, 그의 집에는 신앙이 없습니다. 그의 집에는 기도가 없고, 죄에 대한 회개의 흔적도 없습니다. 차라리 짐승이 그보다 훨씬 더 하나님을 잘 섬긴다고 말할 수 있어요. 그는 그를 아는 모든 사람에게 신앙의 오점이며 치욕이며 수치랍니다(롬 2:23-24).

저 사람 때문에 그가 사는 동네 모든 사람에게 신앙은 전혀 호평받을 수 없어요. 그래서 그를 아는 사람들은 모두 그를 밖에서는 성자이고 집에서는 악마라고 말합니다. 그의 불쌍한 가족들까지 그렇게 생각하죠. 그가 얼마나 구두쇠이며 하인들에게 욕을 퍼붓고 학대하는지, 하인들은 어떻게 일해야 할지, 어떻게 그에게 말해야 할지 모른다는군요. 그와 거래하는 사람들은, 그와 거래하느니 터키인과 거래하는 게 더 공정할 거라고들 말합니다. 저 떠버리는 할 수만 있으면 남들 머리 꼭대기에 올라가 횡령하고 사기치고 속이거든요.

그뿐만 아니라 그는 자기 아들들도 자기 방식을 따르라고 가르치죠. 만일 아들들에게서 바보 같은 소심함(그는 예민한 양심을 이렇게 부른답니다)을 발견하면, 그 애를 바보 또는 돌대가리라고 욕하고, 그 애에게 절대로 관심을 보이지 않으며, 다른 사람들 앞에서 칭찬도 하지 않는다는군요.

제 솔직한 의견을 말하자면, 그는 악한 생활로 많은 사람을 실족시키고 타락시켰습니다. 만일 하나님께서 막으시지 않으면, 앞으로 더 많은 사람을 파멸시킬 것입니다."

신실 "형제여! 당신 말을 믿을 수밖에 없군요. 그 이유는 당신이 그자를 알고 있다고 말할 뿐 아니라, 당신이 그리스도인답게 사람들을 평하기 때문이죠. 그러므로 저는 당신이 악의로 이런 말을 하는 것이 아니라, 있는 그대로 말한다고 생각합니다."

크리스천 "저도 당신처럼 그를 잘 몰랐다면, 처음에 당신이 그를 경탄했던 것처럼 경탄했을 것입니다. 그리고 신앙을 적대하는 자들에게서 이 평을 들었다면, 선한 사람들의 명성에 악한 자기들이 자주 퍼붓곤 하는 중상이라고 생각했을 것입니다. 그러나 이 모든 사실 그리고 제가 알고 있는, 더 엄청나게 많은 악한 사실들로 저는 그자를 악하다고 입증할 수 있습니다. 선한 사람들은 그를 부끄럽게 여겨 형제나 친구로 부르지 않습니다. 그를 알고 있는 사람들은 그의 이름만 들어도 수치스럽게 생각한답니다."

신실 "과연 말과 행동은 별개라는 것을 알았습니다. 앞으로는 이 점을 살펴서 보다 조심하겠습니다."

크리스천 "말과 행동은 별개이며, 영혼과 육체가 다른 것처럼 전혀 다른 것입니다. 영혼이 없는 육체가 시체에 불과한 것처럼, 행동 없는 말도 시체에 불과하죠. 신앙의 영혼은 실천하는 행동입니다. '하나님 아버지 앞에서 정결하고 더러움이 없는 경건은 곧 고아와 과부를 그 환난 중에 돌보고 또 자기를 지켜 세속에 물들지 아니하는 그것이니라'(약 1:27)라고 말씀에 기록되어 있지 않습니까?

이 떠버리는 이 사실을 깨닫지 못한 채, 듣고 말하기만 하면 훌륭한 그리스도인이 된다고 생각하며 자기 영혼을 속이고 있는 겁니다. 듣는 것은 씨를 뿌리는 것과 같아요. 그 뿌린 씨가 마음과 생활에 진실로 열매 맺었다는 증명은 말만으로는 부족합니다. 우리는 최후의 심판 날에 사람들이 열매를 맺었는가 못 맺었는가에 따라 심판받게 된다는 사실을 명심해야 합니다(마 13:23).

그날 우리는 '네가 믿었느냐?'

이런 질문을 받는 것이 아니라, '너는 행하는 자냐, 아니면 말만 하는 자냐?'라고 질문 받고, 그 대답에 따라 심판받을 것입니다.

이 세상의 종말은 추수에 비교되죠(마 13:3). 아시다시피 추수하는 사람은 열매 외엔 관심이 없는 법이에요. 제가 이 말을 하는 이유는, 믿음이 없어도 하나님께 용납될 수 있다는 의미가 아니라 심판 날에 떠버리의 신앙고백이 얼마나 무가치할 것인가를 설명하기 위함입니다."

신실 "그 말을 들으니 모세가 정한 짐승을 묘사한 것이 생각납니다(레 11장; 신 14장). 그는 굽이 갈라지고 새김질하는 짐승이 정한 짐승이라고 했습니다. 굽만 갈라진 짐승이나 새김질만 하는 짐승은 정한 짐승이 아니라고 했지요. 예를 들어 토끼는 새김질은 하지만 굽이 갈라지지 않았기 때문에 부정한 짐승인데, 저 떠버리와 매우 닮았어요. 즉 저자는 지식을 구하고 성경 말씀을 입으로만 새김질합니다. 그러나 죄인들의 길을 떠나지 못하고 있죠. 이것은 토끼나 개 또는 곰이 굽이 갈라지지 않은 발을 가진 것과 같아요. 따라서 그는 부정한 자입니다."

크리스천 "그 성경 말씀의 복음적인 의미를 바로 설명하신 것 같군요. 저도 한말씀 첨가해 보도록 하죠. 바울은 수다쟁이들을 '소리 나는 구리와 울리는 꽹과리' 같다고 했고, 다른 곳에서는 '생명 없이 소리를 내는 것'이라고 설명했습니다(고전 13:1-3; 14:7). 생명이 없는 것들이란 곧 참된 믿음과 복음의 은혜가 없는 자들을 말하지요. 그리고 궁극적으로, 비록 그들의 말이 마치 천사의 방언이나 음성처럼 들릴지라도 그들은 생명의 자녀들이 있는 천국에 절대로 들어올 수 없지요."

신실 "그리고 보니 저는 처음에도 저 사람과 동행하는 것이 내키지 않았는데, 이제는 넌더리가 나는군요.

우리, 어떻게 하면 저 사람을 떼어 버릴 수 있을까요?"

크리스천 "제 충고를 듣고 제가 시키는 대로 하십시오. 그러면 하나님께서 그의 마음을 감동을 줘 돌이키게 하시지 않는 한, 그도 곧 당신과 동행하는데 진절머리를 낼 것입니다."

신실 "어떻게 해야 하는데요?"

크리스천 "그에게로 가서 신앙의 능력에 대해 진지한 토론을 벌이십시오! 그는 분명히 신앙의 능력을 인정할 것입니다. 그럴 때 이 능력이 그의 심령과 가정, 대인관계에 확고하게 지리 잡고 있는가를 분명하게 질문하십시오."

신실은 다시 허풍선에게로 다가가 말했다.

신실 "실례했습니다. 피곤하지 않으십니까?"

허풍선 "괜찮습니다. 그런데 우리가 계속 대화를 했다면 지금까지 상당히 많은 이야기를 했을 텐데, 중단되어 섭섭합니다."

신실 "좋으시다면 다시 이야기를 시작합시다. 그러면, 아까 제게 화제를 맡긴다고 하셨으니, 하나님의 구원하시는 은혜가 사람의 마음에 있을 때 어떻게 나타나는가에 관해 이야기해 보죠."

허풍선 "알겠습니다. 그럼 우리는 여러 가지 능력에 관해서 이야기해야겠군요. 아주 좋은 질문입니다. 기꺼이 당신께 대답해 드리도록 하죠. 간단하게 대답해서 첫째, 하나님의 은혜는 마음에 들어가서 죄에 대한 큰 비난의 소리를 내게 하고, 둘째 … ."

신실 "아니, 그만하십시오. 한 번에 한 가지씩 생각하기로 합시다. 제 생각에는 은혜가 영혼이 죄를 미워하게 함으로써 나타난다고 말해야 할 것 같은데요."

허풍선 "죄를 비난하는 소리를 외치는 것과 죄를 혐오하는 것 사이에 무슨 차이가 있다는 겁니까?"

신실 "아! 상당한 차이가 있지요. 남들 들으라고 죄를 비난하는 소리를 외치기는 쉬워도, 죄에 대한 경건한 혐오감이 없으면 죄를 미워할 수 없죠. 저는 마음과 가정과 대인관계에서 나타나는 죄를 전혀 아무렇지 않게 여기는 많은 사람이 강단에서 큰 소리로 죄를 비난하는 것을 들었습니다. 요셉의 주인 보디발의 아내는 매우 정숙한 것처럼 큰소리로 비명을 질렀지만, 사실상 그녀는 요셉과 부정한 짓을 저지르고 싶어 했죠(창 39:12-15). 어떤 죄에 대한 비난의 소리는 어머니가 무릎 위에 어린 아기를 앉혀 놓고, 행실이 나쁘며 말을 안 듣는다고 야단치다가 껴안고 입 맞추는 것과 같습니다."

허풍선 "제가 볼 때 당신은 남의 흠을 들춰내려는 것 같군요."

신실 "아니요, 그런 의도는 없습니다. 저는 단지 잘못된 점을 정정하려는 것뿐입니다. 자, 그건 그렇고, 당신이 마음속에서 은혜의 역사가 나타나는 두 번째 증거로 말하려는 것은 무엇인가요?"

허풍선 "복음의 비밀들을 알게 되는 놀라운 지식입니다."

신실 "그 표적이 첫째가 돼야 했을 것 같군요. 그러나 첫째가 되었건 마지막이 되었건, 그 표적도 정확한 것은 아닙니다. 왜냐하면, 복음의 비밀들에 대한 놀라운 지식을 획득할지라도, 그것이 영혼 가운데 나타나는 은혜의 역사가 아닐 수 있기 때문이죠(고전 13:2). 모든 지식을 소유한 사람이라 할지라도 아무것도 아닐 수 있으나 곧 하나님의 자녀가 아닐 수 있다는 것입니다. 그리스도께서 '내가 너희에게 행한 것을, 너희가 아느냐' 하고 물으셨을 때, 제자들은 '예'라고 대답했습니다. 그러자 그리스도께서는 '너희가 이것을 알고 행하면 복이 있으리라'라고 부언 하셨어요(요 13:12, 17). 그리스도께서는 제자들이 아는 것을 축복하신 것이 아니라, 행하는 것을 축복하셨죠. 왜냐하면, 행함이 수반되지 않는 지식이 있기 때문이에요. 주인의 뜻을 알고도 … 그 뜻대로 행치 아니한 종(눅 12:47)이 있거든요. 천사같이 많은 것을 알지만 아직 그리스도인이 아닐 수 있습니다. 그러므로 당신이 말한 표적은 틀린 겁니다.

사실 안다는 것은 말하기 좋아하고 허풍떨기 좋아하는 사람들을 기쁘게 하는 것이죠. 그러나 행하는 것은 하나님을 기쁘시게 하는 것입니다. 지식 없는 마음이 선할 수 있다는 말은 아닙니다.

왜냐하면, 지식이 없을 때 마음은 무가치하기 때문이죠. 지식에는 두 종류가 있어요. 곧 단순한 사색으로 끝나는 지식이 있고, 믿음과 사랑의 은혜가 수반되는 사람이 마음으로부터 하나님의 뜻을 행하게 만드는 지식이 있습니다. 전자는 말하는 자를 만족하게 하는 지식인 반면에, 참된 그리스도인은 후자의 지식을 소유해야 만족할 수 있답니다. '나로 하여금 깨닫게 하여 주소서, 내가 주의 법을 준행하며 전심으로 지키리이다'(시 119:34)라는 말씀을 기억하세요."

허풍선 "또 흠을 들춰내고 있군요. 그런 식으로 말하는 것은 덕이 되지 않아요."
신실 "그렇습니까?

그러면 이 은혜가 있는 곳에서 나타나는 역사의 표적을 또 한 가지 말씀해 주십시오."
허풍선 "싫소. 말해봤자 우리는 의견이 일치되지 않을 테니까요."
신실 "하기 싫으시다면, 제가 이야기해도 괜찮겠습니까?"

허풍선 "누가 말린답니까?"

신실 "은혜를 소유한 사람은 자신의 영혼 속에서 은혜가 역사하는 것을 알 수 있고, 옆에 있는 사람도 그것을 알 수 있습니다.

은혜는 영혼 속에서 죄를 확신시키는 역사를 합니다. 특별히 그가 그리스도를 믿는 믿음으로 말미암는 하나님의 긍휼을 얻지 못할 때, 반드시 그로 정죄 받게 하는 본성의 타락과 불신앙의 죄를 깨닫게 합니다(막 16:16; 요 16:8-9; 롬 7:24). 이러한 사실들을 보고 느낄 때 사람은 죄를 후회하고 수치스러워하게 될 뿐 아니라, 구세주께서 자기에게 나타나시는 것을 발견하고 영생을 얻고자 구세주께 나아가야 한다는 절대적인 필요성을 느끼게 되죠. 그리고 그는 구세주를 갈급히 찾게 되고, 그 갈급함에 약속이 이루어지는 것입니다(시 38:18; 렘 31:19; 마 5:6; 행 4:12; 갈 1:15-16; 계 21:6).

구세주를 믿는 믿음의 강약에 따라 사람의 기쁨과 평안, 거룩을 사모하는 마음, 구세주를 더 많이 알고자 하는 열망이 좌우됩니다. 또한, 이 세상에서 구세주를 섬기는 열망도 이 믿음의 강약에 따라 좌우되죠. 그러나 은혜가 사람에게 나타난다고 말했지만, 사람이 은혜의 역사가 이것이구나 하고 확실하게 판단할 수 있는 경우는 극히 드뭅니다. 왜냐하면, 사람은 현재 타락과 부패 가운데 있고 이성이 미혹되어 있으므로 그릇된 판단을 하게 되기 때문이죠. 그러므로 은혜의 역사를 소유한 사람은 은혜의 역사에 대한 바른 결론을 내릴 수 있기 위해 먼저 매우 건전한 판단력이 요구됩니다.

그러면 타인들에게 은혜의 역사는 어떻게 나타날까요?

첫째, 그리스도를 믿는 믿음의 경험적 고백으로 나타납니다.

둘째, 그 고백과 일치하는 생활 때문에 나타납니다.

즉 경건한 생활, 경건한 마음, 경건한 가정(만일 가정이 있다면) 그리고 세상에서의 경건한 교제입니다. 이러한 경건한 생활은 세상 사람들에게 그가 마음속으로 자신의 죄를 미워하고, 또한 은밀하게 죄를 지을 때 자기 자신까지도 미워한다는 사실을 알려줍니다. 그리하여 그는 가정에서 죄악을 제거하고, 나아가 세상에 경건을 촉진하게 돼요. 그러나 이러한 역사가 일어나기 위해서는 위선자나 말하기 좋아하는 사람이 하는 것처럼 말만으로는 안 되고, 믿음과 사랑 가운데 말씀의 능력에 대한 실천적인 복종이 있어야 되죠(시 50:23; 겔 20:43-44; 마 5:8; 요 14:15; 롬 10:9-10; 빌 3:17-20).

자, 이 은혜의 역사와 그 역사의 나타남에 대한 간단한 설명에 이의 있으시면 말씀하십시오. 만일 이의가 없으시면 두 번째 질문하겠습니다."

허풍선 "지금 내 역할은 이의를 제기하는 것이 아니라 듣는 것이니, 두 번째 질문을 해 보시죠."

신실 "두 번째 질문은 이것입니다.

당신은 제가 설명한 은혜의 역사의 나타남을 경험해 보셨습니까?

그리고 당신의 생활과 당신의 말은 일치합니까?

혹시 당신의 신앙은 진실한 행위나 진실에 있지 않고, 말과 혀에 있는 건 아닙니까?

이 질문에 대답할 의향이 있으시다면, 제발 위에 계신 하나님께서 옳다고 인정해 주실 말만 하고, 또한 당신의 양심이 인정할 수 있는 말만 하십시오.

왜냐하면 '옳다 인정함을 받는 자는 자기를 칭찬하는 자가 아니요 오직 주께서 칭찬하시는 자니라'라고 말씀에 기록되어 있었기 때문입니다(고후 10:18). 또한, 나의 말과 나의 모든 이웃이 내가 거짓말쟁이라고 입증하는데, 나 혼자 잘났다고 말한다면 그것은 큰 잘못이기 때문이죠."

떠버리는 이 말을 듣고 처음에는 얼굴이 붉어졌으나 마음을 가다듬고 대답했다.

허풍선 "당신은 자기 말을 합리화하기 위해 경험, 양심, 하나님을 들먹거리더니, 이젠 하나님께 호소하는 데까지 이르렀군요. 나는 이런 식의 대화를 예상치 않았고, 그따위 질문들에 대답하고 싶지도 않고 대답할 의무도 없소. 누가 당신보고 교리 문답이나 하라고 했소?

당신이 굳이 교리 문답을 하고 싶다면 해도 좋은데, 나를 함부로 판단하지 마시오.
그건 그렇고, 왜 내게 그런 질문을 하는지, 이유를 설명해 주시겠소?"
신실 "당신이 말만 앞세우는 사람으로 보이고, 허황한 생각밖에는 신앙에 대해 알고 있는 것이 없는 것 같기 때문이오. 그뿐만 아니라, 솔직히 말해 저는 당신이 말로만 신앙생활을 하는 사람일 뿐, 일상생활을 보면 당신의 신앙고백이 거짓임이 입증된다고 들었습니다. 사람들이 당신에 대해 뭐라고 말하는지 아시오?

당신은 그리스도인의 오점이고, 당신의 불경건한 생활로 인해 신앙의 평판이 더욱 나빠졌다고 합니다. 이미 여러 사람이 당신의 악한 행실로 인해 실족했고, 앞으로 더 많은 사람이 당신의 행실로 인해 멸망당할 위험에 있다고 합니다. 당신의 종교는 술집, 탐욕, 부정, 욕심, 방탕한 교제 등 모든 악한 것들과 공존합니다. 창녀 한 명이 모든 여인의 수치가 되고, 미꾸라지 한 마리가 온 물을 흐린다는 속담이 당신에게 적절하지요. 즉, 당신은 모든 성도의 수치라는 말입니다."

허풍선 "당신이 그렇게 근거 없는 소문을 쉽게 주워듣고 경솔히 판단 내린다면, 나는 당신을 나와 대화할 자격이 없는 불쾌하고 음흉한 자라고 결론 내릴 수밖에 없소. 그러니 이만 헤어집시다."

떠버리가 가버리자 크리스천은 신실에게 다가와서 말했다.

크리스천 "제 말대로 됐습니다. 당신의 말과 저자의 정욕은 일치할 수가 없어요. 그는 자신의 삶을 개선하는 것보다 당신과의 교제를 끊는 것이 편했던 모양입니다. 내가 말한 대로 가 버렸군요. 붙잡아도 소용없습니다. 다른 사람이 아니라 저자 자신이 손해 보는 것이죠. 다행히 저자가 가는 바람에 우리가 저자를 피해야 하는 수고를 덜어 주었군요. 그렇지 않으면 계속 따라오며 쓸데없는 말을 지껄여, 우리의 교제를 방해했을 텐데 말입니다. 그래서 사도 바울은 '경건의 모양은 있으나 경건의 능력은 부인하니 이같은 자들에게서 네가 돌아서라'(딤후 3:5)라고 말했죠."

신실 "그래도 저는 그와 짧은 대화를 나눈 것이 기쁩니다. 어쩌면 그가 이 대화를 다시 생각해 볼지도 모르잖아요. 하여튼 저는 그에게 분명히 말해 주었으니, 그가 멸망한다 해도 그의 죄의 책임은 제게 없습니다."

크리스쳔 "그에게 분명하게 이야기해 준 것은 잘하셨습니다. 오늘날엔 사람을 이렇게 신실하게 대하는 일이 극히 드물죠. 그래서 많은 사람이 신앙을 외면하게 되었어요. 아까 그자처럼 방탕하고 악한 생활을 하면서 말로만 신앙인입네 하는 어리석은 수다쟁이들이 경건한 성도들의 교제에 끼어 들어서는, 세상 사람들을 어리둥절하게 하고 기독교를 욕되게 해서 진실한 사람들을 탄식하게 만들죠. 나는 모든 사람이 입으로만 믿는 자들을 당신이 한 것처럼 그렇게 대해 주었으면 좋겠다고 생각해요.
그러면 그들은 바르게 신앙생활을 하든지, 아니면 성도들과의 교제가 두려워지든지 할 것 아니겠어요?"

이때 신실은 이렇게 노래했다.

> 처음에 떠버리는 얼마나 의기양양했던가!
> 얼마나 담대하게 지껄였던가!
> 제 앞에 당할 자가 없을 듯 싶었지!
> 그러나 신실이 진실을 말하자 기우는 보름달처럼 움츠리네.
> 진실을 모르는 모든 자여, 움츠릴지어다.

크리스쳔과 신실은 자신들이 길에서 겪은 경험들을 이야기하며 계속 길을 갔다. 그래서 지루한 광야길이 그들에게는 한결 수월했다.

그들이 광야를 거의 다 통과할 무렵, 신실은 우연히 뒤돌아보았다가 자신이 알고 있는 한 사람이 뒤따라오는 것을 발견했다.

신실은 크리스쳔에게 "저기 오는 사람이 누군지 아십니까?" 하고 물었다.

크리스쳔도 돌아보고 "바로 내 좋은 친구, 복음 전도자이십니다"라고 대답했다. 신실도 "저분은 제게도 좋은 친구랍니다. 좁은 문으로 떠나라고 일러주신 분이 바로 저분이셨죠"라고 말했다. 이윽고 복음 전도자가 자기를 기다리는 두 사람에게로 다가와 인사했다.

복음 전도자 "사랑하는 두 분, 평안하십니까?

두 분을 도와주시는 분들도 평안하시기를 기원합니다."

크리스천 "반갑습니다, 선한 복음 전도자님. 당신의 얼굴을 뵈니까, 전에 저의 영원한 복락을 위해 힘써 주신 끊임없는 수고와 친절이 생각나는군요."

신실 "진실로 반갑습니다. 고마우신 복음 전도자님. 당신과 동행하는 것이 우리 같은 가련한 순례자들에겐 얼마나 다행인지 모르겠습니다."

복음 전도자 "친구분들, 우리가 헤어진 후 어떻게 지내셨습니까?

어떤 일을 만나셨으며, 어떻게 처신하셨나요?"

크리스천과 신실은 복음 전도자에게 길에서 자신들에게 일어났던 모든 일을, 자신들이 어떤 어려움을 겪으며 이곳에 이르렀는지를 이야기했다.

복음 전도자 "여러 시련을 만났으나 극복하고 승리자가 되셨다니, 정말 기쁘군요. 그리고 많은 연약함에도 이날까지 여행을 계속하신 것을 감사드립니다. 진실로 이것은 나와 두 분 모두를 위해 기쁜 일이에요. 나는 씨를 뿌렸고, 두 분은 거두셨습니다. 씨뿌린 자와 거두는 자가 모두 함께 즐거워할 그날이 이르고 있습니다.

두 분, 인내하십시오. '포기하지 아니하면 때가 이르매 거두리라'(갈 6:9)라고 말씀하셨죠. 썩지 않는 면류관이 두 분 앞에 있습니다. '너희도 상을 받도록 이와 같이 달음질하라'(고전 9:24)라고 말씀하셨어요. 이 면류관을 얻기 위해 출발해 멀리까지 나아갔는데, 갑자기 끼어들어 빼앗아 가는 자가 있습니다. 그러므로 '네가 가진 것을 굳게 잡아 아무도 네 면류관을 빼앗지 못하게 하라'(계 3:11)라고 말씀하셨죠. 당신들은 아직 마귀의 사정거리를 완전히 벗어나지 못했어요. 아직 죄와 피 흘리기까지 싸우지 않으셨단 말입니다.

항상 천국을 바라보며, 눈에 보이지 않는 일들을 굳게 믿으십시오. 이 세상의 다른 어느 것에도 마음 두지 마십시오. 그리고 무엇보다 자신의 마음을 잘 살펴 정욕이 침투하지 않도록 하세요.

왜냐하면, '만물보다 거짓되고 심히 부패한 것은 마음'(렘 17:9)이기 때문이지요. 얼굴을 부싯돌같이 굳게 하십시오. 하늘과 땅의 모든 권세가 여러분 편에 있습니다."

크리스천은 복음 전도자의 권고에 감사하고, 나머지 길을 가는 데 도움 되도록 더 많은 이야기를 해달라고 간청했다. 크리스천은 복음 전도자가 예언자이므로 앞으로 자신들에게 일어날 역경들 그리고 그와 싸워 승리할 방법을 이야기해 줄 수 있다고 믿었다. 신실도 함께 요청하자 복음 전도자는 다시 말을 시작했다.

복음 전도자 "나의 영적 자녀들이여! 당신들은 하나님 나라에 들어가려면 많은 환난을 겪어야 한다는 것과, 어느 도시나 결박과 환난이 기다리고 있다는 것(행 14:22; 20:23)을 복음의 진리 말씀을 통해 들었습니다.

그러므로 어떤 형태의 환난을 겪지 않고 순례 여행을 하리라 기대할 수 없습니다. 당신들은 이미 몇 가지 환난들을 겪어 보았기 때문에 내 증거가 사실임을 아셨겠죠. 그러나 이제 더 많은 환난이 곧 닥칠 것입니다. 왜냐하면, 이제 당신들은 이 광야를 거의 벗어나면, 머지않아 앞에 보이는 도시에서 당신들을 죽이려 길길이 날뛰는 대적들로부터 심한 괴로움을 당할 것이기 때문이죠.

당신들 모두, 또는 한 사람은 자신이 가진 믿음을 피로 증거해야 한다는 각오를 하십시오. 죽도록 충성하세요. 그러면 하나님께서 생명의 면류관을 주실 것입니다(계 2:10).

그 도시에서 죽는 사람은 심한 고통과 참혹한 죽임을 당할지라도 먼저 천국에 도착하게 될 것입니다. 그러면 나머지 여행의 많은 고생을 면할 수 있으므로 살아남은 사람보다 어쩌면 더 행복할 것이고요. 그 도시에 도착해 제가 지금 여기서 말한 일이 이루어질 때, 당신들을 구원하신 그리스도를 기억하시고 용감하고 바르게 행동해 신실하신 창조주 하나님께 영혼을 맡기십시오."

제11장

허영 도시에서의 신실의 순교

그 후 나는 꿈에서 그들이 광야를 벗어나자 그들 앞에 한 도시가 나타나는 것을 보았다. 그 도시의 이름은 헛됨(Vanity)이었다. 그 도시에는 일 년 내내 헛된 시장(Vanity Fair)이 열렸다. 이 시장이 헛된 시장이라고 불리는 이유는, 이 도시가 헛된 것으로 이루어져 있고, 이 시장에서 파는 모든 것이 헛된 것이기 때문이었다. "헛되고 헛되며 헛되고 헛되니 모든 것이 헛되도다"라는 지혜자의 말 그대로였다(전 1:2, 14; 2:11, 17; 11:8; 사 40:17).

이 시장은 새로 열린 것이 아니라 옛날부터 있어 온 것이었다. 이 시장의 기원을 살펴보자.

약 5천 년 전에 우리의 두 소박한 순례자들처럼 천국을 향해 걸어가는 순례자들이 있었다. 바알세불과 아볼루온 그리고 마귀 군대(막 5:9)는 순례자들의 행로를 추적해 그들이 이 허영 도시를 지나간다는 것을 발견하고, 이곳에 시장을 열어 일 년 내내 모든 종류의 헛된 것을 팔자는 흉계를 꾸몄다.

그리하여 이 시장에는 가옥, 토지, 직업, 지위, 명예, 공적, 귀족 칭호, 도시, 왕국, 정욕 그리고 모든 종류의 쾌락—곧 창녀, 아내, 남편, 자녀, 주인, 하인, 생명, 피, 육체, 영혼, 은, 금, 진주, 보석 등—과 같은 모든 상품이 있었다. 또한, 이 시장에서는 항상 모든 종류의 곡예, 야바위, 연극, 광대놀이, 원숭이 쇼, 카드놀이, 사기 놀음이 벌어졌다. 또한, 부랑자, 도둑, 살인자, 간통자, 거짓 맹세자 그리고 피에 젖은 자들을 볼 수 있었다.

간혹 열리는 다른 장터들과 마찬가지로 이 시장에서 판매하는 이러저러한 상품 명칭에 따라 여러 구역과 거리로 나뉘었다. 그러므로 이곳 역시 상품을 쉽게 구입할 수 있는 적합한 장소와 구역 거리(즉 나라와 왕국들)가 있었다. 이 시장에는 영국 거리, 프랑스 거리, 이탈리아 거리, 스페인 거리, 독일 거리가 있었는데, 그곳에서도 온갖 헛된 것들을 팔고 있었다. 모든 시장마다 가장 주된 상품이 있듯이 시장에서는 로마 상품이 크게 인기 있었다. 다만 영국인과 몇몇 다른 국민만이 로마 상품을 혐오하고 우려를 나타냈다.

앞에서 말한 바와 같이 천국으로 가는 길은 음란한 장이 서는 이 도시 한가운데를 관통했다. 그러므로 천국으로 가고 싶은데 이 도시를 통과하기 싫은 사람은 이 세상을 떠날 수밖에 없었다. 왕 중 왕께서도 이 도시를 통과해 자신의 나라로 가셨는데, 그날도 장이 열렸다.

내 생각에 왕 중 왕이신 예수님께 헛된 것들을 사라고 시험한 자는 바로 이 시장 주인인 바알세불이었던 듯하다. 그는 이 도시를 지나가며 자신에게 경의를 표하기만 하면 예수님을 이 시장의 주인으로 삼아 주겠다고 했다. 그는 예수님께서 존귀한 분이시기 때문에 시장을 두루 데리고 다니면서 순식간에 세상 모든 나라를 보여 주며, 할 수만 있다면 복되신 예수님께서 자신의 헛된 것 중 무엇인가를 싸구려로 사시게 만들려 했다. 그러나 예수님께서는 이 헛된 상품들에 전혀 관심이 없었으므로 동전 한 닢 내놓지 않고 이 도시를 떠나셨다(마 4:8-9; 눅 4:5-7). 이와 같이 이 시장은 오랜 역사를 지닌 매우 큰 시장이었다.

이제 앞에서 말한 것처럼 이 두 순례자도 이 시장을 통과하지 않을 수 없었다. 그런데 그들이 이 시장에 들어서자 시장에 있던 모든 자가 웅성거리더니, 도시 전체에 떠들썩한 대소동이 벌어졌다. 이런 소동이 일어난 몇 가지 이유가 있다.

첫째, 이 순례자들은 이 시장에서 물건을 사고파는 사람들의 옷 그리고 이곳에서 팔리는 옷과는 전혀 다른 옷을 입고 있었다. 그러므로 시장 사람들은 이들을 수상한 눈초리로 뻔히 쳐다보았다. 어떤 자들은 순례자들을 바보, 미치광이 또는 이방인들이라고 했다(고전 2:7-8).

둘째, 시장 사람들은 순례자들의 옷뿐 아니라 그들의 말도 이상하게 여겼다. 왜냐하면, 그들은 순례자들이 하는 말을 거의 알아들을 수 없었기 때문이다. 순례자들은 당연히 약속의 땅 가나안어를 사용하는 반면에, 시장 사람들은 이 세상 사람들이었으므로 그 말을 알아들을 수가 없었다. 그래서 순례자들은 모든 시장 사람들에게 야만인처럼 보였다.

셋째, 상인들은 이 순례자들이 자신들의 상품을 멸시하는 것으로 인해 크게 불쾌해졌다. 순례자들은 물건들을 쳐다보려고도 하지 않을 뿐 아니라, 상인들이 사라고 불러도 손으로 귀를 막았다.

"내 눈을 돌이켜 허탄한 것을 보지 말게 하소서"(시 119:37)라고 소리치며, 자신들이 살 것은 모두 하늘에 있다는 듯 하늘을 우러러 보았던 것이다(빌 3:20-21).

순례자들의 행동을 바라보던 한 상인이 그들에게 다음과 같이 조롱조로 묻는다

상인 "무얼 사시렵니까?"

그들은 엄숙하게 상인을 바라보며 대답했다.

순례자들 "우리는 진리를 삽니다"(잠 23:23).

이 말은 그들을 더욱 멸시하는 것처럼 보이게 했다. 그러자 어떤 자들은 조롱하고 어떤 자들은 악담하며, 어떤 자들은 욕설을 퍼붓고, 또 어떤 자들은 순례자들을 두들겨 패자고 선동하기도 했다. 마침내 시장에 대소동과 혼란이 벌어져 완전히 엉망진창이 되었다. 이 소식은 즉시 시장 주인에게 전해졌다. 그러자 그는 바로 달려와 시장을 거의 마비시킨 순례자들을 체포, 조사하라고 명령했다. 그리하여 크리스천과 신실은 심문을 받으러 끌려갔다.

그들은 높이 앉은 조사관들로부터 그들이 어디서 와서 어디로 가며, 그런 이상한 복장을 하고 시장에서 무슨 짓을 했는지 질문받았다. 크리스천과 신실은 자신들이 이 세상의 나그네요 순례자들로서, 본향인 하늘의 예루살렘을 향해 가는 길이며(히 11:13-16), 자신들은 어떤 상인이 무엇을 사려느냐고 묻길래 진리를 사려 한다고 대답한 일 외에는, 이 도시 사람들이나 상인들이 이렇게 자신들을 학대하거나 여행길을 방해할 만한 일을 한 적이 없다고 대답했다.

그러나 그들을 심문하도록 지명된 자들은 순례자들이 시장을 완전히 혼란에 빠뜨리러 온 미치광이들이라고 단정하고, 그들을 끌고 가서 매질하고 진흙 바닥에 마구 굴려 흙투성이가 되게 한 다음, 철창 속에 넣어 시장 모든 사람에게 구경거리가 되게 했다. 순례자들은 철창에 갇혀 얼마 동안 사람들의 조롱과 악담, 분풀이의 대상이 되었다. 시장 주인은 순례자들이 받는 온갖 모욕을 지켜보며 좋다고 웃었다.

그러나 두 순례자가 욕설을 욕설로 갚지 않고, 그 대신 축복을 빌고 악담에 선한 말로 대꾸하며, 모욕을 관대하게 받아들이고 인내를 보이자, 시장의 다른 사람들보다 분별 있고 편견이 적은 일부 사람들은 야비한 자들이 계속하는 모욕을 저지하고 나무라기 시작했다. 그러자 야비한 자들은 그들에게 화내며, 이들도 철창에 있는 놈들처럼 나쁜 놈이며, 공모자인 것 같으니, 순례자들과 동일한 벌을 받아야 한다고 맹렬히 대항했다.

순례자들을 동정하는 이들은, 자신들이 볼 때 이 두 사람은 점잖고 온건해 그 누구에게도 해 끼칠 사람이 아니며, 오히려 이들보다 이들을 학대하는 시장의 장사꾼들 가운데 철창에 갇혀 창피를 당해야 더 마땅할 자들이 있다고 응수했다. 이렇게 양측은 말로 옥신각신하더니, 급기야 치고받는 싸움이 벌어져 부상자까지 발생했다. 그동안 두 순례자는 매우 현명하고 차분하게 처신했지만, 다시 심문을 받고 시장에서 일어난 자신들끼리의 소란에 대해서도 책임이 있다는 판결을 받았다. 그래서 두 순례자는 처참한 매질을 당했다. 그리고는 쇠고랑에 차이고 사슬로 묶인 채 시장 이곳저곳 끌려다니며, 아무도 그들 편을 들지 못하도록 공포감을 주기 위한 본보기로 전시되었다.

그러나 크리스천과 신실은 더욱 지혜롭게 처신해서, 그들에게 가해지는 수치와 멸시를 대단한 온유와 인내로 받아들였다. 그 결과 비록 반대편에 비교하면 극소수이긴 하지만, 시장 사람 중 일부가 다시 그들 편이 되었다. 반대편에 속한 자들은 이 사실에 더욱 격분해, 이 두 사람을 죽이기로 했다. 그들은 철창이나 쇠고랑으로는 이 두 순례자가 행한 악행과 시장 사람들을 미혹시킨 죄를 벌하기에 부족하므로 사형에 처해야 한다고 소동 피웠다.

그래서 두 순례자는 다른 지시가 있을 때까지 다시 철창에 감금되었다. 사람들은 두 순례자를 가두고 발을 차꼬로 움직일 수 없도록 묶었다.

두 순례자는 여기서 그들의 신실한 친구 복음 전도자에게서 들은 말을 다시 상기하며, 자신들에게 일어나리라고 말한 고난의 길에 대해 굳은 각오를 다졌다. 그들은 고난 당하는 자가 진실로 가장 행복한 사람이라고 서로 위로했다. 그들은 각기 자신이 그 운명에 선택되기를 바랐지만, 만물을 지배하는 전능하신 하나님의 처분에 맡기기로 했다. 그리고 그때까지 자신들이 처한 상황에 크게 만족하면서 기다렸다.

정한 때가 되자 그들은 최후 판결을 받기 위해 재판 자리로 끌려가 원수 앞에서 고소를 당했다. 재판장의 이름은 선을 증오하는 나라(Lord Hate Good) 증선경이었다. 그들의 고소장은 형태는 약간 다르지만, 내용은 동일한 것으로서 다음과 같았다.

"피고들은 상업을 해하는 자들이며 혼란케 하는 자들로서 이 도시에 소요와 분쟁을 일으켰다. 또 군주의 법률을 멸시하고 가장 위험한 견해들을 가진 당파를 만들었다."

이에 신실은 다음과 같이 답변했다.

신실 "저는 지극히 높으신 하나님을 싫어하는 자들을 싫어했을 뿐입니다. 저는 평화를 사랑하는 사람이므로 소동을 일으킬 이유가 없습니다. 우리를 지지한 사람들은 우리의 진실과 결백을 발견하고 지지한 것으로서 악에서 선으로 돌이킨 것입니다. 그리고 당신들이 말하는 군주는 우리 주님의 대적인 바알세불이므로 저는 그와 그의 신하들을 배척합니다."

신실의 말이 끝나자 그들의 군주를 위해 재판받는 죄인들에 대해 반증을 할 사람은 앞으로 나와서 말하라는 지시가 내려졌다. 그러자 시기(Envy), 미신(Superstition), 아첨(Pickthank)이 증인으로 나섰다. 그들은 재판받는 죄인들을 아는지 그리고 그들의 군주를 위해 어떤 고소를 하려는지 하는 질문을 받았다. 그러자 시기가 나섰다

시기 "증선경 재판장님, 저는 오래전부터 이 자를 알고 있으므로, 이 준엄한 법정 앞에서 맹세코 말하는데, 이 자는 … ."

재판장 "잠깐, 그에게 선서를 시키라."

시기는 선서한 다음 다시 말을 시작했다.

시기 "재판장님, 이 신실이라는 자는 그럴 듯한 이름을 가졌지만, 사실은 우리 도시에서 가장 심한 악당 중의 한 명이랍니다. 그는 군주이건 백성이건, 법률이건 관습이건 다 무시하고, 자신이 믿음과 경건이라고 부르는 불충한 생각들을 모든 사람에게 퍼뜨리는 가증한 자죠.

특별히 저는 그가 기독교 신앙과 우리 허영 도시의 관습들이 절대로 화합할 수 없는 정반대되는 것이라고 단정하는 것을 직접 들은 적이 있습니다. 그 말로 미루어 볼 때 그는 우리의 칭찬할 만한 관행들만이 아니라 그런 행동을 하는 우리까지 비난한다는 것이 확실합니다."

재판장 "더 말할 것이 있는가?"

시기 "말할 것이 아직 많습니다만, 법정을 지루하게 만들 것 같아 이만 줄이도록 하죠. 다른 분들께서 증언하신 내용이 이 자를 사형시키기에 부족하다면, 다시 보충 증언을 하겠습니다."

증선경은 시기에게 대기하라고 명했다. 이번에는 미신을 불러 피고석에 서 있는 죄인을 보라고 명한 다음, 그들의 군주 바알세불을 위해 피고를 고소할 게 있느냐고 물었다. 미신은 선서한 후 말을 시작했다.

미신 "재판장님, 저는 이 자를 잘 알지도 못하고, 또 자세히 알고 싶지도 않습니다. 그러나 며칠 전 시장에서 그와 잠깐 이야기를 해봤기 때문에 그가 매우 해를 끼치는 자라는 걸 알게 되었답니다. 그때 이 자는 우리의 종교가 무가치하며, 그런 종교로는 절대로 하나님을 기쁘시게 할 수 없다고 말하는 걸 들었어요. 재판장님께서도 잘 아시겠지만, 이 말에는 곧 우리가 헛된 예배를 드리고 있고, 여전히 죄 가운데 있으며, 궁극적으로 저주받을 것이라는 의미가 불가피하게 들어 있는 것이죠. 제 주장은 바로 이것입니다."

그다음에는 아첨이 선서하고 군주를 위해 피고를 고소할 말을 하라는 지시를 받았다.

아첨 "재판장님 그리고 여러분, 저는 이 자를 오래전부터 알아 왔습니다. 저는 그가 해서는 안 될 말을 하는 것을 여러 번 들었답니다. 이 자는 우리의 존귀하신 왕 바알세불에게 욕을 퍼부었고, 그의 존경할 만한 친구들을 비방했어요. 그 존경할 만한 친구들의 이름은 어르신네(the Lord Old Man), 육욕적 쾌락(the Lord Carnal Delight), 사치(the Lord Luxurious), 허욕(the Lord Desire Vain Glory), 호색(the Lord Lechery), 탐욕(Sir Having Greedy) 등 많은 귀족분이죠. 이 자는 이분들을 비방할 뿐 아니라, 모든 사람이 자기와 같은 생각을 하기만 한다면 이 귀하신 분들이 이 도시에서 더 못 살게 될 거라고 말했어요. 게다가 이 자는 감히 지금 이 재판을 위해 임명되신 재판장님까지도 불경한 망나니라는 둥, 많은 악담으로 욕했답니다. 그리고 이 자는 같은 악담으로 우리 도시 대부분의 신사분을 욕했지요."

아첨이 말을 마치자 재판장은 법정에 서 있는 피고들을 향해 외쳤다.

재판장 "너희 부랑자이며 이단자, 반역자들아, 이 정직한 신사들이 너희에 대해 증언하는 말을 잘 들었느냐?"

신실 "저 자신을 위한 변호의 말을 몇 마디 해도 되겠습니까?"

재판장 "이런 못된 놈이 있나! 네놈은 이 자리에서 당장 죽여 버려야 마땅할 테지만, 여기 있는 모든 사람에게 네놈에게 베푸는 우리의 관대함을 보여 주기 위해 네놈의 말을 들어보마."

신실

"**첫째**, 저는 시기 씨의 말에 답변하겠습니다.

분명히 저는 하나님의 말씀에 반대되는 규칙이나 법률, 관습이나 백성은 기독교 신앙에 완전히 반대되는 것이라는 말 외에 한 것이 없습니다. 만일 제 말에 틀린 점이 있다면, 제 잘못을 이해시켜 주십시오. 제가 이해되면 기꺼이 여러분 앞 이 자리에서 제 말을 취소하겠습니다.

둘째, 미신 씨가 제게 하신 비난에 답변하겠습니다.

저는 하나님을 예배하기 위해서는 신성한 믿음이 요구되는데, 하나님의 뜻을 나타내는 신성한 계시가 없을 때 그 신성한 믿음이 있을 수 없다고 말했을 뿐입니다. 즉, 신성한 계시와 일치하지 않는 것이 하나님의 예배에 끼어들 땐 그것이 무엇이든지 간에 인간적인 믿음에 의해 행해질 수밖에 없으며, 그러한 믿음은 영생에 아무 유익이 없다는 말이죠.

셋째, 아첨 씨가 말한 바에 대해 (제가 욕했다는 데 대한 해명은 제쳐놓고) 저는 분명히 이렇게 말하고 싶습니다.

이 신사분께서 지칭한 이 도시의 군주와 그의 오합지졸 신하들은 이 도시에 사는 것보다 지옥에 사는 게 더 합당합니다. 이제 제 말을 다 했으니, 주여, 저를 긍휼히 여기소서!"

신실의 말이 끝나자 재판장이 그동안 옆에서 듣고 보던 배심원들에게 말했다.

재판장 "배심원 여러분! 여러분은 이 도시에 대소동을 일으킨 피고를 보셨습니다. 또한, 여러분은 훌륭한 신사들이 피고에 대해 증언한 내용을 들으셨습니다. 그리고 그의 답변과 자백도 들으셨습니다. 그러니 이제 이 자를 교수형에 처하느냐, 아니면 살려 주느냐 하는 것은 여러분 생각에 달렸습니다. 그러나 나는 이 자리에서 여러분께 우리의 법률을 설명해 드리는 게 타당하다고 생각합니다.

우리 군주 바알세불의 종이었던 바로 대왕 시대 하에 한 법령이 제정되었죠. 그 법령은 이교도들이 번성해 감당할 수 없게 증가하지 않도록 사내 아이들을 강에 던지라는 것이었습니다(출 1:22). 우리 군주의 또 한 명의 증인인 느부갓네살 대왕 시대에도 한 법령이 제정되었죠. 그것은 왕의 황금상에 엎드려 절하지 않는 자는 누구나 풀무불에 던지라는 것이었죠(단 3:6). 다리오 왕 시대에도 한 법령이 제정되었는데, 그것은 일정 기간 왕 이외의 다른 신에게 기도하는 자는 사자굴에 던져 넣으라는 것이었어요(단 6:7). 그런데 여러분 앞에 있는 이 반역자는 설령 이 법률들의 본질을 생각으로만 위반해도 용서받을 수 없는데, 말과 행동으로까지 위반했습니다. 따라서 이 범죄는 관용될 수 없는 것입니다.

바로의 법으로 말할 것 같으면, 범죄가 아직 나타나지는 않았으나 나타날 수 있다는 가정하에 그 폐해를 방지하기 위해 제정된 것입니다. 그러나 이 자는 분명한 범죄를 저질렀어요. 그리고 두 번째와 세 번째 법령에서도 여러분은 이 자가 우리의 종교를 비방하는 것을 보았으며, 그가 이미 자백한 반역죄로 볼 때 그는 사형에 처해 마땅합니다."

배심원들은 심의를 위해 퇴정했다. 이 배심원들의 이름은 소경(Mr. Blindman), 쓸모없는 자(Mr. No-Good), 악의(Mr. Malice), 호색(Mr. Love-lust), 방탕(Mr. Live-loose), 성급(Mr. Heady), 교만(Mr. High Mind), 적의(Mr. Enmity), 거짓말쟁이(Mr. Liar), 잔인(Mr. Cruelty), 빛을 싫어하는 자(Mr. Hate light), 무자비(Mr. Implacable)였다. 이들은 모두 각각 신실에게 불리하게 판결해, 재판장 앞에서 신실을 유죄라고 만장일치로 결론 내렸다.

맨 처음 배심원장 소경이 나서서 "나는 분명히 이 자가 이단자라고 생각합니다"라고 말했다. 그러자 쓸모없는 자가 나서더니 "이런 놈은 세상에서 제거해야 합니다"라고 했다. 이어 악의는 "옳습니다. 나는 저놈을 쳐다보는 것조차 싫어요"라고 맞장구쳤다. 호색은 "나는 절대로 저놈을 용서할 수 없습니다"라고 말했고 방탕은 "나도 그렇습니다. 왜냐하면, 저놈이 항상 내 생활 방식을 비방하려 들 것이기 때문이죠"라고 동의했다. 성급이 "저놈을 교수형에 처하십시오. 목을 매다십시오" 하고 소리치자, 교만은 "저놈은 쓸모없는 버러지 같은 놈입니다"라고 냉소했다. 적의는 "저

놈 생각만 해도 내 가슴이 뒤집힙니다"라고 말했다. 거짓말쟁이는 "저놈은 사기꾼이에요"라고 했고, 잔인은 "저놈에게는 교수형도 과분하니 더 끔찍한 사형에 처해야 합니다"라고 한술 더 떴다. 빛을 싫어하는 자는 "저놈을 어서 세상에서 없애 버립시다" 하며 서둘렀다. 마지막으로 잔인은 "이 세상을 다 내게 준다 해도 나는 저런 놈과 함께 살 수 없어요. 저놈을 사형에 처합시다"라고 결론 내렸다. 그리하여 신실은 법정에서 시장으로 끌려가 세상에서 생각할 수 있는 가장 잔인한 사형에 처했다.

그들은 신실을 끌고 가서 자기네 법에 따라 행했다. 먼저 그들은 신실을 채찍질하거나 주먹으로 때리고, 작은 칼로 살을 저미고 돌로 치고, 큰 칼로 마구 찔렀다. 그리고 마지막으로 그들은 신실을 나무에 매달아 화형에 처해 재로 만들었다. 이렇게 해서 신실은 고통스러운 종말을 맞았다.

그때 나는 군중 뒤에서 두 마리의 말이 끄는 병거 한 대가 신실을 기다리고 있는 것을 보았다. 그 병거는 신실의 대적들이 신실의 생명을 끊자마자, 그 영혼을 병거에 싣고 나팔 소리를 울리며 구름 속으로 올라가 천사와 함께 천국으로 가는 가장 빠른 길로 사라졌다.

그러나 크리스천은 집행유예를 선고받아 감옥으로 되돌려 보내져서, 얼마 동안 감옥살이를 하게 되었다. 이렇게 된 것은 만물을 지배하시는 하나님께서 크리스천에게 당시 그들의 손길을 피하게 하셔서 계속 순례의 길을 걷게 하신 것이다. 그리하여 그는 다시 자기 길을 가게 되었다. 크리스천은 길을 가며 이렇게 노래했다.

> 장하도다! 신실하게 주님을 고백한 신실이여!
> 축복이 그대에게 있으리로다.
> 헛된 쾌락을 즐기던 불신자들이 지옥의 고통 속에서 울부짖을 때
> 신실이여! 노래하라, 그대 이름이 영원함을!
> 그들이 그대를 죽였으나
> 그대는 여전히 살아 있도다.

제12장

소망과 이기주의 일행과의 동행.
이기주의 일행은 데마의 유혹에 빠지다

　이때 나는 꿈속에서 크리스천 혼자 떠나지 않고, 소망(Hopeful)이라는 사람이 따라가는 것을 보았다. 그는 크리스천과 신실이 시장에서 고통받을 때의 말과 행동을 보고 크리스천 편을 들어, 자신의 이름을 소망으로 지은 후 크리스천과 의형제를 맺고, 그와 동행하겠다고 했다. 이렇게 한 사람이 진리를 증거하기 위해 죽음으로써 다른 한 사람이 그의 잿더미에서 살아나 크리스천의 순례 여행 동반자가 된 것이다. 소망은 크리스천에게 아직 출발하지 않았으나 때가 되면 크리스천을 뒤따를 사람이 시장에 많다고 말했다.

　그들이 시장을 빠져나오자마자 곧 그들보다 앞서 걷던 누군가를 그들이 뒤쫓아가는 것을 나는 보았다. 그는 이기주의(By-ends)였다.

　크리스천과 소망은 그를 따라잡곤 물었다.

크리스천, 소망 "선생님 당신은 어느 나라 사람입니까?

　그리고 얼마 동안 이 길을 오셨습니까?"

　그는 자신이 듣기 좋은 말(Fair speech)이라는 도시 출신으로서 천국을 향해 가는 길이라고 대답했다. 그러나 이름은 가르쳐 주지 않았다.

크리스천 "듣기 좋은 말이라는 도시에서 오셨다고요?

　그곳에 어떤 훌륭한 분이 계신가요?"

이기주의 "예, 계실 겁니다."

크리스천 "그런데, 성함이 뭐죠?"

이기주의 "저는 당신에게 낯선 사람이고, 당신도 제게 그러합니다. 만일 당신이 이 길을 가고 있다면 기꺼이 당신의 동행이 되겠습니다. 그러나 전 혼자 가도 별로 불편하지 않습니다."

크리스천 "저는 듣기 좋은 말이라는 도시에 대해 들은 적이 있습니다. 제 기억으로는, 부유한 도시라고 하던데요?"

이기주의 "그렇습니다. 분명히 그렇다고 단언할 수 있죠. 그곳에는 저의 부자 친척들이 많답니다."

크리스천 "그렇게 자신 있게 말할 수 있는 친척들이 누구신데요?"

이기주의 "도시 전체에 사는 사람들이 거의 다 제 친척이지만, 특별히 유족인 배반 경(the Lord Turn-about), 기회주의 경(the Lord Time severer), 또 그의 조상들이 자신의 이름을 따라 도시명을 지은 듣기 좋은 말 경(the Lord Fair-speech)이 있지요. 그 외에 빤질 씨(Mr. Smooth-man), 두 마음 씨(Mr. Facing-bothways), 무관심 씨(Mr. Any-thing)가 있고, 일구이언 씨(Mr. Two-tongues)는 우리 교구 목사님이자 제 외삼촌이랍니다. 솔직히 말해서 저는 훌륭한 자질을 갖춘 신사가 되었지만, 제 할아버지는 한쪽을 바라보며 다른 쪽으로 배를 짓는 뱃사공에 불과했죠. 그리고 저도 같은 직업으로 재산 대부분을 모았고요."

크리스천 "결혼은 하셨습니까?"

이기주의 "예, 했습니다. 제 아내는 매우 덕망 있는 여인이에요. 아내는 덕망 높은 부인인 속임수(Lady Feigning) 여사의 딸로서, 매우 고귀한 가문 출신에다 훌륭한 교양을 갖추도록 교육 받았죠. 그래서 왕부터 농부에 이르기까지 모든 사람을 교양 있게 대하는 법을 알고 있어요. 솔직히 우리는 너무 엄격한 신앙을 지닌 사람들과는 약간 다른 신앙생활을 하는 게 사실이지만, 두 가지 사소한 점이 다를 뿐입니다.

첫째, 우리는 세상의 풍조를 거스르지 않아요.

둘째, 우리는 신앙이 순탄할 때 항상 최고의 열심을 냅니다.

즉 만사가 평온하고 사람들이 신앙을 찬양할 때, 우리도 공공연히 신앙이 있다고 즐겨 나타낸다는 것입니다."
그러자 크리스천은 약간 떨어져 걷는 친구 소망에게 다가가 말했다.
 크리스천 "지금 생각났는데, 이 자는 듣기 좋은 말이라는 도시에 사는 이기주의라는 자 같습니다. 만일 그자라면, 이 부근에 사는 모든 자 중에서 가장 악당인 자와 동행이 된 거죠."

그러자 소망은 "그에게 물어보십시오, 설마 자기 이름을 부끄러워할 것 같지는 않은데요"라고 했다. 그래서 크리스천은 다시 이기주의에게로 다가가 물었다.
크리스천 "여보시오, 선생은 마치 세상 모든 사람보다 더 많은 것을 아는 듯이 말하는군요.
그런데 내 추측이 빗나가지 않았다면, 혹시 듣기 좋은 말 마을의 이기주의 씨 아닌가요?"
이기주의 "그것은 제 이름이 아니라 제 고매한 인격을 못마땅하게 여기는 사람들이 붙인 별명이죠. 그래서 저는 저보다 앞서가신 선한 사람들이 비방을 묵묵히 견디신 것처럼 그 별명을 비방으로 참고 견디고 있어요."
크리스천 "그러면 당신은 사람들이 당신을 그런 이름으로 부를 만한 계기를 전혀 준 적이 없단 말입니까?"
이기주의 "절대, 절대로 없습니다. 혹시 제가 그들이 저를 이런 별명으로 부를 가장 불리한 계기를 주었다고 한다면, 그것은 제 판단이 항상 현시대의 풍조와 일치하는 행운을 얻었다는 것을 말해 주는 것이죠. 만사가 이런 식으로 제게 유리하게 이루어지는 것을 저는 축복으로 생각합니다. 그러므로 악의를 가진 자들이 저를 비난해서는 안 되죠."
크리스천 "역시 당신은 소문 그대로군요. 제 생각을 말하자면, 유감스럽게도 그 이름은 당신이 우리가 당신에 대해 생각해 주기 바라는 어떤 것보다도 당신에게 적절한 것 같습니다."

이기주의 "나 원, 당신이 그렇게 생각한다면 할 수 없지요. 그러나 당신이 저를 계속 친구로 삼는다면, 제가 훌륭한 친구라는 걸 알게 될 텐데요."

크리스천 "당신이 우리와 함께 가려면 세상 풍조를 역행해야 합니다. 세상 풍조는 당신 생각과 반대될 거예요. 또한, 당신은 호의호식할 때만 신앙을 따를 것이 아니라, 누더기를 걸고 있을 때도 따라야 합니다. 그리고 환호 받으며 거리를 거닐 때만 신앙을 지지할 것이 아니라 쇠고랑에 묶여 있을 때도 지지해야 하고요."

이기주의 "제 신앙을 강요하거나 지배하려 들지 마십시오. 제 일은 제게 맡기고 동행이나 합시다."

크리스천 "당신이 제 제안대로 하지 않으시면 한 발자국도 함께 갈 수 없소."

이기주의 "내가 오래 간직해 온 신조는 해로운 게 하나도 없을 뿐 아니라, 유익하기까지 하므로 절대로 버릴 수 없어요. 저와 동행하기 싫으면 앞서 가시죠. 혼자 가다 보면 저와 동행하기 좋아하는 사람들을 만날 테니까요."

꿈속에서 내가 보니, 크리스천과 소망은 이기주의와 떨어져 거리를 두고 앞서갔다. 얼마 후 그들 중 한 명이 돌아보니 세 사람이 이기주의의 뒤를 따라오고 있었다. 그들이 그에게 이르자 이기주의는 머리가 땅에 닿을 정도로 정중히 인사를 했고, 그들도 공손하게 인사했다. 그들의 이름은 세상 집착(Mr. Hold-the-world), 돈 사랑(Mr. Money love) 그리고 구두쇠(Mr. Saveall-men)로서 이기주의가 전부터 잘 알던 자들이었다. 이들은 모두 어렸을 때 북쪽 탐욕(Coveting)이라는 지방에 있는 이익 사랑(Love gain) 학교에서 불평(Mr. Gripeman) 선생에게 함께 교육 받은 동창생들이었다. 이 교사는 그들에게 폭력이나 시기, 아첨이나 거짓말 또는 신앙을 빙자해 돈을 모으는 기술을 가르쳤다. 이 네 신사는 스승의 많은 기술을 전수받아, 이제 각자 그런 기술을 가르치는 학교를 운영할 수 있게 되었다

그들은 서로 인사를 나누었다. 돈 사랑은 앞에 보이는 크리스천과 소망

을 가리키며 이기주의에게 물었다.

돈 사랑 "앞에 가는 저 사람들은 누구죠?"

이기주의 "먼 지방 사람들인데, 자기네들 식으로 순례 여행을 하고 있다고 하는군요."

돈 사랑 "저런, 딱한 사람들이군요. 자기네나 우리나, 당신이나 모두 순례 여행을 하고 있으니, 우리가 자기네들과 좋은 동행자가 될 수 있을 텐데, 왜 우리를 기다리지 않고 자기네들끼리 가버리죠?"

이기주의 "좋은 동행자가 될 수 있다마다요. 그런데 저자들은 생각이 굳어 버려 자기네들 생각만 옳다고 우기고 다른 사람들 의견은 가볍게 취급하죠. 그래서 아무리 경건한 사람이라 해도, 그가 모든 일에 그들의 생각과 일치하지 않으면 자기네 동아리 밖으로 몰아낸답니다."

구두쇠 "그것참 못된 사람이군요! 그러나, 우리는 지나치게 의로워지려는 자들이 있는데 그 완고성 때문에 자기네 이외의 모든 사람을 판단하고 정죄한다는 말을 읽은 적이 있지 않습니까?

그런데 당신이 그들과 달랐던 점은 무엇이며, 몇 가지나 되었나요?"

이기주의 "그들은 자신들의 고집스러운 방식을 따라 어떤 악천후도 무릅쓰고 여행을 강행하는 것이 자신들의 의무라고 판단하는 반면, 저는 풍조가 유리할 때를 기다리자는 것이죠. 또 그들은 하나님께 단번에 모든 것을 걸고 모험하는 반면, 저는 모든 이점을 이용해 생명과 재산을 지키자는 견해입니다. 또 한 가지 차이는, 그들은 모든 사람이 반대해도 자기 생각을 고집하는 반면, 저는 시기가 적절하고 안전이 보장되는 한도 내에서 신앙 편을 듭니다. 마지막으로 그들은 헐벗고 멸시를 받을 때도 신앙의 편을 들어요. 그러나 나는 신앙이 은 신발을 신고 밝은 태양 빛 아래 환호를 받으며 행진할 때만 신앙 편을 든답니다."

세상 집착 "훌륭하신 이기주의 씨, 뛰어나시군요. 계속 그 생각을 고수하십시오. 내 생각을 말할 것 같으면, 자신의 소유를 지킬 자유가 있는데도 어리석게 그것을 잃어버리는 자를 바보라고 여길 수밖에 없습니다. 우리는 뱀처럼 지혜로워야 하거든요. 해가 비추는 동안 건초를 말리는 것이 최선입니다. 꿀벌을 보십시오.

겨우내 조용히 쉬다가, 이익과 기쁨을 얻을 수 있을 때만 바쁘게 일하지 않습니까?

하나님은 때로는 비를 내리시고, 때로는 햇빛을 비추십니다. 그러니까 저런 바보들은 비를 맞으며 가게 버려두고, 우리는 좋은 날씨를 택해서 가도록 합시다.

나는 하나님의 선한 축복이 확실히 보장되는 종교를 가장 좋아합니다.

하나님이 우리에게 이 땅에서 살기에 좋은 것들을 내려 주시고, 우리가 하나님을 위해 그것들을 보존하기 바라신다는 것은 이성이 있는 사람이라면 생각할 수 있는 것 아닙니까?

아브라함과 솔로몬은 신앙생활을 하면서 부자가 되었습니다. 그리고 의인은 보배를 진토에 버린다고 욥이 말하지만, 그가 말하는 의인은 당신이 묘사한 저 앞서가는 자들이 아닌 것만은 분명합니다."

구두쇠 "이 문제에 있어서 우리 모두 일치한 것 같으니, 더 이상 그 이야기를 할 필요가 없겠군요."

돈 사랑 "맞습니다. 더 이상 이 문제를 말할 필요가 없습니다. 왜냐하면, 아시다시피 우리는 성경과 이성을 모두 소유하고 있는데, 성경이나 이성을 믿지 않는 자는 자신이 소유하고 있는 자유도 모르고 자신의 안전도 찾지 않기 때문이죠. 그러므로 그런 자한테 아랑곳하지 않는 게 좋아요."

이기주의 "형제들이여! 우리는 아시다시피 순례 여행을 하고 있습니다. 그러므로 기분 나쁜 이야기는 그만두고, 기분 전환을 위해 한 가지 토론문제를 제출할까 합니다. 예를 들어, 어떤 사람이 있다고 합시다. 그가 목사라도 좋고 장사꾼이라도 좋으며, 다른 직업의 사람이라도 좋습니다. 하여튼 그가 이 세상의 좋은 축복들을 받을 기회를 목전에 바라보고 있다고 합시다.

그런데 그것을 얻으려면 적어도 외면상으로 볼 때, 그가 과거에는 관심 없던 종교의 어떤 면에 비상한 열심을 내야 하고 그렇지 않으면 그것을 얻을 수 없다고 쳐요. 그럴 때 그가 이 수단을 써 자신의 목적을 달성해도 여전히 올바르고 정직한 사람이라고 할 수 있을까요?"

돈 사랑 "당신이 문제를 낸 취지를 알겠군요. 여러 신사분이 허락하신다면, 제가 답변해 보도록 하겠습니다. 먼저 선생의 문제를 목사와 관련지어 말하겠습니다. 어떤 목사가 훌륭한 자격을 갖춘 사람인데 말이어요, 봉급을 얼마 못 받기 때문에 훨씬 더 많은 봉급을 바라고 있다고 가정합시다.

그런데 이제 그런 봉급을 받을 기회가 왔어요. 조건은 더 열심히 공부하고, 더 자주 열성적으로 설교하는 것, 또한 신도들의 취향에 따라 자기 신조를 약간 바꾸는 그거로 생각해 봅시다. 제가 볼 때 그가 소명을 그대로 유지하면서 훨씬 더 좋은 대우를 받는데 그렇게 하지 않을 이유가 없고, 또 그렇게 해도 여전히 정직한 사람일 수 있다고 생각합니다. 이유를 말해 볼까요?

첫째, 그가 더 많은 봉급을 바라는 것은 정당합니다. 이 기회는 섭리에 의해 그 앞에 제시된 것이므로 정당하지 않을 수 없죠. 따라서 양심이 어쩌고 하는 문제를 일으킬 필요 없이 할 수만 있으면 그 봉급을 받는 게 좋다는 거죠.

둘째, 그 봉급을 받으려는 그의 열망은 그가 더 공부하게 만들고 더 열정적인 설교자가 되게 하죠. 또 그를 더 나은 사람으로 만들어, 분명히 그의 역할들을 더욱 훌륭하게 향상해 줄 것입니다. 그리고 이렇게 되는 것은 하나님의 뜻과 일치하죠.

셋째, 자기 신도들을 섬기기 위해 자신의 신조를 일부 포기해 신도들의 취향을 따르는 것입니다.

① 그는 자기를 부인하는 성질의 소유자입니다.
② 온화하고 사람을 끄는 성품의 소유자입니다.
③ 목사의 직무에 더욱 적합한 사람이라는 것을 입증합니다.

따라서 많은 것을 얻기 위해 작은 것을 바꾸는 목사의 행동을 탐욕스럽다고 판단해서는 안 됩니다. 오히려 그는 자신의 역할과 연구에 있어 향상되었으므로, 자신의 소명을 추구하고 선을 행하도록 그에게 주어진 기회를 추구하는 사람으로 간주해야 합니다.

다음으로 이기주의 씨가 말씀하신 상인과 관련지어, 문제의 두 번째 부분을 생각해 보도록 하죠. 그가 세상에서 볼 때 보잘것없는 가게를 운영하는 상인이라고 가정해 봅시다. 그런데 종교를 가짐으로써 자기 점포를 수리하고 부유한 아내를 얻으며, 그의 가게에 훨씬 훌륭한 고객들을 더 많이 얻을 수 있다고 한다면, 이것은 정당한 일이 아니라고 생각할 수 없어요. 그 이유는 이렇습니다.

첫째, 종교를 갖는다는 것은 어떠한 목적이든지 관계없이 미덕이고요.
둘째, 부유한 아내를 얻는 것, 또는 더 많은 고객을 얻는 것은 정당한 일이거든요. 거기서 그치지 않습니다.
셋째, 종교를 가진 사람은 그 자신이 선해져 선한 아내와 선한 고객들을 얻죠. 그뿐 아니라 그들의 선한 것까지도 얻게 됩니다. 즉 선한 아내와 선한 고객들과 선한 이익을 얻게 되는데, 이 모든 것이 선한 종교를 갖게 되었기 때문이에요. 그러므로 이 모든 것을 얻기 위해 종교를 갖는 것은 선하고 유익한 계획입니다."

이기주의의 질문에 대한 돈 사랑의 답변을 모두가 격찬했다. 그들은 만장일치로 유익을 위해 종교를 갖거나 신조를 바꾸는 것이 매우 건전하고 유익한 일이라고 결론 내렸다. 그리고 그들은 이 결론을 반박할 자가 아무도 없다고 생각했다. 크리스천과 소망은 부르면 들릴 만한 거리에 아직 있었다. 그들이 아까 이기주의를 공박해 꼼짝 못 하게 한 것을 보복하기 위해 그들은 그 둘을 따라잡아 이 질문으로 공격하기로 합의했다. 그들이 크리스천과 소망을 소리쳐 부르자 크리스천과 소망은 멈추어 서서 그들이

다가오기를 기다렸다. 이 네 악당은 이기주의가 질문할 것이 아니라 세상 집착이 해야 한다고 결론 내렸다.

왜냐하면, 추측하건대, 크리스천과 소망이 이기주의에게 답변하게 하면, 조금 전 헤어질 때 그들 간에 불붙었던 적의가 심화될지도 모른다는 생각이 들었기 때문이다.

그래서 그들은 크리스천과 소망에게 다가가 짧게 인사를 나눈 뒤 질문을 던졌다. 그리고는 할 수 있는 대로 답변해 보라고 말했다.

크리스천 "그런 질문에는 신앙적으로 어린 사람도 만 가지 답변을 할 수 있을 거예요. 요한복음 6:26의 말씀대로, 빵을 얻기 위해 그리스도를 따르는 것도 부당할진대, 세상 것을 얻어 즐기기 위해 그리스도와 신앙을 이용하다니요.

그 얼마나 혐오스러운 일이란 말입니까?

이교도, 위선자, 악마, 마녀들 외에 이런 생각하는 자를 보지 못했습니다.

첫째, 이교도들이 그런 생각을 했죠.

하몰과 세겜이 야곱의 딸과 가축이 탐났으나, 할례를 받는 방법 외에는 그것들을 얻을 도리가 없다는 걸 알았을 때, 그들은 자기 동포들에게 '우리 중에 모든 남자가 그들의 할례를 받음같이 할례를 받아야 그들의 생축과 재산과 그 모든 짐승이 우리의 소유가 되지 않겠느냐?'

이렇게 말했습니다.

그들은 야곱의 딸과 가축을 얻기 위해 종교를 이용한 것입니다. 성경에서 이 내용 전체를 읽어 보십시오(창 34:20-24).

둘째, 위선적인 바리새인들도 이런 신앙이 있었습니다.

그들은 긴 기도를 드리며 신앙을 가장해 과부의 집을 뺏으려 획책했죠. 하나님께서는 그들에 대해 더 큰 심판을 하셨습니다(눅 20:46-47).

셋째, 악마인 유다 역시 이런 신앙이 있었습니다.

그는 돈주머니 속에 든 것을 갖기 위해 신앙을 가장했죠. 결국 그는 버림 당하고 내어 쫓겨 지옥의 자식이 되었습니다.

넷째, 마술사 시몬이 이런 신앙의 소유자였습니다.

그는 돈을 벌기 위해 성령을 받고자 해, 베드로에게 그 악한 의도에 따른 형벌의 선고를 받았습니다(행 8:18-23).

다섯째, 세상을 얻기 위해 신앙을 받아들이는 자는 세상을 위해 신앙을 버릴 것입니다.

이것은 내 생각으로만 하는 말이 아니에요. 분명히 유다는 세상을 얻으려고 신앙을 가졌다가, 역시 세상을 얻으려고 신앙과 주님을 팔았습니다. 따라서 이 질문에 긍정적인 답변을 한다든지(내가 볼 때 당신들이 그렇게 했을 것 같습니다), 그 답변을 확실하다고 받아들이는 것은 이교적이고 위선적이며 악마적입니다. 그리고 그 행실에 따라 당신들은 응보를 받게 될 것이고요."

크리스천이 답변을 마쳤을 때 그들은 서로 눈치만 살필 뿐 크리스천의 말을 반박하지 못했다. 소망도 크리스천의 적절한 답변에 감동하고 아무 말 못했으므로 그들 사이에 무거운 침묵이 흘렀다. 이기주의와 그의 세 동료가 머뭇거리며 뒤에 남았다. 그런 까닭에 크리스천과 소망은 그들을 떼어놓을 수 있었다. 그들과 헤어지자 크리스천이 소망에게 말했다.

크리스천 "저자들이 사람들의 판단 앞에서도 대꾸를 못 하는데, 어찌 하나님의 판단에 맞설 수 있겠습니까?

저들이 질그릇인 인간과 맞서 꿀 먹은 벙어리가 된다면, 삼키는 불꽃으로 책망받을 때는 어떠할까요?"

다시 이기주의 일행을 떨어뜨린 크리스천과 소망은 평온(Ease)이라는 우아한 평원에 이르렀다. 그 평원을 그들은 매우 흐뭇한 기분으로 걸어갔으나, 그 평원은 매우 짧아 곧 통과했다. 그리고 평원 끝에 있는 돈벌이(Lucre)라는 작은 언덕에 다다랐다. 이 언덕에는 금광이 있어서, 과거에 이 길을 지나던 사람 중 이 보물을 보려고 옆길로 빠졌다가 광산 구덩이 입구에 너무 가까이 접근해, 그들을 속이기 위해 만들어 놓은 발밑 지반이 꺼져 죽은 자들이 있었다. 또 어떤 사람들은 그곳에서 불구가 되어 죽을 때까지 정상인으로 회복되지 못했다.

그때 나는 꿈속에서 금광 맞은편 길에서 약간 떨어진 곳에 데마(Demas: 세상을 사랑하여 바울을 버리고 간 자, 딤후 4:10)가 선량한 사람의 모습으로 서서, 지나가는 사람들에게 와서 보라고 소리치는 것을 보았다. 데마는 크리스천과 소망에게도 "여보시오, 이쪽 길로 오시오. 보여 드릴 것이 있습니다"라고 외쳤다.

크리스천 "우리에게 가던 길을 벗어나서 보라고 할 정도로 가치 있는 것이 무엇입니까?"

데마 "여기에 금광이 있는데, 이곳을 파서 보물을 얻은 사람들도 있답니다. 당신들도 와서 조금만 수고하면 풍성히 보물을 얻게 될 것입니다."

소망 "가봅시다."

크리스천 "전 안 가겠습니다. 전에 이 장소에 대해 들은 적이 있죠. 상당히 많은 사람이 저기서 죽었다더군요. 저곳은 보물을 탐내는 자들을 멸망시키는 올무입니다. 왜냐하면, 순례 여행을 하는 사람들을 가로막거든요."

크리스천은 데마를 불러 말했다.

크리스천 "그곳은 위험하지 않습니까? 얼마나 많은 순례 여행자를 방해했습니까?"

데마 "부주의한 사람이 아니라면 별로 위험하지 않은데요."

이 말을 하며 데마는 얼굴이 새빨개졌다.

크리스천 "소망 씨, 한 발자국도 벗어나지 말고 계속 우리 길을 갑시다."

소망 "이기주의 일행이 여기 와서 우리와 똑같은 초청을 받는다면, 아마 그들은 분명히 저쪽으로 보러 가리라고 장담할 수 있어요."

크리스천 "의심의 여지가 없죠. 왜냐하면, 그들의 생활 방식이 그들을 저

길로 인도할 테니까요. 그들이 살아날 확률은 백 분의 일도 안 됩니다."

이때 다시 데마가 소리쳤다.

데마 "이리 와서 보시지 않겠습니까?"

그러자 크리스천이 노골적으로 말했다.

크리스천 "데마, 당신은 이 바른길의 주님을 대적하는 대적자이며, 이미 주님의 심판자 중의 한 명에 의해 당신의 배반에 대한 정죄를 받았소(딤후 4:10).

그런데 어째서 당신은 우리를 같은 정죄로 끌어들이려는 거요?

혹시 우리가 빗나가면 우리의 주님이신 왕께서 분명히 이 일을 들으시고, 우리가 담대히 서야 할 심판대에서 우리를 수치스럽게 하실 것이오."

데마는 다시 소리쳤다.

데마 "나도 당신들의 형제 중 한 사람입니다. 당신들이 이리 와서 잠깐 머문다면 당신들과 동행하겠습니다."

크리스천 당신 이름은 뭐요?

아까 내가 데마라고 불렀는데, 맞소?

데마 "그렇소. 내 이름은 데마로서 아브라함의 후손이지요."

크리스천 "나는 당신을 알고 있소. 게하시가 당신의 조부이고, 유다는 당신 아비요. 당신은 그들의 발자취를 따르고 있어요. 당신은 마귀 장난을 하고 있소. 당신의 아비는 배반자로 목 매달렸는데 당신은 이보다 더 낫게 보상받지 못할 것이오(왕하 5:20-27; 마 26:14-15; 27:35). 우리가 왕께 도착하면, 그분께 당신의 행위를 말씀드릴 테니 각오하시오."

이렇게 말한 다음 크리스천과 소망은 길을 재촉했다. 이때 이기주의와 그 일행이 시야에 들어왔다. 그들은 첫 번째 유혹을 받고 즉각 데마에게로 건너갔다. 그들이 낭떠러지를 살펴보다 구덩이에 빠졌는지, 금광을 파러 내려갔는지, 또는 보통 구덩이에서 솟아 나오는 습기에 질식해 죽었는지 나는 확실히 모르겠다. 내가 본 것은 그들이 길에 다시 나타나지 않았다는 것이다.

그때 크리스천은 이렇게 노래했다.

이기주의 일행과 금광의 데마는 의기 상통해서

한쪽이 부르자 다른 쪽은 달려갔네.

탐욕을 채우려다 이들은 이 세상을 얻었으나

천국에는 이르지 못했다네.

이제 나는 이 평원 반대쪽에서 순례자들이 길가에 오래된 비석이 서 있는 곳에 이르는 것을 보았다. 비석의 형태가 이상했기 때문에 그들은 모두 관심이 일었다. 그 비석은 한 여인이 기둥으로 변한 것처럼 보였다. 그들은 서서 들여다보고 또 들여다보았으나, 한동안 무엇인지 알 수 없었다. 마침내 소망이 기둥의 머리 위에 이상한 필체로 쓰인 글을 발견했다.

그러나 그는 학자가 아니었으므로 학식 있는 크리스천을 불러 그 글의 의미를 이해할 수 있느냐고 물었다. 크리스천은 잠시 글자들을 맞추어 보고는, 그 글이 '롯의 아내를 기억'하라는 말임을 알아내고 소망에게 그것을 읽어 주었다. 그들은 이 기둥이 롯의 아내가 소돔을 빠져나가다가 탐욕스러운 마음으로 뒤를 돌아다보아 변한 소금 기둥임을 알아차렸다(창 19:26). 이 뜻밖의 놀라운 광경을 본 그들은 다음과 같은 대화를 나누었다.

크리스천 "놀랍군요. 형제여! 우리는 적절한 시기에 이것을 보았습니다. 데마가 우리를 돈벌이 언덕에 와서 구경하라고 유혹한 직후 소금 기둥이 우리 앞에 나타난 건 천만다행이에요. 만일 데마의 바람대로 그리고 당신의 마음이 기울어진 대로 갔다면, 우리는 이후에 오는 사람들의 구경거리가 되고 말았을 걸요."

소망 "제가 그처럼 어리석었다니 후회스럽군요. 제가 지금 롯의 아내처럼 되어 있지 않은 것은 놀라운 일입니다. 사실 그녀의 죄와 나의 죄는 차이가 없어요. 그녀는 뒤돌아보았고, 저는 가고픈 욕망이 있었죠. 은혜를 찬양하고 나서 그런 일이 제 마음에 들어왔다는 게 부끄럽군요."

크리스천 "이곳에서 본 것을 명심해 앞으로 닥칠 일에 도움으로 삼읍시다. 이 여인은 소돔의 멸망에 죽임 당하지 않고 심판을 피했으나, 다른 심판으로 멸망 받아 소금 기둥으로 변하고 말았어요. 우리가 보다시피 말이죠."

소망 "옳습니다. 그녀는 우리에게 경고와 본보기 둘 다가 될 수 있어요. 즉 그녀는 우리가 그녀와 같은 죄를 짓지 않도록 피해야 한다고 경고하며, 또한 이러한 경고에도 불구하고 죄를 지을 때 어떤 심판이 내릴 것인가를 보여 주는 표적이기도 하죠. 고라와 다단과 아비람 그리고 그들을 따르던 250명도 죄 가운데 멸망해, 다른 사람들에게 주의하라는 표적이 되었죠(민 26:9-10).

그런데 한 가지 자꾸 생각나는 일이 있습니다. 즉 이 여인이 뒤를 돌아다 본 그 잘못 하나만으로도(성경에는 그녀가 가던 길에서 발길을 돌이켰다고 쓰여 있지 않죠) 소금 기둥으로 변하는 심판을 받은 본보기가 보이는 곳에서, 데마와 그 추종자들이 어떻게 그처럼 두려움 없이 그녀가 돌아보았던 그 보화를 찾고 있을까 하는 점입니다. 그들이 눈길을 들면 이 여인을 보지 않을 수 없는데도 말입니다."

크리스천 "정말 이상한 일이죠. 그들의 마음이 될 대로 되라는 극단적인 상태에 이르렀다는 표시라고 생각됩니다. 그들은 재판장 앞에서 소매치기하는 자들, 또는 교수대 밑에서 남의 돈주머니를 터는 자들에 비교할 수밖에 없겠어요. 소돔 사람들이 그랬죠. 하나님께서 소돔인들에게 자비를 베푸셔서 그 땅이 여호와의 동산 같았습니다

그런데, 그들은 악해서 하나님 앞에서, 즉 하나님께서 보고 계신 데서 큰 죄인들이었다고(창 13:10-13) 하지 않습니까?

그러므로 하나님께서 더욱 크게 진노해서, 하늘에서 가장 뜨거운 불로 재앙을 내리신 것이죠. 따라서 그들에게 하나님께서 보는 데서 죄짓지 말라고 계속 경고하기 위해 제시된 이런 본보기들을 보면서, 저들과 같이 죄를 짓는 자들은 가장 가혹한 심판을 받아야 한다고 결론 내리는 게 가장 합당할 겁니다."

소망 "참으로 옳은 말씀이십니다.

특히 당신이나 제가 이런 본보기가 되지 않았다는 게 얼마나 놀라운 긍휼입니까?

이 사실은 우리에게 하나님께 감사드리고, 하나님 앞에서 두려워하며, 항상 롯의 아내를 기억하게 하는 계기를 주었죠."

나는 그들이 쾌적한 강에 이른 것을 보았다. 이 강을 다윗 왕은 '하나님의 강'이라 불렀고, 요한은 '생명수의 강'이라고 불렀다(시 65:9; 겔 67:1-9; 계 22:1). 이제 크리스천과 소망은 매우 즐거운 기분으로 이 강둑을 따라 걸으며 강물을 마시기도 했다. 강물은 신선하고 상쾌해서 지친 심령에 생기를 부어 주었다. 뿐만 아니라 강둑 한편에는 각종 실과가 달린 푸른 나무들이 있었다. 그 나무들의 잎사귀는 배탈을 예방하고 여행으로 과로한 사람들이 걸리기 쉬운 여러 가지 병들을 예방해 주었다. 크리스천과 소망은 나무의 과실과 잎사귀들을 따먹으며 걸어갔다.

또한, 강둑 다른 편에는 백합꽃이 절묘하고 아름답게 핀 초원이 있었다. 이 초원은 일 년 내내 녹음을 간직하는 곳이었다. 크리스천과 소망은 이 초원이 안전하게 쉴 수 있는 곳이었으므로 이곳에 누워 잠을 잤다(시 23:2; 사 14:30). 그들은 잠에서 깨어 일어나서 나무의 과실들을 따 먹고 강물을 마시다가 또다시 누워 잠잤다. 이렇게 몇 주야를 보내며 그들은 노래 불렀다.

> 보라! 길옆을 따라 흐르며
> 순례자들을 위로하는 이 수정 같은 강물을
> 푸른 초원은 향기를 풍기고
> 맛있는 과일들도 주는구나.
> 이 나무들이 주는 상큼한 과일과 잎을 먹어 본 자는
> 모든 것을 팔아 이 들판을 사리라.

제13장

샛길 초원으로 잘못 들어 의심의 성 성주 절망 거인과 의혹 부인에게 고난을 당하나, 언약 열쇠로 지하 감옥에서 빠져나와 여행을 계속하다

아직 여행이 끝나지 않았으므로 그들은 다시 길 떠날 채비를 했다. 과일과 잎을 먹고 강물을 마신 후 그들은 출발했다.

내가 꿈속에서 보니 그들은 떠난 지 얼마 안 되어 강에서부터 갈라진 갈림길을 만나게 되었다. 그들은 매우 섭섭했지만 길을 이탈하지 않았다. 강에서 벗어나자 길이 험해 발이 부르트기 시작했다. 길 때문에 순례자들의 마음이 매우 상했다(민 21:4). 그래서 그들은 계속 걸으며 좋은 길이 나타나기를 바랐다. 그들의 앞길 왼쪽에 초원이 나타났는데, 그 초원으로 넘어가는 디딤대가 있었다. 이 초원의 이름은 샛길 초원(By-path Meadow)이었다.

크리스천 "이 초장이 우리가 가는 길을 따라 펼쳐져 있다면, 저리로 넘어가서 가도록 합시다."

크리스천이 소망에게 말하고 디딤대 쪽으로 가서 살펴보니, 울타리 안쪽으로 그들이 가는 길을 따라 이어지는 도로가 있었다.

크리스천 "바라던 대로군요. 이 길이 가장 편한 길이에요. 자, 착한 소망 씨, 저리로 넘어갑시다."

소망 "그렇지만 저 길이 우리가 길을 벗어나게 하면 어쩌지요?"

크리스천 "그렇지 않을 겁니다. 보세요,

저 길은 우리의 길옆으로 이어져 나가고 있지 않습니까?"

크리스천의 설득에 소망이 디딤대를 넘어 초원길로 들어서자 그들은 발이 편해졌다. 앞을 바라보니 어떤 사람이 그들이 가는 길을 걷고 있었다. 그의 이름은 허망한 신뢰(Vain-confidence)였다. 크리스천과 소망은 그를 쫓아가서 이 길이 어디로 이어졌는지 물었다. 허망한 신뢰는 "물론 천국 문으로 이어졌지요"라고 대답했다.

크리스천은 소망에게 의기양양하게 말했다.

크리스천 "그것 봐요. 제가 그렇다고 말하지 않았습니까?

이 말을 듣고 이제 당신은 우리가 옳았다는 것을 아셨을 테죠."

크리스천과 소망은 앞서가는 허망한 신뢰를 좇아갔다. 그러나 밤이 되어 칠흑같이 어두워졌다. 앞서가는 허망한 신뢰가 안 보였다.

앞서가던 허망한 신뢰도 앞을 볼 수 없어 깊은 웅덩이에 빠졌다. 그 웅덩이는 이 땅의 주인이 허망한 영광을 구하는 자들을 잡기 위해 파놓은 것이었다. 허망한 신뢰는 그 웅덩이에 빠져 만신창이가 되었다.

크리스천과 소망은 그가 떨어지는 소리를 듣고 어찌 된 일이냐고 소리쳤다. 그러나 대답 대신 신음만 들려왔다.

소망 "지금 우리가 있는 곳이 어디일까요?"

이렇게 소망이 물었으나, 크리스천은 자신이 친구를 잘못 인도한 게 아닌가 하는 생각에 아무 대답도 못했다. 그런데 매우 무시무시한 기세로 비가 쏟아지기 시작하더니, 천둥 번개가 무섭게 치면서 물이 길에 계속 넘치기 시작했다.

소망은 신음을 억누르며 "제 길을 갔어야만 하는데"라고 했다.

크리스천 "이 길이 우리를 잘못된 길로 인도하리라고 생각 못했어요."

소망 "저는 처음부터 이 길이 두려웠습니다.

그래서 당신께 조심스럽게 주의를 주지 않았습니까?

제가 더 분명하게 말할 건데, 당신이 저보다 나이가 많아 그렇게 못했어요."

크리스천 "착한 소망 씨, 화내지 마세요. 당신을 잘못된 길로 끌어들여 죄송합니다. 형제여! 제발 저를 용서해 주세요. 나쁜 의도로 그렇게 한 건 아니니까요."

소망 "형제여! 안심하십시오. 당신을 용서했어요. 이렇게 된 것이 우리에게 유익이 될 거라고 믿어요."

크리스천 "당신 같은 자비로운 형제와 동행하는 것이 기쁘군요. 그러나 우리 여기 이러고 있을 게 아니라, 다시 돌아가도록 해 봅시다."

소망 "이제 제가 앞서가도록 해 주십시오."

크리스천 "아닙니다. 제발 제가 앞에 가게 해 주세요. 혹시 어떤 위험이 있으면, 제가 먼저 당할 수 있게 말입니다.

우리가 길을 벗어난 것이 저 때문이 아닙니까?"

소망 "안 됩니다. 당신이 앞서가면 안 돼요. 당신 마음이 혼란해져서 다시 길을 잘못 인도할지 몰라요."

그때 그들은 누군가가 그들을 위로하는 음성을 들었다.

큰 길 곧 네가 전에 가던 길을 마음에 두라 돌아오라(렘 31:21).

그러나 이때쯤에는 물이 엄청나게 불어 돌아가는 길이 매우 위험했다(그래서 나는 참된 길에서 벗어나는 것이 들어서는 것보다 쉽다는 것을 알았다). 그렇지만 그들은 위험을 무릅쓰고 돌아가기로 했다. 그러나 너무 어둡고 너무 불어 돌아가다 십중팔구 빠져 죽을 것 같았다.

그들은 갖은 애를 다 썼으나 그날 밤 디딤대 있는 곳에 다시 다다를 수가 없었다. 결국 그들은 작은 오두막에 들어가 날이 새기까지 그곳에 앉아 있기로 했다. 피곤했으므로 그들은 잠이 들었다. 그러나 그들이 있는 곳에서 멀리 떨어지지 않은 곳에 의심의 성(Doubting Castle)이라는 성이 있었는데 그 성의 성주는 절망 거인(Giant Despair)이었다. 바로 이 거인의 지역에서 그들은 잠을 자고 있었다. 아침 일찍 일어난 거인은 땅을 둘러보다가,

자기 영역에서 잠을 자는 크리스천과 소망을 발견했다. 거인은 음침하고 험악한 목소리로 그들을 깨우더니, 그들이 어디서 왔으며 자기 땅에서 무엇을 하느냐고 물었다. 그들은 거인에게 "우리는 순례자인데 길을 잃었답니다"라고 대답했다.

그러자 거인은 "네놈들은 지난밤 내 땅을 불법 침입해 짓밟고 다니고 내 땅에서 잠을 잤으니 나와 함께 가야 한다"라고 했다. 거인이 그들보다 힘이 세어 어쩔 수 없이 그들은 강제로 끌려갔다. 그들은 자신들이 잘못했다는 것을 알고 있었으므로 변명할 수도 없었다. 거인은 그들을 끌고가 매우 어둡고 더러우며 역겨운 냄새가 나는 지하 감옥에 처넣었다. 그들은 수요일 아침부터 토요일 밤까지 빵 한 입, 물 한 방울 못 먹고 빛도 없이, 자신들이 어찌해야 좋을지 물어볼 사람조차 없이 이 지하 감옥에 쓰러져 있었다. 그들은 친구나 아는 사람들과 멀리 떨어진 불행한 상황에 놓인 것이었다(시 88:8). 이곳에서 크리스천은 두 배의 슬픔에 빠졌다. 이 환난이 자신의 경솔한 권고로 인해 일어났기 때문이다.

절망 거인에게는 의혹(Diffidence)이라는 아내가 있었다. 거인은 잠자리에서 아내에게 자기 땅을 불법 침입한 두 죄인을 지하 감옥에 가두었다고 이야기하며, 그놈들에게 어떻게 하는 게 자신이 가장 잘하는 것이겠냐고 물었다.

그러자 아내는 그놈들이 무엇 하는 놈들이며, 어디서 와서 어디로 가는 사람들이냐고 질문했다. 남편의 대답을 들은 아내는 거인에게 내일 아침에 일어나 인정사정없이 그들을 때리라고 했다.

거인은 아침에 일어나 끔찍하게 생긴 능금나무 몽둥이를 들고 지하 감옥으로 가서, 크리스천과 소망이 싫은 소리 한마디 안했는데도 그들을 개처럼 취급하고 욕설을 퍼붓더니, 달려들어 무섭게 패기 시작했다. 그들은 견디다 못해 바닥에 쓰러지고 말았다. 거인이 물러가자 그들은 불행을 한탄하고 고통을 애곡하며 하루 종일 한숨과 쓰라린 탄식으로 지냈다.

이튿날 밤 거인의 아내는 죄수들에 대해 남편과 대화를 나누다가, 그들

이 아직 살아있다는 것을 알고 남편에게 그들이 스스로 목숨을 끊게 하라고 충고했다.

아침이 되자 거인은 전처럼 험악한 태도로 그들에게 가서, 전날 자기의 매질로 심한 상처가 난 것을 보았다.

그리고는 그들에게 말했다.

절망 거인 "너희는 절대로 이곳에서 나갈 수 없으니, 너희가 택할 유일한 길은 칼이나 밧줄, 독약으로 스스로 목숨을 끊는 것이다.

이렇게 큰 괴로움을 당하면서 살 필요가 뭐냐?"

크리스천과 소망은 자신들을 풀어달라고 간청했다. 그러자 거인은 그들을 험악하게 노려보더니 달려들어 자기가 직접 죽이려 했다. 그런데 갑자기 그에게 맑고 쾌청한 날이면 곧잘 일어나는 발작이 시작되었다. 그는 잠시도 손을 쓸 수가 없어 물러가고 말았다.

두 순례자는 전처럼 어떻게 해야 할지 깊이 생각하기 시작했다. 그들은 거인의 권고를 받아들이는 것이 최선일까 해서 다음과 같이 토의했다.

크리스천 "소망 씨, 어떻게 해야 할까요?

지금 우리의 삶은 비참합니다. 나는 이렇게 사는 게 최선인지, 아니면 당장 죽는 게 최선인지 모르겠군요. '이러므로 내 마음이 뼈를 깎는 고통을 겪으니 차라리 숨이 막히는 것과 죽는 것을 택하리이다'(욥 7:15)라는 말씀처럼, 제게는 무덤이 이 지하 감옥보다 더 안락할 것 같군요.

우리, 거인의 말을 따를까요?"

소망 "정말로 우리의 현재 상태는 끔찍하고, 나 역시 이렇게 영원히 사는 것보다는 죽음이 훨씬 더 반갑겠어요. 그러나 우리가 가고 있는 나라의 주님께서 살인하지 말라고 하신 말씀을 생각해 보아야 합니다. 이 말씀은 타인을 살해하지 말라는 말씀일 뿐 아니라, 자살하는 것도 금하는 말씀이지요. 게다가 다른 사람을 살해하는 사람은 몸밖에 죽이지 못하나, 자살하는 사람은 몸과 영혼을 동시에 살해하는 것이죠.

게다가 형제여! 당신은 무덤 속의 편안함을 말하지만, 살인자들이 분명히 가게 될 지옥을 잊으셨어요?

'살인하는 자마다 영생이 그 속에 거하지 아니한다'라고 말씀하고 있지요(요일 3:15). 그러니까 우리, 다시 신중히 생각해 봅시다. 모든 법이 절망 거인의 손안에 있는 것은 아닙니다. 제 생각에 우리 말고도 절망 거인에게 잡혔으나 그의 손을 피해 달아난 사람이 있었을 겁니다.

세상을 지으신 하나님께서 절망 거인을 죽게 하신다든지, 또는 언젠가 거인이 감옥 자물쇠를 채우는 것을 잊게 만드신다든지, 또 우리 앞에서 다시 발작을 일으켜 사지를 못 쓰게 만드실지 누가 압니까?

만일 그놈이 발작을 다시 일으키는 일이 일어난다면, 저는 남자답게 용기를 내어 그놈의 손에서 벗어나기 위해 모든 힘을 다해 볼 겁니다. 아까 그렇게 하지 못했다니, 저는 참 바보예요. 그러니 형제여, 참고 얼마 동안 더 견뎌 봅시다. 우리가 행복하게 해방되는 때가 올지도 몰라요. 자신의 살인자가 되지 말자고요."

소망은 이런 말들로 크리스천의 마음을 달랬다. 그들은 어둠 속에서 슬프고 괴로운 하루를 보냈다.

저녁이 되자 거인은 죄수들이 자기의 권고를 받아들였는지 아닌지 보러 다시 지하 감옥으로 내려왔다. 그러나 그는 그들이 아직 살아있음을 발견했다. 사실 살아있지만 빵 한 조각, 물 한 방울 못 먹은 채 그에게 맞은 상처들로 인해 겨우 숨만 쉬고 있었다. 그러나 분명히 그들은 살아있었다. 이것을 본 거인은 무섭게 화내며 말했다.

절망 거인 "내 권고를 받아들이지 않았으니, 네놈들은 태어나지 않았다면 좋았을 걸 하는 생각이 들 정도 이상으로 끔찍하게 될 것이다."

이 말에 그들은 몹시 떨었다. 크리스천은 정신을 잃을 정도로 두려워졌다. 그러나 크리스천이 약간 정신이 들자, 그들은 다시 거인의 권고에 대해 토의를 시작했다. 크리스천은 다시 거인의 권유를 받아들이려는 듯했다. 그러나 소망은 다시 다음과 같이 말했다.

소망 "나의 형제여! 당신이 여기까지 오면서 얼마나 용감했던가를 잊으셨나요?

아볼루온도 당신을 쓰러뜨리지 못했고, 사망의 음침한 골짜기에서 당신이 듣고 보고 느낀 모든 것도 당신을 꺾지 못했어요.

이미 얼마나 많은 고난과 공포와 놀라운 일들을 겪었는데, 이제 와서 두려워 떨고만 계십니까?

당신은 천성적으로 당신보다 훨씬 허약한 제가 당신과 함께 이 지하 감옥에 있는 것을 보고 계시죠. 저 거인 놈은 당신처럼 저도 때려 상처를 입혔고, 빵과 물을 주지 않아 당신과 함께 저도 빛 없이 신음하고 있어요. 하지만 조금만 더 인내합시다. 헛된 시장에서 당신이 얼마나 남자답게 행동했는지 기억해 보세요. 당신은 쇠사슬도 철창도, 심지어 끔찍한 죽음까지도 두려워하지 않았죠. 그러니 적어도 그리스도인답지 못한 수치를 드러내지 말고, 할 수 있는 한 끝까지 참아 보자고요."

다시 밤이 오자 거인과 그의 아내는 잠자리에 들었다. 거인의 아내는 갇힌 자들이 거인의 권유를 받아들였느냐고 물었다.

절망 거인 "아주 끈질긴 놈들이야, 그놈들은 스스로 목숨을 끊기보다는 모든 고생을 참아 내기로 작정한 것 같아."

거인이 대답했다.

그러자 거인의 아내는 남편에게 말했다.

의혹 부인 "그놈들을 내일 성 앞마당으로 끌어내어 전에 당신이 죽인 자들의 뼈와 해골을 보여 주고, 일주일 안에 당신이 그 뼈와 해골만 남은 자들에게 한 것처럼, 그놈들도 갈가리 찢길 것이라고 확실히 가르쳐 주세요."

거인은 아침이 되자 다시 크리스천과 소망에게 갔다. 그들을 성 앞마당으로 끌어내 아내가 말한 대로 그들에게 뼈와 해골들을 보여 주며 말했다.

절망 거인 "이 뼈의 주인들도 한때는 너희 같은 순례자들이었다. 그런데 이놈들도 너희처럼 내 땅을 침범했기 때문에 내가 적당한 시기에 갈가리 찢어 주었지. 열흘 내에 너희도 이렇게 될 것이다. 잘 봤으면 다시 네놈들의 굴로 돌아가거라."

거인은 그들을 지하 감옥으로 데려가는 동안 계속 두들겨 팼다. 크리스천과 소망은 전처럼 토요일 온종일 내내 탄식하며 누워 있었다.

다시 밤이 되자 거인과 그의 아내 의혹은 잠자리에 들었다. 그들은 갇힌 자들에 관해 이야기를 시작했다. 늙은 거인은 매질과 권유로 그들을 죽일 수 없는 게 이상하다고 말했다.

그러자 거인의 아내가 말했다.

의혹 부인 "그놈들이 누군가 자기들을 구출해 줄 사람이 오지 않을까 하는 희망으로 끈질기게 사는 것이 아닐까요?

아니면 자물쇠를 열 수 있는 도구를 갖고 있어, 그것을 사용해 도망칠 생각을 하는지도 몰라요."

그 말을 듣고 거인이 말했다.

절망 거인 "그럴까?

알았소. 내일 아침 내가 그놈들의 몸을 수색해 보리다."

토요일 한밤중에 크리스천과 소망은 기도를 시작했다. 거의 날이 샐 때까지 기도는 계속되었다.

아침이 되기 직전에 선한 크리스천은 마치 정신 나간 사람처럼 흥분해서 고함을 질렀다.

크리스천 "자유롭게 걸어 나갈 수 있는데도, 더러운 냄새 나는 지하 감옥에 누워 있었다니, 저는 정말 바보로군요! 저는 언약의 열쇠를 품속에 갖고 있어요. 이 열쇠는 의심 성의 어떤 자물쇠도 확실히 열 수 있죠."

소망 "듣던 중 반가운 이야기로군요. 어서 그 열쇠를 꺼내 열어보세요."

크리스천은 품속에서 열쇠를 꺼내어 지하 감옥 문을 열어보았다. 그가 열쇠를 돌리자 감옥 빗장이 벗겨지고 간단히 문이 열렸다. 크리스천과 소망은 얼른 감옥에서 빠져나왔다. 그리고 성 뜰로 이어지는 바깥문으로 다가가서 열쇠로 그 문도 열었다. 그 문을 빠져나오자 그들은 철로 된 성문과 마주쳤다. 그 철문을 열어야 완전히 밖으로 나갈 수 있었다. 철문의 자물쇠는 매우 견고했으나, 크리스천의 열쇠는 그 문도 열어 주었다. 그들은 급히 성문을 열고 빠져나갔다.

그러나 성문은 열리며 삐걱 소리를 내었고, 그 소리에 절망 거인이 잠을 깼다. 거인은 자신의 포로들을 추격하기 위해 벌떡 일어났다. 그러나 사지를 움직일 수 없음을 느꼈다. 다시 발작이 일어난 것이다.

그리하여 거인은 그들을 쫓지 못하게 되었고, 크리스천과 소망은 계속 달려 왕의 대로에 이르렀다. 왕의 대로는 거인의 관할 구역을 벗어난 곳이었으므로 그들은 안전하게 여행을 계속할 수 있었다.

그들은 거인의 지역에서 나오는 디딤대를 넘은 후, 뒤에 오는 사람들이 절망 거인의 손에 빠지는 것을 막기 위해 이 디딤대에 어떤 조치를 해놓아야 할까 의논하기 시작했다. 결국 그들은 기둥을 하나 세우고, 그 기둥에 글을 새겨 놓았다

이 디딤대를 넘어가면 절망 거인의 의심 성으로 가는 길입니다. 절망 거인은 천국 왕을 싫어하며, 그 문의 거룩한 순례자들을 죽이려 하고 있습니다.

그 후 그 길을 지나는 많은 사람이 새겨진 글을 읽고 위험을 피하게 되었다. 이 일을 마친 후 크리스천과 소망은 다음과 같은 노래를 불렀다.

우리는 길을 벗어난 후에 알게 되었네,
금단의 땅을 밟는 것이 얼마나 위험한지를.
이후에 오는 분들이여, 조심하시오.
의심의 성의 성주 절망의 땅에 들어가
그의 포로가 되지 마시오.

지하 감옥에 갇힌 크리스천과 소망

제14장

크리스천과 소망이 기쁨의 산에 도착하여 목자들로부터 여러 비밀에 대한 계시를 받다

크리스천과 소망은 계속 전진해서 기쁨의 산(Delectable Mountains)에 당도했다. 이 산지는 우리가 앞에서 이야기했던 언덕과 마찬가지로 주님의 소유였다. 그들은 산지로 올라가 정원과 과수원 포도원과 샘들을 구경했다. 샘물을 마시고 몸을 씻고, 포도원에 들어가 마음껏 과일을 먹었다. 이 산지 위에서는 목자들이 양을 먹이면서 큰길가에 서 있었다. 순례자들은 목자들에게 가서 지팡이에 기댄 채(지친 순례자들은 길에 서서 이야기할 때 이런 자세를 취했다) 물었다.

크리스천, 소망 "이 기쁨의 산과 당신들이 먹이는 양들은 누구 소유입니까?"

목자들 "이 산지는 임마누엘의 땅으로서 그분의 도성이 여기서 가깝습니다. 그리고 이 양들도 그분의 소유랍니다. 그분께서는 양들을 위해 자기 목숨을 버리셨지요"(요 10:11-15).

크리스천 "이 길이 천국으로 가는 길입니까?"

목자들 "두 분은 바른길로 드셨습니다."

크리스천 "천국까지는 얼마나 먼가요?"

목자들 "어떤 사람에게는 너무 멀지만, 진실로 그곳에 갈 사람에게는 멀지 않죠."

크리스천 "이 길은 안전합니까, 아니면 위험합니까?"

목자들 "이 길은 안전할 수 있는 자들에게는 안전합니다. 그러나 죄인들은 이 길에서 넘어질 거예요"(호 14:9).

크리스천 "이곳에 여행으로 피곤하고 지친 순례자들을 위한 휴식처가 있습니까?"

목자들 "이 산의 주인님께서는 우리에게 '손님 대접하기를 잊지 말라'(히 13:2)고 분부하셨어요. 그러므로 이곳의 좋은 것들은 여러분 것입니다."

꿈속에서 나는 목자들이 크리스천과 소망이 나그네들임을 깨닫고, 몇 가지 질문하는 것을 보았다(두 사람은 다른 곳에서와 같이 그 질문들에 대답했다). 그 질문들은 어디서 왔고, 어떻게 이 길로 들게 되었으며, 어떻게 이 길을 참고 견디며 왔느냐 하는 것들이었다.

그들이 이런 질문을 하는 이유는 이곳을 향해 길을 떠난 사람 중 이 산에 도착하는 사람이 극히 적기 때문이었다. 목자들은 그들의 대답을 듣자 크게 기뻐했다. 그들은 두 사람을 매우 사랑스럽게 바라보며 말했다.

목자들 "기쁨의 산에 오신 것을 환영합니다."

목자들의 이름은 지식(Knowledge), 경험(Experience), 경계(Watchful), 성실(Sincere)이었다. 그들은 크리스천과 소망의 손을 잡고 자신들의 장막으로 인도해서, 미리 준비된 식사에 참여하게 했다.

목자들은 또 이렇게 말했다.

목자들 "두 분이 이곳에 잠시 머무르시면서 우리와 교제하고, 또 이 기쁨 산의 유익들로 위로 받으시기 바랍니다."

크리스천과 소망은 기쁘게 이곳에 머무르겠다고 말한 뒤 밤이 깊었으므로 휴식을 취했다.

그 후 나는 아침에 목자들이 크리스천과 소망을 깨워 함께 산으로 올라가는 것을 꿈속에서 보았다. 크리스천과 소망은 목자들과 함께 사방의 아름다운 풍경을 구경하며 한참 걸어 올라갔다.

목자들 "우리 이 순례자들에게 몇 가지 놀라운 일을 보여 줄까요?"

이렇게 목자들은 의논했다.

그렇게 하기로 결론 내린 후 그들은 먼저 오류(Error)라는 매우 가파른 언덕 꼭대기로 두 사람을 데리고 갔다. 그리고는 아래를 내려다보라고 했다. 크리스천과 소망이 아래를 내려다보자, 언덕 밑바닥에는 언덕 꼭대기에서 떨어져 산산조각이 난 몇 사람의 시체가 흩어져 있었다.

크리스천 "이것은 무엇을 의미합니까?"

목자들 "여러분은 육체의 부활 신앙에 대한 후메내오와 빌레도(딤후 2:17-18)의 말에 귀 기울이다가 오류에 빠진 자들에 대해 들어보신 적이 있습니까?"

크리스천과 소망이 들은 적 있다고 대답하자, 목자는 이렇게 설명했다.

목자들 "이 산 밑바닥에 산산조각으로 부서져 있는 자들이 바로 그들입니다. 여러분이 보시다시피, 그들은 오늘날까지 매장되지 못했죠.

왜냐하면, 다른 사람들이 너무 높이 올라가거나 이 산 낭떠러지 끝으로 너무 가까이 접근하는 것을 주의시키는 본보기로 삼기 위해서죠."

그 후 목자들은 그들을 다른 산꼭대기로 데리고 갔다. 그곳의 이름은 경고(Caution)였다. 목자들은 크리스천과 소망에게 멀리 바라보라고 했다. 목자들이 바라보라고 한 곳에는 몇몇 사람이 무덤들 주위를 오르락내리락하고 있었다. 그들은 소경이었다. 왜냐하면, 그들은 때로 무덤에 걸려 넘어지거나 무덤들 가운데서 빠져나오지 못하고 있었기 때문이다.

크리스천 "이것은 무엇을 의미합니까?"

목자들 "여러분은 이 산으로 올라오기 전에 이 길 왼편에서 초원으로 이어지는 디딤대를 못 보셨습니까?"

크리스천, 소망 "예, 보았죠."

목자들 "그 디딤대에서 절망 거인이 성주인 의심 성으로 직접 이어지는 샛길이 나 있지요. 저 무덤들 사이에 있는 저 사람들은 한때 당신들처럼 순례길을 떠나 바로 그 디딤대에 이르렀죠. 그런데 그곳에서 바른길이 험해지자, 저 사람들은 바른길을 벗어나 초원으로 접어들었어요. 그곳에서 절망 거인에게 붙잡혀 의심 성으로 끌려간 후 지하 감옥에 얼마 동안 갇혀 있었죠. 그러다가 결국 거인이 저들의 눈을 뽑고 저 무덤 가운데 버려두어, 오늘날까지 무덤 주위를 방황하게 했답니다. 즉 지혜자가 '명철의 길을 떠난 사람은 사망의 회중에 거하리라'(잠 21:16)라고 한 말이 성취된 것이지요."

그 말을 듣고 크리스천과 소망은 눈물을 주르륵 흘리며 서로를 쳐다보았다. 그러나 목자들에게는 아무 말도 하지 않았다.

그다음에 나는 목자들이 산기슭의 다른 장소로 그들을 데리고 가는 것을 꿈에서 보았다. 그곳에는 언덕 쪽으로 문이 하나 나 있었다. 목자들은 그 문을 열더니 크리스천과 소망에게 들어가라고 했다. 그들은 안을 들여다보고는 그 안이 매우 어둡고 연기가 자욱한 것을 발견했다. 불이 맹렬히 타는 소리와 누군가 몹시 고통받으며 울부짖는 소리가 들렸다. 또한, 안에서 유황 냄새가 풍겨 나왔다.

그러자 크리스천은 "이것은 또 무슨 의미입니까?"

이렇게 물었다.

목자들 "여기는 지옥으로 통하는 뒷길로서 위선자들이 지옥으로 가는 길이죠. 즉, 에서처럼 장자권을 파는 자들, 유다처럼 자신의 스승을 파는 자들, 알렉산더처럼 복음의 신성을 모독하는 자들 그리고 아나니아와 그의 아내 삽비라처럼 거짓말하고 속이는 자들이 지옥으로 가는 길이죠."

소망 "제가 생각할 때 이 사람들도 지금 우리처럼 순례 여행의 모습을 하고 있었겠군요.

그렇지 않습니까?"

목자들 "그렇습니다. 그것도 오랫동안 순례 여행의 모습을 취하고 있었죠."

소망 "그렇다면 이렇게 비참하게 버림받기까지 그들은 평생 얼마나 멀리 순례 여행을 할 수 있었나요?"

목자들 "어떤 이들은 좀 더 멀리 가기도 했고, 어떤 이들은 이 산까지밖에 못 왔어요."

그 말을 듣고 순례자들은 서로 말했다.

크리스천, 소망 "우리도 강하신 분께 힘을 달라고 간구하지 않으면 안 되겠네요."

목자들 "맞습니다. 힘을 얻어 필요할 때 그 힘을 사용해야 합니다."

이제 순례자들은 여행을 계속하기 원했고, 목자들도 그렇게 하기를 원했다. 그래서 그들은 산 끝 지점까지 동행했다.

산 끝에 이르렀을 때 "이 순례자들이 우리의 망원경을 볼 수 있다면, 여기서 이들에게 천국 문을 보여줍시다"라고 목자들은 말했다.

순례자들이 기쁘게 그 제안을 받아들이자 목자들은 그들을 청명(Clear)이라는 높은 언덕 꼭대기로 데리고 갔다. 그리고 그들에게 망원경을 주며 보라고 했다.

크리스천은 망원경을 받아들고 보려 했으나, 목자들이 자신들에게 보여준 마지막 일이 생각나 손이 떨렸다. 그 때문에 그들은 망원경을 정확히 들여다볼 수 없었다. 그러나 그들은 성문처럼 생긴 것과 그곳의 영광도 약간 본 것 같았다. 그들은 길을 떠나며 이렇게 노래 불렀다.

> 목자들에 의해 이렇게 비밀이 계시되었으니
> 이 비밀은 다른 모든 사람에게 감추인 것이라.
> 깊은 일, 감추인 일, 신비한 일들을 보기 원한다면
> 목자들에게로 오라.

그들이 떠나려 하자 목자 중 한 명은 길 안내도를 주었고, 또 한 목자는 아첨꾼을 주의하라고 일러주었다. 세 번째 목자는 마법에 걸린 땅에서 잠들지 않도록 주의하라고 했다. 네 번째 목자는 여행 중에 하나님의 도우심이 함께 하기를 빌어주었다. 여기서 나는 꿈에서 깨어났다.

제15장

크리스천과 소망이 무지를 앞질러 가고, 작은 믿음에 관한 이야기를 나누다

그 후 나는 다시 잠이 들어 꿈을 꾸기 시작했다. 두 순례자가 산을 내려가 천성을 향해 대로를 따라가는 것을 나는 보았다. 이 산에서 내려와 조금 가다 보면 왼쪽으로 자만(Conceit)이라는 도시가 있는데, 순례자들이 걸어가는 좁고 굽은 길이 그 도시에서 이어져 있었다. 이곳에서 그들은 그 도시에서 온 매우 활발한 청년을 만났다. 그의 이름은 무지(Ignorance)였다. 크리스천은 그에게 어느 지방 출신이며 어디로 가는 중이냐고 물었다.

무지 "저는 저 왼쪽으로 조금 떨어져 있는 도시에서 태어났어요, 지금 천성을 향해 가는 중이죠."

크리스천 "그러면 당신은 어떻게 천성문으로 들어갈 생각입니까? 그곳에서 어려움을 겪을지도 모를 텐데요."

무지 "다른 선한 사람들이 하는 것처럼 하면 되겠지요."

크리스천 "천성문 앞에서 무엇을 보여 주며 문을 열어 달라실 생각인가요?"

무지 "저는 주님의 뜻을 알고, 또 선한 삶을 살아왔어요. 모든 사람에게 마땅히 지불해야 할 것을 지불하고 기도하며 금식했죠. 또 십일조도 내고 자선금도 냈답니다. 그뿐만 아니라 천성에 가려고 도시를 떠나기까지 한 걸요."

크리스천 "그러나 당신은 이 길 어귀에 있는 좁은 문을 지나오지 않고, 저 굽은 길을 통해 이곳으로 들어오셨죠. 그러니까 당신이 자신에 대해 어떻게 생각하든지 간에, 심판 날이 이를 때 당신은 천성으로 입장하도록 허용되는 대신, 도둑이나 강도로 비난받지 않을까 걱정되는군요."

무지 "신사분들, 당신들은 저에게 완전히 낯선 사람들이에요. 저는 당신들을 모릅니다. 그러니 당신네는 당신 도시의 종교를 따르는 것으로 만족하세요. 저는 제 도시의 종교를 따를 테니까요. 저는 모든 일이 잘되리라 생각합니다. 그리고 당신이 말하는 문이 우리 도시와 상당히 멀리 떨어져 있다는 것은 온 세상이 다 아는 일이죠. 우리 도시 부근에 사는 사람 중에는 그 좁은 문으로 가는 길을 아는 사람이 없는 것 같습니다. 또한, 그들은 그 길을 아는지 모르는가에 대해 상관할 필요가 없죠.

왜냐하면, 보시다시피, 우리에게는 우리 도시에서 뻗어 나오는 훌륭하고 쾌적한 풀밭으로 된 지름길이 있거든요."

크리스천은 그자가 스스로 지혜롭다고 자만하는 것을 알고 소망에게 귓속말로 말했다.

크리스천 "저자보다는 바보에게 더 희망이 있겠습니다(잠 26:12).

'우매한 자는 길을 갈 때에도 지혜가 부족하여 각 사람에게 자기가 우매함을 말하느니라'(전 10:3)라고 했죠.

어떻게 해야 할까요?

그와 이야기를 더 할까요, 아니면 지금 그를 앞질러 가서 그가 들은 이야기를 혼자 생각해 보게 한 다음, 나중에 그를 기다려 우리가 그에게 어떤 도움을 줄 수 있는지 보도록 할까요?"

그러자 소망이 이렇게 대답했다.

소망 "무지가 잠시 우리에게 들은 말을 생각하게 하고, 선한 충고를 거절하지 않고 가장 귀한 소득에 대해 계속 무지한 상태에 있지 않도록 해 줍시다. 하나님께서는 명철이 없는 자들을 만들기는 하셨지만, 구원하시지는 않는다고 말씀하셨어요."

소망이 덧붙여 말했다.

소망 "그에게 모든 것을 한꺼번에 말하는 것은 유익하지 않을 듯합니다. 당신이 좋으시다면 그를 뒤에 남기고 가다가, 차후에 그가 알아들을 수 있을 때 그에게 이야기해 주도록 합시다."

그래서 크리스천과 소망은 앞서가고, 무지는 뒤처졌다. 그들은 무지를 약간 앞질러 매우 어두운 길로 들어섰다. 거기서 일곱 귀신이 일곱 개의 강한 줄로 한 사람을 묶어 언덕 옆에서 본 그 문으로 끌고 가는 것을 보았다(마 12:45; 잠 5:22).

이를 본 착한 크리스천과 소망은 두려움으로 떨기 시작했다. 귀신들이 그를 끌고 지나갈 때 크리스천은 그가 혹시 아는 사람이 아닌가 해서 살폈다. 그러다가 크리스천은 그가 배교 마을(town of Apostasy)에 사는 배신자(Turn-away)가 아닐까 하는 생각이 들었다. 그러나 끌려가는 사람이 마치 죄인처럼 고개를 떨구고 있었으므로 얼굴을 자세히 볼 수 없었다. 그러나 그를 지나치다가 소망은 그의 등에 "엉터리 신앙고백자이며 지옥에 떨어져 마땅한 배교자"라고 적힌 종이가 붙어 있는 것을 발견했다.

크리스천 (소망에게) "나는 지금 이 근처에 살던 선한 사람에게 일어난 일에 대해 들은 기억이 납니다. 그 사람의 이름은 작은 믿음(Little-faith) 선명이었어요. 이름은 작은 믿음이지만 선한 사람으로서 그는 성실 마을에 살았죠. 그 이야기는 이러합니다.

이 도로 입구에는 대로문(Broad way Gate)에서부터 이어져 내려오는 길이 하나 있는데, 그 길은 죽은 자의 길(Dead-man's Lane)이라고들 부르죠. 그렇게 부르는 이유는 그 길에서 살인이 흔히 행해지기 때문입니다. 그런데 이 작은 믿음이라는 선명이 우리처럼 순례 여행을 떠났다가 우연히 그 길에 앉아 잠들게 되었지 뭡니까!

그런데 그때, 대로문에서 이 길로 세 명의 흉악한 악당들이 내려왔어요. 그들은 비정(Faint-heart), 불신(Mistrust), 범죄(Guilt)라는 삼 형제 악당들이었죠. 그들은 선명이 자는 것을 보고 급히 달려왔어요. 그때 그 착한 사람

선명이 막 잠이 깨어 여행을 계속하려던 참이었답니다. 악당들은 그를 쫓아가며 멈추어 서라고 협박했어요. 이 말에 선명은 백지장처럼 하얗게 질려 싸울 힘도, 도망할 힘도 잃었죠.

비정은 "돈지갑을 내놔"라고 소리쳤어요. 그런데 작은 믿음은 돈을 빼앗기기 싫어 머뭇거렸죠. 그러자 불신이 달려들어 그의 주머니에 손을 넣어 은화 전대를 꺼냈습니다. 선명은 "도둑이야, 도둑이야" 하고 소리쳤어요. 그 소리와 함께 범죄는 손에 들고 있던 큰 곤봉으로 선명의 머리를 내리쳐 땅바닥에 쓰러뜨렸답니다.

작은 믿음 선명은 피를 심하게 흘려 죽을 지경이 되었어요. 도둑놈들은 그가 죽어가는 것을 바라보고 서 있다가, 누군가 다가오는 소리를 듣고는 혹시 선한 확신(Good-confidence) 마을에 사는 큰 은혜(Great-grace)가 아닌가 두려워졌죠. 결국 이 선한 사람을 버려두고 그들은 발소리도 안 내고 도망쳤어요. 얼마 후 작은 믿음 선명이 겨우 정신을 차리고, 몸을 일으켜 거의 기다시피 하며 길을 떠났다고 합니다."

소망 "그놈들은 선명이 가진 것을 모두 빼앗았나요?"

크리스천 "아니오. 다행히 그놈들은 그의 보석이 있는 곳은 뒤지지 않았어요. 다행히 보석은 그대로 있었다죠. 그러나 듣기로는 그 선한 사람이 생활비 대부분을 도둑놈들에게 빼앗겨서 무척 고생했답니다. 도둑들이 가져가지 않은 것은 제가 이야기한 대로 보석과 약간의 잔돈뿐이었는데, 그 잔돈으로 여행을 끝까지 하기에는 너무 부족했어요(벧전 4:18). 그래서 제가 들은 바가 정확하다면, 그는 연명하기 위해 어쩔 수 없이 구걸해야 했다죠. 그는 보석을 절대로 팔지 않으려 했으니까요. 그는 나머지 길의 대부분을 주린 배를 안고 구걸하고, 또 할 수 있는 여러 가지 일을 하면서 갔다더군요."

소망 "그런데 도둑놈들이 그가 천국 문에서 입장을 허가받을 수 있게 하는 증명서를 빼앗아 가지 않았다는 것은 놀라운 일이 아닐 수 없군요."

크리스천 "놀라운 일이지요. 그들이 그걸 빼앗지 않은 이유는 작은 믿음이 어떤 훌륭한 재주를 부려 속인 까닭이 아니었습니다. 도둑놈들이 쫓아오는 것을 보고 작은 믿음은 하도 당황해서, 무엇인가를 감출 힘이나 재주 부릴 여유가 없었거든요. 그러니까 도둑놈들이 그 좋은 것을 발견 못 하고 빠뜨린 것은 그의 노력에 의해서라기보다는 선하신 섭리에 의해서였던 것이죠"(딤후 1:14; 벧후 2:9).

소망 "그렇지만 그 도둑들이 보석을 빼앗아 가지 않은 것은 분명히 그에게 위로가 되었을 거예요."

크리스천 "만일 그가 그 위로를 마땅히 사용할 때에 사용했다면 그에게 큰 위로가 될 수 있었겠지요. 그러나 제게 이 이야기를 해준 사람들에 의하면, 그는 돈을 빼앗길 때의 낙심 때문에 나머지 여행에서 이 위로를 거의 사용하지 못했다는군요, 사실상 그는 나머지 여행 대부분에서 보석에 대해 잊고 있었어요. 게다가 가끔 보석이 생각나 위로를 얻기 시작하다가도, 자신의 손실에 관한 생각이 새삼 떠올라 다른 모든 생각을 삼켜 버리곤 했답니다."

소망 "저런, 불쌍한 사람 같으니라고!

　보석이 그에게는 큰 슬픔밖에 될 수 없었군요."

크리스천 "물론 정말로 슬픈 일이지요. 만일 우리도 그 사람처럼 낯선 곳에서 강도를 만나 상처를 입었다면 그 사람처럼 되지 않았을까요?

　그 불쌍한 사람이 슬픔으로 죽지 않은 게 이상한 일이죠. 제가 들은 바에 의하면 그는 거의 나머지 여행 내내 슬프고 비통한 불평만 길에 뿌렸다고 하는군요. 그는 길에서 만나는 모든 사람에게 자기가 어디서 어떻게 강도를 만났으며 누가 그 짓을 했는지, 자기가 무엇을 빼앗기고 어떻게 상처 입었는지를 피력하고, 간신히 생명을 부지했다는 이야기를 했다고 합니다."

소망 "그런데 그렇게 궁핍한데도 보석을 좀 팔거나 저당 잡혀 편하게 여행하지 않은 것은 이상한데요."

크리스천 "당신은 아직도 머리가 텅 빈 달걀 껍데기 같은 사람처럼 말씀하시는군요.

그것을 저당 잡혀 무엇을 할 것이며 누구에게 팔겠습니까?

그가 강도당한 도시 전체에서 그의 보석은 값이 안 나가는 것이었어요. 또 그는 그렇게 얻을 수 있는 편안함을 원치 않았죠. 그뿐만 아니라 천성문 앞에서 그 보석들이 없으면 천성의 유업에서 배제된다는 것을 그는 매우 잘 알고 있었죠. 그렇게 되는 건 그에게 만 명의 도둑을 만나 봉변 당하는 것보다 더 불행한 일이었을 겁니다."

소망 "형제님! 왜 그렇게 심하게 말씀하십니까?

에서는 팥죽 한 그릇을 얻기 위해 장자권을 팔았잖아요(히 12:16). 그 장자권은 그의 가장 귀한 보석이었죠. 에서는 그랬는데, 어떻게 작은 믿음은 그렇게 하지 않을 수 있었을까 하는 게 제 의문이라고요."

크리스천 "에서는 분명히 자기의 장자권을 팔았죠. 그것 말고도 많은 사람들이 그렇게 하고 있듯이 말입니다. 그들은 그렇게 함으로써 비열한 에서와 마찬가지로 자신들을 큰 축복에서 제외시키는 거죠. 그러나 당신은 에서와 작은 믿음 간의 그리고 그들의 재산 간의 차이를 알아야 합니다. 에서의 장자권은 상징적이었지만, 작은 믿음의 보석들은 상징이 아니죠. 에서는 자기 배를 하나님으로 삼았지만, 작은 믿음은 자신의 배를 하나님으로 삼지 않았어요. 에서는 육체의 욕망만을 바랐으나, 작은 믿음은 그렇지 않았습니다. 에서는 자신의 정욕을 채우는 것보다 더 나은 것을 생각하지 않았죠.

그는 '내가 죽게 되었으니 이 장자의 명분이 내게 무엇이 유익하리요'(창 25:32)라고 말했어요. 비록 작은 믿음의 몫은 그 작은 믿음뿐이었지만, 그 작은 믿음에 의해 방종한 행동들을 물리치고, 장자권을 판 에서처럼 보석들을 팔지 않고 소중히 여겼어요. 성경 어느 곳에도 에서가 믿음이 있었다는 기록이 없습니다. 그에게는 작은 믿음조차 없었어요. 그러므로 저항할 믿음이 없는 사람에게 그리한 것처럼, 육체만이 지배권을 행사하는 사람이 장자권과 영혼 그리고 모든 것을 지옥의 마귀에게 팔아먹는 것은 놀라운 일이 아니죠.

왜냐하면, 이런 자는 발정한 나귀와 같기 때문입니다. '그 발정기에 누가 그것을 막으리요'(렘 2:24). 그들은 마음을 정욕에 두면 어떠한 대가를 지불하더라도 그 정욕을 소유하려 합니다. 그러나 작은 믿음은 다른 기질의 소유자였어요. 그는 신령한 일들에 마음을 두었죠. 그의 양식은 영적이며 하늘에서 내려오는 것이었습니다. 그러므로 그런 기질을 가진 사람은 자신의 보석들을 사려는 자가 있다 해도, 헛된 것으로 자기 마음을 채우기 위해 보석들을 팔 이유가 없습니다.

마른 풀로 배를 채우기 위해 돈을 낼 사람이 있겠습니까?

산비둘기 보고 까마귀처럼 썩은 고기를 먹고 살라고 설득할 수 있겠습니까?

믿음 없는 자들은 육신의 정욕을 만족시키기 위해 자기 소유뿐 아니라 자기 자신까지도 완전히 저당 잡히거나 팔아 버릴 수 있죠. 하지만 믿음, 구원의 믿음을 조금이라도 가진 사람은 그렇게 하지 못한답니다. 그러므로 형제님, 바로 여기에 당신의 잘못된 판단이 있는 것입니다."

소망 "제 잘못을 인정합니다. 그렇지만 당신의 심한 비난은 거의 분통을 터뜨리게 할 만하네요."

크리스천 "저런! 그랬습니까?

저는 단지 머리에 알껍데기를 쓰고 미지의 길을 이리저리 달려 보려는 활발한 새 새끼에 당신을 비교했을 뿐인데요. 그건 그렇고, 이 논쟁의 문제를 심사숙고해 보세요. 그러면 당신과 저 사이는 화목해질 것입니다."

소망 "그런데 크리스천 씨, 그 세 악당은 겁쟁이들에 불과하다는 생각이 드는군요.

그렇지 않다면 사람이 오는 소리에 도망을 쳤겠습니까?

왜 선명은 용기를 내지 못했을까요?

제가 생각할 때 그는 일단 그들과 맞서 본 다음, 별도리 없을 때 굴복하는 게 좋았을 텐데요."

크리스천 "많은 사람이 그놈들은 겁쟁이들이라고 말했지만, 시련이 닥쳤을 때 그렇게 생각한 사람은 거의 없어요. 사실 선명은 전혀 대담한 사람이 못 됩니다. 형제님! 당신이 당사자였다면 일단 맞서 보고 나서 굴복했을 것 같군요. 그러나 사실상 그들이 우리와 멀리 있는 지금 당신의 배짱이 그렇다면, 그들이 선명에게 나타났던 것처럼 당신에게 나타나면 아마 당신도 생각이 달라질지 모르는 일이랍니다.

그러나 다시 생각해 봅시다. 그들은 여행자들을 터는 도둑에 불과합니다. 그러나 그들은 무저갱의 왕을 섬깁니다. 그런데 이 무저갱의 왕은 필요하면 부하들을 돕기 위해 나타나곤 하죠. 그 왕의 음성은 우는 사자 소리와 같아요(벧전 5:8). 나도 선명이 당한 것처럼 당한 적이 있는데, 그게 무서운 일이라는 걸 알게 되었어요. 이 세 악당은 저를 포위하고 저는 그리스도인답게 저항하기 시작했죠. 그런데 그들이 딱 한 번 부르자마자 그들의 주인인 마귀가 나타났어요. 저는 속담 그대로 제 목숨을 헐값에 내놓을 뻔했죠. 그러나 하나님의 도우심으로 저는 증거의 갑옷을 입었습니다. 그러나 제가 이렇게 무장을 했는데도, 남자답게 행동한다는 게 얼마나 어려운 일인지 알았죠. 직접 싸워보지 않으면, 우리가 참여하는 전투가 어떤 건지 아무도 설명할 수 없답니다."

소망 "그렇지만 당신도 알다시피 그들은 큰 은혜라는 사람이 온다고 생각만 함으로써 도망치지 않았습니까?"

크리스천 "맞습니다. 큰 은혜가 나타나기만 하면 종종 그들과 그들의 주인까지도 도망칩니다. 그것은 놀랄 일이 아니죠. 왜냐하면, 큰 은혜는 우리 왕의 용사이기 때문이에요. 그러나 저는 당신이 작은 믿음과 우리 왕의 용사 간의 어떤 차이를 알아야 한다고 생각합니다. 우리 왕의 모든 국민이 다 용사는 아니죠. 시험받을 때 모든 국민이 큰 은혜와 같은 무훈을 세우지는 못합니다.

모든 어린아이가 다윗이 했던 것처럼 골리앗을 쓰러뜨릴 것이라는 생각이 합당할까요?

또 굴뚝새에게 황소의 힘이 있다고 생각하는 것이 옳을까요?

어떤 이들은 강하지만, 어떤 이들은 약합니다. 어떤 이들은 큰 믿음을 가졌지만, 어떤 이들은 작은 믿음을 갖고 있습니다. 작은 믿음 선명 씨는 약한 사람이었기에 싸움에서 졌어요."

소망 "그때 큰 은혜가 나타났다면 좋았을 텐데요."

크리스천 "만일 큰 은혜였더라도 힘겨웠을 거예요. 왜냐하면, 비록 큰 은혜가 자신의 무기들을 훌륭히 사용하고 칼끝으로 겨눔으로써 그들을 충분히 제압할 수 있다 해도, 만일 비겁함이나 불신 또는 다른 자가 그에게 접근해서 발을 걸어 넘어뜨리면 일이 어려워지죠. 당신도 아시겠지만, 사람이 넘어지면 무력해지는 법이거든요.

큰 은혜의 얼굴을 자세히 들여다본 사람이라면 제 말을 증명해 주는 상처와 흉터들을 발견할 것입니다. 저는 큰 은혜가 싸우면서 '우리가 힘에 지나도록 심한 고생을 받아 살 소망까지 끊어졌도다'(고후 1:8)라고 말하는 것을 들은 적이 있습니다. 이 흉악한 악당들과 그 동료들이 다윗을 얼마나 신음하고 통곡하고 울부짖게 했습니까!

헤만과 히스기야도 당시의 용사들이었지만 이들의 공격을 받았을 때 분발해야 했고, 분발했지만 겉옷이 악당들에 의해 심하게 망가졌죠. 베드로도 자기가 할 수 있는 최선의 노력을 했어요. 그는 사도 중에서도 수석 사도로 불렸지만, 악당들은 그가 결국 보잘것없는 어린 소녀를 두려워하게 만들잖아요. 게다가 악당들의 왕은 그들의 신호에 따라 움직입니다. 그는 절대로 그들의 신호에 나타나지 않는 법이 없습니다. 언제라도 그들이 불리할 때 그들의 왕은 가능한 한 그들을 돕기 위해 나타납니다. 그에 대해 성경은 이렇게 말하죠.

'칼이 그에게 꽂혀도 소용이 없고 창이나 투창이나 화살촉도 꽂히지 못하는구나 그것이 쇠를 지푸라기 같이, 놋을 썩은 나무 같이 여기니 화살이라도 그것을 물리치지 못하겠고 물맷돌도 그것에게는 겨 같이 되는구나 그것은 몽둥이도 지푸라기 같이 여기고 창이 날아오는 소리를 우습게 여기죠'(욥 41:26-29).

이런 경우 사람이 어떻게 칠 수 있겠습니까?

만일 사람이 항상 용의 말을 갖고 있어, 그 말을 탈 재주와 용기가 있다면 놀라운 일을 행할 수도 있겠지요. 그 말에 대해서는 이렇게 기록되어 있거든요.

> 말의 힘을 네가 주었느냐 그 목에 흩날리는 갈기를 네가 입혔느냐 네가 그것으로 메뚜기처럼 뛰게 하였느냐 그 위엄스러운 콧소리가 두려우니라 그것이 골짜기에서 발굽질하고 힘 있음을 기뻐하며 앞으로 나아가서 군사들을 맞되 두려움을 모르고 겁내지 아니하며 칼을 대할지라도 물러나지 아니하니 그의 머리 위에서는 화살통과 빛나는 창과 투창이 번쩍이며 땅을 삼킬 듯이 맹렬히 성내며 나팔 소리에 머물러 서지 아니하고 나팔 소리가 날 때마다 힝힝 울며 멀리서 싸움 냄새를 맡고 지휘관들의 호령과 외치는 소리를 듣느니라 (욥 39:19-25).

그러나 당신과 나 같은 보병들은 적을 만나기 바라지 말고, 다른 사람들이 실패했다는 이야기를 들을 때 우리는 더 잘할 수 있다는 듯 큰소리치지 말아야 합니다. 또 우리는 담대하다고 생각하며 자만하지 말아야 하죠. 왜냐하면, 그렇게 하는 자들은 대체로 시험당할 때 더 심한 어려움과 만나는 법이거든요. 제가 앞에서 언급한 베드로를 보십시오. 그는 자주 허풍을 떨곤 했죠. 그는 허영된 생각의 자극을 받아 모든 사람보다 주님을 더 잘 섬기고, 더 훌륭히 행하겠다고 했어요.

그러나 베드로처럼 악당들에게 패배당하고 쫓긴 사람이 누가 있나요?

그러므로 강도짓이 왕의 대로에서 행해진다는 이야기를 들을 때, 우리가 적절히 행해야 할 일 두 가지가 있어요.

첫째, 우리는 무장하고 나아가야 하며, 반드시 방패를 갖고 나아가야 합니다.

왜냐하면, 무장과 방패가 없을 때, 날랜 뱀 리워야단과 아무리 용감하게 맞선다 해도 그놈을 굴복시킬 수 없기 때문이죠. 사실 무장하지 않을 때 그놈은 우리를 전혀 두려워하지 않죠. 그래서 능숙한 기술을 가졌던 사람은 '모든 것 위에 믿음의 방패를 가지고 이로써 능히 악한 자의 모든 화전을 소멸하고'(엡 6:16)라고 말했답니다.

둘째, 우리는 우리 왕께 호위해 주시기를 기도하고, 왕 자신께서 우리와 동행해 주시기를 구하는 것이 좋습니다. 다윗이 사망의 음침한 골짜기로 다니며 기뻐하고, 모세가 하나님 없이 한 걸음이라도 가기보다는 서 있는 자리에서 죽는 게 낫다고 한 것이 이 때문이었어요(출 33:15).

'형제여! 만일 하나님께서 우리와 나란히 가신다면, 우리가 우리의 대적자 일만 명이 있다 한들, 무엇을 두려워할 필요가 있겠습니까?

그러나 하나님께서 함께하지 않으시면, 자랑스러운 조력자들도 죽임당해 넘어질 수밖에 없는 법이죠'(시 3:6; 27:1-3; 사 10:4).

저는 전투를 해 본 경험이 있답니다. 그리고 가장 선하신 하나님의 자비 때문에 당신이 보시다시피 지금 살아있지만, 저는 제가 용감하다고 자랑할 수 없어요. 비록 우리가 모든 위험을 다 넘지 못했지만, 더 그런 공격과 만나지 않았으면 좋겠습니다. 그러나 아직 사자와 곰이 저를 삼키지 못했으므로, 저는 하나님께서 우리를 할례받지 않은 블레셋인의 다음번 공격에서도 우리를 구해 주실 것이라고 기대합니다."

그러고 나서 크리스천은 이렇게 노래했다.

> 불쌍한 작은 믿음이여, 도적들을 만나서 무엇을 빼앗겼는가?
> 믿는 자들이여, 모두 이 일을 기억하고 더 큰 믿음을 가지시오.
> 그러면 만 명도 이길 것이요,
> 그렇지 않으면 세 명에게도 패배하리니.

제16장

크리스천과 소망이 아첨꾼을 만나 그물에 빠지나, 광채 나는 천사의 도움으로 바른길로 오다

크리스천과 소망은 계속 나아갔다. 무지도 계속 뒤쫓아왔다. 얼마 후 그들은 그들이 가는 길에서 또 한 길이 갈라지는 곳에 이르렀다. 그 길 역시 그들이 가야 할 길과 마찬가지로 곧아 보였다. 그래서 그들은 앞의 두 길이 모두 곧아 보이므로 어떤 길을 선택해야 할지 몰라 이곳에 우두커니 서서 생각하고 있었다. 그때 피부는 검으나 매우 밝은 색 옷으로 검은 피부를 가린 한 남자가 그들에게 다가오더니 왜 여기에 서 있느냐고 물었다.

그들은 "우리는 천성을 향해 가고 있는데, 이 두 길 중 어떤 길을 택해야 할지 알 수가 없습니다"라고 대답했다. 그러자 그 남자는 "나를 따라오시오. 나도 천성으로 가고 있소"라고 했다. 그들은 그를 따라 새로운 길로 들어섰다. 그 길은 약간 휘어지더니, 그들이 가려는 천성에서 멀리 빗나가게 했다. 잠시 후 그들의 얼굴은 천성과 완전히 반대편을 향하게 되었다. 그러나 그들은 그를 계속 따라갔다. 그는 그들이 깨닫기 전에 차츰 그들을 그물 속으로 끌고 들어갔다. 결국 그들은 그물에 얽혀 꼼짝할 수 없게 되었다.

그때 그 흑인의 등에서 흰옷이 벗겨지고, 그들은 자신들의 처지에 대해 알게 되었다. 그들은 스스로 그물을 빠져나올 수 없어 한동안 엎드려 통곡했다. 그러다가 크리스천이 친구에게 말했다.

크리스천 "이제야 제가 실수한 것을 알았어요.

목자들이 아첨꾼을 주의하라고 하지 않았습니까?

지혜자의 '이웃에게 아첨하는 것은 그의 발 앞에 그물을 치는 것이니라'(잠 29:5)라는 말씀이 오늘 우리에게 이루어진 것입니다."

소망 "목자들은 우리가 더 확실히 길을 찾을 수 있도록 안내도까지 주었어요. 그런데도 우리는 그것을 봐야 한다는 사실을 잊고, '멸망시키는 자의 길'에서 벗어나지 못하고 말았군요. 이 점에서 다윗은 우리보다 지혜로웠습니다.

왜냐하면, 그는 '사람의 행사로 논하면 나는 주의 입술의 말씀을 따라 스스로 삼가서 포악한 자의 길을 가지 아니하였사오며'(시 17:4)라고 말했기 때문이죠."

그들은 그물 속에서 통곡하다가, 손에 작은 끈으로 만든 채찍을 쥐고 그들을 향해 오는 광채 나는 사람을 발견했다. 그 광채 나는 사람은 그들에게 다가오더니, 그들이 어디서 왔으며 여기서 무엇을 하고 있느냐고 물었다.

그들은 "우리는 시온으로 가는 불쌍한 순례자들인데, 흰옷 입은 흑인이 자기를 따라서 오라고 하기에 그를 따라 바른길을 벗어나 여기에 오게 되었습니다"라고 대답했다. 그러자 채찍 든 사람은 "그는 광명의 천사로 가장한 거짓 사도, 아첨꾼입니다"(고후 11:14-15; 단 11:32)라고 말하더니, 그물을 찢어 순례자들을 나오게 해 주었다. 그리고 그는 "나를 따라오십시오. 내가 당신들의 길로 다시 데려다주겠습니다"라고 하더니 그들이 아첨꾼을 따라 떠났던 길로 되돌아가도록 인도해 주었다.

광채 나는 천사는 순례자들을 제자리에 데려다준 다음 "지난밤 당신들은 어디서 주무셨습니까?"

이렇게 물었다.

순례자들 "기쁨의 산에서 목자들과 갔습니다."

광채나는 천사 "목자들이 길 안내도를 주지 않았습니까?"

순례자들 "주었죠."

광채나는 천사 "그런데 갈림길에서 당신들은 그 안내도를 꺼내 보지 않으신 모양이군요?"

순례자들 "그렇습니다."

광채나는 천사 "왜 그러셨죠?"

순례자들 "잊어버렸어요."

광채나는 천사 "또 목자들이 아첨꾼을 주의하라고 일러주었겠지요?"

순례자들 "일러주었죠. 그런데 우리는 그렇게 말 잘하는 사람이 아첨꾼이라고는 상상도 못 한 걸요"(롬 16:17-18).

그러자 광채 나는 천사가 순례자들에게 엎드리라고 명하는 것을 나는 꿈속에서 보았다. 순례자들이 엎드리자 그는 그들을 엄하게 채찍질해서, 그들이 행해야 할 바른길을 가르쳐주었다(대하 4:27). 그는 채찍질하며 말했다.

> 무릇 내가 사랑하는 자를 책망하여 징계하노니 그러므로 네가 열심을 내라 회개하라 (계 3:19).

채찍질한 후 그는 순례자들에게 계속 길을 가라며, 목자들의 다른 지시들에 깊이 주의하라고 일렀다. 순례자들은 광채 나는 사람의 모든 자비에 감사하고, 바른길을 따라 가벼운 발길로 나아가며 노래했다.

> 이 길을 가는 사람들이여, 이리로 와서
> 순례자들이 곁길로 나갔다 어떻게 되었나 보시오.
> 그들은 선한 충고를 경솔히 망각해서
> 그물에 얽혀들었다오.
> 그들이 구출 받고 매질까지 당한 것을 보시오.
> 그리고 이것을 경계로 삼으시오

제17장

무신론자와의 만남, 크리스천과 소망의 대화

얼마 후 그들은 저 멀리서 가벼운 발걸음으로 혼자 대로를 따라 이쪽으로 걸어오는 한 사람을 발견했다. 크리스천은 소망에게 말했다.

크리스천 "저기 시온을 등지고 우리 쪽으로 오는 사람이 있군요."

소망 "저도 봤어요. 저 사람도 아첨꾼일지 모르니 정신 똑똑히 차립시다."

그는 점점 가까이 오더니 결국 순례자들과 만났다. 그의 이름은 무신론자(Atheist)였다. 그는 순례자들에게 어디로 가느냐고 물었다.

크리스천 "우리는 시온산으로 가고 있지요."

그러자 무신론자는 한바탕 껄껄 웃었다.

크리스천 "그렇게 웃는 이유가 뭡니까?"

무신론자 "당신들이 얼마나 무지한 사람들인가를 생각하고 웃었소. 당신들은 지루하게 여행하지만, 고통 말고는 아무것도 얻지 못할 거요."

크리스천 "아니, 여보시오, 우리가 영접받지 못하리라 생각하십니까?"

무신론자 "영접받는다고?

이 세상에는 당신들이 꿈꾸는 그런 곳이란 없소."

크리스천 "그러나 내세에는 있어요."

무신론자 "내가 고향에 있을 때 지금 당신이 단언하는 것과 같은 말을 들었소. 그 소리를 들은 때부터 지금까지 20년간 이 도시를 찾아다녔지만, 내가 떠나던 첫날 본 것 외에는 아무것도 발견하지 못했소"(전 10:15; 렘 17:15).

크리스천 "우리는 그런 곳이 발견될 수 있다고 들었고, 또 믿고 있습니다."
무신론자 "나도 집에 있을 때 그것을 믿지 않았다면, 이렇게 멀리 찾으러 오지 않았을 것이오. 그러나 아무것도 발견한 것이 없소. 만일 그런 곳이 발견될 수 있다면, 내가 발견했을 거요. 왜냐하면, 나는 당신들보다 더 멀리 그곳을 찾으러 갔었으니 말이오. 이제 나는 다시 돌아가는 길이오. 그리고 이제 없다는 걸 알게 되었으니 그것을 찾으려는 희망을 품고 차라리 과거에 버린 것들을 새롭게 즐겨볼 생각이오."

크리스천은 이 말을 듣고 소망에게 말했다.
크리스천 "이 사람이 말하는 것이 사실일까요?"
소망 "주의하세요, 그는 아첨꾼 중의 하나입니다. 이미 저런 부류의 말에 귀 기울였다가 우리가 치른 대가를 기억하십시오.

아니! 시온이 없다고?

우리는 기쁨의 산에서 천성문을 보지 않았나요?

또한, 우리는 지금 믿음으로 걸어가고 있지 않나요?(고후 5:7)

채찍 든 분을 다시 만나지 않으려면 계속 나아가야 합니다. 당신이 제게 교훈을 가르쳐야 할 텐데, 오히려 제가 당신에게 말해야 하다니요. '내 아들아 지식의 말씀에서 떠나게 하는 교훈을 듣지 말지니라'(잠 19:27). 형제님, 그의 말을 듣지 말고, 영혼의 구원을 믿읍시다."
크리스천 "형제님, 제가 당신께 질문한 것은 우리가 믿는 진리를 의심했기 때문이 아니라, 당신을 확인해서 당신 마음의 정절을 증명하기 위해서였답니다. 저자는 이 세상의 선에 의해 눈이 먼 자라는 것을 저는 알고 있어요. 모든 거짓은 진리에서 나지 않는다는 것을 믿고 계속 나아갑시다"(요일 2:21).
소망 "지금 저는 하나님의 영광을 소망하며 즐겁답니다."

크리스천과 소망은 무신론자를 떠나 나아갔고, 무신론자는 그들을 비웃으며 자기 길로 갔다.

그다음 나는 크리스천과 소망이 어떤 도시로 들어가는 것을 꿈속에서 보았다. 그 도시의 공기는 낯선 사람을 졸리게 만드는 경향이 있었다. 소망은 이곳에 들어서자 졸음이 와서 몸이 몹시 둔하고 무거워졌다. 그래서 그는 크리스천에게 말했다.

소망 "지금 저는 너무 졸려서 거의 눈뜨는 것조차 힘이 듭니다. 여기 누워 한잠 잡시다"

크리스천 "절대로 잠들면 안 됩니다. 우리는 다시 깨어날 수 없을 거예요."

소망 "왜 그렇습니까?

수고한 자에게 잠은 달콤한 것인데요. 한잠 자고 나면 기운을 되찾을 수 있을 거예요."

크리스천 "목자 중의 한 분이 우리에게 마법 걸린 땅에서 주의하라고 한 일이 기억나지 않습니까?

그가 말한 것은 우리가 잠드는 것을 주의하라는 의미였어요. 즉, '우리는 다른 이들과 같이 자지 말고 오직 깨어 정신을 차릴지라'(살전 5:6)는 의미였지요."

소망 "제 잘못을 인정합니다. 만일 제가 여기 혼자 왔다면, 잠들어 죽음의 위험을 당했을 거예요. 저는 지혜자가 '두 사람이 한 사람보다 나으니'(전 4:9)라고 한 말이 옳다는 것을 알았어요. 당신이 동행자가 된 일은 제게 큰 다행입니다. 당신의 수고에 훌륭한 상이 주어지게 될 거예요."

크리스천 "그러면 졸음을 막기 위해 좋은 대화를 나누도록 하죠."

소망 "진심으로 찬성합니다."

크리스천 "무슨 이야기부터 시작할까요?"

소망 "하나님께서 인도하시는 대로 합시다. 원하시면 당신이 먼저 시작하시죠."

크리스천 "먼저 이 노래를 당신에게 불러드리겠습니다."

성도들이여! 졸리거든 이리로 와서
이 두 순례자가 함께 이야기하는 것을 들으세요.
졸리워 감기는 눈을 뜨고 성도의 교제를 배우세요.
성도의 교제가 잘될 때 잠이 깨고 지옥도 물러가지요.

노래를 마친 후 크리스천은 이야기를 시작했다.
크리스천 "한 가지 질문을 하겠습니다. 맨 처음, 어떻게 지금 하는 일을 하려고 생각하게 되었나요?"
소망 "맨 처음 어떻게 영혼의 유익을 구하게 되었느냐는 의미입니까?"
크리스천 "그렇죠. 바로 그 의미입니다."
소망 "저는 오랫동안 우리 시장에 전시되어 팔리는 것들을 즐거워했죠. 즉 지금 제가 믿기에, 만일 제가 계속 그 가운데 있었다면, 그것들은 저를 파멸과 죽음에 몰아넣었을 거예요."
크리스천 "그것들이 무엇이었는데요?"
소망 "이 세상의 모든 보화와 재물이랍니다. 또한, 저는 방탕과 잔치, 음주와 욕설, 거짓말과 부정 그리고 안식일을 범하는 일 등 영혼을 파괴하는 일들을 매우 즐겼죠. 그러나 결국 저는 당신과 헛된 시장에서 자신의 믿음과 선한 삶을 위해 죽임당한 사랑하는 신실 씨에게서 신령한 일들을 듣고 깊이 생각하게 되었죠. 그리하여 '이 일들의 마지막은 사망이요,' '이를 인하여 하나님의 진노가 불순종의 아들들에게 임한다'라는 사실을 깨닫게 되었어요."(롬 6:21-23; 엡 5:6).
크리스천 "그래서 당신은 즉시 그 확신의 힘 아래 굴복했나요?"
소망 "아니오. 처음에 저는 죄가 악하다는 사실과 죄를 범하면 정죄가 따른다는 사실을 즉각 인정하려 들지 않았죠. 게다가 말씀 때문에 마음이 흔들리기 시작할 때, 말씀의 빛에 눈을 감으려 애썼어요."
크리스천 "하나님의 복되신 성령의 첫 번째 역사에 대해 그런 태도를 취한 이유는 무엇이었습니까?"

소망 "그 이유는 네 가지예요.

　첫째, 저는 그것이 죄에 대한 하나님의 역사라는 걸 몰랐어요. 저는 하나님께서 맨 처음 죄를 각성시키심으로써 죄인의 회심을 시작하신다는 생각을 전혀 못했죠.
　둘째, 죄는 여전히 내 육체에 매우 달콤했고, 그래서 저는 죄를 떠나기 싫었어요.
　셋째, 저는 제 오랜 친구들과 어떻게 헤어질 수 있을지 알 수 없었죠. 그들의 존재와 행동은 제게 너무 바람직했기 때문이에요.
　넷째, 죄의식이 나를 엄습할 때 너무 괴롭고 두려워 참을 수가 없었답니다. 너무나 고통스러워 그때를 기억만 해도 견딜 수가 없어요."

크리스천 "그런데 가끔은 고통을 벗어났던 것으로 보입니다."
소망 "사실 그랬죠. 그렇지만 다시 죄의식이 마음속으로 들어오곤 했는데, 그때 저는 전처럼, 아니 전보다 더 심하게 고통에 빠졌죠."
크리스천 "당신의 죄악들을 다시 생각나게 하는 것은 무엇이었나요?"
소망 "여러 가지죠. 예를 들어, 거리에서 착한 사람을 만날 때, 누군가 성경 읽는 소리를 들을 때 그리고 머리가 아프기 시작할 때, 이웃 사람 중에 누가 병들었다는 이야기를 들을 때, 또 사람이 죽었다는 것을 알리는 종소리를 들을 때, 저 자신의 죽음을 생각할 때, 다른 사람들이 갑자기 죽었다는 소식을 들을 때 그러나 특별히 나에 대해, 즉 제가 곧 심판에 이를 수밖에 없다는 것을 생각할 때였습니다."
크리스천 "이런 일 중 어떤 일로 인해 죄의식이 생길 때, 항상 쉽게 떨쳐버릴 수 있었나요?"
소망 "아니오, 그렇지 않았어요. 이 일들은 제 양심을 꼭 붙들고 늘어졌죠. 그럴 때 제 마음은 죄에서 돌이켰지만 저는 다시 죄로 돌아갈 수밖에 없다는 생각이 들었어요. 그 때문에 전 두 배로 괴로웠죠."

크리스천 "그럴 때 어떻게 하셨어요?"

소망 "제 생활을 고치기 위해 노력해야 한다고 그렇지 않으면 반드시 저주받을 것이라 생각했지요."

크리스천 "그래서 고치려고 노력했습니까?"

소망 "물론 노력했죠. 저의 죄악들뿐 아니라 죄악 된 친구들까지도 피하고, 기도하고 성경 보고, 죄를 통회하고 이웃에게 진리를 이야기하는 등, 종교적인 의무들을 행했지요. 이 일들뿐 아니라 너무 많아 이 자리에서 다 이야기할 수 없는 일들을 행했어요."

크리스천 "그래서 스스로 만족스러우셨나요?"

소망 "잠깐은 만족스러웠지요. 그러나 결국 고통은 다시 되돌아와, 제 모든 개혁을 쓸모없게 만들어 버렸어요."

크리스천 "개혁을 한 다음 어떤 일이 일어났습니까?"

소망 "여러 가지 일들이 일어났지요. 특히 '우리의 의는 다 더러운 옷 같으며,' '너희도 명령받은 것을 다 행한 후에 이르기를 우리는 무익한 종이라 우리가 하여야 할 일을 한 것뿐이라 할지니라,' '율법의 행위로써는 의롭다 함을 얻을 육체가 없느니라'(사 64:6; 눅 17:10; 갈 2:16) 등 그 밖에도 많은 비슷한 말씀들이 저에게 전달되었습니다. 그래서 저는 이렇게 저 자신을 설득하기 시작했어요.

'만일 나의 의가 더러운 옷 같다면, 만일 율법의 행위로 아무도 의롭다 함을 얻을 수 없다면 그리고 만일 우리가 모든 일을 다 행하고도 여전히 무익하다면, 율법으로 천국에 가려는 것은 어리석은 짓에 불과하다.'

저는 더 나아가 이렇게 생각했답니다. '만일 어떤 사람이 가게에 백 파운드 빚을 졌다가 갚아야 할 것을 모두 갚은 후에도 과거의 빚이 가게 주인 장부에 지워지지 않은 채 그대로 남아 있다면, 가게 주인은 그를 고소해서 그가 빚을 갚을 때까지 감옥에 가두어둘 수 있을 것이다'라고 말입니다."

크리스천 "그래서 그 생각을 어떻게 자신에게 적용했습니까?"

소망 "저는 이렇게 저 자신에 대해 생각했죠. 나는 나의 죄로 인해 하나님의 장부에 빚이 많이 기록되어 있다. 나의 현재 상태를 개선한다고 해도 그 빚을 청산하지 못할 것이다. 그러므로 나는 내가 현재 하고 있는, 나 자신을 개선하는 모든 일에도 불구하고 내가 과거에 지은 범죄로 말미암아 스스로 초래한 저주에서 어떻게 해방되어야 할 것인가를 깊이 생각하지 않으면 안 된다고 말입니다."

크리스천 "매우 훌륭한 적용이군요. 계속 이야기해 주십시오."

소망 "만일 제가 개선한 후에도 여전히 저를 괴롭힌 또 한 가지 사실이 있는데, 그것은 제가 당시 행한 최선의 일을 엄밀히 살펴보면 거기에 여전히 죄, 즉 새로운 죄가 섞여 있는 게 발견된다는 점이었죠. 그래서 저는 이렇게 결론 내릴 수밖에 없었어요.

　나는 과거에 나 자신과 여러 의무를 어리석게 기만하는 죄악을 범한 것이 사실이다. 그러나 나의 과거의 삶이 흠 없었다 할지라도, 나는 언젠가 나 자신을 지옥에 보내기에, 충분한 죄를 범하고 있다고 말입니다."

크리스천 "그래서 어떻게 하셨나요?"

소망 "정말 저는 어찌할 바를 알 수 없었어요. 그래서 저는 신실 씨에게 마음을 털어놓았죠. 그분과 저는 잘 아는 사이였거든요. 신실 씨는 제게 절대로 죄를 범한 적이 없으신 분의 의를 얻지 못하면, 저의 의나 세상의 모든 의를 얻는다고 해도 제가 구원받을 수 없다고 말씀해 주셨습니다."

크리스천 "당신은 그가 진실을 이야기한다고 생각했습니까?"

소망 "만일 제가 저 자신을 개선하는 것으로 만족할 때 그의 말을 들었다면, 그의 수고에도 불구하고 그를 바보 취급했을 거예요. 그러나 그때 저는 저 자신의 무력함을 알았고 또한 저의 최선의 행위에까지 달라붙어 있는 죄악을 발견했기 때문에 그의 생각을 받아들이지 않을 수 없었지요."

크리스천 "그러나 신실 씨가 처음 당신에게 그 말을 해 주었을 때, 당신은 진정으로 전혀 죄를 지은 일이 없다고 말할 수 있는 그런 사람이 발견될 수 있다고 생각하셨나요?"

소망 "솔직히 고백하면, 처음엔 그 말이 이상하게 들렸답니다. 그러나 그와 더 이야기하고 교제를 나눈 후 그 말을 완전히 확신하게 되었어요."

크리스천 "그래서 당신은 신실 씨에게 그분이 누구이며, 그분에 의해 당신이 어떻게 의롭다 함을 얻어야 하는가(롬 4장; 골 1장; 히 10장; 벧후 1장) 질문하셨습니까?"

소망 "그렇습니다. 그랬더니 신실 씨는 제게 그분이 지극히 높으신 분 오른쪽에 거하시는 주 예수님이시라고 말씀해 주시더군요. 그리고 신실 씨는 이렇게 덧붙였어요. '당신은 예수님께서 육체로 계실 때 행하신 일과 나무에 달려 고난 당하신 일을 믿음으로 예수님에 의해 의롭다 함을 얻어야 한다'라고 말입니다. 저는 예수님의 의가 어떻게 하나님 앞에서 다른 사람을 의롭게 하는 효력을 가질 수 있냐고 다시 질문했죠. 그랬더니 신실 씨는 제게 예수님은 전능하신 하나님이시며, 예수님께서 행하신 일과 죽으심은 자신을 위함이 아니라 저를 위한 것으로, 내가 그를 믿으면 그의 행하신 일들과 그 일들의 가치가 저에게 전가된다고 설명해 주었습니다."

크리스천 "그래서 당신은 어떻게 했습니까?"

소망 "저는 예수님이 저를 구원해 주고 싶지 않으실 것으로 생각하고 못 믿겠다고 했죠."

크리스천 "그랬더니 신실 씨가 뭐라고 하던가요?"

소망 "예수님께로 가서 만나보라고 했어요. 그래서 저는 그것은 건방진 짓이라고 말했죠. 그랬더니 신실 씨는 '아닙니다. 당신은 오라는 초청을 받았습니다'라고 말했어요(마 11:28). 그리고 나서 제가 아무 거리낌 없이 가도록 격려하기 위해 예수님이 지으신 책을 주며 그 책에 대해 이렇게 말씀하셨어요.

'천지는 없어지겠으나 이 책에 쓰인 말씀은 일점일획이라도 없어지지 아니합니다'(마 24:35). 그래서 저는 제가 가서 어떻게 해야 하느냐고 물었죠. 그랬더니 신실 씨는 '당신은 무릎 꿇고 당신의 마음과 뜻을 다해 아버지께 예수님을 계시해 달라고 기도해야 합니다'라고 말했어요(시 95:6;

렘 29:12-13; 단 4:10).

저는 또 어떻게 간구 드려야 하느냐고 물었죠. 신실 씨는 "가보시오. 그러면 당신은 은혜의 보좌에 항상 앉아 계셔서, 나아오는 모든 자에게 용서와 자비를 베푸시는 분을 발견할 것입니다"라고 대답했죠(출 25:22; 레 16:2; 히 4:16). 저는 신실 씨에게 내가 가서 무슨 말을 해야 할지 모르겠다고 말했어요. 그러자 신실 씨는 제게 이렇게 기도하라고 일러주었죠.

하나님이시여! 죄인인 저를 긍휼히 여기소서. 저가 예수 그리스도를 알고 믿게 하옵소서. 만일 예수님의 의가 없다면 그리고 의를 믿지 않는다면, 저는 완전히 버림당할 수밖에 없음을 알기 때문입니다. 주여 저는 당신께서 긍휼하신 하나님이시고, 독생자 예수 그리스도를 세상의 구주가 되시도록 정하신 것을 아나이다. 그뿐 아니라 당신께서 저 같은 불쌍한 죄인에게(진실로 나는 죄인입니다) 그리스도를 기쁘게 주신다는 것을 아나이다. 그러니 주님이시여, 저를 용납하사, 제 영혼을 구원하심으로 당신의 은혜를 나타내옵소서. 성자 예수 그리스도의 이름으로 기도하나이다. 아멘."

크리스천 "그래서 당신은 시키는 대로 했습니까?"

소망 "물론이죠. 수없이 되풀이했죠."

크리스천 "그리고 아버지께서 아들을 당신께 계시하셨습니까?"

소망 "아니오. 첫 번째도, 두 번째도, 세 번째도, 네 번째도, 다섯 번째도, 여섯 번째도 계시하지 않으셨습니다."

크리스천 "그래서 어떻게 했나요?"

소망 "어떻게 했느냐고요?

　정말 어떻게 해야 할지 알 수 없더군요."

크리스천 "기도를 그만두려고 생각하지 않았나요?"

소망 "왜 안 했겠습니까?

　수백 번은 더했을 거예요."

크리스천 "그런데 왜 그만두지 않았습니까?"

소망 "저는 제가 들은 말, 즉 그리스도 외에는 온 세상이라도 나를 구원할 수 없다는 말이 진실이라고 믿었습니다.

그래서 저는 기도를 그만두면 죽을 것 같아, 은혜의 보좌 앞에서 죽을 수밖에 없다고 스스로 다짐했죠. 그때 제 마음에 '비록 더딜지라도 기다리라 지체하지 않고 반드시 응하리라'(합 2:3)라는 말씀이 떠올랐어요. 그래서 저는 아버지께서 아들을 내게 보여 주실 때까지 기도를 계속했습니다."
크리스천 "어떻게 그리스도께서 당신께 나타나셨습니까?"
소망 "저는 그리스도를 육체의 눈으로 본 것이 아니라, 마음의 눈으로 보았습니다(엡 1:18-19). 그 일의 내막은 이러합니다. 어느 날 저는 매우 슬펐어요. 평생에 그렇게 슬펐던 적이 없었을 것입니다. 그 슬픔은 저의 죄악들이 얼마나 크고 추악한지를 새롭게 깨닫게 됨으로써 생겨난 것이었어요. 그래서 저는 그때 지옥과 제 영혼의 영원한 정죄 외에는 기대를 안 했죠. 그런데 갑자기 주 예수님께서 하늘에서 저를 내려다보시며 '주 예수 그리스도를 믿으라 그리하면 네가 구원을 얻으리라'(행 16:30)라고 말씀하시는 모습을 제가 뵌 것 같이 생각되었답니다. 저는 '주여! 저는 큰, 정말로 큰 죄인입니다'라고 대답했어요. 그러자 '주님은 내 은혜가 네게 족하도다'라고 말씀하셨습니다. 저는 여쭈었습니다.

'그런데 주님이시여, 믿음이란 무엇입니까?'

그리고 그때 저는 '내게 오는 자는 결코 주리지 아니할 터이요 나를 믿는 자는 영원히 목마르지 아니하리라'(요 6:3-5)라는 말씀에서 믿음과 나아오는 것은 하나라는 사실을 깨달았답니다. 곧, 그리스도께 나아오는 자 - 즉 진심과 애정 가운데 그리스도로 말미암는 구원을 얻으려고 달려오는 자 - 는 진실로 그리스도를 믿는 자라는 사실이었습니다. 그때 눈에서 눈물이 쏟아졌고 저는 다시 여쭈었습니다.

'그러나 주님이시여! 저 같은 큰 죄인을 정말로 당신께서 용납하고 구원하실 수 있으십니까?'

저는 주님께서 말씀하시는 것을 들었습니다.

'내게 오는 자는 내가 결코 내쫓지 아니하리라'(요 6:37).

저는 다시 여쭈었습니다.

'주님이시여! 당신께로 나아왔을 때, 어떻게 저의 믿음을 당신께 두어야 바르다고 할 수 있겠습니까?'

그러자 주님께서 말씀하셨어요.

> '미쁘다. 모든 사람이 받을 만한 이 말이여, 그리스도 예수께서 죄인을 구원하시려고 세상에 임하셨다 하였도다,' '그리스도는 모든 믿는 자에게 의를 이루기 위하여 율법의 마침이 되시니라,' '예수는 우리 범죄함을 위하여 내어줌이 되고 또한 우리의 의롭다 하심을 위하여 살아나셨느니라,' '그는 하나님과 우리 사이의 중보시라,' '그가 항상 살아서 우리를 위하여 간구하심이니라'(딤전 1:15; 롬 10:4; 롬 4:25; 계 1:5; 딤전 2:5; 히 7:25).

이 모든 말씀에서 저는 제가 그리스도의 인격 안에 있는 의와 그의 피로 말미암은, 내 죄를 대신한 보상을 구해야 한다는 사실을 깨달았어요. 또한, 그리스도께서 아버지의 율법에 대해 복종하시고 그로 말미암아 징벌을 받으심으로 행하신 일이 자신을 위한 일이 아니라 구원을 받아들이고 감사하는 자들을 위한 일이라는 사실도 깨달았죠. 그때 제 가슴은 기쁨으로 가득 찼고, 눈에는 눈물이 가득 찼습니다. 그리고 저의 감정은 예수 그리스도의 이름과 백성 그리고 진리들에 대한 사랑으로 차고 넘쳤답니다."

크리스천 "진실로 그것은 당신의 영혼에 나타나신 그리스도의 계시였습니다. 그런데 이 일로 당신의 심경에 특별히 어떤 결과들이 일어났는지도 이야기해 주시죠."

소망 "그 일로 저는 온 세상이 갖고 있는 모든 의에도 불구하고 저주 상태에 있다는 것을 알게 되었습니다. 그리고 아버지 하나님께서 공의로우심에도 불구하고, 자기에게 나아오는 죄인을 공의롭게 의롭다 하실 수 있으시다는 것도 알았습니다. 또한, 그 일로 저는 제 과거의 더러운 생활이 크게 부끄러워졌고, 제 무지를 깨닫게 되었죠. 전에 하던 생각이 제 심령에 떠올랐고, 예수 그리스도의 아름다움이 제게 보였습니다. 저는 거룩한 삶을 사랑하게 되었고, 주 예수님의 이름에 존귀와 영광을 드리기 위해 무슨 일인가를 하고 싶어졌어요. 진실로 저는 제 몸에 백 갤런의 피가 있다면 그 피를 주 예수님을 위해 다 쏟아부어 드릴 수 있다는 생각이 들었죠."

제18장

크리스천과 소망이 무지¹와 다시 만나다

그때 나는 꿈속에서 소망이 뒤돌아보는 것을 보았다. 소망은 그들 뒤에 뒤처진 무지가 따라오는 것을 보았다.

소망 "보십시오. 저기 아까 그 젊은 친구가 어슬렁어슬렁 쫓아오고 있군요."

크리스천 "그러네요. 하지만 그는 우리와 동행하기 원하지 않을 걸요."

소망 "우리와 함께 왔다면 손해는 없었을 텐데요."

크리스천 "물론이지요. 그러나 그는 생각이 달라요. 전 그걸 장담할 수 있죠."

소망 "저도 그가 그렇게 생각한다는 걸 알고 있어요. 그렇긴 해도, 그를 기다려봅시다."

크리스천과 소망은 그가 다가오기를 기다렸다.

그가 가까이 오자 크리스천이 그에게 말을 걸었다.

크리스천 "어서 오세요. 왜 그렇게 뒤처지셨습니까?"

무지 "저는 혼자 걷는 걸 좋아하거든요. 좋은 동행이 없으면 혼자 가는 게 훨씬 낫답니다."

---

1   무지(Ignorance)는 사이비 전문가로 두루마리 징표가 없어 천사에게 붙들려 지옥으로 간다.

크리스천이 소망에게 작은 소리로 말했다.

크리스천 "그가 우리와의 동행을 원치 않는다고 제가 말했죠?

그러니 이 쓸쓸한 곳에서 이야기나 하면서 시간을 보내도록 합시다."

크리스천은 다시 무지에게 말했다.

크리스천 "피곤하지 않습니까?

하나님과 당신의 영혼과의 관계는 지금 어떻습니까?"

무지 "좋다고 생각됩니다. 왜냐하면, 저는 항상 선한 생각들로 가득 차 있으니까요. 그 선한 생각들이 제 마음에 들어와 제가 걷는데 위로를 줍니다."

크리스천 "어떤 선한 생각이죠?

저희에게 설명해 주시겠어요?"

무지 "글쎄요, 전 하나님과 천국에 대해 생각하죠."

크리스천 "마귀와 저주받은 영혼들도 그런 생각을 한답니다."

무지 "그러나 저는 하나님의 천국을 생각하며 바랍니다."

크리스천 "전혀 천국에 갈 것 같지 않은 자들도 그렇게 하죠.

'게으른 자는 마음으로 원하여도 얻지 못하느니라'(잠 13:4)라고 기록되어 있지 않습니까?"

무지 "그러나 저는 하나님과 천국을 생각하고, 그를 위해 모든 것을 버렸습니다."

크리스천 "믿기 어렵군요. 왜냐하면, 모든 것을 버리기란 매우 어려운 일이거든요. 많은 사람이 생각하는 것보다 정말 더 어려운 일이지요. 그런데 왜, 또는 무엇 때문에 당신은 하나님과 천국을 위해 모든 것을 버렸다고 확신합니까?"

무지 "제 마음이 그렇다고 제게 말해 주거든요."

크리스천 "지혜자는 '자기의 마음을 믿는 자는 미련한 자'라고 말합니다"(잠 28:26).

무지 "그 말은 악한 마음을 말한 것이고 저의 마음은 선한 마음인 걸요."

크리스천 "어떻게 그것을 증명합니까?"

무지 "제 마음은 천국을 소망하며, 그것은 저를 위로해 줍니다."

크리스천 "그것은 마음의 기만일지도 몰라요. 왜냐하면, 사람의 마음이란, 그가 아직 소망할 근거도 없는 것을 소망하게 해서 위로를 줄 수도 있거든요."

무지 "하지만 제 마음과 생활은 서로 일치해요. 그러니까 저의 소망은 훌륭한 근거가 있는 것이죠."

크리스천 "당신의 마음과 생활이 서로 일치한다고 누가 당신에게 말해 주었나요?"

무지 "제 마음이 제게 그렇다고 말해 주지요."

크리스천 "'공범자에게 내가 도둑인지 물어보라'라는 속담이 있다더니, 당신 마음이 당신에게 그렇게 말해 준다고요! 이 문제에서는 하나님의 말씀 외에 증거가 없습니다. 다른 증거는 아무 가치가 없어요."

무지 "그러나 선한 생각을 하는 것이 곧 선한 마음 아닙니까? 또 하나님의 계명에 따르는 생활이 선한 생활 아닌가요?"

크리스천 "맞아요. 선한 생각을 하는 마음이 선한 마음이고, 하나님의 계명에 따르는 생활이 선한 생활이죠. 하지만 그런 마음과 생활을 진실로 가진 것과 그것을 생각만 하는 것은 다르죠."

무지 "그렇다면 당신은 선한 생각 그리고 하나님의 계명에 따른 생활을 뭐라고 생각하십니까?"

크리스천 "선한 생각에는 여러 가지 종류가 있어요. 자기 자신에 관한 선한 생각, 하나님에 관한 선한 생각, 그리스도에 관한 선한 생각, 또 그 밖의 선한 생각들도 있겠죠."

무지 "우리 자신에 관한 선한 생각은 뭐죠?"

크리스천 "하나님의 말씀과 일치하는 생각입니다."

무지 "우리의 생각이 하나님의 말씀과 일치하는 때란 어느 때일까요?"

크리스천 "우리가 하나님의 말씀이 내리는 판단과 동일한 판단을 우리 자신에 대해 내리기 때입니다. 자세히 설명하자면 이렇습니다.

즉, 하나님은 자연 상태의 인간에 대해 '의인은 없나니 하나도 없으며 … 선을 행하는 자는 없나니 하나도 없도다'(롬 3:10-12)라고 말씀하고 있습니다. 또 '사람의 마음으로 생각하는 모든 계획이 항상 악할 뿐이다'(창 6:5)라고도 말씀하십니다.

또한 '사람의 마음이 계획하는 바가 어려서부터 악함이라'(창 8:21)라고도 말씀하시죠. 따라서 우리가 우리 자신에 대해 이렇게 생각하고 느낄 때, 그것은 하나님의 말씀에 따르는 것이므로 우리의 생각은 선한 생각이 됩니다."

무지 "저는 절대로 제 마음이 그렇게 악하다고 믿지 못하겠는 걸요."

크리스천 "그러니까 당신은 당신의 생활에 있어서, 당신 자신에 관해 전혀 선한 생각을 하지 않는 거예요. 제가 더 말씀드리죠. 말씀은 우리 마음을 판단할 뿐만 아니라 우리 생활 방식에 대해서도 판단합니다. 그러므로 우리 마음의 생각과 생활 방식이 말씀이 내리는 판단과 일치할 때, 그 생각과 생활 방식은 모두 선한 것이죠."

무지 "당신 말씀의 의미를 더 자세히 설명해 보세요."

크리스천 "하나님의 말씀은 인간의 길이 굽었다고 말합니다(시 125:5). 즉 인간의 생활 방식은 선하기는커녕 비뚤어졌다는 것이지요. 또한, 인간의 생활 방식은 본질적으로 선한 길에서 벗어나 있고 선한 길을 알지 못한다고도 말씀합니다(잠 2:15; 롬 3:17). 사람이 자신의 생활 방식에 대해 그렇게 생각할 때, 즉 그렇게 분별 있고 겸손하게 생각할 때 그의 생각이 하나님의 말씀과 일치하게 되고, 그럴 때 그는 자신의 길에 대해 선한 생각을 하는 거예요."

무지 "하나님에 관한 선한 생각은 무엇입니까?"

크리스천 "우리 자신에 관해 말씀드린 바와 마찬가지로, 하나님에 대한 우리의 생각이 하나님에 대해 말씀이 말하는 바와 일치할 때, 그 생각은 선한 생각이지요. 즉, 우리가 말씀이 가르친 대로 하나님의 존재와 속성들에 대해 생각하는 때입니다. 하나님의 존재와 속성들에 대해 지금 여기서 상세히 논의하기는 어려워요. 그러나 우리에게 말씀하신 대로 하나님에 대해 말해 보도록 하죠.

하나님께서 우리가 우리 자신에 대해 알고 있는 것보다 우리를 더 잘 알고 계시며, 우리가 자신에게서 전혀 죄를 발견할 수 없을 때조차도 하나님께서는 우리에게서 죄를 발견하실 수 있다고 생각할 때, 우리는 하나님에 대해 바른 생각을 하는 것이죠. 하나님께서 우리의 가장 깊은 생각을 아시며, 우리 마음이 항상 속속들이 하나님의 눈앞에 드러나 있다고 생각하고, 또한 우리의 모든 의가 하나님께는 불쾌한 악취를 풍기는 것에 불과하며, 따라서 우리가 최선의 행동을 한다 해도 하나님 앞에 자신 있게 설 수 없다고 생각하는 것이죠."

무지 "당신은 그럼 제가 하나님께서 저보다 더 자세히 보시지 못한다고 생각하고 있는 바보, 또한 제가 제 최선의 행위를 가지고 하나님께로 나아가려 하는 바보라고 생각하시는 건가요?"

크리스천 "그렇다면 당신은 이 점에 대해 어떻게 생각하십니까?"

무지 "글쎄요, 간단히 말해서 저는 의롭다 하심을 얻기 위해 그리스도를 믿어야 할 것 같아요."

크리스천 "기가 막히네요! 당신은 그리스도의 필요성을 발견 못 한 채, 그냥 그리스도를 믿어야 한다고 생각하신단 말입니까!

당신은 당신 자신의 원초적 약점들과 실제적 약점들을 깨닫지 못하고 있어요. 당신이 당신 자신과 당신의 행동에 대해 가진 생각은 하나님 앞에서 당신을 의롭다 하시는 그리스도의 개인적 의의 필요성을 전혀 깨닫지 못한 사람이라는 사실을 명백히 드러내 주고 있어요.

그런데 어떻게 당신은 '내가 그리스도를 믿는다'라고 말씀하시는 건가요?"

무지 "그렇지만 저는 훌륭하고 충분하게 믿고 있는 걸요."

크리스천 "어떻게 믿고 계신데요?"

무지 "저는 그리스도께서 죄인들을 위해 죽으셨다는 것을 믿어요. 그리고 율법에 대한 저의 순종을 용납해 주시는 그분의 은혜를 통해, 저주받지 않고 하나님 앞에서 의롭다 여기심을 얻을 것으로 믿습니다. 다른 말로 하자면, 그리스도 자신의 공로로 말미암아 저의 종교적 의무들을 성부께 용납되게 하심으로써 제가 의롭다 여기심을 얻게 된다는 것이죠."

크리스천 "당신의 신앙고백에 대해 답변하겠습니다.

첫째, 당신은 환상적인 믿음을 갖고 계십니다. 왜냐하면, 그런 믿음은 말씀 어느 곳에서도 묘사된 일이 없거든요.

둘째, 당신은 거짓된 믿음을 갖고 있어요. 왜냐하면, 그 믿음은 그리스도의 인격적인 의로 말미암은 칭의를 자기 자신에게서 나온 것으로 적용하기 때문이죠.

셋째, 그 믿음은 그리스도를 당신의 인격을 의롭다고 여기시는 분이 아니라, 당신의 행위를 의롭다고 여기시는 분으로 삼고 있어요. 즉, 당신의 행위들로 인해서 당신의 인격이 의롭다 여기심을 얻는다고 믿는 것은 잘못된 믿음이에요.

넷째, 그러므로 그 믿음은 기만이 가득한 믿음이고, 전능하신 하나님의 심판 날에 진노에서 당신을 구원하지 못할 믿음이죠. 왜냐하면, 참으로 의롭다 하심을 받은 믿음은 영혼이 율법에 의해 자신의 파멸된 상태를 깨닫고, 피난처를 찾아 그리스도의 의로 달려가는 것이기 때문입니다. 그리스도의 의는 당신의 순종을 하나님께서 용납하시도록 해서 의롭다 하심을 얻게 하는 은혜의 활동이 아닙니다.

우리에게 요구된 행위와 고난을 그리스도께서 우리를 대신해서 행하고 고난 당하심으로써, 그분 자신이 율법에 순종하신 것입니다. 참된 믿음은 바로 이 의를 받아들이는 것이죠. 이 의를 받아들인 영혼은 이 의의 옷자락에 가려져 하나님 앞에 흠 없는 모습으로 나타나 용납되고 정죄를 면하게 되는 것입니다."

무지 "무슨 말을 하는 거요?

당신은 그리스도가 인간을 배제하고 자기 혼자 행한 일을 믿으라고 하는 거요?

그런 억지는 우리 정욕의 고삐를 늦추어 우리가 멋대로 살도록 방치하게 될 거요.

왜냐하면, 만일 우리가 그리스도의 의를 믿기만 하면 그로 인해 모든 행동에도 불구하고 의롭다 하심을 얻을 수 있다면 우리가 어떻게 사느냐 하는 것은 아무 문제도 되지 않을 것이기 때문이오."

크리스천 "당신은 이름 그대로 무지하군요. 당신의 그 대답이 당신의 무지를 증명합니다. 당신은 의롭다 하시는 의가 무엇인가에 대해서도 무지하고, 의를 믿음으로 말미암아 하나님의 무서운 진노로부터 당신 영혼을 지키는 법에 대해서도 무지합니다.

참으로 당신은 그리스도의 이러한 의 가운데 있는 진정한 결과들에 대해서도 무지해요. 그리스도의 의는 당신의 무지한 상상과는 달리, 심령을 하나님께 굴복시키고 하나님의 이름과 그분의 말씀, 그분의 방법과 그분의 백성을 사랑하게 하죠."

소망 "그리스도가 그에게 하늘로부터 계시된 적이 있는지 물어보시죠."

무지 "그건 또 무슨 소리요?

당신은 계시를 구하는 사람이로군요!

저는 당신네 두 사람과 당신들하고 같은 부류의 나머지 모든 사람이 계시에 대해 말하는 것은 머리가 돌았기 때문에 나온 결과라고 확신하는 사람이오."

소망 "저런 딱한 사람 같으니라고! 계시는 하나님 안에 감추어져 있어, 모든 육체의 자연적인 이해력으로는 깨닫지 못합니다. 그러므로 성부 하나님께서 그리스도를 계시하지 않으시면 누구도 구원에 이르는 지식을 얻을 수 없어요."

무지 "그것은 당신 믿음이지 내 믿음이 아니오. 내 믿음도 당신들 못지않게 훌륭해요. 하지만 다행히도 내 머리는 당신들처럼 그렇게 괴상한 생각들을 많이 하지 않소."

크리스천 "내 한마디 하리다. 이 문제에 대해 그렇게 경솔하게 말해서는 안 돼요. 이 문제에 대해 저는 제 선한 친구의 말대로, 성부의 계시에 의하지 않고 예수 그리스도를 알 수 있는 사람은 아무도 없다고 단언합니다. 영혼으로 그리스도를 붙잡게 하는 믿음도(그 믿음이 바른 믿음이라면) 반드시 하나님의 지극히 크신 전능하심에 의해 역사 되지요(마 11:27; 고전 12:3; 엡 1:17-19). 가엾은 무지 씨, 당신은 이 믿음의 역사에 대해 무지해요. 그러니 정신 바짝 차리고, 당신 자신의 비참함을 깨달아 주 예수께로 달려가십시오. 그러면 바로 하나님의 의인 주 예수의 의에 의해(왜냐하면, 주 예수님 자신이 하나님이시니까요) 정죄에서 구원받을 것입니다."

무지 "당신들이 너무 빨리 걸으니 보조를 맞출 수가 없군요. 그러니 앞서 가시죠. 저는 뒤에 잠시 머물러야겠소."

그러자 크리스천과 소망은 이렇게 말했다.

> 딱하도다, 무지여!
> 선한 충고를 열 번씩 해줘도 무시한 채
> 여전히 어리석음에 남으려는가?
> 그대가 이 충고를 거절하면
> 머지않아 그 악한 결과를 깨달을 것이다.
> 다른 생각 말고 빨리 깨닫고 복종하라.
> 바르게 받아들인 선한 충고는 구원이 되니 들으라.
> 그러나 계속 무시하면, 그대는 반드시 멸망자가 되리, 무지여!

그러고는 크리스천이 소망에게 말했다.

크리스천 "자! 떠납시다. 친애하는 소망 씨, 다시 우리끼리 가야 할 것 같 군요."

내가 꿈에서 보니 크리스천과 소망은 멀찍이 앞서가고, 무지는 뒤에서 터벅터벅 따라갔다. 다시 크리스천이 소망에게 말했다.

크리스천 "저 가엾은 사람은 정말 안됐어요. 나중에 분명히 어려움을 당할 텐데 말입니다."

소망 "슬프군요. 우리 마을에도 저런 상태에 빠진 사람들이 많아요. 집집마다, 거리마다 그리고 순례자 중에도 있죠.

우리 동네에도 그렇게 많은데, 저 사람 고향엔 얼마나 많을까 생각해 보세요

크리스천 "'눈으로 보지 못하게 하시려고 눈을 멀게 하셨다'(요 12:40)라 는 말씀은 참으로 옳은 말씀이군요. 우리끼리라서 말인데, 저런 사람들을 어떻게 생각하십니까?

저들은 전혀 죄의 확신이 없어요. 따라서 자신들의 상태가 위험하다는 두 려움도 없는 듯하지 않나요?"

소망 "당신이 연세가 더 많으시니 당신이 그 질문에 답해 보시죠."

크리스천 "그럴까요. 때로 그들도 죄의 확신이나 자신들의 위험한 상태를 생각할지도 모르죠. 하지만 저들은 천성적으로 무지해서, 그런 죄의식이 자신들에게 유익하다는 것을 깨닫지 못해요. 따라서 그들은 필사적으로 그런 생각들을 떨쳐 버리고, 뻔뻔스럽게도 자신의 사고방식을 따라 스스 로에게 계속 듣기 좋은 말만 하죠."

소망 "당신 말처럼 두려움은 사람들에게 많은 유익이 되어, 순례 여행의 첫걸음을 바르게 떼게 한다고 믿습니다."

크리스천 "그 두려움이 올바른 것이라면 의심할 바 없이 그렇게 되지요. 그래서 '여호와를 경외하는 것이 지혜의 근본이라'(욥 28:28; 시 111:10; 잠 1:7; 9:10)고 했잖아요."

소망 "올바른 두려움이라는 것을 당신은 어떻게 설명하시겠습니까?"
크리스천 "참된, 또는 바른 두려움은 세 가지로 발견되죠.

첫째, 그 두려움의 기원에 대한 것입니다. 바른 두려움은 죄에 대한 자각 때문에 생겨나요. 이런 두려움은 구원을 줍니다.
둘째, 바른 두려움은 영혼이 구원 얻기 위해 그리스도께 견고히 매달리도록 몰아가죠.
셋째, 바른 두려움은 영혼 가운데 하나님과 하나님의 말씀 그리고 하나님의 방법들에 대한 큰 경외심을 일으켜 지속시켜요. 영혼을 부드럽게 하고, 하나님과 하나님의 말씀, 하나님의 방법들로부터 좌로나 우로 치우친 것을 두려워하게 하죠.

또한, 하나님을 욕되게 하거나 영혼의 평안을 깨뜨리는 일, 성령을 슬프게 하거나 대적이 비난하게 하는 일이라면 무엇이든지 두려워하게 한답니다."
소망 "훌륭한 말씀입니다. 당신이 진리를 말했다고 믿습니다. 그런데 이제 우린, 마법에 걸린 땅을 거의 다 통과했겠지요."
크리스천 "왜요?
　당신은 이 대화가 지루합니까?"
소망 "아니오, 정말 그건 아닙니다. 단지 우리가 어디쯤 왔는지 알고 싶어서요."
크리스천 "앞으로 2마일 정도만 가면 될 거예요. 그러니 다시 우리의 화제로 돌아갑시다. 무지한 사람은 두려움으로 몰아넣는 경향이 있는 죄의식이 유익하다는 사실을 모르기 때문에 그것을 떨쳐 버리려 애쓰지요."
소망 "어떻게 떨쳐 버리려 하나요?"
크리스천 "다음 네 가지로 설명하도록 하죠.

첫째, 무지한 자들은 이런 두려움이 사실은 하나님의 역사인데도 마귀의 역사라고 생각한답니다. 그렇게 생각하기 때문에 자신들을 멸망시키기나 할 것처럼 그 두려움에 저항하죠.

둘째, 무지한 자들은 이런 두려움이 자신들의 믿음을 망가뜨릴 것으로 생각하죠. 그러나 그들은 얼마나 불쌍한 자들인지 몰라요. 왜냐하면, 그들은 전혀 믿음이 없으면서도 그렇게 생각하고, 그런 두려움에 대항해서 마음을 강퍅하게 하기 때문이죠.

셋째, 무지한 자들은 자신들이 두려워해서는 안 된다는 가정하에, 두려움이 있는데 더욱 뻔뻔스럽게 자신만만해하죠.

넷째, 무지한 자들은 이 두려움이 그들의 한심하고 낡은 자존심을 빼앗아간다는 것을 알고, 있는 힘을 다해 저항해요."

소망 "그중 어떤 것은 저도 잘 알고 있던 것입니다. 왜냐하면, 제가 스스로 깨닫기 전에 제 안에 있던 것이니까요."

크리스천 "자! 이제 우리 이웃 무지에 대한 이야기는 이쯤 하고, 다른 유익한 문제를 이야기할까요."

소망 "좋다마다요. 이번에도 당신이 시작하시죠."

크리스천 "좋습니다. 당신은 약 10년 전에 우리 마을 근처에서 살던, 신앙 문제에 대해 나서기 좋아하던 당분간(Temporary)이라는 사람을 아세요?"

소망 "알다마다요. 그는 정직 마을에서 약 2마일 떨어진 무자비(Graceless) 마을, 후퇴(Turn back) 씨 옆집에 살았죠."

크리스천 "맞아요. 그들은 한 지붕 아래 살았어요. 그런데 그 당분간이라는 사람이 한때 크게 각성했었답니다. 그때 그는 어느 정도 자기 죄에 대한 시각을 지니고 있을 뿐 아니라 마땅한 죄의 삯에 대해서도 어느 정도 알고 있었어요."

소망 "저도 그렇게 생각해요. 저의 집은 그의 집에서 3마일도 채 떨어지지 않은 곳에 있었죠. 그는 자주 제 집을 찾아와 많이 울곤 했어요. 정말로 전 그를 가엾게 여깁니다. 그는 전혀 절망적이지 않았어요. 그러나 '주여, 주여' 하고 부르짖는다고 모두가 소망 있는 사람이 아니라는 것은 잘 아는 사실이죠."

크리스천 "한번은 그가 저를 찾아와 지금 우리처럼 순례 여행을 떠나기로 했다고 말하더군요. 그런데 갑자기 스스로 구원(Save-self)이라는 자와 친해지더니, 저와 멀어지고 말았어요."

소망 "이제 그에 관해 이야기하게 되었으니 그와 그 밖의 사람들이 갑자기 타락하는 이유를 좀 살펴봅시다."

크리스천 "매우 유익할 거예요. 당신이 먼저 시작하시죠."

소망 "그럴까요?
제가 판단할 때는 네 가지 이유가 있다고 생각해요.

첫째, 비록 그들의 양심은 각성했으나, 그들의 마음은 변화되지 않았기 때문입니다. 그러므로 죄를 깨닫는 힘이 약해질 때면, 그들을 종교적으로 되도록 분발시키던 힘이 사라지죠. 그들은 자연히 다시 과거의 길로 돌아가게 됩니다. 마치 우리가 배탈 난 개를 보는 것과 같아요. 배탈 난 개는 먹었던 모든 것을 토해내죠. 개가 이렇게 하는 것은 자유 의사(개에게 자유 의사가 있다고 말한다면) 때문이 아니라 그 먹은 것이 배를 아프게 하기 때문이죠. 그러나 토한 이유가 먹은 것이 싫어서가 아니므로 배탈이 가라앉아 배가 편해지면 토한 걸 몽땅 핥아먹죠. 그러므로 '개가 그 토하였던 것에 돌아가고'(벧후 2:22)라고 기록된 것은 사실입니다.

마찬가지로 단지 지옥의 고통에 대한 의식과 두려움 때문에 천국을 열렬히 바라는 자들은 지옥에 대한 의식과 저주에 대한 두려움이 시들해지면 천국에 대한 열심 역시 시들해지고 만답니다. 즉, 죄의식과 두려움이 사라지면 천국과 행복에 대한 열망도 사라져 결국 자기 길로 다시 돌아가게 되는 것입니다.

둘째, 또 한 가지 이유는 그들이 종의 두려움에 사로잡혀 있는 것이죠. 이 종의 두려움이란 그들이 사람들을 두려워하는 것입니다. 말씀은 '사람을 두려워하면 올무에 걸리게 되거니와'(잠 29:25)라고 기록하고 있어요. 그러므로 그들은 지옥의 불길이 타는 소리가 귓가에 쟁쟁한 동안에는 천국을 얻으려 열심을 내는 듯이 보여요. 하지만 그 공포가 조금이라도 가시면 생각이 달라지죠.

즉, 모든 것을 잃는 위험이나 적어도 피할 수 없는 불필요한 고통에 빠지는 곳으로 뛰어들지 않는 게 현명하다고 생각하고는 다시 세상에 빠져버리죠.

셋째, 신앙에 수반되는 수치도 그들의 길에 걸림돌이 됩니다. 그들은 오만하고 교만한 데 비해 그들 눈에 비치는 신앙은 저열하고 비천해 보여요. 그래서 그들은 지옥과 장차 임할 진노에 대한 의식을 상실할 때 다시 과거의 길로 되돌아가죠.

넷째, 죄책감과 공포에 대해 묵상하는 것이 그들에게는 견디기 어려워요. 그들은 비참한 상태에 빠지게 되기까지 그 비참함을 생각하려 하지 않죠. 만일 그들이 자신들의 비참한 상태를 처음 보았을 때 그에 대해 신중히 생각했다면, 의인들이 달려가 안전한 곳으로 피할 수 있었을 거예요. 그러나 앞에서 말씀드린 바처럼, 그들은 죄의식과 공포에 대해 생각하기 싫어하므로, 공포와 하나님의 진노에 대한 깨달음이 희미해질 때면 마음이 주저 없이 다시 강퍅해지고, 더욱 그들을 완악하게 하는 길을 택하는 것이죠."

크리스천 "거의 정확하게 지적하셨어요. 모든 문제의 근원은 그들의 생각과 의지가 변화되지 않았기 때문입니다. 즉 그들은 재판장 앞에 선 중죄인과 같아요. 재판장 앞에 선 중죄인은 눈물을 흘리고 몸을 떨며 마치 진심으로 회개하는 듯이 보이죠. 그러나 근원을 따져보면, 범죄에 대한 증오감 때문이 아니라 교수형에 대한 두려움 때문이에요. 그것은 이런 사람이 다시 자유를 얻게 되면 다시 도둑질하게 되고 계속 악행을 한다는 사실을 볼 때 분명하죠. 만일 그의 생각이 변화된다면, 다른 사람이 될 겁니다."
소망 "제가 그들이 타락하는 이유를 설명했으니 이제 당신은 타락의 방식을 설명해 주시죠."
크리스천 "기꺼이 설명해 보도록 하죠.

첫째, 그들은 하나님과 죽음, 장차 임할 심판에 대한 기억에서 가능한 한 자신들의 생각을 다른 데로 돌립니다.

둘째, 그들은 골방 기도, 정욕의 절제, 경성, 죄를 슬퍼하는 일과 같은 개인적인 의무들을 차츰 소홀히 해버려요.

셋째, 그들은 그리스도인들의 활기차고 따뜻한 애정을 가진 교제를 피하죠.

넷째, 그들은 말씀을 듣고 읽는 것, 경건한 집회 같은 공적 의무에 냉담해져요.

다섯째, 그들은 경건한 사람들을 악랄하게 험담하기 시작하고, 그들에게서 발견한 약점들을 핑계로 신앙을 버리려는 구실을 찾으려 애쓰죠.

여섯째, 그들은 세속적이고 방탕하며 음란한 자들을 추종해서 사귀기 시작합니다.

일곱째, 그들은 은밀하게 음담패설을 하고 정직하다는 사람에게서 그런 점들을 발견하면, 그들을 본보기로 삼아 보다 대담하게 그런 짓을 할 수 있으므로 그런 점들을 즐겨 찾아내려 애쓰죠.

여덟째, 그들은 작은 죄들을 노골적으로 행하기 시작합니다.

아홉째, 그들은 완악해져서 본색을 드러내요. 기적적으로 은혜가 막지 않는 한, 그들은 다시 비참한 죄악에 빠져 자기 기만 가운데 영원히 멸망하고 만답니다."

제19장

크리스천과 소망이 뿔라 땅¹에 이르러
다리 없는 강을 건너 빛나는 수호 천사들과 함께
천성에 가서 왕으로부터 기쁘게 영접받다

이때 나는 꿈에서 순례자들이 마법 걸린 땅을 벗어나 뿔라(사 62:4; 아 2:11-12; 회복한 이스라엘의 명칭) 지역으로 들어가는 것을 보았다. 그곳의 공기는 매우 달콤하고 상쾌했으며, 그곳을 가로질러 길이 뻗어 있었다. 순례자들은 그곳에서 얼마쯤 쉬며 피로를 풀었다 새들의 노랫소리를 듣고, 매일 꽃이 피어나는 것을 보았다. 산비둘기 소리도 들려왔다. 이 지방은 사망의 음침한 골짜기와는 정반대로 밤낮으로 해가 비춰었다.

또한, 이곳은 절망 거인의 영역 밖에 있었고, 의심의 성은 보이지도 않았다. 그들은 이곳에서 그들이 향해 가는 천성을 바라볼 수 있었으며 몇 명의 천성 주민을 만났다. 이곳은 천국의 국경 지역이라 빛나는 사람들이 자주 지나다녔다. 또한, 이 땅은 신랑과 신부의 약혼이 다시 새로워지는 곳이기도 했다. 진실로 이곳에서 하나님께서는 신랑이 신부를 기뻐하듯 그들을 기뻐하셨다(사 62:5).

그들은 이곳에서 곡식과 포도주가 떨어진 적이 없었다. 순례 여행 내내 구하는 것마다 풍성히 얻었다. 여기서 그들은 천성에서 말하는 큰 소리를 들었다.

---

1 순례자들이 천성에 이르기 전 휴식하는 동산, 천성의 경계 동산에서 재충전 하는 곳. 회복한 이스라엘을 말한다.

> 너희는 딸 시온에게 이르라 보라 네 구원이 임하느니라 보라 상급이 그에게 있고 보응이 그 앞에 있느니라(사 62:11).

이곳에 거하는 사람들은 그들을 "거룩한 백성, 여호와의 구속하신 자, 주께서 찾으신 자" 등으로 불렀다.

크리스천과 소망은 이제 이 땅을 걸으며 천성에서 멀리 떨어진 지역을 걸을 때보다 더 큰 기쁨을 얻었다. 천성에 가까워질수록 그들은 그곳을 더 뚜렷이 볼 수 있었다. 천성은 진주와 보석으로 지어졌고, 길은 황금으로 포장되어 있었다. 천성 자체의 영광과 그곳을 비추는 태양빛의 반사로 크리스천은 향수병에 걸렸다. 소망도 같은 병으로 한두 번 기절했다. 그들은 거기 잠시 누워 고통스레 외쳤다.

크리스천, 소망 "너희가 나의 사랑하는 자를 만나거든 내가 사랑하므로 병이 났다고 하려무나"(아 5:8).

그러나 조금 원기가 회복되고 병을 견딜 수 있게 되자, 그들은 계속 전진해서 과수원과 포도원, 정원이 있고 대로를 향해 문이 열려 있는 곳에 점점 가까워졌다. 그때 그들은 정원사가 길에 서 있는 것을 보고 물었다.

크리스천, 소망 "이 아름다운 포도원과 정원은 누구 소유인가요?"

정원사는 말했다.

정원사 "이 포도원과 정원은 왕의 소유입니다. 왕께서는 당신 자신의 즐거움을 위해 그리고 순례자들이 위로 받게 하려고 이것들을 심으셨답니다."

정원사는 그들을 포도원으로 데리고 들어가서 맛있는 과일들을 먹으라고 권했다(신 23:24). 그리고 다시 왕의 산책로들과 왕께서 즐겨 머무시는 정자들을 보여 주었다. 순례자들은 이곳에 누워 잠을 잤다.

내가 꿈에서 보니 두 사람은 이때 잠을 자면서 길을 걸을 때보다 더 많은 대화를 나누었다. 내가 유심히 바라보자 정원사는 내게 말했다.

정원사 "왜 그렇게 유심히 바라보세요?

이 포도원의 포도들은 달콤하게 목을 타고 넘어가, 사람들이 자면서도 말하게 하는 성질을 갖고 있죠"(아 7:9).

얼마 후 그들은 깨어나 천성으로 올라갈 준비를 했다. 그러나 앞에서 말한 대로 천성이 순금으로 만들어졌기에(계 21:18; 고후 3:18) 너무 눈이 부셔서 그들은 정면으로 쳐다볼 수가 없었다. 그래서 특별히 제작된 도구를 통해서 바라보지 않으면 안 되었다. 나는 그들이 길을 가다가 금처럼 빛나는 옷을 입고 얼굴이 광채에 휩싸인 두 천사와 만나는 것을 보았다.

이 빛나는 천사들은 순례자들에게 어디서 오는 길이냐고 물었다. 순례자들이 대답하자 두 빛나는 천사는 다시 그들이 어디서 묵었으며 길에서 어떤 어려움과 위험을 만났는지, 또 어떤 위로와 즐거움을 만났는지 물었다. 순례자들이 자세히 설명하자, 두 빛나는 천사는 "이제 당신들은 두 가지 어려움만 더 만나면 천성에 도달할 거예요"라고 말했다.

크리스천과 소망은 그 천사들에게 동행을 부탁했다. 그러자 빛나는 천사들은 "그럽시다. 하지만 천성은 여러분 스스로 획득해야 한답니다"라고 했다. 그들은 성문이 보이는 곳까지 함께 갔다.

내가 자세히 보니 그들과 문 사이에는 강이 흐르고 있었다. 강에는 다리가 없고, 강물은 매우 깊었다. 강을 본 순례자들은 정신이 아득해졌다. 그들이 주춤거리자 그들과 함께 온 빛나는 천사들이 말했다.

빛나는 천사들 "당신들은 이 강을 건너야만 합니다. 그렇지 않으면 천성문에 도달할 수가 없어요."

순례자들은 "문으로 가는 다른 길은 없습니까?"

이렇게 물었다.

그러자 빛나는 천사들은 "있기는 있죠. 그러나 그 길은 세상이 시작된 이후부터 마지막 나팔이 울리기까지 오직 두 사람, 즉 에녹과 엘리야만이 지나가는 것을 허용받았을 뿐인 걸요"라고 대답했다.

그러자 순례자들, 특별히 크리스천은 낙심해서 두리번거리기 시작했다. 그러나 강을 피해갈 수 있는 길이란 발견되지 않았다. 그래서 그들은 다시 빛나는 천사들에게 물었다.

크리스천, 소망 "이 강물은 전체 깊이가 같은가요?"

빛나는 천사들이 대답했다.

빛나는 천사들 "아니오. 참 유감스럽지만, 저희는 여기서 당신들을 도울 수가 없군요. 이 강물은 이곳을 다스리시는 왕을 믿는 당신의 믿음에 따라 더 깊어지기도 하고 얕아지기도 하거든요."

순례자들은 건널 채비를 하고 물로 들어섰다. 그러나 물로 들어서자마자 빠져들기 시작했다. 크리스천은 친구 소망에게 소리 질렀다.

크리스천 "큰물이 나를 둘렀고 주의 파도와 큰 물결이 다 내 위에 넘쳤나이다"(욘 2:3).

그러자 소망이 말했다.

소망 "형제여! 기운을 내십시오. 나는 바닥에 발이 닿은 것을 느낍니다. 바닥은 단단합니다."

크리스천이 "아, 친구여! 사망의 슬픔이 내 주위를 에워쌌어요. 저는 젖과 꿀이 흐르는 땅을 보지 못할 것 같습니다"라고 말하자, 그 말과 함께 큰 어둠과 공포가 크리스천에게 엄습해서 앞을 볼 수 없게 되었다. 그는 거의 정신을 잃어 순례 여행 중 만난 즐거운 일들을 하나도 기억하거나 말할 수 없게 되었다. 공포에 가득 찬 그가 할 수 있는 말은 이 강에 빠져 죽어 도저히 천성문에 들어가지 못하리라는 말뿐이었다. 강 옆에 서서 바라보고 있는 사람들은 그가 순례자가 되기 전과 그 이후에 지은 죄악들을 생각하며 큰 고민에 빠진 것을 알 수 있었다. 또한, 괴물과 악령들이 나타나 그가 영원토록 그들과 친하게 될 것이라고 갖은 말로 그를 괴롭히고 있는 것도 알 수 있었다.

소망은 형제의 머리를 물 위로 들어 올리기 위해 갖은 애를 다 썼다. 그러나 크리스천은 완전히 잠겼다가 때로 반쯤 죽은 상태로 잠깐씩 다시 떠오르기도 했다. 소망은 그를 위로하기 위해 애쓰며 말했다.

소망 "형제여! 천성문이 보입니다. 그리고 사람들이 우리를 맞이하기 위해 서 있는 것도 보입니다"

그러나, 크리스천은 "그들이 기다리는 사람은 소망, 당신입니다. 당신은 나와 알게 된 이후 줄곧 희망에 넘쳐 있었잖아요"라고 말했다.

소망 "당신도 그랬는 걸요."

크리스천 "아! 형제여, 만일 제가 올바르게 살았다면, 주님은 지금 일어나서 저를 도와주셨을 거예요. 그러나 제 죄악들 때문에 주님은 저를 이 올무에 빠뜨리고 버리셨습니다."

소망 "형제여! 당신은 '그들은 죽을 때에도 고통이 없고 그 힘이 강건하며 타인과 같은 고난이 없고 타인과 같은 재앙도 없나니'(시 73:4-5)라고 악인에 대해 말씀하는 성경 본문을 완전히 잊으셨나 보군요. 지금 당신이 통과하는 이 환난과 고초는 하나님께서 당신을 버리셨다는 표가 아니라, 당신이 지금까지 받아온 하나님의 자비를 기억하고 고통 중에도 하나님을 의지하며 사는지 시험하려고 보내신 거예요."

그때 나는 꿈속에서 크리스천이 잠시 말없이 생각에 잠기는 것을 보았다. 소망은 다시 크리스천에게 "기운을 내십시오. 예수 그리스도께서 당신을 온전케 하십니다"라고 덧붙였다.

그러자 크리스천은 크게 외쳤다.

크리스천 "아! 다시 그리스도가 보입니다! 그리스도께서 제게 이렇게 말씀하십니다."

'네가 물 가운데로 지날 때에 내가 너와 함께 할 것이라 강을 건널 때에 물이 너를 침몰하지 못할 것이라'(사 43:2).

그들은 모두 기운을 차렸다. 그 후 대적은 그들이 강을 건널 때까지 돌처럼 잠잠했다. 곧 크리스천은 디딜 바닥을 발견했다. 나머지 강바닥은 얕았다. 그들은 이렇게 해서 강을 건넜다.

그들은 건너편 강둑에서 그들을 기다리는 다른 두 명의 빛나는 천사들을 발견했다. 순례자들이 강에서 나오자 빛나는 천사들은 인사하며 말했다.

빛나는 천사들 "우리는 구원의 후사들이 될 사람들을 보호하기 위해 보냄 받은 수호 천사의 영입니다."

　그들은 수호 천사들과 함께 문을 향해 나아갔다. 여기서 독자들이 알아야 할 점은 천성이 웅장한 언덕 위에 서 있다는 것이다. 그러나 순례자들은 그들을 팔로 부축해 주는 두 명의 수호 천사들이 있었기 때문에 언덕을 쉽게 올라갔다. 게다가 그들은 강에 육체의 옷을 벗어 놓고 왔다. 강에 들어갈 때 그들은 육체의 옷을 입고 들어갔으나 나올 때는 그 옷을 버리고 나왔다.

　그래서 비록 천성이 세워진 곳은 구름보다 더 높았으나 그들은 매우 민첩하고 빠르게 올랐다. 그들은 안전하게 강을 건넜고 그들을 돌보는 영광스러운 천사들이 있었기에 즐거운 대화를 나누며 기분 좋게 하늘의 영역들을 통과해 올라갔다.

　빛나는 천사 영들과 그들이 나눈 이야기는 천성의 영광에 대한 것이었다. 그들은 크리스천과 소망에게 천성의 아름다움과 영광을 말로 표현할 수 없다고 했다. 그들의 말은 이러했다.

빛나는 천사들 "그곳에는 시온산과 살아 계신 하나님의 도성인 하늘의 예루살렘과 천만 천사와 온전케 된 의인의 영들이 있습니다(히 12:22-24). 여러분은 지금 하나님의 낙원으로 가고 있습니다. 그곳에서 여러분은 생명 나무를 보게 될 것이고, 절대로 시들지 않는 그 나무의 열두 가지 열매를 먹을 것입니다. 그리고 그곳에 도달했을 때 여러분은 흰옷을 받아 입고 매일, 곧 영원토록 하나님과 함께 걸으며 이야기를 나눌 것입니다(계 2:7; 3:4-5; 22:5).

　또한, 그곳에서 여러분은 땅 위 낮은 지역에 있을 때 보았던 것들, 즉 슬픔, 병, 고통, 죽음을 다시 보지 않을 것입니다. 왜냐하면, 과거의 일들이 다 지나갔기 때문입니다(사 65:16-17). 또 지금 여러분은 아브라함, 이삭, 야곱 그리고 선지자들—즉 하나님께서 장차 임할 악에서 건지셔서 지금 침상에 누워 쉬며, 하나님의 안에서 행하는 사람들—에게로 가고 있습니다."

순례자들 "그 거룩한 곳에서 우리는 무엇을 해야 할까요?"

빛나는 천사들 "여러분은 그곳에서 여러분의 모든 수고에 대한 위로를 받고, 모든 슬픔에 대한 기쁨을 얻을 것입니다. 여러분은 자신이 심은 것, 즉 이 길을 오면서 여러분이 드린 모든 기도와 여러분이 왕을 위해 흘린 모든 눈물 그리고 왕을 위해 받은 모든 고난을 거두게 될 것입니다(갈 6:7-8). 그리고 그곳에서 여러분은 금 면류관을 쓰고 거룩하신 분을 영원히 뵙는 기쁨을 누릴 것입니다. 곧 그곳에서 여러분은 하나님을 계신 그대로 뵐 것입니다(요일 3:2). 또한, 그곳에서 여러분은 세상에서 여러분의 육체가 약함으로 인해 많은 어려움을 겪으며 섬기고 싶어 했던 분을 영원토록 큰 소리로 찬양하고 감사하며 섬길 것입니다. 그곳에서 여러분은 전능자를 눈으로 뵙고, 그분의 기쁘신 음성을 귀로 들으며 즐거워할 것입니다. 그곳에서 여러분은 여러분보다 먼저 이곳으로 온 친구들을 다시 만나는 기쁨을 누릴 것이며, 여러분보다 나중에 이 거룩한 곳으로 뒤쫓아 올 사람들을 기쁨으로 맞이할 것입니다.

또한, 그곳에서 여러분은 영광과 존귀의 옷을 입고 영광의 왕과 함께 타도록 준비된 마차에 오르게 될 것입니다. 그리고 왕께서 바람 날개를 타신 것처럼 구름 가운데 나팔 소리와 함께 임하실 때 여러분도 함께 갈 것입니다. 왕께서 심판의 보좌에 앉으실 때 여러분은 그 옆에 앉을 것이며, 또한 왕께서 천사든 인간이든 모든 악을 행한 자들에게 선고를 내리실 때, 여러분도 한목소리로 심판을 내릴 것입니다.

왜냐하면, 그들은 왕의 원수들일 뿐만 아니라, 여러분의 원수들이기도 하기 때문이지요. 그리고 왕께서 다시 천성으로 귀환하실 때 여러분도 나팔 소리와 함께 돌아와서 항상 함께 있을 것입니다"(살전 4:10-17; 유 1:14-15; 단 7:9-10; 고전 4:2-3).

그들이 이렇게 이야기하며 천성문을 향해서 다가가고 있을 때, 천군 부대가 그들을 맞이하러 나왔다. 천군들에게 빛나는 영들은 "이분들은 세상에 있을 때 우리 주님을 사랑하고, 주님의 거룩한 이름을 위해 모든 것을 버린 분들이오. 주님께서 이분들을 모셔오라고 우리를 파견하셔서, 우리는 이렇게 먼 소망의 여행길을 온 이분들이 천성으로 들어가 그 구속자의 얼굴을 기쁨으로 뵙게 하려고 모시고 오는 길이오"라고 했다. 이 말을 듣자 천군들은 큰 환호성을 지르며 외쳤다.

어린양의 혼인 잔치에 청함을 입은 자들이 복이 있도다(계 19:9).

이때 여러 명의 왕의 나팔수가 희고 빛나는 옷을 입고 나와 아름다운 소리를 울려 하늘을 진동시켰다. 이 나팔수들은 크리스천과 소망에게 환호와 나팔 소리로 세상에서 온 것을 환영한다는 인사를 수도 없이 했다.

그다음 그들은 순례자들을 더 높은 영역으로 호위해 가려는 듯 그들을 사방으로 에워쌌다. 그들은 전후좌우로 순례자들을 에워싸고 나아가며, 높은 곡조로 계속 아름다운 나팔 소리를 냈다. 이 모습을 바라보는 두 순례자에게는 마치 하늘 전체가 그들을 맞이하러 온 것 같았다. 이들이 이렇게 나아가는 동안 나팔수들은 크리스천과 그의 형제에게 자신들의 일원이 된 것을 정말로 환영하며, 그들과 만나게 된 것이 얼마나 기쁜지 모르겠다고 표현하는 눈짓과 몸짓을 음악과 함께 해대며 기쁨에 넘치는 나팔을 계속 불어댔다. 두 순례자는 천사들의 모습과 그들의 아름다운 곡조에 압도되어, 천국에 들어가기도 전에 마치 천국에 있는 듯 싶었다. 이제 천국이 그들 눈앞에 나타났다. 그들은 천국에서 울리는 모든 종소리가 그들을 환영하는 소리라고 생각했다.

그러나 무엇보다 자신들이 이런 친구들과 영원히 그곳에서 거하게 된다는 가슴 벅차고 기쁨 넘치는 생각!

그들의 그 영광스러운 기쁨을 어떤 말과 글로 능히 표현할 수 있을까!

드디어 그들은 천성문에 도착했다. 그들이 천성문에 도착해서 보니 문 위에 황금 글씨로 이렇게 쓰여 있었다.

그의 계명을 지키는 자는 복이 있나니 이는 저희가 생명 나무에 나아가며 문들을 통해서 성에 들어갈 권세를 얻으려 함이로다(계 22:14).

나는 꿈에서 빛나는 천사들이 두 사람에게 문을 두드리라고 명령하는 것을 보았다. 그들이 문을 두드리자 문 위에 몇 사람 즉 에녹과 엘리야 등이 나타났다. 빛나는 천사들은 그들에게 "이분들은 이곳 왕을 사랑하기 때문에 멸망의 도시에서 온 순례자들입니다"라고 말했다. 그리고 순례자들은 각각 그들이 순례 여행을 처음 떠날 때 받은 증명서를 그들에게 제출했다. 증명서는 왕에게 전달되었다.

왕은 그 증명서를 읽어 본 다음 "그들이 어디 있느냐?"라고 물으셨다. "그들은 문밖에 서 있습니다"라고 대답하자 왕은 명령하셨다.

너희는 문들을 열고 신을 지키는 의로운 나라로 들어오게 할지어다(사 26:2).

이제 나는 꿈속에서 두 사람이 문 안으로 들어가는 것을 보았다. 보라! 그들은 들어가자마자 몸이 변화되고, 황금처럼 빛나는 옷을 입으며, 수금과 면류관을 받았다. 수금은 찬양하는 데 사용하는 것이고, 오관왕 면류관은 존귀의 표적이었다. 그다음으로 나는 꿈속에서 천성의 모든 종이 다시 기쁨을 표출하며 울리는 소리와 그들에게 다음과 같이 말하는 소리를 들었다.

우리 주님의 즐거움에 참여할지어다.

그뿐만 아니라 나는 사람들이 큰 목소리로 찬송하며 말하는 소리를 들었다.

> 보좌에 앉으신 이와 어린 양에게 찬송과 존귀와 영광과 권능을 세세토록 돌릴지어다
> (계 5:13).

순례자들을 안으로 들여보내기 위해 문들이 열렸을 때 그들 뒤에서 안을 들여다보니, 천성은 해처럼 빛나고, 길은 황금으로 포장되어 있었다. 그리고 문 안에서는 많은 사람이 머리에 여러 면류관[2]을 쓰고 손에 종려나무 가지와 황금 수금을 들고 찬양하며 걷고 있었다.

그곳에는 날개 달린 천사들도 있었다. 그들은 끊임없이 "거룩하다, 거룩하다, 거룩하다, 주님이시여"라는 말로 서로 화답했다. 그때 문이 닫혔다. 그 모습들을 보고 나니 나도 그들과 함께 있고 싶었다.

이 모든 일을 보다가 나는 고개를 돌려 뒤를 바라보았다. 무지가 강가에 도착하고 있었다. 그는 두 순례자가 겪은 어려움을 반도 겪지 않고 곧장 강을 건넜다. 그곳에서 우연히 마주친 헛된 희망(Vain hope)이라는 뱃사공이 자신의 배로 그가 강을 건너도록 도와주었기 때문이다. 강을 건넌 무지는 내가 본 순례자들처럼 언덕을 올라 천성문에 도착했다. 그런데 아까와 다른 점은 그를 맞이하러 나와 극히 적은 위로라도 해 주는 천사가 아무도 없이 혼자 올라왔다는 것이다. 그는 문에 이르러 위에 적힌 글을 쳐다본 다음 들어가는 절차가 간단하리라 상상하며 문을 두드렸다. 그러니 문 위에서 내려다보는 천사들이 그에게 물었다.

문 위 천사들 "당신은 어디서 왔으며, 어떤 일을 해오셨나요?"

무지는 "나는 왕 앞에서 먹고 마셨으며 왕께서는 우리 거리에서 가르치셨습니다" 하고 대답했다 그러나 문 위에 있는 천사들은 그에게 증명서를 내놓으라고 했다. 그것을 제시하면 왕께 가서 보이겠다는 것이었다. 무지는 품속을 더듬어 보았으나 두루마리 징표가 있을 턱이 없었다. 그러자 그

---

[2] 면류관: 의의 면류관, 썩지 않는 면류관, 기쁨과 자랑의 면류관, 생명의 면류관, 영광의 면류관

들이 물었다.

문 위 천사들 "증명서가 없습니까?"

무지는 대답을 못했다. 그들이 왕께 사실을 아뢰자 왕은 그를 보러 내려오는 대신, 크리스천과 소망을 천성까지 데려온 두 빛나는 천사에게 나가서 무지를 붙잡아 손발을 묶어 내쫓으라고 명령하셨다. 명령을 받은 두 천사는 그를 붙잡아 공중으로 데리고 올라가더니 언덕 옆에 있는 문으로 내던져 버렸다. 나는 지옥으로 가는 길이 멸망의 도시에만 있는 것이 아니라, 천국 문에도 있다는 것을 알았다. 그때 나는 잠에서 깼다. 모든 것이 꿈이었다.

The Pilgrim's
Progress

제1부 결론

독자여! 나는 나의 꿈 이야기를 했다.
내 꿈을 나에게, 또는 독자 자신에게,
또는 이웃에게 해석해 줄 수 있겠는가?
그러나 잘못 해석하지 않도록 주의하라.
왜냐하면, 잘못 해석하게 되면,
유익은커녕 자신을 해치고
악한 결과를 가져올 것이기 때문이다.
또 내 꿈의 겉모습만 가지고
극단에 빠지지 않도록 주의하라.
나의 상징이나 비유를 조롱하거나 반목하지 말고
어린이들이나 바보들에게 맡겨놓지 말라.
독자는 내가 말하는 내용의 본질을 보라.
휘장을 걷고 안으로 들어와서
나의 비유들을 뒤집어봄으로써 실족하지 말라.
찾고자 하는 독자는 그 안에서
정직한 마음에 도움이 되는 일들을 발견할 것이다.
쓰레기를 발견하면 과감히 버리라.
그러나 황금은 간직하라.
나의 황금이 광석에 싸여 있으면 어쩌겠는가?
씨를 얻으려면 사과를 먹어야 한다.
만일 독자가 전체를 헛되다고 버린다면
나는 다시 꿈을 꿀 수밖에 없다.

제2부

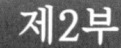

크리스천의 아내 크리스티아나가
제1부에서 남편을 광인 취급했으나
제2부에서는 뉘우치고 순례자가 되어
남편을 따른다

제2부를 시작하며

나의 작은 책이여! 이제 가라.
나의 첫 번째 순례자가 얼굴을 비추기만 했던 모든 곳으로.
가서 문을 두드리라.
누군가가 나와 누구냐고 묻거든
그대는 크리스티아나가 왔다고 대답하라.
그들이 들어오라면 들어가라.
아이들을 모두 데리고 들어가서
아이들이 누구며 어디서 왔는지 그대가 아는 대로 설명하라.
아마 그들은 아이들의 모습이나 이름으로 알아볼 것이다.
만일 그들이 몰라보면 다시 물으라.
혹시 전에 그들이 크리스천이라는 순례자를 대접한 적이 있는지.
그들이 그렇다고 하며 그로 인해 즐거웠다고 한다면,
이들이 그의 가족, 곧 그의 아내와 자녀들임을 알려 주라.

그들에게 이야기하라.
이들이 내세를 얻으려고
집과 가정을 떠나 순례자가 되었고,
길에서 여러 가지 고초를 만났으며,
밤낮으로 환난을 만났고,
뱀을 밟았으며, 마귀들과 싸웠고,
많은 악을 극복했노라고 이야기하라.

또 이야기하라. 순례 여행을 즐거워하여
그 길의 담대하고 용감한 수호자가 된 사람들의 이야기를,
그리고 그들이 아버지의 뜻을 행하기 위해
이 세상을 어떻게 거부했는가를.

가서 들려주라.
순례 여행이 순례자에게 주는 즐거움도 있다는 것을.
순례자들은 폭풍과 파도를 만났지만
어떻게 하나님의 사랑과 보호를 받았고
하나님께서 그들을 위해 어떤 아름다운 처소를 예비하셨는지
그들에게 알게 하라.
길 가는 동안 주님을 굳게 붙든 사람들은
결국 얼마나 좋은 평안을 누리게 되는지 이야기하라.
아마 저들은 나의 첫 번째 책에서 그리했던 것처럼
진심으로 그대의 손을 잡고 포옹할 것이며,
순례자를 사랑하는 사람들이 하듯이
격려와 성찬을 그대와 그대의 일행에게 베풀리라.

질문 1

그러나 만일 내가 진실로 당신의 책이라는 사실을
사람들이 믿지 않으면 어쩌죠?
당신 책의 순례자와 그의 이름을 모방해서
매우 닮아 보이도록 변장하고
누군가의 손과 집으로 들어간
가짜 책들이 있으니까요.

답변 1

최근에 나의 순례자를 모방하여
자기 책에 나의 제목을 붙이는 자들이 있는 게 사실이다.
또 어떤 자들은 나의 이름과 제목을 절반쯤
자기네 책에 끼워 넣고 제 것으로 만들기도 한다.
그러나 그 책이 누가 만든 것이든지 간에
그 특징들은 나의 책이 아니라고 스스로 선포한다.
만일 그대가 의심하는 자들을 만나거든
그대가 취해야 할 유일한 방법은
현재 아무도 사용하지 않고 쉽게 가장할 수도 없는
그대의 고유한 언어로 이야기하는 것이다.
만일 그래도 그들이 여전히 의심하여,
그대가 집시처럼 떠돌아다니며
나쁜 행실로 지방을 더럽히거나
불확실한 일들로 선한 사람들을 속인다고
생각하거든 나를 부르라.
그러면 그대가 순례자임을 내가 증거하리라.
분명코 내가 증거하리라. 오직 그대만이 나의 순례자이고
앞으로도 그대만이 나의 순례자일 것이라고.

질문 2

그러나 나는 생명과 육체를 지옥에 떨어뜨리고 싶어 하는
마귀들에게 사로잡힌 자를 방문할지도 모릅니다.
그럴 때 나는 어쩌죠?
그런 집에서 순례자에 관해 물으면 마귀들이 사납게 날뛸 텐데.

답변 2

나의 책이여, 두려워 말라.
그런 마귀들은 전혀 두려워할 이유가 없다.
나의 책 『천로역정』은 바다와 육지를 여행해 왔는데
어느 나라에서도, 부자나 가난한 사람 누구에게서도
업신여김 받거나 문전박대 당했다는
이야기를 전혀 들은 적이 없다.
사람들이 서로 죽이는 프랑스와 플랜더스에서도
나의 순례자는 친구와 형제로 여김 받았고
내가 듣기에 네덜란드에서도
나의 순례자가 금보다 더 가치 있다고 말하는 사람들이 있었다.
스코틀랜드인들과 거친 아일랜드인들도
나의 순례자와 친숙해야 한다는 데 동의할 수 있다.
발전을 거듭하는 뉴잉글랜드에서도
나의 순례자는 매우 사랑스러운 외관(外觀)을 얻었다.
다듬어지고 새 옷이 입혀지고 보석들로 치장되어
그 얼굴과 몸매가 훨씬 돋보이게 되어
나의 순례자는 우아하게 거리를 거닐고 있고
많은 사람이 매일 그에 대해 칭송하며 이야기하고 있다.

그대가 본향에 더 가까이 다가가면 알게 되리,
나의 순례자가 수치스러워하거나 두려워할 이유가 없다는 것을.
도시나 지방 어디서든지 그를 환영하고 환대할 것이다.
나의 순례자가 지나가기만 해도
어떤 모임에 모습을 나타내기만 해도
사람들은 미소를 금치 못할 것이다.

용감한 남자들은 내 순례자를 껴안고 사랑하며
부피가 더 큰 어떤 책들보다도
더 귀하고 가치 있다고 평가할 것이다.
그리고 즐겁게 말할 것이다.
내 종달새의 다리가 솔개 한 마리보다 더 낫다고.

젊은 신사 숙녀들도
나의 순례자에게 적지 않은 호의를 나타낸다.
장롱에, 품속에 그리고 그들 마음속에
나의 순례자가 들어 있다.
나의 순례자는 매우 어려운 문제들을
아름다운 선율로 그들에게 전달하여
읽는 고통에 비해 갑절의 유익을 주기 때문이지.
어떤 이들은 나의 순례자를
금보다 훨씬 더 귀하게 여긴다고 담대히 말할지도 모른다.
거리에 다니는 아이들까지도
나의 거룩한 순례자를 만나면
안부를 묻고 인사하며 말한다.
"당신은 이 시대의 유일한 젊은이에요."
그를 전혀 모르는 사람들도 그에 관한 이야기를 듣고
감탄하며 그의 친구가 되어, 그가 잘 아는
순례자들의 이야기를 몹시 듣고 싶어 한다.
처음에는 그를 사랑하지 않고
그를 바보 멍청이라고 부르던 사람들도
이제 그를 보고 그의 말을 듣고 난 후
그를 칭찬할 수밖에 없다고 말하며
자신들이 사랑하는 사람들에게 그를 보낸다.

그러므로 나의 책 2부여,
그대의 얼굴을 드러내는 것을 두려워할 필요가 없다.
그대보다 앞서간 순례자를 좋아하는 사람은
아무도 그대를 해치지 않을 것이니.
이는 그대 역시
젊은이와 노인, 불안한 사람과 안정된 사람들을 위해
선하고 귀한, 유익한 여러 가지를 갖고 가기 때문이다.

질문 3

그렇지만 순례자가 너무 크게 웃는다고 흉보는 사람들도 있고
그의 생각이 분명치 않다고 헐뜯는 사람들도 있습니다.
또 그의 말과 이야기가 너무 애매하여
무엇을 나타내는지 알 수 없다고 말하는 이들도 있습니다.

답변 3

눈물에 젖은 눈을 보고 우리는
웃음과 울음 모두를 연상할 수 있다.
마음은 아프면서도 겉으로는 웃을 수밖에 없는
특성을 가진 일들이 있다.
야곱은 양치는 라헬을 보았을 때
입 맞추며 눈물을 흘렸다.
어떤 사람들은 그의 생각이 분명치 않다고 말하지만
그것은 지혜가 자신의 외투로 스스로 감추고
탐구하는 마음을 분발시켜 찾게 하고자 함이요,
그의 말이 모호하게 보이는 것은

경건한 마음을 더욱 매혹하여
그 모호한 표현 가운데 우리에게 말하는 바에
무엇이 포함되었는지 연구하게 하려 함이다.
나는 불명료한 비유가 비유를 사용하지 않은 것들보다 상상력에
더 잘 침투하고
마음과 생각에 더 확고한 인상을 남긴다는 것을 잘 알고 있다.
그러므로 나의 책이여,
낙심으로 그대의 앞길을 막지 못하게 하라.
보라, 그대는 적에게 보냄 받은 것이 아니라
그대와 그대의 순례자,
그대의 말들을 기쁘게 받아들일
친구들에게 보냄 받은 것이다.
더욱이 나의 용감한 두 번째 순례자인 그대는
나의 첫 순례자가 감추었던 것을 드러내야 한다.
크리스천이 잠가두고 간 것을
사랑스러운 크리스티아나는 자신의 열쇠로 열 것이다.

질문 4

그러나 어떤 사람들은 당신의 첫 번째 방식을 좋아하지 않으며,
당신의 책을 모험소설로 취급하고 쓰레기처럼 내버립니다.
그런 사람들과 만나면 저는 어떻게 말해야 할까요?
그들이 저를 무시하듯 저도 그들을 무시해야 할까요?

답변 4

나의 크리스티아나여, 혹시 그런 자들을 만나거든
절대로 욕을 욕으로 갚지 말고
매우 사랑스럽게 인사하라.
그들이 얼굴을 찡그리면 그대는 부디 미소지으라.
그들이 그렇게 멸시하거나 반대하는 것은
그들의 본성이거나 악한 소문 때문일 것이다.

어떤 이들은 치즈를 싫어하고 어떤 이들은 생선을 싫어하며,
어떤 이들은 친구를 싫어하고 어떤 이들은 집과 가정을 싫어한다.
어떤 이들은 돼지를 보고 놀라며,
닭을 꺼려하고 집오리, 칠면조를 싫어한다.
대신에 뻐꾸기나 올빼미를 좋아하기도 한다.
나의 크리스티아나여, 그런 자들은 제멋대로 하도록 내버려 두고
그대를 보고 기뻐하는 사람들을 찾아가라.
절대 다투지 말고 겸손하게
순례자다운 모습을 그들에게 보이라.

그러므로 나의 작은 책이여,
그대를 환대하고 환영하는 모든 사람에게 가서
다른 사람들에게는 감추어지고 폐쇄된 것을 보여 주라.
그대가 보여 주는 것이 그들에게 축복이 되고
그대나 나보다 그들이 훨씬 더
훌륭한 순례자가 되도록 만들기를 빌라.
다시 말하노니 가서 그대가 누구인지 모든 사람에게 말하라.
나는 크리스티아나이고 네 명의 아이들과 동행하고 있다고 말하라.

순례자가 되는 것이 무엇인지 설명하라.
또한, 가서 사람들에게
그대와 함께 순례 여행을 하는 사람들이 누구이며
어떤 사람들인지도 알려 주라.
그들에게 이렇게 말하라.
"이 사람은 내 이웃 자비 양입니다.
그녀는 나와 오랫동안 순례 여행을 함께했습니다.
와서 그녀의 순진한 얼굴을 보고,
게으름뱅이와 순례자를 구별하는 법을 배우세요"라고.
젊은 처녀들은 어떻게 하든지 그녀에게서
장차 올 세상을 귀하게 여기는 법을 배우게 하라.
발랄한 소녀들이 하나님을 좇을 때
망령든 늙은 죄인들은 하나님의 막대기로 얻어맞으니
이는 어린이들이 '호산나' 하고 외칠 때
늙은이들은 그들을 조소했던 것과 같다.
그다음 그대가 만난 정직 노인에 관해 이야기 해 주라.
순례자의 길을 밟아 가는 이 백발의 노인이
얼마나 솔직한 마음을 갖고 있으며,
어떻게 그가 자기 십자가를 지고
자신의 선하신 주님을 따라가는지 말해 주라.
어쩌면 이 이야기를 듣고 몇몇 노인들이 감동받아
그리스도를 사랑하고 죄를 애통해할지도 모른다.
또한, 두려움 씨가 어떻게 순례 여행을 했는지,
그가 외로움과 두려움 속에 울며 많은 시간을 보냈으나
결국 즐거운 상을 얻게 된 이야기를 들려 주라.
그는 비록 매우 심령이 약하지만 선한 사람이었기에
생명을 유업으로 얻게 되었다고.

또 약함 씨 이야기도 들려주라.
항상 앞서기보다는 뒤처지고 싶어 하던 그가
죽을 뻔했을 때 용감 씨가 목숨을 구해 주었다고.
이 사람은 비록 은혜가 약했으나 진실한 마음의 소유자로,
얼굴에서 경건을 읽을 수 있었다.
그다음 주저 씨 이야기를 들려주라.
그는 지팡이를 짚고 걸었으나 큰 흠은 없었다.
약함 씨와 주저 씨가 얼마나 사랑했는지
그들이 얼마나 같은 생각을 가졌는지를 이야기하여,
비록 모험심은 약했지만
한 사람은 노래하고 한 사람은 춤출 수 있었다는 것을
모두가 알게 하라.
진리의 용사 이야기를 잊지 말라.
그는 매우 젊었으나 용기 있는 자였고
아무도 굽힐 수 없는 불굴의 정신을 소유한 자였다.
사람들에게 그와 용감 씨가 의심의 성을 무너뜨리고
거인 절망을 죽였다는 이야기를 들려주라.
낙심 씨와 그의 딸 질겁 양의 이야기도 빠뜨리지 말라.
그들이 뒤집어쓴 외투를 보고 어떤 이들은
하나님께서 그들을 버리셨다고 생각하지만
그들은 끝까지 차분한 마음과 확신을 가지고 나아가
순례자들의 주님께서 자신들의 친구라는 사실을 발견했다.

나의 책이여!
이 모든 일을 세상에 들려준 후
두루 다니며 이 현악기를 연주하라.
이 현악기는 건드리면 절름발이도 춤추게 하고

거인을 떨게 하는 음악을 내리라.
그대 가슴에 간직되어 있는 수수께끼들을
아낌없이 내어놓고 자세히 설명해 주라.
그러나 그대의 신비한 정보들은 남겨 두어
예민한 판단력을 지닌 사람들이 얻도록 하라.
이제 이 작은 책이 이 책과 나를 사랑하는 사람들에게 축복이 되어
이 책을 산 사람이 돈을 허비하거나 버렸다고
말하지 않기를,
진실로 이 두 번째 순례자가 모든 선한 순례자의 생각과 일치하는
열매를 맺게 되기를,
그리고 이 작은 책이 길 잃은 자들을 설득하여
발과 마음을 바른길로 돌이키게 하기를 진심으로 기도한다.

저자 존 번연

제1장

크리스천의 부인 크리스티아나가
자비 양과 네 아들을 데리고 함께
순례 여행을 시작하며 좁은 문을 지나다

친애하는 독자들이여!

얼마 전 나는 여러분께 순례자 크리스천이 천국을 향해 가는 위험스러운 여행에 대한 나의 꿈 이야기를 했다. 그 이야기를 하는 동안 나는 즐거웠고 여러분은 그 이야기를 들음으로 유익했다. 그때 나는 크리스천의 아내와 아들들에 대해 본 것도 이야기해 주었다. 그들은 크리스천과 함께 순례 여행을 떠나기 싫어했었다. 그래서 그는 어쩔 수 없이 그들을 남겨둔 채 길을 떠나야 했다. 멸망의 도시에 그들과 함께 머물러 있음으로써 죽음의 위험을 자초할 수 없었기 때문에 크리스천은 내 말대로 그들을 버려두고 길을 떠난 것이다.

이렇게 해서 나는 여러 가지 일들이 일어나고 있는 크리스천의 고향으로 자주 여행하지 못했다. 그 때문에 나는 지금까지 여러분께 그가 뒤에 남겨둔 가족들에 대해 더 자세히 살펴 이야기해 드릴 기회를 얻지 못했다.

그런데 최근에 그곳에 볼일이 생겨, 나는 다시 그곳으로 가게 되었다. 그때 나는 먼젓번 장소에서 약 1마일쯤 떨어진 숲속에 숙소를 잡고 잠을 자다가 다시 꿈을 꾸었다. 꿈속에서 나는 한 노신사가 내가 누워 있는 곳을 지나가고 있는 것을 보았다.

그 노인이 가려는 길과 내가 가려는 길이 어느 부분까지 같았으므로 나는 일어나 그와 동행하기로 했다. 우리는 걸으며 대개 여행자들이 그러하듯 대화를 나누었다. 대화 도중에 우리는 우연히 크리스천과 그의 여행에 관해 이야기하게 되었다. 나는 노인에게 이렇게 말하기 시작했다.

나 "선생님! 우리가 가는 길 왼쪽에 있는 저 아래 마을은 어떤 곳입니까?"

그러자 현명(Sagacity)이라는 이름의 그 노인은 "저 마을은 멸망의 도시로서 많은 사람이 살고 있는데 그들은 매우 성질이 못되고 게으른 사람들이라오"라고 말했다.

나는 그 도시가 크리스천이 떠난 곳이라는 생각이 들자 즉시 이렇게 말했다.

나 "선생님 말씀이 옳다고 생각합니다. 왜냐하면, 저 마을을 지나가 본 적이 있거든요."

현명 "옳다 뿐입니까?

나도 저곳에 사는 사람들에 대해 더 좋게 말할 수 있다면 얼마나 좋겠습니까만."

나는 말했다.

나 "선생님이 좋은 일만 듣고 말하기 좋아하는 마음씨 고운 분이라는 것을 알겠습니다.

그런데 혹시 얼마 전 이 마을에 살던 크리스천이라는 이름의 남자가 더 높은 곳을 향해 순례 여행을 떠난 이야기를 들으신 적이 있으십니까?"

현명 "듣다마다요! 그 사람이 여행 중에 만나고 겪은 수많은 위험과 환난, 전투와 사로잡힘, 한탄과 고통의 신음, 또 무서운 일들과 불안에 대해서도 들었소. 그뿐만 아니라 이야기할 게 더 많아요. 뭐냐면, 그에 대한 소문이 우리나라 전체에 자자하다는 거요. 그에 대해서, 그가 한 일들에 대해서 듣지 못한 가정이 거의 없어요. 또 그의 순례 여행에 대한 기록을 구하려 하지 않는 가정도 거의 없다오.

그의 위험한 여행으로 인해 상당히 많은 이들이 그와 같은 길을 가게 되었다고 해도 과언이 아닐 거요. 비록 여기 있을 때 그는 모든 사람으로부터 바보 소리를 들었지만, 떠난 후 그는 모든 사람으로부터 크게 칭송받고 있다오. 그는 지금 천국에서 행복하게 산다더군요. 그래서 그의 위험에 뛰어들 결심을 전혀 못했던 자들도 그가 얻은 유익들에는 군침을 흘린다고 하오."

내가 말했다.

나 "크리스천이 천국에서 행복하게 산다고 생각하는 것은 비록 그들 생각이긴 하지만 옳은 생각입니다. 왜냐하면, 그는 지금 생명의 샘 옆에서 그리고 생명의 샘 안에서 살고 있는 데다, 수고와 슬픔, 고통이 전혀 없으니까요.

그런데 사람들은 그에 관해 어떤 이야기를 합니까?"

현명 "그에 대해 이상한 이야기를 합니다. 어떤 이들은 지금 그가 흰옷을 입고 다니며(계 3:4; 6:11), 목에 금 사슬을 걸고 머리에 진주를 박은 금 면류관을 쓰고 있다고 말하죠. 또 어떤 이들은 여행 도중 가끔 그에게 나타났던 빛나는 천사들이 그의 친구가 되어, 마치 이 땅에서 이웃과 친하듯 그가 사는 곳에서 천사들과 친하다고 말들 한다오(슥 3:7). 또 그가 사는 곳의 왕께서 궁전 안에다 매우 호화롭고 안락한 거처를 그에게 내려 주셨고, 매일 왕과 함께 먹고 마시고 산책하고 이야기하며, 모든 사람의 심판자이신 분의 미소와 총애를 받고 있다고 확신 있게 단언해요.

그뿐만 아니라 어떤 이들은 그 나라의 주권자인 왕의 아들께서 곧 이 지방으로 내려오셔서, 크리스천이 순례자가 되려는 것을 이웃들이 알았을 때 그를 왜 그렇게 멸시하고 조롱했는지, 그 이유를 이웃 사람들이 말할 수 있는지 하는 것을 알아보실 거라고 예상하고 있다오. 왜냐하면, 지금 크리스천이 왕자님의 총애를 받고 있기 때문이오. 그리고 그의 주권자께서 크리스천이 순례자가 되었을 때 받은 모욕들을 마치 자신에게 행해진 것처럼 여기실 것이기 때문이라고 합디다. 사실 크리스천이 온갖 위험을 무릅쓰며 행한 일이 그 왕자님에 대해 가진 사랑 때문이었으니, 왕자님 생각이 그리 놀라운 건 아니잖소."

나는 말했다.

나 "반가운 일이라는 생각이 드네요. 그 불쌍한 사람이 이제 모든 수고를 그치고 안식을 얻었다니(계 14:13) 그리고 눈물의 대가로 기쁨을 얻었다니(시 126:5-6) 말입니다. 또한, 그의 대적들이 해를 끼칠 만한 거리를 벗어나, 그를 미워하는 자들의 영역 밖에 있다니, 기쁜 일이 아닐 수 없군요. 저는 또 이 도시 전체에 이 일에 대한 소문이 퍼지는 것도 기쁩니다.

뒤에 남은 사람들에게 이 일이 좋은 영향을 끼치지 않는다고 누가 말할 수 있겠습니까?

그런데 선생님, 생각나서 말씀인데요, 그의 아내와 아이들에 대해 무언가 들은 것이 있습니까?

불쌍한 사람들! 그들이 무엇을 하는지 궁금하군요."

현명 "누구요?

아! 크리스티아나와 그 아들들 말씀입니까?

그들은 크리스천이 한 것처럼 훌륭한 일을 하고 있지요. 처음에 그들은 모두 바보짓을 선택해서 크리스천 씨의 눈물이나 호소에도 절대 설득되지 않았지만, 다시 생각해 본 이후 놀라운 결단을 하게 되었답니다. 즉, 그들도 짐을 꾸려 크리스천 씨의 뒤를 따르고 있답니다."

내가 말했다.

나 "불행 중에 다행이군요. 그러면 아내와 아이들이 모두 떠났나요?"

현명 "그렇소. 나는 그때 그 자리에 있었기 때문에 그때 일어난 일들을 전부 알고 있어서, 당신께 설명해 드릴 수도 있소."

내가 말했다.

나 "그렇다면 선생님의 말씀을 기록해도 정말 좋을 것 같네요."

현명 "내 말의 확실성에 대해서는 염려할 필요가 없다오. 즉, 그 착한 여인과 그녀의 네 아들 모두 순례 여행을 떠났다는 말씀 말이오. 내 생각에,

우리는 꽤 먼 거리를 동행할 것 같군요. 그러니 내가 그때 일어난 일을 자세히 이야기해 드리리다.

남편이 강을 건너간 후 더 이상 소식을 들을 수 없게 되자 크리스티아나는(그녀가 아들들과 함께 순례자 생활을 시작한 날부터 크리스티아나는 그녀의 이름이 되었다오) 여러 가지 생각을 하기 시작했다오. 무엇보다 남편을 잃었으며, 부부 사이를 이어주는 사랑의 연결이 완전히 끊어졌다는 생각이 들었지.

왜냐하면, 당신도 아시겠지만, 사랑하는 사람을 잃었다는 것을 생각할 때 여러 복잡한 상념에 사로잡혀 생활할 수밖에 없다는 게 인지상정 아니겠소?

남편에 대한 이런 생각 때문에 그녀는 많은 눈물을 흘리게 되었다오. 하지만 그녀가 이런 생각만 한 것은 아니었소. 크리스티아나는 자신에 대해서도 생각했지. 즉 남편에 대한 자신의 잘못된 행동이 남편을 사라지게 한 한 가지 원인이 아닌가 하고 말이오. 이 생각과 동시에 그녀는 사랑하는 남편에게 했던 자신의 모든 불친절하고 무례하며 불손한 행동들에 관한 생각들이 벌떼처럼 몰려들어, 양심을 괴롭히고 죄책감으로 억눌리게 되었소. 더욱이 그녀는 남편이 불안해서 내뱉었던 신음들, 쉴 새 없이 흐르던 눈물, 비탄에 젖은 모습들을 회상했고, 또한 남편이 자신과 아들들에게 함께 가자며 호소했던 모든 장면과 그 사랑의 설득에 강퍅한 마음을 품었던 일들을 회상하면서 억장이 무너지는 것 같았다오.

크리스천이 무거운 짐을 등에 진 채 그녀 앞에서 말하고 행했던 모든 일이 하나도 빠짐없이 번개처럼 되살아나 그녀의 심장을 갈가리 찢어놓았지요. 특별히 나는 어떻게 해야 구원을 얻을 수 있단 말인가?

한탄하던 그의 쓰라린 부르짖음이 그녀의 귀에 가장 슬프게 울려온 것이오. 그래서 그녀는 아들들에게 말했죠."

크리스티아나 "애들아, 우리는 죽을 수밖에 없구나. 내가 너희 아버지께 죄를 지어 아버지가 가버리셨으니 말이다. 아버지는 우리를 데려가시려 했는데 내가 가려 하지 않았지. 나는 너희들까지 죽게 만들고 말았구나."

이 말을 들은 아이들은 모두 눈물을 쏟으며 아버지를 따라가자고 울부짖었다오. 크리스티아나는 '아, 너희 아버지를 따라갔다면 얼마나 좋았을까! 그랬으면 지금처럼 되지 않고 행복하게 살았을 텐데. 전에는 너희 아버지의 고민을 어리석은 망상에서 나온 것이라고 여기거나 우울증에 걸렸다고 잘못된 생각을 했었지만, 이젠 그렇게 생각하지 않는다. 그 고민이 다른 원인, 즉 아버지께 주어진 생명의 빛에서 나온 그것으로 생각한단다(요 8:12). 그 빛의 도움으로 아버지는 사망의 올무를 피하게 되신 거였어.' 그리고 그들은 다시 통곡하며 "우리는 마땅히 벌을 받아야 해"라고 소리쳤다오.

다음날 밤 크리스티아나는 꿈을 꾸었어요. 그녀는 자기의 모든 행위가 기록된 넓은 양피지가 자기 앞에 펼쳐진 것을 보았지 뭐요. 그것을 보고 그녀는 앞날이 암담하다는 생각이 들었소, 그녀는 잠결에 '주여! 불쌍히 여기소서, 나는 죄인이로소이다'(눅 18:13)라고 큰소리로 외쳤고, 그녀의 어린아이들도 그 소리를 들었다오.

그다음 크리스티아나는 매우 추악한 두 괴물이 그녀의 침대 옆에 서서 이렇게 말하는 것을 보았다고 생각했소."

두 괴물 "이 여자를 어떻게 하지?

자나 깨나 불쌍히 여겨 달라고 소리 지르고 있잖아?

이 여자가 시작한 일을 그대로 놓아두면, 이 여자 남편을 잃은 것처럼 이 여자도 잃게 될 텐데. 그러니 우린 어떻게든 장래 일을 생각지 못하도록 해야 해. 그렇지 않으면 온 세상이라도 이 여자가 순례자가 되는 걸 막을 수 없을 테니.

크리스티아나는 심하게 땀을 흘리며 잠에서 깨어났소. 몸이 덜덜 떨리고 있었지. 그러나 잠시 후 그녀는 다시 잠이 들었다오. 이번에 그녀는 남편 크리스천을 보았소. 남편은 축복의 자리에서 죽음을 모르는 많은 사람 가운데 서서 머리에 무지개를 두르고 보좌에 앉으신 주님 앞에서 수금을 타고 있었소.

그녀는 또 그가 왕자의 발등 상을 향해 절하며 "저를 이곳에 데려오심으로 인하여 나의 주님과 왕께 진심으로 감사를 드리나이다"라고 말하는 것을 보았다오. 그러자 그를 에워싼 무리가 환호성을 지르며 가진 수금을 연주했다오. 크리스천과 그의 동료들 외에 그들이 무슨 말을 했는지 이야기 해줄 사람은 아무도 없었다고 하더구먼. 다음 날 아침 그녀가 일어나 하나님께 기도드리고 아이들과 이야기를 나누고 있는데, 누가 문을 세차게 두드렸소. 그녀는 "누구신지 하나님의 이름으로 오셨으면 들어오세요"라고 말했소. 그러자 "아멘" 하며 한 남자가 문을 열고는 "이 집에 평안함이 있기를 빕니다"라고 인사했소.

그리고 그는 "크리스티아나, 내가 왜 왔는지 아십니까?"라고 물었지. 그 소리에 크리스티아나는 얼굴이 화끈 달아오르며 몸이 떨렸지. 그녀는 그가 어디서 왔으며 자기에게 무슨 용무가 있는지 알고 싶어 애가 타기 시작했다오.

그는 이렇게 말했소."

비밀 "제 이름은 비밀(Secret)이며, 저는 높은 곳에 계신 분들과 함께 산답니다. 제가 사는 곳에 당신이 오고 싶어 한다는 소식이 들렸습니다. 그리고 당신이 남편의 가는 길에 대해 완악한 마음이었다는 것과 당신이 아이들을 무지 속에 가두어둔 과거의 악행을 깨달았다는 소식도 들렸어요. 그래서 긍휼히 많으신 분께서 나를 보내, 그분은 기꺼이 용서하시는 하나님이시며 범죄를 용서해 주기를 기뻐하신다는 것을 당신께 알리라고 하셨지요. 또 하나님께서는 당신을 자신 앞으로, 자신의 식탁으로 초대하시고, 자신의 집에 있는 기름진 것으로 먹이시며, 당신의 조상 야곱의 기업으로 양육하려 하신다는 것을 알리기 원하셨답니다.

그곳에서 당신 남편 크리스천은 군대보다 더 많은 친구와 함께 지내면서, 항상 앙망하는 자들에게 생명을 주시는 하나님의 얼굴을 바라보고 있지요. 그곳 사람들은 당신이 당신 아버지의 문턱을 넘어서는 발걸음 소리를 듣게 될 때 크게 기뻐할 것입니다."

이 말에 크리스티아나는 크게 부끄러워 고개를 숙였다오. 방문자는 말을 계속했소.

비밀 "크리스티아나, 여기 당신 남편의 왕께서 당신께 보내시는 편지도 갖고 왔습니다."

크리스티아나는 그 편지를 받아 폈지요. 편지에서는 매우 귀한 향수 냄새가 풍겼고(아 1:3), 금 글씨로 쓰여 있었다고 합니다. 그 편지 내용은 왕께서 그녀가 남편 크리스천과 같이 행하기를 바라신다는 것이었소. 그 이유는 그렇게 하는 게 자신의 성으로 와서 영원히 기쁘게 그분 앞에 거하는 길이기 때문이라는 것이지. 이 편지를 읽고 이 착한 여인은 완전히 감격해서 방문자에게 외쳤소.

크리스티아나 "선생님, 저와 아이들을 인도하셔서, 우리가 가서 왕께 경배 드리게 해 주시겠습니까?"

그러자 방문자가 말했소.

비밀 "크리스티아나! 달콤한 맛을 보려면 먼저 쓴맛을 보아야 합니다. 당신보다 앞서간 크리스천 씨가 그러했던 것처럼, 당신도 환난들을 통과해 천국에 들어가지 않으면 안 돼요. 그러므로 나는 당신의 남편 크리스천이 그랬듯, 당신도 평원 저편의 좁은 문으로 가라고 충고하고 싶군요. 그 좁은 문은 당신이 가야 할 길의 시작입니다. 그러니 빨리 가시기 바랍니다. 또 한 가지는, 이 편지를 품속에 넣으라고 충고하고 싶습니다. 이것을 암기할 때까지 당신도 읽고 아이들에게도 읽어 주십시오. 왜냐하면, 이 편지는 당신이 순례 여행 동안 불러야 할 노래 중의 하나로써(시 119:54), 저 멀리 있는 문에서 이 편지를 제시해야 하기 때문이죠."

나는 꿈속에서 노신사가 내게 이 이야기를 하며 자신도 크게 감동하는 모습을 보았다.

그는 이야기를 계속했다.

현명 "그래서 크리스티아나는 아들들을 불러 말했다오."

크리스티아나 "애들아, 너희들도 알다시피, 나는 최근에 너희 아버지가 돌아가신 데 대해 마음속으로 큰 고민을 해왔단다. 그 이유는 아버지가 지금 행복하시다는 사실을 의심하기 때문이 아니야. 아버지가 지금 잘 계시다니 나는 기쁘단다.

하지만 이는 나 자신과 너희들의 상태에 대해 많은 생각을 해왔어. 왜냐하면, 우리의 상태가 본질적으로 비참하다고 확실히 믿기 때문이지. 그리고 너희 아버지가 고민하실 때 내가 한 행동이 내 양심에 큰 짐이 되고 있어.

나는 아버지에 대해 강퍅한 마음을 가졌었고 너희들까지 강퍅하게 만들어서 아버지와 함께 순례 여행 떠나는 것을 거절하지 않았니?

만일, 내게 어젯밤 꾼 꿈과 오늘 아침 낯선 분이 주신 격려가 없었다면, 이러한 생각들로 나는 이미 죽어버렸을 거야. 그러니 애들아, 이제 짐을 꾸려 저 천성으로 인도하는 문으로 가서 아버지를 만나자꾸나. 그리고 그 나라의 법을 따라 평화롭게 아버지와 아버지의 친구분들과 함께 살자꾸나.

그러자 아이들은 어머니의 마음이 그렇게 변한 것에 기쁨의 눈물을 터트렸소. 방문자가 그들에게 작별 인사를 하고 간 후 그들은 여행 떠날 준비를 하기 시작했다오.

그들이 떠나려 할 때 크리스티아나의 이웃에 사는 두 여인이 찾아와 문을 두드렸소. 크리스티아나는 앞에서 한 것처럼 "하나님의 이름으로 오셨으면 들어오세요"라고 말했소. 이 말에 두 여인은 놀랐지요.

왜냐하면, 그들은 이런 식의 말을 들어 본 적이 없는 데다 이런 말이 크리스티아나의 입에서 나오리라 상상도 못했기 때문이었소. 그러나 아무튼 그들은 들어와서 착한 크리스티아나가 집 떠날 준비를 하는 것을 보고 다시 놀랐다오. 그들은 "아니, 도대체 무얼 하는 거예요?"라고 물었소

크리스티아나는 두 사람 중에 나이가 많은 겁쟁이 여사(Mrs. Timorous)에게 대답했다오(이 겁쟁이 여사는 고난산에서 크리스천과 만나 그에게 사자가 무서우니 돌아가라고 한 사람의 딸이라오)."

크리스티아나 "여행 떠날 준비를 하고 있는데요."

겁쟁이 "갑자기 무슨 여행이세요?"

크리스티아나 "남편을 따라가려고요."

　이 말을 하며 크리스티아나는 흐느껴 울었다오.

겁쟁이 "좋은 이웃 친구분 제발 그러지 마세요. 당신의 불쌍한 애들을 위해서라도 그런 어머니답지 못한 일에 자신을 내던지지 마세요."

크리스티아나 "아니에요. 아이들도 저와 함께 갈 거예요. 누구도 혼자 남지 않겠답니다."

겁쟁이 "무엇 때문에 누가 이런 생각을 당신에게 불어넣었는지 정말 궁금하네요."

크리스티아나 "아, 부인! 만일 부인도 제가 알고 있는 일을 알게 된다면, 반드시 저와 함께 가려 하실 걸요."

겁쟁이 "당신 마음을 이렇게 친구들에게서 빼앗고 아무도 알지 못하는 곳으로 가도록 당신을 유혹하는 그 새로운 지식이라는 게 도대체 뭐죠?"

크리스티아나 "남편이 제게서 떠난 후, 특별히 그 사람이 저 강을 건너간 후 저는 심하게 고민을 해왔답니다. 저를 가장 괴롭힌 사실은 그이가 고민에 빠져 있을 때 그이에게 함부로 대한 일이었어요. 그런데 지금 제가 그때 그이처럼 고민에 빠져 있는데 순례 여행을 떠나지 않고는 제 고민을 해결할 도리가 없답니다. 어젯밤 저는 꿈속에서 그이를 봤어요. 제 영혼이 그와 함께 있었던 것이죠! 그이는 그 나라의 왕 앞에서 교제하면서 왕의 식탁에 앉아서 왕과 함께 식사하고 있었어요. 그는 영생하는 사람들과 친구가 되었고, 왕께서 주신 집에 살고 있어요. 그 집에 비교하면 이 땅에서 가장 좋은 곳도 거름 더미에 불과하게 보여요(고후 5:1-4). 그런데 그 나라의 왕자님께서 내가 자기에게로 오면 환영해 주시겠다는 전갈을 보내셨답니다. 그분의 사자가 조금 전 여기 와서 초대장을 주고 갔죠."

　이 말을 하며 크리스티아나는 품에서 편지를 꺼내 읽은 후 그들에게 말했어요.

크리스티아나 "이에 대해 무슨 말을 하시겠어요?"

겁쟁이 "어머나! 그런 어려움에 스스로 뛰어들려 하다니, 당신도 당신 남편처럼 미쳐가나 봅니다. 당신 남편이 길을 떠나자마자 어떤 일을 당했는지 당신도 분명히 들었을 텐데요. 그 일에는 당신 남편을 따라간 외고집 씨가 분명히 증인이 될 수 있고, 무줏대 씨도 증인이 될 만하죠. 그들은 현명한 사람들답게 더 멀리 가기를 꺼려 돌아왔지요. 또 우리는 무엇보다 당신 남편이 사자들, 아볼루온, 사망의 음침한 골짜기 그리고 그 밖에 많은 어려움을 만난 일도 들었어요. 또 그가 헛된 시장에서 당한 위험을 당신은 잊으면 안 돼요.

남자인 그도 그 위험을 견디기 어려웠는데 하물며 약한 여자인 당신이 어떻게 견딜 수 있겠어요?

또 이 사랑스러운 네 아이가 당신의 아들들이고 당신의 살과 뼈라는 걸 생각해 보세요. 그러니 당신 자신을 그렇게 무분별하게 내던지고 싶더라도, 당신의 열매인 아이들을 위해 참고 집에 계세요."

그러자 크리스티아나는 그녀에게 이렇게 말했소.

크리스티아나 "내 이웃이여! 나를 유혹하지 마세요. 저는 지금 얻을 수 있는 상을 손에 쥐고 있답니다. 그러니 이 기회를 붙잡으려는 생각을 버린다면, 전 가장 큰 바보가 될 거예요. 그리고 당신이 제가 가는 길에서 만날 거라고 말한 그 모든 고난은 저를 낙심시키기는커녕 제가 빛 가운데 있다는 것을 나타내 준답니다. 달콤한 것을 맛보기 전에 먼저 쓴맛을 보아야 한다는 말처럼, 그 고난들은 달콤한 것을 더 달콤하게 해줄 테니까요. 그러니 당신은 제가 아까 말씀드린 것처럼, 하나님의 이름으로 제집에 오시지 않았으니, 더 제 마음을 어지럽히지 말고 제발 가 주시기 바랍니다."

그 말을 듣자 겁쟁이는 크리스티아나를 욕하며 함께 온 자비(Mercy)에게 말했다오.

겁쟁이 "저 여자는 우리의 충고와 우정을 경멸하니 저 여자 멋대로 하라고 내버려 두고, 우리끼리 갑시다."

하지만, 자비는 쉽게 이웃에게 동조할 수 없어 머뭇거렸다오. 그 이유는 두 가지였소.

첫째, 크리스티아나에게 동정심이 일어났기 때문이오. 그녀는 속으로 '만일 크리스티아나가 꼭 가야 한다면 얼마쯤 따라가며 도와주어야겠다'라고 생각했다오.

둘째, 자비는 자신의 영혼을 생각하게 되었소.

왜냐하면, 크리스티아나의 말이 그녀의 마음을 어느 정도 사로잡았기 때문이지요. 그래서 자비는 다시 속으로 생각했어요. '크리스티아나와 좀 더 이야기를 해보자. 그래서 그녀의 말에서 진리와 생명이 발견된다면, 진심으로 나도 그녀와 동행할 것이다.' 그렇게 생각한 자비는 이웃 겁쟁이에게 말했소.

자비 "아주머니! 오늘 아침에 아주머니와 함께 크리스티아나를 보러 왔는데, 보시다시피 크리스티아나가 이 도시와 작별을 하려 하므로 이 화창한 아침에 잠시 함께 가며 가는 길을 도와드려야겠어요."

자비는 그러나 두 번째 이유는 말하지 않고 혼자만 간직했다오.

겁쟁이 "저런, 아가씨도 바보짓을 할 생각이 있나 보군요. 하지만, 늦기 전에 정신 차려요. 위험 밖에 있는 동안에는 안전하지만, 위험에 빠지면 헤쳐 나오기 힘들어요."

결국 겁쟁이 여사는 집으로 돌아가고 크리스티아나는 여행을 떠났소. 겁쟁이는 집에 돌아와서 이웃 사람들, 즉 박쥐눈 부인(Mrs. Bat's-eyes), 인정 없는 여사(Mrs. Inconsiderate), 경솔 여사(Mrs. Light-mind), 무식 여사(Mrs. Know-nothing)를 불렀어요. 그들이 자기 집에 오자 겁쟁이는 크리스티아나와 그녀가 계획하는 여행 이야기를 떠들어대기 시작했지요.

겁쟁이 "이웃분들, 제 말 좀 들어 보세요. 오늘 아침 별로 할 일도 없어서 크리스티아나 집을 방문했지 뭐예요. 문 앞에서 우리의 습관대로 문을 두드렸더니 그 여자 하는 대답이 말이죠, 하나님의 이름으로 왔으면 들어오라는 거예요. 그래서 만사가 평안하겠거니 생각하고 들어갔죠.

그랬더니 그 여자가 애들까지 데리고 마을을 떠날 준비를 하고 있지 않겠어요?

그래서 도대체 무슨 짓이냐고 물었더니 그 여자 하는 말이, 간단하게 줄여서, 자기 남편처럼 순례 여행을 떠날 생각을 하고 있다지 뭐예요. 또 하는 말 좀 들어봐요. 뭐, 꿈도 꿨다나. 그리고 남편이 있는 나라의 왕이 그 여자에게 그곳으로 오라는 초청장도 보냈다는군요."

무지 여사 "어쩌면 그럴 수가! 그래, 그 여자가 가긴 갈 것 같습니까?"
겁쟁이 "무슨 일이 있어도 간답니다. 내가 그 여자더러 길에서 당할 고생들을 생각하고 집에 가만있으라고 설득했죠. 그랬는데 오히려 그 설득이 그 여자보고 여행 가라고 하는 게 돼 버리고 말았지 뭐예요. 떠나긴 떠날 것 같아요. 글쎄, 달콤한 맛을 보기 전에 쓴맛을 보아야 달콤한 것이 더 달콤해진다나 뭐, 그런 말까지 하더라고요."
박쥐눈 부인 "저런, 눈먼 어리석은 여자 같으니라고. 자기 남편이 한 고생을 보고도 정신 못 차리나?

내 생각에 그 여자 남편이 다시 여기 온다면, 몸을 고생시키지 않고 편안하게 쉬면서 절대로 헛된 것을 위해 많은 위험을 무릅쓰진 않을 걸."
인정 없는 여사 "그런 괴상한 공상을 하는 바보들일랑 이 마을에서 없어져야 해요. 말이 났으니 말인데 그 여자 잘 떠나는 거예요. 그 여자가 여기 그냥 살면서 그런 생각을 계속 갖고 있다면 그 여자 때문에 조용히 살 사람이 없을 것 아니에요?

그 여자가 현명한 사람은 참을 수 없는 문제들을 가지고 이웃 생각은 않고 우울해하고 있거나 떠들고 다녔을 테니 말이에요. 그래서 나는 그녀가 떠나는 게 조금도 섭섭지 않네요. 그 여자를 가라고 내버려 두고, 더 좋은 사람이 그 집에 와서 살게 하면 되잖아요. 그런 변덕스러운 바보들이 살고 있으니 이 세상이 좋은 세상이 못 되는 거라고요."

이번에는 경솔 여사가 거들었다오.

경솔 "자, 그런 이야기는 집어치웁시다. 어제 나는 음탕 마님(Madam Wanton)네 집에 가서 어린 계집애들처럼 웃고 즐겼답니다.

거기 누가 있었을 것 같아요?

나와 육체 사랑 여사(Mrs. Love-the-flesh), 호색 여사(Mrs. Lechery), 외설 여사(Mrs. Filth) 그리고 서너 명 더 있었죠. 거기서 우린 음악과 춤 등 쾌락을 만족시켜 주는 일들을 즐겼답니다. 정말 음탕 마님은 감탄할 정도로 가정 교육을 잘 받은 숙녀이시고 호색 여사는 아름다운 분이시더군요."

이때 크리스티아나는 자비와 함께 길을 떠나고 있었다오. 그들은 아이들과 함께 걸어가며 대화를 나누기 시작했지요.

크리스티아나 "자비 양, 아가씨가 나와 함께 집을 떠나 이렇게 얼마 동안 동행해 주니 예상치 못한 호의군요."

그러자 젊은 자비가 말했소(그녀는 젊은 처녀였다오).

자비 "만일 아주머니와 동행할 결심이 선다고 해도 저는 더는 저 도시에 가까이 가지는 않을 거예요."

크리스티아나 "그렇다면 자비 양, 나와 함께 운명을 맡겨 봅시다. 나는 우리 순례 여행의 목적을 잘 알고 있어요. 남편은 스페인 광산의 모든 금으로도 얻지 못하는 곳에 있답니다. 비록 아가씨가 내 초대를 받고 가지만, 분명히 아가씨도 환영받을 거예요. 나와 내 아이들을 부르신 왕께서는 긍휼 베풀기를 기뻐하는 분이랍니다. 만일 아가씨만 괜찮다면, 난 아가씨를 고용하겠어요. 즉, 아가씨는 내 여종이 되어 나와 동행하는 거예요. 그렇지만 우리는 모든 걸 함께 사용할 테니까, 아가씨는 나와 동행만 하면 돼요."

자비 "그렇지만 저도 환영받을 거라고 어떻게 확인할 수 있을까요?

그 일을 말해 줄 수 있는 사람에게서 그 소망을 받을 수만 있다면, 아무리 길이 지루해도 도와줄 수 있는 분의 도움을 받으며 주저 없이 길을 갈 텐데."

크리스티아나 "좋아요, 사랑스러운 자비 양, 내가 당신이 어떻게 해야 할지 일러줄게요. 나와 함께 저 좁은 문까지 가기로 합시다. 그러면 거기서 내가 아가씨에 대해 자세히 물어보겠어요. 그리고 거기서 당신이 격려를 얻지 못하면, 당신 집으로 되돌아가도 섭섭해하지 않겠어요. 그리고 이렇게 아가씨가 우리와 동행하며 보여 준 친절에 대해 값을 치르겠어요."

자비 "그러면 그곳에 가서 다음 일을 결정하기로 하죠. 하늘의 왕이신 주님이시여! 저를 생각하사 저곳에서 제 운명이 결정되도록 허락하옵소서."

크리스티아나는 진심으로 기뻤소. 자비가 동행이 되었기 때문만이 아니라, 자신이 이 불쌍한 처녀를 설득해서 구원을 사모하게 했기 때문이라오. 이렇게 그들은 함께 걸어갔소. 그런데 갑자기 자비가 눈물을 흘리기 시작했소.

그래서 크리스티아나는 물었지요.

크리스티아나 "자비 양, 왜 그렇게 눈물을 흘리세요?"

자비 "아아, 우리의 죄악으로 가득한 마을에 아직 남아 있는 불쌍한 친척들의 상태와 처지를 생각할 때 바로 통곡하지 않을 사람이 누가 있겠어요?

그리고 제 슬픔을 더욱 견디기 어렵게 하는 것은 그들을 가르쳐 줄 수 있는 사람, 즉 장차 일어날 일을 이야기 해 주는 사람이 아무도 없다는 거예요."

크리스티아나 "동정심은 순례자다운 심정이지요. 당신은 나의 착한 남편, 크리스천이 나를 떠날 때 나를 동정했던 것처럼 당신의 친구들을 동정하고 있군요. 그이는 내가 자기 말을 잘 듣지 않고 무시했기 때문에 슬퍼했죠. 그러나 그이와 우리 주님께서 그이의 눈물을 모아 병에 넣어두심으로써 나와 당신 그리고 나의 귀여운 아이들이 그 눈물의 열매와 유익을 거두고 있는 거랍니다. 자비 양, 나는 당신의 눈물이 헛되지 않을 거라고 믿어요. 왜냐하면, 진리의 말씀에 '눈물을 흘리며 씨를 뿌리는 자는 기쁨으로 거두리로다. 울며 씨를 뿌리러 나가는 자는 반드시 기쁨으로 그 곡식 단을 가지고 돌아오리로다'(시 126:5-6)라고 하셨기 때문이지요.

그러자 자비는 이렇게 노래했다오."

> 지극히 복되신 분이시여, 당신의 복되신 뜻이라면
>
> 당신의 문까지, 당신의 양 우리까지,
>
> 당신의 거룩한 산까지
>
> 저의 인도자가 되어주소서.
>
> 그리고 제게 어떤 일이 일어나더라도
>
> 저가 값없이 주시는
>
> 당신의 은혜와 거룩한 길에서
>
> 빗나가거나 타락하도록 버려두지 마소서.
>
> 주여! 제가 뒤에 남겨둔 사람들을 모으사
>
> 그들이 마음과 뜻을 다해
>
> 당신의 백성이 되도록 기도하게 하소서.

나의 나이 많은 친구 현명이 이야기를 계속했다.
현명 "크리스티아나는 낙심의 수렁에 다다르자 머뭇거리기 시작했다오. 그녀는 이렇게 말했소."
크리스티아나 "여기가 나의 사랑하는 남편이 진흙으로 질식해 죽을 뻔했던 곳이에요.
크리스티아나는 순례자들을 위해 이곳을 보수하라는 왕의 명령에도 불구하고 전보다 더 나빠진 것을 알았던 거요.
그 말을 듣고 그것이 사실이냐고 내가 묻자 노신사는 "사실이다마다요. 그 이유는 왕의 사역자들이라고 자처하는 많은 이들이 왕의 대로를 수리한다고 말하면서, 자갈을 가져다 붓는 대신 쓰레기와 분뇨를 가져다 부어, 수리는커녕 도리어 파손했기 때문이오"라고 대답하며 계속 말했다."
현명 "그래서 크리스티아나는 이곳에서 아들들과 머뭇거리다가 자비에게 말했소."

크리스티아나 "자, 모험해 봅시다. 하기만 하면 별일 없겠죠."

그리고 그들은 걸음을 주의하며 아슬아슬하게 건너갔다오. 조심했지만 크리스티아나는 여러 번 빠질 뻔했지요. 낙심의 수렁을 건넜을 때 그들은 그들에게 하는 말씀을 들었다오.

'믿는 자에게 복이 있도다. 주께서 그에게 하신 말씀이 반드시 이루리라'(눅 1:45).

그들이 다시 길을 가기 시작할 때 자비가 크리스티아나에게 말했소.

자비 "만일 저도 아주머니처럼 좁은 문에서 사랑의 영접을 받는다는 선한 소망의 근거가 있다면, 낙심의 수렁은 전혀 저를 실망시키지 못할 것 같아요."

크리스티아나 "당신은 당신 대로의 고민이 있고 나는 나대로의 고민이 있답니다. 그런데 착한 아가씨, 우리 모두 우리 여행의 목적지에 이르기까지 숱한 고난을 겪게 될 거예요. 왜냐하면, 우리는 놀라운 영광을 얻으려고 계획하나 얻지 못하고, 우리의 행복을 시샘하고 미워해서 어떻게 해서든지 두려움과 함정, 환난과 고통으로 우리를 공격하는 자들과 만나게 될 것이라는 사실은 얼마든지 상상할 수 있기 때문이죠."

여기서 현명은 나 혼자 꿈꾸도록 내버려 두고 떠났다. 그때 나는 크리스티아나와 자비 그리고 네 명의 소년이 모두 좁은 문으로 올라가는 것을 보았다. 그들은 좁은 문으로 가면서, 문 앞에서 어떻게 사람을 부르며, 문 열어줄 사람에게 어떻게 말해야 하느냐에 대해 짧게 토의했다. 그리고 크리스티아나가 제일 연장자이므로 그녀가 문을 두드리고 문 열어 주는 사람에게 휴식을 청하는 말을 하기로 했다. 그래서 크리스티아나가 문을 두드렸다.

그녀는 자기 불쌍한 남편이 했던 것처럼 두드리고 또 두드렸다. 그러나 그들은 대답 대신 개가 짖어대는 소리를 들은 것 같았다. 개도 아주 큰 개 같았으므로 여인들과 아이들은 무서워졌다. 그들은 얼마 동안 개가 덮칠까 봐 두려워 문을 더 두드리지 못한 채 허둥지둥 어찌할 바를 몰랐다. 개가 무서워 문도 못 두드리고, 그렇다고 돌아가자니 그들이 가는 것을 보고 문지기가 화를 낼 것만 같아 돌아갈 수도 없었다. 한참 허둥대다가 그들은 다시 문을 두드려야 한다는 생각이 들어 처음보다 더 세게 두드렸다.

그러자 "누구십니까?"라는 문지기의 응답이 들려왔다.

그 소리와 함께 개 짖는 소리가 그치고 문이 열렸다.

크리스티아나는 머리를 깊이 숙이고 정중하게 절하며 말했다.

크리스티아나 "우리 주여! 계집종들이 이 귀한 문을 두드린 것에 노여워하지 마소서."

그러자 문지기는 "당신들은 누구시죠, 용건이 무엇입니까?"

이렇게 물었다. 크리스티아나가 대답했다.

크리스티아나 "우리는 크리스천이 왔던 곳에서 그와 같은 용건을 가지고 왔습니다. 즉, 당신께서 기쁘게 허락하신다면, 이 문으로 들어가 천성으로 인도하는 길에 들어서고자 합니다. 또 두 번째 질문에 대답할게요. 저는 지금 높은 곳으로 올림 받은 크리스천의 아내였던 사람이랍니다."

그 말에 문지기는 놀랐다.

문지기 "뭐라고요?

얼마 전까지 순례자 생활을 그렇게 싫어하던 당신이 지금 순례자가 되었단 말입니까?"

크리스티아나는 고개를 떨구며 말했다.

크리스티아나 "그렇습니다. 그리고 여기 나의 귀여운 아이들도 순례자가 되었어요."

그러자 문지기는 그녀의 손을 잡아 안으로 인도하며 "어린아이들이 내게 오는 것을 용납하고 금하지 말라"(막 10:14)라고 말하고는 문을 닫았다. 그다음 그는 문 위에 있는 나팔수에게 기쁨의 환호와 나팔 소리로 크리스티아나를 환영하라고 명했다. 나팔수는 그 말에 따라 나팔을 불어 아름다운 가락으로 주변을 채웠다. 그동안 불쌍한 자비는 밖에 서서 자신은 배척당했다는 두려움으로 떨며 울고 있었다. 그러나 크리스티아나는 자신과 아들들이 들어서자마자 자비를 위한 중보기도를 하기 시작했다.

크리스티아나 "내 주여! 제게는 아직 밖에 서 있는 동행이 있습니다. 그 사람은 저와 똑같은 목적으로 왔는데, 저는 남편의 왕에게서 오라는 부르심을 받았지만, 그녀는 부르심 받지 못하고 왔다고 생각해서 크게 낙심하고 있답니다."

이때 자비는 너무 조바심 나서 일 분이 한 시간처럼 길게 느껴졌다. 그래서 그녀는 직접 문을 두드렸고, 그것은 그녀를 위한 크리스티아나의 말을 끝마치지 못하게 만들었다. 자비가 문을 너무 크게 두드렸기 때문에 크리스티아나의 말문이 막힌 것이다.

문지기가 물었다.

"저 사람은 누구죠?"

크리스티아나는 "제 친구입니다"라고 대답했다.

문지기는 문을 열고 밖을 내다보았다. 그런데 밖에 있던 자비는 문이 열리지 않을까 봐 겁이 나고 두려워서 기절하고 말았다. 문지기는 그녀의 손을 잡아 일으키며 말했다.

"내가 네게 말하노니 소녀야 일어나라"(막 5:41).

자비는 "아! 선생님, 어지러워요. 제 안에 생명이 거의 남지 않은 것 같아요"라고 말했다.

문지기가 말했다.

"과거에 어떤 사람은 '내 영혼이 내 속에서 피곤할 때에 내가 여호와를 생각하였더니 내 기도가 주께 이르렀사오며 주의 성전에 미쳤나이다'(욘 2:7)라고 말했습니다. 두려워 말고 일어나서 당신이 온 이유를 말해 보세요."

자비 "저는 제 친구 크리스티아나와는 달리 전혀 초청 받지 못한 곳을 찾아왔어요. 크리스티아나는 왕께 초청 받았지만, 저는 크리스티아나에게 초청 받았답니다. 그래서 저는 제가 주제넘지 않았을까 근심한답니다."

그러자 문지기인 친절이 말했다.

"크리스티아나가 당신과 함께 이곳에 오기를 바랐습니까?"

자비 "예, 그래서 내 주께서 보시는 바와 같이 왔답니다. 혹시 은혜나 죄의 용서가 남아 있으시다면, 당신의 불쌍한 계집종도 거기 참여하게 해 주시기를 간청합니다."

그러자 친절은 다시 자비의 손을 잡아 일으켜 다정하게 안으로 들여보내며 말했다.

"어떠한 방법에 의해서 나에게 오든지 나는 나를 믿는 모든 사람을 위해 기도합니다."

그리고 그는 옆에 서 있는 사람들에게 말했다.

"자비 양에게 냄새 맡을 것을 가져다주어 정신을 차리도록 하라."

그러자 그들은 한 줌의 몰약을 가져다주었다(아 1:13). 잠시 후 자비는 원기를 되찾았다. 이렇게 크리스티아나와 그녀의 아들들 그리고 자비는 천성길 어귀에서 주님의 영접을 받고 다정한 말씀을 들었다. 그들은 주님께 더 다가가며 말했다.

크리스티아나, 자비 "우리는 우리 죄악들을 후회하며, 우리 주님께 용서를 구하고, 또 우리가 행해야 할 바에 대해 자세한 가르침을 구합니다."

그는 말했다.

"내가 말과 행동으로 용서를 합니다. 말로 용서한다는 것은 용서의 약속을 주는 것이고, 행동으로 용서한다는 것은 내가 용서를 성취한 방법을 주는 것입니다. 첫 번째 용서는 입맞춤으로 내 입술에서 받고(아 1:2), 두 번째 용서는 앞으로 제시되는 대로(요 20:20) 받으시오."

나는 꿈에서 그가 선한 말을 그들에게 많이 해줌으로써 그들이 크게 기뻐하는 것을 보았다. 그는 그들을 문 위로 데리고 올라가 그들이 어떤 행동으로 구원받았는지를 보여 주고, 그들이 길을 가며 다시 보게 될 광경을 이야기해 주며 위로했다. 그 후 그는 그들을 아래층의 시원한 응접실에서 잠시 머물도록 했다. 그곳에서 그들은 대화를 시작했다. 크리스티아나가 말했다.

크리스티아나 "아, 우리가 이곳에 들어오게 된다니, 얼마나 기쁜지 모르겠어요!"

자비 "아주머니도 당연히 기쁘시겠지만 저는 너무 기뻐 뛰고 싶을 지경인걸요."

크리스티아나 "문을 두드려도 아무 대답이 없어, 문 앞에서 한순간 우리의 모든 노력이 허사였구나 하고 생각했어요. 특히 저 끔찍한 개가 우리에게 맹렬히 짖어댈 때 그랬죠."

자비 "여러분이 주님의 은총 안으로 받아들여지고 저만 뒤에 남았을 때, 제 두려움은 더 컸어요. 그때 저는 '두 여자가 맷돌질을 하고 있으매 한 사람은 데려가고 한 사람은 버려둠을 당할 것이니라'(마 24:41)는 말씀이 이루어졌다고 생각했어요. '이제 다 틀렸다'라고 소리치며 울고 싶은 것을 참느라 무척 애먹었죠. 그러나 문 위에 쓰인 글을 쳐다보고 용기를 얻었답니다. 나는 죽어도 다시 문을 두드려 봐야 한다고 생각하고 두드렸지요. 그러나 제 영이 생사의 갈림길에서 방황하고 있었기 때문에 어떻게 문을 두드렸는지 모르겠어요."

크리스티아나 "어떻게 두드렸는지 모르겠다고요?

당신이 어찌나 열심히 두드려댔던지, 그 소리에 내 말문이 막혀 버렸죠. 나는 당신이 폭력을 행사해서 들어오려 하거나 강제로 왕국을 탈취하려는 줄 알았어요."

자비 "어머나! 그랬군요. 그러나 그런 처지인 제 경우가 되면 누구나 다 그렇게 하지 않을까요?

문이 제 앞에서 닫힌 것을 보셨죠?

게다가 징그러운 개가 주위를 어슬렁거렸어요. 그러니 저처럼 마음 약한 사람이 온 힘을 다해 문을 두드리지 않을 수 있겠어요?

그런데 주님은 제 무례함에 대해 뭐라고 말씀하시던가요?

제게 노하지 않으시던가요?"

크리스티아나 "그분은 당신이 요란스럽게 두드리는 소리를 들으셨을 때, 놀랍도록 순결한 미소를 지으셨답니다. 나는 당신 행동이 그분을 매우 기쁘게 해 드렸다고 믿어요. 왜냐하면, 그분은 전혀 화내는 표정을 보이지 않으셨거든요. 그런데 나는 왜 그분이 그런 개를 기르시는지 이상한 생각이 들어요. 만일 그런 개가 있다는 것을 미리 알았다면 감히 그런 식으로 문을 두드리지 못했을 거라는 생각이 들거든요. 어쨌든 지금 우리는 안에 들어와 있으나 정말 기쁩니다."

자비 "아주머니만 괜찮으시다면, 그분이 다시 이곳에 내려오실 때 왜 그분의 뜰에 그렇게 더러운 개를 기르시는지 여쭤보겠어요. 그분은 그런 질문을 언짢게 여기지 않으실 것 같아요."

그러자 어린아이들이 "그렇게 하세요. 그리고 그분께 그 개를 목매달아 죽이라고 간청하세요. 왜냐하면, 우리가 나갈 때 물까 봐 무서워요"라고 했다. 얼마 후 문지기가 그들에게 다시 내려왔다. 자비는 땅에 무릎을 꿇고 그에게 경배하고 말했다.

자비 "내 주님이시여! 지금 제가 송아지 제물 대신 제 입술로 드리는 찬양의 제사를 받아 주소서."

그러자 그는 자비에게 말했다.

"평안함이 그대에게 있으라. 이제 일어나시오."

그러나 자비는 계속해서 경배하며 말했다.

자비

> 여호와여 내가 주와 변론할 때에는 주께서 의로우시니이다 그러나 내가 주께 질문하옵나니(렘 12:1-2),

주께서 그처럼 사나운 개를 뜰에 기르심은 무슨 까닭이신가요? 그 개를 보고 우리 같은 여인과 어린아이들은 두려워 문에서 도망쳐 버리지 않겠습니까?"

그러자 그는 대답했다.

"저 개 임자는 다른 자입니다. 또 저 개는 다른 자의 땅에 철저히 갇혀 있으므로, 순례자들은 짖는 소리만 들을 뿐이죠. 저 개는 저 멀리 보이는 성에 속한 것이지만, 이 성벽 위까지 올 수 있답니다. 아무튼, 저 개 때문에 많은 정직한 순례자들이 놀란 게 사실이에요. 사실상 저 개의 주인은 나나 나의 사람들에 관해 호의를 가지고 저 개를 기르는 게 아니라, 순례자들이 이 문 앞에 와서 들어오려고 두드리는 것을 두려워하게 해서 내게로 오는 것을 막으라는 의도로 기르는 것이죠.

때때로 저 개는 뛰쳐나와 내가 사랑하는 사람들을 놀라게 하기도 하죠. 하지만 현재 나는 모든 일을 참고 있습니다. 그리고 내가 적절한 시기에 나의 순례자들을 돕기 때문에 그들이 본능에 따라 행동하는 저 개의 능력에 굴복하는 일은 없답니다.

그러나 내가 피로 산 자여! 분명히 말하건대 그대가 미리 전혀 알지 못했다 해도, 개를 두려워해서는 안 됩니다. 이 집 저 집 돌아다니며 구걸하는 거지들도 동냥을 잃지 않으려고 개가 으르렁대고 무는 위험을 무릅쓰지요.

그런데 하물며 개 한 마리 그것도 다른 자의 뜰에 있는 개 한 마리가 무서워 내게 나아오지 못한단 말입니까?

나는 그 개가 짖는 것을 순례자들의 유익으로 바꾼답니다.

> 나는 나의 사랑하는 자들을 사자에게서 구해내며,
> 개의 세력에서 구해내지요"(시 22:20-21).

자비 "저의 무지를 고백합니다. 깨닫지 못하고 말했군요. 저는 당신께서 만사를 훌륭히 행하심을 인정합니다."

그 후 크리스티아나는 자신들의 여행에 대해 말하고 길에 대해 질문했다. 문지기는 그녀의 남편에게 했던 대로 그들에게 먹을 것을 주고, 발을 씻기고, 주님이 걸어가시던 길로 그들을 인도했다. 그래서 나는 그들이 길을 걷는 것을 꿈에서 보았다. 날씨가 매우 포근해서 크리스티아나는 다음과 같이 노래했다.

> 내가 순례자가 되기 시작한 날이 복되도다.
> 나를 감동하게 하신 분이시여!
> 복되도다.
> 내가 영생을 찾기 시작한 것이
> 오래지 않은 것 사실이나,
> 안 가는 것보다는 늦은 것이 나으므로
> 지금 나는 가능한 한 빨리 달려간다.
> 우리가 본 대로
> 눈물은 기쁨이 되고, 두려움은 믿음이 되도다.
> 우리의 시작은 이렇게
> 우리의 종말이 어떠할지 보여 준다.

좁은 문 앞에서 기절한 자비

제2장

순례자들의 구원을 방해하려는 두 악당으로부터 구출된 뒤, 해설자의 집에 이르러 많은 유익한 대화를 나누다

크리스티아나와 그 일행들이 가는 길에는 담이 쳐져 있었다. 그 담 안쪽에는 정원이 있었다. 그 정원은 앞에서 언급했던 짖어대는 개 주인의 소유였다. 그 정원에서 자라는 과일나무 중 일부는 담벼락 위로 가지를 뻗고 있었다. 과일이 먹음직스럽게 익었기 때문에 그 과일을 본 사람들은 그것을 따먹고 탈이 나곤 했다. 크리스천의 아들들도 소년들이 흔히 그러하듯 과일나무와 거기 달린 과일들을 보고 좋아하며 따먹기 시작했다. 어머니는 그런 짓을 하지 말라고 꾸짖었으나, 아이들은 계속 따먹을 뿐이다.

크리스티아나는 아이들에게 말했다.

크리스티아나 "애들아, 저 과일은 우리 것이 아니니, 너희들은 나쁜 짓을 하는 거란다."

하지만 그녀는 그 과일이 원수의 것이라는 사실을 미처 알지 못했다. 만일 그 사실을 알았다면, 그녀는 무서워 어쩔 줄 몰랐을 것이다. 아무튼, 그곳을 통과해서 그들은 계속 나아갔다. 그들이 이 길이 시작된 곳에서 화살이 미치는 거리 두 배쯤 갔을 때, 그들은 매우 흉악하게 생긴 두 남자가 빠른 걸음으로 그들 쪽으로 다가오는 것을 보았다. 그래서 크리스티아나와 자비는 베일로 얼굴을 가린 채 아이들을 앞세우고 계속 나아갔다. 그러다 결국 그들과 마주치게 되었고, 그 남자들은 여인들을 껴안을 듯 바짝 다가섰다.

크리스티아나는 소리쳤다.

크리스티아나 "물러서요, 아니면 조용히 갈 길이나 가요."

그러나 그들은 귀머거리처럼 크리스티아나의 말을 들은 척도 안 하고 여인들에게 손대려 했다. 극도로 화가 난 크리스티아나는 남자를 발로 걷어찼다. 자비도 최선을 다해 남자를 피했다. 크리스티아나는 다시 말했다.

크리스티아나 "썩 물러나요. 보다시피 우리는 친구들의 자선으로 생활하는 순례자들이기 때문에 빼앗길 돈도 없어요."

그러자 두 사나이 중 하나가 말했다.

사나이 "우리는 돈을 빼앗으려고 너희들에게 이러는 게 아니라, 너희와 애기하러 온 거야. 만일 우리가 요구하는 작은 부탁 한 가지만 들어주면 너희를 영원히 여자로 만들어 줄게."

이제 크리스티아나는 그들의 의도를 짐작하고 다시 대답했다.

크리스티아나 "우리는 당신들이 요구하는 것을 듣지도 않고, 생각하지도 않고, 응하지도 않을 거예요. 우리는 바빠서 지체할 수가 없어요. 우리 일은 생사가 걸린 일이란 말예요."

그녀와 일행은 다시 그들을 지나치려 했다. 그러나 그들은 그들을 못 가게 막으며 말했다

사나이들: "우리는 너희 목숨을 해칠 의사가 없어. 우리가 바라는 것은 다른 거라니까."

크리스티아나가 말했다.

크리스티아나 "알아요. 당신들은 우리의 몸과 영혼을 모두 빼앗으려는 거죠. 나는 당신들이 그런 목적으로 왔다는 것을 알아요. 그러나 우리는 우리 미래의 행복을 위태롭게 하는 함정에 빠지기보다는, 차라리 이 자리에서 죽어 버릴 겁니다."

그리고 그들은 "사람 살려요! 사람 살려요!" 하고 비명을 지르며, 여인들을 보호하기 위해 정해진 율법에 의지했다(신 22:25-27). 그러나 사나이들은 여인들을 잡아 욕보이고자 계속 다가왔다. 그래서 여인들은 다시 소

리 질렀다. 앞에서 언급한 바와 같이 그들은 이때 그들이 출발한 문에서 멀리 떨어져 있지 않았기 때문에 여인들의 소리는 문 쪽에 있는 사람들에게까지 들렸다. 집에서 뛰어나온 사람들은 이 소리가 크리스티아나의 소리라는 것을 알아채곤 급히 그녀를 구출하러 달려왔다. 여인들의 모습이 보이는 데까지 그들이 이르렀을 때 여인들은 심한 몸싸움을 하고 있었다. 어린아이들은 옆에 서서 울고 있었다. 여인들을 구출하러 온 사람이 악당들에게 소리 질렀다.

구원자 "네 이놈들, 무슨 짓을 하는 거냐?

네 놈이 우리 주님의 백성을 욕보이려 하느냐?"

그는 악당들을 붙잡으려 했다. 그러나 악당들은 담을 넘어 큰 개 주인의 정원으로 도망쳐 버려, 개가 그들의 보호자가 되었다. 구원자는 여인들에게 다가와 별일 없느냐고 했다. 여인들은 대답했다.

여인들 "조금 놀랐을 뿐 별일은 없습니다. 이렇게 우리를 도와주시러 오신 데 대해 당신의 왕자님과 당신께 감사드립니다. 오시지 않았다면 우리가 어떤 일을 당했을지는 아무도 몰라요."

구원자는 몇 마디 말을 나눈 다음 이렇게 말했다.

구원자 "당신들이 저 위의 문에서 환대받을 때, 자신들이 연약한 여자에 불과한 줄 알면서도 주님께 안내자들을 청원하지 않았다니 너무 놀랍군요. 청원했다면 주님께서 안내자를 딸려 보내 주셔서, 이런 환난과 위험들을 피할 수 있었을 텐데요."

크리스티아나 "어머나! 저희는 주님의 축복에 너무 감격해서 위험이 닥치리라는 걸 잊고 있었던 걸요.

또 왕의 궁전 가까이에 이런 음탕한 자들이 숨어 있을 거라고 누가 생각이나 했겠어요?

정말 주님께 안내자를 부탁드렸다면 좋았을 텐데 그러나 우리 주님께서 안내자가 우리에게 유익한 줄 아셨으면서 왜 우리에게 딸려 보내시지 않았는지 이상하네요."

구원자 "구하지 않은 것을 주는 것이 항상 유익한 것은 아닙니다. 왜냐하면, 그렇게 받은 것은 소중히 여기지 않기 때문이죠. 그러나 어떤 것이 부족하다고 느껴질 때, 그 부족감을 느끼는 사람이 그것을 얻게 되면 적절하게 평가되고, 또 결과적으로 적절하게 사용되는 법입니다. 만일 나의 주님께서 당신들에게 안내자를 주셨다면 당신들은 지금 하는 것처럼 안내자를 청원하지 않은 부주의를 이렇게 한탄하지 않았을 거예요. 그러므로 모든 일이 합력해서 선을 이루어 당신들을 보다 신중하게 만드는 데 도움이 되는 것입니다."

크리스티아나 "그러면 우리가 주님께 다시 돌아가서 우리의 어리석음을 고백하고 안내자를 부탁할까요?"

구원자 "내가 당신의 어리석음에 대한 고백을 주님께 대신 말씀드릴 테니, 다시 돌아갈 필요는 없습니다. 당신들은 가는 곳곳마다 전혀 부족함이 없을 것입니다. 우리 주님께서 자신의 순례자들을 영접하기 위해 예비해 놓으신 모든 숙소에서 순례자들은 어떤 시험도 막을 수 있는 충분한 공급을 받을 수 있거든요. 그러니 아까 내가 말한 것처럼 '이와 같이 자기들에게 이루어 주기를 구하여야' 합니다(겔 36:37). 그리고 구할 가치도 없는 것은 보잘것없는 것이고요."

구원자는 이 말을 하고 자기 처소로 돌아갔다. 순례자들은 계속 여행을 했다.

자비 "참 끔찍한 일이었어요! 저는 우리가 모든 위험을 통과하고, 더 이상 슬픈 일을 만나지 않으리라 생각했어요."

크리스티아나 "자매님, 당신은 아무것도 몰랐으니 책임을 면할 수 있지만, 나의 잘못은 엄청나게 커요. 왜냐하면, 나는 그 집을 떠나기 전에 위험에 처할 것을 알면서도 할 수 있는 준비를 하지 않았거든요. 나는 크게 비난받아야 해요!"

자비 "집을 떠나기 전에 이 일을 어떻게 아셨는지 그 수수께끼를 제발 제게 알려 주세요."

크리스티아나 "말씀드리지요. 나는 집을 나서기 전 어느 날 밤, 침대에 누워 잠을 자다가 꿈을 꾸었어요. 내가 생각할 때, 누가 보더라도 아까 그 악당 같은 두 사내가 어떻게 하면 나의 구원을 방해할 수 있을까 음모를 꾸미는 것을 봤어요. 그들이 한 말 그대로 말씀드릴게요 (그때 나는 고민에 빠져 있었어요). 그들은 '이 여자를 어떻게 하지?

자나 깨나 불쌍히 여겨 달라고 소리 지르고 있잖아?

이 여자가 시작한 일을 그대로 놓아두면, 이 여자 남편을 잃은 것처럼 이 여자도 잃게 될 걸' 하고 말했어요. 당신도 아시다시피, 이 꿈을 통해 나는 정신 차리고 할 수 있는 준비를 해야 했는데, 그렇게 하지 못한 거예요."

자비 "그랬군요. 그렇지만 그 나태함을 통해 우리는 우리 자신의 불완전함을 볼 기회를 얻었고 우리 주님께서는 이로써 자신의 풍성한 은혜를 나타내는 기회로 삼으셨어요. 우리가 보았듯이 주님께서는 청하지도 않은 자비로 우리를 따라오셔서 그 기쁘신 뜻대로 우리보다 강한 자들의 손에서 우리를 구원해 주셨습니다."

그들이 이런 이야기를 나누는 동안 그들의 발길은 길에 서 있는 한 집을 향해 가까이 다가가고 있었다. 그 집은 앞서 제1부에서 자세히 설명한 바와 같이 순례자들의 휴식을 위해 지은 것이었다. 그들이 이 해설자의 집에 다가가 문에 이르렀을 때 안에서 큰 소리로 이야기하는 것이 들렸다. 그들이 귀 기울여 보니 크리스티아나라는 이름이 언급되는 것 같았다. 여기서 독자 여러분은 크리스티아나와 그녀의 아들들이 순례 여행을 떠났다는 소문이 그녀가 떠난 것보다 먼저 전해졌다는 사실을 알 필요가 있다. 사람들은 이 소문을 듣고 매우 기뻐했다. 왜냐하면, 얼마 전까지 순례 여행을 떠나자는 말에 귀 기울이기 싫어했던 크리스천의 아내가 순례 여행을 떠났기 때문이었다.

크리스티아나와 일행은 안에 있던 착한 사람들이 밖에 누가 서 있는지 전혀 알지 못한 채 자신들에 대해 칭찬하고 있는 것을 가만히 듣고 서 있었다. 잠시 후 크리스티아나는 전에 좁은 문에서 했던 대로 문을 두드렸다. 그러자 젊은 처녀가 나와 문을 열었고 밖에 서 있는 두 여인을 바라다보았다.

처녀 "이곳에 누구를 찾아오셨나요?"

크리스티아나 "저희는 이 집이 순례자가 된 사람들을 위한 특별 장소라고 알고 있습니다. 저희는 순례자로서 이 문 앞에 서 있습니다. 그러니 제발 안에 들어가도록 허락해 주십시오. 아가씨도 보시다시피 날이 많이 저물어 더 이상 밤길을 갈 수가 없답니다."

처녀 "실례지만, 안에 계신 주님께 말씀드리게 이름을 알려 주시겠어요?"

크리스티아나 "제 이름은 크리스티아나예요. 저는 몇 년 전 이 길을 여행했던 크리스천이라는 순례자의 아내이며, 이 아이들은 그의 네 아들이죠. 또 이 아가씨는 저와 동행으로서 함께 순례 여행을 하고 있어요."

그러자 순진(Innocent)이라는 이름의 그 처녀는 안으로 뛰어들어가 말했다.

순진 "문 앞에 누가 와 있는지 아세요?

크리스티아나와 그녀의 아들들 그리고 동행 자비가 와서 여기서 위로 받기를 기다리고 있어요."

이 말을 듣자 안에 있던 사람들은 기뻐 뛰며 주인에게 가서 말을 전했다. 그러자 주인이 직접 문으로 나와 크리스티아나를 바라보고 말했다.

해설자 "착한 사람 크리스천이 순례자의 삶을 시작할 때 뒤에 남겨 두신 크리스티아나 씨가 바로 당신이군요."

크리스티아나 "마음이 강퍅해서 남편의 고민을 가볍게 여기고 혼자 여행을 떠나게 내버려 둔 여자가 바로 저입니다. 이 아이들은 그이의 네 아들이고요. 그러나 이제 이 길 외에는 바른길이 없는 줄 확신하고 여기까지 왔답니다."

해설자 "어떤 사람이 아들에게 '오늘 포도원에 가서 일하라'라고 말했더니, 아들이 아버지에게 '싫소이다'라고 대답했다가 나중에 회개하고 일하러 갔다고 기록된 말씀이 이루어졌군요"(마 21:28-29).

크리스티아나 "아멘, 그렇게 되기를 바랍니다. 하나님이시여! 그 말씀이 진실로 나에 대한 말씀이 되게 하시고 마지막 날에 흠 없고 허물없이 평안함 가운데 당신께 발견되도록 허락하소서."

해설자 "그런데 왜 문 앞에 그렇게 서 계십니까?

아브라함의 딸이여, 안으로 들어오세요. 조금 전에 당신이 순례자가 되었다는 소식을 듣고 당신에 관해 이야기하고 있던 참입니다. 자, 애들아, 너희도 들어오너라. 아가씨도 들어오세요."

주인은 모두를 집 안으로 들어오게 했다. 그들이 안으로 들어가자 사람들은 앉아서 휴식을 취하라고 권했다. 그들이 자리에 앉자 그 집에서 순례자들을 시중드는 사람들이 그들을 만나러 방에 들어왔다. 그들은 모두 크리스티아나가 순례자가 되었다는 사실에 기뻐하며 미소 지었다. 그들은 아이들을 바라보며 따뜻하게 환영한다는 표시로 아이들 얼굴을 쓰다듬기도 했다. 또한, 자비에게도 애정 표시를 하며 집에 오신 것을 환영한다고 인사했다.

잠시 후, 아직 저녁 식사가 준비되지 않았으므로 해설자는 그들을 의미 깊은 방들로 데리고 가서 크리스티아나의 남편이 얼마 전에 보았던 것들을 보여 주었다. 그들은 이 방들에서 철창 속에 갇힌 사람, 꿈을 꾼 사람, 대적들을 물리치고 자기 길을 간 사람, 그 모든 사람 중 가장 중요한 사람의 그림 등, 당시 크리스천에게 매우 유익했던 다른 것들도 함께 보았다. 여러 방을 보고 거기서 본 일들을 크리스티아나와 일행이 어느 정도 이해하자 해설자는 다시 그들을 인도해서 다른 방으로 데리고 갔다. 그곳에는 거름 헤치는 갈퀴를 손에 들고 오직 아래쪽 외에는 다른 쪽을 바라보지 않는 남자가 있었다. 그의 머리 위쪽으로는 천국의 면류관을 손에 든 한 사람이 서서 그에게 갈퀴를 버리고 면류관을 받으라고 권하고 있었다. 그러나 그는 쳐다보지도 않고 관심 두지도 않은 채, 단지 바닥의 짚과 작은 나무토막 그리고 먼지만 갈퀴로 긁고 있었다.

크리스티아나 "이 의미를 약간 알 것 같아요. 선한 선생님, 이 광경은 이 세상 사람을 상징하는 것 아닙니까?"

해설자 "옳아요. 갈퀴는 그의 세속적인 마음을 나타냅니다. 당신이 보시다시피 그는 손에 천국의 면류관을 든 사람이 위에서 그에게 명하는 말을 따르지 않고 바닥의 짚과 나무 조각 그리고 먼지 따위를 긁어모으는 데 열중하고 있어요. 이것은 어떤 사람들에게 천국은 신화에 불과할 뿐, 이 땅의 일들만이 실재하는 것으로 여겨진다는 것을 보여 주죠. 또한, 이 남자가 아래쪽밖에 바라볼 수 없다는 사실에서 당신은 땅의 것들이 사람의 마음을 사로잡는 권세를 가질 때, 사람들의 심령을 하나님에게서 완전히 떠나가게 한다는 것을 깨달아야 합니다."

크리스티아나 "오, 이 거름 헤치는 갈퀴에서 나를 구원하소서!"

해설자 "그 기도는 갈퀴가 거의 녹슬어 못쓰게 될 때까지 하지 않는 기도입니다. '나를 부하게도 마옵시고'(잠 30:8)라는 기도는 만 명 중 한 사람도 드리지 않는 기도이고요. 짚, 나무 조각, 먼지 등이 지금 사람들이 추구하는 중요한 것들이죠."

그 말을 듣고 크리스티아나와 자비는 눈물을 흘리며 말했다.

크리스티아나, 자비 "슬프게도 그 말씀은 지극히 사실이에요."

이 광경을 보여 준 후 해설자는 그들을 그 집에서 가장 훌륭한, 매우 화려한 방으로 데리고 가더니, 그들에게 주위를 둘러보고 유익한 것을 찾아 보라고 했다. 그래서 그들은 여러 번 둘러보았다. 그런데 벽에 매우 큰 거미가 있다는 것 외에는 아무것도 보이지 않았다. 그들은 그 거미를 무심히 지나쳐 버렸다.

자비는 "선생님, 아무것도 안 보이는데요"라고 말했다. 크리스티아나는 잠자코 있었다.

해설자 "다시 살펴보십시오."

그래서 자비는 다시 둘러보았다. 그러더니 "벽 위에 발로 매달려 있는 흉측한 거미 외엔 아무것도 없어요."

해설자 "이 넓은 방에 거미 한 마리만 있을까요?"

이 말을 듣자 크리스티아나는 이해력이 빠른 여자였으므로 눈에 눈물이 고이며 말했다.

크리스티아나 "그렇습니다. 주여 이곳에는 한 마리가 아니라 더 많이 있습니다. 그리고 그 거미들은 저 거미보다 훨씬 더 치명적인 독을 갖고 있지요."

그러자 해설자는 기쁘게 그녀를 바라보며 "당신은 진리를 말했어요"라고 했다.

해설자의 말에 자비는 얼굴을 붉히고 아이들은 손으로 얼굴을 가렸다. 이제야 그들은 이 수수께끼를 이해할 수 있었다. 다시 해설자가 말했다.

해설자 "여러분이 알다시피 거미는 손에 잡힐 만해도 왕궁에도 있습니다 (잠 30:28). 이 말씀이 기록된 이유는 여러분이 아무리 죄의 독으로 가득하다 할지라도, 믿음의 발로 천국 왕의 집에서 가장 훌륭하게 매달려 거할 수 있다는 것을 보여 주기 위함입니다."

크리스티아나 "이에 대해 약간 생각은 했지만, 완전히 깨닫지는 못했어요. 저는 우리가 저 거미처럼 아무리 아름다운 방에 거해도 추한 벌레처럼 보인다고는 생각했지만, 독이 있고 흉측한 벌레인 이 거미에 의해 믿음을 행하는 법을 배울 수 있다는 생각은 못했어요. 정말 저 거미는 발로 매달려 이 집에서 가장 좋은 방에 살고 있군요. 하나님께서는 무엇 하나도 헛되이 창조하시지 않았어요."

그들은 모두 기뻐하는 듯이 보였으나 눈에 눈물이 고여 있었다. 그들은 서로를 쳐다보고 해설자에게 절했다. 해설자는 그들을 암탉과 병아리들이 있는 방으로 데리고 가서 잠시 관찰하라고 했다. 그들이 바라보자니 병아리 한 마리가 물통에서 물을 마시는데, 마실 때마다 머리를 쳐들고 하늘을 바라보는 것이었다.

해설자 "이 작은 병아리의 행동을 보고 하늘을 바라보며 긍휼을 받아들임으로써 긍휼이 오는 곳을 인정하는 법을 배우십시오. 다시 저들을 잘 관찰해 보세요."

그들은 암탉과 병아리를 주의 깊게 관찰해서 암탉이 병아리들을 다루는 네 가지 방식을 발견했다.

첫째, 암탉은 온종일 병아리들을 부르는 일반적인 소리를 갖고 있다.
둘째, 암탉은 가끔씩 사용하는 특별히 부르는 소리를 갖고 있다.
셋째, 병아리들을 품을 때 내는 소리가 있다.
넷째, 소리쳐 부르는 소리가 있다(마 23:37).

해설자 "이제 이 암탉을 여러분의 왕에 비유하고, 병아리들을 왕께 순종하는 사람들에 비유해 봅시다. 이 암탉처럼 왕께서도 자기 백성을 향해 행하시는 방법들을 갖고 계신답니다. 왕께서는 일반 소명에 의해서는 아무것도 주지 않으시나, 특별 소명으로는 항상 무엇인가를 주십니다. 또한, 왕께서는 자기 백성을 날개 아래 품으시는 소리를 갖고 계십니다. 그리고 왕께서는 대적들이 나타나는 것을 보실 때 소리쳐 경고하시죠. 사랑하는 여러분! 당신들은 여자이기 때문에 이러한 일들을 쉽게 이해할 것 같아 이 방으로 데리고 왔어요."

크리스티아나 "선생님, 우리에게 더 많은 것을 보여 주세요."

그러자 해설자는 그들을 도살장으로 데리고 갔다. 그곳에서는 도살자가 양을 잡고 있었다. 그들이 보니 양은 소리 하나 없이 죽임 당하고 있었다. 해설자가 말했다.

해설자 "여러분은 이 양에게서 부당한 대우에 대해 투덜대거나 불평하지 않고 참으면서 받아들이는 것을 배워야 합니다. 저 양이 귀에서부터 가죽을 벗겨도 죽음에 반항하지 않고 얼마나 조용히 받아들이는지 보십시오. 여러분의 왕께서는 여러분을 자기의 양이라고 부르신답니다."

그 후 해설자는 그들을 여러 가지 꽃들이 피어 있는 자신의 정원으로 데리고 갔다.

해설자 "이 모든 꽃이 보이십니까?"

크리스티아나 "예."

해설자 "보십시오. 이 꽃들은 모양과 성질, 색깔, 향기 그리고 아름다움에 있어 다양합니다. 또 어떤 꽃들은 다른 꽃들보다 더 훌륭하고, 어떤 꽃들은 다른 꽃들보다 덜 훌륭하죠. 그러나 그들은 정원사가 심어 놓은 자리에 그대로 있으면서 서로 다투지 않아요."

해설자는 다시 그들을 자신이 밀과 옥수수를 심어 놓은 밭으로 데리고 갔다. 그들이 보니 밀과 옥수수는 모두 윗부분이 잘려나가 짚대만 남아 있었다.

해설자 "나는 이 땅에 비료를 주고 쟁기로 갈아 씨를 뿌렸습니다. 그런데 이 모양이 되었으니, 이것을 어떻게 해야 할까요?"

크리스티아나 "일부는 불태워 버리고 나머지는 퇴비나 만들어야겠지요."

해설자 "보시다시피 여러분이 기대하는 것은 열매이죠. 열매가 없을 때 여러분은 이것들을 불에 던지거나 사람들의 발에 밟히게 내버리라고 정죄합니다. 이 점에서 여러분이 자신을 정죄하지 않도록 유의하십시오."

그들은 밖에서 들어오며 작은 울새 한 마리가 큰 거미를 입에 물고 있는 것을 보았다.

해설자 "저 울새를 보십시오."

그들은 울새를 바라보았다. 자비는 의아스러워했으나, 크리스티아나는 다음과 같이 말했다.

크리스티아나 : "가슴이 빨간 작고 예쁜 울새가 저런 더러운 거미를 먹다니, 얼마나 보기 싫은지 모르겠네요. 이 새는 많은 새 중에 특별히 예쁜 새라서 사람과 사귀기 좋아하는 줄 알았는데 말이에요! 저는 울새가 빵 조각 같은 해롭지 않은 것을 먹고 사는 줄 알고 좋아했는데, 이제 싫어졌어요."

해설자 "이 울새는 어떤 신앙고백자들을 매우 잘 나타내는 하나의 상징이죠. 그들은 보기에는 이 울새처럼 소리와 색깔과 행동이 아름다워요. 그리고 그들은 진실한 신앙고백자들을 매우 사랑하는 듯이 보입니다. 또한, 무엇보다 그들은 진실한 신자들과 사귀고 싶어 하며, 그들의 모임에 참여하고 싶어 하는 것처럼 보이죠. 마치 그들은 선한 분이 주시는 빵 조각을 먹고 살 수 있을 듯이 보입니다. 그래서 그들은 경건한 사람들, 곧 주님께서 택하신 사람들의 집인 교회에 뻔질나게 드나드는 것처럼 보이곤 하죠. 그러나 실제로 그들은 저 울새가 거미를 잡아 통째로 삼킬 수 있듯 자신들의 음식을 바꾸어 죄악을 물 마시듯 마시고 삼킬 수 있어요."

그들이 집 안으로 돌아왔을 때 저녁 식사가 아직 준비되지 않았다. 그래서 크리스티아나는 해설자에게 다른 유익한 것들을 보여 주거나 이야기해 달라고 다시 부탁했다. 그러자 해설자가 다시 이야기를 시작했다.

해설자 "암퇘지는 살이 찌면 찔수록 더 진흙을 좋아하고, 암소는 살이 찌면 찔수록 더 빨리 도살자에게 끌려갑니다. 그리고 인간은 정욕이 왕성하면 왕성할수록 더 악에 빠지기가 쉽고요. 여인들에게는 단정하고 우아하게 살고 싶은 욕망이 있는데, 하나님이 보시기에 귀한 가치가 있는 것으로 단장하는 것은 좋은 일입니다. 일 년 내내 앉아 있는 일에 비교해 하루 이틀 밤새우는 것은 쉬운 일이죠. 마찬가지로 자기가 해야 할 바를 끝까지 고수하는 것에 비교할 때, 신앙고백을 그럴듯하게 하기란 쉬운 일이죠. 폭풍을 만날 때 모든 선장은 배에서 가장 값이 안 나가는 것을 배 밖으로 던지는 법입니다.

가장 귀한 것을 먼저 던질 자가 어디 있겠습니까?

그러나 하나님을 두려워하지 않는 자들은 그렇게 하죠. 물이 새는 작은 구멍 하나가 배를 가라앉게 하는 것처럼, 한가지 죄가 죄인을 멸망시키는 거예요. 친구를 망각하는 사람은 그 친구에게 얄미운 사람이지만, 구세주를 망각하는 자는 자기 자신에게 몹쓸 짓을 하는 사람이죠.

죄 가운데 살면서 내세의 행복을 빌라는 자는 가라지 씨를 뿌려놓고 밀과 보리로 자기 곳간을 채우려 드는 자와 같아요. 바르게 살기 원하는 사람은 자신이 죽을 날이 다가오는 것을 기억하며, 항상 그날을 벗으로 삼아야 합니다.

수군거리고 결심을 변경하는 것은 세상에 죄가 존재한다는 증거입니다.

하나님께서 무가치하게 여기시는 이 세상이 사람들에게 가치 있는 것으로 여겨진다면, 하나님께서 극찬하시는 천국은 얼마나 가치 있는 것일까요?

수많은 괴로움이 수반되는 이 세상의 삶도 우리가 포기하기 싫다면, 천국의 삶은 과연 어떠할까요?

모든 사람이 인간의 선에 대해서는 목청을 높입니다.

그러나 인간이 마땅히 행해야 할 하나님의 선에 감동되어 목청을 높이는 사람은 누가 있을까요?

우리는 때로 음식을 먹으려 식탁에 앉지만, 먹고 음식을 남기곤 하죠. 그처럼 예수 그리스도 안에는 온 세상이 필요로 하는 것보다 더 많은 공로와 의가 있어요.

해설자는 말을 마치고 다시 그들을 정원으로 데리고 나가 어느 나무 앞으로 갔다. 그 나무는 속이 모두 썩어 비어 있었으나, 아직 자라는 중인 데다 잎도 달려 있었다.

자비가 '이 나무는 무엇을 나타냅니까?'

이렇게 묻자 해설자는 말했다."

해설자 "겉은 아름다우나 속은 썩어 버린 이 나무는 하나님의 동산에 있는 많은 사람에 비유될 수 있습니다. 그들은 입으로는 하나님을 칭송하지만, 사실상 하나님을 위해 아무 일도 하지 않죠. 그들의 잎사귀들은 아름답지만, 그들의 심령은 선한 것이 전혀 없어 마귀의 불쏘시개 상자에 담길 불쏘시개에 불과해요."

이때 저녁 식사가 준비되어 식탁이 펼쳐지고 모든 음식이 차려졌다. 그들은 식탁에 앉아 한 사람이 감사 기도를 드린 후 식사를 하기 시작했다. 해설자는 자기 집에 유숙하는 사람들이 식사할 때 언제나 음악으로 환대했다. 음유 시인들이 곡을 연주했다. 그들 중 한 사람이 매우 아름다운 목소리로 노래 불렀다.

주님이 나의 유일한 부양자,

나를 먹여주시니

어찌 내게 부족함이 있고

무엇이 더 필요하리오?

　노래와 음악이 끝나자 해설자는 크리스티아나에게 처음에 그녀가 순례자의 생활을 시작하도록 감동을 준 일이 무엇이냐고 물었다.
크리스티아나 "먼저는, 남편을 잃었다는 생각 때문에 마음이 아프고 슬펐답니다. 그러나 그 모든 생각은 자연적인 애정에 불과했어요. 그다음 남편의 고민과 순례 여행을 생각하게 되었답니다. 그 일들에 대해 제가 그에게 얼마나 못되게 굴었던가 하는 생각이 들었어요. 그 죄책감이 제 마음을 얼마나 꼭 붙들고 늘어졌는지, 연못에 빠져 죽고 싶었어요. 그런데 다행히도 남편이 행복하게 있는 꿈을 꾸었고, 또 남편이 사는 나라의 왕께서 제게 자신에게로 오라고 하시는 편지를 받았어요. 그 꿈과 편지가 제 마음에 강력하게 역사해서 이 길을 떠나지 않을 수 없게 했죠."
해설자 "집을 떠나기 전에 어떤 반대에 마주치지 않으셨나요?"
크리스티아나 "마주쳤죠. 남편에게 사자들이 무서우니 돌아가라고 설득하려 했던 사람의 친척이자 내 이웃인 겁쟁이 여사의 반대가 있었어요. 그 여자는 제가 하려는 여행을 무분별한 모험이라며 저를 바보 취급했죠. 또 그 여자는 제 남편이 이 길에서 만난 고통과 환난들을 언급하며, 어떻게 하든지 제 용기를 잃게 하려 애썼어요. 그러나 저는 그 모든 반대를 너끈히 극복했어요. 그런데 저는 제 여행을 방해할 흉계를 꾸미는 두 흉악하게 생긴 자를 꿈에서 보았는데, 그 꿈이 저를 심히 괴롭혔답니다. 그 꿈은 아직도 제 기억에 남아, 제가 만나는 모든 사람마다 제게 해를 끼쳐 길을 벗어나게 하지 않을까 두렵게 만들곤 해요. 이 이야기는 모든 사람에게 알리고 싶지 않지만, 주인님께는 말씀드리겠습니다. 이 집과 좁은 문 사이의 길을 오다가 우리는 위험한 습격을 당해 '사람 살려요' 하고 소리치지 않을 수 없었죠. 그런데 우리를 습격한 그 두 악당이 내가 꿈에서 본 두 흉악한 자들처럼 생겼어요."

그 말을 듣고 해설자는 "당신은 시작이 좋았으니 나중은 훨씬 더 좋아질 겁니다"라고 말했다. 그러더니 이번엔 자비에게 말했다.

해설자 "예쁜 아가씨, 당신은 어떤 감동을 받아 이곳으로 오게 되었나요?"

그러나 자비는 얼굴을 붉히고 몸을 떨며 잠시 말을 잇지 못했다.

해설자 "두려워 말고 오직 믿음으로 자기 생각을 말해 봐요."

그러자 자비는 말을 시작했다.

자비 "선생님, 저는 정말 경험이 없으므로 아무 말도 하지 않고 가만히 있고 싶어요. 또 결국에는 목적지에 이르지 못할 것이라는 두려움에 가득 차곤 한답니다. 저는 크리스티아나 아주머니처럼 환상이나 꿈에 대해 말씀드릴 것이 없어요. 또 선한 친지들의 권고를 거절한 슬픔이 무엇인지도 몰라요."

해설자 "사랑스러운 아가씨, 그러면 당신이 길을 떠나겠다고 결정하게 된 동기는 무엇이었습니까?"

자비 "여기 계신 이 친구분이 우리 마을을 떠나려 짐을 꾸리실 때, 우연히 저와 또 한 사람이 이분 집을 방문했죠. 문을 두드리고 안으로 들어가 아주머니가 하는 일을 보고 무얼 하느냐고 물었어요. 아주머니는 남편에게로 가라는 전갈을 받았다고 말씀하셨죠. 그리고 꿈에서 남편을 본 이야기를 해 주셨어요. 그분은 놀라운 곳에서 영원히 죽지 않는 사람들 가운데 거하며, 면류관을 쓰고 수금을 연주하며, 왕자님의 식탁에서 먹고 마시고, 자신을 그곳으로 데려오신 분께 찬양을 드리고 계신다고 이야기했어요. 아주머니가 이 일들을 우리에게 이야기하는 동안 제 마음이 속에서 불타는 것 같았어요. 그래서 전 속으로 말했죠. 만일 이 말이 사실이라면 나는 내 아버지와 어머니, 고향을 떠나, 할 수만 있다면 크리스티아나 아주머니와 함께 가겠다고 말이어요. 그래서 저는 아주머니에게 이 일들이 사실이냐고 저를 함께 데리고 가겠느냐고 자세히 물었죠. 그때 저는 우리 도시가 멸망의 위험에 처해 있으므로 더 이상 있을 곳이 못 된다는 사실을 알고 있었어요. 그래서 전 무거운 마음으로 길을 떠났죠. 그 이유는 떠나고 싶지 않았기 때문이 아니라, 많은 친척이 뒤에 남아 있었기 때문이에요. 저는 간절한 마음으로 여기에 왔어요. 그리고 할 수만 있다면 크리스티아나 아주머니와 함께 아주머니의 남편과 그분의 왕이 계신 곳으로 가겠어요."

해설자 "당신의 결심은 훌륭합니다. 당신은 진리를 믿었어요. 당신은 룻과 같습니다. 룻은 시어머니 나오미와 나오미의 하나님 여호와에 대한 사랑으로 자기 아버지와 어머니 그리고 고향 땅을 버리고 전에 알지 못하던 백성에게로 가서 그들과 함께 살았죠. 그래서 말씀은 이렇게 기록하고 있답니다."

'여호와께서 네가 행한 일에 보답하시기를 원하며 이스라엘의 하나님 여호와께서 그의 날개 아래에 보호를 받으러 온 네게 온전한 상 주시기를 원하노라'(룻 2:11-12).

이제 저녁 식사를 마치고 잠자리가 준비되었다. 여자들에게는 독방이 주어졌고, 어린이들은 한 방에 들었다. 자비는 침대에 누웠으나 기쁨으로 잠이 오지 않았다. 왜냐하면, 자신이 결국 버림받지 않을까 하는 의혹이 과거 어느 때보다 더 멀리 사라졌기 때문이었다. 그래서 그녀는 자신에게 이와 같은 은총을 베푸신 하나님께 찬미와 찬양을 드리며 밤을 보냈다. 아침에 그들은 태양이 떠오를 때 일어나 떠날 채비 했다. 그러자 해설자는 잠시 지체하라고 했다.

해설자 "하나님을 위해 당신들은 이곳에서 단정하게 떠나야 합니다."

그리고 해설자는 그들에게 문을 열어준 순진이라는 처녀에게 '이분들을 정원 목욕탕으로 모시고 가서 여행하느라 생긴 먼지를 영혼까지 깨끗하게 씻어드려라'라고 명했다. 순진은 그들을 정원에 있는 목욕탕으로 데리고 가서 '이곳에서 몸을 깨끗하게 씻으십시오. 우리 주인님께서는 여자들이 순례 여행을 하며 자신의 집에 들를 때 항상 이렇게 몸을 씻게 하신답니다'라고 일러주었다. 여인과 어린이들은 모두 목욕탕에 들어가 몸을 씻었다.

그들이 목욕탕에서 나왔을 때는 깨끗하고 상쾌해졌을 뿐만 아니라, 뼈마디에 생기가 돌고 힘이 솟았다. 그들이 집안으로 들어오자 목욕하러 나갈 때보다 훨씬 아름답게 보였다. 그들이 정원 목욕탕에서 돌아오자 해설자는 그들을 맞이하며 '달처럼 아름답습니다'라고 말했다. 그리고 그는 목욕탕에서 몸을 씻은 사람들에게 찍어 주는 도장을 가져오라고 명했다. 도장을 가져오자 해설자는 그들이 가는 곳마다 알아볼 수 있는 표시로 도장을 찍어 주었다. 이 도장은 이스라엘 자손이 애굽 땅에서 나올 때 먹은 유월절 음식의 내용을 요약한 것(출 13:8-10)으로서 그들의 양 눈 사이에 표시했다. 이 도장은 그들의 얼굴을 장식해서 그 아름다움을 더해 주었다. 또한, 이 도장은 그들의 위엄을 높여 그들의 용모를 더욱 천사와 비슷하게 만들어 주었다. 그다음에 해설자는 여인들을 시중드는 처녀에게 다시 말했다.

해설자 "예복 보관실에 가서 이분들이 입을 의복들을 갖고 오너라."

처녀가 흰옷을 해설자 앞에 내려놓자, 그는 여인들에게 그 옷을 입으라고 명했다. 그 옷은 '희고 깨끗한 세마포'였다. 여인들이 그 옷을 차려입었을 때 서로의 영광에 눈부셔서 두려워 바라볼 수 없을 정도였다. 그들은 상대방이 자기보다 더 훌륭하다고 평가했다. 한 사람이 "당신이 저보다 더 아름다워요"라고 말하자, 상대방은 "아니에요. 당신이 저보다 더 아름다워요"라고 말했다. 어린이들도 그들이 입은 옷을 보고 놀란 채 서 있었다. 그다음에 해설자는 용감(Great-heart)이라는 하인을 불러 "칼과 투구와 방패로 무장하고 나의 이 딸들을 모시고 다음번 휴식 장소인 아름다움의 집까지 인도해 주라"라고 명했다. 용감은 무장한 채 그들보다 앞서 나아갔다. 해설자는 "하나님께서 함께하시기를 빕니다"라고 인사했으며 그 집 가족들 모두 나와 여러 가지 바람으로 그들을 전송했다. 그래서 그들은 이렇게 노래하며 떠났다.

우리의 두 번째 휴식처인
이곳에서 나는 대대로
다른 사람들에게 감추어져 왔던
좋은 일들을 듣고 보았네.
거름더미를 갈퀴질 하는 자,
거미, 암탉, 병아리
모두는 내게 교훈을 주었으니
우리 그 교훈을 따르자
도살자, 정원 그리고 밭,
울새와 먹이,
속이 썩은 나무도
내게 귀중한 가르침을 주었네.
이는 나를 감동시켜 깨어 기도하고
진실하도록 애쓰며
매일 나의 십자가를 지고
경외함으로 주님을 섬기게 하기 위함이네.

제3장

안내자 용감이 동행하고, 고난산의 사자 곁을 지나 아름다움의 집에 이르러 환담을 나누다

나는 그들이 나아가는데 용감이 그들보다 앞서 걸어가는 것을 꿈속에서 보았다. 이제 그들은 크리스천의 짐이 그의 등에서 떨어져 무덤 속으로 굴러 들어간 곳에 이르렀다. 그들은 이곳에서 잠깐 쉬며 하나님을 찬양했다. 그때 크리스티아나가 말했다.

크리스티아나 "좁은 문에서 우리가 들은 말씀이 생각나는군요. 우리가 말과 행동으로 용서받아야 한다는 말씀이었어요. 말로 용서한다는 것은 용서의 약속을 얻은 것이고 행동으로 용서한다는 것은 용서를 성취하는 방법을 얻는 것이라고 했죠. 그런데 약속에 대해서는 좀 알겠는데, 행동으로 용서받는다는 것, 즉 용서가 성취된 방법에 대해서는 잘 모르겠어요. 용감 씨, 당신은 아시겠어요?

괜찮으시다면 저희에게 그에 관해 이야기해 주세요."

용감 "행위에 의한 용서는 용서해야 하는 사람을 대신하는 다른 사람이 성취한 용서입니다. 즉 용서받는 사람에 의해 성취된 용서가 아니라, '내가 성취했다'라고 말씀하시는 분의 방식으로 이루어진 용서라는 얘기죠. 문제를 더 확대해서 말하자면, 당신과 자비 양, 이 소년들이 얻은 용서가 다른 분에 의해 성취되었다는 것입니다. 그분이 바로 좁은 문에서 당신을 영접하신 분이시고요. 그는 이중적인 방법으로 용서를 이루셨어요.

첫째, 여러분을 포용하는 의를 행하셨습니다.

둘째, 피를 흘리심으로써 당신들을 씻어 주셨어요."

크리스티아나 "그분이 우리에게 자신의 의를 나눠주셨다면, 자신은 의를 소유하지 못하게 되지 않으셨을까요?"

용감 "그분의 의는 충만하므로, 여러분이 필요로 하는 의를 얼마든지 주고도 자신의 의를 남길 수 있죠."

크리스티아나 "그 점을 자세히 설명해 주시기 바랍니다."

용감 "기꺼이 설명해 드리죠. 그런데 먼저 전제로 해둘 말이 있어요. 지금 우리가 말하고자 하는 분은 이 세상의 모든 인간과 같지 않으신 분이라는 사실 말입니다. 그분은 한 인격에 두 가지 본성을 갖고 계시는데, 그 두 가지 본성은 구별하긴 쉽지만 분리하는 것은 불가능하답니다. 이 본성들은 각각 의를 소유하고 있고, 각각의 의는 그 본성의 본질을 이루고 있습니다. 그러므로 그 본성에서 공의 또는 의를 분리하려 한다면 본성 자체를 소멸시키게 되는 것이죠.

그런데 우리는 이러한 의를 한 가지도 갖고 있지 못해요. 그래서 우리는 그분의 의에 의해 의롭다 하심을 얻고 또한 그 의에 의해 살아가기 위해 그 두 가지 의 모두를, 또는 한 가지를 덧입지 않으면 안 되죠. 이분은 이 두 가지 의만 갖고 계신 것이 아니라 두 본성이 하나로 결합이 된 인격으로서 소유하는 의도 갖고 계신답니다. 이 의는 인성과 구별되는 신성의 의도 아니고, 신성과 구별되는 인성의 의도 아니에요. 그것은 신성과 인성의 연합 가운데 존재하는 의죠. 그래서 이 의는 그분이 맡으신 중보자 직분의 기능을 위해 하나님께서 준비하신 필수적인 의라고 정확히 부를 수 있는 것이에요. 만일 그분이 첫 번째 의를 포기한다면 신성을 포기하시는 것이고, 두 번째 의를 포기한다면 인성을 포기하시는 것입니다. 그리고 세 번째 의를 포기한다면 그분에게 중보의 직분을 감당할 만한 자격을 주는 완전성을 포기하시는 것이 되죠. 그러므로 그분은 또 하나의 의를 소유하고 계시는데, 그것은 순종하심에 존재하는 의입니다. 그분께서 죄인들에게 덧입혀 주고 죄인들의 죄를 가려 주시는 의가 바로 이 의랍니다. 그러므로 성경은 '한 사람이 순종치 아니함으로 많은 사람이 죄인 된 것같이 한 사람의 순종하심으로 많은 사람이 의인이 되리라'(롬 5:19)고 말씀하십니다."
크리스티아나 "그러면 다른 의들은 우리에게 소용없나요?"
용감 "소용없을 리가 있겠습니까?

비록 그 의들은 그분의 본성과 직분에 필수적이라서 사람에게 전달될 수 없긴 하지만, 의롭다 하시는 의가 그 목적을 이루게 되는 것이 바로 그 의들 덕분이죠. 그분의 신성의 의는 그분의 순종에 효능을 부여했고 인성의 의는 그분의 순종에 의롭다 하실 수 있는 능력을 부여했어요. 그리고 그분의 직무를 위한 이 두 본성의 연합 가운데 존재하는 의는 성취되어야 할 역사를 행할 수 있는 의에 권위를 부여했고요. 그런데 하나님으로서 그리스도께서는 의가 없어도 하나님이시므로, 의가 필요하지 않으십니다.

또한, 인간으로서 그리스도께서는 의가 없어도 완전한 인간이시므로, 의로 인해 인간이 되실 필요가 없으십니다. 역시 신인(神人)으로서 그리스도께서는 의가 없어도 완전하시기 때문에 의가 필요하지 않으십니다. 하나님으로서, 신인으로서 그리스도께서는 자신에게 의를 관련시킬 필요가 없으십니다. 그러므로 그리스도께서는 의를 나눠주실 수 있죠. 그리스도께서는 자신을 위해 의롭다 하시는 의가 필요하지 않으시므로, 사람들에게 주십니다. 그래서 이를 가리켜 '의의 선물'(롬 5:17)이라고 하죠.

주 예수 그리스도께서는 자신을 율법 아래 두시고 스스로 이 의를 나누어 주지 않을 수 없게 만드셨습니다. 왜냐하면, 율법 아래 있는 자는 공의를 행할 뿐만 아니라, 사랑을 행해야 할 의무가 있거든요. 따라서 율법 아래 있는 사람은 외투 두 벌이 있으면 외투가 하나도 없는 사람에게 한 벌 주어야 할 의무가 있어요. 그런데 우리 주님께서는 자신을 위한 외투 한 벌과 또 한 벌의 남는 외투를 갖고 계시므로, 그 남는 외투를 없는 사람에게 값없이 주십니다.

　크리스티아나 씨와 자비 씨, 여기 있는 소년들, 여러분이 용서받은 것은 다른 사람의 행위로 말미암은 것이에요. 그리고 바로 여러분의 주님이신 그리스도께서 그 행위를 행하시고 자신이 만나는 불쌍한 자들에게 자신이 행한 바를 주신 분이시죠.

　그러나 행위로써 용서하려면 우리를 가리기 위해 준비된 무엇인가가 있어야 할 뿐 아니라, 하나님께 값을 치러야 할 무엇인가도 있어야 해요. 우리는 죄에 의해 의로운 율법의 공정한 저주라는 인도를 받았죠. 이제 우리는 우리가 행한 죄악의 값을 대신 치른 대속에 의해 의롭다 하심을 얻어 이 저주를 벗어나야 합니다.

　그런데 이 값은 죄로 말미암아 죽을 수밖에 없는 우리를 대신해서 주님께서 피로 치르신 것입니다. 주님께서는 피로써 우리의 범죄를 속량하시고, 의로써 우리의 오염되고 흉하게 변한 영혼을 가리셨어요 (롬 8:34; 갈 3:13). 하나님께서 이 세상을 심판하러 오실 때, 이 피와 의를 보시고 우리를 해하지 않고 지나치시는 것이죠."

크리스티아나 "정말 훌륭한 말씀을 들었습니다. 이제 저는 말씀과 행위에 의해 우리가 용서받은 것을 깨달았어요. 착한 자비 양, 우리 이 사실을 마음에 간직하도록 합시다. 그리고 애들아, 너희도 이 사실을 기억해야 한다.

　그런데 선생님, 제 착한 남편의 짐을 그의 어깨에서 굴러떨어지게 하고 그를 세 번 기뻐 뛰게 했던 것이 바로 이 때문이 아니었을까요?"

용감 "그렇습니다. 다른 수단에 의해 끊을 수 없었던 그 끈들을 끊은 것이 바로 이 믿음이었죠. 그리고 그가 짐을 지고 십자가까지 고생하며 오게 한 이유가 바로 그에게 이 믿음의 공로를 증거가 되기 위함이었어요."

크리스티아나 "저도 그렇게 생각했답니다. 왜냐하면, 전에도 제 마음이 가볍고 즐거웠지만, 지금은 열 배나 더 가볍고 기쁘거든요. 그래서 아직 조금밖에 못 느끼긴 하지만 제가 느낀 바에 의하면, 세상에서 가장 무거운 짐을 진 사람이라도 이곳에 와서 지금 저처럼 보고 느낀다면, 그의 마음이 가벼워지고 밝아지리라는 확신이 들어요."

용감 "이 일들을 보고 깊이 생각하면 우리에게 무거운 짐에 대한 위로와 편안함이 주어질 뿐 아니라 친밀한 애정도 생겨나게 되죠. 용서가 약속으로만 온다고 생각하면, 사람이 이 사실을 알게 될 때 자신의 구속 방법과 수단에 대해 그리고 그를 위해 구속을 이루신 분에 대해 어찌 애정을 갖지 않을 수 있겠어요?"

크리스티아나 "그럼요. 저를 위해 주님께서 피를 흘리셔야 했던 것을 생각할 때, 제 가슴에도 피가 흐르는 것 같아요. 아, 사랑의 주님! 이, 복되신 주님, 주님께서 저를 사셨으니 당연히 저는 주님의 소유입니다. 주님께서 저를 위해 저의 가치보다 만 배나 비싼 값을 치르셨으니, 마땅히 저를 완전히 소유하소서. 제 남편이 이 사실을 알고 눈물을 글썽이며 가벼운 발걸음으로 걸어간 것은 놀라운 일이 아니군요. 분명히 남편은 저와 동행하기 바랐을 거예요. 그러나 저는 얼마나 고약한 죄인이었던지 그를 홀로 가게 내버려 두었지 뭐예요.

아! 자비 양, 당신의 부모님이 여기 계셨더라면 얼마나 좋았을까요?

그리고 겁쟁이 여사, 아니 음탕 여사까지도 지금 여기 있다면 하는 바람이 진심으로 일어납니다. 분명히, 그들의 마음도 감동했을 것이고, 겁쟁이 여사의 두려움이나 음탕 여사의 강렬한 정욕도 그들이 선한 순례자가 되기를 거절하고 집으로 돌아가게 하지는 못했을 거예요."

용감 "당신은 지금 감동의 흥분 속에서 말하고 계십니다. 그러나 그 감동을 항상 유지할 수 있다고 생각하세요?

그뿐만 아니라 예수님의 피 흘리시는 모습을 봤다고 모든 사람에게 감동이 전달되는 것은 아니죠. 예수님의 심장에서 피가 멍으로 떨어지는 것을 곁에 서서 본 사람들과 멀리 떨어져서 본 사람들이 있었지만, 그들은 슬퍼하기는커녕 주님을 조롱했고, 주님의 제자가 되기는커녕 주님에 대해 마음을 강퍅하게 했습니다. 그러니까 나의 딸들이여, 당신들이 특별한 감동을 받은 것은 내가 말한 것에 대해 신령한 묵상을 했기 때문입니다. 암탉이 병아리들에게 먹이를 줄 때 평범하게 부르지 않는다는 사실을 기억하세요. 그러므로 당신들이 이렇게 감동한 것은 특별 은사에 의한 것입니다."

이때 나는 꿈속에서 그들이 과거에 크리스천이 순례 여행을 할 때 우둔, 나태, 건방이 누워 잠자던 장소로 나아가는 것을 보았다. 그런데 그 세 사람은 맞은편 조금 떨어진 곳에서 철사로 목이 묶여 매달려 있는 것이 아닌가! 이것을 본 자비는 그들의 안내자이며 지도자인 용감에게 말했다.

자비 "저 세 사람은 누구며, 왜 저기에 목매달려 있나요?"

용감 "이 세 사람은 매우 질이 나쁜 자들이었죠. 이들은 순례자가 될 생각이 없었을 뿐 아니라, 할 수 있는 한 순례자들을 방해했어요. 이들은 자신들만 나태와 어리석음을 좋아했을 뿐 아니라, 설득할 수 있는 사람은 누구나 다 설득해서 그들을 나태와 어리석음을 좋아하는 자들로 만들었죠. 그리고 그들 자신이 결국 행복해지리라 생각하도록 그들을 가르쳤어요. 크리스천 씨가 지나갈 때는 자고 있더니, 당신들이 지나가고 있는 지금은 목매달려 있군요."

자비 "저 사람들의 생각에 설득당한 사람들이 있었나요?"

용감 "그럼요. 저들은 이 길에서 여러 명 빗나가게 했죠. 저들이 자기네가 하는 대로 하라고 설득한 사람 중에는 굼벵이(Slow-pace)라는 자가 있었어요. 또 저들은 성급(Short-wind), 무정(No-heart), 끈질긴 정욕(Linger-after-lust), 잠꾸러기(Sleepy-head), 둔감(Dull)이라는 이름의 여자 한 명도 설득해서 이 길을 떠나 저들처럼 되게 했어요. 그 외에도 우리 주님이 일을 가혹하게 시키는 주인이라고 갖은 악평을 다 하고, 또 천국이 사람들의 주장만큼 좋은 곳이 아니라는 악평까지 했답니다.

또한, 저들은 주님의 종들을 중상하고, 주님의 종들 중 가장 훌륭한 사람들에게 쓸데없이 참견하기 좋아해서 문제 일으키기에 바쁜 자들이라고 평가했죠. 게다가 저들은 하나님의 떡을 옥수수 껍질이라고 하질 않나, 주님의 자녀들이 받는 위로를 헛된 환상이라고 하질 않나, 그리고 순례자들의 수고를 무익한 일이라고 했답니다."

크리스티아나 "어머나, 저들이 그런 사람들이라면, 저렇게 된 것을 보고 전혀 안 됐다고 여길 필요가 없네요. 저들은 마땅히 받을 벌을 받은 거로군요. 그리고 저들이 이렇게 대로 가까이에 매달려 있어, 다른 사람들이 보고 경고 받는 게 좋을 듯합니다. 저들의 죄악을 철판이나 동판에 새겨 저들이 악행 하던 이 좌편에 세워놓고, 다른 악한 자들에게 경고가 되게 하면 더 좋았을 텐데요."

용감 "그렇게 해놓았어요. 벽 쪽으로 조금 가까이 가면 잘 볼 수 있죠."

자비 "아니에요. 볼 필요 없습니다. 저들이 목매달리고, 저들의 이름이 조롱 당하며, 저들의 죄악이 영원토록 저들을 거슬러 남아 있는 것을 보는 것으로 충분합니다. 저는 저들이 우리가 이곳에 오기 전에 목매 달린 것이 큰 은총이라고 생각합니다.

그렇지 않았다면 저들이 우리 같이 힘없는 여인들에게 무슨 짓을 했을지 누가 알겠어요?"

이 말을 하고 자비는 이 일을 다음과 같은 노래로 바꾸어 불렀다.

> 자, 이제 그대 세 사람은 그곳에 매달려
> 연합하여 진리를 거스르는 모든 자에게 표적이 돼라.
> 이후에 순례자들에게 호감 느끼지 않는 자에게
> 이 종말을 두려워하게 하라.
> 내 영혼아! 너는 거룩함에 반대하는
> 모든 자를 경계하라.

그들은 계속 전진해서 이제 고난산 기슭에 이르렀다. 이곳에서 선한 용감은 크리스천이 이곳을 지날 때 어떤 일이 일어났는지 이야기해 줄 기회를 얻었다. 그래서 그는 일행을 먼저 샘물로 데리고 가 이야기를 시작했다.

용감: "보십시오. 이곳은 크리스천 씨가 이 언덕을 오르기 전에 마신 샘물입니다. 그때 이 샘은 맑아서 마실 수 있었는데, 지금은 순례자들이 여기서 목마름을 달래기 싫어하는 자들의 발로 더러워졌답니다"(겔 34:18).

자비 "왜 그렇게 시기할까요?"

용감 "그러나 걱정 마십시오. 이 물을 퍼서 그릇에 담아두면 다시 시원하고 좋은 물이 될 것입니다. 진흙은 가라앉고 물은 더 깨끗해지기 때문이죠."

그래서 크리스티아나와 자비는 물을 떠서 그릇에 담고 진흙이 가라앉기까지 기다린 후 마셨다. 이번에 용감은 허례와 위선이 길을 잃었던 언덕 기슭의 두 갈래 길을 그들에게 보여 주었다.

용감 "저 길들은 위험합니다. 크리스천 씨가 이곳을 지날 때 두 사람이 저 길에서 멸망했어요. 여러분이 보시는 바와 같이 저 길들은 쇠사슬과 기둥, 도랑으로 폐쇄되었죠. 그런데도 아직 이 언덕을 오르는 고생을 하느니, 차라리 저 길로 가는 모험을 택하는 자들이 있답니다."

크리스티아나 "그래서 '사악한 자의 길은 험하니라'(잠 13:15)라고 말씀하셨죠. 목이 부러질 위험을 무릅쓰고 저 길로 들어설 수 있다니, 신기하죠."

용감 "그들은 막무가내예요. 그들이 저 길로 들어서는 것을 우연히 왕의 종들이 보고, 그들을 불러 잘못된 길로 들어섰다고 일러주며 위험을 깨달으라고 하면, 그들은 욕설을 퍼부어 대며 이렇게 대답하죠.

'네가 여호와의 이름으로 우리에게 하는 말을 우리가 듣지 아니하고 우리 입에서 낸 모든 말을 반드시 실행하리라'(렘 44:16-17).

좀 더 자세히 살펴보면 저 길은 기둥과 도랑과 쇠사슬뿐 아니라 울타리까지 쳐서 충분히 경계하게 되어 있는 것을 볼 수 있어요. 그런데도 저들은 저 길을 택해 가려고 한다니까요."

크리스티아나 "그들은 게으른 탓에 수고하기를 좋아하지 않는 거예요. 그들은 언덕길을 싫어하죠. 그러나 '게으른 자의 길은 가시 울타리 같으나'(잠 15:19)라고 기록된 말씀이 그들에게 성취되는군요. 그렇습니다. 그들은 이 언덕을 올라 천성으로 가느니 차라리 덫 위로 행하는 길을 굳이 택하고 말죠."

그들은 앞으로 나아가 언덕을 오르기 시작했다. 그러나 정상에 이르기 전에 크리스티아나는 헐떡이기 시작했다.

크리스티아나 "이 길은 정말 숨찬 길이라고 할 수밖에 없네요. 영혼보다 안락을 좋아하는 사람들이 더 평탄한 길을 택하는 것은 놀라운 일이 아니군요."

그러자 자비는 이렇게 말했다.

자비 "저는 좀 앉아 쉬어야겠어요."

이 말을 듣자 막내아들은 울음을 터뜨렸다.

그러자 용감은 이렇게 말했다.

용감 "자 힘을 내요. 여기 앉아서 쉬면 안 됩니다. 조금 위로 가면 왕자님의 정자가 있어요."

그러고는 용감이 정자까지 막내아들의 손을 끌고 올라갔다.

정자에 이르렀을 때 그들은 모두 심한 더위에 지친 터라 앉아 쉬는 게 너무 기뻤다.

자비 "'수고한 사람에게 휴식은 얼마나 달콤한지요'(마 11:28) 또 순례자들에게 이런 휴식처를 예비해 주신 왕자님은 얼마나 좋으신 분인지요! 저는 이 정자에 대해 전부터 많이 들었지만 처음 봐요. 우리 여기서 잠들지 않도록 주의해야 해요. 왜냐하면, 제가 듣기로 착하신 크리스천 씨가 여기서 주무시다 큰 고생을 하셨다는군요."

용감은 어린아이들에게 말했다.

용감 "귀여운 아이들아, 이리 오너라, 얼마나 힘들었니? 너희는 지금 순례 여행을 하는 것에 대해 어떻게 생각하고 있니?"

막내아들이 말했다.

막내아들 "선생님! 저는 거의 심장이 터질 것 같았어요. 하지만 선생님이

제가 필요할 때 손을 잡아끌어 주신 것을 고맙게 생각합니다. 지금 저는 어머니가 제게 하신 말씀이 생각나요. 천국으로 가는 길은 사다리를 오르는 것 같고, 지옥으로 가는 길은 언덕을 내려가는 것 같다는 말씀이죠. 저는 언덕을 내려가 죽음에 이르기보다 차라리 생명의 사다리를 올라가겠어요."

그러자 자비가 말했다.

자비 "하지만 언덕을 내려가기는 쉽다는 속담이 있지요."

야고보(막내아들의 이름)가 말했다.

야고보 "그러나 저는 언덕을 내려가는 일이 가장 어려워질 날이 올 것이라고 생각해요."

이 말을 듣고 용감이 말했다.

용감 "참 훌륭한 어린이로구나. 너는 자비 누나에게 옳은 대답을 했다."

이에 자비는 미소지었다. 어린 소년은 얼굴을 붉혔다.

크리스티아나 "자, 우리 여기 앉아 쉬는 동안 음식을 조금 먹도록 합시다. 여기 해설자님의 집을 떠날 때 제 손에 쥐어 주신 석류 한 개가 있어요. 또 그분은 벌집 한 개와 작은 물병도 주셨답니다."

자비 "그분이 아주머니를 옆으로 부르시기에 무얼 주시는구나 생각했어요."

크리스티아나 "맞아요, 그때 주셨어요. 우리가 떠날 때, 제가 말한 대로 당신은 제가 가진 모든 것을 함께 나눌 수 있어요. 왜냐하면, 당신은 너무나 흔쾌히 제 동반자가 되어 주었잖아요."

크리스티아나는 모두에게 음식을 나누어주었다. 자비와 소년들은 함께 먹었다. 크리스티아나는 용감에게도 "선생님 우리와 함께 잡수시죠"라고 말했다. 그러나 용감은 대답했다.

용감 "아닙니다. 당신은 순례 여행을 계속할 테지만, 전 곧 돌아갈 텐데요. 여러분이 드시는 것은 여러분께 큰 힘이 될 것입니다. 저는 집에서 그런 걸 매일 먹는 걸요."

그들이 먹고 마신 후 잠시 더 환담하고 있을 때, 그들의 안내자가 그들에게 말했다.

용감 "날이 저물어 옵니다. 좋으시다면 이제 떠날 준비를 하시죠."

그들은 다시 언덕을 올랐다. 이번에는 어린 소년들이 앞장섰다. 그런데 크리스티아나가 음료수병 가져오기를 잊어버려 어린 아들을 되돌려 보내 가져오게 했다. 그러자 자비가 말했다.

자비 "이곳은 잃어버리는 장소인가 봐요. 여기서 크리스천 씨는 두루마리를 잃었고 크리스티아나 아주머니는 물병을 놓고 왔어요.

선생님, 이게 무슨 일일까요?"

그들의 안내자는 대답했다.

용감 "원인은 잠이나 건망증입니다. 어떤 이들은 깨어나야 할 때 잠자고, 또 어떤 이들은 기억해야 할 때 잊어버리죠. 바로 이것이 휴식처에서 일부 순례자들이 무언가를 잃어버리는 이유이죠. 순례자들은 항상 깨어 가장 큰 기쁨으로 이미 받은 것을 기억해야 하는데 말이어요. 그러나 그렇게 하지 못하기 때문에 종종 그들의 기쁨은 눈물로 끝나고, 그들의 햇빛은 구름으로 끝이 나곤 하죠. 이곳에서 있었던 크리스천 씨의 이야기가 바로 증거랍니다."

그들은 불신과 소심이 크리스천을 만나 사자들이 무서우니 돌아가라고 권한 장소에 이르렀다. 그들은 거기에 무대처럼 생긴 단이 세워져 있는 것을 발견했다. 그 단 앞에는 시 한 편이 쓰여 있었다. 시 아래에는 그곳에 단을 세운 이유가 쓰여진 넓은 판이 도로를 향해 세워져 있었다. 그 시는 다음과 같았다.

이 단을 보는 자는
생각과 말을 조심할지어다.
그렇지 않으면 그는 여기서
오래전의 어떤 이들처럼 될 것이다.

시 아래 쓰여 있는 글은 이러했다.

"이 단은 소심함이니 불신 때문에 계속 순례 여행하기를 두려워하는 자들을 벌주기 위해 세워졌다. 이 단에서 불신과 소심이 크리스천의 여행을 방해하려 한 것 때문에 뜨거운 쇠꼬챙이로 혀를 태워 뚫는 벌을 받았다."

이것을 보고 자비가 말했다.

자비 "이 글은 사랑스러우신 분의 말씀과 매우 비슷하군요. 곧 '너 속이는 혀여 무엇을 네게 주며 무엇을 네게 더할꼬 장사의 날카로운 화살과 로뎀 나무 숯불이리로다'(시 120:3-4)라는 말씀 말예요."

여기서 그들은 계속 나아가 사자들이 보이는 곳에 이르렀다. 용감은 강한 사람이므로 사자를 두려워하지 않았다. 그러나 앞서가던 소년들은 사자들이 있는 장소에 이르자 뒷걸음질 쳐 어른들 뒤로 숨었다. 이 모습을 보고 그들의 인도자 용감은 미소 지으며 말했다.

용감 "얘들아, 위험이 닥치지 않을 때는 앞서가기를 좋아하더니, 사자가 나타나자마자 뒤로 가기를 좋아하니, 이게 웬일이니?"

용감은 사자들을 개의치 않고 순례자들을 위해 길을 내고자 칼을 뽑아 들었다. 그들은 계속 나아갔다. 그때 사자들을 후원하러 나서는 듯 보이는 한 사나이가 나타나더니 순례자들의 안내자에게 말했다.

잔인 "네가 이리로 다가오는 목적이 무엇이냐?"

그의 이름은 잔인(Grim), 또는 순례자들을 죽였으므로 피투성이(Bloody-man)라고도 불렀다. 그는 거인 족속이었다. 그러자 순례자들의 인도자가 말했다.

용감 "이 여인들과 아이들은 순례 여행 중이며, 이들은 이 길로 가야 한다. 그러니 너와 사자들을 개의치 않고 이 길을 계속 갈 것이다."

잔인 "이 길은 그들이 갈 길이 아니다. 그들은 이 길로 가지 못할 것이다. 나는 그들을 막기 위해 왔다. 그러니 그들을 막기 위해 사자들을 부추길 것이다."

실제로 사나운 사자들과 사자들을 부추기는 이 자의 잔인함 때문에 최근에 이 길을 지나가는 사람이 적었고 길은 거의 풀로 무성했다. 이때 크리스티아나가 말했다.

크리스티아나 "비록 대로는 지금까지 지나는 사람이 없었고, 여행자들이 과거에는 옆길로 행했다 할지라도 이제 내가 일어났으므로 절대 그리되지 않을 것이다. '내가 일어나 이스라엘의 어미가 되었도다'"(삿 5:7).

그러자 잔인은 사자 옆에 서서 그들을 반드시 막겠다고 맹세하며, 그들이 이 길을 통과하지 못할 것이니 돌아가라고 호령했다. 그러나 그들의 인도자 용감이 잔인을 선제공격했다. 그가 칼로 힘껏 내리치자 잔인은 물러서지 않을 수 없었다. 그러자 사자를 지원하는 자는 소리쳤다.

잔인 "네가 나를 내 땅에서 죽일 것 같으냐?"

용감 "우리가 서 있는 곳은 왕의 대로이다. 그런데 이 길에 네가 사자들을 풀어놓았구나. 이 여인과 아이들은 비록 연약하지만, 네 사자를 무찌르고 계속 자기 길을 갈 것이다."

이 말과 함께 용감은 다시 강하게 일격을 가해 잔인의 무릎을 꿇렸다. 이 일격으로 용감은 잔인의 투구를 박살 내고, 다음 일격으로 한쪽 팔을 잘라 버렸다. 그러자 거인은 무시무시한 비명을 질렀고, 그 소리에 여인들은 깜짝 놀랐다. 그러나 그들은 거인이 큰대자로 땅에 쓰러지는 것을 보고 기뻐했다. 사자들은 쇠사슬에 묶여 있어 아무런 행동도 할 수 없었다. 사자들을 부추기려던 늙은 잔인이 이렇게 죽어 넘어지자 용감은 순례자들에게 말했다.

용감 "이제 조금도 해치지 못할 것입니다."

그 말을 듣고 그들은 앞으로 나아갔다. 그러나 여인들은 사자 옆을 지날 때 부들부들 떨었고, 아이들은 사색이 되었다. 하지만 그들 모두 아무런 해도 당하지 않은 채 사자가 있는 곳을 통과했다. 이후 그들은 아름다움의 집 문지기의 오두막이 보이는 곳에 이르자 더욱 서둘러 나아갔다. 왜냐하면, 그곳을 밤에 여행하는 일은 위험하기 때문이다. 문 앞에 이르자 인도자는 문을 두드렸다. 그러자 문지기가 소리쳤다.

문지기 "누구십니까?"

그러자 인도자가 대답했다.

용감 "접니다."

문지기는 그의 음성을 알아차리고는 얼른 내려왔다. 용감은 전에도 자주 순례자들을 안내해서 이곳으로 온 적이 있었다. 문지기가 내려와 문을 열었다. 그는 뒤에 선 여인들은 못 본 채, 문 앞에 서 있는 안내자에게 물었다.

문지기 "용감 씨, 이렇게 밤늦게 여기 웬일입니까?"

용감이 말했다.

용감 "저는 주님의 명령에 따라 여기서 묵으실 순례자 몇 분을 모시고 왔습니다. 사자들을 부추기는 거인의 방해를 받지 않았다면 좀 일찍 도착했을 텐데, 그자와 길고 무서운 싸움을 하고 그를 베어 엎드뜨린 후 순례자들을 안전하게 모셔 오느라고 늦었어요."

문지기 "당신도 들어와서 아침까지 같이 머무르실 건가요?"

용감 "아니오, 오늘 밤 제 주인께 돌아갈 겁니다."

크리스티아나 "어머나 선생님, 저희를 순례길에 버려두고 가시면 어떻게 합니까?

선생님은 성실하고 친절하게 저희를 대해 주시고, 저희를 위해 용감하게 싸우셨어요. 또 진심으로 저희를 권고해 주셨으니, 저는 선생님이 저희에게 베풀어 주신 호의를 절대 못 잊을 거예요."

그러자 자비도 말했다.

자비 "선생님이 우리 여행길에 끝까지 동행이 되어주시면 좋을 텐데요! 우리같이 연약한 여인들이 이렇게 어려움으로 가득 찬 길을 친구나 보호자 없이 어떻게 견뎌 나갈 수 있겠습니까?"

가장 어린 야고보도 말했다.

야고보 "선생님, 제발 우리하고 계속 함께 가시면서 우리를 도와주세요. 우리는 너무 약하고, 길이 너무 위험해요."

용감 "나는 주님의 명령을 따라야 합니다. 만일 주님께서 계속 여러분의 인도자가 되라고 허락하신다면 기꺼이 여러분을 보살피겠어요. 하지만 이 점에 있어 여러분은 애초에 잘못했습니다. 주님께서 나에게 이곳까지 여러분과 동행하라고 명하실 때 여러분이 끝까지 내가 여러분과 동행하게 해달라고 요청했다면, 주님은 여러분의 요청을 허락하셨을 거예요. 그러나 지금 나는 물러가지 않을 수 없군요. 그러면 착한 크리스티아나 씨, 자비 양 그리고 용감한 어린이들, 잘 있어요."

용감이 떠나자 문지기 경계 씨는 크리스티나에게 고향과 친척에 관해 물었다. 크리스티아나는 대답했다.

크리스티아나 "저는 멸망의 도시에서 온 과부예요. 제 남편은 죽었답니다. 남편 이름은 순례자 크리스천이라고 하죠."

문지기가 말했다.

문지기 "아니! 크리스천 씨가 당신 남편이란 말씀입니까?"

크리스티아나 "네. 그리고 이 아이들은 그이의 아들들이고, 이 사람은(자비 양을 가리키며) 우리 동네 사람들 가운데 한 명이지요."

그러자 문지기는 언제나처럼 종을 쳤다. 그러자 겸손(Humble mind)이라는 이름의 처녀가 문 앞으로 나왔다. 문지기는 그녀에게 말했다.

문지기 "안에 들어가서 크리스천 씨의 부인 크리스티아나 씨와 그의 아들들이 순례 여행 중에 이곳에 들렀다고 알리세요."

겸손은 안으로 들어가 이 사실을 알렸다. 그녀의 입에서 말이 떨어지자마자 커다란 기쁨의 환성이 안에서 울려 나왔다.

집안의 사람들은 서둘러 크리스티아나가 아직 서 있는 문 앞으로 달려나왔다. 그리고 가장 점잖게 생긴 사람이 크리스티아나에게 말했다.

집안 사람 "크리스티아나 씨, 착한 사람의 부인, 어서 들어오십시오. 복된 여인이여, 같이 온 모든 사람과 함께 어서 들어오십시오."

그 말을 듣고 크리스티아나는 안으로 들어갔다. 일행도 모두 따라 들어갔다. 집안 식구들은 크리스티아나 일행을 아주 큰 방으로 안내하고는 앉으라고 했다. 그들이 앉자 손님들을 만나 환영하도록 그 집 어른들을 모셔

왔다. 집안 어른들은 방안으로 들어와 방문객들을 알아보고, 각 사람에게 입맞춤으로 인사했다.

집안 사람 "잘 오셨습니다. 하나님의 은혜의 그릇들이신 여러분, 여러분의 친구들인 우리에게 오신 것을 환영합니다."

이제 밤이 상당히 늦었다. 순례자들은 여행으로 지친 데다 전투와 무서운 사자들을 보고 정신이 어지러웠으므로 가능한 한 빨리 휴식을 취하고 싶었다. 그러나 이 집 가족들이 말했다.

집안 사람 "안 됩니다. 먼저 고기를 조금 드시고 기운을 차리도록 하세요."

크리스티아나 일행이 오고 있다는 소식을 문지기가 미리 듣고 알려 주었기 때문에 그들은 일행을 위해 양념장을 곁들인 양고기를 준비해 놓았다(출 12:21; 요 1:29). 그들은 저녁 식사를 하고 시편 한 편으로 기도를 마친 다음 이제 쉬러 가고 싶었다. 크리스티아나가 말했다.

크리스티아나 "선택한다는 것이 너무 무례할지 모르지만, 남편이 이곳에 있을 때 묵었던 방에 우리도 묵게 해 주시면 감사하겠습니다."

그러자 이 집 가족들은 그들을 이 층 방으로 안내했다. 크리스티아나 일행은 모두 한방에 누웠다. 휴식을 취하며 크리스티아나와 자비는 여러 가지 즐거운 대화를 시작했다.

크리스티아나 "남편이 순례 여행을 떠날 때, 나는 내가 이렇게 뒤따를 줄 전혀 생각도 못 했어요."

자비 "그리고 지금처럼 그분께서 쉬던 방에서 그분이 누우신 침대에 누우리라고 전혀 생각 못하셨을 거고요."

크리스티아나 "게다가 편안하게 그이 얼굴을 보고 그이와 함께 왕이신 주님께 예배드리게 되리라고도 전혀 생각 못 했죠. 그러나 지금 나는 내가 그렇게 되리라고 믿어요."

자비 "들어보세요. 무슨 소리 안 들리세요?"

크리스티아나 "들려요. 우리가 여기 온 것을 기뻐하는 음악 소리 같은데요."

자비 "놀라워요! 집 안에 음악, 마음에 음악 그리고 하늘에도 음악, 우리가 여기 왔다고 아주머니를 위해 연주하는 곡이에요."

그들은 잠시 이렇게 대화하다 잠들었다. 아침에 깨어나자 크리스티아나가 자비에게 말했다.

크리스티아나 "밤에 잠을 자며 웃었는데 웬일이에요?

아마 꿈을 꾸었나 보죠?"

자비 "네, 꿈을 꾸었어요. 아주 달콤한 꿈이었죠. 그런데 정말 제가 웃었어요?"

크리스티아나 "그럼요 마음껏 웃던데요. 자비 양, 당신의 꿈 이야기를 들려주실래요?"

자비 "쓸쓸한 곳에 홀로 앉아 제 마음의 완악함을 탄식하는 꿈을 꿨어요. 그런데 그곳에 앉아 있은 지 얼마 안 되어 많은 사람이 저를 보려고 그리고 제가 무슨 말을 하는지 들으려고 제 주위에 모여든 것 같았죠. 그들이 그렇게 귀 기울이는데도 저는 계속 제 마음의 완악함을 탄식하고 있었답니다. 이것을 보고 그들 중 어떤 이들은 저를 조롱하고 어떤 이들은 저를 바보라고 했어요. 또 어떤 이들은 저를 쿡쿡 찌르기까지 했죠.

그때 저는 하늘을 바라보았는데, 날개 달린 어떤 분이 저를 향해 오는 것을 보는 듯 했어요. 그분은 곧바로 제게 오더니 말씀하셨죠.

'자비야, 왜 괴로워하느냐?'

그리고 그분은 저의 넋두리를 들더니 말씀하셨어요. '평안이 네게 있을지어다.' 그리고 자신의 손수건으로 제 눈의 눈물을 닦아주시고, 금과 은으로 저에게 옷 입혀 주셨어요. 또 목에다가는 목걸이, 귀에다가는 귀고리를 걸어 주시고, 머리엔 면류관을 씌워 주셨답니다 (겔 16:8-13).

그 후 그분은 제 손을 잡고 말씀하셨어요. 자비야, 나를 따라오너라. 그러더니 그분은 하늘로 올라가셨어요. 저도 뒤따라 어느 황금 문 앞에 이르렀어요. 그분이 문을 두드리시자 안에 있는 사람들이 문을 열었죠. 그분은 안으로 들어가셨어요.

저도 뒤쫓아 어느 보좌 앞까지 갔는데, 그 보좌에 앉으신 분이 저에게 '딸아, 잘 왔다'라고 말씀하시지 않겠어요?

그곳은 별처럼, 아니 해처럼 밝고 빛났는데, 저는 그곳에서 아주머니의 남편을 본 것 같았어요. 그때 잠이 깼어요.

그런데 제가 웃었다니요?"

크리스티아나 "그렇게 좋은 꿈을 꾸었으니 웃는 게 당연하고말고요. 내가 생각건대, 그 꿈은 길몽이에요. 그리고 꿈의 첫 부분이 사실이었던 것처럼, 두 번째 부분도 결국 사실이라는 걸 알게 될 거예요. '사람이 관심이 없어도 하나님은 한 번 말씀하시고 다시 말씀하시되 사람이 침상에서 졸며 깊이 잠들 때나 꿈에나 밤에 환상을 볼 때에 사람의 귀를 여시고'(욥 33:14-16)라고 성경은 말씀하시잖아요.

잠자리에서 하나님과 대화하기 위해 반드시 깨어 있어야 하는 건 아니에요. 하나님께서는 우리가 잠드는 동안 우리를 찾아오셔서, 우리가 그분의 음성을 듣게 하실 수 있어요. 우리의 마음은 잠들어 있는 동안에도 종종 깨어 있지요. 그래서 하나님께서는 우리가 깨어 있을 때처럼 말씀이나 잠언으로, 또는 표적이나 비유로 마음에 말씀하실 수 있답니다."

자비 "그렇다면 저는 제 꿈에 대해 기뻐해야겠군요. 저는 그 꿈이 성취되는 것을 보고 다시 웃게 되기를 바랍니다."

크리스티아나 "이제 일어나서 우리가 할 일을 알아보아야 할 시간이에요."

자비 "이 집 사람들이 우리에게 잠시 머무르라고 하면 그 제안을 기쁘게 받아들이기로 해요. 저는 이 집 아가씨들과 더 친해지기 위해 이 집에 한동안 머물고 싶어요. 제가 볼 때 신중, 경건, 자선 아가씨들은 매우 아름답고 참한 용모인 것 같아요."

크리스티아나 "그들이 어떤 사람들인지 알게 되겠죠."

그들이 일어나 아래층으로 내려오자 사람들은 편히 쉬었냐고 인사했다.

자비 "아주 편안했어요. 지금까지 생활한 것 중에서 가장 편안한 숙소였어요."

그 말을 듣고 신중과 경건이 말했다.

신중과 경건 "만일 여러분이 이곳에서 얼마 동안 머무르신다면, 저희가 잘 모시겠습니다."

자선도 말했다.

자선 "성심성의껏 대접해 드리겠습니다."

그들은 그 제안을 수락하고 약 한 달 이상 그곳에 머무르며 서로 큰 유익을 끼쳤다. 신중은 크리스티아나가 아들들을 어떻게 키웠는지 알고 싶었다. 아이들에게 교리 문답을 해도 좋겠냐고 그녀에게 물었다. 크리스티아나는 흔쾌히 승낙했다. 그러자 신중은 막내아들 야고보에게 질문을 시작했다.

신중 "자! 야고보야, 너는 누가 너를 만드셨는지 내게 설명할 수 있니?"

야고보 "성부 하나님, 성자 하나님, 성령 하나님께서 만드셨어요."

신중 "정말 훌륭한 아이로구나. 그런데 성부 하나님께서는 어떻게 너를 구원하셨지?"

야고보 "그분의 은혜로요."

신중 "성자 하나님께서는 어떻게 너를 구원하셨어?"

야고보 "그분의 의와 죽음과 피 그리고 부활하심으로요."

신중 "그러면 성령 하나님께서는 어떻게 너를 구원하셨니?"

야고보 "그분의 조명과 새롭게 하심 그리고 보전하심으로 구원하셨어요."

대답을 들은 신중은 크리스티아나에게 말했다.

신중 "이렇게 아들을 잘 키우신 데 대해 칭찬 받으실 만하군요. 막내아들이 이렇게 훌륭하게 대답하는 것을 보니 나머지 질문들은 해 볼 필요도 없겠네요. 이번에는 셋째 아드님에게 질문해 보겠습니다."

신중은 셋째 아들 요셉에게 물었다.

신중 "자, 요셉, 네게 교리 문답을 해도 되겠니?"
요셉 "성의껏 대답하겠습니다."
신중 "인간이란 무엇이지?"
요셉 "내 동생이 말한 대로 하나님께서 창조하신 이성적인 피조물입니다."
신중 "구원받는다는 말은 어떤 의미가 있니?"
요셉 "인간이 죄로 말미암아 비참한 속박 상태에 빠졌는데 해방되었다는 의미입니다."
신중 "삼위일체 하나님에 의해 구원받는다는 말은 무엇을 의미하는 것일까?"
요셉 "죄란 너무 크고 강한 폭군이기 때문에 하나님 외에는 아무도 죄의 지배에서 우리를 끌어낼 수 있는 사람이 없습니다. 그런데 하나님께서는 인간을 지극히 사랑하시고 자비하시므로, 이 비참한 상태로부터 반드시 인간을 끌어낼 수 있으십니다."
신중 "불쌍한 인간을 구원하시는 하나님의 목적은 무엇일까?"
요셉 "하나님 자신의 이름과 은혜와 공의 등에 영광을 돌리는 것 그리고 하나님의 피조물의 영원한 행복입니다."
신중 "구원받을 수 있는 사람은 어떤 사람들이지?"
요셉 "하나님의 구원을 받아들이는 사람들입니다."
신중 "훌륭한 소년이구나, 요셉. 어머니께서 잘 가르치셨고, 너는 어머니께서 말씀하시는 것을 잘 들었구나."

   이번에 신중은 둘째 아들 사무엘에게 말했다.

신중 "자! 사무엘, 네게 교리 문답을 해도 되겠니?"
사무엘 "예, 무엇이든지 물어보세요."
신중 "천국은 어떤 곳이지?"
사무엘 "하나님이 계시기 때문에 가장 복된 상태의 장소입니다."
신중 "그러면 지옥은 어떤 곳일까?"

사무엘 "그곳은 죄와 마귀와 죽음이 거하는 곳이기 때문에 가장 불행한 상태의 장소입니다."

신중 "왜 너는 천국에 가려고 하니?"

사무엘 "하나님을 뵙고, 피곤함이 없는 가운데 하나님을 섬길 수 있기 때문이죠. 또 그리스도를 뵙고 영원히 그리스도를 사랑할 수 있기 때문입니다. 그리고 이 땅에서는 절대로 얻을 수 없는 성령 충만을 얻을 수 있기 때문이고요."

신중 "역시 참 훌륭한 소년이군. 훌륭하게 배웠구나."

그다음 신중은 맏아들 마태에게 말했다.

신중 "자! 마태 씨, 당신께도 교리 문답을 해도 될까요?"

마태 "기쁘게 대답하겠습니다."

신중 "그러면 묻겠어요. 하나님에 앞서서 또는 하나님보다 전에 존재한 어떤 것이 있었을까요?"

마태 "아니오. 하나님은 영원하신 분이기 때문에 태초의 첫날까지는 하나님 외에 아무것도 존재하지 않았습니다. 성경은 '이는 엿새 동안에 여호와께서 하늘과 땅과 바다와 그 가운데 모든 것을 만드셨음이라'(출 20:11)라고 말씀하십니다."

신중 "성경에 대해 어떻게 생각하세요?"

마태 "성경은 하나님의 거룩한 말씀입니다."

신중 "성경에 기록된 말씀 중에 당신이 이해할 수 없는 것이 있습니까?"

마태 "예, 상당히 많이 있습니다."

신중 "성경에서 이해할 수 없는 곳을 만날 때 어떻게 합니까?"

마태 "저는 하나님께서 저보다 지혜로우시다고 생각합니다. 그래서 저는 하나님께서 저에게 유익할 것으로 알고 계시는 모든 부분을 알 수 있게 해 달라고 하나님께 기도하죠."

신중 "죽은 자들의 부활에 대해 어떻게 믿고 있나요?"

마태 "저는 죽은 자들이 장사될 때와 동일한 모습으로 살아날 것을 믿습니다. 물론 본질은 동일하지만, 썩지 않을 몸으로 부활하는 것이죠."

"저는 두 가지 근거로 부활을 믿습니다.

첫째, 하나님께서 약속하셨기 때문입니다.
둘째, 하나님께서 이를 행하실 수 있기 때문입니다."

이에 신중은 소년들에게 말했다.
신중 "여러분은 계속 어머니의 말씀을 잘 들어야 합니다. 어머니는 여러분에게 더 많은 것을 가르치실 수 있거든요. 또한, 여러분은 다른 사람들에게서 듣게 되는 좋은 이야기에도 열심히 귀 기울여야 합니다. 왜냐하면, 그들은 여러분을 위해 유익한 것들을 이야기해 주기 때문이죠. 또 천지 만물이 여러분에게 가르치는 것도 주의 깊게 관찰해야 해요. 특별히 여러분의 아버지께서 순례자가 되시게 한 그 책을 많이 묵상하세요. 여러분이 이곳에 있는 동안 나도 여러분에게 내가 가르칠 수 있는 것을 가르쳐 드리겠어요. 그리고 여러분이 경건한 덕을 이루는 질문들을 제게 해 주시면, 기쁘게 대답해 드리겠습니다."

제4장

자비 양에게 청혼한 거품 씨가 떠나고, 마태가 병에 걸렸다가 회복되다

순례자들이 이곳에 머문 지 일주일쯤 되었을 때, 자비에게 호의를 지닌 체하는 한 방문객이 찾아왔다. 그는 거품(Brisk)이라는 이름의 약간 교양 있는 자로서, 신앙이 있는 체했으나 사실은 세상에 매우 집착하는 자였다. 그는 자주 자비를 찾아와 사랑을 고백했다. 자비는 용모가 아름답고 매력적인 처녀였다. 그녀는 마음도 아름다워 항상 무엇인가 일을 하느라 바빴다. 그녀는 한가할 때 다른 사람들의 양말이나 옷을 만들어 가난한 사람들에게 주곤 했다. 거품 씨는 그녀가 만드는 것들이 어디에 소용되는지 몰랐으나, 그녀가 전혀 게으름 피우지 않는 것이 크게 마음에 들어 생각했다.

거품 "그녀는 틀림없이 훌륭한 가정주부가 될 것이다."

자비는 거품 씨의 일을 이 집 처녀들에게 밝히고, 그에 대한 그들의 의견을 물었다. 그들은 거품 씨에 대해 매우 잘 알고 있었다. 처녀들은 자비에게 거품 씨가 매우 촐싹거리는 사람이며 신앙이 있는 체하지만 선한 능력에는 관심이 없어 보인다고 말해 주었다. 그 말을 듣고 자비가 말했다.

자비 "그러면 제 영혼을 혼란하지 않기 위해 더 이상 그를 만나지 않도록 하겠어요."

그러자 신중이 말했다.

신중 "그를 낙심시키는 것은 별로 어려운 일이 아니에요. 당신이 가난한 사람들을 위해 시작한 일을 계속하면, 그의 정열이 금세 식어 버릴 걸요."

다음번에 거품은 그녀를 찾아와서 그녀가 여전히 가난한 사람들을 위해 옷을 만들고 있는 것을 보고 물었다.

거품 "항상 무슨 일을 그렇게 하시는 겁니까?"

자비가 대답했다.

자비 "제 옷을 만들기도 하고 다른 사람들의 옷을 만들기도 하지요."

거품 "그래서 하루에 얼마나 벌 수 있나요?"

자비 "저는 선한 사업을 많이 하고 장래에 자기를 위해서 좋은 터를 쌓아 참된 생명을 얻기 위해 이 일을 하는 거랍니다"(딤전 6:18-19).

거품 "아니, 도대체 이 옷들로 무엇을 하는 거죠?"

자비 "헐벗은 사람들에게 입혀요."

이 말에 거품은 안색이 변했다. 그 후 다시는 자비를 찾아오지 않았다. 사람들이 왜 자비를 찾아가지 않느냐고 질문하자 그는 자비가 예쁜 아가씨이긴 하지만 정신이 이상한 상태에 있다고 대답했다. 거품이 자비를 떠났을 때 신중이 말했다.

신중 "거품 씨가 곧 당신을 버릴 것이라고 제가 말했죠?

그는 당신에 대해 분명히 악한 소문을 퍼뜨릴 거예요. 그는 신앙을 자랑하고 자비 양을 사랑하는 것처럼 보이지만, 당신과 그는 너무 다른 기질을 갖고 있어 절대로 결합 못 할 거라고 생각해요."

자비 "비록 아무에게도 이야기하진 않았지만, 전에도 여러 번 청혼을 받은 적이 있었어요. 그들은 제 인격에서 아무런 허물을 발견하지 못했지만, 제 마음 상태를 좋아하지 않았어요. 그 때문에 그들과 저는 결합할 수 없었죠."

신중 "우리 시대에 자비는 명목만 있을 뿐, 거의 중시되지 않죠. 당신처럼 실천으로 자비를 나타내는 사람은 참으로 드뭅니다."

자비 "좋아요. 아무도 저를 아내로 맞이하지 않는다면, 저는 처녀로 살거나 제 성격을 제 남편 삼아 살 거예요. 저는 제 본성을 바꿀 수 없어요. 성격 면에서 저와 반대되는 사람은 죽을 때까지 절대 남편으로 맞이하지 않겠어요. 저에게 박애(Bountiful)라는 이름의 언니가 있었는데, 거품 씨처럼 야비한 사람과 결혼했어요. 언니와 그 사람은 전혀 맞지 않았죠. 언니가 예전에 해왔던 대로 가난한 사람들에게 친절을 베풀자 언니 남편은 처음에는 욕설을 퍼붓더니 결국 언니를 내쫓아 버렸어요."

신중 "그도 분명히 신자였겠지요?"

자비 "예, 그도 신자라고 했어요. 그런데 지금 세상에는 그런 사람들이 가득해요. 저는 그런 사람들이 싫어요."

그때 크리스티아나의 맏아들 마태가 심한 병에 걸렸다. 그는 복통이 심해서 때때로 배를 부둥켜 잡고 온 방을 굴러다녔다. 마침 이 집에서 멀지 않은 곳에 경험 많고 쌓은 평판 좋은 노련 씨(Mr. Skill)라는 의사가 살고 있었다. 크리스티아나의 희망에 따라 사람들이 그를 모셔왔다. 그는 방으로 들어와 소년을 잠시 살펴본 후 배탈이라고 진단했다. 그는 소년의 어머니에게 물었다.

노련 "최근에 마태가 무슨 음식을 먹었습니까?"

크리스티아나 "이로운 음식 외에 다른 것은 먹지 않았는데요."

노련 "이 아이는 위에서 소화되지 않는 것을 남몰래 먹었어요. 무슨 수단을 쓰지 않으면 제거되지 않을 겁니다. 위세척을 안 하면 죽고 말 거예요."

그때 사무엘이 말했다.

사무엘 "어머니 이 길 어귀에 있는 문 근처에서 형이 무언가를 주워 먹었던 것 같아요. 담 맞은편 왼쪽에 과수원이 있는데, 나뭇가지 몇 개가 담 위로 나와 있었던 것 아시죠?

형이 그것을 따먹었어요."

크리스티아나 "그렇구나, 얘야. 그 애가 거기서 그걸 따먹었지. 못된 아이 같으니라고, 내가 야단쳤는데도 그것을 먹더니만."

노련 "해로운 무언가를 먹은 줄 알고 있었지요. 그 음식, 즉 그 열매는 가장 해로운 것이에요. 그것은 바알세불 소유의 과수원 열매이죠. 아무도 당신에게

주의를 주지 않은 것이 이상하군요. 그것을 먹고 많은 사람이 죽었답니다."

그 말을 듣고 크리스티아나는 울음을 터뜨렸다.

크리스티아나 "어리석은 녀석 같으니라고! 난 또 얼마나 부주의한 엄마인지! 이 아이를 살리려면 어떻게 해야 할까요?"

노련 "자, 너무 낙심하지 마십시오. 저 애는 다시 건강해질 수 있습니다. 그렇지만 설사를 시키고 토하게 해야 합니다."

크리스티아나 "제발 선생님 치료비가 얼마가 들어도 좋으니, 선생님의 기술을 다 발휘해 주십시오."

노련 "최선을 다해 보겠습니다."

의사는 마태에게 설사약을 먹였으나 너무 효과가 약했다. 그 약은 염소 피와 암송아지의 재 그리고 우슬초 즙 등으로 만든 것이었다(히 9:19; 10:1-4). 노련 씨는 설사약이 너무 약한 것을 보고 다른 적절한 약을 먹였다. 그 약은 그리스도의 피와 살로 만든 것이었는데(요 6:54-57, 독자 여러분도 알다시피, 의사들은 환자에게 이상한 약을 준다), 한두 가지 약속과 적당량의 소금을 섞어 환약으로 만들었다(마 9:49). 마태는 금식하면서 회개의 눈물 한 홉으로 한 번에 세 알씩 그 약을 먹어야 했다(슥 12:10).

약이 준비되어 먹이려 했다. 그러나 마태는 복통으로 몸이 찢겨 나가기라도 하는 듯 구르면서도 약 먹기를 싫어했다. 그러자 의사가 말했다.

노련 "자, 어서 이 약을 먹어야 해."

마태 "그 약은 제 배를 더 아프게 할 거예요."

어머니가 '내가 이 약을 꼭 너에게 먹이고 말 거야'라고 말했다.

그러자 마태는 말했다.

마태 "그러면 토해 버릴 거예요."

크리스티아나가 노련 씨에게 물었다.

크리스티아나 "선생님 이 약의 맛이 어떤가요?"

노련: "나쁘지 않습니다."

그러자 크리스티아나는 약 한 개를 혀끝에 대보고 말했다.

크리스티아나 "마태야, 이 약은 꿀보다 더 달구나. 네가 만일 엄마와 네 동생을 사랑하고 또 자비를 그리고 네 생명을 사랑한다면 이 약을 먹어다오."

마태는 이처럼 많은 소동을 벌이다가 결국 이 약에 하나님의 축복이 내리시기를 잠깐 기도한 후 약을 먹었다. 약은 바로 효과를 나타내어 그를 편안히 잠들어 안정을 취하게 했다. 열이 내리고 호흡도 고르게 되어 복통이 완전히 사라졌다. 얼마 후 그는 일어나 지팡이를 짚고 이 방 저 방으로 걸어 다니며 신중과 경건 그리고 자비와 함께 자신의 병과 그 병을 치료받은 데 대해 대화를 나누었다. 아이의 병이 치료되자 크리스티아나는 노련 씨에게 물었다.

크리스티아나 "선생님, 저와 제 아이에 대한 선생님의 수고와 보살핌을 어떻게 감사해야 할까요?"

그러자 의사가 말했다.

노련 "이런 경우를 위해 마련된 규칙에 따라 의사를 양성하는 대학 학장님께 보답해야 합니다"(히 13:15).

크리스티아나 "그런데 선생님 이 약은 다른 병에도 유익한가요?"

노련 "이 약은 만병통치약입니다. 순례자들이 흔히 걸리는 모든 질병에 잘 듣습니다. 그래서 이 약을 잘 준비하면 걱정이 없죠."

크리스티아나 "선생님, 제게 그 약을 열두 갑만 만들어 주세요. 이 약을 가질 수만 있다면 다른 약은 전혀 먹지 않을 거예요."

노련 "이 약은 병이 걸렸을 때 치료하는 데 유익할 뿐 아니라, 질병 예방에도 유익하답니다. 단언컨대, 만일 이 약을 적절하게만 사용한다면 영생할 수도 있죠(요 6:51). 하지만 착한 크리스티아나 씨, 이 약을 내 처방법 외의 다른 방법으로 복용하면 안 됩니다. 다른 방법으로 복용하면 아무런 유익이 없게 돼요."

의사는 크리스티아나와 그녀의 아들들 그리고 자비를 위해 약을 주며, 마태에게 더 이상 풋과일을 먹지 말라는 주의를 주고 입맞춘 후 돌아갔다.

앞에서 말한 것처럼 신중은 아이들에게 그들이 원할 때 언제든지 질문을 하면, 유익한 이야기를 해 주겠다고 말한 바 있다. 병에 걸렸던 마태가 그녀에게 질문했다.

마태 "대부분 약이 우리 입맛에 쓴 이유는 무엇일까요?"

신중 "그 이유는 하나님의 말씀과 그 말씀의 효력이 육신적인 마음에 얼마나 달갑지 않은지를 나타내기 위해서랍니다."

마태 "만일 약이 유익하다면 왜 설사와 구토를 일으킬까요?"

신중 "그것은 말씀이 효과적으로 역사할 때 마음과 생각을 정화하는 것을 나타내기 위해서이죠. 생각해 보세요. 약은 육체를 치료해 주고 말씀은 영혼을 치료하지 않습니까?"

마태 "불꽃은 위로 올라가고 태양 광선과 따뜻한 기운은 아래로 내려오는 것을 보고 우리는 무엇을 배워야 할까요?"

신중 "불꽃이 위로 올라가는 것에서 우리는 열심과 열망을 가지고 천국으로 올라가는 것을 배우게 되죠. 또 태양이 열기와 빛과 기분 좋은 영향력을 아래로 내려보내는 것에서 우리는 이 세상의 구주께서 높이 계심에도 불구하고, 자신의 은혜와 사랑을 아래에 있는 우리에게 내려 주신다는 것을 배우게 됩니다."

마태 "구름은 어디서 수분을 얻을까요?"

신중 "바다에서 얻지요."

마태 "그 사실에서 우리는 무엇을 배울 수 있을까요?"

신중 "성직자들이 하나님으로부터 교리를 받아야 한다는 사실을 배울 수 있지요."

마태 "왜 구름은 땅 위에 자신을 쏟아부을까요?"

신중 "성직자들이 자신들이 하나님에 대해 알고 있는 바를 남김없이 세상에 전해야 한다는 사실을 보여 주기 위해서이죠."

마태 "태양에 의해 무지개가 생기는 이유는 무엇일까요?"

신중 "하나님의 은혜 언약이 그리스도 안에서 우리에게 확증된다는 것을 보여 주기 위해서랍니다."

마태 "높은 산꼭대기에서 샘물이 솟아나는 이유는 뭘까요?"
신중 "은혜의 정신이 가난하고 낮은 많은 사람에게서만 솟아나는 것이 아니라, 높고 권세 있는 사람 중에서도 솟아난다는 것을 보여 주기 위해서예요."
마태 "왜 불꽃은 초의 심지에 붙어 있을까요?"
신중 "은혜가 마음에 불을 붙이지 않으면, 우리 안에 참된 생명의 불빛이 존재하지 않는다는 것을 보여 주기 위함입니다."
마태 "촛불이 계속 빛을 내려면, 심지와 밀초 모두 타 없어져야 하는 이유는 무엇일까요?"
신중 "우리 안에 있는 하나님의 은혜가 계속 선한 상태를 유지하려면, 육체와 영혼을 다 바쳐 섬겨야 한다는 사실을 보여 주기 위해서예요."
마태 "펠리칸이 자신의 가슴을 부리로 쪼는 이유는 무엇일까요?"
신중 "그것은 자기 피로 어린 새끼들을 먹여 키우기 위함인데, 이 모습은 복되신 그리스도께서 자신의 어린 백성을 극진히 사랑하사 피 흘려 죽으심으로써 그들을 구원하신 것을 나타내는 것이죠."
마태 "수탉이 우는 소리를 듣고 무엇을 배울 수 있나요?"
신중 "베드로의 죄와 베드로의 회개를 기억하는 법을 배울 수 있어요. 수탉이 우는 것은 날이 밝아오는 것도 나타냅니다. 그러므로 수탉이 우는 소리를 듣고 무서운 최후의 심판 날을 생각해야 해요."

이렇게 지내는 가운데 한 달이 지났다. 크리스티아나 일행은 이 집 가족들에게 다시 길을 떠나야겠다고 말했다. 그때 요셉이 어머니에게 말했다.
요셉 "해설자 씨의 집에 사람을 보내어, 용감 씨를 우리에게 보내 주셔서 남은 길 동안 안내자가 되게 해달라고 부탁하는 것을 잊지 마세요."

크리스티아나가 말했다.
크리스티아나 "기특하구나. 난 거의 잊고 있었는데!"

그녀는 청원서를 써서 문지기 경계 씨에게 가지고 갔다. 그리고는 적당한 사람을 그녀의 좋은 친구 해설자 씨의 집으로 보내 달라고 부탁했다. 해설자는 편지를 받아 청원 내용을 읽어 보더니, 편지를 가져온 사람에게 말했다.

해설자 "가서 내가 용감을 보내겠다고 전해 주시오."

크리스티아나가 묵고 있는 집 가족들은 순례자 일행이 떠나려는 것을 알고는 가족 전체가 모여 이렇게 유익한 손님들을 보내 주신 왕께 감사를 드렸다. 그런 다음 그들은 크리스티아나에게 말했다.

집안 사람들 "우리가 순례자들에게 하는 관습대로 여러분이 길을 가며 명상할 수 있는 일을 보여 드리겠습니다."

그들은 크리스티아나와 그녀의 아들들 그리고 자비를 벽장으로 데리고 가더니 사과 한 알을 보여 주었다. 그 사과는 하와가 먹고 남편에게도 주어, 그들 모두가 낙원에서 쫓겨나게 만든 그 사과였다. 그들은 크리스티아나에게 이 사과에 대해 어떻게 생각하느냐고 물었다.

그러자 크리스티아나는 대답했다

크리스티아나 "나는 이게 음식인지 독인지 모르겠네요."

그러자 그들은 그녀에게 이 사과의 내역을 밝혀 주었다. 이 말을 들은 크리스티아나는 손을 쳐들고 놀라 어쩔 줄 몰랐다(창 3:1-6; 롬 7:24). 그 후 그들은 그녀를 어떤 곳으로 데리고 가더니 야곱의 사다리를 보여 주었다. 바로 이때 몇 명의 천사들이 그 사다리를 오르고 있었다. 크리스티아나와 나머지 사람들은 천사들이 올라가는 것을 정신없이 바라보았다(창 28:12). 그들이 다른 것을 구경하기 위해 다른 장소로 가려 하자, 야고보가 어머니에게 말했다.

야고보 "제발 조금만 더 여기 있자고 말씀해 주세요. 이 광경이 너무 신기해요."

그들은 다시 돌아서서 너무도 즐거운 이 광경을 바라보며 즐거워했다. 한참 더 구경하더니 그들은 황금 닻이 걸려 있는 곳으로 가서 크리스티아나에게 그 닻을 내리라고 지시했다.

집안 사람들 "이것을 여러분에게 드리겠어요. 왜냐하면, 여러분이 폭풍우를 만나게 되면 성소 휘장 안에서 이 닻을 굳게 붙잡고 확고부동하게 설 때 절대적으로 필요하거든요."

일행은 이 닻을 받고 크게 기뻐했다(요 3:16; 히 6:19). 그다음 이 집 가족들은 그들을 데리고 우리 조상 아브라함이 아들 이삭을 바친 산으로 가서 제단과 나무 그리고 불과 칼을 보여 주었다. 그 물건들은 오늘날까지 볼 수 있도록 남아 있었다. 그들은 그 물건들을 보고 손에 들어보며 감탄했다.

집안 사람들 "아! 아브라함은 주님에 대한 사랑과 자신을 부인하는 데 정말 놀라운 사람이었어."

이 집 가족들이 순례자들에게 이 모든 것을 보여 주자, 신중은 피아노가 있는 응접실로 그들을 인도했다. 피아노를 연주하며 신중은 그들에게 보여 준 것을 다음과 같은 아름다운 노래로 표현했다.

> 하와의 사과를 보았으니
> 명심하고 주의하세요.
> 천사들이 오르는 야곱의 사다리를 보았고
> 황금 닻을 받았어요.
> 그러나 아브라함처럼 최선의 것을
> 제물로 바치기까지
> 만족하지 마세요.

이때 누군가 문을 두드렸다. 문지기가 문을 여니 용감이 서 있었다. 그가 안으로 들어왔을 때 그곳에 기쁨이 얼마나 컸는지 모른다. 왜냐하면, 얼마 전 그가 늙은 피투성이 거인 잔인을 죽이고 그들을 사자에게서 구출한 일이 다시 새롭게 생각났기 때문이다. 용감은 크리스티아나와 자비에게 말했다.

용감 "나의 주인님께서 여러분에게 포도주 한 병과 볶은 곡식 약간, 석류 열매 두 개를 보내셨습니다. 그리고 어린이들에게는 무화과와 건포도를 보내어 가는 길에 힘을 얻으라고 하셨습니다."

그들은 여행 채비를 했고 신중과 경건이 배웅을 나왔다. 문에 이르렀을 때 크리스티아나가 문지기에게 물었다.

크리스티아나 "최근에 지나간 사람이 있었나요?"

문지기가 대답했다.

문지기 "얼마 전에 한 사람이 지나간 것 외에는 지나간 사람이 없습니다. 그런데 그가 말해 준 바에 의하면 여러분이 가는 왕의 대로에서 최근에 큰 강도 사건이 있었다는군요. 도적들이 체포되어 곧 사형을 결정하는 재판이 있을 거랍니다."

이 말을 듣고 크리스티아나와 자비는 두려움을 느꼈다. 그러나 마태가 말했다.

마태 "어머니, 용감 씨가 우리와 함께 가며 우리의 안내자가 되시는 한, 아무것도 두려워할 게 없어요."

크리스티아나는 문지기에게 말했다.

크리스티아나 "선생님 우리가 여기 온 이후 저희에게 보여 주신 모든 친절에 감사드립니다. 또 저의 애들에게 그처럼 사랑이 많고 다정하게 대해 주신 데 대해 어떻게 감사해야 좋을지 모르겠어요. 제 인사의 표시로 이 변변치 못한 것을 제발 받아 주세요."

그녀는 이렇게 말하며 금으로 만든 천사 형상 한 개를 그의 손에 쥐여 주었다. 문지기는 크리스티아나에게 깊이 고개 숙여 절하며 말했다.

문지기 "당신의 의복이 항상 희고, 당신의 머리에 기름이 그치지 않기를 바랍니다. 자비 양도 영생하시며, 하시는 일이 번창하기 바랍니다."

그리고 문지기는 소년들에게 말했다.

문지기 "너희는 젊은 날의 정욕을 피하고, 침착하고 지혜로운 사람들과 함께 경건을 따르거라. 그러면 너희는 어머니의 마음에 기쁨을 드리고, 모든 분별 있는 사람들에게 칭찬을 받게 될 거야."

그들은 문지기에게 감사 인사를 한 후 길을 떠났다.

제5장

다시 순례 여행을 떠나 겸손의 골짜기를 지나다

나는 꿈속에서 그들이 앞으로 나아가다 언덕 위에 이르는 것을 보았다. 그곳에서 경건은 갑자기 생각난 듯 소리쳤다.

경건 "어머나! 크리스티아나 씨와 일행에게 드리려 했던 것을 잊었네. 돌아가서 가지고 올게요."

그녀는 그것을 가지러 달려갔다. 경건이 없는 동안 크리스티아나는 길 오른편 조금 떨어진 수풀에서 매우 진기하고 아름다운 음악 소리를 들었다. 그 노래 가사는 이러했다.

> 나의 평생을 통해 주님의 은총이
> 숨김없이 내게 나타났으니,
> 주님의 집이 영원히
> 나의 처소가 되리라.

계속 귀를 기울이자 화답하는 다른 노랫소리가 들려왔다.

> 왜냐고요?
> 주 우리 하나님은 선하시고
> 그의 자비는 영원히 확실하며

그의 진리는 항상 견고히 서 있어

세세토록 영원할 것이기 때문이죠.

크리스티아나는 신중에게 이 진기한 노래를 누가 부르는 거냐고 물었다. 신중이 대답했다.

신중 "저 노래는 우리나라 새들이 부르는 것이죠. 저 새들은 꽃이 피고 해가 따뜻하게 비추는 봄에만 노래를 부른답니다. 봄이 되면 온종일 저 새들의 노랫소리를 들으러 나오곤 하죠. 때로 집으로 저 새들을 데리고 가서 길들이기도 하고요. 저 새들은 우리가 우울할 때 매우 좋은 친구가 되어주고, 또 숲 같은 적막한 곳을 머물고 싶은 곳으로 만들어 주죠"(아 2:11-12).

이때 경건이 돌아와 크리스티아나에게 말했다.

경건 "이걸 보세요, 당신이 우리 집에서 보신 모든 것의 도표를 갖고 왔어요. 당신은 혹시 생각나지 않으실 때 이것들을 보고 다시 기억해 내어, 덕성을 함양하고 위로를 얻을 수 있을 거예요."

그들은 언덕을 내려가 겸손의 골짜기 안으로 들어서기 시작했다. 그곳은 가파른 언덕으로서 길이 미끄러웠다. 그러나 그들은 매우 조심해서 무사히 내려올 수 있었다. 골짜기로 내려왔을 때 크리스티아나에게 경건이 말했다.

경건 "이곳은 당신 남편께서 더러운 괴물 아볼루온과 만나 무서운 싸움을 벌인 곳이랍니다. 당신도 그 이야기를 듣긴 하셨겠죠. 그러나 용감 씨가 여러분의 인도자와 안내자이시니까 용기를 내세요. 더욱 편안한 여행을 하시기 바랍니다."

경건과 신중은 여기서 용감에게 순례자들의 안내를 맡기고 돌아갔다. 용감은 앞서 나아가며 뒤따라오는 크리스티아나 일행에게 말했다.

용감 "이 골짜기를 무서워할 필요가 없습니다. 우리 자신이 해를 자초하지 않는다면, 이곳에서 우리를 해할 것은 아무것도 없어요. 크리스천 씨가 이곳에서 아볼루온을 만나 격렬한 전투를 벌인 것은 사실입니다. 그러나 그 싸움은 그가 저 언덕을 내려오다 미끄러진 결과였죠. 저곳에서 미끄러진 사람들은 이곳에서의 전투를 예상해야 합니다. 이 골짜기가 그런 불쾌한 이름을 갖게 된 것은 바로 그 때문이에요. 평범한 사람들은 이런 곳에서 누군가에게 어떤 무서운 일이 일어났다는 이야기를 들으면, 그곳에 괴물과 악령이 우글거린다고 생각하거든요.

그러나 슬프게도 그런 일들이 그들에게 일어나는 것은 그들 자신이 행한 일의 결과이랍니다. 이 겸손의 골짜기는 사실상 까마귀가 날아다니는 여느 골짜기처럼 비옥한 곳입니다. 나는 크리스천 씨가 이곳에서 그처럼 심한 고생을 한 이유를 설명해 줄 수 있는 무엇인가가 이 부근 어딘가에서 발견될 수 있다고 믿어요. 찾아보면 말이에요."

그때 야고보가 어머니에게 말했다.

야고보 "보세요. 저기 기둥 하나가 서 있는데, 그 위에 무엇인가가 쓰여 있는 것 같아요. 우리 가서 뭔지 보기로 해요."

그들은 그곳에 다음과 같은 글이 쓰여 있는 것을 보았다.

"크리스천이 이곳으로 오기 전에 미끄러진 일들과 이곳에서 벌인 전투에서 뒤에 오는 사람들은 경고를 받아라."

안내자 용감이 말했다.

용감 "이것 보세요. 이 부근에서 그처럼 심한 고생을 한 이유를 알려줄 무엇인가가 있을 것이라고 말하지 않았습니까?"

그리고 그는 크리스티아나를 향해 말했다.

용감 "크리스티아나 씨 그리고 그와 비슷한 일을 겪은 많은 사람을 비난하면 안 됩니다. 왜냐하면, 이 언덕은 내려가는 것이 올라가기보다 어렵고 이 세상의 모든 지역에 이러한 언덕은 드물다고 말할 수 있기 때문이죠. 그는 계속 훌륭한 사람으로 남을 것입니다. 그는 지금 안식하고 있고, 또한, 대적에게 승리를 거두었기 때문이에요. 우리는 우리 자신이 시험받게 될 때 크리스천보다 못하게 되지 않도록 위에 계시는 분께 구해야 합니다.

다시 이 겸손의 골짜기에 대해 생각해 봅시다. 이곳은 이 지역 모든 곳

가운데 가장 훌륭하고 가장 풍요한 땅이에요. 이곳은 비옥한 땅이고, 여러분이 보다시피 많은 부분이 목초지로 이루어져 있어요. 어떤 사람이 지금 우리처럼 여름 동안 이곳에 왔는데 이곳에 대한 사전 지식 없이 그에게 보이는 광경을 즐거워한다면 여러 가지 즐거운 일들을 볼 수 있을 것입니다. 보십시오.

이 계곡이 얼마나 푸르고 백합이 얼마나 아름답게 피어 있습니까?

(아 2:1)

나는 이 겸손의 골짜기에 좋은 땅을 소유한 부지런한 사람들을 많이 알고 있죠. 하나님께서는 교만한 자를 물리치고 겸손한 자에게 은혜를 주십니다(약 4:6; 벧전 5:5). 진실로 이곳은 비옥한 땅이고 많은 수확을 내는 곳이죠. 어떤 사람들은 하나님 아버지의 집으로 가는 지름길이 이곳에 있었으면 좋겠다고 생각한답니다. 그러면 언덕이나 산을 넘는 고생을 더 안 할 수 있다는 것이죠. 그러나 결국 길에는 끝이 있는 법입니다."

그들은 길을 걸으며 이야기하다가 아버지의 양을 치는 소년을 발견했다. 그 소년은 매우 초라한 옷을 입고 있었으나 건강하고 아름다웠다. 그는 혼자 앉아 노래 부르고 있었다. 용감이 말했다.

용감 "저 목동이 무슨 노래를 부르나 들어보세요."

그들이 들어보니 목동의 노래는 다음과 같았다.

> 낮은 곳에 있는 사람은 떨어질 걱정이 없고
> 미천한 사람은 교만함이 없네.
> 하나님께서는 언제나
> 겸손한 사람의 인도자라네.
> 나는 적든지 많든지
> 나의 소유로 만족한다네.
> 주여, 내가 항상 만족하기 원함은
> 주께서 그렇게 주시기 때문입니다.

> 순례 여행을 하는 사람은
> 많이 가져봐야 무거운 짐일 뿐이지.
> 이 땅에서는 적게 가지고
> 천국에서 영원히 복 받는 것이 최선이지.

그들의 안내자가 말했다.

용감 "저 소년의 노래를 들었죠?

나는 저 소년이 비단과 수놓은 옷을 입은 자보다 더 즐거운 생활을 하고 마음의 평화라는 더 좋은 약초를 품고 있다고 감히 말합니다. 다시 우리 이야기를 진행합시다. 우리 주님은 전에 이 골짜기에 별장을 갖고 계셨어요. 주님은 이곳에서 지내기를 좋아하셨고, 이곳 공기가 상쾌하므로 이 초원을 산책하시기 좋아하셨죠. 그뿐만 아니라 이곳에서는 이 세상의 모든 소음과 혼란스러운 일들로부터 해방될 수 있답니다.

세상에는 소음과 혼란이 가득한데, 오직 이 겸손의 골짜기만은 조용하게 외떨어져 있죠. 이곳에서는 다른 장소에서처럼 묵상을 방해받는 일이 없어요. 이곳은 순례자의 삶을 사랑하는 사람들 외에는 아무도 다니지 않는 골짜기이거든요. 비록 여기서 크리스쳔 씨가 아볼루온을 만나 격렬한 싸움을 하는 고생을 하긴 했지만, 그전에 사람들은 이곳에서 천사들을 만났고, 이곳에서 진주를 주웠으며, 이곳에서 생명의 말씀을 발견했어요(호 12:4-5).

아까 내가 우리 주님께서 전에 이곳에 별장을 갖고 계셨으며, 이곳을 산책하기 좋아하셨다고 말했죠?

거기에 덧붙일 말이 있어요. 주님께서는 이곳을 사랑해서 지나가는 사람들에게 주실 연금을 남겨 두시고, 그들이 순례 여행길을 유지하고 계속 용기를 갖고 나아가게 하려고 그것을 일정한 절기마다 충실하게 지불하신다는 겁니다."

계속 길을 나아가며 사무엘이 용감에게 말했다.

사무엘 "선생님, 저는 이 골짜기에서 저희 아버지와 아볼루온이 전투를 했다고 알고 있는데, 이 넓은 골짜기 어디쯤에서 전투가 있었나요?"

용감 "네 아버지는 우리 앞에 보이는 저곳, 곧 망각의 초원 바로 건너편 좁은 통로에서 전투하셨단다. 사실 그곳은 이 지역에서 가장 위험한 장소이지. 왜냐하면, 순례자들 자신이 얼마나 놀라운 은총을 받았는지 그리고 그 은총을 받기에 자신들이 얼마나 부족한지를 망각할 때 공격받기 때문이지. 다른 사람들도 그곳에서 공격을 받았단다. 그러나 우리 그곳에 도착한 후 더 많은 이야기를 하도록 하자. 내 생각에 그곳에서 무서운 전투가 벌어졌다는 것을 증거하는 전투의 표적이나 기념비 같은 것이 지금도 남아 있을 거야."

그러자 자비가 말했다.

자비 "나는 우리가 여행한 다른 어떤 곳 못지않게 이 골짜기가 마음에 들어요. 이곳은 나의 영혼에 맞는 것 같아요. 나는 마치 바퀴들이 덜그럭거리며 다니는 소리가 나지 않는 이런 곳에 있고 싶어요. 이곳에서는 방해받지 않고 내가 누구이며, 내가 어디서 왔고, 내가 무엇을 행했으며, 왕께서 무엇을 위해 나를 부르셨는지 생각할 수 있을 것 같아요.

그리고 이곳에서 묵상하다가 마음이 깨어지고 영혼이 녹아 나의 눈이 '헤스본의 연못'처럼 될 것 같아요. 이 눈물 골짜기를 바르게 통과하는 사람들은 이곳을 우물로 만들고, 하나님께서 하늘로부터 이곳 사람들에게 내려 주시는 비가 연못들을 채울 거예요. 왕께서 자신의 포도원을 주신다고 한 곳이 이 골짜기이므로(아 7:4; 시 84:5-7; 호 2:15) 크리스천 씨가 아볼루온을 만났는데도 찬송을 불렀던 것처럼, 이곳을 지나가는 사람들은 찬송할 거예요."

용감 "맞아요. 나는 이 골짜기를 여러 번 지나다녔는데, 여기 있을 때보다 더 좋은 때는 없었답니다. 또 나는 여러 순례자들을 안내했는데, 그들도 같은 고백을 했죠. 왕께서는 이렇게 말씀하셨어요. '심령이 가난하고 크게 뉘우치며 나의 말씀에 떠는 자, 이런 자를 내가 권고할 것이라.'"

이제 그들은 아까 말한 전투가 벌어졌던 곳에 이르렀다. 안내자는 크리스티아나와 그녀의 아들들 그리고 자비에게 말했다.

용감 "이곳이 전투 장소입니다. 이 자리에 크리스천 씨가 서 있었고, 저쪽에서 아볼루온이 다가왔죠.

자, 보세요, 내가 말하지 않았습니까?

여기 이 돌들 위에 오늘까지 당신 남편의 피가 남아 있어요. 또 여기저기 아볼루온의 부러진 창 조각들이 이곳에 흩어져 있는 것을 보세요. 또 그들이 서로 싸우면서 유리한 위치를 차지하려고 발로 땅을 다진 것을 보십시오. 그리고 그들이 무기로 헛치면서 바로 저 돌들을 산산조각 낸 것도 보세요. 진실로 크리스천 씨는 남자다움을 발휘했죠. 헤라클레스에 못지않을 만큼 용감했습니다. 아볼루온은 패하자 사망의 음침한 골짜기라고 불리는 다음 골짜기로 도망쳤어요. 우리는 곧 그곳에 이르게 될 겁니다. 저기 좀 보십시오. 기념비가 서 있죠. 저 기념비에는 이 전투와 크리스천의 승리가 새겨져, 영원히 그의 명성을 나타내고 있답니다."

기념비는 그들 앞 길가에 서 있었다. 그들은 그쪽으로 다가가서 다음과 같이 쓰인 글을 자세히 읽었다.

> 바로 여기서 전투가 벌어졌으니
> 가장 놀랍고 가장 진실한 전투였다.
> 크리스천과 아볼루온은 서로를
> 굴복시키려고 싸웠다.
> 그는 용감하게 남자다움을 발휘하여
> 대적을 도망치게 했다.
> 이를 증거가 되기 위해
> 여기 기념비를 세운다.

제6장

사망의 음침한 골짜기에서 용감이 순례자들을 괴롭히던
거인 나무망치와 싸워 그를 거꾸러뜨리다

그들은 이곳을 지나 사망의 음침한 골짜기에 이르렀다. 이 골짜기는 겸손의 골짜기보다 길었고, 많은 사람의 증거대로 각종 악한 것들이 출몰하는 가장 기괴한 곳이었다. 그러나 이때는 밝은 낮인데다 용감이 그들의 안내자였으므로, 여인들과 아이들은 더 쉽게 그 골짜기를 지나갔다. 그들이 이 골짜기에 들어서자 죽어가는 사람들의 신음 같은 것이 매우 크게 들려왔다. 또 극한 고통 속에서 내는 한탄 소리도 들려왔다. 이 소리는 소년들을 떨게 했다.

여인들도 얼굴이 창백해졌으나, 그들의 안내자는 그들에게 안심하라고 했다. 그들이 좀 더 나아가자 그들의 발 밑 땅에 빈 곳이 있기라도 한 듯 땅이 일렁거리기 시작하는 것을 느꼈다. 그리고 뱀 소리처럼 쉿쉿 대는 소리도 들려왔다. 그러나 아무것도 나타나지는 않았다.

소년들 "이 기분 나쁜 곳을 다 빠져나가려면 아직 멀었나요?"

이렇게 소년들이 물었다. 용감은 그들에게 용기를 가지고 발을 잘 살피라고 일렀다. 잘못하면 함정에 빠질지도 모르기 때문이었다. 이때 야고보가 병이 난 것 같았는데 내 생각엔 두려움 때문인 듯 싶었다. 어머니가 해설자의 집에서 받은 포도주 약간과 노련 씨가 준비해 준 약 세 개를 먹이자 소년은 다시 원기를 회복하기 시작했다. 이렇게 그들은 계속 진행해서 골짜기 중간쯤에 이르렀다. 그때 크리스티아나가 말했다.

크리스티아나 "저쪽 우리 앞길에 무언가가 보이는 것 같아요. 지금까지 본 적이 없는 모습을 하고 있어요."
요셉 "어머니, 그게 뭐지요?"
크리스티아나 "흉측하구나. 애야, 아주 흉측한 괴물이야."
요셉 "어머니, 어떻게 생겼어요?"
크리스티아나 "뭐라고 설명할 수가 없구나. 이제 조금밖에 떨어져 있지 않다. 가까이에 있어."
용감 "자, 두려운 사람들은 내게 바싹 붙으세요."

괴물이 계속 다가오자 안내자는 정면으로 맞섰다. 그러나 괴물은 용감과 마주치자마자 모든 사람의 시야에서 사라져 버렸다. 그때 그들은 얼마 전에 들은 말씀을 기억했다.

> 마귀를 대적하라 그리하면 너희를 피하리라(약 4:7).

정신을 좀 차린 후 그들은 계속 전진했다. 그러나 그들이 얼마 안 갔을 때 자비는 뒤를 돌아보고 무엇인가 사자같이 생긴 것이 성큼성큼 뒤쫓아 오는 것을 발견했다. 그 괴물은 공허한 울음소리를 냈다. 그 울음소리를 낼 때마다 골짜기 전체가 울렸다. 그 때문에 안내자 외의 모든 사람의 마음이 질렸다. 괴물이 다가오자 용감은 순례자들을 모두 앞세우고 뒤로 갔다. 사자는 계속 빠른 속도로 다가왔고, 용감은 싸울 준비를 했다. 그러나 사자는 그들이 저항하기로 한 것을 알자 역시 뒤로 물러나 더 이상 보이지 않게 되었다(벧전 5:9).

그들은 다시 나아갔다. 안내자는 그들보다 앞서 나아가 길 전체에 구덩이를 파놓은 곳에 이르렀다. 그런데 그들이 그 구덩이를 건널 준비를 하기 전에 짙은 안개와 어두움이 그들을 덮어 볼 수 없게 되었다.

순례자들은 이것을 보고 말했다.

순례자들 "아, 이제 우리는 어떻게 해야 하나!"

그러자 그들의 안내자가 말했다.

용감 "두려워하지 말고 가만히 서서 결과가 어떻게 되는지 봅시다."

길이 막혔으므로 그들은 거기 서 있을 수밖에 없었다. 그때 그들은 원수들이 몰려오며 소리 지르는 그것을 더욱 분명히 들을 수 있었다. 또한, 구덩이의 불과 연기도 더욱 거세지고 있는 것을 알 수 있었다.

그러자 크리스티아나가 자비에게 말했다.

크리스티아나 "이제야 나는 우리 불쌍한 남편이 무엇을 통과해 나아갔는지를 알았어요. 이곳에 대해 많이 들었지만 이제 와서 보니 전에 들은 것과 전혀 다른 느낌이군요. 불쌍한 사람! 그는 이곳을 혼자서 지나갔어요. 그가 이 길을 거의 지날 때까지 밤이 새지 않았고, 마귀들은 그를 산산조각내어 찢으려고 그의 주위에서 분주했지요. 많은 사람이 이야기했지만, 직접 이곳에 와보기 전엔 아무도 사망의 음침한 골짜기가 무엇을 의미하는지 설명할 수 없어요.

'마음의 고통은 자기가 알고 마음의 즐거움은 타인이 참여하지 못하느니라'(잠 14:10)라고 말씀하셨잖아요?

이곳에 있는 것은 무서운 것이에요."

용감 "이것은 마치 큰물 가운데서 일하거나 깊은 물속으로 빠지는 것 같군요. 또 바다 가운데 있거나 산 아래로 떨어지는 것 같고요. 또는 땅이 빗장으로 영원히 우리 주위를 두르는 것 같습니다. 그러나 '흑암 중에 행하여 빛이 없는 자라도 여호와의 이름을 의뢰하며 자기 하나님께 의지할지어다'(사 50:10)라고 말씀하셨죠. 나는 이미 말한 대로 이 골짜기를 자주 지나다녔답니다. 예전에 지금보다 훨씬 더 어려운 상황에 빠져 보았지만, 여러분이 보시다시피 아직 살아있어요. 그러나 내가 나를 구원한 것이 아니므로 나는 자랑하지 않아요. 우리가 선한 구원을 얻을 것으로 나는 확신합니다.

자! 우리의 어둠을 환하게 만드실 수 있고, 이곳의 마귀들뿐 아니라 지옥에 있는 모든 마귀도 꾸짖을 수 있으신 분께 빛을 달라고 기도합시다."

그래서 그들은 큰 소리로 기도드렸다. 그러자 하나님께서는 빛과 구원을 보내 주셨다. 이제 그들의 길에 장애물이 없어졌다. 즉, 그들을 멈추게 했던 구덩이가 사라진 것이다. 그러나 아직 그들은 골짜기를 다 빠져나오지 못했다. 계속 나아가는데 지독한 악취와 메스꺼운 냄새가 그들을 매우 괴롭혔다. 그래서 자비는 크리스티아나에게 말했다.

자비 "여기엔 '좁은 문'과 해설자의 집 그리고 마지막으로 우리가 묵었던 집들에 있었던 즐거운 일들이 전혀 없군요."

그 말을 듣고 소년 중 하나가 말했다.

사무엘 "그렇지만 이곳은 지나가는 곳이니까, 여기 항상 머무는 것보다는 나쁘지 않은 걸요. 제가 알기로 우리가 이 길을 지나 우리를 위해 예비된 집으로 가야 하는 한 가지 이유는 우리의 집이 우리에게 더 달콤해지도록 하기 위한 것이에요."

용감 "잘 말했다, 사무엘아. 지금 너는 사내대장부처럼 말했단다."

사무엘 "이곳을 빠져나간다면 저는 지금까지 했던 것보다 더 훌륭하게 빛과 좋은 길을 찬송할 것 같아요."

용감 "차츰 빠져나가게 될 것이다."

다시 길을 가다가 요셉이 말했다.

요셉 "아직 이 골짜기의 끝을 볼 수 없나요?"

용감 "네 발밑을 조심해라. 곧 우리는 함정 사이를 지나게 될 테니까."

그들은 발을 주의하며 나아갔다. 하지만 함정들로 인해 무척 고생스러웠다. 함정 사이를 지나며 그들은 왼쪽 도랑에 한 남자가 몸이 갈가리 찢긴 채 던져져 있는 것을 보았다. 그를 보고 안내자가 말했다.

용감 "저 사람은 이 길을 지나갔었던 부주의(Heedless)라고 하는 자예요. 오래전부터 저곳에서 뒹굴고 있죠. 그가 붙잡혀 죽임당할 때 주의(Takeheed)라는 사람이 함께 있었어요. 그러나 주의 씨는 마귀들의 손을 피했지요. 여러분은 이 부근에서 얼마나 많은 사람이 살해당했는지 상상할 수 없을 겁니다. 그런데도 사람들은 어리석게도 경솔히 생각하고 순례 여행을 떠나는 모험을 감행한답니다. 불쌍한 크리스천 씨가 여기서 죽음을 피한 것은 놀라운 일이었죠. 그는 하나님께 사랑받은 데다 훌륭한 용기를 갖고 있었기에 망정이지 그렇지 않았다면 그도 위험을 피할 수 없었을 거예요."

이제 그들은 이 길의 거의 끝에 가까워져 크리스천이 지나갈 때 보았던 굴 앞에 이르렀다. 그때 그 굴에서 나무망치(Maul)라는 거인이 나왔다. 이 나무망치는 궤변을 늘어놓으며 젊은 순례자들을 미혹시켜 온 자였다. 이제 그는 용감의 이름을 부르며 말했다.

나무망치 "네놈에게 이런 일을 하지 말리고 얼마나 여러 번 말했는데 또 이런 일을 하지?"

용감 "무슨 일을 말하는 거냐?"

나무망치 "무슨 일이냐고?

네놈이 무슨 일인지 알렸다. 내가 오늘 네놈의 일을 끝내게 해 주마."

용감 "싸움을 시작하기 전에 우리가 싸워야 하는 이유나 알자."

이때 여인들과 아이들은 어찌해야 좋을지 모르는 채 떨고 있었다.

나무망치 "네놈은 우리나라를 도적질하고 있다. 그것도 가장 악랄한 도둑놈같이 도적질하고 있잖느냐?"

용감 "막연하게 말하지 말고 구체적으로 말해 보라고, 이놈아."

나무망치 "네놈은 술수를 부려 사람들을 유괴하고 있지 않느냐?

네놈이 여자들과 아이들을 모아 이상한 나라로 데려가기 때문에 내 주인님의 왕국이 약화되고 있단 말이다."

용감 "나는 하늘에 계신 하나님의 종이다. 나의 직무는 죄인들을 설득해서 회개시키는 것이다. 나는 전력을 다해 남자와 여자와 아이들을 어둠에서 빛으로, 사탄의 세력에서 하나님께로 돌아가게 하라는 명령을 받았다. 이것이 네놈이 싸움을 거는 이유라면 네 소원대로 당장 싸우자."

이에 거인이 달려들어 오고 용감도 그와 맞서 나아갔다. 용감은 나아가며 칼을 뽑아 들었고, 거인은 곤봉을 쳐들었다. 그들은 말씨름을 그만두고 바로 전투에 돌입했다. 거인이 내리친 제 일격에 용감은 한쪽 무릎을 꿇었다.

그것을 본 여인들과 아이들은 놀라 소리 질렀다. 그러나 용감은 재빨리 몸을 가누고, 거인을 향해 강력한 기세로 칼을 뻗어 그의 팔에 상처 입혔다. 그들은 한 시간 동안 이처럼 격렬히 싸웠다. 거인의 콧구멍에서는 끓는 가마솥에서 나오는 듯한 숨이 뿜어져 나왔다. 그들은 지쳐서 앉아 휴식을 취했다.

그때 용감은 기도를 드렸다. 여인들과 아이들은 전투가 끝날 때까지 줄곧 한숨 쉬는 것과 고함지르는 것밖에 할 수 있는 일이 아무것도 없었다. 휴식을 취하며 숨을 가다듬은 후 그들은 다시 전투를 시작했다. 이번에 용감이 강한 일격으로 거인을 땅에 눕혔다. 거인은 "잠깐, 내가 일어날 때까지 기다려다오"라고 소리쳤다. 용감은 정정당당하게 그가 일어나도록 허락했다. 다시 싸움이 시작되어 거인이 내리치는 곤봉에 용감의 머리가 부서질 뻔했다. 그러나 용감은 아슬아슬하게 피했다. 거인의 곤봉이 빗나가는 것을 본 용감은 맹렬히 돌진해서 다섯 번째 갈빗대 밑을 칼로 찔렀다. 그러자 거인은 비틀거리기 시작했고, 더 이상 곤봉을 쳐들지 못했다. 그러자 용감은 두 번째 일격을 가해 거인의 목을 잘라 버렸다. 이것을 본 여인들과 아이들은 기뻐했고 용감도 하나님께서 주신 구원으로 인해 찬양 드렸다. 그들은 함께 기둥을 세우고 거인의 머리를 그 기둥에 매달았다. 그리고 지나가는 사람들이 읽을 수 있도록 기둥에 글을 썼다.

이 머리의 임자는

순례자들을 괴롭히던 자였다.

그는 순례자들의 길을 막고

인정사정없이 모두를 해쳤다.

이제 순례자들의 안내자인

나 용감이 일어나서

순례자들의 원수인

그를 거꾸러뜨렸다.

제7장

정직 노인과의 동행, 그와의 대화

이제 나는 그들이 오르막길을 향해 가는 것을 보았다. 그 오르막길에서 멀지 않은 곳에 둔덕을 만들어 순례자들을 위한 전망대로 만들어 놓은 곳이 있었다(이곳이 바로 크리스천이 그의 형제 신실을 최초로 본 곳이었다). 그들은 전망대에 앉아 쉬면서 먹고 마시며 그처럼 위험한 대적에게서 구원 얻은 것을 기뻐했다.

이렇게 앉아 식사하다 크리스티아나가 안내자에게 물었다.

크리스티아나 "싸우시다 상처 입지 않으셨어요?"

용감 "살에 약간의 상처를 입은 것 외에는 다친 곳이 없습니다. 이 상처도 해를 주기는커녕 오히려 현재 나의 주인님과 당신들에 대한 내 사랑의 증거가 된 걸요. 그리고 이 상처는 결국 은혜에 의해 내가 받을 상을 더해 주는 수단이 될 겁니다."

크리스티아나 "그렇지만 선한 선생님, 거인이 곤봉 들고 달려오는 것을 볼 때 무섭지 않으셨어요?"

용감 "나의 능력을 의지하지 않고 세상에서 가장 강하신 분을 의지하는 것이 나의 의무입니다."

크리스티아나 "첫 번째 공격으로 그가 당신을 땅에 쓰러뜨렸을 때 무슨 생각을 하셨나요?"

용감 "주님께서도 쓰러지셨지만 결국 승리하셨다는 생각을 했죠."

마태 "나름대로들 다 좋은 생각을 하셨겠죠, 그런데 저는 하나님께서 우리를 이 골짜기에서 인도해 내시고 대적의 손에서 구원하신 일 모두에 있어서, 우리에게 놀랍도록 자비하셨다고 생각해요. 저는 우리 하나님께서 이런 곳에서 우리에게 자신의 사랑을 증거하셨으므로 더 이상 하나님을 불신할 이유가 없다는 것을 알게 되었답니다."

그들은 일어나 다시 앞으로 나아갔다. 그런데 그들 앞에서 얼마 떨어지지 않은 곳에 참나무 한 그루가 서 있었다. 그들은 참나무 쪽으로 가다가 나무 밑에 한 순례자 노인이 잠들어 있는 것을 발견했다. 그의 의복과 지팡이, 허리띠를 보고 그가 순례자라는 것을 알 수 있었다. 안내자 용감 씨가 그를 깨우자 그 노신사는 눈을 뜨며 소리쳤다.

정직 "왜 그러시오?

당신들은 누구요?

여기 무슨 볼일이 있는 거요?"

용감 "자, 그렇게 역정 내지 마십시오. 우리는 친구들입니다."

그러나 노인은 일어서서 방어 자세를 취하고 그들이 뭐 하는 사람들인지 의심의 눈길을 풀려 하지 않았다.

안내자가 다시 말했다.

용감 "저의 이름은 용감입니다. 저는 천국으로 가고 있는 이 순례자들의 안내자이죠."

그러자 정직(Honest)이라는 이름의 그 노신사가 말했다.

정직 "그렇다면 용서하시기 바랍니다. 나는 당신들이 얼마 전에 작은 믿음이라는 사람의 돈을 빼앗아간 도적 패거리인 줄 알고 두려웠소. 그러나 이제 자세히 보니 여러분이 정직한 사람들인 것을 알겠군요."

용감 "만일 정말 우리가 도적 패거리였다면, 어르신, 자신을 지키기 위해 어떻게 하려 하셨습니까?"

정직 "글쎄요, 목숨이 붙어 있을 때까지 싸우려 했죠. 그렇게 대항했다면 당신들도 내게 최악의 패배를 안겨 주지는 못했을 거요. 왜냐하면, 그리스도인은 스스로 굴복하지 않는 한 절대로 패할 수 없거든요."

용감 "어르신네, 정말 훌륭하신 말씀이십니다. 그 말씀을 들으니 어르신이 바른 용기를 지니신 분이라는 걸 알겠습니다. 어르신께서는 진리를 말씀하셨습니다."

정직 "나도 당신 말을 들으니 당신이 진정한 순례 여행이 무엇인지 아시는 분이라는 걸 알겠군요. 왜냐하면, 다른 모든 사람은 우리가 아무에게나 너무 쉽게 정복된다고 생각하거든요."

용감 "이렇게 만나게 되어 기쁩니다. 실례지만, 성함과 어디서 오셨는지 알려 주시겠습니까?"

정직 "이름은 말씀드리기 곤란하지만, 출신지는 말씀드리지요. 나는 우매(Stupidity)라는 지방에서 왔소. 그곳은 멸망의 도시에서 약간 떨어진 마을이오."

용감 "아, 바로 그곳 분이시군요?
  그렇다면 어르신네에 대해 짐작 가는 게 있어요. 어르신네 성함은 정직이 아니십니까?"

  노신사는 얼굴을 붉히며 말했다.

정직 "별로 정직하지도 못한데, 정직이 내 이름이라오. 나는 내 본성이 내 이름과 일치되기를 바란다오.
  그런데 선생께서는 어떻게 내가 그곳 출신이라는 것만 알고 나를 짐작해 내셨소?"

용감 "전에 나의 주인님에게서 어르신네 이야기를 들은 적이 있답니다. 나의 주인님께서는 어르신께 일어난 모든 일을 알고 계시거든요. 나는 어르신의 고향에서 순례자가 나올 것이라는 데 대해 종종 이상히 여겼어요. 왜냐하면, 사실 그의 마을은 멸망의 도시보다 더 악하거든요."

정직 "맞습니다. 우리는 태양과 더 멀리 떨어져 있어 더 냉정하고 무감각하지요. 그러나 방 안에 사는 사람이라도 의의 태양이 그에게 떠오르면, 얼었던 마음이 녹는 것을 느낄 수 있소. 내가 바로 그러했다오."

용감 "그 말씀을 믿습니다. 정직 어르신네. 그 일이 사실인 것을 알기 때문에 그 말씀을 믿습니다."

노신사는 거룩한 사랑의 입맞춤으로 순례자들과 인사하고 그들의 이름과 순례 여행을 떠난 후 무슨 일이 일어났는지 물었다.

크리스티아나가 말했다.

크리스티아나 "저의 이름은 크리스티아나입니다. 아마 선생님도 들으셨을 테죠. 착한 크리스천이 저의 남편이고 이 네 아이가 그의 아들이에요."

여러분은 크리스티아나가 자신이 누구인지 말할 때, 노신사가 얼마나 기뻐했는지 상상할 수 있겠는가?

그는 기뻐 뛰었고, 미소 지으며 수없이 많은 덕담으로 그들을 축복했다.

정직 "나는 당신 남편이 생전에 겪은 여행과 전투들에 대해 많이 들었어요. 당신께 위로가 되게 말씀드리리다. 당신 남편의 이름은 이 부근 세상 곳곳에 울려 퍼지고 있어요. 그의 믿음, 그의 용기, 그의 인내 그리고 모든 상황에서 변치 않는 그의 성실성은 그의 이름을 유명하게 만들었지요."

이 말을 마친 뒤 정직 노인은 아이들을 향해 이름이 뭐냐고 물었다. 아이들은 그에게 이름을 알려 주었다. 그러자 노인은 그들에게 말했다.

정직 "마태야, 너는 세리 마태같이 되어라. 그러나 단점은 닮지 말고 장점만 닮거라. 사무엘, 너는 믿음과 기도의 사람 사무엘 선지자처럼 되어라. 요셉, 너는 보디발의 집에서 순결했고 유혹을 피했던 요셉같이 되어라. 그리고 야고보, 너는 의로운 야곱과 우리 주님의 형제 야고보같이 되어라"(마 10:3; 시 99:6; 창 39장; 행 1:13-14).

그다음 그들은 노인에게 크리스티아나 및 그녀의 아들들과 동행하기 위해 자비가 자신의 고향과 친척을 버렸다는 이야기를 들려주었다. 그 말을 듣고 정직 노인은 말했다.

정직 "자비가 그대의 이름이므로 그대는 자비로 힘을 얻고 그대의 길에서 그대를 공격할 모든 어려움을 극복해서, 자비의 근원 되시는 분을 평안한 낯으로 뵙게 될 곳에 이르기를 바라오."

이렇게 서로 인사하는 동안 용감은 매우 기뻐 그의 동행들을 미소 띤 채 바라보았다. 이제 그들이 함께 걷게 되자 안내자는 노인에게 그의 지방에서 순례 여행을 떠난 두려움 씨(Mr. Fearing)를 아느냐고 물었다.

정직 "예, 매우 잘 알죠. 그는 일의 근원을 알고 있는 사람이긴 하지만, 내 평생에 만난 순례자 중 가장 골치 아픈 사람이었어요."

용감 "그의 성격에 대해 정확하게 지적하시는 것을 보니, 그를 아시는 게 틀림없군요."

정직 "알다마다요! 나는 그 사람의 친한 친구였다니까요. 나는 그와 거의 끝까지 함께 있었소. 그가 내세에 우리에게 어떤 일이 임할 것인가 처음 생각하기 시작할 때도 나는 그와 함께 있었다오."

용감 "우리 주님의 집에서 천성문까지 제가 그를 안내했죠."

정직 "그러면 그가 골치 아픈 사람이라는 것을 알겠군요."

용감 "알죠. 그러나 저는 잘 참을 수 있었어요. 저와 같은 일을 하는 자들은 자주 그 사람 같은 사람들 안내도 맡게 되니까요."

정직 "그러면 그 사람 이야기를 좀 들려주시오. 그 사람이 당신의 안내를 받으며 어떻게 행동했는지 궁금하구먼."

용감 "그러겠습니다. 그는 항상 자신이 가려는 곳에 이르지 못하리라는 두려움에 사로잡혀 있었어요. 누군가로부터 조금이라도 반대의 말을 들으면, 놀라서 벌벌 떨곤 했죠. 제가 듣기에 그는 낙심의 수렁 앞에서 한 달 이상 울며 앉아 있었답니다. 여러 사람이 그가 보는 데서 건너갔고, 그들 중에 많은 사람이 손 내밀어 도와주겠다고 해도 그렇게 울고만 있었다는 거예요. 그렇다고 집으로 돌아가려 하지도 않았죠. 그는 천성에 이르지 못하면 죽을 거라고 말하면서도, 어려움을 만날 때마다 기가 죽었어요. 그리고 혹시 누군가가 그가 가는 길에 지푸라기라도 던지면 거기 걸려 넘어지고 말았어요.

아까 말씀드린 대로 낙심의 수렁 앞에 오랫동안 앉아 있다가 어떻게 건넜는지는 모르지만, 아무튼 어떤 날씨 좋은 날 용기를 내어 건넜다더군요.

수렁을 건넌 후에도 그는 건넜다는 사실을 좀처럼 믿으려 들지 않았어요. 제 생각에 그는 생각 속에 낙심의 수렁을 항상 갖고 다녔던 것 같아요. 그렇지 않다면 도저히 그 같은 행동을 할 리가 없거든요.

그럭저럭해서 그는 문까지 왔어요.

무슨 문을 말하는지 아시겠죠?

이 길 어귀에 있는 문 말이에요. 거기서도 그는 용기를 내어 문을 두드리기까지 상당히 오래 서 있었답니다. 문이 열리자 그는 자기는 자격이 없다며 뒤로 물러나 다른 사람에게 자리를 양보했다는군요. 그래서 그는 다른 사람들보다 먼저 문에 도착했으면서도, 나중에 도착한 많은 사람보다 뒤처져 들어갔다는 거예요. 이 불쌍한 사람이 문 앞에서 웅크리고 떨며 서 있는데, 그를 본 사람은 동정을 금할 수 없었을 겁니다. 그러나 그는 돌아가려 하지는 않았어요. 마침내 그는 문에 걸려 있는 망치를 손에 들고 한두 번 작게 문을 두드렸답니다. 문을 열어 주자 그는 전처럼 또 뒤로 움츠렸대요. 그리고 말했죠.

문 연 사람이 그에게 다가서며 '떨고 있는 분, 무엇을 원하십니까?'

그런데 그는 그 소리에 그만 땅에 쓰러져 버리고 말았답니다. 말을 건 사람은 그가 기절한 것을 보고 놀랄 수밖에요. 그래서 '안심하고 일어서십시오. 당신을 위해 문을 열었으니 들어오세요. 당신은 복 받은 사람입니다' 하고 말하자, 그가 일어서더니 떨며 들어왔답니다. 그런데 들어와서도 부끄러워 얼굴을 들지 못하더라는 거예요. 그래서 거기서 여러분이 잘 아시는 대접을 한동안 받은 후, 그는 그가 가야 할 길에 대한 지시를 받고 우리 집에 오게 되었어요. 그는 저의 주인, 해설자의 집 문 앞에서도 좁은 문에서와 똑같이 행동했어요. 그는 추운 밖에서 상당히 오랫동안 서성거리면서도 감히 문을 두드리지 못했죠. 그때 밤은 길고 추웠는데도 그는 돌아갈 생각은 하지 않았어요.

그는 품에 우리 주인님께 보내는 편지가 있었어요. 그 편지에는 그를 영접해서 쉬게 하라는 부탁과 또 그가 마음이 약한 사람이므로 씩씩하고 강한 안내자를 딸려 보내라는 부탁까지 쓰여 있었죠. 그런데도 그는 문 앞에서 부르기를 두려워했던 거예요. 그 불쌍한 사람은 부근에서 안절부절못하다가 거의 굶어 죽을 지경이 되었죠. 그렇지만 그는 너무 의기소침해서 다른 몇몇 사람이 문을 두드리고 들어가는 것을 보면서도 용기 내기를 무서워했어요.

그러던 중 제가 창밖을 내다보니 어떤 사람이 문 근처에서 안절부절못하고 있는 거예요. 그래서 제가 밖으로 나가 그에게 누구냐고 물었죠. 그러자 불쌍하게도 그 사람은 눈물을 글썽였습니다. 저는 그가 무엇을 원하는지 짐작하고, 안으로 들어와 집안에 말씀을 드렸죠. 그리고 저희는 다시 그 일을 주인님께 보고했어요. 주인님께서는 제게 다시 밖으로 나가 그에게 들어오도록 간청하라고 시키셨어요. 그러나 그건 참으로 힘든 일이었습니다.

마침내 그가 들어왔는데, 우리 주인님께서는 정말 그에게 놀라운 사랑을 보이셨습니다. 식탁에는 맛있는 음식이 조금밖에 없었어요. 그런데 주인님은 그 음식의 일부를 그의 접시에 놓아 주시는 것이었어요. 그제야 그는 편지를 내놓았습니다. 우리 주인님께서는 그 편지를 읽어 보시더니, 그가 바라는 것을 허락해 주겠다고 말씀하셨어요. 그는 우리 집에 상당히 오래 머문 후에야 비로소 약간 마음을 놓았고, 조금 편안해지는 듯했습니다.

여러분도 잘 아시겠지만, 우리 주인님은 특별히 두려워하는 사람들에게 매우 다정한 분이시죠. 그러므로 가능한 한 그가 용기를 가질 수 있도록 그를 대하셨답니다. 그가 우리 집에 있는 것들을 구경하고 천성으로 여행 떠날 준비를 할 때 우리 주인님께서는 전에 크리스쳔 씨에게 하셨던 것과 마찬가지로 원기를 주는 음료수 한 병과 먹기 편한 음식들을 약간 주셨어요. 그리고 우리는 길을 떠났고 제가 앞서갔죠. 그는 별로 말도 못 하고 땅이 꺼져라 한숨만 크게 쉬곤 했어요.

세 사람이 목매 달린 장소에 이르렀을 때, 그는 자신의 종말도 그렇게 될 것 같다고 했어요. 그는 십자가와 무덤을 보았을 때만은 기뻐하는 듯이 보였답니다. 자세히 말씀드리자면, 그는 그곳에 잠시 머물며 살펴보기 원했죠. 그래서 얼마 동안 머물더니 약간 활기가 도는 것 같았어요.

곤고산에 이르렀을 때 그는 전혀 개의치 않았고, 사자도 크게 무서워하지 않았죠. 그의 고민은 그런 것들이 아니었으니까요. 그는 결국 자신이 용납받을 것인가에 대해 두려워하고 있었던 거예요.

나는 그의 의사와 상관없이 그를 아름다운 집으로 끌고 들어갔답니다. 그리고 그를 그 집 아가씨들에게 소개했죠. 그러나 그는 부끄러워 교제를 꺼리며 혼자 있고 싶어 했어요. 그렇지만 그는 유익한 담화를 항상 즐겨 칸막이 뒤에 숨어서 듣곤 했답니다. 또 그는 옛 물건들 구경하기를 매우 좋아해서, 그것들을 보며 깊이 생각에 잠기곤 했습니다. 후에 그는 제게 좁은 문이 있는 집과 해설자의 집에서 나올 때 더 머물고 싶었지만, 감히 대담하게 청할 수가 없었다더군요.

우리는 아름다운 집에서 나와서 언덕을 내려가 겸손의 골짜기로 들어섰죠. 그는 제가 평생 본 어떤 사람보다도 잘 내려갔어요. 왜냐하면, 그는 최후에 행복할 수 있다면, 현재가 아무리 비천하다 할지라도 개의치 않았기 때문이죠. 그 골짜기와 그사이에는 어떤 공감대가 존재하는 듯 했어요. 왜냐하면, 그의 순례 여행 전체 중에 그 골짜기에 있을 때보다 더 기분이 좋았던 때는 보지 못했거든요.

그 골짜기에서 그는 눕기도 하고 땅을 안기도 하며 골짜기에서 자라는 꽃들에 입 맞추기도 했습니다(애 3:27-29). 그는 매일 새벽 일찍 일어나 그 골짜기를 이리저리 걸어 다니곤 했죠. 그러나 그가 사망의 음침한 골짜기 입구에 이르렀을 때, 저는 그를 잃어버리는 줄 알았어요. 그가 되돌아가고 싶어 했기 때문이 아니라 그는 항상 되돌아가는 것을 혐오했거든요. 두려움으로 죽을 것 같았기 때문이에요. 그가 '도깨비들이 나를 잡아먹을 거야! 도깨비들이 나를 잡아먹을 거야!' 하며 울고불고 고함을 질러대는데, 저로서는 어떻게 진정시켜야 할지 알 도리가 없었답니다. 그가 거기서 얼마나 시끄럽게 고함을 질러댔는지, 만일 도깨비들이 그 소리를 들었다면 용기백배해서 뛰쳐나와 우리를 덮쳤을 거예요.

그러나 놀라운 사실은 그가 지나갈 때 그 골짜기가 제가 알기로는 전무후무하게 조용했다는 것입니다. 아마 그곳의 대적들을 그때 우리 주인님께서 제압시키시고, 두려움 씨가 통과할 때까지 꼼짝 못 하도록 명령을 내리셨던 것 같아요.

그의 이야기를 모두 하자면 여러분이 너무 지루하실 테니 한두 가지만 더하고 마치겠습니다. 저는 그가 헛된 시장에 이르렀을 때 시장 모든 사람과 싸우려는 줄 알았답니다. 그가 그들의 어리석음에 대해 너무 격렬히 화를 냈기 때문에 저는 우리 둘 다 심한 몰매를 맞을까 봐 걱정스러웠어요.

그다음 마법 걸린 땅에서 그의 정신은 매우 분명했어요. 그러나 다리 없는 강에 이르렀을 때 그는 다시 우울증에 빠졌답니다. 그는 '이제, 이제 나는 영원히 물에 빠져 죽을 거야. 그렇게 먼 거리를 위로의 얼굴을 보려고 왔지만 결국에는 못 보고 말 거야'라고 말하는 것이었어요.

그런데 여기서도 저는 매우 놀라운 일을 목격했죠. 그 강물이 그때 제가 평생 보아온 것보다 낮지지 않았겠어요. 그래서 저는 결국 신발을 적시는 정도 깊이로 그 강을 건넜지 뭐예요. 그가 천성문으로 올라갈 때 저는 그에게 작별을 고하며 천국의 환영을 받기 바란다고 말했습니다. 그러자 그는 '그렇고말고요'라고 했죠. 우리는 헤어졌습니다. 그리고 저는 더 이상 그를 못 봤답니다."

정직 "그렇다면 그는 결국 잘된 것 같군요."

용감 "예, 그래요. 저는 그의 행복에 대해 전혀 의심하지 않는답니다. 그는 더할 나위 없이 훌륭한 정신의 소유자였으니까요. 다만 그는 항상 풀이 죽어 있었기 때문에 그의 삶이 자신에게는 힘들고 타인에게는 성가셨던 것입니다(시 88편). 그는 무엇보다 죄에 대해 민감했죠. 그는 타인들에게 해를 끼치는 것을 매우 우려했고, 타인의 감정을 상하게 하지 않으려 했기 때문에 종종 적법한 일도 삼가곤 했답니다"
(롬 14:21; 고후 8:13).

정직 "그렇게 착한 사람이 평생 그늘에 거해야 했던 이유는 무엇이오?"

용감 "이유를 말씀드리겠습니다.

먼저는, 지혜로우신 하나님께서 그렇게 되기를 원하신 것입니다.

어떤 사람은 피리를 불어야 하고, 어떤 사람은 애곡을 해야 합니다(마 11:16-17). 두려움 씨는 저음을 연주한 사람이었죠. 두려움 씨와 그와 비슷한 사람들은 다른 악기에 비해 가락이 더욱 슬픈 관악기를 부는 사람들이랍니다. 어떤 사람들은 저음이 음악의 기초라고 말하기도 하고요.

제 생각을 말하자면, 저는 무거운 마음으로 시작하지 않은 고백에는 전혀 관심이 없습니다. 음악가가 줄을 고를 때 튕기는 첫 줄은 대개 저음이죠. 하나님께서도 자신을 위해 영혼을 조율하실 때, 이 저음 줄을 맨 처음 연주하십니다. 두려움 씨의 약점은 단지, 후에 이르러서도 저음 외에 다른 곡을 연주하지 못했다는 것뿐이죠."

나는 젊은 독자들의 예지를 성숙시키기 위해 이렇게 담대히 비유로 말한다. 또한, 이는 요한계시록에서 구원받은 사람들이 노래하는 무리로 비유되고 있기 때문이기도 하다. 그들은 보좌 앞에서 나팔과 수금을 연주하고 노래를 부른다(계 7장; 14:2-3).

정직 "당신의 설명으로 그가 매우 열심 있는 사람이었다는 것을 알 수 있겠군요. 그는 고난이나 사자, 헛된 시장을 전혀 두려워하지 않았소. 다만 죄, 죽음, 지옥이 그에게 공포 대상이었던 거요. 그는 천국에서의 자신의 소유권에 대해 불안해한 것이오."

용감 "옳은 말씀이십니다. 바로 그게 그의 고민거리들이었어요. 노인장께서 잘 관찰하신 바와 같이 그런 고민은 약함에서 나온 것이랍니다. 순례자로서의 삶의 실제적인 부분들에 대한 영혼의 허약함에서 나온 것이 아니죠. 그는 그의 길을 막는다면, 속담에도 있다시피, 횃불이라도 물어뜯을 수 있었을 거라고 저는 확신하거든요. 그러나 그를 억누른 것들은 아무도 쉽게 떨쳐 버릴 수 없는 것들이었어요."

크리스티아나 "두려움 씨의 이야기는 제게 매우 유익하군요. 전 저와 비슷한 사람이 없다고 생각했는데 그 착한 사람과 저 사이엔 어떤 유사점이 있군요. 단지 우리는 두 가지 면에서 달라요. 그의 고민은 너무 커서 외부로 폭발했고, 저는 고민을 속에 간직했다는 것이죠. 그리고 그는 고민에 짓눌려 순례자들을 영접하기 위해 예비된 집 문을 두드리지 못했던 반면, 저는 제 고민이 항상 저가 더 크게 문을 두드리게 했죠."

자비 "저도 한말씀 드려도 괜찮다면, 제 안에도 두려움 씨가 가졌던 어떤 것이 자리 잡고 있었다고 말씀드리고 싶군요. 저도 다른 모든 것을 잃는 것보다 불 못에 던져지는 것 그리고 낙원을 상실하는 일을 항상 더 두려워 했으니까 저는 천국에 거하는 행복을 얻을 수만 있다면 이 세상 모든 것을 잃어도 좋다고 생각했답니다."

마태 "두려움은 제 안에서 구원에 수반되는 것을 소유하기엔 나는 아직 멀었다고 생각하게 했어요. 그러나 그런 착한 분도 두려워하셨다면, 저 역시 두려워해도 괜찮을 것 같네요."

야고보 "두려움이 없는 곳엔 은혜도 없어요. 지옥의 공포가 있는 곳에 항상 은혜가 있는 것은 아니지만 하나님에 대한 두려움이 없는 곳에 은혜가 없는 것은 확실하죠."

용감 "잘 말했다, 야고보야. 네가 핵심을 맞췄구나. '하나님을 두려워하는 것이 지혜의 근본'이라고 했지. 근본이 없는 자들은 중간이나 끝이 없는 것이 분명한 사실이야. 그렇지만 이제 우리는 두려움 씨에게 이 이별의 말을 보내면서 그에 대한 대화를 끝내자꾸나."

  두려움 씨, 당신은
  하나님을 두려워했고,
  당신이 버림받게 될 만한 일들을
  이 땅에서 행하기 두려워했지요.
  또 당신은 불 못과 구덩이를 두려워했지요?
  다른 이들도 이런 일들을 두려워할지어다!
  당신과 같은 지혜가 없는 자들은

스스로 멸망할 것이니.

그들은 대화를 계속하며 걸어갔다. 용감이 두려움 씨에 관한 이야기를 마치자 정직 노인이 고집(Self-will)에 관한 이야기를 시작했다.

정직 "고집 씨는 순례자인 척 가장했지만 나는 그가 이 길 어귀에 있는 문으로 들어오지 않았다고 확신한다오."

용감 "그 일에 대해 그와 이야기해 보셨나요?"

정직 "예, 한두 번 이야기한 게 아니오. 그러나 그는 항상 고집이라는 인물답게 고집스러웠소. 그는 사람이나 논증 또는 예증을 무시했소. 그는 자기가 하고 싶은 일만 하므로 다른 일은 시킬 수가 없었다오."

용감 "도대체 그가 주장하는 원칙이 무엇인지 말씀해 주실 수 있으세요?"

정직 "그는 순례자의 미덕뿐 아니라 악덕들을 따라도 좋고 그 두 가지를 모두 행하면 반드시 구원받을 거라고 주장하오."

용감 "어처구니가 없군요. 그렇지만 그가 말하는 바가 가장 선한 사람들이 순례자의 미덕에 참여할 수 있을 뿐만 아니라 악덕들을 범할 수 있다는 말이라면, 그리 많은 비난을 받지 않을 수도 있어요. 왜냐하면, 사실상 우리는 악덕으로부터 완전히 배제되는 게 아니라 경계하고 노력한다는 조건으로 배제되는 것이기 때문이죠. 그러나 제가 보기에 그가 말하는 바는 그런 게 아닌 것 같아요. 당신 말씀을 제가 바로 이해했다면 그는 악덕을 있는 그대로 받아들일 수 있다고 생각한다는 의미네요."

정직 "그렇소, 바로 그런 의미요. 그는 그렇게 믿고 실천한다오."

용감 "그는 무슨 근거로 그런 말을 합니까?"

정직 "성경이 자신의 근거라고 하더군요."

용감 "정직 어르신, 제발 구체적으로 말씀해 보세요."

정직 "구체적으로 말씀 드리리다. 그는 하나님의 사랑을 받은 다윗이 다른 사람들의 아내들과 관계를 맺었으니 자기도 그렇게 해도 된다는 거요. 또 솔로몬이 여러 명의 아내를 소유했으니 자신도 그럴 수 있다는 겁니다.

그리고 사라와 애굽의 경건한 산파들이 거짓말을 했고 라합도 거짓말을 해서 구원을 얻었으니 자신도 거짓말을 해도 된다는 거요. 또 주님의 제자들이 주님의 명령을 받고 가서 주인이 있는 나귀를 빼앗아 왔으므로 자신도 그럴 수 있다는군요. 그뿐만 아니라 야곱이 속임수와 위장으로 아버지의 유산을 얻었으니 자신도 그렇게 할 수 있다는 겁니다."

용감 "정말 지독하게 비열한 사람이로군요.

그런데 그가 그런 견해를 가진 게 확실합니까?"

정직 "나는 그가 성경을 제시하면서 주장하고 논증하는 것을 직접 들었소."

용감 "세상에, 그런 엉뚱한 생각을 할 수 있다니!"

정직 "내 말을 좀 더 들어보시오. 그는 아무나 그런 일을 해도 되는 게 아니라, 그런 일을 한 사람들의 미덕을 소유한 사람들만 같은 일을 할 수 있다고 하더군요."

용감 "그런 엉터리 결론이 도대체 어디 있습니까?

그 말은 선한 사람들도 항상 약점이 있어 죄를 범했으니, 자기도 건방진 생각을 가지고 죄를 범해도 된다고 말하는 것이죠. 또 어린아이가 갑자기 바람이 불어서, 또는 돌에 걸려 넘어져 진흙으로 더러워진 것을 보고, 자기도 고의로 진흙에 누워 돼지처럼 뒹굴어도 된다고 말하는 것과 같은 이치예요.

정욕의 권세에 의해 눈먼 자가 아니라면 그렇게 지나친 생각을 할 수 있을까요?

그러므로 기록된 말씀은 진실일 수밖에 없습니다.

'그들이 말씀을 순종하지 아니하므로 넘어지나니 이는 그들을 이렇게 정하신 것이라'(벧전 2:8).

또 경건한 사람들의 미덕을 가진 자는 그들의 악덕에 빠져도 된다는 그 자의 가정 역시 앞의 망상 못지않게 지독한 망상입니다. 마치 개가 오물을 핥아먹는 것처럼 하나님 백성의 죄를 먹는 것은(호 4:8) 절대로 하나님 백성의 미덕을 소유했다는 표적이 아니죠. 저는 이런 생각을 하는 자는 현재 그 안에 믿음이나 사랑을 소유하고 있다고 믿을 수 없습니다. 저는 당신이 그에 대해 강력히 반박하셨을 거라고 생각해요.

그가 당신의 반박을 듣고 어떻게 변명하던가요?"

정직 "그는 자기 의견을 주장하면서 반대되는 행동을 하는 것보다는 자기 의견에 따라 행동하는 게 훨씬 더 정직하리라고 말했다오."

용감 "매우 악랄한 답변이군요. 정욕에 반대되는 의견을 갖고 있으면서 정욕의 고삐를 늦추는 것도 악하지만 죄를 지으면서 죄짓는 것을 묵인해 달라고 하는 건 더 악하죠. 전자는 보는 사람들을 부지불식간에 실족하게 하는 데 반해 후자는 사람들을 함정으로 이끄니까요."

정직 "그와 같은 말은 하지 않지만 그런 생각을 하고 있는 자는 많이 있다오. 그 때문에 순례 여행이 이처럼 보잘것없는 평가를 받는 것이라오."

용감 "진실을 말씀하셨어요. 정말 애통할 일이죠. 그러나 낙원에 계신 왕을 두려워하는 사람은 그런 모든 자를 뿌리치고 나올 겁니다."

크리스티아나 "지상에는 이상한 의견들이 많아요. 저는 죽을 때 회개해도 충분하다고 말한 사람을 한 명 알고 있답니다."

용감 "지나치게 지혜로운 척하지만 사실 그런 자는 어리석은 자예요. 그런 자는 살아 있는 동안 한 주에 20마일씩 달려야 하는데 달리는 것이 싫어서 그 여행을 마지막 주간, 마지막 시간까지 미루는 자이죠."

정직 "옳은 말씀이오. 그런데 스스로 순례자라고 하는 자들 대부분이 사실상 그렇게 행하고 있소. 나는 여러분이 보시다시피 늙은이로서 오랫동안 이 길을 여행하며 많은 일을 보아왔다오. 나는 마치 온 세상을 휘몰 것처럼 출발했으나 며칠 안 되어 광야에서 죽은 이스라엘 백성처럼 약속의 땅을 보지 못하고 쓰러지는 사람들을 보았소. 반면에 처음 순례자로 출발할 때에는 아무 약속도 못 얻고 하루도 못 견딜 것 같던 사람들이 매우 훌륭한 순례자가 되는 것도 보았다오. 또 나는 급히 달려 나가다가 잠시 후 급히 되돌아 달려오는 사람들도 보았소.

또 어떤 사람들이 처음에는 순례자의 생활을 매우 좋게 말하다가 얼마 후 정반대로 말하는 것도 보았소. 처음에 낙원을 향해 출발할 때는 그런 곳이 있다고 긍정적으로 말하다가, 그곳에 거의 다 갔다가 돌아와서는 그런 곳이 없다고 말하는 것도 들었어요. 자신들이 반대를 당할 경우 어떻게 하겠다고 큰소리치다가, 헛소문에 놀라 믿음과 순례자의 길 그리고 모든 것을 버리고 도망친 자들의 이야기도 들었다오."

이렇게 그들이 길을 가고 있는데 그들 쪽으로 어떤 사람이 달려오며 말했다.

어떤 사람 "신사 여러분들! 그리고 연약한 여자분들, 목숨이 아깝거든 도망하시오. 당신들 앞에 도둑들이 있소."

그러자 용감이 말했다.

용감 "전에 작은 믿음 씨를 습격한 세 도둑일 겁니다. 우리는 놈들을 맞이할 준비가 되어 있으니 걱정 없습니다."

그들은 굽은 길마다 악당들을 만날 것에 대비하며 살폈으나, 도둑들은 용감에 대해 들었는지 아니면 다른 도둑질을 하고 있는지 몰라도, 순례자들에게 모습을 드러내지 않았다.

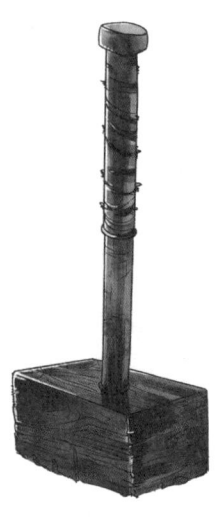

제8장

순례자들이 가이오의 집에 머무르며, 그곳에서 마태와 자비가 결혼하고, 살선 거인을 물리친 뒤 다시 길을 떠나다

그들은 피곤했다. 크리스티아나는 자신과 아이들이 쉴 여관이 있었으면 좋겠다고 했다. 그러자 정직이 말했다.

정직 "조금만 더 가면 여관이 하나 있어요. 그곳엔 매우 존경할 만한 주님의 제자 가이오가 살고 있다오"(롬 16:23).

그래서 그들은 그 여관으로 가기로 했다. 그 이유는 노신사가 가이오에 대해 좋게 평했기 때문이다. 여관에 이르자 그들은 문을 두드리지 않고 안으로 들어갔다. 여관 문은 두드리지 않는 게 일반적인 관습이었다. 그들이 집주인을 부르자 주인이 나왔다. 그들은 이곳에서 밤을 지낼 수 있겠느냐고 물었다.

가이오 "당신들이 진실한 분들이라면 묵을 수 있죠. 우리 집은 순례자들만을 위한 곳이거든요."

이 말을 듣고 크리스티아나와 자비 그리고 소년들은 여관 주인이 순례자들을 사랑하는 사람이어서 더욱 기뻤다. 그들은 방을 부탁했다. 그러자 여관 주인은 크리스티아나와 아이들 및 자비가 쓸 방 하나 그리고 용감과 노신사가 쓸 방 하나를 보여 주었다.

용감 "착한 가이오 씨, 저녁 식사를 준비할 수 있으신가요?

이 순례자들은 오늘 먼 길을 와서 지쳐 있답니다."

가이오 "너무 늦어 음식을 구하러 나가기가 어렵군요. 하지만 괜찮으시다면, 저희가 먹는 대로 대접해 드리도록 하겠습니다."

용감 "주인께서 드시는 것이면 충분합니다. 제가 알기로 당신은 절대 좋은 음식을 떨어뜨리지 않는 분이시니까요."

그러자 주인은 아래층으로 내려가 별미(Taste-that-which-is-good)라는 요리사에게 순례자들을 위한 저녁 식사를 준비하라고 명령했다. 그리고는 다시 올라와 말했다.

가이오 "자! 좋은 친구분들, 제게 오신 걸 환영합니다. 저는 여러분을 대접할 수 있는 집이 있어서 즐겁군요.

저녁 식사가 준비되는 동안 괜찮으시다면 서로 유익한 대화를 나누는 게 어떨까요?"

그들은 모두 좋다고 대답했다.

가이오 "이 나이 드신 부인은 누구의 부인이신지요, 또 이 젊은 처녀는 누구의 따님입니까?"

용감 "이분은 전에 순례자이셨던 크리스쳔 씨의 부인이시고, 이 소년들은 그의 네 아들이죠. 그리고 이 아가씨는 이 부인이 아는 사람인데, 함께 순례 여행을 하기로 작정했고요. 이 소년들은 아버지를 본받고 아버지의 발자취를 따라가려 힘쓰고 있어요. 이들은 그 옛 순례자가 누웠던 장소나 발자국을 보기만 해도 기쁨으로 가슴을 설레고, 그곳에 눕거나 그 발자국을 밟으려 열망한답니다."

가이오 "이분이 크리스쳔 씨의 부인이고, 이 소년들이 크리스쳔 씨의 아들들이라고요?

저는 당신 남편의 아버지와 할아버지를 알고 있어요. 그 가문에는 훌륭한 사람들이 많이 있었죠.

그들의 조상은 최초에 안디옥에 살았고요(행 11:26).

크리스쳔 씨의 조상은 매우 훌륭한 분들이었습니다. 남편께서 그들에 대해 하는 이야기를 들은 적이 있었을 거예요. 제가 알기에, 무엇보다 그들은 순례자들이 주님과 주님의 방법들 그리고 주님을 사랑하는 사람들을 위한 큰 덕과 용기를 가진 사람들이라는 걸 증명했어요. 저는 진리를 위해 모든 시련을 견디신 당신 남편의 많은 친척에 관한 이야기를 들었습니다. 당신 남편 가문의 첫 인물들 가운데 한 명인 스데반은 돌에 맞아 죽었죠(행 7:59-60). 그 세대에 속했던 또 하나의 인물인 야고보는 칼날에 살해당했고요(행 12:2). 바울과 베드로에 대해서는 말할 것도 없고 당신 남편의 옛사람 중에는 사자에게 던져진 이그니티우스, 뼈에서 살을 조각조각 도려내어진 로마누스, 불 속에서도 남자다움을 발휘한 폴리갑 등이 있었죠. 뜨거운 햇볕이 내리쬐는 가운데 광주리에 담겨 매달린 채 말벌 먹이가 된 사람도 있었고, 자루에 담긴 채 바다에 던져져 익사한 사람도 있었죠. 순례자의 생활을 사랑했기 때문에 해와 죽임을 당한 그 가문의 모든 사람을 다 열거하기란 불가능할 것입니다.

저는 당신 남편이 이렇게 네 아들을 남긴 것을 보니 기쁘기 한량없군요. 이 아이들이 아버지의 이름을 이어받고 아버지의 발자취를 따라 아버지가 도달한 곳에 이르기를 바랍니다."

용감 "선생님, 이 아이들은 정말 유망한 소년들이에요. 그들은 진심으로 아버지가 간 길을 택한 것으로 보인답니다."

가이오 "제 말이 바로 그 말이에요. 그로써 크리스천 씨 가문이 지상에 널리 퍼지게 될 것입니다. 크리스티아나 씨, 이 아이들 아버지의 이름과 그 선조들의 가문이 절대로 세상에서 잊히지 않게 하려면 이 아들들과 정혼할 처녀들을 찾아야 해요."

정직 "이 가문이 몰락해서 끊긴다면 슬픈 일이죠."

가이오 "몰락할 수는 없으나 감소될 수는 있어요. 그러나 크리스티아나 씨, 제 충고를 받아들이세요. 그것이 가문을 유지하는 길입니다. 저는 부인과 부인의 친구 자비 양이 아름다운 짝으로 함께 이곳에 오신 것을 보니 즐거워요. 제가 충고드릴 수 있다면, 자비 양을 부인과 더 가까운 친지로 삼으세요. 자비 양이 좋다면 맏아들 마태와 혼인시키세요."

이렇게 이 혼사가 결정되어 얼마 후 그들은 결혼했다. 그러나 보다 자세한 이야기는 뒤에서 하기로 하겠다. 가이오는 계속해서 말했다.

가이오 "이제 저는 여성들이 비난받지 않게 하려고 여성들을 변호하는 말을 하고자 합니다. 왜냐하면, 한 여자로 말미암아 사망과 저주가 세상에 들어온 것처럼 생명과 치유도 한 여자로 말미암아 세상에 들어왔기 때문이죠. 하나님께서는 자기 아들을 보내어 여자에게서 나게 하셨습니다(창 3장; 갈 4:4).

후세의 여인들이 하와의 행동을 얼마나 증오했는가 하는 사실은 구약의 여인들이 아들 낳기를 갈망했다는 것에서 볼 수 있어요. 그들은 혹시 구세주의 어머니가 될 수 있다면 얼마나 행복할까 기대했던 것이죠.

다시 말하는데, 구세주께서 오셨을 때 남자나 천사들에 앞서 여인들이 기뻐했어요(눅 2장). 저는 남자들이 그리스도께 동전 한 푼이라도 드린 적 있다는 성경 말씀을 읽지 못했습니다. 그러나 여인들은 그리스도를 따르며 자신들의 재물로 그리스도를 섬겼죠.

눈물로 주님의 발을 씻어드린 이도 여인이었고, 주님의 장례를 위해 기름을 부어 드린 이도 여인이었어요. 여인들은 주님께서 십자가를 지고 가실 때 슬피 울었고, 십자가에서 내려지신 주님을 따라갔으며, 주님께서 장사 되었을 때 무덤 곁에 앉아 있었어요. 부활 아침에 맨 처음 주님을 만난 이도 여인들이었죠. 주님께서 죽은 자 가운데서 부활하셨다는 소식을 제자들에게 전한 이도 여인들이었어요(눅 7:37-50; 8:2-3; 23:27; 24:22-23; 요 2:3; 11:2; 마 27:55-61). 그래서 여자들은 귀한 은총을 받았고, 이런 일들로 자신들이 우리와 함께 생명의 은혜에 함께하는 자들임을 보여 주고 있는 것이죠."

이때 요리사가 사람을 보내 저녁 식사 준비가 거의 다 되었다고 알렸다. 곧 한 사람이 올라와 식탁보를 펴고는 접시를 놓고 소금과 빵을 올려놓았다. 이것을 보고 마태가 말했다.

마태 "이 식탁보와 저녁 식사 준비를 보니 이전 어느 때보다 식욕이 더 강하게 당기는데요."

가이오 "이생에서 네게 가르쳐지는 모든 교리가 너로 크신 왕의 나라에서 그분의 저녁 식탁에 앉고 싶은 더 큰 열망을 갖게 하기 바란다. 왜냐하면, 이 땅의 모든 설교와 책 및 예식들은 우리가 그분의 집에 이르렀을 때 주님께서 우리를 위해 베푸시는 잔치와 비교하면, 빈 접시를 늘어놓고 식탁 위에 소금을 올려놓은 것에 불과하기 때문이지."

그리고 그는 음식을 들여오기 시작했다. 먼저 거제로 드린 어깨 살코기와 요제로 드린 가슴 살코기가 식탁에 놓였다. 이 고기들은 그들이 하나님께 대한 기도와 찬양으로 식사를 시작해야 한다는 것을 보여 주는 것이었다(레 7:32-34; 10:14-15; 시 25:1; 히 13:15). 거제의 어깨 살코기는 다윗이 자기 심령을 하나님께 들어 올린 것을 나타내는 것이며 요제의 가슴 살코기는 다윗이 수금을 연주할 때 기대었던 그의 심장이 있는 곳을 나타내는 것이었다. 이 두 접시의 음식은 매우 신선하고 맛있었다. 그들은 즐거운 마음으로 그 음식을 먹었다. 그다음에 가져온 것은 피처럼 붉은 포도주 한 병이었다. 가이오가 말했다.

가이오 "마음껏 마시십시오. 이 포도주는 하나님과 사람의 마음을 즐겁게 하는 참 포도나무 즙이랍니다."

그들은 마음껏 포도주를 마시며 즐거워했다(신 32:14; 삿 9:13; 요 15:5).

다음 음식은 빵 조각을 잘게 썰어 넣은 우유 한 접시였다. 이 음식을 대접하며 가이오는 말했다.

가이오 "어린이들이 이것을 먹고 자라나도록 하라(벧전 2:1-2)."

그다음 순서를 따라 그는 버터와 꿀을 들여왔다. 가이오가 말했다.

가이오 "이 음식을 마음껏 드세요. 이 음식은 여러분의 기운을 돋우고 판단력과 이해력을 강화하는 데 좋거든요. 우리 주님께서 어린아이 때 이 음식을 드셨죠.

'악을 버리며 선을 택할 줄 알 때가 되면 엉긴 젖과 꿀을 먹을 것이라'(사 7:15)."

그다음에 그들은 매우 맛있는 사과 한 접시를 가져왔다. 그것을 보고 마태가 말했다.

마태 "사과는 뱀이 우리 시조 할머니 하와를 유혹한 것인데, 먹어도 될까요?"

그러자 가이오가 노래했다.

> 사과로 우리가 유혹 받았지만
> 사과가 아니라 죄가 우리 영혼을 더럽혔다오.
> 금단의 사과를 먹으면 피가 썩지만
> 허락된 사과를 먹으면 유익합니다.
> 주님의 비둘기, 너희 교회여, 주님의 포도주를 마시고
> 사랑의 병이 난 교회여!
> 주님의 사과를 드세요.

마태 "얼마 전에 저는 과일을 먹고 병이 났기 때문에 꺼림칙했어요."
가이오 "금지된 과일은 병들게 하지만, 우리 주님께서 허락하신 과일은 먹어도 병이 나지 않는단다."

그들이 이런 이야기를 하고 있을 때 또 다른 접시가 들어왔다. 거기엔 호두가 담겨 있었다(아 6:11). 그러자 식사 중이던 누군가가 말했다.

"호두는 약한 이를 상하게 하지요. 특히 어린아이의 이를."

이 말을 들은 가이오가 또 노래했다.

> 어려운 성경 말씀은 호두 같아요. 그것은 속이는 게 아닙니다.
> 그 껍질 아무나 먹지 못하게, 속살을 숨겨 두고 있지요.
> 그러나 껍질을 벗기면 먹을 수 있어요.

여기 호두를 가져왔으니, 껍질을 벗기고 드세요.

그들은 즐겁기 그지없었다. 많은 이야기를 하며 식탁에 오래오래 앉아 있었다. 그때 정직 노인이 말했다.

정직 "착한 주인님, 우리가 호두를 깨서 먹는 동안 수수께끼 하나 풀어 보시겠소?

어떤 사람들이 미쳤다고 하는 한 사람이 있었죠.

그는 많이 내버릴수록 더 많은 것을 얻었어요."

사람들은 착한 가이오가 어떻게 대답할까 궁금해하며 그를 쳐다보았다. 잠시 조용히 앉아 있던 가이오는 이렇게 대답했다.

가이오 "자기 것을 가난한 사람들에게 베푸는 사람은 열 배나 더 많이 돌려받을 것이라."

그 대답을 듣고 요셉이 말했다.

요셉 "선생님, 저는 선생님께서 그 수수께끼를 맞히지 못하시리라 생각했어요."

가이오 "나는 이 점과 관련해 많은 훈련을 받았단다. 경험만큼 좋은 스승이 없지. 나의 주님께서는 나에게 친절히 하라고 가르치셨고, 나는 경험에 의해 친절함으로 유익을 얻는다는 것을 깨달았다면 성경은 이렇게 말씀하시지. '흩어 구제하여도 더욱 부하게 되는 일이 있나니 과도히 아껴도 가난하게 될 뿐이니라,' '스스로 부한 체하여도 아무 것도 없는 자가 있고 스스로 가난한 체하여도 재물이 많은 자가 있느니라'(잠 11:24; 13:7)."

이때 사무엘이 어머니 크리스티아나에게 속삭였다.

사무엘 "어머니, 이곳은 매우 훌륭하신 분의 집이에요. 우리 이곳에 오래 머물면서 떠나기 전에 마태 형님과 자비 양을 결혼시키도록 해요."

이 말을 주인 가이오가 엿듣고는 말했다.

가이오 "아주 좋은 생각이구나."

그래서 그들은 이곳에 한 달 이상 머물렀고 자비와 마태는 혼인했다. 자

비는 여느 때와 마찬가지로 겉옷과 속옷을 만들어 가난한 사람들에게 주었다. 이 일로 인해 순례자들에게 매우 좋은 평판을 얻었다. 다시 우리 이야기로 돌아가자. 저녁 식사가 끝나자 어린이들은 여행으로 지쳐 자고 싶어 했다. 가이오는 사람들을 불러 그들을 방으로 안내하라고 명했다. 그러자 자비는 "제가 그들을 침실로 데리고 가겠어요"라고 말했다. 그들은 함께 침실로 가서 편안한 휴식을 취했다. 하지만 나머지 사람들은 가이오와 너무 마음이 잘 맞았으므로 헤어질 수가 없어 밤새 앉아 이야기 꽃을 피웠다. 주님에 관한 이야기, 자신들에 관한 이야기, 자신들의 여행에 관한 이야기를 한참 한 후, 아까 가이오에게 수수께끼를 냈던 정직 노인이 졸기 시작했다.

그러자 용감이 말했다.

용감 "아니 선생님, 졸리기 시작하시는군요. 자! 정신 차리세요. 선생님께 수수께끼 하나 내겠습니다."

정직 씨가 말했다.

정직 "들어봅시다."

용감이 말했다.

용감 "죽이려는 자는 먼저 정복당해야 하고, 밖에서 살려 하는 자는 먼저 집에서 죽어야 합니다."

정직 "이런! 어려운 문제로군요. 설명하기도 어렵지만, 실천하기는 더 어려운 문제지요. 자! 주인장, 좋으시다면 문제를 푸는 책임을 당신에게 맡기겠소. 이 문제를 설명해 보시오. 난 당신이 하는 말씀을 듣겠소."

가이오 "안 됩니다. 이 문제는 당신께 맡겨진 것인 걸요. 당신이 대답하기 바라고 낸 문제예요."

그러자 노신사가 대답했다.

정직 "죄를 죽이려는 자는 먼저 은혜로 정복 당해야 하고, 살았다고 인정받고자 하는 자는 자신에 대해 죽어야 합니다."

가이오 "맞았어요. 이 수수께끼는 훌륭한 교리와 경험을 가르치고 있습니다. 은혜가 나타나서 그 영광으로 영혼을 정복하기 전까지는 죄와 대항해야 하겠다는 열심이 전혀 생기지 않죠.

죄를 사탄이 영혼을 얽어매는 밧줄이라고 할 때, 그 약점에서 풀려나지 않았는데 어떻게 영혼이 저항할 수 있겠습니까?

이성이 있고 은혜를 아는 사람이라면, 자신의 타락의 노예가 되어 있는 사람은 은혜의 살아 있는 기념비가 될 수 없다고 생각할 것입니다. 지금 갑자기 생각나는 이야기가 있어 들려 드리죠. 들어 보실 가치가 있는 이야기예요.

순례 여행을 떠난 두 사람이 있었어요. 한 사람은 젊었을 때 여행을 시작했고, 또 한 사람은 늙어서 떠났죠. 젊은이는 강한 타락성과 싸워야 했던 반면, 노인은 체력이 쇠퇴하고 약했습니다. 젊은이는 노인 못지않게 꾸준히 나아가 모든 길을 노인과 함께 순탄하게 통과했지요. 이 두 사람은 비슷하게 보입니다.

그러면 이 두 사람 중 누가 더 밝게 빛나는 은혜를 얻었을까요?"

용감 "분명히 젊은이의 은혜가 더 밝게 빛났을 겁니다. 왜냐하면, 가장 큰 적과 대항해서 버티는 것은 가장 강한 사람이라는 사실을 가장 잘 입증하는 것이기 때문이죠. 특히 노인은 그에게 닥치는 시험들에 절반도 안 되는 시험들을 만났을 텐데, 그와 보조를 같이했다는 것은 훌륭한 일이죠. 나는 노인들이 이러한 오해로 자화자찬하는 것을 보아왔습니다. 즉 체력이 쇠퇴해서 정욕이 생기지 않는 것을 가지고 자신이 타락성을 훌륭하게 정복했다고 여기며 스스로를 기만하는 경향이 있더라고요. 사실상 은혜로운 노인들은 젊은이들에게 가장 훌륭하게 충고해 줄 수 있는 사람들이죠. 노인들은 만사가 대부분 헛된 일이라는 사실을 보아 왔거든요. 그렇지만 노인과 젊은이가 함께 순례 여행을 떠났을 때, 노인은 타락성이 자연적으로 약화되어 자기 안에 역사하는 은혜를 잘 깨닫지 못하나, 젊은이는 잘 깨달을 수 있는 이점을 갖고 있죠."

이렇게 그들은 날이 샐 때까지 앉아 이야기를 나누었다. 크리스티아나는 가족들이 깨어나자 아들 야고보에게 성경 한 장을 읽게 했다. 그러자 야고보는 이사야 53장을 읽었다. 야고보가 성경을 다 읽고 나자 정직 노인이 물었다.

정직 "구세주께서 '마른 땅에서 나온 줄기 같아서 고운 모양도 없고 풍채도 없다'라고 한 이유가 무엇이지?"

용감 "제가 대답하겠습니다. 먼저 구세주께서 마른 땅에서 나오셨다고 하는 말씀은 그리스도께서 탄생하셨을 때의 유대교가 신앙의 생명력과 정신을 거의 모두 상실했다는 것을 말합니다. 그리고 고운 모양도 없고 풍채도 없다는 말은 불신자들이 한 말이었죠. 그들은 우리 왕자님의 마음을 들여다볼 수 있는 눈이 없었기 때문에 초라한 겉모습만 보고 판단한 거예요. 그들은 마치 보석이 들어 있는 돌을 발견했을 때 보석이 아름답지 않은 돌 껍데기로 쌓여 있다는 것을 모르고, 보통 돌을 던져 버리듯 하는 것과 같아요."

가이오 "여러분이 여기 오신 데다 또 제가 알기로 용감 씨는 무술이 능하셔서 하는 말씀인데, 여러분이 좋으시다면 원기를 회복한 후 들로 나가 걸으면서 무슨 좋은 일할 것이 있나 생각해 봅시다. 여기서 약 1마일 떨어진 곳에 살선(殺善, Slay-good) 이라는 거인이 있어요. 그 자는 이 부근에 있는 왕의 대로를 매우 소란케 하는 많은 도둑 떼의 두목이죠. 제가 그 자의 소굴을 알고 있으니, 우리가 그 자를 처치해서 이 부근을 깨끗하게 하면 좋겠습니다."

그들은 가이오의 제안에 찬성하고 나섰다. 용감은 투구를 쓰고 방패와 칼을 들었다. 나머지 사람들은 창과 몽둥이를 들었다. 거인이 있는 곳에 와 보니, 그자는 부하들이 그에게 끌고 온 약함(Feeble-mind)이라는 사람을 붙잡고 있었다. 이때 거인은 약함의 소지품을 빼앗은 다음 뜯어 먹으려는 참이었다. 이자는 사람의 생살을 먹는 특징을 지니고 있었다.

그는 용감과 그의 친구들이 무기를 들고 자기 굴 앞에 있는 것을 보더니, 뭣 하러 왔느냐고 고함쳤다.

용감 "네놈을 죽이러 왔다. 네놈은 왕의 대로에서 많은 순례자를 끌어다 죽였으니, 그들의 원한을 우리가 갚아 주겠다."

그러자 거인은 무장하고 굴 밖으로 나와 싸움을 시작했다. 한 시간 이상 싸우던 그들은 숨을 돌리기 위해 잠깐 싸움을 멈추었다.

다시 거인이 물었다.

살선 거인 "네놈들은 무슨 이유로 내 영토에 들어왔느냐?"
용감 "아까 말한 대로 순례자들의 피를 복수하기 위해서다."

그들은 다시 싸움을 시작했다. 거인의 공격으로 용감은 약간 뒤로 물러났다. 그러나 다시 달려들어 무서운 기세로 거인의 머리와 옆구리를 힘껏 내리쳤다. 거인의 손에서 무기가 떨어졌다. 이어 용감은 거인을 쳐 죽이고 목을 잘라 여관으로 가지고 왔다. 순례자 약함도 그들의 숙소로 함께 왔다. 그들은 집으로 와서 거인의 목을 가족들에게 보여 주고 매달아 놓았다. 그들은 전에도 악한 자들의 머리를 잘라 이렇게 매달았다. 악한 짓을 하려는 자들에게 두려움을 주기 위해서였다.

그 후 그들은 약함 씨에게 어쩌다 거인의 수중에 빠졌느냐고 물었다.

그러자 불쌍한 약함이 대답했다.

약함 "여러분이 보시다시피 저는 병든 사람입니다. 그래서 죽음이 대개 매일 한 번씩 저의 집 문을 두드렸죠. 그래서 집에 있다가는 안 되겠다 싶어 순례자 생활을 시작해서, 저와 제 아버지가 태어난 불확실 마을에서 이곳까지 여행해 왔답니다. 저는 육체에 힘이 전혀 없고 정신적으로도 약한 사람이에요. 그러나 저는 기어갈 수밖에 없다 해도, 순례자의 길에서 평생을 보내기로 작정했어요. 이 길 어귀에 있는 문에 도착했을 때 그곳 주인께서 저를 관대하게 대접해 주셨죠. 그분은 저의 연약한 용모나 의지박약함을 마다하지 않고, 끝까지 소망을 가지라고 말씀해 주셨어요. 그 후 해설자의 집에 갔을 때도 많은 친절한 대접을 받았답니다. 그리고 곤고산은 제가 오르기에 너무 힘들다고 판단하셔서 해설자께서 하인 중 한 명을 시켜 업어 올려 주셨어요. 정말 저는 다른 순례자들의 위로를 많이 받았어요. 저는 어쩔 수 없이 느릿느릿 갈 수밖에 없었지만, 그들 중 저처럼 천천히 가려는 사람은 하나도 없었어요.

그렇지만 그들은 제게 다가와서 기운 내라면서, 약함을 가진 사람을 위로하는 것이 주님의 뜻이라고 말해 주곤 또 빠르게 가곤 했죠(살전 5:14). 습격의 골목에 이르렀을 때, 저 거인이 제 앞에 나타나 자신과 싸우자고 했어요. 그러나 슬프게도 저같이 약한 사람은 싸우기는커녕 강심제가 필요할 지경이었죠. 그는 제게 덤벼들어 저를 붙잡았습니다.

저는 그가 저를 죽이지는 않을 거라고 생각했어요. 제가 그와 같이 가려하지 않아 억지로 나를 끌고 자기 동굴로 갈 때도, 저는 다시 살아 나올 거라고 믿었죠. 왜냐하면, 순례자가 주님을 향한 온전한 마음을 지키기만 하면, 폭력에 의해 포로가 된다고 할지라도 섭리의 법으로 말미암아 원수의 손에 죽임 당하지 않는다고 들었거든요.

제가 강도에게 약탈 당한 것처럼 보이고, 분명히 약탈 당하기도 했지만, 여러분이 보시는 바와 같이 저는 생명을 건졌습니다. 저는 이 일로 인해 이 일의 주관자이신 나의 왕께 감사를 드리고, 수단이 되신 여러분께 감사를 드립니다.

저는 또 다른 여러 공격이 있을 것으로 예상합니다. 그러나 이제 저는 될 수 있으면 뛰고, 될 수 없으면 걷고, 걸을 수 없으면 기어서라도 피하기로 작정했어요. 저는 저를 사랑하신 주님께 감사드리는 마음에 변함없습니다. 저의 앞에는 제가 가야 할 길이 놓여 있어요. 비록 저는 여러분이 보시는 것처럼 마음 약한 사람에 불과하지만 제 마음은 벌써 저 다리 없는 요단강을 건넜답니다."

그 말을 듣고 정직 노인이 말했다.

정직 "혹시 당신은 얼마 전 순례자가 된 두려움 씨와 아는 사이 아니오?"
약함 "알다 뿐입니까! 그분은 멸망의 도시에서 북쪽으로 10리쯤 멀어진 우매 마을 출신이지요. 제 고향도 그 마을에서 그 정도 떨어져 있지만, 우리는 잘 아는 사이예요. 그분은 저의 아버지의 형제이며, 저에게는 삼촌이신 걸요. 그분과 저는 기질이 상당히 비슷하답니다. 그분은 저보다 키가 약간 작지만, 용모는 상당히 비슷하죠."

정직 "당신이 그를 알 것 같았소, 서로 친척이라는 것도 쉽게 알 수 있다오. 왜냐하면, 당신도 그처럼 피부가 희고, 눈매와 말씨가 매우 비슷하거든요."

약함 "우리 두 사람을 아는 사람들은 대부분 그렇게 말씀들 하시죠. 제가 보기에도 그분의 특징들이 대부분 제게서 발견되는 걸요."

그때 착한 가이오가 말했다.

가이오 "자! 선생, 기운을 내십시오. 저의 집에 오신 것을 환영합니다. 원하는 게 있으면 뭐든지 마음 놓고 요청하세요. 제 하인들에게 뭐든지 원하시는 걸 시키면 그들이 기쁘게 해 드릴 겁니다."

약함 "뜻밖의 환대라서 마치 짙은 먹구름 사이로 태양이 비치는 것 같습니다. 살선 거인이 나를 막고 더 나아가지 못하게 한 것이 이 환대를 받게 하려는 의도였던 모양이지요?

제 주머니를 턴 후 가이오 주인님께로 가게 하려고 말이어요. 실상은 그렇지 않았을지 몰라도, 결과는 그렇게 되고 말았어요."

약함과 가이오가 이렇게 이야기하고 있는 바로 그때 어떤 사람이 달려와 문을 두드리며 소리쳤다.

어떤 사람 "여기서 1마일 반쯤 멀어진 곳에서 부정(Notnght) 씨라는 순례자가 벼락을 맞아 그 자리에서 즉사했답니다."

약함 "저런, 그가 죽었다고요?

그 사람은 제가 여기 오기 며칠 전 저를 뒤따라와 동행하겠다고 했는데. 살선 거인이 저를 잡을 때도 그는 저와 함께 있었는데, 발이 빨라 도망쳤지요. 그런데 그는 죽으려고 도망쳤고, 저는 살려고 붙잡힌 꼴이 되고 말았군요."

당장 죽게 될 거라고 생각하던 일이

종종 가장 비참한 곤경으로부터의 구원이 된다.
죽음의 얼굴을 한 섭리는
종종 비천한 자에게 생명을 준다.
나는 잡히고 그는 피하여 도망갔으나
엇갈린 결과로 그에게는 죽음을 내게는 생명을 주었구나.

이때쯤 마태와 자비가 결혼했다. 가이오는 딸 뵈뵈를 마태의 동생 야고보에게 아내로 주었다. 그 후 크리스티아나 일행은 가이오의 집에 열흘 정도 더 머물면서 순례자들의 유익한 시간을 보냈다. 그들이 떠나려 하자 가이오는 연회를 베풀어 주었다. 그들은 즐겁게 먹고 마셨다. 이제 떠나야 할 시간이 되자 용감은 그동안의 숙박비가 얼마냐고 물었다. 그러자 가이오는 자기 집에서는 순례자들에 대한 접대비를 순례자들이 지불하는 게 관례가 아니라고 했다. 순례자들의 숙박비는 1년간 몰아서 선한 사마리아 사람에게서 받는다고 했다. 선한 사마리아 사람은 가이오가 순례자들에게 받을 금액이 얼마이든지 간에 돌아올 때 반드시 갚겠다고 약속했다는 것이다(눅 10:34-35).

그 말을 듣고 용감이 가이오에게 말했다.

용감 "사랑하는 자여! 네가 무엇이든지 형제 곧 나그네 된 자들에게 행하는 것은 신실한 일이니 그들이 교회 앞에서 너의 사랑을 증언하였느니라 네가 하나님께 합당하게 그들을 전송하면 좋으리로다"(요삼 1:5-6).

가이오는 어른들과 아이들에게 일일이 작별 인사를 했다. 특별히 약함에게 작별 인사를 하고 길에서 마실 음료도 주었다.

그들이 문을 나설 때 약함은 뒤에 처지려는 듯싶었다. 용감이 이것을 보고 말했다.

용감 "자! 약함 씨, 우리와 함께 갑시다. 제가 다른 사람들과 마찬가지로 당신에게도 안내자가 되어 드릴 테니 무사히 여행하시게 될 것입니다."

약함 "죄송하지만 저는 적당한 동행이 못 되는 걸요. 여러분은 모두 원기 왕성하고 건강하지만 저는 보시다시피 약해요. 그러나 저는 저의 많은 약점으로 인해 저 자신과 여러분의 짐이 되지 않기 위해 차라리 뒤에 가도록 하겠습니다. 말씀드렸듯이 저는 약하고 의지가 박약함의 소유자라서, 다른 사람들은 견딜 수 있는 일에도 마음이 상하고 약해질 거예요. 저는 웃는 것을 좋아하지 않고, 화려한 옷을 좋아하지 않으며, 무익한 질문들을 좋아하지 않습니다.

저는 너무 심약해서 남들이 자유롭게 행하는 일에도 마음이 상한답니다. 저는 진리를 잘 모르는 매우 무식한 그리스도인이에요. 때로 사람들이 주 안에서 기뻐하는 것을 보며 저는 그렇지 못해 괴로워요. 저는 강한 자들 가운데 한 명의 약한 자 같거나 건강한 자들 가운데 병자 또는, 꺼져가는 등불 같으므로, 어찌 행동해야 좋을지 알지 못합니다"(요 12:5).

용감 "그러나 형제여! 저는 마음이 약한 사람들을 위로하고 약한 사람들을 붙잡아 주는 임무를 띠고 있답니다. 당신은 우리와 항상 보조를 맞추지 않으셔도 돼요. 우리가 당신을 기다려 줄 테니까요. 우리가 당신을 도울 거예요. 우리는 당신을 위해 말과 행동 모두에 있어 어떤 일들은 자제하겠습니다. 당신 앞에서 의심스러운 변론을 벌이지 않고요. 당신을 뒤에 남게 하느니, 차라리 우리가 만사를 당신에게 맞추겠어요"(롬 14장; 고전 7장).

이러한 대화를 하는 동안 그들은 계속 가이오의 집 문 앞에 서 있었다. 그들이 이렇게 열띠게 대화 중일 때 주저 씨(Mr. Ready-to-halt)가 지팡이를 짚고 순례 여행을 하는 게 보였다(시 38:17).

약함 "당신이 여기 어쩐 일이십니까?

저는 지금 적합한 동행자가 없는 것을 불평하고 있었는데, 당신이 저의 소망과 일치하는 동행자이십니다. 정말 잘 오셨어요.

착한 주저 씨, 당신과 저는 서로 도움이 될 수 있을 것 같군요."

주저 "당신과 동행이 되면 좋을 듯싶어요. 착한 약함 씨, 이렇게 행복하게 만났으니 헤어지지 맙시다. 제가 이 지팡이 한 개를 빌려드리겠어요."

약함 "아닙니다. 당신의 호의는 감사하지만, 다리가 불편해지기 전에는 지팡이를 짚고 싶지 않습니다. 그러나 개를 쫓을 때 그 지팡이로 저를 도우실 수 있을 것 같네요."

주저 "착한 약함 씨 저나 제 지팡이가 필요할 때 말씀하세요. 기꺼이 도와드리겠어요."

그들은 이렇게 나아갔다. 용감과 정직이 앞서가고 크리스티아나와 그녀의 아들들이 그다음에 나아갔다. 약함과 지팡이를 짚은 주저는 그 뒤를 따라갔다.

정직 "용감 씨, 이제 다시 여행을 시작했으니, 우리보다 앞서 순례 여행을 떠났던 사람들의 유익한 이야기를 좀 들려주시구려."

용감 "기꺼이 들려 드리죠. 여러분은 예전에 크리스천 씨가 겸손의 골짜기에서 아볼루온과 대결한 이야기를 그리고 그가 사망의 음침한 골짜기를 통과하면서 얼마나 힘들게 고생했는가 하는 이야기를 들었으리라 생각합니다.

그리고 신실 씨가 이 길에서 누구나 만날 수 있는 네 명의 악당, 곧 음탕 여사, 첫 사람 아담, 불만, 수치 등으로부터 당한 고난 이야기도 들으셨을 테죠."

정직 "예, 그 이야기는 모두 들은 것 같소. 그런데 착한 신실 씨는 수치와 만났을 때 가장 심한 고생을 했더군요. 수치란 자는 정말 끈질긴 자였나 봅니다."

용감 "바로 지적하신 바와 같이 그는 누구보다 가장 그릇된 이름을 가진 자였답니다."

정직 "그런데 용감 씨, 크리스천 씨와 신실 씨가 헛풍선(떠버리)을 만난 곳은 어디였소?

그자도 악명 높았지요."

용감 "그는 건방진 바보였어요. 하지만 그의 길을 많은 사람이 따르고 있답니다."

이렇게 이야기하며 나아가던 그들은 복음 전도자가 크리스천과 신실을 만나 그들이 헛된 시장에서 닥치게 될 일을 예언했던 곳에 이르렀다.

용감 "이 근처에서 크리스천과 신실이 복음 전도자를 만났고, 복음 전도자는 그들에게 헛된 시장에서 그들이 당할 환난을 예언해 주었죠."

정직 "그래요? 복음 전도자가 그때 그들에게 읽어 준 성경은 어려운 부분이었던 것 같은데요."

용감 "그렇습니다. 그러나 복음 전도자는 그들에게 격려도 해 주었죠."

"그럼 우리는 그들을 뭐라고 말해야 할까요?

그들은 두 마리의 사자 같은 사람들이었어요. 그들은 자기 얼굴을 부싯돌같이 굳게 했죠"(사 50:7). 여러분은 그들이 재판장 앞에 섰을 때 얼마나 담대했는지 기억하십니까?"

정직 "맞아요. 신실 씨는 용감하게 고난을 받았소."

용감 "그렇습니다. 그리고 그의 용감한 고난에서 용감한 일들이 나타났어요. 즉 그 이야기가 설명해 주는 바와 같이 소망 씨와 몇몇 사람들이 그의 죽음을 통해 회심한 일이죠."

정직 "그렇군요. 당신은 여러 가지 일들을 잘 알고 계시니, 계속 얘기해 주시오."

용감 "크리스천 씨가 헛된 시장을 통과한 후에 만난 자 중 이기주의라는 자가 가장 교활한 자였답니다."

정직 "이기주의요?

그는 어떤 사람이었소?"

용감 "매우 간교한 자요, 철저한 위선자였죠. 세상 돌아가는 방식대로 신앙생활을 하려는 자인데, 어찌나 교활한지 절대 신앙 때문에 손해 보거나 고생 당하지 않으려 했지요. 그는 모든 색다른 경우에 따라 변하는 자기식의 신앙이 있었어요. 그의 아내도 그에 못지않게 간교했고요. 그는 수시로 생각을 변경할 뿐 아니라, 그렇게 하는 걸 변명까지 했죠. 그러나 제가 들은 바에 따르면, 그는 자신의 이기주의 때문에 불행한 종말을 맞았다더군요. 또 그의 자녀 중 여태껏 하나님을 참되게 경외한다는 평판을 받은 자가 있었다는 말을 들은 적이 없어요."

마태와 자비의 결혼

제9장

허영 도시에서 나손의 친절한 대접을 받으며 지내다

　이때 그들은 헛된 시장이 열리는 허영 도시가 보이는 곳에 이르렀다. 그들은 그 도시에 가까이 온 것을 알고, 어떻게 그 도시를 통과해야 할지 서로 의논했다. 이 사람 저 사람 의견을 말한 후 마지막으로 용감이 말했다.
　용감 "여러분이 아시다시피 저는 순례자들을 안내하느라 자주 이 도시를 지나다녔답니다. 그래서 저는 이 마을의 나손(Mnason) 씨라는 구브로 태생의 늙은 제자와 친하게 지내고 있어요. 그 사람 집에서 우리가 묵을 수 있으니, 좋게 여기시면 그리로 가십시다."
　정직 노인이 대답했다.
　정직 "좋소."
　크리스티아나도 말했다.
　크리스티아나 "저도 좋아요."
　약함도 찬성하고, 나머지 사람들도 모두 좋다고 했다. 그들이 마을 외곽에 이르렀을 때쯤 해가 졌다는 것을 독자 여러분은 알기 바란다. 그러나 용감은 노인의 집으로 가는 길을 알고 있어 그들을 인도해서 그 집에 이르렀다. 그가 문 앞에서 주인을 부르는 소리를 듣고 노인은 그의 목소리를 바로 알아들었다. 그는 문을 열고 그들 모두 들어오라고 했다.
　그리고 나서 주인 나손이 물었다.
　나손 "오늘 얼마나 멀리서 오시는 길인지요?"

그들이 대답했다.

사람들 "당신의 친구, 가이오 집에서 오는 길입니다."

나손 "정말 멀리서 오셨군요. 꽤 피곤하실 겁니다. 이리들 앉으세요."

그들이 앉자 용감이 말했다.

용감 "자! 착하신 여러분, 힘드시죠?
제 친구의 집에 오신 것을 환영합니다."

나손 "저도 여러분께 환영의 말씀을 드립니다. 필요하신 것을 말씀만 하세요. 그러면 성심성의껏 대접해 드릴 테니까요."

정직 "저희가 오는 동안 계속 필요로 한 것은 안식처와 좋은 친구였답니다. 그런데 지금 이 두 가지 모두를 얻은 것 같군요."

나손 "안식처는 여러분이 보시는 그대로입니다. 그러나 좋은 친구는 시련의 때에 나타나게 되지요."

용감 "자! 이 순례자들을 숙소로 안내해 주시겠습니까?"

나손 "그러지요."

나손은 순례자들을 각각 숙소로 안내했다. 그는 매우 근사한 식당도 보여 주었다. 그 식당은 그들이 취침 시간 전까지 함께 모여 식사할 장소였다.

그들이 숙소에 앉아 잠시 여독을 풀고 있을 때, 정직은 집주인에게 이 마을에 착한 사람들의 가게가 있느냐고 물었다.

나손 "몇 군데 있어요. 그러나 다른 마을들에 비교하면 소수에 불과해요."

정직 "그들 중 몇 사람을 만나려면 어떻게 해야 합니까?
순례 여행을 하는 사람들에게 착한 사람들과 만난다는 것은 바다를 항해하는 사람들에게 달과 별들이 나타나는 것과 같답니다."

그 말을 듣고 나손은 발을 탕탕 굴렀다. 그러자 그의 딸 은혜(Grace)가 2층으로 올라왔다. 나손은 딸에게 말했다.

나손 "은혜야, 가서 아빠 친구들인 회개 씨(Mr. Contrite)와 거룩 씨(Mr. Holy man), 성도 사랑 씨(Mr. Love saints)와 무허언 씨(Mr. Dare-not-lie), 참회 씨(Mr. Penitent) 등에게 가서, 우리 집에 친구 한두 분을 모셨는데, 그분들

이 아빠 친구들을 만나고 싶어 하신다고 전해라."

은혜가 가서 그들을 부르자 곧 그들이 왔다. 인사를 나누고는 그들도 함께 식탁에 앉았다.

그러자 집주인 나손이 말했다.

나손 "이웃 여러분! 보시다시피 저는 우리 집에 찾아오신 낯선 친구들을 모셨습니다. 이분들은 순례자들로서 시온산으로 가기 위해 멀리서 오셨답니다."

그러더니 그는 크리스티아나를 가리켰다.

나손 "여러분, 이분이 누구신지 아십니까?

바로 우리 마을에서 그 형제 신실 씨와 함께 수치스러운 대우를 받으신 크리스천 씨의 부인 크리스티아나 씨랍니다."

이 말에 그들은 놀라 일어섰다.

사람들 "우리는 은혜가 우리를 부르러 왔을 때만 해도, 크리스티아나 씨를 만나게 될 줄은 전혀 생각 못했어요. 정말 놀랍고도 기쁜 일이군요."

그들은 크리스티아나에게 문안하고 나서 이 젊은이들이 그녀의 남편 크리스천의 아들들이냐고 물었다. 크리스티아나가 그렇다고 하자, 그들은 아이들에게 이렇게 말했다.

사람들 "그대들이 사랑하고 섬기는 왕께서 그대들을 아버지와 같게 하시고, 그대들을 평안히 왕이 계신 곳으로 인도하시기를 빕니다."

그들이 모두 자리에 앉자 정직이 회개 씨와 나머지 사람들에게 현재 이 마을의 상황에 관해 물었다.

회개 "장을 여는 시간이면 저희가 몹시 분주하다는 것을 아시게 될 겁니다. 북적거리는 상황에서 우리의 마음과 정신을 바르게 유지하기란 어려운 일이거든요. 이런 곳에 살면서 우리처럼 장사하는 사람들은 매일 매 순간 주의하라는 경계를 필요로 하죠."

정직 "당신들 이웃은 어떻소?

이제는 좀 삼갑니까?"

회개 "전보다는 상당히 온건해요. 크리스천 씨와 신실 씨가 우리 마을에서 어떤 일을 당했는지 아실 테죠. 그러나 최근에 우리 마을 사람들이 훨씬 온건해졌다고 말할 수 있답니다. 신실 씨가 흘린 피가 아직 그들의 마음을 무겁게 억누르고 있는 것 같아요. 왜냐하면, 그를 화형시킨 이후 그들은 그 일을 수치스럽게 여기고, 더 이상 화형을 하지 않거든요. 그때 우리는 거리를 걸어 다니기가 두려웠었는데, 그래도 요즘은 머리를 들 수가 있어요. 그때에는 신앙고백자라는 명칭을 싫어했지만, 지금은 특별히 우리 마을 일부분에서(여러분도 아시다시피 우리 마을은 넓으니까요) 신앙이 명예롭게 취급된답니다."

이렇게 말한 후 회개는 그들에게 질문했다.

회개 "여러분의 순례 여행은 어떠했습니까? 사람들이 여러분에게 어떻게 대하던가요?"

정직 "여행하는 사람들이 만나는 일을 저희도 만났지요. 저희 길은 평탄할 때가 있는가 하면, 궂은 길을 만날 때도 있었다오. 어떤 때는 오르막길을 만나기도 했고, 어떤 때는 내리막길을 만났어요. 거의 항상 불안했지요. 항상 순풍이 불어오지는 않았고 길에서 만나는 사람이 모두 친구는 아니었으니까요. 이미 저희는 여러 가지 큰 장애들을 만났어요. 앞으로 어떤 일이 닥칠지 알 수 없습니다. 대체로 저희는 '무릇 의롭게 살고자 하는 자는 고난을 겪으리라'라는 오래된 말씀이 사실이라는 것을 깨달았다오."

회개 "장애들이라고 말씀하셨는데, 어떤 장애들을 만나셨나요?"

정직 "그것은 우리의 안내자 용감 씨에게 물어보시오. 그분이 가장 잘 설명해 드릴 수 있을 거요."

용감 "저희는 서너 번 큰 습격을 받았어요. 첫 번째로 크리스티아나와 아들들이 두 명의 불한당들에게 습격받아 목숨을 잃을 뻔했죠. 또 피투성이 거인과 나무망치 거인, 살선 거인이 저희를 공격했어요. 아니 정확히 말해서, 그 마지막 거인은 저희가 공격받았다기보다는 저희가 공격을 했죠.

그 일은 이러했답니다. 저희가 '나와 온 교회를 돌보아 주는 가이오 씨'(롬 16:23) 집에 얼마 동안 머무르고 있을 때였어요. 어느 날 무장을 하고 순례자들을 괴롭히는 원수들을 찾아 나서자는 생각이 들었습니다. 우리는 그 부근에 악명 높은 원수 한 놈이 있다는 말을 들었거든요. 그놈의 소굴은 가이오 씨의 집 근처여서 가이오 씨가 저보다 그 소굴을 더 잘 알고 있었죠. 우리는 이리저리 찾아다니다가, 마침내 그놈의 동굴 입구를 발견했어요. 기뻐서 정신 바싹 차리고 그놈의 굴로 접근해 갔죠.

가까이 가서 보니 그놈은 이 불쌍한 약함 씨를 자기 소굴로 억지로 끌고 와서, 막 죽이려던 참이었어요. 그놈은 우리를 보자 또 먹이가 생겼다고 생각했는지, 이 불쌍한 분을 집 안에 버려두고 밖으로 나왔어요. 싸움이 시작되었는데, 정말 난폭하게 덤벼들더군요. 그러나 결국 그놈은 땅에 거꾸러지고 말았어요. 우리는 그놈의 목을 베어 길가에 매달아, 앞으로 그런 불경스러운 일을 행하려는 자들을 두렵게 했죠. 제 이야기가 진실이라는 것은 여기 이 분이 증명할 수 있답니다. 이 분은 사자의 입에서 구출된 어린양 같은 사람이에요."

약함 "그의 말은 진실입니다. 저는 그 일로 고통과 위로를 얻었어요. 즉, 그 거인이 금방이라도 저를 뜯어먹으려 했던 것은 고통이었고, 용감 씨와 그 친구분들이 무기를 들고 저를 구출하러 다가오는 것을 본 것은 위로였어요."

거룩 "순례 여행에 나서는 사람이 소유해야 할 두 가지 사항이 있죠. 그건 곧 용기와 흠 없는 생활이에요. 만일 용기가 없으면 그 길을 계속 갈 수가 없죠. 그리고 생활이 방탕하면 순례자라는 이름을 더럽히게 될 것이고요."

성도 사랑 "이런 경고가 여러분들에게는 필요 없겠지요. 하지만 실제로 이 길을 가는 사람 중에 세상에 대한 이방인이자 순례자들이라기보다는 순례 여행에 대해 이방인 같은 사람들이 많이 있답니다."

무허언 "사실이에요. 그들에게는 순례자의 특징도 없고, 순례자의 용기도 없죠. 그들은 발이 완전히 비틀려져 똑바로 못 걸어요. 한쪽 발은 안쪽으로 걷고, 또 한쪽 발은 바깥쪽으로 걷죠. 그들의 바지는 여기저기 너덜너덜 해어지고 찢어져서 주님의 불명예가 되고 있고요."

참회 "그들은 마땅히 이런 일들을 고민해야 해요. 그러한 점과 흠들이 깨끗해지기 전까지는, 그런 순례자들과 순례자들의 길에는 그들이 바라는 은혜가 임할 수 없을 것입니다."

이렇게 대화하며 시간을 보내는 동안 저녁 식사가 준비되었다. 그들은 식탁으로 가서 피곤한 육체에 새 힘을 얻은 후 쉬러 갔다.

그들은 시장 안에 있는 나손의 집에서 매우 오랫동안 머물렀다. 그동안 나손은 자기 딸 은혜와 마르다를 크리스티아나의 아들 사무엘, 요셉과 혼인시켰다.

그들이 이곳에 오래 머문 이유는 그 도시가 지금은 예전과 달라졌기 때문이다. 순례자들은 그 도시의 많은 선한 사람들과 친해졌고, 그들을 위해 할 수 있는 모든 봉사를 다 했다.

자비는 언제나 마찬가지로 가난한 이들을 위해 많은 수고를 했다. 그녀가 만들어 준 옷으로 배와 등이 따뜻해진 사람들은 그녀를 칭찬했다. 그녀는 그 도시 신자들의 꽃이 되었다. 그리고 은혜와 뵈뵈, 마르다도 모두 매우 착한 성품의 소유자들로서 그들이 있는 곳에서 많은 선행을 했다. 그들은 모두 자녀를 많이 낳아 앞에서 말한 바처럼 크리스천의 이름이 세상에 살아남게 되었다.

순례자들이 그 도시에 머무르는 동안 숲속에서 괴물이 나타나 많은 사람을 죽였다. 그 괴물은 그 도시의 어린아이들을 잡아 자기 젖을 빨도록 가르쳤다. 아쉽게도 이 도시에는 그 괴물과 감히 맞설 사람이 하나도 없어, 괴물이 다가오는 소리만 듣고 모두 도망쳐 버리곤 했다.

지상의 어떤 짐승과도 닮지 않은 그 괴물의 몸은 용처럼 생긴 데다 머리가 일곱, 뿔이 열 개 달려 있었다(계 12:3). 이 괴물은 어린아이들을 노리고 다녔다. 그런데 한 여인이 그 괴물을 조종하고 있었다. 괴물은 사람들에게 몇 가지 조건을 제시했는데, 자신의 영혼보다 목숨을 더 사랑하는 사람들은 그 조건들을 받아들이고 지옥으로 떨어졌다.

이것을 본 용감은 나손의 집으로 순례자들을 방문하러 온 사람들과 의

논을 했다. 그들은 자신들이 이 탐욕스러운 뱀의 발톱과 아가리에서 이 도시 사람들을 구할 수 있을지도 모른다고 생각하며, 함께 나가서 이 짐승과 싸우기로 약속했다.

그래서 용감, 회개, 거룩, 무허언, 참회는 무기를 들고 괴물과 싸우러 나갔다. 처음에 괴물은 매우 사나운 기세로 뒷발로 일어선 채 적들을 멸시의 눈길로 내려다보았다. 그러나 이 용감하고 물러설 줄 모르는 무정한 사람들이 괴물을 맹렬히 공격해서 쫓아 버렸다. 그리고는 나손의 집으로 돌아왔다.

독자 여러분이 알아야 할 점은 괴물이 숲에서 나와 이 도시의 어린아이들을 잡아가는 일정한 시기가 있었다는 것이다. 그래서 그 시기가 돌아올 때마다 이 용사들은 길목에서 괴물을 지키고 있다가 계속 공격을 퍼부었다. 그렇게 세월이 지남에 따라 괴물은 많은 상처를 입었다. 그뿐만 아니라 다리를 절뚝거리게까지 되었고, 이전처럼 이 도시의 어린아이들을 괴롭히지 않게 되었다. 사람들은 이 짐승이 상처 때문에 반드시 죽을 거라고 확신했다.

이 일로 인해 용감과 그의 동료들은 크게 명성을 얻었다. 그리고 아직도 물욕에 빠진 사람들조차 그들을 존경하게 되었다. 순례자들이 이곳에서 별로 해를 당하지 않은 것도 이 때문이었다. 사실 이곳에는 두더지보다도 볼 능력이 없고 짐승보다도 지각이 없는 비열한 자들이 있었다. 그들은 이 용감한 사람들에 대해 존경심을 갖지 않았으며 그들의 무용과 모험에 관심을 두지 않았다.

마침내 순례자들이 길을 떠나야 할 때가 다가왔다. 그들은 여행 준비를 했다. 그들은 친구들을 불러 의논해서, 서로 왕자님의 보호를 부탁하는 기도 시간을 내기로 약속했다. 친구들은 자신들이 가진 것 중에 약한 순례자들에게 유익한 물건, 강한 순례자들에게 유익한 물건, 여자들에게 유익한 물건, 남자들에게 유익한 물건 등 필요한 것들을 가져다 부족함 없이 채워 주었다(행 28:10).

드디어 그들은 출발했다. 친구들은 가능한 한 멀리까지 동행해서 서로를 왕의 보호에 부탁하는 기도를 드리고 헤어졌다.

제10장

돈벌이 언덕과 기쁨의 산기슭의 강가를 지나, 샛길 초원의 의심의 성을 부수고 절망 거인과 의심(의혹) 부인을 죽이다

용감이 선두에 서서 순례자 일행은 나아갔다. 여자들과 아이들은 몸이 약하므로 무리하지 않을 정도로 걸어갈 수밖에 없었다. 그로 인해 주저와 약함은 여자들과 아이들에게 더 동정심을 갖게 되었다.

그들은 마을을 떠나 친구들과 작별 인사를 한 지 얼마 안 되어 신실이 죽임당한 곳에 이르렀다. 그곳에서 그들은 멈추어 서서 신실이 그처럼 훌륭히 십자가를 감당할 수 있게 해 주신 분께 감사드렸다. 더욱이 그들은 신실이 많은 고난을 당함으로써 그들이 마을에서 유익을 얻었다는 것을 생각하며 감사드렸다.

그 후 그들은 크리스천과 신실에 관해 이야기하고, 또 신실이 죽은 후 소망이 크리스천과 동행이 된 이야기를 하며 상당한 거리를 걸어 나아갔다.

이제 그들은 돈벌이 언덕(Hill Lucre)에 이르렀다. 이곳은 데마가 순례 여행을 버리게 했으며, 이기주의라는 자가 떨어져 죽었다는 금광이 있는 곳이었다. 순례자들은 이곳을 지나며 그 일을 생각했다. 그들은 돈벌이 언덕을 마주하고 서 있는 오래된 기념물, 즉 악취가 코를 찌르는 호수와 소돔 성이 보이는 곳에 서 있는 소금 기둥에 이르기 전에 크리스천이 그렇게 생각했던 것처럼, 어떻게 성숙한 지성을 지닌 지식인들이 눈이 멀어, 이 소금 기둥을 보고도 곁길로 빗나갔을까 생각하며 놀라움을 금치 못했다. 그들은 다시 깊이 생각해서 결론을 얻었다. 즉, 인간의 본성은 다른 사람들이 본 피해에 감동하지 않는다는 것이었다. 그리고 그것은 어리석은 눈으로 보기에 특별히 매혹적인 것이 있을 때 그러하다는 것이었다.

이제 나는 그들이 계속 전진해서 기쁨의 산(Delectable Mountains) 기슭에 있는 강에 도착하는 것을 보았다. 강 양편에서 자라고 있는 아름다운 나무들의 잎은 과식에 먹으면 좋은 것이었다(시 23편). 그곳에는 일 년 내내 푸른 풀밭이 있었다. 그들은 그 풀밭에 편안히 누울 수 있었다.

이 강가의 풀밭에는 양 우리가 있었고, 어린 양들과 순례 여행에 나선 여인들의 아기를 먹이고 키우기 위해 지은 집 한 채가 있었다. 또한, 이곳에는 어린 양들과 어린 아기들을 맡아서 사랑하고, 안고 품어 주며 다정하게 보살필 수 있는 사람이 한 명 있었다(히 5:2; 시 63장).

크리스티아나는 네 며느리에게 그들의 아이들을 이 사람에게 맡기라고 충고했다.

크리스티아나 "그 애들은 이 물가에서 집과 피난처 도움과 돌봄을 받아 장래에 부족함 없는 사람들이 될 수 있을 거야. 만일 아이 중 한 명이라도 빗나가거나 길을 잃는다면, 이분이 다시 찾아 데려오실 것이며, 다친 아이를 싸매어 주시고 병든 아이를 건강하게 해 주실 거야 (렘 23:4; 겔 34:11-16). 여기서 아이들은 음식과 음료수, 의복이 전혀 부족하지 않을 거야. 그리고 도적과 강도들로부터도 보호 받을 거야. 이분은 자신에게 맡겨진 아이들을 결코 한 명도 잃지 않으실 것이기 때문이지. 그뿐만 아니라 이곳에서 아이들은 좋은 성품과 훈계 그리고 바른길로 행하라는 가르침을 받을 것이 분명해 너희도 알다시피 이것은 매우 큰 은총이란다.

또한, 여기엔 너희도 보는 바와 같이, 맑은 물과 쾌적한 풀밭, 아름다운 꽃과 좋은 열매를 맺는 갖가지 나무들이 있지 않니?

이 과일들은 바알세불의 물 밖에 떨어져 마태가 먹고 병이 났던 과일 같은 게 아니란다. 오히려 아무도 병든 사람이 없도록 건강하게 치료해 주고 이곳에 있는 사람마다 건강을 계속 증진해 주는 과일들이란다."

이 말에 며느리들은 아기를 그분께 맡기는 데 동의했다. 그들이 그렇게 하는데 용기를 준 또 한 가지 사실은 이곳이 왕의 명령에 따라 마련된 어린아이들과 고아들을 위한 탁아소라는 것을 알았기 때문이다.

그들은 계속 전진해서 샛길 초원(By-path meadow)에 이르렀다. 이곳은 크리스천과 그의 동행 소망이 디딤대를 넘어가, 절망 거인에게 잡혀 의심의 성에 갇히게 된 곳이었다.

그들은 그곳에 앉아 어떻게 하는 게 최선일까 의논했다. 즉, 그들은 지금 매우 강해진 데다 용감 같은 안내자와 함께 있으므로 거인을 공격해서 그의 성을 무너뜨리고, 혹시 그 성안에 순례자들이 갇혀 있다면 그들이 더 심한 곤경에 빠지기 전에 구출하는 게 상책이 아닐까 의논한 것이다.

그들은 이런저런 의견들을 나누었다. 어떤 이는 선별 되지 않은 땅에 들어가는 것이 과연 옳은 일인지에 대해 의문을 제기하는가 하면, 어떤 이는 또 목적이 선하므로 그렇게 해도 된다고 했다.

그때 용감이 말했다.

용감 "목적이 선하면 무슨 일을 해도 좋다는 주장이 항상 옳을 수는 없어요. 하지만 저는 죄에 대항해 악을 정복하고 믿음의 선한 싸움을 싸우라는 명령을 받았습니다.

제가 이 절망 거인과 믿음의 선한 싸움을 싸우지 않는다면, 누구와 그런 싸움을 싸우겠습니까?

저는 그 거인을 죽이고, 의심의 성을 부수겠습니다.

저와 함께 가실 분 누구 계십니까?"

그러자 정직 노인이 대답했다.

정직 "내가 가지."

크리스티아나의 젊은 네 아들, 즉 마태, 사무엘, 요셉, 야고보도 담대히

나섰다(요일 2:13-14).

사람들 "저희도 가겠어요."

그들은 여자들을 길에 남겨 두기로 했다. 그러고는 약함과 지팡이를 짚은 주저에게 자신들이 돌아올 때까지 여인들을 보호해 달라고 부탁한 후 길을 떠났다. 절망 거인이 있는 곳은 가까웠기 때문에 길을 따라가기만 하면 어린아이도 그들을 인도할 수 있었다(사 11:6).

용감, 정직 노인 그리고 네 명의 젊은이들은 의심의 성으로 올라가 절망 거인을 찾았다. 그들이 요란하게 문을 두드리자, 그것을 이상하게 여긴 절망 거인과 그의 아내 의혹이 함께 문 앞으로 나왔다

거인이 말했다.

절망 거인 "이렇게 겁 없이 절망 거인을 귀찮게 구는 놈이 대체 누구냐? 뭐 하는 놈이지?"

용감이 대답했다.

용감 "천성의 왕께서 순례자들을 천국으로 인도하라고 보내시는 자 중의 하나인 용감이다. 내가 네게 명하노니 문을 열고, 나로 들어가게 하라. 그리고 싸울 준비해라. 나는 네놈의 목을 치고 의심의 성을 부수러 왔다."

절망 거인은 자신이 거인이기 때문에 아무도 자신을 이길 수 없다고 생각했다. 또 '나는 지금까지 전사들도 이겼는데, 용감 따위가 나를 두렵게 하겠느냐?'라고 생각했다.

그는 무장하고 밖으로 나왔다. 머리에 강철 투구를 쓰고, 불의 흉배를 둘렀으며, 무쇠 신발을 신고, 손에 커다란 곤봉을 들고 있었다. 여섯 사람은 그에게 달려들어 앞뒤로 공격했다. 거인의 아내로서 역시 여자 거인인 의혹이 남편을 도우러 나왔다. 그러자 정직 노인이 그녀를 일격에 베어 쓰러뜨렸다. 그들은 목숨을 걸고 전투를 했다. 마침내 절망 거인이 땅에 쓰러졌다. 그는 많은 목숨을 가졌다는 고양이처럼 죽기 싫어 버둥거렸다. 그러나 용감이 목을 베자 숨이 끊어졌다.

그런 다음 그들은 의심의 성을 부수기 시작했다. 절망 거인이 죽었으므

로 성을 부수는 일은 어렵지 않았다. 그들은 7일에 걸쳐 성을 허물고, 그 안에 갇혀 거의 굶어 죽을 지경에 이른 순례자 낙심 씨(Mr. Despondency)와 그의 딸 질겁(Much-afraid) 양을 구출해 냈다. 성의 뜰 이곳저곳에는 시체들이 널려 있었고, 지하 감옥에는 죽은 사람들의 뼈가 가득했다. 만일 독자 여러분이 이 광경을 보았다면 질겁했을 것이다.

용감과 그의 동료들은 이 용감한 일을 행한 후 낙심 씨와 그의 딸 질겁 양을 따뜻이 돌봐 주었다. 그 두 사람은 정직한 사람들이었는데, 불행하게도 폭군 절망 거인에게 잡혀 의심의 성에 갇혀 있었다.

그들은 거인의 몸을 돌무더기 아래 묻었다. 그리고 거인의 머리를 들고 돌아와 길에서 기다리는 사람들에게 자신들이 행한 일을 보여 주었다. 약함과 주저는 그 머리가 정말로 절망 거인의 머리라는 것을 알고 기뻐서 어쩔 줄 몰랐다. 크리스티아나는 바이올린을, 며느리 자비는 피리를 연주할 줄 알았다. 그들은 대단히 기뻤으므로 연주를 시작했다. 그러자 주저는 춤추고 싶은 마음이 들었다. 그는 낙심의 딸 질겁 양의 손을 잡고 길에서 춤을 추기 시작했다.

그는 지팡이를 한 손에 잡고 춤출 수밖에 없었지만, 그래도 훌륭하게 발을 맞췄다. 소녀의 춤 솜씨도 칭찬받을 만했다. 그녀는 음악에 맞추어 아름답게 춤추었다.

그러나 낙심에게는 음악이 별로 흥겹지 않았다. 그는 춤추는 것보다 먹는 것을 필요로 했다. 거의 굶어 죽을 지경이었다. 크리스티아나는 우선 그의 배고픔을 달래주기 위해 기운을 돋우는 음료수를 약간 마시게 한 후, 먹을 것을 준비해 주었다. 잠시 후 그 노신사는 정신을 차리더니 생기가 돌기 시작했다.

이 모든 일을 마친 후 용감은 절망 거인의 머리를 장대에 꽂아, 크리스천이 뒤에 오는 순례자들에게 거인의 성으로 들어서는 것을 주의하라는 경고를 적어 세워둔 기둥 바로 맞은편에 세워놓았다. 그다음 그는 장대 아래 있는 대리석에 다음과 같은 시를 새겨 놓았다.

이것은 과거에 순례자들이

이름만 들어도 떨던 자의 머리이다.

담대한 용감은 그의 성을 헐고

그의 아내 의혹도 죽였다.

낙심과 그의 딸 질겁은 용감에 의해 구출 받았으니

이에 대해 의심하는 자는

눈을 들어 여기를 쳐다보기만 하면

믿기 주저하는 마음이 사라질 것이다.

의심하는 절름발이들도 이 머리를 보면

두려움에서 벗어나 춤출 것이다.

제11장

기쁨의 산에 이르러 목자들과 만나 여러 진기한 것을 보다

이들은 이렇게 용감하게 의심의 성을 공격해서 절망 거인을 죽인 후, 계속 전진해서 기쁨의 산에 이르렀다. 이 산은 크리스천과 소망이 여러 가지로 새롭게 힘을 얻었던 곳이다. 크리스티아나 일행은 목자들에게 인사했다. 목자들은 전에 크리스천에게 했듯이 그들에게도 기쁨의 산에 온 것을 환영한다고 했다.

목자들은 용감을 따르는 사람들이 많은 것을 보고(목자들은 용감을 잘 알고 있었다) 이렇게 말했다.

목자들 "훌륭하신 용감 씨, 많은 분을 모시고 오셨군요. 이 모든 분을 어디서 만나셨습니까?"

용감이 말했다.

용감 "먼저, 여기 이분들은 크리스티아나 씨와 그녀의 일행인 아들 며느리들입니다. 이들은 마치 수레가 채에 의해 조정되는 것처럼 죄를 떠나 은혜를 향해 여기에 왔답니다. 그다음 여기 순례자 정직 노인과 제가 진실하다고 보증할 수 있는 주저 씨 그리고 역시 진실하신 약함 씨가 있어요. 이 분은 뒤에 남기 싫어하시죠. 그 뒤에 있는 이들은 착한 낙심 씨와 그의 착한 딸 질겁 양이죠. 우리가 여기서 대접을 받아야 할지 아니면 더 가야 할지 가르쳐 주세요."

그러자 목자들이 말했다.

목자들 "정말 사귀고 싶은 일행이시군요. 저희에게 오신 것을 환영합니다. 저희는 강한 사람들뿐만 아니라 약한 사람들도 영접한답니다. 우리 왕자님께서는 지극히 작은 자에게 행하는 일을 기뻐하시죠(마 25:40). 그러므로 연약한 사람이라고 해서 우리에게 대접 못 받는 일은 절대로 없답니다."

목자들은 그들을 궁전 문으로 안내했다.

목자들 "들어오세요, 약함씨. 들어오세요, 주저 씨. 들어들 오십시오, 낙심 씨와 따님 질겁 양."

그러더니 목자들은 안내자에게 말했다.

목자들 "용감 씨, 우리가 저분들의 이름을 불러 들어오라고 한 이유는 저들이 망설일 가능성이 크기 때문이죠. 그러나 당신과 나머지 강한 분들은 언제나처럼 자유롭게 행동하세요."

용감이 대답했다.

용감 "오늘 저는 여러분의 얼굴에 분명히 은혜가 빛나는 것을 보고, 여러분이 진실로 제 주님의 목자들임을 알겠습니다. 왜냐하면, 여러분은 이 약점 있는 사람들을 옆구리와 어깨로 밀어뜨리지 않고, 궁전으로 가는 그들의 길에 꽃을 뿌려 주셨거든요"(겔 34:21).

그래서 몸과 마음이 연약한 사람들이 먼저 들어가고, 용감과 나머지 사람들이 뒤따라 들어갔다. 그들이 자리에 앉자 목자들은 약한 사람들에게 말했다.

목자들 "드시고 싶은 게 뭔지 말씀하세요. 이곳에 있는 모든 음식은 무모한 자들에게는 경고가 되고, 약한 사람들에게는 도움이 되도록 요리해야 하거든요."

그러더니 목자들은 소화되기 쉬운 음식들로 잔치를 베풀어 주었다. 그 음식들은 맛있고 영양가 높은 것들이었다. 음식 대접을 받은 후 그들은 각자 알맞게 주어진 숙소로 가서 쉬었다.

아침이 되었다. 산이 높은 데다 날씨가 맑았으므로 그리고 순례자들이 떠나기 전 몇 가지 진기한 물건들을 보여 주는 것이 목자들의 관습이었으므로, 목자들은 그들을 데리고 들로 나가 먼저 그들이 전에 크리스천에게 보여 준 적 있는 것들을 보여 주었다.

그 후 목자들은 그들을 몇몇 새로운 장소로 데리고 갔다. 그 첫 번째 장소는 경이의 산(Mount Marvel)이었다. 그곳에서 그들은 멀리서 어떤 사람이 말로 산들을 무너뜨리는 것을 보았다.

순례자들이 목자들에게 이 광경이 무엇을 의미하느냐고 묻자, 목자들이 대답했다.

목자들 "저 사람은 여러분이 『천로역정』 제1부에서 보신 대은혜 씨의 아들이죠. 저 사람은 순례자들에게 믿음의 방법, 즉 순례자들이 길에서 만나는 고난들을 믿음으로 물리치는 방법을 가르치고 있답니다" (막 11:23-24).

그러자 용감이 말했다.

용감 "저는 저 사람을 안답니다. 저 사람은 많은 사람 위에 뛰어난 사람이죠."

그런 다음 목자들은 그들을 순결의 산(Mount Innocence)이라는 곳으로 데리고 갔다. 그곳에서 그들은 완전히 흰옷 입은 사람과 그에게 진흙을 던지는 편견(Prejudice)과 악의(Ill-will)라는 두 남자를 보았다. 그러나 그들이 아무리 그에게 진흙을 던져도 잠시 후면 진흙이 떨어져 버렸다. 그의 옷은 전혀 진흙이 묻지 않은 것처럼 깨끗해지곤 했다.

순례자들이 이 광경을 보고 물었다.

순례자들 "이것은 무엇을 의미합니까?"

목자들이 대답했다.

목자들 "이 사람은 경건(Godly-man)이라고 하며, 그의 옷은 그의 순결한 생활을 보여 주지요. 그에게 진흙을 던지는 자들은 그의 착한 행실을 미워하는 자들이고요. 그러나 여러분이 보시는 바와 같이, 그의 옷에는 진흙이 묻지 않아요. 세상에서 순결하게 사는 사람은 이러하답니다. 이렇게 살

아가는 사람들을 더럽히려는 자들은 헛수고할 뿐이죠. 왜냐하면, 하나님께서 곧 그들의 결백을 빛과 같이 드러나게 하시고 그들의 의를 낮과 같이 밝게 드러나게 하시니까요."

목자들은 다시 그들을 자선의 산(Mount Charity)으로 데리고 갔다. 거기서 그들은 옷감 한 필을 앞에 놓고 주위에 서 있는 가난한 사람들에게 겉옷과 속옷 감을 끊어주는 사람을 보여 주었다. 그런데 그의 옷감은 전혀 줄어들지 않았다.

순례자들이 물었다.

순례자들 "이것은 어떤 의미인가요?"

목자들이 대답했다.

목자들 "가난한 사람들에게 나누어주기 위해 수고하는 사람은 절대로 가난해지지 않는다는 의미입니다. 남에게 물을 주는 사람은 목마르지 않을 거예요. 선지자에게 떡을 만들어 준 과부의 밀가루 통은 줄어들지 않았죠"(왕상 17:16).

목자들은 순례자들을 또 다른 장소로 데리고 갔다. 그곳에서 그들은 몸이 검은 에티오피아 인을 희게 하려고 씻어 주는 바보(Fool)와 멍청이(Want-wit)라는 사람들을 보았다. 그러나 그들이 씻으면 씻을수록 에티오피아 인은 더 검어졌다. 그 광경을 보고 순례자들은 이게 무엇을 의미하는지 목자들에게 물었다.

목자들이 말했다.

목자들 "이것은 타락한 사람에 대해 보여 주는 것이랍니다. 이런 사람에게 선한 명성을 얻게 하려는 모든 수단은 결과적으로 그를 더 혐오스럽게 만들 뿐이죠. 옛날 바리새인들이 그랬고, 앞으로 모든 위선자도 그럴 것입니다."

그때 마태의 아내 자비가 시어머니 크리스티아나에게 말했다.

자비 "어머니, 가능하다면 지옥으로 가는 샛길이라고 흔히들 부르는 이 언덕의 구멍을 보고 싶어요."

시어머니가 자비의 생각을 목자들에게 알리자 목자들은 언덕 옆에 있는 문으로 가서 문을 열더니 자비에게 들어보라고 했다. 자비가 귀를 기울이자 "평안과 생명의 길로 나를 못 가게 한 아버지가 저주스럽다"는 소리가 들려왔다.

다른 자는 이렇게 말했다.

다른 자 "아! 내 영혼을 잃기 전에 몸을 갈가리 찢기는 한이 있어도 생명을 구원했어야 하는데 … ."

또 다른 자는 이렇게 말했다.

다른 자 "만일 내가 다시 살아난다면, 죽는 한이 있어도 여기엔 다시 오지 않을 거야."

그때 자비의 발아래에서 땅이 두려움으로 신음하며 떠는 것 같았다. 그녀는 창백해져 몸을 떨며 뒤로 물러섰다. 그리고 이렇게 말했다.

자비 "이곳에 떨어지지 않고 구원받는 사람은 복이 있도다."

목자들은 이 모든 것들을 순례자들에게 보여 주고 난 후, 그들을 다시 궁전으로 데리고 왔다. 그리고 그곳에 있는 모든 것들로 그들을 대접했다. 그런데 임신한 젊은 여자인 자비는 그곳에서 본 물건 하나를 갖고 싶어 했다. 그러나 달라기가 부끄러웠다. 자비가 불편해하는 것을 보더니 시어머니는 그녀에게 어디 아프냐고 물었다. 그러자 자비는 대답했다.

자비 "식당에 거울이 하나 걸려 있는데, 그것에서 마음을 뗄 수가 없어요. 만일 그것을 얻지 못하면 아기를 유산할 것 같아요."

그러자 시어머니는 "그러면 네가 바라는 것을 내가 목자들에게 말해 볼게. 아마 거절하지 않을 게다" 하고 말했다.

자비 "그분들이 제가 그 물건을 가지고 싶어 한다는 것을 알게 되는 게 부끄러워요."

크리스티아나 "아니다, 내 딸. 그런 물건을 가지고 싶어 하는 것은 수치가 아니라 덕이란다."

자비 "그러면 어머니, 목자들에게 그것을 팔 수 있느냐고 여쭈어봐 주세요."

그 거울은 귀한 것이었다. 앞에서 보면 사람의 모습을 정확하게 비추지만, 돌려서 뒷면으로 보면 순례자들의 왕자님 얼굴과 모습이 나타났다. 나는 그 거울에 관해 설명한 사람들과 대화를 나누었다. 그들의 말에 의하면, 그 거울에서 왕자님의 머리에 쓰신 가시 면류관을 보았고, 그분의 손과 발 그리고 옆구리에 난 상처 구멍까지도 보았다고 한다. 이 거울은 이처럼 매우 훌륭한 것으로서, 왕자님을 보고 싶어 하는 사람에게 왕자님의 살아 계신 모습이나 죽으신 모습, 땅에 계실 때의 모습이나 하늘에 계시는 모습, 굴욕 상태의 모습이나 높임 받으신 상태의 모습, 고난 당하기 위해 오신 모습이나 다스리기 위해 오신 모습을 보여 준다는 것이다(약 1:23-25; 고전 13:12; 고후 3:18).

크리스티아나는 혼자 목자들을 찾아갔다. 목자들의 이름은 지식(Knowledge), 경험 (Experience), 경계(Watchful), 성실(Sincere)이었다.

크리스티아나는 목자들에게 말했다.

크리스티아나 "제 며느리 중 하나가 임신했는데, 그 애가 이 집에서 본 어떤 물건을 가지고 싶어 하는 것 같군요. 그 애는 여러분이 거절하시면 유산할 것 같다네요."

경험 "며느리를 어서 부르십시오. 뭐든지 도움이 될 만한 것이면 다 가질 수 있어요."

목자들은 자비를 불러 물었다.

목자들 "자비 씨, 갖고 싶은 게 뭐죠?"

자비는 얼굴을 붉히며 대답했다.

자비 "식당에 걸려 있는 큰 거울을 갖고 싶어요."

그러자 성실이 달려가 거울을 떼어다 그녀에게 기쁘게 주었다. 자비는 고개 숙여 감사하다고 말했다.

자비 "이로써 저는 여러분께 사랑받는다는 것을 알았답니다."

목자들은 다른 젊은 여인들에게도 그들이 바라는 것을 주었다. 그리고 남편들에게는 그들이 절망 거인을 죽이고 의심의 성을 부수는 데 용감과 함께한 것을 크게 치하했다.

그리고 목자들은 크리스티아나와 그녀의 네 며느리 목에 목걸이를 걸어주고, 귀에는 귀고리를 달아 주었다. 그리고 이마에는 보석을 붙여 주었다.

순례자들이 떠나려 하자, 목자들은 그들을 평안히 떠나보냈다. 그러나 목자들은 전에 크리스천과 그의 동행에게 말해 준 특별한 경고의 말을 하지 않았다. 그 이유는 이들이 모든 일을 잘 알고 있을 뿐 아니라, 위험이 가까이 닥칠 때보다 시의적절하게 경고해 줄 수 있는 용감이 그들의 안내자였던 까닭이다. 크리스천과 그의 동행은 목자들에게 경고를 받았으나, 막상 그 경고를 실행해야 했을 때 그만 그것을 잊어버리고 말았다. 그러므로 크리스티아나 일행은 크리스천 일행보다 유리했다. 그들은 그곳을 떠나 길을 가며 이렇게 노래했다.

보라, 순례자들의 휴식처가
얼마나 적절히 배치되어 있는가!
그들이 조금도 거리낌 없이 영접해 주어
우리는 내생을 목적지와 본향으로 삼고 간다.
그들이 보여 준 진기한 일들로 인해 우리는
비록 순례자이지만 즐거운 삶을 살 수 있고,
그들이 준 진기한 물건들로 인해 우리는
어디에 가든, 순례자들임을 증거한다.

제12장

순례자들이 진리의 용사와 만나다

목자들을 떠나온 그들은 곧 크리스천이 배교 마을에 살던 변절과 만난 장소에 이르렀다. 여기서 그들의 안내자 용감은 다음과 같이 그들에게 변절에 대해 주의시켰다.

용감 "이곳은 크리스천 씨가 변절이라는 자를 만난 곳입니다. 변절은 등에 그의 배반의 특징을 달고 다녔죠. 여기서 그자에 대해 여러분께 말할 필요가 있어요. 그는 충고를 들으려 하지 않는 자였죠. 일단 타락하자 그를 설득해서 막을 수 없었답니다. 그는 십자가와 무덤이 있는 곳에 이르렀을 때, 그곳을 살펴보라고 지시하는 사람과 만났죠. 그러나 이를 갈고 발을 구르면서 자기 마을로 돌아가기로 했다고 우겼어요. 그는 좁은 문에 이르기 전에 복음 전도자를 만났죠. 복음 전도자는 그에게 손을 얹고 다시 이 길로 돌이키라고 권했어요. 그러나 변절은 여기서도 반항하며 그를 엄청나게 멸시하고 담을 넘어 도망가 버렸답니다."

그들은 계속 길을 나아갔다. 그런데 전에 작은 믿음이 강도를 만난 바로 그곳에서 그들은 손에 칼을 뽑아 들고 얼굴이 온통 피투성이가 된 채 서 있는 사람과 만났다.

그를 보고 용감이 말했다.

용감 "당신은 누구요?"

그 남자는 대답했다.

진리의 용사 "저는 진리의 용사(Valiant for-truth)라는 사람으로, 천성을 향해 가고 있는 순례자입니다. 제가 길을 가는데, 세 사내가 나타나 저를 에워싸더니 세 가지 제안을 내어놓았어요.

그 세 가지 제안은 제가 그들과 한패가 되든지, 고향으로 되돌아가든지, 아니면 이곳에서 죽든지 하라는 것이었습니다(잠 1:10-19).

첫 번째 제안에 대해 저는, 제가 오랫동안 진실한 사람으로 살아왔기 때문에 도둑과 제 운명을 함께한다는 것은 당치 않다고 대답했죠.

그러자 그들은 두 번째 제안에 대해 말해 보라고 요구했어요. 그래서 저는 제 고향이 편안했다면 절대로 그곳을 버리지 않았을 텐데, 저와 전혀 안 맞았기 때문에 버리고 이 길을 택하게 되었다고 말했죠.

그 말을 듣더니 그들은 세 번째 제안에 대해서는 무슨 말을 하겠느냐고 물었어요. 그래서 저는 제 생명이 매우 귀하므로 가볍게 버릴 수 없다고 대답했죠. 게다가 네놈들이 나의 길을 막고 이런 제안을 나에게 선택하라고 요구할 자격이 없으니, 목숨이 아까우면 길을 비키라고 호통쳤답니다.

그러자 그 세 놈, 즉 야만(Wild head), 무분별(Inconsiderate), 참견(Pragmatic)이 칼을 뽑아 들고 맞섰어요. 저는 그 세 놈을 혼자 상대해서, 약 세 시간 동안 싸움을 벌였죠. 보시다시피 그놈들은 제게 몇 군데 상처를 남겼어요. 물론 저도 그놈들에게 상처 입혔죠. 그놈들은 방금 도망쳤어요. 아마 당신이 달려오는 소리를 듣고 도망친 것 같아요."

용감 "세 명과 혼자 싸우다니, 굉장히 불리한 싸움이었겠습니다."

진리의 용사 "그렇죠. 하지만 진리를 자기편으로 하는 사람에게는 적의 수가 많고 적음이 문제 되지 않죠. 성경은 '군대가 나를 대적하여 진 칠지라도 내 마음이 두렵지 아니하며 전쟁이 일어나 나를 치려 할지라도 나는 여전히 태연하리로다'(시 27:3)라고 말씀하고 있습니다. 또 저는 한 사람이 군대와 싸웠다는 기록들을 읽어 본 적이 있어요.

삼손이 나귀 턱뼈로 얼마나 많은 적을 죽였는지(삿 15:15) 아시잖아요?"

용감 "왜 소리 지르지 않았나요?

그랬으면 사람들이 당신을 도우러 왔을 텐데요."

진리의 용사 "저의 왕께 소리를 쳤지요. 그분은 제 소리를 듣고 보이지 않게 저를 도우십니다. 저는 천사의 도우심만으로 충분했답니다."

용감 "참으로 훌륭히 행동하셨습니다. 당신의 칼을 보여 주시겠어요?"

그가 칼을 주자 용감은 그 칼을 손에 들고 잠시 살펴보더니 이렇게 말했다.

용감 "아하! 이것은 의로운 예루살렘의 칼이군요."

진리의 용사 "맞아요. 이런 칼을 갖고 있고, 이 칼을 휘두를 수 있으며, 이 칼을 사용할 수 있는 손기술을 가진 사람은 천사라도 감히 맞설 수 있을 걸요. 만일 그가 칼을 내리치는 방법만 알고 있다면, 이 칼을 잡는 데 두려워할 필요가 없죠. 이 칼날은 절대로 무뎌지지 않으며, 살과 뼈, 영과 혼까지 찔러 쪼갤 수 있죠"(히 4:12).

용감 "그런데, 매우 오랫동안 싸웠는데도 피곤해하지 않으니 이상한 일이군요."

진리의 용사 "저는 제 칼이 손에 달라붙을 정도로 싸웠어요(삼상 23:10). 칼은 마치 제 팔에서 솟아난 것처럼 일체가 되어 피가 손가락을 통해 칼로 흘러 들어가는 것 같았죠. 그래서 최고의 용기를 내어 싸웠습니다."

용감 "훌륭하십니다. 당신은 '죄와 싸우되 피 흘리기까지' 대항하셨어요(히 12:4). 이제 우리와 함께 거하며 함께 행합시다. 우리는 당신 친구예요."

그들은 진리 용사의 상처들을 씻어 주고, 그들이 가진 음식을 나눠주어 원기를 회복하게 한 다음 함께 떠났다. 용감은 진리의 용사가 실력 있는 사람이라는 것을 알고 그를 매우 좋아하게 되었다. 그리고 용감의 일행 가운데는 마음과 몸이 약한 사람들이 있었으므로 진리의 용사 이야기가 그들에게 유익할 것으로 생각해서 많은 질문을 했다. 먼저 용감은 그에게 어느 지방 사람이냐고 물었다.

진리의 용사 "저는 흑암의 땅(Dark-land)이라는 곳 출신이에요. 저는 그곳에서 태어났어요. 아직 그곳엔 제 부모님들이 계시죠."

용감 "흑암의 땅이라면 멸망의 도시와 같은 해변에 있는 곳이 아닙니까?"

진리의 용사 "예, 그렇죠. 제가 순례 여행을 떠나게 된 이유는 이러하답니다. 어느 날 진리의 말(Tell-true)이라는 분이 우리 지방으로 와서 멸망의 도시를 떠난 크리스천 씨가 행한 일, 즉 그가 부인과 자식들을 버리고 순례자의 삶에 헌신한 일을 들려주었어요. 또 그는 크리스천 씨가 행로에서 그를 저지하려고 나타났던 뱀을 어떻게 죽였는가 하는 이야기와, 크리스천 씨가 자신의 목적지까지 어떤 경로를 거쳐 도착했는가 하는 이야기를 확신 있게 들려주기도 했죠.

또한, 크리스천 씨가 주님의 모든 숙소에서 어떤 환영을 받았는지, 특히 천성문에 도착했을 때 어떤 환영을 받았는지 이야기해 줬어요. 그 사람 말에 의하면, 크리스천 씨는 천성문에서 나팔 소리가 울리는 가운데 빛나는 천사 군대에 영접받았다더군요. 그리고 그를 환영할 때 천성의 모든 종이 기쁨으로 울렸고, 그에게 황금 옷이 입혀졌다는 이야기도 들었어요. 그 밖에도 제가 들은 그 많은 이야기를 지금 다 하려면 끝이 없어요. 한마디로 말해서, 그 사람이 들려준 크리스천과 그의 여행에 관한 이야기는 제 마음에 불을 질러 급히 크리스천을 따르게 했죠. 아버지와 어머니도 저를 제지할 수가 없었죠. 그래서 저는 부모님을 떠나 이렇게 먼 길을 오게 되었답니다."

용감 "당신은 좁은 문을 거쳐 왔겠죠?"

진리의 용사 "그렇고말고요. 진리의 말이라는 분이 좁은 문을 지나 이 길로 들어서지 않으면 모든 일이 허사라고 일러줬어요."

용감이 크리스티아나에게 말했다.

용감 "보세요. 당신 남편의 순례 여행과 그가 그 여행을 통해 얻은 축복의 소문이 원근 곳곳에 널리 퍼져 있지 않습니까."

진리의 용사 "아니, 이분이 크리스천 씨의 부인이시란 말씀입니까?"

용감 "그렇답니다. 그리고 이들은 그의 네 아들이고요."

진리의 용사 "이분들 역시 순례 여행을 하고 있군요?"

용감 "맞아요. 이분들은 크리스천 씨의 뒤를 따르고 있죠."

진리의 용사 "진심으로 기쁜 일이군요. 착한 크리스천 씨! 그분이 자기와 동행하지 않으려던 가족들이 자기 뒤를 따라 천성문으로 들어가는 것을 볼 때 얼마나 기뻐할까요!"

용감 "틀림없이 그분에게 위로가 될 것입니다. 그곳에서 부인과 아이들을 만나는 것은 자신이 천국에 들어간 기쁨 다음으로 기쁜 일일 거예요."

진리의 용사 "지금 천국에 관해 이야기하시니 당신의 생각을 알아보고 싶은 것이 있어요. 어떤 이들은 우리가 천국에 갔을 때, 서로를 알아볼 수 있을지에 대해 의심한답니다."

용감 "당신은 그들이 천국에서 자기 자신들을 못 알아보고, 자신들이 그 축복 가운데 있는 것을 알고 기뻐하지 못할 거로 생각하시나요?"

"만일, 그들이 자신을 알고 기뻐할 수 있다면, 어째서 다른 사람들을 못 알아보고, 다른 사람들이 그곳에서 얻은 행복을 기뻐할 수 없단 말입니까?"

"또한, 친척들은 우리의 두 번째 자신 아닌가요?

비록 천국에서 이 관계가 소멸한다 해도, 우리가 천국에서 그들이 없다는 것을 알 때보다 그들이 그곳에 있는 것을 볼 때 더 기뻐할 수 있다는 것은 당연한 결론 아니겠습니까?"

진리의 용사 "옳아요. 이 문제에 대한 당신의 생각을 알겠네요.

그런데, 제가 순례 여행을 시작한 데 대해 더 질문하실 일이 없으신지요?"

용감 "있습니다. 당신이 순례자가 되려 할 때 부모님들이 승낙하셨습니까?"

진리의 용사 "아닙니다. 부모님께서는 상상할 수 있는 모든 수단을 써서 저를 집에 머물도록 설득하셨죠."

용감 "그러셨군요. 부모님께서 어떤 말로 반대하셨나요?"

진리의 용사 "부모님께서는 순례자의 생활이 나태한 생활이라고 하셨어요. 그러니까, 저 자신이 나태와 게으름에 마음이 끌리지 않는다면, 절대로 순례자의 상태를 참아 낼 수 없다는 말씀이셨죠."

용감 "또 어떤 다른 말씀하셨나요?"

진리의 용사 "순례자의 길이 위험한 길이라고 말씀하셨답니다. 즉, 순례자가 가는 길은 정말 세상에서 가장 위험한 길이라고 하셨어요."

용감 "이 길이 그렇게 위험하다는 증거를 대시던가요?"

진리의 용사 "예, 여러 가지 사항들을 지적하셨어요."

용감 "몇 가지 예를 들어보세요."

진리의 용사 "크리스천 씨가 거의 질식해 죽을 뻔했던 낙심의 수렁도 이야기하셨고, 좁은 문으로 들어가기 위해 문을 두드리는 사람에게 화살을 쏘려 대기하고 있는 바알세불 성의 궁수들이 있다는 것도 이야기하셨어요. 또 수풀과 어두운 산들, 곤고산, 사자들 그리고 세 명의 거인들, 즉 피투성이와 나무망치, 살선에 관해서도 이야기하셨답니다.

부모님은 또 겸손의 골짜기에 악한 마귀가 출몰하는데, 크리스천이 그 마귀 때문에 거의 목숨을 잃을 뻔했다고도 하셨죠. 그뿐 아니에요. 사망의 음침한 골짜기를 반드시 지나야 하는데, 그곳에는 도깨비들이 있으며, 빛이 어둠이라는 것 그리고 그 길엔 함정, 구덩이, 덫이 가득하다고도 말씀하셨어요. 게다가 의심의 성의 절망 거인과 그곳에서 순례자들이 당한 죽음에 대해서도 말씀하셨죠.

게다가 부모님들은 제가 마법에 걸린 땅을 지나가야만 하는데, 그곳도 위험하다는 거예요. 그리고 이 모든 것 중에 가장 위험한 것은 다리가 없는 강을 건너야 하는데, 그 강이 저와 천성 사이에 가로놓여 있다고 말씀하셨죠."

용감 "그것이 전부인가요?"

진리의 용사 "아니오. 부모님은 또 이 길에 속이는 자들이 가득하며, 선한 사람들을 이 길에서 돌이키게 하고 매복해 있는 자들이 가득하다고도 하셨어요."

용감 "부모님께서 그 일을 어떤 식으로 입증하시던가요?"

진리의 용사 "세상 지혜자라는 자가 그곳에서 속이기 위해 기다리고 있다는 거였어요. 허례와 위선이 끊임없이 그 길에 나타나며 이기주의, 떠버리, 또 데마와 같은 자들이 저를 자기편으로 끌어들이려 한다는 거였죠. 또 아첨꾼이라는 자는 저를 그물로 잡으려 하고, 생각이 없는 무지라는 자는 저와 함께 천성문으로 가는 체하다 돌이켜 지옥으로 가는 샛길인 언덕 옆 구멍으로 빠져 들어갈 거라고 하셨어요."

용감 "그 정도만으로도 당신의 용기를 충분히 꺾을 만했겠군요.
그런데 부모님은 그 말씀으로 끝을 맺으셨나요?"

진리의 용사 "아니죠, 더 있죠. 부모님은 많은 사람이 때때로 말하곤 하는, 어떤 영광을 발견할 수 있을까 해서 저 오래된 길로 떠나 상당히 멀리까지 갔다가 되돌아와서는 집 떠나 그 길로 들어선 자신들이 바보였다고 말해 도시의 모든 사람을 기분 좋게 한 많은 사람에 관해 이야기하셨어요. 그러면서 부모님은 그런 행동을 한 사람들의 이름을 대셨죠. 외고집, 무줏대, 불신, 겁쟁이, 변절, 무신론자 노인, 그 밖에 여러 사람이 그들이에요.
그런데 그중 어떤 이들은 자기가 발견할 수 있다고 생각한 것을 찾아 멀리까지 갔으나 그들 중 그 누구도 깃털만큼의 유익도 발견 못했다는 게 부모님 지론이더군요."

용감 "부모님이 당신의 용기를 꺾는 또 다른 말씀도 하셨나요?"

진리의 용사 "그럼요. 순례자 두려움 씨에 대해 말씀하셨어요. 그는 너무 고독하게 길을 가서 전혀 그 길에서 편안함을 얻지 못했다는 것이었어요. 그리고 낙심 씨는 그 길에서 굶어 죽을 거라고 하시더군요. 또 제가 거의 잊고 지낸 이야기가 있군요. 즉, 크리스천 씨 자신도 천국의 면류관을 바라고 모든 모험을 한 후, 분명히 검은 강물에 빠져 더 한 걸음도 못 가고 익사하고 말았다는 소문이 돌았죠."
용감 "그런데 이 모든 말 중 한 가지도 당신의 용기를 꺾지 못했군요?"
진리의 용사 "전혀 못했죠. 그런 말들은 그럴듯하게 들렸지만 제게는 아무것도 아니던 걸요."
용감 "어떻게 그렇게 할 수 있으셨습니까?"
진리의 용사 "저는 진리의 말 씨가 말한 내용을 굳게 믿었거든요. 그것이 저가 부모님의 모든 설득을 물리칠 수 있게 했답니다."
용감 "그게 당신의 승리 비결이었군요. 곧 믿음의 승리였어요."
진리의 용사 "그래요. 저는 믿음으로 집을 떠나 이 길에 들어서서 저를 방해하는 모든 것들과 싸웠어요. 그리고 믿음으로 이곳까지 이르렀고요."

참된 용기를 보기 원하는 자는
이리로 오라.
바람아, 불어라.
폭풍우야, 오거라.
이곳에 있는 자는 변치 않으리.
순례자가 되겠다는 그의 첫 맹세를
단념시키거나 약하게 할 수 있는 것은
그 어느 것도 없으니.
우울한 이야기들로
그를 괴롭히려는 자들은
스스로 혼란에 빠질 뿐이니
그의 힘은 더 강해진다네.
사자도 그를 놀라게 하지 못하고
거인과도 싸우면서 그는
순례자로서의
권리를 지킬 것이다.

도깨비와 마귀들도
그의 기를 꺾을 순 없지.
종말에 그는 생명을
유업으로 얻을 줄 아나니.
헛된 생각이여, 사라지리.
사람들의 이야기를 두려워 않고
순례자가 되기를 그는
밤낮으로 힘쓸 것이라.

The Pilgrim's
Progress

제13장

순례자들이 마법에 걸린 땅에 이르나
유혹에 넘어가지 않고, 무사히 통과한 뒤 확고부동과 만나다

   이때쯤 그들은 마법에 걸린 땅(Enchanted Ground)에 이르렀다. 이곳 공기는 사람을 졸리게 했다. 이곳에는 여기저기 마법에 걸린 정자가 있는 데를 제외하고 전체적으로 가시나무와 찔레가 자라고 있었다. 사람이 그 정자에 앉아 잠들면 이 세상에서 다시 깨어날지 의심스럽다는 사람들이 있었다.

   그러므로 그들은 이 숲을 차례대로 줄지어 통과해 나아갔다. 안내자 용감이 앞서 나아가고 마귀나 용 또는 거인이나 도적이 뒤쪽에서 기습해 해를 입히지 못하도록 맨 뒤에서 진리의 용사가 후미를 지켰다. 그들은 이곳이 위험한 장소라는 것을 알고 있었으므로 남자들은 모두 칼을 뽑아 든 채 전진했다. 그들은 할 수 있는 한 서로를 격려했다. 용감은 약함에게 자기 뒤를 바싹 따라오라고 했고, 낙심은 진리의 용사 바로 앞에 있었다.

   그들이 멀리 나아가지 않았을 때, 짙은 안개와 어둠이 그들을 덮었다. 그들은 한참 동안 서로를 거의 볼 수 없었다. 그 때문에 걸으면서 서로 보지는 못하고, 말로 서로를 확인할 수밖에 없었다. 이곳은 그들 중 가장 강한 사람들이 걷기에도 힘들었다. 그러므로 아이들이 얼마나 더 힘들었을지 생각할 수 있을 것이다. 그래도 선두에서 인도하는 사람과 뒤에서 호위하는 사람의 격려로 인해 그들은 상당히 빨리 전진했다.

더구나 이 길은 여기서부터 진흙으로 질퍽질퍽해서 걷기가 더욱 어려웠다. 또한, 이 지역에는 연약한 사람들이 원기를 회복할 수 있는 여관이나 식당 같은 곳이 전혀 없었다. 그래서 그들은 신음하고 헐떡이며 한숨을 쉬는 수밖에 다른 도리가 없었다. 한 사람이 덤불에 걸려 넘어지면 다른 사람은 진흙에 빠져 움직이지 못하고, 아이들은 진창에서 신을 잃었다.

한 사람이 "나 넘어졌어요" 하고 외치는가 하면 다른 사람은 "이봐요, 어디 있습니까?"라고 소리쳤다. 또 누군가는 "덤불에 엉켜 꼼짝할 수가 없어요. 빠져나올 수 없을 것 같아요"라고 소리 질렀다.

그러던 중 그들은 순례자들에게 많은 기쁨을 줄 듯이 보이는 어느 정자에 이르렀다. 이 정자는 지붕이 정교하게 꾸며진 데다 나뭇잎으로 아름답게 덮여 있었다. 그뿐만 아니라 긴 의자와 등받이 의자들까지 갖추어져 있었다. 또한, 이곳에는 피곤함에 지친 사람들이 누울 수 있는 푹신한 소파들까지 놓여 있었다. 이 모든 것을 생각해 볼 때 이 정자는 유혹이 분명했다.

순례자들은 길이 나빠 힘이 빠지기 시작했으나, 그들 중 누구도 그곳에 멈추어 서려고 몸짓하지 않았다. 그들은 끊임없이 안내자의 충고에 주의를 기울인 데다, 일행이 위험에 처할라치면 안내자 용감이 그 위험과 위험의 특성까지 충실히 설명해 주었기 때문이다. 그래서 그들은 위험에 가장 근접할 때 더욱 용기를 내고, 육체를 부인하라고 서로 격려하곤 했다. 이 정자의 이름은 게으른 자의 친구(Slothful's Friend)로서, 할 수만 있다면 지친 순례자들을 미혹해서 쉬게 하려는 목적으로 세워진 것이었다.

내가 꿈에서 보니 그들은 이 한적한 땅을 나아가던 중 사람이 길을 잃기 쉬운 장소에 이르렀다. 그들의 안내자는 환할 때라면 그릇된 곳으로 통하는 길들을 피하는 방법을 충분히 잘 일러줄 수 있었을 것이나, 너무 어두웠기 때문에 멈추어 설 수밖에 없었다.

그러나 그는 주머니 속에 천성으로 가는 모든 길이 그려져 있는 지도를 가지고 있었다. 그는 불을 켜고(그는 항상 부싯돌을 갖고 다녔다) 그의 책, 곧

지도를 살펴보았다. 그 지도에는 이곳에서 오른쪽으로 도는 것을 조심하라는 지시 사항이 나타나 있었다. 만일 그가 이곳에서 지도를 주의 깊게 살펴보지 않았다면 그들은 분명히 진흙 속에 빠져 질식해 죽었을 것이다.

왜냐하면, 그들 바로 앞에, 더구나 가장 깨끗한 길이 끝나는 곳에 누구도 그 깊이를 모를 진흙으로 가득 찬 구덩이가 하나 있었기 때문이다. 이 구덩이는 순례자들을 빠져 죽게 하려고 그곳에 만들어 놓은 것이었다.

이때 나는 순례 여행을 하는 사람이라면 어떤 길을 택해야 할까 망설여질 때 살펴볼 수 있는 이 지도책을 가지고 가야겠다는 생각이 들었다.

그들은 이 마법에 걸린 땅을 계속 나아가다가 한 길가에 세워진 다른 정자가 있는 곳에 이르렀다. 그 정자에는 부주의(Heedless)와 무모(Too-bold)라는 두 남자가 누워 있었다. 이 두 사람은 이렇게 먼 곳까지 순례 여행을 해왔으나, 이곳에서 여행으로 피로해져 휴식을 취하려 앉았다가 깊이 잠들어 버린 것이었다.

그들을 본 순례자들은 멈추어 서서 잠든 이들의 불쌍한 상태를 알고 머리를 저었다. 그들은 잠에 빠진 사람들을 그대로 놓아두고 길을 갈 것인가, 아니면 다가가 그들을 깨워 볼 것인가 하고 의논했다. 그러다가 그들은 그 정자에 앉거나 그 정자가 제공하는 편익을 받아들이지 않도록 주의와 경계를 하기로 하고 할 수만 있다면 다가가 그들을 깨우기로 했다.

그들은 정자 안으로 들어가 이름을 부르며(안내자는 그들을 알고 있는 것 같았다) 그들에게 말을 걸었으나 아무런 대답이 없었다. 안내자는 그들을 흔들며 가능한 모든 방법으로 그들을 깨웠다. 그러자 그들 중 한 명이 말했다.

한 사람: "돈이 생기면 갚아 줄게."

이 말을 듣고 안내자는 딱하다는 듯 머리를 흔들었다.

또 한 사람은 이렇게 말했다.

한 사람: "내 손에 칼을 쥘 수 있는 한 싸울 거야."

소년 중 하나가 이 말에 웃음을 터뜨렸다.

크리스티아나가 말했다.

크리스티아나 "이 말은 무슨 의미일까요?"

안내자가 말했다.

용감 "잠꼬대죠. 당신이 때리든 두들기든 어떻게 해도, 그들은 이런 식으로 대답할 것입니다. 저들은 옛날에 바다 물결이 치는데도 배의 돛대 위에서 자면서, '내가 잠이 깨면 다시 술을 찾겠다'(잠 23:34-35)라고 말하던 사람과 같아요.

아시다시피 사람들은 잠꼬대하면서 어떤 말을 하는데, 그 말들은 믿음이나 이성에 지배되는 게 아니죠. 저들이 순례 여행을 하는 것과 여기 앉아 있는 것 간에 일관성이 없는 것처럼 지금 저들의 말에는 일관성이 없어요. 부주의한 자들이 순례 여행을 나서면 스무 명 중 열아홉 명은 이런 꼴을 당하죠. 이것은 순례 여행의 폐해가 아닐 수 없습니다. 이 마법에 걸린 땅은 순례자들을 대적하는 자의 마지막 보루 가운데 하나예요. 그러므로 여러분이 보시다시피, 이곳은 이 길의 거의 끝에 위치해서 더욱 유리하게 우리를 대적하고 있어요.

원수는 '이 바보들이 피곤해서 앉고 싶어질 때가 언제일까?

거의 여행이 끝나 피로할 때가 아닐까?'

이렇게 생각해서 이 마법 걸린 땅을 그들의 경주 도착지인 뿔라의 땅 가까이에 만들어 놓은 것이죠. 그러므로 순례자들은 자신을 살펴서, 여러분이 보는 이자들이 하는 것처럼 잠에 빠져 아무도 깨울 수 없게 되는 일이 생기지 않도록 해야 합니다."

순례자들은 두려워 떨며 앞으로 나아가기를 원했다. 그들은 안내자에게 등불을 밝혀 나머지 길을 갈 수 있게 해달라고 부탁했다. 안내자가 등불을 켜자, 길은 매우 어두웠지만, 등불의 도움으로 그들은 나머지 길을 통과해 나아갔다(벧후 1:19).

그러나 아이들은 너무나 지쳐, 순례자들을 사랑하시는 분께 자신들의 길을 좀 편하게 해달라고 부르짖었다. 그러자 그들이 조금 앞으로 나아갔을 때 바람이 일어나더니 안개를 몰아가고 공기가 더 맑아졌다. 그렇지만 그들은 아직 마법에 걸린 땅을 벗어나지 못했다. 다만 서로를 더욱 잘 볼 수 있고, 그들이 걸어야 할 길을 잘 볼 수 있게 되었을 뿐이었다.

거의 이 땅끝에 다다랐을 때 그들은 자신들의 조금 앞에서 큰 고민을 하는 사람의 소리 같은 엄숙한 소리를 들었다. 그들이 나아가며 앞을 바라보니, 어떤 사람이 무릎을 꿇고 손과 눈을 위로 향한 채 위에 계신 분께 열심을 다해 기도하는 모습이 보였다. 그들은 가까이 다가갔으나, 그에게 무슨 기도를 하느냐고 말을 걸 수가 없었다. 그래서 그가 기도를 마칠 때까지 조용히 기다릴 뿐이었다.

그는 기도를 마치자 일어서서 천성을 향해 달리기 시작했다. 그것을 보고 용감이 그를 불렀다.

용감 "여보시오 친구! 내가 생각할 때 당신은 천성으로 가는 것 같은데, 그렇다면 우리와 동행이 되시죠."

그러자 그 사람은 멈추어 섰다. 일행이 그에게 다가갔다. 정직은 그를 보자마자 말했다.

정직 "저는 이 사람을 압니다."

진리의 용사가 말했다.

진리의 용사 "이분이 누구신지요?"

정직 "내가 살던 곳 근처 출신으로 이름은 확고부동(Standfast)이라오. 그는 분명히 바르고 착한 순례자일 거요."

그들이 서로 가까이 다가왔을 때 확고부동이 정직 노인에게 말했다.

확고부동 "아니! 정직 노인 아니십니까?"

정직 "그렇소. 당신이 분명한 것처럼, 바로 나요."

확고부동 "이 길에서 어르신을 만나다니, 정말 기쁘군요."

정직 "당신이 무릎 꿇고 기도하는 것을 보니 나도 기뻤소."

이 말에 확고부동은 얼굴을 붉히며 말했다.

확고부동 "아니, 그걸 보셨습니까?"

정직 "예, 보았소. 그 모습을 보며 마음이 즐거웠다오."
확고부동 "저를 보며 무슨 생각을 하셨습니까?"
정직 "생각이라! 무슨 생각을 했겠소?

　이 길에서 정직한 사람을 한 명 만났으니, 곧 동행이 될 것으로 생각했지요."
확고부동 "어르신이 틀리게 생각하신 게 아니라면, 저는 얼마나 행복한 사람일까요! 그러니 제가 마땅히 훌륭한 사람이 되어야 할 텐데, 그렇지 못한 사람이라면 그것은 오로지 제 책임입니다."
정직 "그것은 사실이지요. 그러나 당신의 우려는 내게 순례자의 왕자님과 당신 간의 관계가 올바르다는 확신을 더욱 강하게 한다오. 그분께서는 '항상 경외하는 자는 복되리라'(잠 28:14)라고 말씀하셨거든요."
진리의 용사 "그런데 형제님! 당신이 조금 아까 무릎을 꿇고 있던 이유가 무엇인지, 부탁드리건대 저희에게 설명해 주시겠습니까?

　어떤 특별한 자비가 당신에게 임했기 때문인가요, 아니면 어떤 다른 이유 때문인가요?"
확고부동 "글쎄요, 여러분도 아시다시피 우리는 마법에 걸린 땅에 있죠. 저는 이 길을 걸어오며 이곳의 길이 얼마나 위험한 특성이 있는지 그리고 얼마나 많은 사람이 이렇게 멀리까지 순례 여행을 와서 이곳에서 방해받아 죽임 당했는가를 묵상하고 있었답니다.

　또한, 저는 이 장소가 사람들을 멸망시키는데 사용하는 죽음의 방식에 대해서도 생각했죠. 이곳에서 죽은 사람들은 중병으로 죽는 게 아니에요. 그러한 죽음은 그들에게 고통스러운 것도 아닙니다. 자면서 죽는 사람은 정욕과 쾌락으로 죽음의 여행을 떠나기 때문이죠. 그렇습니다. 이런 죽음은 재앙의 뜻에 복종하는 것이에요."

　이때 정직이 그의 말을 가로막으며 말했다.
정직 "정자에서 잠들어 있던 두 사람을 보셨겠지요?"
확고부동 "예. 부주의와 무모가 거기 있는 걸 보았죠. 제가 알기에 분명히 그들은 몸이 썩을 때까지 누워 있을 겁니다(잠 10:7). 그건 그렇고, 제 이야기를 할게요.

　말씀드린 대로 제가 그런 묵상을 하고 있는데 아주 호화스러운 옷을 입은 나이 든 한 여자가 제게 오더니 제게 세 가지, 즉 자신의 몸과 돈주머니 그리고 침상을 주겠다는 거예요. 사실 그때 저는 피곤하기도 하고 졸리기도 했어요. 또 부엉이 새끼처럼 가난하기도 했고요. 아마 그 마녀는 그 사실을 알고 있었던 것 같습니다.

　저는 한두 번 거절했죠. 하지만 그녀는 제 거절에 아랑곳없이 웃음을 지어 보였어요. 그래서 제가 화를 내기 시작했지만, 그녀는 전혀 개의치 않았어요.

　그리고 다시 제안하기를, 만일 제가 그녀가 시키는 대로 따르면 저를 위대하고 행복하게 만들어 주겠다는 거였어요. 자기는 이 세상의 여주인이어서, 남자들은 자기로 인해 행복하게 된다나요. 그래서 제가 그 여자의 이름을 물었더니 거품 마님(Madame Bubble)이라더군요. 그 말을 듣고 저는 그녀를 더 멀리했어요. 그러나 그녀는 계속 저를 따라오며 유혹했답니다.

　그래서 저는 여러분이 보신 대로 무릎 꿇고 손을 높이 들어 구하는 자에게 도움을 주시겠다고 말씀하신 분께 부르짖는 기도를 드린 거예요. 그러자마자 여러분들이 다가오셨고 그 호화스러운 여자는 가버렸답니다. 그래서 저는 이 큰 구원에 대해 계속 감사드렸어요. 진실로 저는 그녀가 좋지 못한 의도를 가지고 제 여행을 막으려 한다고 믿고 있었습니다."

정직 "의심할 바 없이 그녀의 계획은 악한 것이오. 그런데 잠깐, 나도 그 여자를 보았거나 그 여자 이야기를 들었던 것 같군."

확고부동 "아마 보기도 하고 듣기도도 하셨겠지요."

정직 "그래, 거품 마님이었지! 혹시 그 여자, 키가 크고 예쁘장하게 생긴 데다, 얼굴이 약간 거무스름하지 않았소?"

확고부동 "맞아요. 정확하게 말씀하셨어요. 바로 그렇게 생겼죠."

정직 "말을 아주 유창하게 하고 말끝마다 방긋방긋 웃지 않았소?"

확고부동 "그것도 정확하십니다. 바로 그랬어요."

정직 "허리에 큰 돈주머니를 찬 채 수시로 손을 주머니에 집어넣고 돈을 만지작거리면서, 그렇게 하는 일이 큰 즐거움인 듯 하지 않았소?"
확고부동 "바로 그랬습니다. 그 여자가 지금 여기서 있어도 아저씨가 하신 것보다 더 정확히 제가 그녀에 관해 설명하거나 그 모습을 더 잘 묘사할 순 없을 거예요."
정직 "그렇다면 그녀를 그린 사람은 훌륭한 화가이고 그녀의 이야기를 쓴 사람은 진실을 말한 것이오."
용감 "그녀는 마녀예요. 이 땅이 마법에 걸려 있는 게 그녀의 마술 때문이죠. 그녀의 무릎을 베거나 눕는 자는 누구든지 단두대의 도끼날 아래 굽는 것과 같고 그녀의 아름다움에 한눈파는 자는 하나님의 원수로 간주하죠(약 4:4; 요일 2:14-15).

순례자의 대적들을 화려하게 보이게 하는 자가 바로 이 여자예요. 많은 사람을 순례자 생활에서 떠나게 한 것도 바로 이 여자이고요. 그녀는 아주 완벽히 남의 말하기를 좋아하고, 항상 딸들과 함께 순례자들을 따라다니며, 이 세상 생활이 좋은 것이라고 선전해서 택하게 한답니다.

또 그녀는 뻔뻔스럽고 수치를 모르는 창녀로서 아무 남자하고 관계하죠. 그녀는 항상 가난한 순례자를 비웃고 경멸하며, 부자를 높이 평가해요. 어디에 간교하게 돈 버는 자가 있으면 이 집 저 집 찾아다니며 그를 칭찬하죠. 그녀는 연회와 잔치를 제일 좋아해서, 언제나 진수성찬이 차려진 식탁 앞에 앉아 있답니다.

그녀는 일부 지역에서 자기가 여신이라고 선전했기 때문에 그녀를 예배하는 자들도 있죠. 수시로 속임수 판을 벌여 놓고 자기가 지닌 미덕에 비교할 만한 미덕을 보여 줄 수 있는 자가 아무도 없다고 떠들어대며 맹세까지 하지요. 그녀는 누구든지 자기를 사랑하고 위해 주면 자손 대대로 함께 살아 주겠다고 약속해요. 어떤 장소와 어떤 사람에게는 돈을 물 쓰듯 뿌리기도 하고요.

그녀는 사랑과 칭찬 받기를 좋아하고, 남자들의 품에 눕기를 좋아하죠. 자기 소유물들을 자랑하는데 절대로 지치는 법이 없고, 자기를 가장 좋게 여기는 자를 가장 사랑합니다. 그녀는 사람들이 자기의 권고를 따르기만 하면 면류관과 왕국을 주겠다고 약속하지만, 많은 사람을 교수대로 보냈고, 그 만 배도 넘는 사람들을 지옥에 보냈답니다."

확고부동 "아! 그러고 보니 제가 그 여자를 물리친 게 얼마나 큰 은혜인지요.

그런데 그 여자는 대체 저를 어디로 끌고 가려 했을까요?"

용감 "모르죠. 그곳이 어딘지는 하나님 외엔 아무도 몰라요. 하지만 일반적으로 볼 때 분명히 당신을 '여러 가지 어리석고 해로운 욕심에 떨어뜨려 파멸과 멸망에 빠지게' 했을 거예요(딤전 6:9). 압살롬을 아버지에게 반역히게 하고, 여로보암을 주인께 반역하게 한 사가 바로 그 여자였거든요. 또 유다에게 주님을 팔라고 꾀었고 데마에게 경건한 순례자 생활을 버리라고 유혹한 자도 바로 그 여자였어요.

그녀가 저지른 폐해는 이루 다 말할 수가 없답니다. 그 여자는 통치자와 국민 간에, 부모와 자녀 간에, 이웃과 이웃 간에, 남편과 아내 간에, 한 사람과 그의 자아 간에, 육체와 영혼 간에 불화를 일으키죠. 그러니 착한 확고부동 씨, 당신의 이름대로 모든 일을 마친 다음 굳게 서도록 하세요."

이 대화 도중에 순례자들은 기쁨과 떨림이 교차했다. 결국 그들은 침묵을 깨고 이렇게 노래 불렀다.

> 순례자는 얼마나 큰 위험 속에 있으며
> 그의 대적들은 얼마나 많은가!
> 죄로 통하는 길이 얼마나 많은지
> 죽을 수밖에 없는 인간은 아무것도 모른다네.
> 도랑에 빠지지 않은 사람이
> 진흙탕에 굴러 뒹굴 수도 있고
> 기름 가마를 피한 사람이
> 불 속에 뛰어들기도 한다네.

제14장

순례자들이 뿔라 땅에 도착하고, 하나님의 부르심을 받은 사람들은 전달자의 인도로 천성으로 영접되다

그 후 나는 태양이 밤낮으로 비춰는 뿔라 땅(land of Beulah)으로 그들이 들어가는 것을 보았다. 그들은 여기서 잠시 휴식을 취하며 피로를 풀었다. 이 지역의 모든 것은 순례자들이 공동으로 사용하게 되어 있었다. 또 이곳의 과수원과 포도원들은 다 천성 왕의 소유였으므로 그들에겐 뭐든지 마음대로 먹을 수 있는 특권이 있었다.

그들은 곧 기운을 회복했다. 종이 울리고 나팔 소리가 아름다운 가락으로 들려와 그들은 잠을 이룰 수 없었다. 하지만 그들은 마치 편안한 잠을 잔 듯 새 힘을 얻었다.

이곳의 거리에는 "순례자들이 또 마을로 들어왔다"라는 소문이 돌았다. 그 소문에 대해 어떤 이가 "오늘 많은 사람이 강을 건너 황금 문으로 들어갔는데요"라고 말했다. 그러자 사람들은 이렇게 소리쳤다.

사람들 "방금 수많은 빛나는 천사들이 마을로 들어왔어요. 그걸 보면 길에 또 순례자들이 있다는 걸 알 수 있어요. 빛나는 천사들은 그 순례자들을 보살피고 그들이 겪은 고생을 위로하러 온 거예요."

그때 순례자들은 일어나 이곳저곳 산책 중이었다. 지금 그들의 귀에는 하늘의 음성이 충만했다. 또 그들의 눈은 천국의 환상들을 보며 얼마나 즐거웠는지 모른다. 이 땅에서 그들은 그들의 마음과 배에 거스르는 것을 아무것도 듣거나, 보거나, 느끼거나, 냄새 맡거나, 맛볼 수 없었다. 단지 그들이 건너야 할 강물을 맛보았을 때 혀가 약간 씁쓸한 듯 했으나, 목을 넘어갈 때는 달콤하다는 것을 알게 되었을 뿐이었다.

이곳에는 과거에 순례자였던 사람들의 이름과 그들이 행한 모든 뛰어난 행동의 역사가 기록으로 보관되어 있었다. 또한, 이곳에서는 어떤 이들이 건널 때는 강물이 불어나고 어떤 이들이 건널 때는 강물이 줄어든다는 것에 대해 많은 이야기가 오갔다. 즉, 강물이 어떤 사람들에게는 거의 말라 버리고, 어떤 사람들에게는 둑까지 넘쳐 흘렀다는 것이다.

이 마을 어린이들은 왕의 화원으로 들어가 순례자들을 위해 꽃다발을 만들어 애정을 다해 그들에게 선사하곤 했다. 왕의 화원에는 장뇌, 감송, 사프란, 향창포, 육계, 유향, 몰약, 알로에 등 모든 중요한 향나무들이 자라고 있었다. 그러므로 순례자들이 그곳에 체류하는 동안 그들의 방은 이 식물들의 향기로 가득했다. 그들은 정해진 때가 이르러 강 건널 준비를 할 때, 이 향들을 몸에 다 뿌렸다.

그들이 이곳에 거하며 복된 시간을 기다리고 있을 때, 천성에서 전달자가 크리스천의 부인 크리스티아나에게 중요한 소식을 가지고 왔다는 소문이 마을에 퍼졌다. 전달자는 크리스티아나가 사는 집을 수소문해서 찾아가 편지 한 장을 전했다. 그 편지 내용은 이러했다.

> 착한 여인이여! 평안하십니까?
> 주님께서 당신을 부르셨다는 소식을 전합니다. 주님께서는 열흘 이내에 당신이 불멸의 옷을 입고 자신 앞에 서기를 기대하십니다.

전달자는 이 편지를 크리스티아나에게 읽어 주었다. 그리고 자신이 진정한 전달자로서 그녀에게 서둘러 떠나라고 명하기 위해 왔다는 확실한 표적을 제시했다. 그 표적은 사랑으로 끝을 뾰족하게 간 화살이었다. 그

화살은 크리스티아나의 심장에 쉽게 들어가서 서서히, 그러나 효과적으로 작용해서 정해진 시간에 반드시 떠나도록 하는 것이었다.

크리스티아나는 자신의 때가 이르렀으며 자신이 일행 중에서 강을 건너는 첫 번째 사람이라는 것을 알고 안내자 용감을 찾아가 사정을 이야기했다. 용감은 그녀에게 자신이 진심으로 그 소식을 기뻐하며, 자신에게도 전달자가 왔으면 기쁘겠다고 말했다. 크리스티아나는 용감에게 자신이 여행을 위해 준비해야 할 모든 사항에 대해 충고해 달라고 부탁했다.

그러자 용감은 그녀에게 이러저러해야 한다고 충고했다. 그리고 남아 있는 일행은 강가까지 동행하겠다고 했다.

그 후 크리스티아나는 아이들을 불러 축복했다. 그녀는 그들의 이마에 찍힌 표적을 보며 위로를 얻는다는 말과, 그들이 옷을 희게 보존해서 천국에서 그녀와 함께 거하게 될 생각으로 기쁘다고 했다. 그리고 마지막으로 그녀는 자신이 소유했던 얼마 안 되는 물건들을 가난한 사람들에게 기증하고, 아들 며느리들에게는 전달자가 올 것을 준비하라고 명했다. 안내자와 자녀들에게 이 말을 한 후 그녀는 진리의 용사를 찾아갔다.

크리스티아나 "선생님, 당신은 어디서나 진실한 마음을 가지신 분이라는 것을 나타내셨습니다. 죽기까지 충성하세요. 그러면 저의 왕께서 당신께 생명의 면류관을 주실 거예요(계 2:10). 선생님께 제 자녀들을 돌봐 주시기를 간청합니다. 혹시 그 애들이 약해지는 것을 보시면, 언제라도 위로의 말을 해 주세요. 아들들의 아내들 곧 제 며느리들은 언제나 신실했어요. 그러므로 그 애들에게 주어진 약속이 결국 성취될 것입니다."

그리고 그녀는 확고부동에게 반지 한 개를 선물했다.

그러고 나서 그녀는 정직 노인을 찾아가 말했다.

크리스티아나 "선생님은 참 이스라엘 사람이십니다. 속에 간사한 것이 없으세요"(요 1:47).

정직 "부인께서 시온산으로 떠나실 때 날씨가 좋기를 바랍니다. 그래서 물이 마른 강을 걸어서 건너시는 것을 보면 좋겠군요."

크리스티아나 "비가 오든 개든 상관없이 저는 가고 싶답니다. 왜냐하면, 제가 여행하는데 날씨가 어떻든지 간에, 그곳에 도착하면 앉아 쉬며 몸을 말릴 시간이 충분할 테니까요."

이때 착한 사람 주저가 그녀를 만나러 왔다. 크리스티아나는 그에게 말했다.

크리스티아나 "이곳까지의 여행은 어려웠지만, 그로 인해 당신의 안식은 더 달콤할 거예요. 깨어 예비하세요. 당신이 생각지 못할 때 전달자가 올지 모르니까요."

그 후 낙심과 그의 딸 질겁 양이 왔다. 그들에게 크리스티아나는 이렇게 말했다.

크리스티아나 "당신들은 거인 절망의 손과 의심의 성에서 구출된 것을 언제나 감사함으로 기억해야 합니다. 그 은혜로 당신들이 이곳에 안전하게 오게 되었으니까요. 경계하며 두려워하지 마세요. 근신하며 끝까지 소망을 가지십시오."

그러더니 그녀는 약함에게 말했다.

크리스티아나 "당신은 거인 살선의 입에서 구출되어 생명의 빛 가운데 살며, 평안히 당신의 왕을 뵐 수 있게 되었어요. 제가 당신에게 오직 한 가지 충고할 말은, 왕께서 당신을 부르시기 전에 그분의 자비를 두려워하고 의심하는 경향을 회개하라는 겁니다. 그래서 주님께서 오실 때, 그 허물로 인해 낯을 붉히며 그분 앞에 서는 일이 없도록 하세요."

드디어 크리스티아나가 떠나야 할 날이 다가왔다. 길은 그녀가 여행 떠나는 것을 보러 나온 사람들로 가득 찼다. 강 건너 둑에는 그녀를 천성문까지 호위하기 위해 천성에서 내려온 말과 마차들이 가득했다. 크리스티아나는 작별의 손짓을 하며 나아가 강으로 들어섰다. 그녀는 마지막으로 이런 말을 했다.

크리스티아나 "주여! 주님과 함께 거하며, 주님을 찬송하기 위해 왔습니다."

크리스티아나를 기다리던 천사들이 그녀를 데리고 시야에서 사라지자, 그녀의 자녀들과 친구들은 처소로 돌아갔다. 크리스티아나는 천성으로 가서 문을 두드렸고, 그녀보다 앞서간 남편 크리스천이 행했던 모든 기쁨의 의식들을 받으며 성문 안으로 들어갔다.

그녀가 떠날 때 자녀들은 울었다. 그러나 용감과 진리의 용사는 잘 조율된 심벌즈와 수금을 연주하며 기뻐했다. 얼마 후 전달자가 다시 마을로 왔는데, 이번에는 주저에게 용건이 있었다.

전달자는 주저에게 나오라고 했다.

전달자 "나는 그대가 지팡이에 의지하면서도 사랑하고 따른 분에게서 왔습니다. 나의 전할 말은 주님께서 부활절 다음 날 자신의 나라에서 당신과 식사를 하시려고 식탁에서 당신을 기다리신다는 것입니다. 그러므로 이 여행 준비를 하시기 바랍니다."

그 말을 전한 후 전달자는 그에게도 자신이 진정한 전달자라는 표적을 제시했다.

전달자 "'내가 그대의 금잔을 깨뜨리고 은줄을 풀어 놓았노라' (전 12:6).

주저는 그의 동료 순례자들을 불러 말했다.

주저 "하나님께서 저를 부르셨습니다. 여러분도 하나님의 초청을 받으실 것입니다."

그는 진리의 용사에게 유언장을 만들어 달라고 부탁했다. 그가 남아 있는 사람들에게 유산으로 남길 것은 지팡이와 선한 소원들이 전부였으므로, 그는 이렇게 말했다.

주저 "내 발자취를 따를 믿음의 후손에게 나보다 더 훌륭하기를 바라는 백 가지의 따뜻한 소원과 함께 이 지팡이를 남깁니다."

그리고 그는 용감에게 그동안의 안내와 친절에 감사를 전한 후 여행 준비를 했다. 강가에 이르자 그가 말했다.

주저 "건너편에 내가 탈 마차와 말들이 준비되어 있으니, 이제 지팡이는 더 이상 필요 없습니다.

생명이여! 어서 오라."

이 마지막 말을 남기고 그는 자신의 길을 갔다.

그 후 약함의 방 앞에서 전달자가 나팔을 부는 소리가 들렸다. 전달자는 나팔을 불고 나서 안으로 들어와 말했다.

전달자 "당신의 주님께서 당신을 필요로 하시므로 곧 당신의 영광 가운데 그분의 얼굴을 뵈어야 한다는 것을 알리려고 왔습니다. 그리고 이 말씀을 나의 전달문이 진실이라는 표시로 받으십시오. '창들로 내다 보는 자가 어두워질 것이니라'(전 12:3)."

그러자 약함은 친구들을 불러 자신에게 전해진 소식과 자신이 받은 전달문이 진실이라는 표적을 설명한 다음 말했다.

약함 "저는 아무에게도 남겨 줄 것이 없으니 유언장을 만들 필요가 없겠죠?"

"저는 저의 약함을 버리고 가겠습니다. 제가 가는 곳에서 그 마음은 필요가 없을 테니까요. 그리고 그 마음은 가장 가난한 순례자에게도 줄 만한 가치가 없는 것이므로 진리의 용사 씨, 제가 떠난 후 그것을 거름더미 속에 묻어 주시기 바랍니다."

그 후 그가 떠날 날이 왔을 때, 그도 다른 사람들처럼 강으로 들어섰다. 그가 남긴 마지막 말은 "믿음과 인내를 굳게 지키십시오"라는 말이었다. 그리고 나서 그는 맞은편 강가로 건너갔다.

여러 날 후 낙심이 부르심을 받았다. 전달자가 와서 그에게 전달문을 전했다.

전달자 "두려워 떠는 자여! 왕께 부르심을 받았으니, 다음 주일까지 준비하고 그대의 모든 의심을 떨쳐 버리고, 구원으로 인해 기쁜 소리를 외치시오. 그리고 나의 전달문이 진실이라는 증거로 이 말씀을 받으시오. 그에게는 메뚜기도 짐이 될 것이니라"(전 12:5).

이 말을 들은 낙심의 딸 질겁도 아버지와 함께 가겠다고 했다.

낙심은 친구들에게 이렇게 말했다.

낙심 "저와 제 딸이 모든 친구분을 얼마나 귀찮게 해왔는지 여러분은 잘 아실 것입니다. 저와 제 딸의 유언은, 우리가 떠난 이후에 그 누구도 영원히 우리의 낙심과 비굴한 공포를 물려받지 말라는 것입니다. 왜냐하면, 우리가 죽은 후 그것들이 다른 사람들에게 옮겨가려 할 것을 저는 알기 때문이죠. 분명히 말해서, 그것들은 우리가 처음 순례자가 되었을 때 받아들인 망령들인데, 그 후 우리는 그것들을 도저히 떨쳐 버릴 수가 없었어요. 그것들은 순례자들 주위를 서성거리며 받아 주기를 기다릴 거예요. 그러나 우리를 생각하시고 그들에게 문을 굳게 닫으십시오."

그들은 떠날 시간이 되어 강가로 올라갔다. 낙심은 "밤이여, 안녕! 낮이여, 어서 오라!"는 마지막 말을 남겼다. 그의 딸은 노래하며 강을 건넜다. 그런데 그녀가 무슨 말을 했는지는 아무도 알아듣지 못했다.

그로부터 얼마 후 그 마을에 다시 전달자가 오더니 정직의 집을 찾았다. 전달자는 정직의 집으로 와서 이런 내용의 편지를 전달했다.

전달자 "당신에게 오늘부터 이레 후에 주님의 아버지 집에서 주님을 뵈라는 명령이 내려졌습니다. 나의 전달문이 사실이라는 표시로 이 말씀을 드립니다. '음악하는 여자들은 다 쇠하여질 것이니라'"(전 12:4).

이 편지를 받고 정직은 친구들을 불러 말했다.

정직 "나는 죽습니다. 그러나 유언장은 만들지 않겠소. 나의 정직은 나와 함께 갈 것입니다. 내 뒤를 따라오는 사람에게 나의 정직에 관해 이야기해 주시기 바라오."

떠날 날이 되자 그는 채비를 갖추고 강을 건넜다. 그때 강이 불어 강둑 군데군데가 범람하고 있었다. 그러나 정직은 생전에 선한 양심(Good-conscience)이라는 사람에게 그곳에서 만나자고 했으므로, 그가 와서 정직의 손을 잡고 건너는 일을 도와주었다. 정직은 "은혜가 다스리신다"라는 마지막 말을 남기고 세상을 떠났다.

그다음에는 진리의 용사가 전과 같은 전달자에 의해 부르시는 명령을 받았다는 소문이 돌았다. 그가 받은 부르심이 진실이라는 표적은 '항아리가 샘 곁에서 깨지느니라'(전 12:6)라는 말씀이었다.

진리의 용사는 이 부르심을 받자 친구들을 불러 이에 관해 이야기했다.

진리의 용사 "저는 제 아버지 집으로 갑니다. 저는 이 땅에서 큰 어려움을 겪었지만, 지금 제가 있는 곳에 도착하기 위해서 경험했던 모든 고난을 유감스럽게 생각지 않는답니다. 저는 제 뒤를 따르는 순례자에게 제 칼을 주고, 저의 용기와 기술은 소유할 수 있는 사람에게 주겠습니다. 그리고 저의 상처와 흉터들은 이제 제게 상급 주실 분을 위해 제가 싸웠다는 증거로 갖고 가겠습니다."

그가 떠나야 할 날이 이르자 많은 사람이 강가까지 그와 동행했다. 강물로 들어서며 그는 말했다.

진리의 용사 "사망아, 너의 쏘는 것이 어디 있느냐?"

그리고 더 깊은 곳으로 들어가면서 말했다.

진리의 용사 "사망아, 너의 이기는 것이 어디 있느냐?"(고전 15:55).

그가 강을 건너자 강 건너편에서 모든 나팔이 그를 위해 연주되었다.

그다음으로는 확고부동에게 부르심이 왔다. 이 확고부동은 마법 걸린 땅에서 무릎 꿇고 기도하다 순례자들과 만난 사람이었다. 전달자는 주님께서 그와 더 이상 멀리 계시기를 원치 않으시므로 삶의 대화를 준비하라는 내용의 편지를 그에게 전달했다. 이 소식을 받고 확고부동은 깊은 생각에 잠겼다. 그러자 전달자가 말했다.

전달자 "제 전달문의 진실을 의심할 필요가 없습니다. 여기 진실의 표적이 있어요. '두레박 바퀴가 우물 위에서 깨어지리라'"(전 12:6).

이에 그는 그들의 안내자였던 용감을 찾아가 말했다.

확고부동 "선생님! 제가 순례 여행을 하는 동안 당신과 선한 교제를 많이 하지 못한 것이 섭섭합니다. 하지만 당신을 알게 된 후 당신은 제게 많은 유익을 주셨어요. 저는 집을 떠날 때 아내와 다섯 명의 어린 자녀들을 뒤에 남겨 두고 왔어요. 당신이 더 많은 거룩한 순례자들의 안내자가 될 소망을 두고 당신 주인님의 집으로 돌아가실 것을 알고 부탁드립니다. 부디 돌아가시거든 제 가족에게 사람을 보내어 제게 일어났던 일과 앞으로 일어날 일을 모두 그들에게 알려 주십시오.

　제가 누리는 현재의 축복받은 상태와 천성에 행복하게 도착할 것을 그들에게 알려 주세요. 또 크리스천 씨와 그의 아내 크리스티아나 씨에 관해서도 이야기해 주시고요. 그녀가 아이들을 데리고 남편 뒤를 어떻게 따라갔으며, 어떤 행복한 결과를 만들었는지 그리고 어떻게 떠나갔는지 들려주십시오. 저는 가족들을 위한 기도와 눈물 외에는 그들에게 보내줄 것이 별로 없습니다. 그러나 당신이 그들에게 이 사실들을 알려 주십으로써 혹시 그들이 깨닫는다면, 그것으로 충분해요."

　확고부동이 이렇게 일들을 정리하는 동안 서둘러 떠날 때가 이르렀다. 그 역시 강물로 들어섰다. 강물은 매우 잔잔했다. 확고부동은 반쯤 가다가 잠시 멈추어 서서, 그곳까지 그를 돌봐 준 동행들에 말했다.

확고부동 "이 강은 많은 사람에게 공포의 대상이었죠. 저도 이 강을 생각할 때 종종 두려웠거든요. 그러나 지금 저는 편안히 서 있습니다. 제 발은 이스라엘 백성이 이 요단강을 건널 때 언약궤를 멘 제사장들이 섰던 곳을 밟고 있어요(수 3:17).

　진실로 이 강물은 혀에는 쓰고 배에는 차갑지만, 제가 가고 있는 곳과 건너편에서 저를 기다리는 호위대를 생각하면, 제 마음에 붉게 달아오른 숯불처럼 느껴진답니다. 이제 저는 제 여행의 종착역에 있는 저 자신을 봅니다. 저의 고달픈 세월은 끝났어요. 저는 저를 대신해서 머리에 가시관을 쓰고 얼굴에 침 뱉음 당하신 분을 뵈러 갑니다.

　전에 저는 다른 사람이 들려주는 이야기와 믿음으로 살았죠. 그러나 이제 저는 주님을 직접 보고 즐겁게 교제하며 함께 거하는 곳으로 갑니다. 저는 주님의 말씀 듣기를 좋아했고 이 땅에서 주님의 발자취를 발견하는 곳마다 그 발자취를 따르고 싶어 했어요. 주님의 이름은 제게 사향 상자 같았어요. 진실로 모든 향료보다 더 달콤했죠. 주님의 음성은 제게 가장 달콤했어요. 저는 햇빛 보기 원하는 사람들보다 더 주님의 낯을 보기 원했답니다. 저는 주님의 말씀을 제 음식으로, 제 약점들을 고치는 약으로 사용했어요. 주님은 저를 붙들어 주셨고, 죄로부터 저를 지켜주셨죠. 진실로 제 발길은 주님의 길에서 강건해졌습니다."

그가 이렇게 말하는 동안 그의 용모가 변했다.

'힘 있는 자가 구부러졌다'(전 12:3)라는 말씀이 이루어진 것이다. 그는 "내가 주께 가오니 나를 받아 주소서"라는 말을 남기고 사람들의 시야에서 사라졌다. 말과 병거, 나팔 부는 자, 피리 부는 자, 노래하는 자, 현악기 연주자들로 이루어진 천군 천사들이 천성의 아름다운 문으로 줄지어 올라가는 순례자들을 환영하기 위해 모인 광경은 그야말로 보기에 영광스러웠다.

내가 그곳을 떠나올 때까지 크리스티아나의 네 아들과 그들의 아내들, 자녀들은 천성으로 떠나지 않았다. 내가 떠나온 후 어떤 사람한테서 들은 바에 의하면 아직 살아 있다는 것이었다. 그들은 그들이 사는 지역의 교회를 부흥시키기 위해 얼마 동안 더 살아 있었던 것 같다. 만일 내가 그곳으로 다시 가게 된다면, 지금 못다한 이야기를 궁금해 하는 사람들에게 들려줄 수 있을지도 모른다. 그때까지 나의 독자들이여, 안녕히 계시라.

제3부

천로역정 연구 지침서

독자들이 순례자의 흥미진진한 모험을 통해
그와 함께 천성 가는 길을 배울 수 있으며
예습과 복습 과정을 반복하여 효율적인 교육을 할 수 있다

구원의 서정

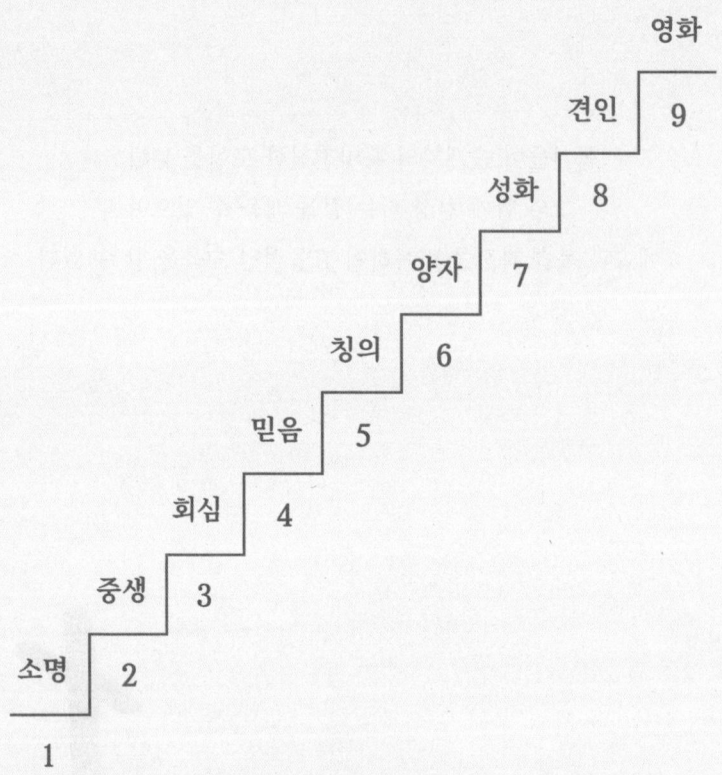

『천로역정』의 최고의 메시지는 순례자가 마침내 영화의 9단계에 이르러 천성에서 천사들의 안내를 받아 예수그리스도께서 하늘 보좌 우편에서 우리를 위해 중보기도하는 곳으로 초대 받는 것이다.

머리말

어떤 사람들은 물속에 가라앉지 않기 위해서는 무슨 수를 써서라도 헤엄을 치게 될 거라는 생각으로, 수영장의 깊은 곳으로 뛰어들어가 수영 연습을 한다. 이 방법은 『천로역정』과 같은 고전을 읽는 많은 독자에게 성공적이라고 알려져 왔다. 그러나 존 번연의 풍유적 문체와 고대 영어에 계속 떠 있기 어려워 '가라앉는 사람들'이 종종 있다. 즉, 존 번연의 풍유에서 포착되는 아름다움과 지혜를 깨닫지 못하는 사람들이 일부 생겨난 것이다.

본「천로역정 연구 지침서」는 박영호 교수의 "청교도 신학" 강의 시간에 학생들에게 시대를 초월하는 존 번연의 고전을 통해 깨달음, 기쁨, 유익을 얻도록 도움 주기 위해 마련한 강의안이다. 본「천로역정 연구 지침서」는 작가 존 번연과 『천로역정』이라는 작품에 대한 배경과 정보를 충분히 제공한다. 그리고 총 11장의 단락 각각에 개관, 토의, 묵상을 위한 질문들을 포함했다.

『천로역정』을 읽는 독자들은 순례자와의 만남을 가로막는 장애들에 직면할 뿐만 아니라, 오늘날의 동일한 도전이나 유혹과도 만나게 될 것이다. 그러한 어려움을 극복하고자 본「천로역정 연구 지침서」를 제시하는 것이다. 총 11장의 각 항목은 찰스 스펄전(Charles Spurgeon), 알렉산더 화이트(Alexander Whyte), 조지 취버(George Cheever), 토마스 스코트(Thomas Scott), 토마스 쉐퍼드(Thomas Shephard) 같은 영적 거인들의 통찰들을 포함하고 있다. 그리고 이 길에서 발견되는 진리들의 요약과 적용들로 종결했다.

본「천로역정 연구 지침서」의 목표는 독자들이 순례자의 흥미진진한 모험을 통해 그와 함께 천성 가는 길을 배우고 성장하도록 돕는 것이다. 특히 성령과 천사들이 크리스천의 순례길에 접촉, 관심, 기여, 치유, 지탱, 인도하는 것을 배울 수 있다.

본 「천로역정 연구 지침서」는 『천로역정』 제1부, 제2부 본문과 함께 사용될 수 있도록 페이지를 작성했다. 제3부 「천로역정 연구 지침서」가 나오도록 우리에게 존 번연의 『천로역정』과 청교도 신앙을 소개해 주고 가르쳐 준 마틴 로이드 존스(D. M. Lloyd Jones)와 제임스 패커 (J. I. Packer),의 "저서와 강의" 그리고 마크 헬저(Mark Herzer) 박사의 『천로역정 연구 가이드』 사용에 감사를 드린다. 또한, 청교도 가족과 형제들을 주신 자비에 대해 하나님께 감사드린다.

일러두기

제1장-제11장 제목 다음의 (　　) 숫자는 본서 1, 2부의 책 쪽수를 말한다.

제1장

비틀거리며 나아가는 크리스천(pp. 44-65)

> 토의와 묵상을 위한 질문들

『천로역정』의 첫 문장은 우리에게 이 글이 쓰인 배경을 제시해 준다. '동굴'은 비국교도인 존 번연이 복음을 설교했다는 이유로 감금된 감옥을 나타낸다. 비록 그는 영국 국교도에 의해 강단에서의 설교를 저지당했으나, 하나님께서는 존 번연이 감금된 동안 글쓰기를 통해 '인간의 분노가 하나님께 영광이 되게' 하셨다. 또한, 주의해 볼 점이 있는데 그것은 존 번연이 한 새로운 인물을 소개하자마자 우리가 마치 이미 그를 알고 있었던 것처럼 느껴진다는 사실이다. 즉, 이 새로운 인물의 특성이 매우 정확하게 그 이름에 의해 제시되고 있다.

제1장에서 우리는 무릇대(Piable)와 외고집(Obstinate) 같은 인물들을 만나게 된다. 크리스천은 세상 지혜자(Mr. Worldly Wiseman)로 인해 잠시 곁길로 빠진다. 세상 지혜자의 복음에 대한 적의는 그가 크리스천에게 한 악한 조언에서 나타난다. 다행히 크리스천은 복음 전도자(Evangelist)라는 이름의 인물에 의해 불행한 궁지에서 구출된다. 이제 우리는 존 번연의 꿈속으로 들어가, 순례 여행을 하는 크리스천과 함께 우리 자신의 탐험을 시작해 보기로 하자.

1. 우리는 본서의 주인공이 멸망의 도시(the City of Destruction)에 거하는 것을 본다. 소지 취버(George Cheever)는 다음과 같이 해설한다.

   > 멸망의 도시! 우리는 모두 멸망의 도시 주민이다. 아무도 '멸망의 도시가 어디냐? 거기가 어떤 곳이냐? 그곳 백성은 누구냐?'이런 질문조차 할 필요가 없다. 오호라! 우리의 죄 된 세상이 바로 멸망의 도성이다. 우리는 하나님의 말씀을 통해 이곳이 불타 버릴 것이라는 사실과 만일 이곳에서 피하지 않으면, 비록 우리가 이곳에 큰 환난이 일어나기 전에 평화롭게 죽을지라도, 죽을 때 우리의 영혼에 이 멸망의 도시 정신을 갖고 있던 것이 발견되면 영원히 비참해진다는 사실을 확실히 알고 있다(George Cheever, *Lectures on the Pilgrim's Progress*, 217).

   우리가 죽었을 때 우리 영혼에서 발견되는 우리를 영원한 불행으로 인도할 이 세상 정신이란 무엇일까?
   구체적으로 "죽음에 이르는 죄[1]"를 자세하게 답하라.

2. 남루한 옷을 입은 남자는 자연 계시를 통해 창조주가 있다는 것을 알 수 있었다. 그러나 하나님이 누구이신가에 대한 깨달음과 하나님의 구원 계획에 대한 깨달음은 그가 들고 있는 책에서만 발견할 수 있

---

[1] 죽음에 이르는 7가지 죄 : 교만, 시기, 분노, 나태, 탐색, 탐식, 탐욕

었다.

여러분은 그가 읽고 있던 책의 이름이 무엇이라고 생각하는가?

그 책은 왜 그처럼 중요했는가?

3. 그가 짊어진 무거운 짐은 무엇을 나타내는가?(시 38:4; 사 64:6; 히 2:2를 보라.)

4. 무은혜(Graceless, 남루한 옷을 입은 남자: 우리는 뒤에 이 이름이 그가 멸망의 도시에 살 때 불리던 이름이라는 사실을 알게 될 것이다)가 자신의 고민을 아내와 아들들에게 털어놓았을 때, 그들의 반응은 어떠했는가?

여러분은 복음이 전달될 때 사람들이 죄를 깨닫고 괴로워하거나, 또는 정반대로 강퍅해지는 것을 관찰한 적이 있는가?

5. 복음 전도자는 사람들의 고민을 덜어주기 위해 그리스도께서 보내신 은혜의 복음을 전하는 사람을 나타낸다.

복음 전도자가 무은혜에게 왜 우느냐고 물었을 때, 무은혜는 어떻게 대답했는가?

6. 복음 전도자의 질문에 대해 "이 세상은 너무나 많은 악으로 가득 차 있는데, 왜 죽고 싶지 않는다는 말입니까?"

이렇게 대답한 무은혜의 대답을 통해, 무은혜는 견딜 수 없이 무거운 죄의 짐과 죄에 대한 하나님의 진노에 대해 공포를 느끼고 부르심의 소명이 있음을 알 수 있다. 이것은 그가 죄를 깨닫게 하시는 하나님의 성령의 능력 아래 중생했음을 나타낸다.

여러분은 오늘날의 복음 전도 운동에서, 복음을 제시할 때 이 두 가지 요소가 종종 빠진다고 생각하는가?

설명해 보라.

7. 이사야 30:33에 따르면 도벳은 무엇인가?

어린이를 희생 제물로 바쳤던 이유는?

8. 무은혜가 복음 전도자에게 "내가 어디로 피해야 할까요?"

이렇게 물었을 때, 복음 전도자는 어떻게 응답했는가?

9. 여러분은 "환하게 비치는 빛"이 무엇을 나타낸다고 생각하는가?(시 119:105; 벧후 1:19; 요 3:3을 보라.)

10. 두 이웃, 외고집과 무줏대는 강제로 크리스천을 데려오기로 작정했다. 외고집에게 멸망의 도시를 떠나는 것보다 더 중요한 것은 무엇이었는가?

    크리스천의 성경책에 대해 외고집의 견해는 어떠했는가?

    무줏대[2]는 그때그때 관계하는 사람 누구에게든지 쉽게 설득당해 그것을 믿고 또 개성 없이 유행에 쉽게 흔들리는 사람이다. 그는 잠시 어떤 견해를 따를지 모를 때, 쉽게 다른 견해에 미혹되어 그것을 따른다. 그는 약속과 소망에 마음이 끌리지만, 여행의 고통에 대해서는 따져 보지 않는다. 그는 지구력이 없다.

    『천로역정』에서 무줏대는 이런 특징들을 어떻게 나타내고 있는가?

11. 낙심의 수렁(the Slough of Despond)은 무엇을 나타내는가?

12. 조력자(Help)가 낙심의 수렁에서 크리스천을 구출한다.

    그는 누구인가?

13. 크리스천이 낙담의 수렁에서 빠져나오는 데 사용하면 좋았을 '계단'은 무엇을 나타내는가?

14. 이 수렁이 남아 있는 것을 왕께서는 기뻐하지 않으셨다.

    이 상황을 보수하기 위해 어떤 조처들이 취해졌는가?

    또 이 조처들은 무엇을 의미하는가?

    여러분은 이 모든 노력에도 불구하고, 낙심의 수렁이 여전히 보수될 수 없었던 이유를 무엇이라고 생각하는가?

15. 무줏대가 집에 돌아왔을 때, 그의 이웃들은 그를 어떻게 받아들였는가?

    여러분은 유행에 쉽게 흔들리는 이런 행동의 예를 본 적이 있는가?

---

[2] 무줏대(약함)는 무거운 짐(죄의 가책)을 짊어지고 있지 않았다.

16. 크리스천이 여행을 계속하며 앞으로 나아갈 때, 세속 정책(Carnal Policy)이라는 도시 출신의 세상 지혜자(Mr. Worldly Wiseman)를 만났다.

    그 사람과 그의 출신 도시는 어떤 신앙 체제를 대표하는가?

17. 세상 지혜자가 크리스천에게 준 첫 번째 조언은 무엇인가?

    여러분도 오늘날 이와 동일한 조언을 받고 있다고 생각하는가?

18. 세상 지혜자는 크리스천이 성경 읽는 것을 싫어했다.

    그는 크리스천을 어떤 곳, 어떤 사람에게 가게 했는가?

    이 내용은 어떤 그릇된 구원관을 보여 주는가?

19. 유감스럽게도 크리스천은 세상 지혜자의 지시에 따라 율법(Mr. Legality)의 집으로 향했다.

    그의 집은 어디에 위치하고 있었는가?

    또 크리스천의 선택 결과들은 어떠했는가?

    이 길은 많은 사람이 여행했으며, 지금도 계속해서 많은 사람이 가고 있는 길이다.

    그 이유가 무엇인가?

20. 복음 전도자는 시내산 밑에서 크리스천을 발견하자 엄하고 무서운 표정으로 쳐다보았다. 그는 행위로 구원 얻으려 한 것과 율법주의 정신에 말려든 것에 대해 크리스천을 책망했다.

    복음 전도자가 크리스천에게 세상 지혜자에 대해 경고하는 세 가지 사항은 무엇인가?

21. 크리스천의 삶은 그 영혼이 율법주의의 폐해에 대해 깨닫고 그것을 거부하기까지는 즐겁지 않았다. 우리 자신의 공로나 행위에 의존하는 것은 그릇된 신앙이다. 우리는 하나님과의 바른 관계를 위해 그리스도의 능동적이며 수동적인 순종에 온전히 의지해야 한다.

    여러분은 여기에 동의하는가?

    동의한다면 그 이유는 무엇인가?

    또 만일 동의하지 않는다면, 그 이유는 무엇인가?

> 요약과 적용

우리는 모두 멸망의 도시에서 살고 있다. 그런데 많은 사람이 인간 실존에 있어서 가장 확실한 진실인 죽음에 대해 생각하기를 거부하는 것은 놀랍다. 반드시 멸망할 수밖에 없는 인간의 영혼이 심히 위험한 상태에 있는데도 편안할 수 있는 이유는 성경에 대해 무지하기 때문일 뿐이다. 심판이 내려진 도시를 떠나 하나님이 계시는 임마누엘 성으로 가는 여행은 크게 위험하며, 고난과 시련이 가득하다. 그러나 죄를 깨닫고 멸망의 도시에 도사린 절망적인 악을 인식한 영혼은 확실한 심판선고가 내려진, 비참함이 가득한 곳에 머물기보다는, 어떠한 위험을 무릅쓰고라도 그곳을 벗어날 것이다. 행복에 대한 인간의 선천적인 소망과 고통에 대한 공포는 이러한 순례 여행의 강력한 동기가 된다. 이렇게 남루한 옷을 입은 우리의 주인공 무은혜는 임박한 진노로부터 도망쳐야 할 필연성을 인식한 소명 받은 자이다.

많은 순례자가 우리가 사는 이 죄된 세상에 미혹되어 빗나가거나 다른 길로 빠진다. 이 세상 정신을 우리 영혼에 받아들이는 것은 확실한 재앙을 자초한다. 우리는 본서 후반부에 나오는 허영 시장(Vanity Fair)에서 이 정신에 대한 훌륭한 묘사를 본다. 요한일서 2:15-16도 육신의 정욕(폭식, 술취함, 성적 부도덕 같은 행동과 관련해서 대해 무절제한 방식으로 육신의 욕망을 만족시키는 것), 안목의 정욕(자동차, 땅, 집과 같은 이 세상 것들에 대한 탐욕, 과욕, 지나친 매료) 그리고 이생의 자랑(명성과 존귀를 추구하는 것, 자신에 대한 아첨)을 언급하며, 이 세상 정신의 핵심을 우리에게 제시한다. 이 세상 정신 중 어떤 부분이 마음에 숨어 있는지 살피기 위해 순례자들은 매일 성경에 비추어 자신들의 삶을 검사해야 할 필요가 있다.

남루한 옷을 입은 무은혜가 손에 든 성경책을 읽으며 눈물 흘리고 떠는 모습은 성경의 필요성을 나타낸다. 모든 피조물이 창조주의 존재를 증거한다. 그러나 그분이 누구이신가에 대한 그리고 그분의 구원 계획에 대한 깨달음은 오직 성경에 담겨 있는 특별 계시를 통해서만 얻을 수 있다. 우리에게 절대적인 선과 악의 기준을 제시하는 기록된 말씀이 없다면 우리는 상대주의라는 바다에서 길을 잃어버린다.

성경은 우리에게 하나님의 특성, 즉 하나님의 거룩하심, 공의, 은혜, 자비 등을 정확하게 묘사해 준다. 이 정확한 묘사가 없을 때 사람들은 각자의 상상에 따라 자신들의 신을, 즉 항상 하나님의 완전한 특성에 못 미치는 신들을 고안해 내는 가장 사악한 우상 숭배에 빠질 수밖에 없다.

또한, 성경은 우리가 진실로 누구인가 하는 것, 즉 우리는 하나님의 진노를 받기에 합당한 하나님의 적이며, 모든 사람이 죄 아래 있다는 사실(롬 3:10-19)을 얼마나 훌륭하게 보여 주는가?

만일 우리가 죄의 가책이라는 무거운 짐을 지고 있지 않다면, 인간의 심령에 대한 성경의 묘사를 한 번 봄으로써 그 무거운 짐을 지게 될 것이다(렘 17:9).

우리의 주인공은 아내와 아들들과 자신의 고민을 나누려 한다. 그러나 슬프게도 그들의 반응은 이 세상에 사는 대부분 사람과 같았다. 그들 또한 마음이 강퍅해지기 시작했다. 사람들은 이렇게 마음을 강퍅하게 하고, 마음을 여러 가지 것으로 분산시키며(스포츠, 연예, 유물주의 등), 심각한 책과 친구들을 자신들의 삶에서 없애 버림으로써 그릇된 마음의 평안을 얻으려 든다. 그러나 성령의 능력에 의해 성경에서 자신들이 사형선고를 받은 임박한 심판의 대상이라는 사실을 깨달은 사람들은 영혼을 침묵시키려는 그러한 시도들을 하지 않는다.

성경은 우리가 구원에 대한 충분한 지식을 갖게 할 수 있다. 그러나 주님은 더 자세히 구원의 길을 설명하게 하려고 복음 전도자, 복음 사역자를 보내 주신다. 우리는 복음 전도자가 하나님에 대해 균형 잡히지 못한 견해, 즉 하나님의 사랑과 긍휼만 제시할 뿐 하나님의 거룩하심과 공의(출 34:7)를 빠뜨린 견해를 제시함으로써, 크리스천의 공포가 근거 없는 것이라고 설득하려 들지 않음을 주의해 본다. 오늘날 이러한 부정확한 복음 제시가 유행하고 있다. 한층 더 나쁜 복음 제시는 자신에 대한 선한 평가가 우리의 고민을 치료해 준다는 사상을 포함한다. 그러나 이러한 방법은 우리를 거짓되고 치명적인 편안함으로 인도할 뿐이다. 복음 전도자는 무은혜에게 계속 성경을 읽음으로써 성령의 조명을 받아 회복할 때 발견되는 그리스도를 제시한다.

무은혜는 좁은 문(그리스도의 충만한 은혜)을 향해 달리기 시작한다. 그의 아내와 아들들은 그에게 돌아오라고 소리치지만, 그는 "생명! 생명! 영원한 생명!"이라고 외치며 계속 달려간다. 여기서 존 번연이 육신적인 의미에서 가족을 유기하는 것을 옹호하려는 것은 아니다. 많은 사람이 이 여행을 떠나지만, 육체적으로는 집에 머문다. 그리고 배우자와 결혼하고 가족을 부양하며, 매일 가족을 위해 기도한다. 다만 이 여행은 그리스도께서 누가복음 14:26에서 "무릇 내게 오는 자가 자기 부모와 처자와 형제와 자매와 더욱이 자기 목숨까지 미워하지 아니하면 능히 내 제자가 되지 못하고"라고 주장하신 바와 같이, 그리스도를 선두에 모실 것을 요구하는 것이다.

이제 우리는 외고집과 무줏대가 크리스천을 끌고 데려오기로 작정한 것에 대해 관찰해 보자.

이 세 인물(크리스천, 외고집, 무줏대)은 복음을 듣는 자 대부분을 대표한다. 마태복음 13:3-8은 이들을 훌륭히 묘사한다.

> 씨를 뿌리는 자가 뿌리러 나가서 뿌릴새 더러는 길 가에 떨어지매 새들이 와서 먹어버렸고(외고집), 더러는 흙이 얇은 돌밭에 떨어지매 흙이 깊지 아니하므로 곧 싹이 나오나 해가 돋은 후에 타서 뿌리가 없으므로 말랐고(무줏대) … 더러는 좋은 땅에 떨어지매 어떤 것은 백 배, 어떤 것은 육십 배, 어떤 것은 삼십 배의 결실을 하였느니라(크리스천).

외고집에게는 멸망의 도시를 떠나는 것보다 친구들과 편안히 생활하는 것이 더 중요했다. 우리는 외고집을 가혹하게 판단하기에 앞서, 우리가 종종 그리스도와의 교제보다 우선하는 친구들과(또는 친구들이나) 위로들이 무엇인지 자문해 봐야 한다.

우리는 종종 묵상의 시간을 갖는 것보다 따뜻한 이불 속의 위로를 더 즐거워하지 않는가?

우리는 가족이나 친구들과 더 많은 시간을 보내기 위해 하나님과 함께 하는 시간을 단축하지 않는가?

다른 사람들을 손가락질하기에 앞서, 우리 자신을 주의 깊게 평가하자.

우리는 무줏대가 너무도 쉽게 설득 당하며, 그래서 누구와 동행하든지 간에 그 사람과 같은 생각한다는 사실을 통해 그의 이름이 지닌 여러 가지 특징을 나타내고 있는 것을 본다. 먼저 그는 외고집과 크리스천을 돌아오게 하려고 가면서 외고집과 같은 생각을 했다. 그다음에는 크리스천이 천국에 대해 열정적으로 묘사하는 것을 듣고 크리스천과 동행함으로써 줏대 없음을 드러냈다. 그는 본질도, 결과도 이해 못 하는 일들에 쉽게 설득되어 관계한다.

무줏대는 지옥을 피하고 천국을 얻고픈 열망을 가졌기 때문에 크리스천과 함께 여행을 떠났다. 그는 사랑으로 그리스도를 영접하고 거룩함을 추구하기보다는, 세상적이며 정신적인 편안함과 위로를 얻고자 여행했다. 무줏대는 그의 등에 무거운 짐(죄의 가책)이 없다는 것에서 알 수 있는 것처럼, 자신이 죄로 인해 마땅히 하나님의 심판을 받아야 할 죄인이라는 사실을 깨닫지 못했다. 그는 자기 마음과 본성이 죄로 가득하다는 것을 알지 못했으므로, 구세주에 대한 필요성과 그리스도에 대한 열망을 느끼지 못했다. 그리스도에 대한 무줏대의 낮은 평가는 수렁에 빠진 첫 번째 시련이 그를 되돌아가게 했다는 사실에서 분명히 나타난다.

그러면 크리스천이 빠져 허우적거린 이 낙심의 수렁은 무엇일까?

낙심의 수렁 의미는 존 번연의 자서전인 『넘치는 은혜』(*Grace Abounding*) 에서 잘 묘사되고 있다.

> 바로 나의 재앙이요, 나의 역병이었던 내가 본래부터 갖고 있었던 마음속의 타락성, 즉 항상 내 안에서 무섭게 힘을 발휘하는 이 타락성에 대해 나는 끔찍한 가책을 품고 있었다. 이 때문에 내가 볼 때 나는 두꺼비보다 더 징그러웠다. 하나님께서 보실 때도 그러했으리라고 생각한다. 마치 분수에서 물이 거품을 내며 솟아오르 듯 죄와 타락성은 내 마음에서 거품을 내며 솟아오르곤 했다. 나는 그때 모든 사람이 나보다는 나은 마음을 갖고 있다고 생각했다. 나는 누구와도 마음을 바꿀 수 없는 자였다. 나는 마음속의 사악함과 부패에 있어 악마 외에 누구도 나와 동등할 수 없다고 생각했다. 그러므로 나는 내가 존재하는 이 상태가 은혜의 삶과 절대로 조화할 수 없다고 결론 내렸다. 그리고 나 자신을 혐오하며 깊은 절망에 빠졌다. 진실로 나는 내가 하나님께 버림받았으며, 분명히 악마에게 그리고 사악한 정신에게 양도되었다고 생각했다.

우리 자신을 진실하게 평가할 때, 양심의 비탄은 존 번연이 묘사한 것과 같은 식으로 우리를 낙심에 빠지게 한다. 만일 우리가 하나님과 바른 관계를 누릴 수 있도록 하는 복음(그리스도의 능동적이며 수동적인 순종)을 바르게 파악하고 있지 않다면, 우리는 이 수렁에 빠져 낙심하게 된다. 우리는 끊임없이 '계단'(성경에 담겨 있는 하나님의 크고 귀한 약속들)을 사용해서, 이 진흙 늪에 빠져 멸망하지 않도록 우리 자신을 지켜야 한다. 왕께서는 이 수렁이 남아 있는 것을 기뻐하시지 않기 때문에 유익한 교훈들을 실은 수레들로 보수하려고 조처했다. 그러나 인간의 불신과 성경에 대한 무지로 인해 이 수렁이 그대로 남아 있었다.

무긋대가 집으로 돌아왔을 때 그의 이웃들이 그에게 한 대우—먼저 그들은 그가 돌아온 것에 대해 현명하다고 했다. 다음에는 크리스천과 함께 간 것에 대해 바보라고 했으며, 그다음에는 비겁하다고 놀렸다. 그리고 마지막으로는 크리스천을 험담했다—는 인류의 변덕스럽고 타락한 본성을 예증한다.

크리스천은 들을 가로질러 갈 때 자기중심적이며 자만하는 세상 지혜자에게 속았다. 세상 지혜자는 세상의 성공과 칭찬, 지위에서는 앞서가는 자였다. 그는 자신의 신앙을 자신의 예정표에 짜 맞췄다. 세상 지혜자는 이 세상에서의 출세를 방해하고, 죄에 대해 마음을 어지럽히며, 육신의 정욕을 채우는 쾌락을 망치는 어떤 신앙에도 반대했다. 그는 세속적인 이익을 위해 신앙을 이용했다. 그는 '대(大) 교회'—그 사회의 교양 있고, 부유하며 저명한 사람들이 모이는 교회—의 교인이었다. 그 교회에서 어떤 신학이 가르쳐지는가 하는 것은 문제 되지 않았다. 문제가 되는 것은, 그 교회에 어울리는 사람들이 출석하는 것 그리고 그가 그들과 함께 어울리는 것이었다.

세상 지혜자(세속 현자)가 대표하는 신앙 체계는 인본주의(인간의 지혜) 신앙 체계였다. 인간의 의와 구원의 길(무거운 짐을 벗는 방법)은 선행을 하고 도덕적인 삶을 사는 것이었다. 그러나 인간은 죄를 지향하는 성향을 지니고 있으므로, 인간이 성취할 수 있는 도덕 기준을 만들어 지키지 않을 수 없다. 따라서 하나님의 완전한 의의 기준을 낮추어야 한다. 세상 지혜자와 같은 자들은 특정 죄들에 대해서는 죄라고 칭하지도 않으며, '실수'라고 칭할 뿐이다. 그리고 그들이 실제로 죄를 범했을 때는 절대로 자신들의 잘못 때문에 범한 것이 아니며, 따라서 그들에게 책임이 없는 것이다. 그들이 죄를 범한 것은 학대하는 부모를 둔 희생자들이기 때문이거나 가난하게 자랐기 때문이며, 높은 교육을 받을 기회를 얻지 못했기 때문이다.

토마스 스코트(Thomas Scott)는 세상 지혜자가 크리스천에게 말한 논증에 대해 다음과 같은 숙고를 한다.

그는 복음 전도자가 구원의 길을 제시하지 않았다든지, 악한 자들이 미래에 불행해질 위험에 놓여 있지 않다고 말하지는 않았다. 그러나 그는 죄와 영원한 세상에 대한 지나친 관심이 사람들에게서 세속적인 흥미와 가족들의 은혜에 대한 정당한 관심을 다른 데로 돌리게 한다고 주장한다. 그리고 가정생활 또는 하나님의 섭리에 의한 축복들에서 위로를 얻기를 방해하고, 처음 당하면 당연히 공포와 낙심을 느끼는 위험하고 비참한 상황으로 사람들을 인도한다고 주장한다. 그런가 하면, 혼란된 양심은 더욱 신속하고 쉬운 방법으로 진정시키는 것이 좋으며, 타산적인 조언을 받아들임으로써 명예와 위로, 수많은 유익을 얻을 수 있다고 주장한다(*The Pilgrim's Progress by John Bunyan*, 84).

이러한 뛰어난 합리화는 불쌍한 크리스천이 양심의 평화를 얻기 위해 그릇된 길로 나아가게 하기에 충분했다. 세상 지혜자와 헤어지기에 앞서 알렉산더 화이트(Alexander Whyte)는 우리에게 다음과 같은 충고의 말을 명심시키며 우리의 마음을 살펴보게 만든다.

> 여러분! 자신을 잘 감시하라. 왜냐하면, 여러분은 모두 자신 안에 이 세상 지혜자의 상당 부분을 갖고 있기 때문이다. 여러분이 오직 하나님만이 주시는 지위와 칭찬보다 이 세상이 주는 지위와 칭찬에 더 어울리는 사람이라고 생각한다면, 그것은 여러분이 아직 자기 마음의 무서운 병을 모르고 있다는 확실한 표증이다. 여러분도 세상 지혜자의 유혹에 빠지지 않기 위해 경계하며 기도하라(*First Series Bunyan Characters*, 60-61).

인문주의자들은 율법에 대한 인색한 순종으로 말미암아 거짓된 평안을 얻을 수 있을지 모른다. 하지만 크리스천은 그렇지 못했다. 그는 하나님의 완전하고 거룩한 율법을 성취하려는 자신의 시도를 생각할 때, 시내산이 자기 머리에 떨어질 것 같아 두려웠다. 우리는 율법의 소망 없고 파멸시키는 결과에 대해 하나님께 감사해야 한다.

왜냐하면, 율법은 우리의 죄악 되고 오만한 본성이 추구하려 드는, 행위로 말미암는 구원으로부터 우리를 보호하기 때문이다.

여기서 존 번연은 의롭다 함을 얻기 위해 '그리스도를 믿는 믿음'에서

'우리 자신의 행위를 의지하는 것'으로 어느 정도 전환하는 위험을 지적하고 있다. 죽을 때뿐 아니라 그리스도인의 삶 자체를 통해 우리는 우리 자신의 공로를 전혀 의지하지 않고, 오직 그리스도의 공로만 의지하며 하나님께 나아가야 한다. 우리는 "만일 내가 묵상한다면, 만일 내가 매일 기도한다면, 만일 내가 증거한다면, 그로 인해 하나님께서 나를 더 사랑하시게 될 것이다"라고 생각하도록 유혹을 받는다.

이 모든 활동이 우리의 성화, 거룩과 성경을 진전시키는데 사용할 수 있는 은혜의 수단이긴 하다. 하지만 우리가 하나님과 교제하고 관계 맺는 것 그리고 하나님이 우리를 용납하시는 것은 그리스도의 대속 및 하나님의 구속된 자녀들을 대신해서 드린 예수 그리스도의 율법에 대한 완전한 순종에 전적으로 기초하는 것이다. 그리스도께서는 우리가 지은 죄에 대한 벌을 받으셨기 때문에(그리스도의 수동적인 순종에 대해서는 사 53:6; 롬 4:25; 벧전 2:24; 3:18; 요일 2:2를 보라) 그리고 우리를 대신해서 율법에 완전히 복종하셨기 때문에(그리스도의 능동적인 순종에 대해서는 마 3:15; 5:17-18; 요 15:10; 갈 4:4-5; 히 10:7-9를 보라), 우리의 '칭의'가 되신다(고후 5:21).

제2장

은혜를 다시 발견하는 크리스천 (pp. 66-80)

토의와 묵상을 위한 질문들

『천로역정』의 이 부분에서 크리스천은 좁은 문에 도착해서 친절(Mr. Good Will)과 대화를 나눈 후 안으로 들어간다. 그는 여행을 계속해서 해설자(the Interpreter)의 집에 도착해서 잠시 환대받고, 몇 개의 방으로 인도되어 교리적 진리들과 그의 영혼에 귀하고 유익한 교훈들을 배운다.

하나님이시여! 우리가 지혜자의 집을 방문할 때 성령께서 우리의 이해력을 맑게 해 주십시오.

1. 크리스천은 서둘러 본래의 길로 되돌아와, 좁은 문에 이르러 계속 문을 두드렸다.
   이 문을 두드린 행위 배후에 있는 의미는 무엇일까?
2. 문지기 친절은 크리스천에게 세 가지 질문을 한다.
   크리스천은 이 질문들에 어떻게 대답했으며, 그의 대답에 함축된 중요한 점들은 무엇인가?

3. 크리스천이 좁은 문에 발을 들여놓으려 하자 친절이 그를 와락 끌어당기며, 바알세불이 성주인 견고한 성에서 쏘는 활에 대해 경고했다. 바알세불은 누구를 나타내며, 쏘는 활은 무엇이라고 생각하는가?

4. 무줏대에 대해 친절과 이야기하면서 크리스천은 "내가 그보다 나을 것이 없어 보일 것입니다"라고 말했다. 이 말은 크리스천의 마음 상태에 대해 무엇을 보여 주는가?

5. 친절은 크리스천에게 좁은 길로 가라고 지시했다.
   크리스천은 이 좁은 길을 어떻게 구별할 수 있었는가?

6. 어떤 주석가들은 해설자가 성령을 나타낸다고 말한다. 즉, 우리가 기도할 때 그리고 성경을 읽고, 듣고, 묵상할 때 성령의 가르치시고 조명하시는 능력을 나타낸다는 것이다. 반면에 어떤 주석가들은 해설자가 복음 사역자이며, 방들은 복음 사역자의 설교에서 전달되는 여러 가지 신학적 진리들을 나타낸다고 말한다. 해설자는 크리스천을 한 방으로 데리고 가서 그림을 보게 했다. 그 그림을 묘사해 보라. 또 크리스천이 거짓 복음 사역자와 참된 복음 사역자를 구별할 수 있게 한 그 그림에서 그가 배운 바를 말해 보라.

7. 해설자는 크리스천을 넓은 응접실로 데리고 갔다.
   이 응접실은 무엇을 나타내는가?
   먼지는 무엇을 나타내는가?
   첫 번째 청소한 사람은 무엇을 나타내는가?
   물로 청소한 소녀는 무엇을 나타내는가?

8. 이 두 개의 방은 두 가지 교훈을 가르친다.
   엄숙한 인물의 초상화가 벽에 걸린 방은 무엇을 가르치는가?
   먼지가 가득한 응접실은 무엇을 가르치는가?

9. 그다음 해설자는 크리스천에게 두 명의 어린이가 있는 작은 방을 보여 주었다. 그들은 누구이며 누구를 대표하는가?
   그들은 우리에게 어떤 교훈을 가르치는가?(시편 73편은 이 부분에 대한

훌륭한 주석이다)

10. 그다음 해설자는 크리스천을 불이 타고 있는 벽난로로 데리고 갔다. 해설자는 불이 무엇을 의미한다고 말했는가? 불에 물을 끼얹는 자와 기름은 무엇을 의미한다고 했는가? 벽 뒤에 숨은 사람은 누구를 나타낸다고 했는가?(고전 12:9)

11. 벽 뒤에 숨어 있는 사람은 그리스도인의 삶에 대해 어떤 교리적 진리를 나타내는가?

12. 해설자는 크리스천을 웅장한 궁전이 있는, 바라만 보아도 '아름답고 즐거운 곳'으로 인도했다.

    이 궁전은 무엇을 나타내는가?

13. 『천로역정』에서는 선행으로 천국을 얻을 수 없다는 사실을 여러 번 설명한다.

    그렇다면 '강인한 용모의 남자'가 존재하는 의미는 무엇인가? (마 11:12를 비교해 보라.)

    또 그가 얻은 구원이 행위로 말미암은 구원이 아니었다는 사실을 어떻게 지적하고 있는가?(엡 6:17)

14. 이제 크리스천은 한 남자가 철창 속에 앉아 있는 매우 어두운 방으로 들어간다. 크리스천이 "당신은 누구이며, 어쩌다가 이런 상태에 빠졌습니까?"

    그 남자에게 물었을 때, 그는 어떻게 대답했는가?

15. 하나님께서 그를 버리셨기 때문에 그는 회개할 수 없었다.

    회개란 무엇인가? 다음 구절들은 하나님만이 주실 수 있는 선물인 회개에 대해 어떻게 말하는가?(롬 2:4; 딤후 2:25; 행 11:18; 5:31)

16. 잠자리에서 일어나 옷을 갈아입는 남자는 심하게 몸을 떨고 있었다.

    그는 누구를 두려워했는가?

    또 그 이유는 무엇이었는가?

17. 이 대저택의 모든 방은 순례자들을 접대하고 교육하는 데 알맞

게 설비되었다. 이 신령한 집의 의미심장한 왕들이 우리에게 주는 또 하나의 교훈은, 우리의 구원을 위해 필요한 모든 교훈이 어떤 성경 구절 한 절이나 하나의 설교에서 발견되는 것이 아니라는 점이다. 그보다는 오히려 어떤 한 사람의 순례자 또는 어떤 순례자 일행이 요구하는 모든 교훈은 모든 목사가 안식일마다 바르게 진리의 말씀을 가르치고 바르게 양 떼를 인도하는 목회에서 발견되어야 한다는 것이다(Whyte, *First Series Bunyan Character*, 78, 80-81). 해설자의 집에서 특별히 어떤 방이 여러분의 영혼에 유익했는가?

요약과 적용

율법주의에 말려든 데 대해 복음 전도자는 크리스천을 책망했다. 크리스천은 서둘러 좁은 문을 향해 갔다. 계속 문을 두드리는 것은 크리스천이 그리스도께 믿음으로 긍휼과 용서를 진지하고 집요하게 간구하는 것을 나타낸다. 문지기 친절이 문으로 나온다. 그는 엄숙한 사람이었다. 그는 멸망의 도시에서 죽어가는 사람들과 피곤함에 지친 순례자들을 계속 보아왔다. 우리는 문지기의 질문에 대한 응답들에서 그리스도를 찾는 영혼의 상태를 배운다. 크리스천은 자신의 죄악 된 상태, 세상과 세상의 방법들이 망할 것이라는 사실 그리고 하나님께서 거룩하고 의로우시다는 사실 및 각 사람이 나아가야 할, 악한 자가 처벌 받게 될 심판이 다가오고 있다는 사실을 실감하고 있었다.

바알세불의 성에서 쓰는 활은 사탄의 활이다. 그는 정확하게 조준해서 목표(사람의 마음)를 맞춘다. 그는 이 활로 그리스도와 우리 사이를 막으려 한다. 얼마나 많은 사람이 이 활에 쓰러지는가를 생각할 때 슬픈 일이 아닐 수 없다. 이 활은 "내게는 죽기 전에 많은 시간이 있으니, 나중에 그리스도께 나아갈 것이다"라든가, "나는 너무 악해서 그리스도께 나아갈 수 없다. 먼저 내 행동을 개선하고 깨끗하게 해야 한다"는 생각으로 또는 세상 지혜자의 경우처럼 경건의 모양에 만족하는 형태로 우리에게 날아온다. 모든 그리스도인은 이 활이 표적에 도달하기 전에 문 안으로 끌어당기시는 그리스도의 전능하신 은혜의 팔을 찬양해야 한다(요 6:44).

"내가 그보다 나을 것이 없어 보일 것입니다"라는 무줏대에 대한 크리스천의 말에서, 우리는 마음속의 은혜가 어떻게 오만을 부수고 겸손하게 하며, 그리스도인과 죄인 간의 차이가 드러내는 모든 영광을 어떻게 오직 하나님께만 돌리게 하는지를 볼 수 있다.

친절은 크리스천에게 좁은 길로 가라고 지시한다. 이 좁은 길은 성경이 말씀하는 족장들, 선지자들, 그리스도 그리고 그리스도 사도들의 가르침에 분명하게 제시된 길이다. 우리의 믿음은 희미한 감정이나 관념에 기초한 것이 아니며, 맹목적인 모함도 아니다. 그러므로 우리는 광야에서 길을 잃었다가 사람들이 있는 곳으로 안전하게 돌아가는 길을 가르쳐 주는 지도를 발견한 사람처럼 큰 열심을 가지고 성경을 읽어야 한다.

알렉산더 화이트는 크리스천이 출발하는 좁은 길에 대해 다음과 같이 피력한다.

> 지옥으로 가는 넓은 길은 많다. 그 길들은 많은 사람으로 붐빈다. 그러나 천국으로 가는 길은 오직 하나뿐이다. 그리고 동반자가 거의 없으므로 여러분은 때로 그 길에서 벗어나야 한다고 생각할 것이다. 때로 그 길에는 오직 한 사람의 발자국만 찍혀 있고, 여기저기 피가 흐른다. 게다가 나아갈수록 점점 좁아져 겨우 한 사람 빠져나갈 정도가 된다. 때로는 막힐 듯 하기도 하며, 납작 엎드려 기어가야 할 때도 있다. 우리 주님은 여러 가지 말씀으로 우리에게 이 모든 사정을 말씀해 주신다. 주님께서는 노력하라, 매일 노력하라고 말씀하신다. 많은 사람이 구원의 길로 들어오려 하지만 일찍부터, 오랫동안 고통을 감수하며 노력하지 않기 때문에 이 길에 이르지 못한 채 포기하고 만다.
>
> 그렇다면 여러분은 그리스도께서 의도하고 명하신 대로 노력하며, 그리스도께서 받을

만하신 신앙생활을 하고 있는가?

여러분의 신앙은 여러분을 진정한 노력—성경이 고민이라고 부르는 노력—을 하게 하는가?

성경이 고민이라고 묘사하는 바를 여러분은 해 본 적이 있거나 항상 하고 있는가?

여러분은 매일 어떤 십자가를 지는가?

어떤 일에서 여러분은 매일 자신을 부인하는가?

그 답을 말해 보라. 제시해 보라.

여러분의 성경 여백에 써보라.

가장 관대하게 판단한다고 하더라도, 여러분은 자신의 구원 역사 가운데 두렵고 떨린다고 말할 수 있는가?

만일 그렇지 못하다면 틀림없이 어딘가에 잘못이 있다고 생각한다. 그리스도께서는 비유로 이 점을 분명히 나타내셨고, 존 번연은 천국으로 가는 길이 험하고 좁으며, 외롭고 위험하다는 훈화로 나타냈다(*First Series*, 70).

크리스천은 해설자의 집에 도착한다. 나는 존 번연이 해설자라는 인물을 통해, 신자들의 마음을 조명하고 성화시키는 영향력을 지니신 성령을 나타냈다고 믿는다. 성령께서는 우리 마음속에 주님의 등불을 켜고 진리를 조명하신다. 성령께서는 우리를 가르쳐 깨닫게 하심으로써 성경을 우리 영혼이 마음껏 즐길 수 있는 영양가 높은 양식이 되게 하신다. 그는 사랑에 넘치는 그리스도를 우리에게 보여 주심으로써 우리가 그리스도께 사랑을 호소하도록 하시며, 우리의 애정이 이 세상의 일시적인 것들에서 떠나 그리스도께 고정되도록 하신다.

각 순례자가 여행을 시작하는 첫 순간부터 성령께서는 영원한 천국의 새로운 '양자' 공동 상속자를 친절히 안내하고, 교육하며, 위로하시고, 훈련하신다. 먼저 해설자는 크리스천을 엄숙한 인물 초상화가 걸린 방으로 데리고 간다. 신실한 복음의 사역자를 나타내는 이 그림을 보고 크리스천은 참된 안내자(목사)와 거짓 안내자를 구별할 수 있게 된다. 얼마나 많은 사람이 거짓 안내자들에 의해 미혹 당했는가를 깊이 생각해 볼 때 정신 차리지 않을 수 없다. 그들처럼 우리도 미혹 당하지 않게 하신 하나님의 은혜를 얼마나 찬양해야 마땅할까!

그리고 우리가 미혹 당했을 때 우리를 은혜롭게 다시 잡아당기시는 하나님의 친절한 팔에 대해 얼마나 큰 감사를 해야 마땅할까!

크리스천이 안내된 다음 방은 넓은 응접실이었다.

> 사람의 마음속의 부패들과 그것에 끼치는 다른 두 가지 영향, 즉 율법의 영향과 복음의 영향이 제시된다. 크리스천은 무거운 짐을 지고 괴로워하는 양심에 대해 율법이 무엇을 할 수 있는지 가장 철저히 알게 된다. 또한, 은혜가 그 양심을 어떻게 편안하게 할 수 있는지도 알게 된다(Cheever, *Lectures on the Pilgrim's Progress*, 252-253).

율법은 우리에게 우리의 죄악을 보여 주지만, 그 죄악을 정복할 능력은 주지 못한다. 사실상 율법은 "영혼 가운데 죄를 자극하고 강화하며 증가시킬" 뿐이다. 율법이 우리의 거룩하신 창조주와 그분의 완전한 기준을(본받으라는 마음속에서의 요구와 외부적인 요구가 함께) 제시할 때, 우리는 우리 자신이 어떤 자인지를, 또 우리가 마땅히 받아야 할 정죄를 생각하고 고민과 공포로 가득 찬다. 찰스 스펄전(Charles Spurgeon)은 인간의 마음에 대해 이렇게 평한다.

> 인간의 마음만큼 혐오 받아 마땅한 것은 없다. 하나님께서는 모든 다른 눈은 피할 수 있어도 하나님 자신의 눈은 피할 수 없는 그 끔찍한 광경, 즉 우리 마음을 보신다. 만일 여러분과 내가 한 번만이라도 우리 마음을 본다면, 그 소름 끼치는 광경에 아마 우리는 미쳐 버리고 말 것이다(*The New Park Street Pulpit*, 1:44).

소녀와 물이 나타내는 복음만이 마음을 청소하고 복종시켜, 왕 되시는 예수님께서 마음속을 다스리실 수 있게 한다.

그다음에 들른 방은 성격이 완전히 정반대인 두 어린이가 있는 방이었다. 욕망(Passion)은 이 세상에 속한 육욕적인 인간을 대표한다. 욕망은 당장 모든 것을 소유해야 한다. 그는 만족하지 못한다. 왜냐하면, 무한하신 하나님께서 자신과의 교제를 구하고 영원한 것들을 구하도록 설계하신 인간은 이 세상의 것들은 절대로 만족시키지 못하기 때문이다. 육체적인 정욕은 그의 이성과 신앙에 반한다. 욕망은 악한 정욕으로 인해 그에게 주어진 것을 낭비하게 만들며 그의 양심과 마음, 인격은 넝마 조각이 되고 만다.

한편, 인내(Patience)는 영원한 실재에 주의를 집중하고 장차 임할 완전한 만족을 조용히 기다리는 사람들을 대표한다. 인내는 완전함과 절대적인 만족이 이 세상에서 절대 발견되지 않는다는 것을 알고 있으므로, 사람이나 학문 또는 소유물에서 그것들이 줄 수 있는 것 이상을 기대하지 않는다. 인내는 보이지 않는 것들(믿음, 겸손, 자제 등)을 얻으려 애쓰는데, 정욕은 그러한 인내를 비웃는다. 그래도 인내는 현세에서 선한 것이 그의 영원한 상을 방해하면 기꺼이 그것을 버린다. 정욕과 인내가 주는 교훈에 비추어 시편 73편을 읽으면 유익할 것이다. 우리는 종종 이 세상에서 악인의 번영을 시기하고든 유혹을 받는다.

우리는 악인의 종말—얼마 안 가 모든 것이 사라지고 파멸이 덮칠—을 고려하지 않을 때 종종 영원한 현실을 잊고 불평하게 된다. 우리는 인내와 감사함으로 말할 수 있어야 한다.

> 주의 교훈으로 나를 인도하시고 후에는 영광으로 나를 영접하시리니 하늘에서는 주 외에 누가 내게 있으리요 땅에서는 주 밖에 내가 사모할 이 없나이다 내 육체와 마음은 쇠약하나 하나님은 내 마음의 반석이시요 영원한 분깃이시라(시 73:24-26).

그 후 해설자는 크리스천의 손을 잡고 불이 타고 있는 벽난로로 데리고 갔다. 여기서 우리는 성도들의 궁극적인 보존(견인)에 대한 교리를 배운다.

사탄은 계속해서 악한 궤계로 이 불(은혜의 역사)을 끄고자 시도한다. 그러나 그리스도는 신자의 영혼 속에서 시작한 성화의 역사를 유지하고 진행하실 것이다. 그리스도께서 벽 뒤에 서 계심은 이 은혜의 역사가 우리 영혼 속에서 어떻게 지속하는지 우리 자신이 보기 어렵지만, 그리스도께서 은밀히 은혜를 보존하심으로 우리가 그리스도의 은밀하심 즉, 우리 영혼 속에서 성화의 역사를 진행하시는 하나님의 은혜에 의지할 수 있다는 사실을 보여 준다(빌 1:6).

해설자는 천국을 희미하게 나타내는 웅장한 궁전이 있는 아름답고 즐거운 곳으로 크리스천을 데리고 간다. 그러나 무장한 사람들이 그 궁전을 지키며 들어가려는 사람 모두에게 해를 입히려 작정하고 서 있다. 우리가 하나님의 나라에 들어가려면 많은 환난을 겪어야 한다는 것은 경험적으로, 또한 성경적으로 입증된 사실이다(행 14:22). 따라서 우리는 하나님의 갑주를 입지 않으면 내부의 적(육신)과 외부의 적들(세상과 마귀)을 대항해서 싸울 수 없다(엡 6:17).

이때 매우 강인한 용모의 한 남자가 성령의 검, 또한 하나님의 검을 뽑아 들고 머리에 구원의 투구를 쓰고 어떠한 희생을 치르더라도 들어가기로 하고 거룩한 전쟁에 나선다. 구원은 그리스도의 십자가의 공로를 적용해서 우리에게 주어지는 선물이다. 하지만 하나님께서 우리 안에 이 구원의 역사를 시작하셨으므로 우리는 그리스도에 대한 강렬한 사랑, 하나님의 존귀와 영광을 위한 거룩한 열심을 가져야 한다.

우리는 여기서 잠시 멈추고 우리가 하나님의 나라를 구하는 데 얼마나 열심이었는지 자문해 봐야 하지 않겠는가?

바울이, 조지 휫필드(George Whitefield)와 조나단 에드워즈(Jonathan Edwards)가 보여 준 그 열심과 거룩한 열정을 오늘날 어디서 볼 수 있겠는가?

한 유명한 목사가 이런 말을 했다.

> 나에게 열정적이며 철저한 여섯 명의 그리스도인을 주십시오. 그러면 하나님의 은혜

로 내가 그들과 함께 6백 명의 평범한(미지근한) 신앙고백자들이 하는 것보다 더 많은 일을 할 것입니다. 나는 그들과 함께 순식간에 시체처럼 무감각한 자들을 추려낼 것입니다.

기도할 때, 복음을 증거할 때, 육신을 제어할 때, 생명의 말씀을 읽을 때, 설교 말씀을 들을 때 우리의 열정 온도는 얼마나 뜨거운가?

그리스도와 그의 나라에 대해 나태하고 부주의한 태도는 성경이 그리스도인의 삶을 묘사하는 바와 전혀 다르다.

마태복음 11:12은 "천국은 침노를 당하나니 침노하는 자는 빼앗느니라"라고 말씀하고 있지 않은가?

이 격려와 경고가 섞여 있는 장면은 그리스도인의 순례의 한 부분을 이루는 수많은 전투를 우리에게 준비시키려는 것이다.

존 라일(J. C. Ryle)은 『사복음서 강해(CLC 刊)』에서 이 전투 장면을 생생하게 묘사한다.

그리스도인의 싸움은 최선의 유익과 결과를 놓고 싸우는 것이므로 선한 싸움이다. 분명히 이 싸움은 전쟁이다. 왜냐하면, 여기에는 무시무시한 접전과 괴로운 지구전, 부상과 파수, 금식과 피로가 있기 때문이다. 그러나 모든 신자는 예외 없이 그를 사랑하시는 분으로 말미암아 승리자가 된다. 그리스도의 군병은 낙오 또는 실종되거나 전쟁터의 시체로 남는 법이 없다. 절대로 상복을 입을 필요가 없으며 그리스도의 군대 중 사병이나 장교를 위해 눈물을 뿌릴 필요가 없다. 마지막 밤이 이를 때 점호 명부는 아침에 불렀던 것과 정확하게 같을 것이다.

크림 원정(The Cream Campaign)에 영국 근위대의 대부대가 런던을 행진해서 출정했다. 그런데 수많은 용감한 청년들이 외국의 무덤에 뼈를 묻고 런던을 다시 보지 못했다. 그러나 하나님께서 기초를 세우고 지으신 성에 그리스도의 군대가 도착할 때는 이와 전혀 다르다. 아무도 빠진 사람을 발견하지 못할 것이다. 우리의 위대하신 대장의 말씀 곧 "아버지께서 내게 주신 자 중에 하나도 잃지 아니하였삽나이다"

(요 18:9)라는 말씀이 진실이라는 사실이 밝혀질 것이다(*Holiness*, 62).

비록 이 세상에서 우리가 싸워야 할 전투들이 수없이 많고 길며 힘들지라도, 우리의 위대하신 대장 그리스도께서 우리를 돌아보시며 "잘하였도다. 착하고 충성된 종아"라고 말씀하실 때, 그 승리감은 달콤할 것이며, 그 상은 클 것이다(마 25:21).

크리스천이 다음으로 인도된 어두운 방에는 엄숙한 경고가 기다리고 있었다. 철창 속의 남자는 자신의 현재 상태를 슬퍼하고 있었다. 그는 크리스천에게 자신이 한때는 "자타가 공인하는 훌륭하고 성공적인 신자"였으나 불충성(이 세상의 정욕과 쾌락, 이익들)으로 말미암아 죄와 절망이 그를 사로잡았다고 말했다. 그는 자신의 죄를 알고 있었으나 하나님께서는 그에게 진정한 회개를 허락지 않으신다. 진정한 회개에는 죄와 죄의 위험을 인정할 뿐 아니라 죄의 추악성을 깨달음으로써, 죄가 그리스도의 대속 희생을 통해 긍휼을 나타내신 거룩하고 자비하신 우주의 하나님을 노하게 하는 것이므로, 죄를 슬퍼하고 증오하는 것까지도 포함된다. 진정한 복음적 회개라면 올바른 이유로 죄를 버리고자 하는 열망이 반드시 있어야 한다. 스펄전은 다음과 같이 말했다(*New Park Street Pulpit*, 5:85).

> 자신의 부패함을 믿기만 하고 죄를 미워하지 않는 자는 천국으로 가는 길에서 마귀보다 더 나아가지 못한다. … 참된 회개는 생활뿐 아니라 마음까지 전환하는 것이다. 참된 회개는 영혼 전체를 영원히 하나님의 것으로 바치는 것이며, 생활의 죄뿐 아니라 마음의 죄까지도 끊어버리는 것이다.

철창 속의 남자는 그가 고의적인 죄를 지을 때 했듯, 위험한 길로는 한 발자국이라도 내딛는 모험은 하지 말고 오직 기도와 순종의 행동으로 그리스도께 매달리라는 교훈을 우리에게 준다.

그다음 해설자는 크리스천에게 한 가지만 더 보고 가라고 말한다. 그것은 잠자리에서 일어나며 자신이 꾼 꿈으로 인해 심히 몸을 떠는 남자였다. 그 무서운 꿈은 심판 날이 이르렀는데 그가 준비하지 않았다는 내용이었다. 우리가 마귀와 함께 사는 이 죄악 된 세상은 심판 날이 이르고 있다는 사실을 숨기려 애쓰며, 수많은 양심이 이 속임수에 쉽게 속아 안심하고 잠을 자는 것이다. 오직 성경에 들어 있는 진리에 노출될 때만 사람들은 이 죽음의 잠에서 깨어난다.

오! 너무 늦기 전에 심판 날이 이르기 전에 우리가 더 많은 사람을 떨게 할 수 있다면 얼마나 좋을까!

크리스천은 해설자를 방문해서 복음의 소망이 있는 곳에는 경건한 두려움이 있다는 사실 그리고 이 두 가지는 모두 필요하며 모두 성령의 은혜라는 사실을 배웠다.

The Pilgrim's
Progress

제3장

아름다움의 집으로 가는 길(pp. 81-106)

┌─ 토의와 묵상을 위한 질문들 ─┐

　제3장에서 우리는 크리스천이 믿었던 믿음의 위로를 발견해서 느끼고, 무거운 짐을 벗었던 십자가 언덕에 이르게 될 것이다. 크리스천은 깊이 잠든 우둔(Simple), 나태(Sloth), 건방(Presumption)을 만난다. 이 만남에서 깨달음을 얻은 후 우리는 계속 크리스천과 동행하며, 그가 허례(Formalist)와 위선(Hypocrisy)이라는 산을 오르는 것을 볼 것이다. 그다음 우리는 계속 순례자를 따라가며, 마음을 바꾸어 집으로 돌아가는 기독교 신앙의 두 대적 소심(Timorous)과 불신(Mistrust)을 만날 것이다. 크리스천은 잠시 열심이 시들해지고 육신에 빠짐으로 인해 좌절한다. 그러나 그는 다시 정신을 차려 아름다운 집(Beautiful)에 서둘러 도착해서 환영받는다.

1. 크리스천은 어디서 무거운 짐을 벗었으며, 그 짐은 어디로 갔는가?
   여러분은 이 진리를 확인하는 성경 구절들을 생각할 수 있는가?
2. 왜 크리스천의 '머릿속의 샘물이 그의 뺨을 따라 눈물로 흘러내렸다' 라고 생각하는가?
3. 세 광명의 천사들은 누구라고 생각하는가?
   그들이 크리스천에게 한 말과 행동의 의미는 무엇일까?
4. 크리스천은 발목에 쇠고랑을 차고 깊이 잠든 세 남자를 보았다. 이것은 소위 명목상 신자들의 비참한 신세와 위험을 제시해서 우리에게 경고함으로써, 경계와 열심을 갖게 하려는 것이다. 이들의 이름을 말하고, 각 인물의 특징을 묘사해 보라.
   이들의 발목에 채워진 쇠고랑은 무엇을 나타내는가?
5. '담을 뛰어넘어 오는' 두 사람의 이름은 무엇인가?
   그들은 어디서 와서 어디로 가고 있는가?
   또 그들은 어떤 목적으로 그곳에 가고 있는가?
   벽은 무엇을 나타내는가?
   그들은 크리스천이 빠뜨리지 않은 무엇을 빠뜨리고 순례 여행을 했는가?
   이 두 남자가 크리스천이 들어가는 식으로 들어가지 않는 것에 대해 말한 이유는 무엇이었는가?
   이 길에서 그들은 주님에 의해 무엇으로 간주되었는가?
6. 고난산은 극기와 분발을 요구하는 상황들을 나타낸다. 비록 고난산은 우리 육신에 즐겁지 않은 길이지만 이 길은 우리 믿음의 진실성을 입증한다. 크리스천은 고난산을 오르던 도중에 아름다운 정자에서 멈추었다. 그곳에서 그에게 무슨 일이 일어났는가?
   이 사건에서 우리는 우리의 삶을 위해 어떤 교훈을 배우는가?
7. 크리스천은 산 정상에 올랐을 때 소심과 불신이라는 두 남자와 만난다. 그들이 길이 위험하다고 말해 크리스천을 놀라게 했는데, 크리스천

은 어떻게 그 두려움을 떨쳐버렸는가?

8. 무엇이 크리스천을 큰 비탄에 빠지게 했는가?

    그 이유는 무엇이었는가?

    그는 이 상황을 개선하기 위해 어떻게 했는가?

9. 크리스천은 눈앞에 아름다움이란 이름의 매우 웅장한 궁전을 보고 그곳을 향해 서둘러 갔다. 그러나 길에 두 마리의 사자가 있었다.

    이 사자들은 무엇을 나타내며, 왜 그곳에 두었는가?

10. 크리스천은 아름다움이란 이름의 궁전으로 들어가고자 했다.

    문지기는 누구를 나타내는가?

    아름다움이라는 궁전은 무엇을 나타내는가?

    아름답고 침착한 아가씨 분별(Discretion)은 누구를 나타내는가?

    그리고 그녀는 어떤 질문을 했는가?

11. 크리스천은 세 명의 아가씨를 또 소개받았다. 경건(Piety, 그녀는 하나님의 뜻을 행하고자 하는 성실하고 진지한 열망을 나타낸다)은 크리스천에게 "처음에 선생님께서 순례의 삶을 택하게 된 동기는 무엇이었나요?"

    이렇게 질문했다.

    크리스천은 그녀에게 어떤 대답을 했는가?

    크리스천이 '경건'에게 해설자의 집에서 감명받았다고 말한 세 가지는 무엇인가?

    '신중'(Prudence, 그녀는 자신을 다스리고 제어하는 능력을 나타낸다)은 크리스천의 마음속 열망과 육신의 죄에 빠지게 하는 유혹들에 대해 질문했다.

    그녀의 질문들은 무엇이며, 크리스천은 어떻게 대답했는가?

    자비(Charity, 사랑)는 크리스천의 가족에 대해 질문했다.

    크리스천의 가족이 그와 동행하지 않은 이유는 무엇이었는가?

12. 리차드 백스터(Richard Baxter)는 "거룩하고 신령한 삶은 당신 주위의

죄인들에게 계속 양심의 고통을 주고, 그들에게 행로를 바꾸라고 계속 권유한다"라고 말했다. 이 말은 크리스천의 가족에 의해 진실임이 밝혀진다.

크리스천의 "회심"에 대해 그의 가족은 어떤 반응을 보였는가?

13. 그들은 저녁이 준비될 때까지 앉아서 이야기를 나누었다. 저녁 식사 시간을 통해 그리스도인들이 함께 모여 믿음으로 그리스도를 먹고, 그리스도께서 자신들을 위해 하신 일과 지금도 하나님 우편에서 자신들을 위해 하시는 일을 생각하는 의식을 기억하는가? 그 의식은 무엇인가?

이 저녁 식사에서 여러분이 새롭고 재미있다고 생각하는 말은 어떤 것인가?

14. 크리스천은 아침 공부를 했다.

이 아침 공부가 여러분이 한 아침 공부와 유사성이 있는가?

있다면 어떤 것인가?

15. 그리스도인의 힘을 유지하고 증대시켜 대적들에 대해 승리하도록 주님께서 무기고에 예비해 놓으신 무기들은 어떤 것들인가?

요약과 적용

크리스천은 해설자의 집을 떠나 오르막길을 달려 올라갔다. 그는 무거운 짐으로 인해 무척 달리기 어려웠다. 그리스도 안에 있는 사람이라 해도 얼마 동안은 남아 있는 죄의 무거운 짐을 느낄 수 있다. 성령께서 영광스러운 복음의 진리들을 우리에게 가르치실 때(요 16:14), 우리는 그리스도와 그리스도의 십자가 역사를 더욱 완전히 깨닫게 된다.

크리스천이 더 완전히 십자가에 대해 깨닫고 자신의 모든 소망을 십자가에 두었을 때, 그의 짐이 굴러떨어지고 복음적 신앙의 위로를 느낄 수 있었다. 만일 그리스도인이 이 '견인'을 갖지 못하고 죄의 짐에서 해방되지 못했다면, 비록 그 이유가 전부 그런 것은 아니지만, 어느 정도는 복음에 대한 무지나 잘못된 생각, 또는 무관심 때문일 것이다.

세 광명의 천사들이 크리스천에게 와서 문안했다. 여기서 우리는 성부 하나님, 성자 하나님, 성령 하나님의 사랑과 은혜를 보게 된다. 우주의 심판자 하나님께서는 그리스도의 대속으로 인해 "네 죄가 사함 받았느니라"라고 선언하신다.

그다음에 그리스도께서는 그리스도인에게서 누더기를 벗기고 의의 겉옷을 입혀 주신다(사 61:10). 성령께서는 그리스도인의 이마에 거룩한 삶과 공개적인 신앙고백으로 제시될 새로워진 마음을 나타내는 표시를 해 주신다. 크리스천이 받은 두루마리는 영접을 보장하는 표적이다. 이 영접은 신자가 자기 생각과 삶의 목적이 성경과 일치하게 되는 것을 볼 때 분명해진다.

크리스천은 "발목에 쇠고랑을 찬 세 남자가 잠들어 있는 것"을 발견한다. 이들은 '길에서 조금 떨어진 곳'에서 잠든 순례자들로 보인다. 이들은 자신들의 절망적인 상황을 깨닫지 못한 채 만사 순조롭다고 생각하는 듯하다. 그들의 위험을 경고해 주려는 어떤 시도도 소용없다. 복음을 전할 때 우리는 이런 무분별한 태도를 보게 된다. 취버는 이 태도를 다음과 같이 묘사한다.

우둔은 "위험한 일은 없어"라고 말한다. 이 말은 죄악에 빠져 있는 세상의 삼분의 일의 사람들이 말하는 소리이다. 그들이 멸망의 절벽 바로 가장자리에서 잠자고 있다고 말해 보라. 그러면 그들은 "위험한 일은 없어"라고 말할 것이다. 나태는 "아무튼 좀 더 자자"라고 말한다. 이것은 세상의 다른 삼 분의 일의 소리이다. 좀 더 오래 죄에 빠져 있자, 좀 더 평안함과 무관심 가운데 있자, 좀 더 형편이 좋아질 때까지 기다리자, 좀 더 손을 모으고 자자, 이렇게 그들은 변명한다. 건방은 "남의 일 참견 말고 자기 일이나 잘해"라고 말한다.

"남의 자유를 침해하지 말라고 한다!" 죄에 빠져 있는 적어도 세상의 삼 분의 일이 이렇게 큰소리친다.

"내 일은 내가 알아서 할 테니, 너는 네 일이나 알아서 해. 나의 구원에 대해 네가 걱정할 필요 없어. 만사가 순조로울 테니 나는 전혀 염려 없어. 나는 내 기회가 올 때 붙잡을 준비를 하고 있다고"(George Cheever, *Lectures on the Pilgrim's Progress*, 279).

결국 언젠가 사망과 심판이 이 그릇된 안전감에 빠져 잠자고 있는, 망상에 사로잡힌 자들을 깨울 것이다.

두 남자가 담을 뛰어넘어 오면서 자신들이 지름길을 알게 되었다고 자랑스레 말했다. 크리스천은 하나님의 말씀이 믿음과 행위의 유일한 법칙이라고 생각했으므로 그들의 행로에 대해 의문을 제기했다. 그와 새로 알게 된 허례(허울)와 위선은 죄의 회개, (그리스도에게서만 발견되는) 거룩을 추구하는 일, 내주하시는 성령께 의존하는 일로 고민하지 않는 자들이었다. 그들은 신앙을 이해하거나 그리스도에 대해 애정을 갖지 않은 채, 신앙의 흉내를 내는 것으로 만족했다. 그들의 종교는 본질이 빠진 모든 의례와 의식들이었다. 그들은 종교적 의무들을 시늉으로 모두 행하면서 사람들의 박수갈채를 구했다. 그들은 자신들이 행하는 일의 실제적인 동기에 대해 질문 받는 것을 싫어했다.

그리고 그들이 그리스도 안에서 발견되지 않으면 그들의 죄가 그들을 정죄한다는 사실을 직면하지 않고 피했다. 그들의 믿음은 내적인 진리가 아니라, 모두 외적인 행동들이었다. 스펄전은 여기에 나오는 허례와 위선 간의 차이를 다음과 같이 설명한다.

> 위선은 이 두 인물 중에 더 큰 악한이다. 왜냐하면, 그는 전혀 아무런 믿음도 지니고 있지 않기 때문이다. 허례는 아마 특정한 형태의 믿음을 어느 정도 갖고 있었을 것이다.
> 그러나 위선은 마음속으로 '쳇, 이건 모두 엉터리 같은 이야기야.
> 그렇지만 상당히 그럴듯한 이야기이긴 하군.
> 그러니까 내가 믿는 체하면, 사람들은 나를 더 훌륭하게 생각할 거야'라고 말한다
> (*Pictures from Pilgrim's Progress*, 95).

알렉산더 화이트의 다음과 같은 말은 허례가 위선이 되는 일이 얼마나 쉬운지에 대해 우리에게 경고한다.

> '허례'는 아직 정확하게 위선이 되지 않았다. 그러나 '허례'는 언제라도 즉시 위선이 될 준비를 충분히 하고 있다. 실제의 자신보다 더 나은 다른 사람처럼 보이게 하라는 유혹이 그에게 오는 즉시, 다른 사람들에게 신령한 사람처럼 보이는 일이 어떤 점에서 그에게 이익이 될 때, 그에게 해당되지 않는 부자연스러운 일들을 말하고 행동하는 것이 자신에게 유익하고 칭찬이 돌아온다고 생각될 때, 그는 단순한 허례에서 건너뛰어 위선이 될 것이다. 그는 종교적 의무들을 형식적으로 준수하지만, 그 모든 행위 가운데 실제로 신령한 것들을 소유하거나 경험한 적이 전혀 없다. 그러므로 그는 지금까지의 허구의 생활에 한두 가지 형식을 추가하는 데 거의 또는 전혀 어려움을 느끼지 않는다. 이처럼 비교적 순전하고 무의식적인 허례에서 의식적이고 고의적인 위선자로의 전환은 쉽게 이루어지는 것이다 (*First Series Bunyan Oharacters*, 134).

청교도 사무엘 루터포드는 "위선자 중에 가장 악한 자는 자신을 속이기

까지 자신을 표백하는 자이다"라고 말했다(Ibid, 136). 어느 정도 자신까지 속일 정도로 오랫동안 다른 사람들을 속인다는 것은 인간 본성에 있어서 있을 수 없는 일이라는 사실을 깨닫는 것은 매우 중요하다.

존 번연은 이어 이 세 사람이 고난산에 이르렀을 때 허례와 위선이 어떻게 본색을 드러내는지 우리에게 보여 준다. 여기서 우리는 더 쉬운 길로 상상된 두 길의 이름, 즉 위험(Danger)과 멸망(Destruction)의 이름들을 보며, 본래의 길을 떠나는 일의 위험과 본래의 길을 떠나는 자들의 파멸을 배우게 된다. 그리스도에 대한 사랑, 하나님의 영광과 존귀를 위한 성실한 노력 등과 같은 신령한 은혜들을 위조하는 것은 어렵다. 참된 은혜가 제시되는 그리스도인의 삶에서 고난이라는 산은 많다.

종종 우리는 우리의 행로에 나타나는 육신의 어려움을 생각하지만, 자기 부정, 우리의 오만한 마음들을 낮추는 경험들, 사람들의 칭찬을 구하지 않는 것, 육신의 죄악 된 습관들을 극복하는 것 그리고 우리에게 가해자는 모욕과 위해를 자비롭게 용서하는 것도 똑같이 어려운 일이다. 우리의 믿음은 육신의 고난과 영적 고난들을 통해 그 진정성이 입증되고 성장한다.

그러므로 그리스도인은 반드시 고난산을 올라가야 한다. 그리스도인의 고난산 등정은 쉽지 않다. 그것은 대개 느리고 길며 힘든 등반이다. 하나님께서는 우리가 원기를 회복해서 쉴 기회를 주시기도 한다. 그러나 이 기회에 너무 오래 머무르면 안 된다. 종종 우리는 현재 우리가 속한 그리스도인의 활동 범위에 스스로 만족해서 앞으로 나아가지 않는 경우가 있다.

우리는 우리가 예수 그리스도의 은혜와 그를 아는 지식 안에서 자라나야 한다는 사실, 그리스도 안에서 하나님의 고귀한 부르심의 상을 얻기 위해 표적을 향해 서둘러 나아가야 한다는 사실을 망각한다. 정자에서 크리스천에게 일어난 일이 바로 이것이었다. 그는 두루마리, 아름다운 옷 그리고 하나님께서 자신을 용납하심에 너무 만족해서 잠자라고 준비된 것이 아니라 휴식과 원기 회복을 위해 준비된 정자에서 잠들고 말았다.

다행히 크리스천은 경고를 받고 잠에서 깨어나 산꼭대기로 달려 올라갔다. 그러나 서두르느라 주의를 게을리했기 때문에 두루마리(보증서)를 남겨둔 채 떠났다. 이 첫 번째 시련은 그를 비탄과 번민에 빠지게 했다. 만일 크리스천이 잠에 빠지지 않았다면 큰 슬픔을 피할 수 있었을 것이다. 이 땅에서는 항상 경계가 필요하다. 왜냐하면, 우리의 적들은 항상 잠들지 않고 우리를 해치려 하기 때문이다.

우리는 세상적으로 흥미 있는 일이 있을 때는 바짝 정신 차리면서, 우리의 영원한 영혼과 관련된 훨씬 중요한 일들에는 나태하게 졸거나 잠자는 경향이 있다. 졸다가 얼마나 많은 영혼의 유익을 놓쳤는지, 얼마나 많은 묵상 시간을 졸면서 보냈는지, 얼마나 주일 예배를 졸면서 드리고 잠자다가 기도 시간을 놓쳐 버렸는지 그리고 우리의 영적 혼수상태로 인해 얼마나 많은 복음 증거와 영적 훈련의 기회를 잃었는지, 또 얼마나 성경공부 준비를 하지 않았는지 하는 것이 우리가 죽을 때 밝혀질 것이다. 우리는 수많은 그리스도인의 삶에 능력과 열심과 기쁨이 없는 데서 이 졸음(하나님과 교제 결핍)의 슬픈 결과를 본다. 하나님이시여 우리가 무엇을 상실했는지 깨닫고, 우리의 행로를 바로잡을 수 있게 하옵소서.

크리스천은 산꼭대기에서 반대 방향으로 달려오는 소심과 불신을 만났다. 그들은 방금 산을 정복했는데, 길에서 두 마리의 사자와 마주친 것이다. 그들의 순례 여행(그리스도인의 생활)에 대한 평가는 가면 갈수록 더 많은 위험과 환난을 만난다는 것이었다. 그러나 크리스천은 돌아갈 수 없었다. 왜냐하면, 돌아가면 반드시 멸망할 것을 알고 있었기 때문이었다. 그래서 두루마리를 읽고 위로를 얻으려 했는데, 그때 그는 두루마리가 없어진 것을 발견했다. 그는 정자에서 잠자며 육신의 안락을 즐김으로써 두루마리를 잃어버리게 된 것을 깨달았다.

그래서 하나님께 용서를 빌며 두루마리를 찾기 위해 급히 되돌아갔다. 그리스도인들은 이 땅의 삶에서 바짝 정신 차리지 못하고 진취적으로 되지 않으면 일시적인 좌절을 당하게 된다. 이러한 좌절은 그리스도인들이 반드시 직면해야 하는 시련들 가운데 격려를 해 주는 확신과 기쁨, 그 밖의 많은 축복을 상실하게 한다. 이 육신의 안락에 대해 취버는 다음과 같이 주석한다.

> 그리스도인들은 종종 이런 행동을 하는데, 그 폐해는 분명히 매우 크다. 왜냐하면, 이런 행동은 하나님께서 우리 영의 성장에 기여하도록 주신 것을 육신의 쾌락과 안락을 위해 이용하는 것이기 때문이다. 우리는 천국을 향해 나아가는 데 충분한 신경을 쓰고 있지 않다. 우리는 편한 것을 너무 좋아하고, 힘든 것을 너무 싫어한다(*Lecturs*, 292).

오, 하나님이시여! 우리에게 자주 닥치는 전투 때 사용하도록 우리의 영적 근육을 강건하게 하려고 하나님께서 허락하신 은혜의 기회들을 우리가 바로 사용할 수 있도록 도와주시옵소서.

하나님께서 크리스천을 자비롭게 다루셔서 크리스천은 두루마리를 다시 찾고, 아름다움이란 이름의 궁전(교회)을 향해 서둘러 나아갔다. 그는 소심과 불신이 말했던 두 마리의 사자를 발견한다. 이 사자들은 교회를 못 가게 하는 방해들을 나타낸다. 이 방해에 대해 스펄전은 다음과 같이 진술한다.

> 일반적으로 불신앙은 이 사자들을 잘 보는 눈을 갖고 있다. 그러나 사자들이 사슬에 매여 있는 것은 보지 못한다. 주 예수 그리스도의 제자라는 신앙고백을 하는 사람들의 길에 어려움이 있는 것은 분명한 사실이다. 우리는 이 사실을 숨기려 하지 않으며, 여러분이 손익을 따지지 않고 우리와 함께하기를 바라지 않는다. 그러나 이 어려움들이 넘을 수 없는 한계를 갖고 있는 것 또한 사실이다. 순례자의 행로에 있는 사자들처럼 이 어려움들은 사슬에 매여 있고 제지 당하고 있으며, 절대적으로 전능하신 주 하나님의 지배 아래 있다(*Pictures*, 115).

크리스천은 이 사자들 때문에 크게 놀라 되돌아가려고 했다. 그러나 경계(Watchful)라는 이름의 문지기가 사자들이 사슬에 매여 있으니 염려치 말고 오라고 격려했다. 그리스도의 사역자는 영혼의 유익을 위해 경계를 게을리하지 말고, 순례자들에게 격려와 조언을 해 주어야 한다.

존 번연은 크리스천의 여행 가운데 일찌감치 아름다움의 집을 배치함으로써 한 그리스도인이 그 지역 신자들의 단체와 연결 관계를 갖는 것이 중요하다는 사실을 강조한다. 어떤 사람이 그리스도인이 될 때 그는 그리스도의 몸, 즉 '불가시적 교회'(the invisible church)의 일원이 되는 것이다. 이러한 (신자는 이미 불가시적 교회의 일원이라는) 생각으로 인해 많은 사람이 '가시적 교회'(the visible church)의 회원 자격을 중시하지 않는다. 그러나 비가시적 교회의 모든 구성원은 가시적 교회의 회중이 되어야 한다.

왜냐하면, 그리스도 자신께서 그것을 원하시고 신자들을 가시적 교회에 연결하시기 때문이다(행 2:47). 성경은 한 교회의 회원 자격이 구원의 전제 조건이라고 가르치지 않지만, 구원의 결과는 한 교회의 회원이 되는 것이라고 가르친다.

> 또한, 은혜의 수단—말씀과 성례—을 시행하는 것은 하나님께서 정하신 교회의 임무이다. 말씀을 전파하고 성례를 집행함으로써 교회는 구성원들을 양육하고 믿음 가운데 성장시킨다. 따라서 교회는 확실히 성령의 은혜에 전적으로 의지한다. 하나님께서 축복하실 때만 은혜의 수단이 효력을 나타낸다는 것은 사실이지만 하나님께서 영적 성장을 위해 교회에 이 은혜의 수단을 위임하셨다는 것은 불변의 진리이다(Kuiper, *The Glorious Body of Christ*, 112-113).

가시적 교회가 연합해야 하는 또 하나의 중요한 이유는 교회의 권징에 대한 복종이다(마 18:15-18; 갈 6:1-2). 지역교회 지도자의 권위에 복종해온 사람들에게서 우리는 한 교회의 지체가 되어 교회의 신앙 성명과 지도 및 설교에 (성경을 연구해서) 동의하는 것이 중요한 이유를 본다. 그러나 슬프게도 오늘날에는 가시적 교회에 대한 바른 견해와 이해가 없다. 그 결과 교회가 약해지고 있다. 크리스천은 아름다움의 집으로 빨리 들어가고 싶었지만, 먼저 그의 신앙고백을 심사받아야만 했다. 이렇게 신앙의 외적 증거들을 조사하는 것은 매우 타당한 처사이다. 그러나 물론 내적 증거, 즉 하나님께서 은혜의 역사(중생)를 이루신 마음은 오직 하나님만 보실 수 있다. 문지기는 네 처녀를 불러 크리스천과 이야기하게 했다.

크리스천과 이야기한 첫 번째 처녀는 분별(Discretion)이었다. 분별은 예비 교회원들을 심사하는 교회의 장로들, 또는 집사들을 대표한다. 어디서 왔는지 묻는 그녀의 첫 질문은 그가 본래 어떤 자였는지 알고 있는가를 확인하는 것이었다. 즉, 만일 당신이 (태생 때문에 그리고 행동 때문에) 죄인이라는 사실을 모르고 있다면, 사실상 당신은 아무것도 바로 알고 있지 못하다는 것이다.

또한, 분별은 또 하나의 중요한 질문으로, 그가 어떻게 이 길에 들어섰는가를 물었다. 크리스천은 자기 자신의 '길들'을 소개하는 몇몇 인물들을 만났다. 분별은 그가 좁은 문을 지나 바른길로 왔다는 이야기를 듣고 기뻐했다. 교회에 입회하도록 하는 허가는 분별하고 해야 한다. 왜냐하면, 자신이 천성을 향해 가는 신실한 순례자라는 사실을 믿는 바른 이유를 제시할 수 있는 사람들 외에는 그 누구도 교회에 들이지 말아야 하기 때문이다.

다음에 크리스천과 이야기한 처녀는 경건이었다. 교회의 이 역할의 의인화는 중요하다. 왜냐하면, 참된 경건(하나님의 뜻을 행하고 싶어 하는 진실한 열망)이 없으면 진정한 기독교 신앙은 존재할 수 없고, 단지 연약하고 무력한 교회만 존재할 뿐이기 때문이다. 경건은 크리스천을 지켜주신 하나님의 영광과 능력, 은혜가 증거 되게 하려고 크리스천에게 지금까지의 여행을 회고하도록 했다.

신중과의 대화에서 크리스천은 자신의 마음을 살펴보게 된다. 신중은 영적 문제들을 깨달으며 마음을 살피는 법을 알고 있는 신자들을 대표한다. 신중은 크리스천의 영혼 속에서 벌어지는 전투, 그의 죄악 된 본성과 은혜 간의 아직도 계속되는 싸움에 대해 질문을 한다. 우리는 여기서 로마서 7장, 즉 바울이 행하기 원하는 선과 그가 실제로 행하는 악 간의 전투를 생각하게 된다. 신중은 크리스천이 어떻게 이 영혼의 적을 정복했는지 묻는다. 이 질문에 대한 크리스천의 대답은 매우 적절하다.

우리는 십자가로 인해, 즉 십자가에 달리신 그리스도를 기억함으로 인해 죄를 극복할 수 있기 때문이다. 이렇게 그리스도를 바라볼 때, 그리스도와 영광 중에 함께 있고픈 소망 그리고 우리가 이 세상에서 맞붙어 싸우는 죄를 물리칠 기쁜 승리를 얻고픈 소망이 우리에게 임하는 것이다.

다음으로는 마음에 가득한 그리스도의 사랑에 따라 상냥하면서도 공정하게 판단하는 '자선'(Charity)이 크리스천에게 가족에 대해 질문한다. 크리스천은 자신의 아내와 네 아들이 위험을 깨닫고 그리스도께 피하게 하려면 자신이 열심히 노력하고 기도했던 일을 '자선'에게 이야기한다. 크리스천은 신자의 삶이 신자의 말에 못지않은 확신과 설득을 준다는 것을 깨닫고 있었다.

그러므로 자신의 잘못된 행동으로 인해 가족들이 순례 여행을 떠나는데 장애가 될까 봐 매우 조심스러웠다. 자신의 삶이 죄로 가득한 것을 내버려 두는 신자는 다른 사람들을 하나님의 일에 완악해지게 만든다. 그러므로 우리는 거룩한 삶을 살고자 애쓰며 기도해야 한다. 우리는 우리의 거룩하지 못한 행동으로 인해 그리스도의 위대한 목적에 해를 끼치지 않았는지 우리의 삶을 검사해야 한다.

그들이 나눈 저녁 식사는 주님의 성찬이었다. 성찬식에서 신자들은 믿음으로 예수님을 먹으라는 초청을 받고, 예수님에 의해 영생에 이르는 영생을 얻는다. 성찬식은 우리가 십자가(예수님께서 우리 죄를 대속하심), 성령으로 말미암아 예수님께서 우리 안에 거하심, 우리로 거룩한 삶을 살 수 있게 하심, 예수님께서 하나님 우편에서 우리를 위해 중보하심 그리고 주님께서 자신의 교회로 영광스럽게 귀환하심을 생각하며 예수님께서 우리를 위해 행하신 바를 묵상하고, 놀라며, 사랑하고, 찬송하는 시간이다.

> 성찬식은 기념 이상의 의미를 지닌다. 즉, 그것은 교제와 친교이다. 영적으로 자신이 행하는 바를 이해하며 이 떡을 먹고, 포도주를 받는 참 의미를 깨달으며 이 잔을 마시는 사람들은 진실로 그 마음속에 그리스도를 영접한다. 그들의 마음과 영혼 정신은 그리스도 자신과 그리스도께서 행하신 일을 먹는다. 우리는 단지 그 사실을 기념할 뿐 아니라, 그 사실의 결과를 받아 즐긴다. 우리는 단지 그리스도께서 죽으셨다고 말하기만 하는 것이 아니라, 우리도 그리스도와 함께 죽고, 오직 그리스도께서 죽으신 결과에 따라서만 살기를 바라는 것이다. 우리는 성찬의 식탁으로 나아갈 때, 그리스도와 함께 하는 운명을 받아들이는 것이다(Spurgeon, *The Metropolitan Tabernacle*, 39:218).

식탁에서 드러난 그리스도의 사랑으로 영혼이 녹아드는 경험을 한 후 크리스천은 2층의 평안(Peace)이라는 방에 누웠다. 양심의 평안과 마음의 평안은 진실한 신앙고백, 그리스도와의 교제 그리고 다른 신자들과의 친교 결과이다. 아침에 그들은 '아주 오래된 기록들'을 보며 즐거운 시간을 가졌다. 하나님의 놀라운 역사들을 읽고 묵상하는 시간은 모든 그리스도인이 하루를 시작하면서 가져야 하는 시간이다. 그리스도인들은 이 시간에 하나님을 즐겁게 경험하며 영혼에 활력을 얻게 된다.

크리스천은 기쁨의 산을 어렴풋이 바라보고(이것은 천국을 미리 맛보는 것이었다), 갑옷을 받아 입은 후 아름다움의 집을 떠났다. 그는 그곳에서 본 것들과 그곳에서 받은 교훈으로 원기를 회복하고 유익을 얻었다. 또한, 아름다움의 집에서는 취버가 다음과 같이 말한 것처럼 서로 유익을 주었다.

> 그는 많은 경건한 대화와 많은 유익한 구경들로 교훈 받고, 앞으로 가는 길의 위험들에 대비시켜 주는 전신 갑옷을 입었다. 그 집의 가족들이 그를 환대한 만큼 그도 자신의 경험을 자세히 이야기함으로써 그들을 즐겁게 했다(*Lectures*, 300)

제4장

겸손의 골짜기와 사망의 음침한 골짜기에서 받은 교훈들(pp. 107-120)

토의와 묵상을 위한 질문들

지난 3장에서 우리는 크리스천이 아름다움이라는 이름의 집에서 유익을 얻고 격려 받은 것을 보았다. 『천로역정』의 이 부분에서 크리스천은 두 개의 골짜기를 통과한다.

첫 번째 골짜기에서 그는 추악한 괴물과 무서운 전투를 벌인다.
두 번째 골짜기를 지나갈 때 크리스천은 새로운 시련들을 만난다.

그러나 이러한 역경들도 그의 전진을 멈추게 할 수 없었다. 우리는 제4장에서 몇 가지 매우 흥미진진한 진리들을 배우게 된다. 이제 서둘러 앞으로 나아가 보도록 하자.

1. 크리스천은 아름다운 궁전에서 많은 영적 축복을 받은 후 출발했다. 그는 다음에 어디를 향해 갔는가?

존 번연이 순례자의 여행 중 다음 장소로 이곳을 택한 이유가 무엇이라고 생각하는가?

2. 크리스천은 추악한 괴물을 만났다.

   그의 이름은 무엇이었는가?(계 9:11을 보라.)

   그 추악한 괴물은 크리스천이 자신의 부하 중 하나였음을 알아본다. 그가 크리스천에게 준 삯은 무엇이었는가?(롬 6:23을 보라.)

3. 크리스천은 지금 자신을 해방해 주신 '왕의 군기 아래' 서 있다. 그는 그분의 무엇을 더 사랑하는가?

4. 이 추악한 괴물은 크리스천에게 그가 가고 있는 길에서 인내하는 것을 단념하게 하고, 그가 섬기는 만왕의 왕에 대한 충성을 끊어버리기 위해 어떤 간교한 이론을 펼쳤는가?

   또한, 그에 대한 크리스천의 답변은 무엇이었는가?

5. 크리스천과 그의 대적 간의 싸움이 그토록 치열했던 이유는 무엇인가?

6. 이제 크리스천은 사망의 음침한 죽음의 골짜기로 들어선다.

   이 죽음의 골짜기에 대한 묘사에 근거해서, 이 골짜기는 무엇을 의미한다고 생각하는가?

7. 이 골짜기의 오른쪽에는 매우 깊은 구덩이가 있고, 왼쪽에는 매우 위험한 수렁이 있었다.

   이 구덩이는 무엇을 나타낸다고 생각하는가?

   수렁은 무엇을 나타낸다고 생각하는가?

   이 수렁에는 누가 빠졌으며, 누가 그를 끄집어냈는가?

8. 이 골짜기 중간에서 크리스천은 어떤 무기가 유용하다는 것을 발견했는가? 크리스천의 여행 중 이 지점에서 그것이 가장 훌륭한 무기였던 이유는 무엇 때문이라고 생각하는가?

9. "그는 이런 절망적인 상태로 꽤 오랫동안 걸어가다가, 그의 앞을 걸어가는 어떤 사람이 다음과 같이 말하는 소리를 들은 것 같았다.

> 내가 사망의 음침한 골짜기를 다닐지라도 해를 두려워하지 않을 것은 주께서 나와 함께 하심이라(시 23:4).

크리스천이 기뻐한 세 가지 이유는 무엇이었는가?

요약과 적용

아름다움 집의 네 처녀(신중, 경건, 분별, 자비)는 겸손의 계곡까지 순례자를 배웅했다. 훌륭하게 양육되고 특별한 축복을 받아 잘나가고 있는 그리스도인들에게도 위험은 항상 존재한다. 영혼이 잘되고 오만하지 않기 위해서 육신은 낮아지고 비천해져야 한다. 불평불만과 여러 가지 사건들이 일어나는 이유에 대해 하나님께 의문을 제기하는 잘못에 빠지지 않고 '겸손의 골짜기'를 내려가기란 매우 어렵다.

신자들 자신은 무엇이 최선인지 알지 못하고 하나님만 아신다는 것을 끊임없이 스스로에게 일깨워야 한다. 또한, 하나님께 가장 큰 영광 돌리는 일을 간절히 소망해야 한다.

이 골짜기에서 크리스천은 '아볼루온'(거짓왕, 파괴자를 의미한다, 계 9:11)을 만나 자신의 갑옷을 시험해 본다. 존 번연은 그리스도인의 지상 생활을 해변 등의자에 앉아 지내는 휴가 여행으로 설명하지 않는다. 크리스천이 무기를 받은 이유는 놀기 위해서가 아니라 싸우기 위해서였다. 오늘날 우리 시대의 사고 구조는 이 세상에서의 삶이 안락과 위로로 가득해야 한다는 것이다. 그리스도가 말씀하신 풍성한 삶을 육신의 온갖 즐거움을 의미하는 것으로 생각한다.

그러나 그리스도와 사도들의 가르침은 상당히 다르다. 그리스도와 사도들은 훈련을 요하는 운동 경기이자 이 세상 나그네와 이방인으로서의 삶 그리고 싸워 이겨야 할 큰 전투들에 대해 설교했다. 사람들의 영혼 속에서 치열하게 벌어지는 이 전투는 우리가 항상 하나님의 전신갑주를 입을 것을 요구한다. 그리고 전투 중에 칼을 내려놓거나 갑옷 중 어떤 부분을 잘 못 입는 병사를 가장 어리석은 자로 생각해야 한다.

사탄은 우리에게 오만, 부주의, 건망, 자기 과신, 하나님에 대한 불신, 절망으로 유혹하는 불붙는 투창을 던진다. 그는 우리에게 이 겸손의 골짜기를 내려가면 세력과 유능함에 이르는 길에서 벗어나게 된다고 말한다.

또한, 그는 우리가 너무 겸손해지면 하나님을 위해 큰일을 할 수 없다고 주장하며, 우리와 같이 위대한 재능의 소유자는 숨어 있기보다는 모든 사람의 유익을 위해 두드러지는 위치에 있어야 한다고 유혹한다. 사탄은 순례자가 이 주님의 길에서 인내하는 것을 방해하기 위해 간교하고 음흉한 이론을 사용한다.

뛰어 도망가고 싶은 유혹을 받았으나, 크리스천은 자신의 등에 갑옷이 없으므로 적과 맞서지 않으면 안전하지 못하다는 것을 깨달았다. 이어 벌어진 치열한 전투는 가장 용감한 그리스도인이라도 패배할 수밖에 없다. 그러나 사탄과의 모든 전투는 우리 주님의 전투이며 우리의 승리를 위해 사용되는 힘은 우리 주님의 힘이다.

그리스도인에 대한 참소로 인해 사탄은 '우리 형제들을 참소하던 자라는 칭호를 얻었다'(계 12:10). 크리스천은 그의 비난들을 인정하고, 관대하게 용서해 주시는 하나님의 은혜와 긍휼을 찬양함으로써 아볼루온을 반격했다. 또한, 크리스천은 지금 자신에게 남아 있는 악에 대해 신음하며 슬퍼한다고 주장했다. 여기서 우리는 자신을 낮추고 그리스도를 높이는 것이 얼마나 사탄을 격노하게 하는지를 본다. 아볼루온은 크리스천에게 죽을 준비를 하라고 외친다. 크리스천은 믿음의 방패(자신이 그리스도의 십자가 공로로 의롭다 하심을 얻었으며 매일 성화되고 있다는 믿음)를 사용해서 불붙은 아볼루온의 불화살을 막았다.

크리스천이 뒤로 넘어지고 칼을 잃었을 때는 주님께서 크리스천을 버리신 것처럼 보인다. 그때 그는 하나님의 특별한 은혜로 도움을 받아 자신의 칼을 잡았다. 신자가 가장 큰 전투를 치를 때 성령께서는 성경에서 발견되는 귀한 약속들을 마음에 깨닫게 하심으로써 신자들에게 그 약속들에 의지할 수 있게 하신다. 아볼루온이 도망칠 때 크리스천은 미소 지으며 하늘을 쳐다보았다. 이 미소는 자신이 성취한 바를 자랑하는 오만한 미소가 아니라, 그날 얻은 승리의 모든 영광을 하나님께 바치는 겸손한 감사가 넘치는 미소였다.

아볼루온과 크리스천의 전투는 반나절 이상 계속되었다. 그러나 크리스천의 자신과 싸움 그리고 세상의 여러 가지 유혹과의 싸움은 좁은 문에서 요단강까지 가는 길 내내 계속되었다. 우리는 허영의 시장에 들를 때 세상의 여러 가지 유혹과 크리스천이 그 유혹들을 어떻게 대처하는지 보게 될 것이다. 자신과의 싸움에 대해서는 크리스천이 겸손의 골짜기를 동행하는 동안 부분적으로 보았다. 그의 마음속에서 벌어지는 이 큰 전투는 여러 가지 상황이 발생할 때마다 더 자세히 관찰될 것이다.

우리가 이 관찰들을 우리 자신의 생활을 보는 거울로 사용하도록 도와주옵소서!

우리는 겸손의 골짜기를 지나는 동안 하나님께서 불행한 상황들을 사용해서 신자들을 겸손케 만드시는 것을 보았다. 겸손에 비례해서 하나님의 은혜가 크도다. 이런 상황들은 육체의 병, 경제적 곤란이 될 수도 있고, 승진할 기회에 오히려 무시당하는 경우일 수도 있다. 여기서 우리는 우리가 침체할 때 사탄이 어떻게 그 기회를 이용해서 우리를 공격하는지 보았다.

이제 우리도 한 골짜기로 들어간다. 이 사망의 음침한 골짜기는 우리가 모두 경험하는 영적 곤궁을 예증한다. 예를 들어 한때 활기차고 기쁨에 넘쳤던 예배가 공허하고 활기 없어 보일 때, 또는 하나님께서 낯을 감추시는 것 같고 신령한 일들이 모호하며 거의 비현실적으로 보일 때, 또는 신앙적인 의무들이 즐겁지 않고 무거운 짐이 되며, 마음속에서 벌어지는 죄와의 전투에 지쳐 항상 승리할 가망이 없어질 때와 같은 경우이다.

유혹을 받아 하나님이 통치하심을 의심할 때 이 사망의 음침한 골짜기는 더 어두워진다. 어떤 이들은 이 골짜기에서 다른 사람들보다 더 길고 더 어두운 시간을 보낸다. 존 번연은 그의 자서전에서 분명히 나타낸 바와 같이 이 죽음의 골짜기를 매우 잘 알고 있었다. 이 영적 침체(공황, 불황)의 골짜기는 인간의 눈에 안 보일지라도 실재하며 많은 스트레스를 준다. 취버는 이 사실을 아래와 같이 설명한다.

> 우리는 다른 사람들의 세상적인 또는 육체적인 고통에 대해서는 공감하는 반면, 그들의 영적 고통에 대해서는 덜 공감한다. 그 이유는 우리의 영적 경험의 부족에서 그리고 우리가 눈에 보이는 일들만 습관적으로 보고 감동 받으며, 눈에 보이지 않는 일은 보지도 못하고 감동 받지도 못한다는 사실에서 찾아야 할 것이다. 우리는 분별력을 가진 피조물이다. 그러므로 한 나라를 빼앗기느냐 쟁취하느냐를 놓고 싸우는 전쟁에서 느끼는 감정보다, 영혼과 천국의 영원한 득실을 놓고 싸우는 훨씬 더 크고 무서운 전투에서 더 심오한 감정을 느껴야 한다(*Lectures on the Pilgrim's Progress*, 331).

우리는 이 죽음의 골짜기가 외로움의 골짜기라는 것을 알게 된다. 왜냐하면, 이곳에서 영혼이 느끼는 그 고통을 공감하는 사람이 거의 없기 때문이다. 사망의 음침한 골짜기 입구에서 크리스천은 이 길에 대해 나쁜 소식을 전하는 두 남자를 만난다. 그들은 실제로 전혀 경험하지 못하고 멀리서 바라보기만 한 많은 위험에 대해 말하며, 자신들의 변절을 변명하려 애쓴다. 현명하게도 크리스천은 가능한 한 그들과 짧게 대화하고, 그들과의 대화를 경계로 삼아 칼을 뽑아 들고 스스로 열심을 낸다. 이 골짜기의 오른쪽에는 거짓된 안전감을 조장하는 거짓 교리를 나타내는 매우 깊은 구덩이가 있다. 많은 사람이 이 구덩이로 인도되어 빠졌다.

또한, 왼쪽에는 다윗 왕이 경험했던 것과 같이(시 32:3-4) 죄에 빠진 후 하나님의 긍휼을 받을 수 없다고 자포자기하는 절망을 나타내는 수렁이 있다. 영적 고통의 시기에 우리는 이 두 극단의 어느 한쪽에 빠지기 십상이다. 즉, 부정확한 가르침으로 인한 안심 또는 자포자기로 말미암은 절망이다.

크리스천은 골짜기 중간에 있는 지옥 입구를 어렵게 통과한다. 이 구멍에서 나오는 불꽃과 무서운 굉음은 크리스천의 칼(하나님의 말씀)을 전혀 개의치 않았으므로 그는 '모든 기도'라는 다른 무기를 사용하지 않을 수 없었다. 하나님의 말씀을 읽을 수조차 없을 정도로 심히 괴로워서, 단지 하나님께 고통의 기도를 부르짖으며 그리스도께 매달릴 수밖에 없는 때가 종종 있다.

이 골짜기의 두려움과 어둠이 부족했는지, 이번에는 마귀 한 놈이 크리스천의 귀에 대고 무서운 신성모독의 말을 속삭였다. 그런데 그것은 마치 그 말들이 크리스천의 마음에서 나온 것처럼 생각되게 하는 방식을 사용한 것이었다. 불쌍한 크리스천은 그런 생각들에 대한 고민이 자신의 마음에 반하며, 그런 생각들을 싫어하는 것이 하나님에 대한 그의 사랑을 입증한다는 사실을 깨닫지 못했다.

크리스천은 다른 순례자의 음성을 듣고 용기를 얻었다. 또한, 신자 친구가 분명히 줄 수 있는 교제와 격려를 기대했다 그러나 이 기쁜 교제는 금방 얻을 수 있는 것이 아니었다.

우리는 '왜 하나님께서는 그리스도인들이 그런 무서운 죽음의 골짜기를 지나가게 하시는 것일까?'

매우 의아하게 여긴다.

여러분은 날이 밝았을 때 그 골짜기를 돌아보며, 하나님께서 역경을 사용해서 우리를 겸손하게 만드시고, 진심으로 하나님을 찾게 하시는가? 우리를 죄악에서 정결케 하신 일이 얼마나 즐거운지 실감해 보았는가?

> 하나님께서 자기 백성의 영적 유혹과 고통을 사용하여 그들이 가장 큰 유익을 얻는데 필요한 훈련과 그들의 인격을 가장 완전하고 안정되게 하는 수단으로 삼으시는 그 지혜와 긍휼은 얼마나 놀라운가!(*Lectures on the Pilgrim's Progress*, 348).

이상하면서도 분명한 사실은 우리는 이 골짜기에서 다른 사람들의 경험에 관해 기록한 책으로는 배울 수 없으며, 반드시 우리 자신의 경험들을 통해 진리를 믿게 된다는 점이다.

> 모든 순례자는 이 골짜기를 차례차례 반드시 통과하여 마음의 무서운 악들과 유혹 세력 그리고 구세주의 전능하신 힘과 사랑에 의한 구원이 얼마나 큰지 혼자 터득해야 한다. 우리는 다른 사람이 이야기해 주는 것을 들어서 이 진리를 배울 수는 없다. 분명히 하나님께서 개인적 훈련이라는 값비싼 방법을 통해 우리를 가르치실 것이다. 아기가 처음에 기고, 그다음에 걷고, 말하고, 읽고 함으로써 모든 기능을 사용하는 법을 터득하지 않고는 바로 성인으로 성장할 수 없는 것과 마찬가지로, 우리도 이 훈련을 거치지 않고 바로 그리스도 예수 안에서 장성한 사람으로 자랄 수는 없다. 순례자로서 우리에게 필요한 중대한 훈련은 우리의 연약함을 경험하는 것과 그리스도 안에서 우리의 힘을 발견하는 방법이다. 그런데 놀라운 사실은 분명히 모든 교훈 중에 가장 단순하며 가장 명확하고, 가장 심오하며 가장 배우기 어려운 이 진리를 배우기 위해 종종 가혹한 취급이 불가피하다는 것이다(*Lectures on the Pilgrim's Progress*, 349-350).

제5장

신실(믿음)을 만난 크리스천(pp. 121-145)

토의와 묵상을 위한 질문들

이제 크리스천은 신실과 함께 여행하며 유익한 대화를 나눈다. 신실은 겸손의 골짜기에서 있었던 자신의 경험을 이야기했다. 우리는 겸손의 골짜기에서 체험한 신실의 경험이 크리스천의 경험과 매우 다르다는 사실을 본다. 진실로 그리스도인의 삶은 과자틀 같은 게 아니므로 모든 신자의 경험이 정확히 동일하지는 않다. 이 길에서 만나는 대적과 시험들은 각 사람에 따라 다양하다.

제5장의 마지막에서 우리는 떠버리 허풍선(Talkative)과 만난다. 이 복음의 위선자에 대한 존 번연의 묘사에서 우리는 복음의 교리적 진리들에 대한 단순한 지적 동의와, 이 진리들을 믿고 그것들에 따라 생활할 수 있게 하는, 중생한 마음이 소유한 은혜와 능력의 경험 간의 차이를 매우 명확히 볼 수 있다.

1. 골짜기를 벗어날 때 크리스천은 자신을 앞서가는 신실을 발견한다. 그다음 어떤 일이 일어났으며, 여기서 여러분은 어떤 교훈을 배우는가?

2. 크리스천이 '신실'에게 멸망의 도시를 떠난 후의 경험들을 이야기할 때이다.

'신실'은 크리스천의 먼젓번 동반자에 대해 어떤 이야기를 들었다고 말했는가?

3. 신실은 낙심의 수렁에는 빠지지 않았으나, 어떤 인물을 만나 큰 해를 당할 뻔했는가?

오늘날 음탕(Wanton)이 우리를 공격하는 데 사용하는 수단은 어떤 것들이 있는가?

그녀는 '신실'에게 무엇을 약속했으며, 그녀가 줄 수 없는 것은 무엇인가?

4. 고난산 밑에 도착했을 때 신실은 누구를 만났는가?

노인의 세 딸의 이름은 무엇인가?

이들 각자의 특성(또는 본성)을 설명해 보라.

만일 신실이 노인의 집으로 갔다면, 그에게 무슨 일이 일어났을까?

노인의 이마에 쓰인 경고는 무엇인가?

이 경고는 우리에게 무슨 암시들을 주는가?

5. 신실은 바람처럼 빠르게 그를 쫓아오는 사람을 만났다.

그는 누구인가?

이 사람은 무엇을 대표하는가?

그는 왜 신실을 때려눕혔는가?

신실은 누구 때문에 그에게 맞아 죽을 것을 면했는가?

6. 겸손의 골짜기에서 신실은 불만을 만났다.

불만은 신실에게 무슨 설득을 했으며, 이런 권고에 대한 그의 이론은 어떤 것이었는가?

그에게 신실은 어떻게 대답했는가?

여러분은 불만과 대화해 본 적이 있는가?

여러분은 그에게 어떻게 대답했는가?

7. 그다음 신실은 수치(Shame)의 공격을 받았다.

수치가 신앙에 대해 어떤 반대를 했는가?

우리가 하나님의 일들을 부끄러워하는 경향이 있다는 사실보다 더 우리의 타락되고 죄악 된 상태를 강력히 나타내는 증거는 없다.

여러분의 생활도 항상 이러한가?

'신실'의 어떤 말이 여러분이 '수치'에게 바른 대응을 하도록 하는 데 도움이 되는가?

8. 떠버리(허풍선)는 신실과 대화를 시작하며 자신이 배운 정통 교리들을 앵무새같이 늘어놓을 수 있었다.

떠버리가 최초로 변화되지 않은 마음을 드러낸 암시는 무엇이 있는가?

크리스천은 떠버리의 진정한 상태를 어떻게 지적했는가?

크리스천이 떠버리를 비난할 때, 그는 디도서 3:2("아무도 비방하지 말며 다투지 말며 관용하며 범사에 온유함을 모든 사람에게 나타낼 것을 기억하게 하라") 말씀에 불순종한 것이 아닐까?

여러분의 생각을 말해 보라.

9. 떠버리의 위선을 깨닫고 신실은 크리스천에게 "우리 어떻게 하면 저 자를 떼어 버릴 수 있을까요?"

이렇게 물었다. 크리스천은 신실에게 "그에게로 가서 신앙의 능력에 대한 진지한 토론을 벌이십시오"라고 제안했다.

신실은 어떤 예리한 비평으로 이 제안을 실행했는가?

10. 신실은 영혼 안에서의 은혜의 역사가 어떻게 발견된다고 말하는가?

떠버리는 신실을 '불쾌하고 음흉한 자'라고 비난하며 작별을 고했다. 존 걸리버(John Gulliver)는 이 부분에 대해 다음과 같이 논평한다.

자기반성, 영혼 검토 그리고 삶의 경영에 대한 정밀한 조사는 떠버리 신앙고백자와는 무관한 일일 것이다. 은혜의 교리들로 멋진 연주를 해 보라. 그러면 많은 사람이 따라 노래를 부를 것이다. 그러나 은혜가 영혼에 어떻게 작용하고 어떻게 삶에 영향을 끼쳐 자신을 부인하는 순종 가운데 그리스도를 따르게 하는지 자세하게 이야기해 보라. 사람들은 당신에게 화내고 당신을 떠나면서 당신을 율법적이라고 말할 것이다

(John Gulliver, *The Complete Works of John Bunyan*, 130).

11. 크리스천은 신실이 떠버리를 솔직하게 대한 것에 대해 "오늘날 이렇게 신실하게 대해 주는 일은 극히 드뭅니다"라고 평했다. 그는 떠버리 같은 자들을 책망하는 일의 중요성에 대해 어떤 이유를 말했는가?

요약과 적용

하나님께서는 은혜로 크리스천에게 동료 순례자 신실을 동반자로 주셨다. 크리스천은 신실을 따라잡아 앞질렀다가 발이 걸려 넘어질 때, 오만과 겸손에 대한 교훈을 배웠다. 자기 형제를 따라잡고 의기양양해하던 자가 이제 도리어 자신이 얕본 사람으로부터 도움을 받게 되었다. 하나님께서 우리에게 가르치시는 교훈은 우리가 지나친 자만심(영적 오만)을 가질 때, 우리가 열등하다고 느끼는 그 사람이 대개 우리가 고통 중에 있을 때 우리를 돕는다는 것이다.

신실과 크리스천은 신실이 멸망의 도시를 떠난 후 겪었던 경험들에 대해 유익한 대화를 시작한다. 저자는 이 대화에서 신실의 순례 여행이 크리스천의 순례 여행과 어떻게 달랐는지 보여 줌으로써, 사람들이 자신의 순례 여행을 다른 사람의 그것과 똑같이 모방하려는 과실을 피하게 하고자 한다. 천성을 향한 각 사람의 모험은 나름대로 우여곡절이 많다. 그렇지만 순례자들은 계속해서 앞으로 나가야 한다. 후퇴는 확실한 멸망을 가져오기 때문이다.

신실은 그가 절망의 수렁을 피했으나 음탕을 만난 일을 설명한다. 그녀는 끈질기게 조르며 매우 마음을 끄는 보상들을 약속했다. 우리는 그녀로부터 달아남으로써 엄청난 죄악을 극복했던 요셉의 방식을 사용해야 한다. 바울은 디모데에게 너는 "청년의 정욕을 피하라"라고 편지했다(딤후 2:22).

우리 각 사람은 죄에 있어서 우리가 가장 약한 영역들을 부분적으로 알고 있다. 만일 성인 영화를 봄으로써 약한 영역이 위험에 노출된다면, 그런 일을 피해야 할 것이다. 음탕은 그 자체로는 괜찮아 보이는(죄로 악용되기까지는) 많은 일을 사용한다. 신실은 음탕의 유혹에 굴복하지 않았다. 하지만 "그러나 내가 완전히 그녀의 유혹을 피한 것인지는 모르겠습니다"라고 말했다. 이에 대해 스펄전은 다음과 같이 논한다.

> 육체의 유혹들은 그것을 격퇴했을 때에도 우리에게 해를 끼칠 가능성이 있다. 석탄은 우리를 데게 하지 않더라도 우리를 검게 더럽힐 수 있다. 악에 대한 생각 자체, 특별히 이러한 악에 대한 생각은 죄이다. 우리는 이런 종류의 신문 기사를 읽을 때 어느 정도 마음이 오염되는 것을 피할 수 없다. 꽃이 필 때 향기를 공중에 풍기는 꽃들이 있다. 나는 이와 같은 사건들이 우리의 귀에 반복적으로 들릴 때 악한 영향을 퍼뜨린다고 말하고 싶다(Spurgeon, *Pictures from Pilgrim's Progress*, 146-147).

주님이시여! 우리가 음탕의 감각을 즐겁게 하는 말에 굴복할 때 반드시 빠지게 되는 구덩이에서 우리를 구하소서.

그 후 신실은 고난산 기슭에서, 아담의 원죄로 인해서 상속받은 우리의 죄악 된 본성을 의인화한 인물인 첫 사람 아담을 만났다. 첫 사람 아담은 신실에게 함께 자기 집으로 가자고 청하며 품삯을 약속했다.

그가 약속하는 품값은 무엇인가?

확실한 상속이었다.

죄의 삯은 사망이니(롬 6:23), 만일 우리가 그와 함께 거하면 그가 우리에게 남긴 것을 확실히 상속받을 것이다(우리는 진노의 후사가 된다). 신실이 피해야 할 일은 '많은 쾌락'이었다. 그렇다. 육에 속한 사람은 죄에서 쾌락을 얻는다. 그러나 만족은 없고 바람직하지 못한 결과들만 남는다. 늙은 아담에게는 세 명의 딸이 있다. 유감스럽게도 우리는 모두 그 세 명의 딸을 친밀히 알고 있다. 이 계집아이들에 대해 스펄전은 다음과 같이 묘사한다.

> 육신의 정욕에 대해서 우리는 이미 음탕이라는 주제로 말한 바 있다. 다음에는 안목의 정욕이 있다. 눈으로 아름다운 것을 볼 때, 갖고 싶은 마음이 들지 않을 수는 거의 없다. 만일 하나님의 성령께서 적절한 억제력으로 우리 마음을 지켜주시지 않는다면, 우리는 금방 탐욕스러워진다. "탐욕 하지 말라"는 계명에 대해 우리는 자주 거의 무의식적이 된다. 결국 우리는 우리의 생각과 욕망을 다루는 이 계명에 반하는 우리의 죄악에 대해 마땅히 필요한 만큼의 회개를 하지 않고 있다. 이생의 자랑에 대해서 나는 유감스럽게도, 많은 그리스도인이 옷과 돈 등 온갖 종류의 사치와 허영 속에 빠져 첫 사람 아담의 이 세 딸에게 조금씩 다가가고 있다고 말하지 않을 수 없다. 사람들이 볼 때 이생의 자랑은 가장 존경스러워 보이지만, 그녀는 육신의 정욕과 마찬가지로 아담의 친딸이라는 사실을 주의하라. 나는 우리 주 예수 그리스도께서 주목을 끌기 위해 사치스럽게 치장한 모습을 상상할 수 없다. … 이 아담의 세 딸은 오늘날 상당히 두드러진다. 그녀는 여성 의상실을 누비고 다니며 많은 남성을 부도나게 하고 재판에 보낸다. 그런데 통탄스럽게도 많은 기독교 단체들은 그녀를 초청하여 받아들이면서, 매우 잘하는 일이라고 칭찬하고 있다(Spurgeon, *Pictures from Pilgrim's Progress*, 150-151).

신실이 늙은 아담과 함께 가기로 거의 마음이 기울어졌을 때, 그의 이마에 "옛사람과 그 행위를 벗어 버리라"라고 쓰인 것을 본다. 우리 각 사람은 방종이 그리스도를 따르는 자에게 합당치 않다는 것을 깨닫고, 빈틈없이 경계하는 양심을 지니고 있어야 한다. 그리스도께서는 이 땅에 계시는 동안 정반대의 모범을 보이셨다. 우리는 우리 자신이 첫 사람 아담에게서 죄의 본성을 상속받았다는 사실을 명심해야 한다.

왜냐하면, 그러한 생각은 우리가 그리스도께서 우리를 위해 행하신 일을 소중히 여기게 하고, 우리가 구원받은 후 버린 소망 없고 부패한 본성을 더욱더 실감해서, 첫 사람 아담에게서 승리하기 위해 끊임없이 그리스도께 의존해야 한다는 사실을 깨닫게 해 주기 때문이다.

두 순례자는 첫 사람 아담에 대한 대화를 마치고 신실이 모세(하나님의 율법)에게 붙잡힌 이야기를 시작했다.

예수님께서 산상수훈에서 설명하신 바와 같이, 하나님의 율법은 외적인 행동들만 포함하는 것이 아니라, 마음의 생각과 의도들에까지 깊이 이르는 것이다. 하나님의 율법은 매우 엄격하며, 매우 순결하고, 매우 신령해서, 어떤 자라도 때려눕히고 절망에 빠뜨릴 수 있다. 율법과 자신의 죄악된 마음과 행동들에 대해 자세히 알게 될 때 신자는 낙심에 빠질 수 있다. 하지만 그로 인해 그는 그리스도를 겸손히 의지하고 다른 신자들을 동정할 수 있게 된다. 유일하게 구원을 베풀 수 있는 그리스도의 못 박힌 손에 우리는 얼마나 감사를 드려야 마땅할까!

그러나 마음이 완악하고 눈이 먼 어리석은 자들은 의를 얻기 위해 율법에 복종하려는 헛된 시도들을 한다.

그 후 신실은 겸손의 골짜기에서 이야기를 나눔으로써 더 잘 알게 된 대적인 불만을 만난다. 처음에 그리스도인들은 기독교 신앙을 충성스럽게 지킴으로 인해 받는 멸시를 피할 수도 있을 것으로 생각할지 모른다. 그러나 반대하는 친구들을 상실하고 세상적으로 하락을 경험할 때 불만이 나타날 수 있다. 그들은 육욕에 반하는 희생과 이 세상 '보화'의 상실이 그만한 가치가 있는지 의심을 제기할지 모른다. 신실은 이 모든 점을 신중히 숙고해서 교만, 자만, 허영, 세상의 영광과 부, 쾌락에 대한 욕망에서 솟아나는 불만을 극복했다. 그는 인내와 같이 하나님에게서 오는 미래의 상과 명예를 바르게 선택한 것이다.

신실이 다음에 만난 자는 철면피한 수치였다. 수치의 신앙에 대한 반론들은 신실의 사려 깊은 논증 때문에 반격당한다. 신실은 하나님께서 말씀하신 것이 가장 옳다는 것을 알고 있다. 하나님의 일들을 부끄러워하는 것은 그리스도의 영광과 영혼의 안녕에 매우 큰 해를 끼친다.

수치 앞에서는 세상의 위신을 잃을까 두려워 굽신거리지 말고, 당당히 맞서 압도해 버리는 것이 좋다. 그리스도께서는 누구든지 사람 앞에서 나를 부끄러워하면, 자신도 아버지 앞에서 그를 부끄러워하실 것이라고 말씀하셨다 (막 8:38). 이 교활한 악당 수치에 대해 알렉산더 화이트는 다음과 같이 말한다.

> 현재 우리 영혼은 혼돈에 빠져 있으므로 전혀 수치스럽지 않은 많은 일을 매우 수치스러워한다. 반면에 우리는 실제로 비난받을 만하고 천하며 비열한 수많은 일을 전혀 수치로 여기지 않는다. 우리는 올바로 파악하면 좋은 기회와 영예가 될 수 있는 중요한 상황들을 부끄러워한다. 우리는 전능하신 하나님의 분명한 뜻과 직접적인 섭리에 속한 것들을 부끄러워한다(Whyte, *First Series Bunyan Characters*, 171).

수치는 분명히 우리의 타락한 본성으로부터 어느 정도 도움을 얻고 있다. 우리는 하나님께 우리의 가장 좋은 친구 예수님을 지지할 수 있는 담대함을 구하도록 하자.

신실은 자신의 지내온 일을 자세히 이야기한 후 떠버리를 만나게 된다. 이 허풍쟁이에 대해 취버는 다음과 같이 말한다.

> 혀로는 신앙고백자이나 삶에서는 신앙인이 아니며, 말씀을 듣기는 하나 행하지 않는 자요, 신앙의 큰 치욕이며 세상 사람들의 묘사대로 말하자면, 밖에서는 성자이고 집에서는 악마이다. 그러나 그는 "하늘의 일이나 땅의 일이나, 도덕적인 일이나 복음적인 일이나, 신령한 일이나 세속적인 일이나 … 상황에 따라 무슨 일이든지 간에 대단히 말 잘하는 이야기꾼이다. 이런 모든 말이 유익이 된다면 얼마나 좋을까만은, 그렇지 못한 것이 사실이다!" 신실은 이자에게 크게 반했다. 그래서 그는 크리스천에게 "정말 용감한 동반자를 얻었습니다. 분명히 이 사람은 매우 뛰어난 순례자가 될 것입

니다"라고 말했다. 그러나 그를 잘 알고 있었던 크리스천은 그의 출신과 인격에 대해 말해 주었다. 그래서 신실은 크리스천의 지시에 따라 신앙을 주제로 대화하여 곧바로 그가 실제 어떤 지인지 밝혀내고 그를 떼어내 버렸다(Lectures on the Pilgrim's Progress, 360-361).

떠버리(마 23:3)가 은혜에는 생소한 심령의 소유자라는 것을 확실히 알 수 있다. 왜냐하면, 그는 자신이 말하는 것을 실천할 열정이나 능력을 갖추고 있지 못하기 때문에 행치 아니한다. 마음속에 소유한 진정한 은혜는 하나님께 영광을 돌리는 경건한 생활(하나님의 뜻에 대한 순종)로 나타난다. 잘못이 드러났는데도 반성은 안 보이고 변명만 늘어놓는 자가 있다면, 우리는 "형제들아 우리 주 예수 그리스도의 이름으로 너희를 명하노니 게으르게 행하고 우리에게서 받은 전통대로 행하지 아니하는 모든 형제에게서 떠나라"(살후 3:6)라고 하는 사도의 조언을 유념하는 것이 좋다.

말과 생활이 일치하지 않는다는 추문이 있는 신앙고백자들을 교회 회원으로 받아들이는 것은 그들의 영혼에 유익하지 못하다. 그들의 행동은 비신자들이 그들을 지적하며 "이 그리스도인들이 얼마나 위선자 집단인지 보라"라고 말할 기회를 주게 되며 궁극적으로 그리스도의 신부인 교회에 불명예를 가져온다.

이런 떠버리들에게서 떠남으로써 우리는 그들이 계속 자신을 속이도록 거드는 것을 거부하고, 스스로 반성할 때까지 내버려 두어야 한다. 그러면서 우리는 그들이 스스로 반성해서 자신들의 언행 불일치를 부끄럽게 여기고 그리스도를 찾게 되기를 소망하며 기도해야 한다.

제6장

허영 시장의 유혹들(pp. 146-156)

토의와 묵상을 위한 질문들

크리스천과 신실은 길에서 다시 복음 전도자를 만난다. 그들은 복음 전도자를 진심으로 반가워하며 자신들의 영원한 유익을 위한 그의 친절과 수고에 감사를 표시한다. 그들은 복음 전도자에게 헛된 시장에서 닥칠 시련의 때에 대해 경고받고, 계속 앞으로 나아간다. 크리스천과 신실은 허영 시장에서 이질적인 사람들임이 금방 드러난다. 그리고 그들은 진리를 추구한다는 이유로 박해받는다. 가장 야비한 재판이 열리고 헛된 시장의 불경건한 자들의 판단에 따라 선고가 내려진다.

1. 이제 크리스천은 복음 전도자와 세 번째 만난다.
   여러분은 복음 전도자와 크리스천의 첫 번째와 두 번째 만남을 기억하는가?
   그 만남들에 대해 설명해 보라.
2. 크리스천과 신실은 복음 전도자에 대한 자신들의 지속적인 사랑과 우정을 어떻게 나타냈는가?

3. 복음 전도자는 크리스천과 신실에게 두 가지 질문을 했다.
   그 질문들은 무엇이었으며, 여러분은 이 질문들에서 복음 전도자에 대해 무엇을 배우게 되는가?
4. 복음 전도자는 크리스천과 신실에게 다섯 가지를 권고했다.
   그 권고들은 무엇인가?
5. 크리스천은 자신들에게 일어날 역경들 그리고 그 역경들과 싸워 승리할 방법을 이야기해 달라고 복음 전도자에게 요청했다.
   복음 전도자가 설명한 일들은 어떤 것들인가?
6. 여러분은 허영 시장(Vanity Fair)이 왜 그런 이름을 얻었다고 생각하는가?
7. 존 번연은 많은 물건을 열거하며 이 시장에서 파는 상품들을 묘사한다.
   이 물건들은 무엇이며, 이것들이 나타내는 죄의 유형들은 무엇인가? 오늘날의 그리스도인들은 이와 동일한 유형의 죄에 어떻게 사로잡혀 있는가?
8. 다음 문장의 의미를 설명해 보라. "모든 시장마다 가장 주된 상품이 있는 것처럼, 이 시장에서는 로마의 상품들이 큰 인기가 있었는데, 영국인과 몇몇 다른 국민만이 이 로마 상품들에 대해 혐오와 우려를 보였다."
9. 허영 도시의 백성들은 크리스천과 신실이 들어오자 왜 웅성거렸으며, 왜 대소동이 일어났는가?
10. 허영 시장의 사람들이 그들을 끌고 가 매질하고, 진흙 바닥에 마구 굴려 흙투성이로 만든 후, 철창 속에 넣어 시장의 모든 사람에게 구경거리로 만들었다. 크리스천과 신실이 당한 것과 같은 경험을 여러분은 당해 본 적이 있는가?
11. 크리스천과 신실은 그들의 박해에 어떻게 반응했는가?
    크리스천과 신실의 행동에 대한 헛된 시장 사람들의 반응은 어떠했는가?

12. 크리스천과 신실은 철창 속에 갇혀서 어떻게 서로를 위로했는가?
13. 그의 이름이 적절해 보이는 선을 증오하는 재판장이 판결한 것들은 무엇인가?

> 만일 여러분이 자신의 마음에 가까이 귀를 갖다 댈 수 있다면, 여러분은 때때로 자신의 명령에 복종하지 않는 남녀들을 죽도록 고문하라고, 이곳과 같은 선고를 내리는 인간 뱀의 끔찍한 위협 소리를 들을 것이다. 그리고 자신의 경쟁 상대가 어떤 고통을 당할지 생각할 때, 이곳에서 들은 것과 똑같은 잔인한 웃음소리가 여러분의 입술에서 새어 나올 것이다. 우리 모두의 마음속에는 이곳에서 보는 것과 똑같은 지옥의 형제가 들어 있다(Whyte, *First Series Bunyan Characters*, 195).

여러분 마음의 어떤 부분이 선을 증오하는(미워하는) 나리(Lord Hate-good)라는 재판장 증선경과 닮았다고 생각하는가?

14. 세 명의 증인이 재판에 나왔다. 그들의 이름을 열거해 보라. 그리고 그들의 증언을 각각 요약해 보라.
    그들의 증언에 신실은 어떻게 응수했는가?
15. 배심원들의 이름을 읽은 후, 여러분은 어떤 판결이 신실에게 내려지리라 생각했는가?
    여러분은 이 배심원 중의 어떤 자(자들)처럼 행동한 적이 있는가?
    어떤 자(자들)같이, 어떻게 행동했는가?
16. 신실에게 가해진 여섯 가지 형벌은 무엇인가?
17. 신실은 이 상황에서 어떻게 사실상의 승리자가 되었는가?
18. 이 단락에서 여러분이 이해 못한 부분, 주제 또는 사람들이 있었는가?
    아마 당신과 함께 모인 사람들이 해석하는 데 도움을 줄 것이다.

요약과 적용

크리스천과 신실은 그리스도에 대해 그리고 그리스도께서 사랑으로 자신들을 대해 주시는 데 대해, 나누는 영혼에 원기를 주는 대화로 인해 수월히 광야를 통과했다. 우리도 그들의 모범을 따르면 좋을 것이다. 우리에게 향하신 하나님의 자비하신 행동들을 회고할 때, 우리의 지루하고 어려운 시간은 즐거운 행로로 변할 수 있다. 우리가 그리스도인 친구들과 나누는 대화는 종종 우리의 애정이 어디에 있는지 드러내 준다. 여러분은 친구를 주의해서 택하라. 또한,

> 하나님과 많은 시간 함께 있는 사람들과 많은 시간 함께 있고 … 천국에서 여러분의 동반자가 될 사람들을 땅에서 동반자로 삼으라(Spurgeon, *Pictures from Pilgrim's Progress*, 169-170).

존 번연은 이곳에다 복음 전도자와의 세 번째 만남을 적절히 배치한다. 우리의 순례자들은 헛된 시장으로 가서 박해받게 될 것이다. 그들은 이 세상이 참된 순례자들에게 종종 나타낸 적의를 생각할 때 박해를 예상할 수 있었다. 소심한 신자들은 종종 세상으로부터 은둔해서 이러한 악한 대우를 피하려는 유혹을 받는다. 그러나 하나님께서 자주 우리를 부르시는 능동적인 섬김과 공적 상황들에 대해 단지 조용히, 안전히 살기 위해 태만한 것은 불순종이다. 우리는 말씀에서 선한 지도를 찾으며, 말씀을 열심히 연구함으로써 시련들을 예상하고 대비해야 한다.

크리스천과 신실은 여러 가지 이유로 자주 만나지 못했지만, 이 두 사람을 모두 그리스도께로 인도한 복음 전도자의 말은 훌륭히 열매 맺었다. 복음 전도자가 크리스천과 신실의 영혼 성장 상태에 대해 그리고 그들의 순례 여행에 대해 질문할 때, 그는 자신이 충성된 복음 사역자임을 나타낸다.

이들은 복음 전도자와 다시 만났을 때, 격려와 활기를 주는 그의 권고를 들으며 얼마나 기뻤을까! 지금 그들은 헛된 시장이라는 큰 도시 가까이에 있었기 때문에 특별히 그 권고들이 필요했다. 지금 복음 전도자가 그들과 만난 목적의 일부는, 그들이 헛된 시장에서 마주칠 일들에 대해 미리 경고하고, 모든 박해 가운데서 용감하게 처신하라는 권고를 그들에게 주기 위함이었다. 엄숙하고 심원하면서도 감동과 원기를 주는 그의 음성은 마치 전투 전날 밤의 나팔 소리같이 들렸다(Cheever, *Lectures on the Pilgrim's Progress*, 361).

복음 전도자는 크리스천과 신실에게 믿음을 굽히지 말고, 소망 가운데 기뻐하며 마음을 살피고, 하나님의 은혜가 충만해지라고 지시했다. 이 모든 사항은 두 사람이 가려는 도시에서 특별히 필요한 것이었다. 복음 전도자는 그들에게 헛된 시장에서 가장 어려운 순간과 순교가 그들을 기다리고 있다고 일러주었다. 우리는 항상 이 세상에서는 만족과 안식을 찾을 수 없다는 사실을 잊지 말아야 한다.

크리스천과 신실은 복음 전도자의 경고와 권면 격려에 대해 진심으로 감사했다. 이 경고와 권면 그리고 격려는 그들이 헛된 시장에서 믿음을 잔인하게 시험받을 때 큰 도움이 되었다. 이 우화에서 지금까지 보아 온 우리 순례자들의 여행기는 은밀한 영혼의 투쟁에 중심을 두어 왔다. 그러나 이제 우리는 그리스도인이 직면하지 않을 수 없는 여러 가지 외적 투쟁들을 나타내는 헛된 시장으로 들어간다.

이 세상의 여러 가지 유혹물들이 눈으로 볼 수 있고 손으로 만질 수 있는 형태로 제시된다. 그래서 우리는 이 시장의 여러 가지 유혹들 가운데 순례자들이 처신하는 모습을 매우 현실적으로 볼 수 있다. 여기서 존 번연은 신자들과 비신자들 간에 존재하는 분명한 대로를 묘사하며, 또한 신자들이 이 세상의 불경건한 자들에게 어떻게 생각되며 어떠한 대우를 받는지 묘사한다.

그리스도를 따르는 사람들이 성경에서 말하는 도덕 기준들에 대해 분명한 태도를 보인다면, 그들은 반드시 온갖 종류의 경멸스러운 표현들로 지칭될 것이다. 그들이 받는 지칭과 반응들은 다음과 같은 것이다.

"성인군자인 척하고 있네! 얼마나 편협하고 애정 없는 자인지!"

그들은 우리에게 목에 힘주지 말고 긴장을 풀라고 말한다.

"네가 얼마나 큰 즐거움을 빼앗기고 있는지 알아?"

그렇지만 성경에 묘사된 그리스도인은 세상을 초월해서 사는 사람, 세상에 대해 죽고 '하나님의 경영하시고 지으실 터가 있는 성'(히 11:10)을 향해 여행하면서, 세상에서 외국인과 나그네처럼 행하는 사람이다.

크리스천과 신실은 이 시장에서 물건을 사지 않았다. 왜냐하면, 그들은 헛된 시장에는 있을 수 없는 참되고 영원한 기쁨과 만족을 발견했기 때문이다.

> 그리스도인의 가장 행복한 상태는 가장 거룩한 상태이다. 태양에 가장 가까운 곳이 가장 뜨거운 것처럼, 그리스도와 가장 가까운 곳이 가장 행복한 곳이다. 그리스도인의 눈이 헛된 것에 고정될 때, 그는 위로를 소유하지 못한다. 나는 불경건한 자들이 쾌락에 빠지는 것을 비난하지 않는다. 그들이 실컷 즐기도록 내버려 두라. 그들이 즐길 수 있는 것은 그게 전부다. 그러나 그리스도인들은 이 세상의 무의미하고 부질없는 일들보다 더 높은 영역에서 기쁨을 찾아야 한다. 헛된 추구는 중생한 영혼에 치명적으로 위험하다(Spurgeon, *Pictures*, 161).

이 시장에는 어마어마하게 다양한 상품들이 전시되고 있다. 가옥, 토지, 금과 은, 진주, 보석 등 없는 것 없이, 모든 종류의 유혹물들이 있다. 왜 사람들은 그렇게 큰 노력을 기울여도 전혀 애정으로 응답할 수 없는 생명 없는 대상들(예를 들어 차, 집, 가구 등)을 추구하는 데 그처럼 많은 시간과 정성을 쏟는지 영문을 알 수 없다.

사람들은 종종 이 세상의 헛된 것들을 미친 듯이 쫓아다니느라 교제들

(교회에서의 교제, 가정에서의 교제, 하나님과의 교제)에는 거의 시간을 할애하지 못한다. 그러나 영원한 것들이 궁극적으로 자기 자리를 찾을 때, 이 세상의 헛된 것들은 사라질 것이다.

우리는 선한 것들을 찾는다며 많은 시간을 소비하면서, 정작 가장 선한 것들을 놓치고 있지 않은가?

우리는 자신들이 모아 놓은 것들의 노예가 되어 헛된 과시로 나날을 보내는 사람들을 보며, 재물의 현혹성에 대한 교훈을 받는다.

이 시장에 전시된 또 다른 멋진 상품들은 우리의 이기심과 상상력을 잔뜩 부풀리는 세상의 명예와 특혜의 직함들이다. 사람들의 평가에 무관심하고 거룩함(그리스도인의 진정한 영광과 영예)을 얻으려 애쓰는 진실한 신자들에게 그런 것들은 얼마나 공허하고 무의미한가! 확실한 회심자들의 공로와 업적에 대한 응답은 "우리는 무익한 종이라 우리의 하여야 할 일을 한 것뿐이라"(눅 17:10)라는 말이다. 또한, 이 시장에는 모든 종류의 쾌락이 전시되어 있다.

> 죄를 더욱더 위험하게 만드는 것은 죄의 즐거움이다. 사탄은 절대로 자신의 독들을 노골적으로 팔지 않는다. 그는 항상 자신의 독들을 판매하기에 앞서 도금을 한다. 쾌락들을 주의하라. 쾌락 중 해가 없고 건전한 것도 많이 있다. 그러나 파괴적인 것 또한 많다. 가장 아름다운 선인장이 자라는 곳에는 가장 무서운 독사가 숨어 있다고 한다. 죄도 이와 마찬가지이다. 여러분이 가장 좋아하는 쾌락들은 여러분의 가장 끔찍한 죄악들을 품고 있을 것이다. 조심하라! 클레오파트라를 물어 죽인 코브라는 꽃바구니 속에 넣어 드려 보내졌다. 사단은 우리 각 사람에게 특별한 기쁨을 주겠다고 제의한다. 그는 우리를 손아귀에 넣기 위해 쾌락으로 우리를 유혹한다(Spurgeon, Pictures, 164).

"이 시장에는 로마 상품들이 큰 인기가 있었다"라는 말은 로마 가톨릭 교리에 대한 언급이다. 종교개혁과 가까운 시기에 활동했던 번연의 상황을 고려할 때 우리는 이 말을 이해하게 된다. 그는 로마 가톨릭의 상품(면죄부 교리)이 이 시장에서 큰 인기가 있다고 말한다. 하나님과 물물교환을 하듯, 천국에 들어가는 자격을 선행과 순종으로 살 수 있다고 가정함으로써 천국과 칭의를 손상하며, 인간을 높이고 그리스도의 은혜로운 역사와 영광, 존귀를 저하하는 이 교리는 얼마나 오만방자하고 비성경적인가!

이 로마의 상품들이 지금도 계속 팔리고 있으니, 얼마나 슬픈 일인가!

존 번연은 우리가 사는 이 악한 세상을 매우 생생히 묘사한다.

이 세상의 상품들은 얼마나 매력적인가!

존 걸리버는 다음과 같이 말한다.

> 얼마나 많은 사람이 순례자라고 고백하면서도, 이 시장에서 전혀 발길을 돌리지 못한 채 일 년 내내 그 가운데 살고 있는지 알 수 없다!
>
> 그들은 이 세상의 풍조를 따라 지낸다(엡 2:2). 만일 당신이 이 세상과 이 세상의 헛된 것들로부터 해방되지 않는다면, 당신은 순례자가 될 수 없다. 만일 당신이 세상을 사랑하고, 세상이 당신의 최고의 애정을 소유하고 있다면, 하나님의 사랑이 당신 안에 없기 때문이다(요일 2:15; *The Complete Works of John Bunyan*, 132).

세상에 속한 사람들과 구별할 만한 것이 생활에서 아무것도 발견되지 않는 사람들은 자신들이 그리스도의 새로운 피조물이라고 결론 내릴 근거가 없다. 이 세상에 대한 순응은 우리의 도덕과 영혼을 오염시킨다. 이 세상과 타협하는 두 마음은 그리스도인들의 대장께서 제시하신 모범이 아니다. 아무렇게나 행하지 말라. 죄와 너무 가까이 있지 말라. 죄는 모래 늪처럼 분명히 여러분을 빨아들일 것이다.

거룩하지 못한 교회! 그런 교회는 세상에서 쓸데없고, 사람들의 존중을 얻지 못한다. 그런 교회는 지겨운 것이요, 지옥의 웃음거리이며, 천국의 혐오 대상이다. 지금까지 세상에 존재했던 악 중 가장 큰 악은 거룩하지 못한 교회가 세상에 끼친 악이다.

오, 그리스도인이여!

주님께서 그대에게 하신 서원들이 있지 않은가?

그대는 하나님의 제사장이 아닌가?

그러므로 제사장답게 행동하라. 그대는 하나님의 왕이 아닌가?

그대의 정욕들을 다스리라, 그대는 하나님이 택한 백성 아닌가?

벨리알과 사귀지 말라, 천국이 그대의 것 아닌가?

천국에 속한 영답게 생활하라. 그때 그대 자신이 예수님을 믿는 진정한 믿음을 소유하고 있음을 입증하는 것이다. 만일 삶이 거룩하지 않다면 그 마음에 믿음이 존재할 수 없다(Spurgeon, *Pictures*, 170).

진리와 거룩에 속한 문제들을 타협하려는 모든 시도는 오류에 기초하고 있다. 만일 우리가 스펄전의 다음과 같은 말을 유념한다면, 우리의 생각과 행동은 달라질 것이다.

> 오, 그리스도인이여! 그대가 왕 중 왕의 자녀라는 것을 기억하라. 그러므로 그대는 세상에 의해 오염되지 않도록 자신을 지켜야 한다. 곧 천국의 수금을 타야 할 손가락을 더럽히지 말라. 곧 아름다운 모습의 왕을 뵙게 될 눈으로 정욕의 창문이 되게 하지 말라. 곧 황금길을 걸어야 할 발이 진흙탕에 더럽혀지지 않도록 하라. 머지않아 천국으로 충만해지고 황홀한 기쁨으로 넘쳐흐를 마음을 오만과 원한으로 가득 차게 하지 말라(Spurgeon, *Pictures*, 166).

크리스천과 신실은 다른 옷(그리스도의 의의 옷)을 입고 있었고, 그들의 말은 가나안 언어(신령한 대화)였으며 이 시장의 물건들에 감동하지 않았기 때문에 도시에 대소동을 일으켰다. 크리스천과 신실이 사려는 것, 곧 진리는 헛된 시장에서 얻을 수 없었다.

왜냐하면, 이 악한 세상은 거짓의 아비가 만들어 내는 미혹 아래 있고, 그의 거짓말에 속고 있기 때문이다. 신자들은 그리스도 안에서 발견되는 진리를 추구하기 때문에 사탄은 세상을 선동해서 신자들을 대항하도록 한다. 만일 우리가 경건한 은혜의 삶을 살면 박해를 피할 수 없다는 것은 우리 시대에도 분명한 사실이다.

> 이 두 순례자가 세상의 것들―하나님의 뜻에 위배되는 것들―에 무관심한 데 대해 놀라고 분개한 헛된 시장 사람들이 혼란을 일으키자, 불쌍한 크리스천과 신실은 체포되었다. 조사 받는 동안 이 두 사람이 자신들의 원칙을 말하자, 시장 사람들의 분노는 더욱 커졌다. 크리스천과 신실은 매질을 당하고 철창에 갇혔다. 매질과 멸시를 당해도 그들은 중심을 잃지 않았다. 그들의 태도는 루터가 "주님 안의 기쁨은 다른 그 무엇보다도 사탄의 제국에 치명적인 해를 끼칩니다. 자! 우리 찬양을 불러 악마를 괴롭힙시다"라고 말할 때 보여 준 태도와 같은 것이었다(Spurgeon, *Pictures*, 187).

부당하게 박해당할 때 욕설을 욕설로 갚지 않고, 훌륭한 태도로 고난을 견디는 사람들은 그 행동으로 하나님께 영광 돌리는 것이다. 그들은 자신들을 모욕하는 자들을 수치스럽게 하며, 그들이 조용히 복종하는 태도는 가장 잔인하고 가장 완악한 양심에 가책을 준다. 그리스도께서 "아버지 저들을 사하여 주옵소서 자기들이 하는 것을 알지 못함이니이다"(눅 23:34)라고 말씀하시며 보이신 모범을 따르는 사람들에게 하나님께서는 위로를 주실 것이다.

얼마 후 크리스천과 신실은 끌려가서 재판을 받았다. 존 번연은 자신의 삶을 통해 이러한 재판에 대해 분명히 잘 알고 있었다. 그들의 고소장은 이러했다.

"피고들은 상업을 해하는 자들이며 혼란케 하는 자들로서 이 도시에 소요와 분쟁을 일으켰고, 또 군주의 법률을 멸시하고 가장 위험한 견해를 지닌 당파를 만들었다."

이런 고발을 당해본 적이 있는가?

여기서 존 번연이 사용하는 인물들의 이름은 오늘날에도 신자들이 세상의 재판을 받는 실제적인 이유를 밝히고 있다. 부패한 인간 심령의 법칙들이 재판장인 선을 증오하는 나리(증선경)(Lord Hate-good)와 증인들인 시기(Envy), 미신(Superstition), 아첨(Pickthank) 그리고 배심원들인 소경(Mr. Blind-man), 쓸모없는 자(Mr. No-Good), 악의(Mr. Malice), 호색(Mr. Love-lust), 방탕(Mr. Live-loose), 성급(Mr. Heady), 교만(Mr. High-Mind), 적의(Mr. Enmity), 거짓말쟁이(Mr. Liar), 잔인(Mr. Cruelty), 빛을 싫어하는 자(Mr. Hate-light), 무자비(Mr. Implacable) 등을 통해 제시된다.

이 법칙들은 하나님과 하나님의 거룩한 특성, 하나님의 지혜와 하나님을 섬기는 모든 사람에 대한 증오로 표현된다.

선을 증오하는 재판장의 재판은 그리스도인들이 경건하면 할수록 더 증오받으리라는 사실을 예증한다. 이렇게 선한 사람들은 그들의 선한 행동으로 불신자들이 추구하는 부도덕과 이기주의, 오만과 악을 거역하고 드러낸다. 선의 거룩하고 순결한 빛은 악한 자들을 끊임없이 괴롭힌다. 그래서 그들은 자신들의 어두운 생활을 밝히 드러내는 그 빛을 제거하려 하는 것이다.

시기는 첫 번째로 등장하는 증인이다. 그는 신실이 자신들의 국가와 관급, 통치자에게 충성하지 않았다고 고발한다. 시기는 악마의 성질 자체이며 우리의 타락한 본성의 상당 부분을 나타낸다.

> 가장 선한 일들로는 깨어나지 않다가 악한 일들에 의해 깨어나는 시기는 얼마나 철저하고 지독하게 악한 감정인가! 다른 사람의 재능, 업적, 다른 사람이 받는 칭찬과 상은 시기심을 유발한다. 다른 사람이 비난과 멸시, 고통을 받아야 시기는 만족한다. 시기는 분명히 인간의 마음에 존재하는 지옥의 일부분이다(Whyte, *First Serles*, 95-96).

형태와 의식으로는 신앙이지만 신령과 진리로 하나님을 예배하지 않는 미신은 헛된 시장의 종교에 대한 신실의 평가(즉, 시장 사람들이 헛된 예배를 드리고 있고 계속 죄 가운데 있으며, 궁극적으로 저주 받을 것이라는 평가)를 정확히 진술한다.

마지막으로 등장한 증인은 아첨이다. 아첨은 신앙의 원칙을 갖고 있지 않은 데다, 어떤 당파든지 자신의 이익에 부합하고 세상에서 출세시켜 줄 것 같으면, 그 파의 복장을 입는 자이다. 우리는 아첨이 신실에게 한 불리한 증언이 우리에게도 해당되기를 간절히 바라야 할 것이다.

마지막으로 신실은 자기를 변호한다. 그는 자신의 생활과 행동의 기준으로 하나님의 계시를 제시한다. 이 기준이 인기 없을지라도, 여전히 하나님의 계시임에 변함없다는 것이다. 그다음 미신에 대한 응답으로서 신실은 자신의 성정에서 발견되는, 여생에 유익한 일만 행한다고 말한다. 그리고 아첨과 아첨이 거론한 자들에 대해 신실은 악한 정욕이 그들을 지옥에 어울리는 자들이 되게 만들었다고 지적하고, 세상의 행사가 악하다고 증거한 까닭에 세상의 미움을 받으신 그리스도와 자신이 일치한다고 주장한다.

선을 증오하는 재판장은 배심원에게 과거의 사례들과 그들이 판결했던 적 그리스도적인 판례들에 대해 훈시한다. 배심원들의 이름을 볼 때, 그들의 평결은 쉽게 추측할 수 있다.

주님이시여! 우리도 신실이 범한 것과 같은 범죄자로 판결되어 참된 순례자에게 어울리는 선고를 받게 하소서.

신실의 시련은 헛되지 않았다.

> 왜냐하면, 신실의 순교는 헛된 시장에 쉽게 꺼지지 않는 빛을 밝혔으며, 신실의 모범으로 인해 그 도시의 많은 사람이 소망처럼 되었기 때문이다. 진리를 증거하는 한 사람(신실)의 죽음에 의해 많은 사람이 그 증거에 감동되었다. 그렇지 않았다면 세상 끝날까지 완악한 채로 남아 있었을 사람들이 많았을것이다(Cheever, *Lectures*, 380).

신실이 그분의 깃발 아래서 그처럼 용감히 섬긴 왕을 만나게 하려고 천사의 병거가 급히 그의 영혼을 싣고 천국으로 간 일에서 알 수 있는 바와 같이, 그에게는 확실하고 영원한 상이 기다리고 있었다.

선을 증오하는 나리 '증선경'(Lord Hate-good)은 아모스 5:15에서 "너희는 악을 미워하고 선을 사랑하며 성문에서 공의를 세울지어다"라는 말씀을 정반대로 행하는 재판장이다.

제7장

소망이 크리스천과 동행하다(pp. 157-182)

> 토의와 묵상을 위한 질문들

헛된 시장을 떠난 후 크리스천은 또 한 명의 훌륭한 동반자, 소망(Hopeful)을 만난다. 그들은 이기주의(By-ends)와 대화하며, 항상 두 마음을 품는, 영혼을 속이는 파멸적인 오류와 마주친다. 크리스천과 소망은 이기주의의 상태를 인식하고 그를 멀리한다. 그러자 이기주의는 뜻맞는 교제를 나눌 만한 세 명의 새로운 동반자를 발견한다. 그들은 돈 사랑과 그리스도 사랑을 일치시키려고 시도한다. 하나님께서 크리스천과 소망을 은혜롭게 보호하시는데도, 이 두 순례자는 돈벌이 언덕(hill Lucre)에서 데마를 지나친 후, 자신들의 지혜를 믿고 [죄악 된 선택을 해서] 절망(Despair)이라는 이름의 거인 손아귀에 떨어진다.

1. 이제 소망이 크리스천과 동행하며 '의형제'를 맺는다.
   여러분은 이 형제의 언약에 무엇이 포함된다고 생각하는가?
   만일 여러분이 친구 그리스도인과 의형제를 맺는다면, 그 언약에는 무엇이 포함되겠는가?
2. 헛된 시장을 떠난 후 소망과 크리스천은 이기주의와 만난다.
   여러분은 이 인물을 어떻게 설명하겠는가?
3. 이기주의는 한꺼번에 두 길을 가려 한다. 그는 종교를 갖고 동시에 세상에 매달리는, 두 목표를 갖고 있다.
   이것이 왜 불가능한가?(눅 16:13)
4. 이기주의는 두 가지 작은 차이 때문에 '너무 엄격한 신앙이 있는 사람들'과 자신이 다르다고 말했다.
   이 두 가지 작은 차이란 무엇인가?
   이런 유형의 철학을 가진 그리스도인들은 오늘날 어떻게 행동하는가?
5. 이기주의는 소망과 크리스천에게 자신의 별명을 얻은 내력을 설명할 때, 어떻게 위선적인 성격을 드러냈는가?
6. 크리스천과 소망은 이기주의를 떠났다.
   그의 새로운 동행자가 된 세 인물은 어떤 자들인가?
   이 세 인물은 학교 동창생들이었다.
   그들의 교사는 누구였으며, 그는 그들에게 무엇을 가르쳤는가?
   여러분은 이 학교 졸업생을 만난 적이 있는가?
7. 이기주의는 크리스천과 소망을 어떻게 묘사했는가?
8. 이기주의와 그의 세 동행자는 크리스천과 소망이 성격과 이성 모두 그릇되었다고 확신한 후, 이기주의는 기분 전환을 위해 문제를 하나 제출한다. 기본적으로 그 질문은 다음과 같다. 즉 어떤 목사 또는 평신도가 신앙의 어떤 점에서 전보다 더 열심 있게 보임으로써 이익을 얻을 기회가 있을 때, 그렇게 해도 여전히 정직하다고 할 수 있는가

하는 것이다. 돈 사랑(Money-love)은 긍정적으로 답변했다.

그가 목사에 대해 말한 네 가지 이유는 어떤 것들인가?

그가 상인에 대해 말한 세 가지 이유는 어떤 것들인가?

9. 세상 집착(Mr. Hold the-World)이 크리스천에게 이 문제를 제출했을 때, 크리스천은 어떻게 답했는가?

10. 이기주의와 그의 동행자들이 사용한 논증을 믿을 것이라고 크리스천이 말하는 네 가지 유형의 사람들은 어떤 사람들인가?

이들 각각이 크리스천이 말하는 요점을 어떻게 예증하는지 설명하라.

11. 크리스천은 다섯 번째 요점으로 요약한다.

그의 요약을 여러분의 말로 나타내면 무엇인가?

예를 들어 보라.

12. 이기주의와 그의 동행자들을 아무 소리 못 하게 만들어 놓은 후 크리스천과 소망은 곧 평온(Ease)이라는 우아한 평원에 이르렀고, 곧이어 돈벌이라는 작은 언덕에 이르렀다.

성경(딤후 4:10, "세상을 사랑하여")에서 데마는 누구였는가?

데마가 그들을 초청한 까닭은 무엇이며, 크리스천은 왜 거부했는가?

데마의 초청을 수락한 적이 있는가?

있다면 언제였는가?

13. 크리스천은 데마의 할아버지(게하시)와 아버지(가룟 유다)를 안다고 말한다.

그들은 누구이며, 그들의 운명은 어떠했는가?(왕하 5:20)

14. 이기주의와 그의 동행자들은 데마의 유혹에 끌려 불확실한 종말을 맞이하고, 이 길에서 다시는 안 보이게 되었다. 그런데 이 평원 반대쪽에서 크리스천과 소망은 무엇인가를 보았다.

그것은 무엇이며, 그들은 그 의미를 무엇이라고 확인했는가?

소망은 자신도 이 물체와 같지 않을까 생각했다.

왜 그랬을까?

처벌에 대해 충분히 알면서도 죄를 범하는 자들은 어떤 종류의 사람들과 비교되는가?

15. 하나님의 강가에서 잠깐 유쾌한 휴식을 취한 후, 크리스천과 소망은 다시 순례 여행을 시작한다. 강과 길이 갈라진다.

이 두 순례자는 왜 더 편안한 길을 원했는가?

이들은 어떻게 잠언 14:12(사망의 길)의 예증이 되는가?

16. 크리스천과 소망이 길 밖으로 넘어갈 때처럼 우리가 죄의 유혹을 받을 때, 사탄은 "자, 가서 죄를 지어라. 하나님은 너를 사랑하고, 회개는 쉬운 일이다"라고 말한다. 그러나 일단 우리가 죄를 범한 다음에는 사탄의 말투가 변해서, "너는 정말 파렴치한 죄인이군. 회개는 불가능하지. 하나님은 절대 용서하지 않을 거야"라고 말한다.

의심의 성(Doubting Castle)과 절망 거인(the giant Despair)은 위에 진술한 진리를 어떻게 예증하는가?

오늘날 우리가 죄로 인한 이러한 절망에 대해 거의 알지 못하는 이유는 무엇일까?

과연 여러분은 다음의 진술에 동의하는가?

> 절망은 좋은 것이 아니다. 그러나 무관심에 비하면 엄청나게 유익하다. 절망이 수천 명을 살해했다면, 무관심은 수만 명을 살해했다는 말은 속담이지만 신학적인 견해이기도 하다. 절망의 고통은 분명히 더 무섭지만, 후자의 안도감은 훨씬 더 치명적이다 (Whyte, *First Series Characters*, 232).

의심의 성과 절망 거인에 의해 예증되는 다른 교리적 진리들은 어떤 것이 있는가?

몇 가지를 골라 그룹 토의하라.

결국 크리스천과 소망은 어떻게 탈출했는가?

여러분도 이러한 방법으로 절망 거인에게서 탈출한 적이 있는가?
몇 가지 예를 말해 보라.

요약과 적용

우리의 꿈꾸는 사람은 이제 크리스천이 소망(벧전 1:3, 산소망)과 동행하는 것을 본다. 그리스도인의 삶에서 종종 볼 수 있는 경우처럼, 한 친구가 떠날 때 하나님께서는 인자하게도 또 다른 복된 친구를 신자에게 허락하신다. 소망은 헛된 시장에서 얻은 노리개와 장식품들로는 하나님께서 주신 것들로 채우도록 만들어진 우리의 심령이 만족할 수 없다는 어려운 진리를 깨닫고 있었다. 소망의 심령은 비어 있었으므로 크리스천과 신실의 말과 행동이 그의 주의를 사로잡았다.

그래서 그는 크리스천과 함께 떠나기로 과감히 결심했다. 그들은 이제 의형제를 맺었다. 존 번연이 이 언약에 무엇이 포함되었는지 자세히 말하지 않았지만, 우리는 두 사람이 하나의 목표—하나님 나라와 하나님의 영광 증진—를 갖기로 동의했다고 상상해 볼 수 있다. 우리는 계속 여행하면서 경건한 조언이 두 사람 사이에 교환되고 그들이 사모하는 하나님에 대해 이야기하며 서로의 애정을 나누는 것을 본다.

이들은 함께 손잡고 하나님의 은혜 보좌 앞으로 나아가는 기도 시간을 갖기로 동의하지는 않았을까?

또한, 우리는 이들이 서로의 삶에서 감지되는 죄를 서로 감시하기로 동의했다는 사실도 입증할 수 있다.

이것은 오늘날의 그리스도인 교제에서 매우 소홀히 취급되는 행동이다. 토마스 쉐퍼드(Thomas Shepherd)는 더 나아가 다음과 같은 말로 이러한 의형제 사상을 받아들이라고 우리를 촉구한다.

다윗과 요나단같이 서로 권면하기 위해 의형제의 약속을 맺으라. … 교회에서 교제를 나눌 때, 어떤 사람들끼리는 다른 사람들보다 더 친밀해서, 서로 책망하고 서로 두려움을 이야기하며, 서로 성장을 위해 말해 줄 수 있다.

사람에게 말하기가 싫은가?

사람에게 말할 수 없는 일을 장차 하나님께 어떻게 말씀드리겠는가?(*The Parable of Ten Virgins*, 382)

"철이 철을 날카롭게 하는 것같이 사람(크리스천)이 그 친구(소망)의 얼굴을 빛나게 하느니라"(잠 27:17)라는 말씀처럼, 우리는 그리스도인의 교제의 유익을 본다.

두 순례자는 그들을 앞서가던 이기주의를 곧 따라잡았다.

존 번연은 그의 뛰어난 통찰력과 판단력, 해학과 냉소의 재능을 다 발휘하여, 이 행로의 특징을 명확하게 나타내고, 독자의 가장 중요한 목표이자 영원한 분깃인 하나님을 향한 영혼의 노정으로 인도한다(Whyte, *First Series Bunyan Characters*, 215).

이와는 뚜렷이 대조적으로, 이기주의는 자신을 하나님의 위치로 높임으로써 그의 영혼의 중요한 목표이자 영원한 분깃인 하나님을 향한 행로를 망각했다.

그가 이기주의로 불린 이유는, 그가 저급하고 천하며 이기적인 목적으로 가득 차 있는 것 외엔 다른 것이 없었기 때문이다. 이 비열한 자는 모든 일을 자신만 바라보며 행했다. 그가 행한 최선의 일들은 그의 자기 본위적인 손에서 악해지고 만다. 그의 신앙도 그의 마음에 무엇이 있는지 아는 사람들에게는 코웃음 거리밖에 되지 않는다 (Whyte, *First Series Bunyan Characters*, 217).

그의 이름은 그의 특성만 나타내는 게 아니라, 그가 고백하는 신앙의 본질까지 나타낸다. 그의 신앙은 친구와 행운 그리고 찬사를 얻기 위해 사용된다. 그러나 만일 말씀을 굳게 신봉하는 데 대해 박해가 일어난다면, 그는 언제라도 자신의 신앙고백을 부인할 것이다. 이기주의자의 좌우명은 "거기 나를 위해 무엇이 있는가?"였다.

우리는 비열한 이기주의를 손가락질하며 혀를 차기에 앞서서, 우리 자신에게 손가락을 돌리고 심령을 살펴보아야 할 것이다. 리처드 후커(Richard Hooker)는 그리스도인들에 대해 다음과 같이 말했다.

> 우리가 행하는 선한 일들에조차도 얼마나 많은 결함이 섞이는지 모른다. 하나님께서는 특별히 행위자의 마음과 의도를 중시하신다. 그러므로 우리가 우리 자신의 영광을 고려하며 해왔던 일들, 사람을 기쁘게 하려고 또는 우리 자신의 기호를 만족시키기 위해 하는 일들, 진심으로 그리고 순수하게 하나님을 사랑함으로 하지 않고 부차적인 관심을 가지고 하는 일들을 중단하라. 그러면 작은 일도 우리의 의로운 행동들에 추가될 것이다(Whyte, *First Series Bunyan Characters*).

우리는 다른 사람의 생활에서 죄를 발견하는 데는 매우 숙달됐지만, 우리 생활의 수많은 죄악에 대해서는 종종 완전한 소경이 된다. 화이트가 다음과 같이 권하는 대로 행하면 훌륭한 행동이 될 것이다.

> 여러분 자신에게 불리한 증언을 하고 재판하여 처벌하라. 특별히 여러분의 부수적인 목표들과 부수적인 목적들에 대해 그리하라. 진리의 시금석을 취해 여러분의 가장 은밀한 마음에 올려놓으라. 여러분의 마음이 얼마나 이중적이며 속임수로 가득 찼는지 발견하기를 두려워하지 말라. 여러분의 마음을 추적하여 궁지에 몰아넣어라. 여러분의 마음을 가장 은밀한 은신처까지 뒤쫓아라. 여러분 삶의 주된 동기를 적절한 이름으로 표현하는 일을 계속하라. 마음에 있는 속사람을 괴롭히는 질문을 하여, 그의 보물, 그의 소망, 그의 가장 깊은 바람, 그의 일상적인 꿈이 무엇인지에 대한 답변을

강요하라. 외부의 적을 경계할 것이 아니라, 여러분의 모든 눈과 귀를 마음의 생각들에 집중하라. 하나님께서는 여러분의 생각에서 무서운 눈을 떼시지 않는다. 하나님의 눈은 항상 여러분의 매우 깊은 곳을 응시한다. … 하나님만큼 깊이 들어가라. 그러면 여러분은 지혜로운 사람이 될 것이다(Whyte, *First Series Bunyan Characters*, 220).

이 궁극적인 동기들이 우리의 마음속 얼마나 깊은 곳에 숨겨져 있는지 모른다. 우리가 그리스도에게서 받는 유익들 때문이 아니라, 그리스도가 정말 사랑할 만한 분이시기 때문에 그리스도를 섬기고 사랑하는 법을 체득하기까지, 우리 안에는 어떤 부수적인 목적들이 존재한다.

그리스도는 얼마나 다르신가!

그리스도의 동기 중에는 부끄러운 점이 전혀 없으시다. 그리스도께서 마음에 두셨을 일과 관련된 사항들, 곧 특정한 행동을 하심으로써 그리스도께서 받으실 영예 또는 그로써 얻을 수 있는 능력과 찬양은 그분의 순결한 마음, 거룩한 본성과 무관한 것이었다. 인간이 그처럼 필사적으로 얻으려 애쓰는 모든 것이 그리스도께는 단지 무관심이나 멸시를 느끼게 할 뿐이었다. 그리스도의 목적과 목표는 아버지의 뜻을 행함으로써 아버지를 기쁘시게 해 드리는 것이었다. 이것이 그리스도의 식사와 음료였으며, 세상이 줄 수 없는 무엇보다도 좋은 것이었다.

그리스도는 악한 동기들을 가지고 일을 행하라는 유혹을 받았으나, 절대로 그 유혹에 굴복하지 않으셨다.

오. 주님이시여! 우리가 그리스도를 본받아, 우리의 자기중심적인 욕망을 버리고 우리가 행하는 모든 일에서 오직 주님의 영광만을 구할 수 있게 하소서.

우리가 우리 안에 이기주의의 성격이 조금이라도 남아 있는지 우리 마음을 검사하도록 도우시고, 주님의 능력으로 이 야비한 특성으로부터 우리를 자유롭게 하소서. 우리가 주님께 떡과 물고기, 다른 신성하지 못한 동기들을 가지고 주님께 구하지 않고, 오직 주님의 은혜와 진리를 구할 수 있게 하소서.

여러분이 자기 생각들, 특별히 그 생각들의 목표와 목적들을 감시하는 일을 시작하기까지는, 도덕이며 영적인 삶이 모든 하나님의 성도들의 삶이며, 그리스도께서 사셨던 삶이며, 그리스도께서 여러분 모두에게 시작하라고 요구하는 삶이라는 사실을 조금도 알지 못할 것이다(Whyte, *First Series Bunyan Characters*, 220-221).

크리스천과 소망은 얼마 동안 이기주의와 이야기한 후 그와 헤어진다. 신자들은 어떤 사람의 신앙고백이 거짓이라는 완전한 증거가 있을 때 그를 꾸짖어야 하며, 꾸짖어도 효과가 없으면 그를 멀리해야 한다.

두 순례자가 이기주의를 앞서가다 돌아보니, 이기주의는 그의 예전 동창생 3인, 곧 세상 집착(Mr. Hold-the-World), 돈 사랑(Mr. Money-love), 구두쇠(Mr. Save all-men)와 한패를 이루고 있었다. 그들의 교사인 불평(Mr. Gripe-man)은 신앙을 빙자해서 돈을 모으는 기술을 가르쳤다. 이어지는 대화는 하나님을 섬기면서 동시에 돈을 사랑하려는 그들의 이기적인 시도들을 드러내는 우스운 풍자이다.

이기주의는 "만일 어떤 목사나 장사꾼이 실제의 자신보다 더 신앙에 열심인 사람으로 보임으로써 출세할 기회가 있을 때 그렇게 하고도 계속 정직한 사람이라고 할 수 있을까?"

이런 문제를 제기했다. 우리는 세상의 지혜와 논리가 사탄의 손아귀에 있다는 사실을 목격한다.

선의를 가장하고 숨어 있는 악한 동기들은 얼마나 위험스러운가!

그러므로 "동기는 매우 중요한 것이다. 바로 동기가 사람을 만든다"라는 말은 사실이다. 그런데 이자들은 자신들의 답변과 논증에 매우 자신만만해서 크리스천과 소망을 당황하게 만들어 패배시킬 것으로 기대하고 그들에게 이 질문을 했다. 크리스천은 이교도와 위선자, 악마와 마술사들만이 그런 생각을 할 수 있다고 단언하고, 이에 대한 성경의 증거를 제시함으로써 완전히 그들을 경악시켰다.

그러면 성경은 이 동창생들과 그들의 대화에 대해 무엇이라고 말씀하는가?

"돈을 사랑함이 일만 악의 뿌리가 되나니"(딤전 6:10) 그리고 "탐심은 우상 숭배니라"(골 3:5)라고 말씀하고 있으며, 그리스도께서는 "너희는 하나님과 재물을 겸하여 섬길 수 없느니라"(눅 16:13)라고 말씀하셨다. 우리는 하나님께서 우리에게 맡기신 것의 청지기에 불과하다. 그러므로 그 모든 것을 탐욕스럽게 축적하거나 세상의 방탕으로 사용해서는 안 되며 하나님의 지시를 따라 사용해야 한다.

마지막 날 눈부시게 거룩한 하나님의 빛에 의해 우리의 동기들이 드러날 때, 우리가 선행이라고 가정했던 얼마나 많은 행위가 결코 존경할 만한 것이 아니라, 교묘히 숨겨진 사리 추구와 탐욕에 기초를 두고 있었는지 밝혀질 것을 아는가?

크리스천과 소망은 평온(Ease)이라는 평원을 빠르게 지나 돈벌이(Lucre)라는 작은 언덕에 도착한다. 길에서 약간 떨어진 곳에 데마가 서서 자기 쪽으로 오라고 부른다. 종종 외적인 평안과 번영으로 인해 그리스도인들은 부와 세상의 영예를 구하는 유혹에 빠진다. 그런데 사실 이런 외적인 평안과 번영은 그리스도인들이 어려운 시기에 생각하던 것과는 전혀 다른 결과를 나타낸다.

왜냐하면, 어려운 시기에 그리스도인들은 하나님을 크게 의존하는 가운데 그분께 가까이 나아가지만, 외적으로 평안하며 번영할 때는 그러지 않기 때문이다. 소망은 보물을 파고 싶은 욕망이 있었다. 그러나 크리스천은 그 보물이 순례자들이 가는 길에 함정과 장애라는 사실을 지적하며 신실한 친구답게 행동한다. 탐욕과 부를 무모하게 추구하는 것은 우상 숭배이다.

그런데 신자인 친구에게 그런 것에 대해 질책하며 그리스도의 경고(눅 7:13)를 알려 주는 사람은 얼마나 적은가!

우리는 "낙타가 바늘귀로 들어가는 것이 부자가 하나님의 나라에 들어가는 것보다 쉬우니라"(마 19:24)라는 성경의 경고를 마음에 두어야 한다. 이 성경 구절에 대해 콜러릿지(Coleridge)는 다음과 같이 감동적으로 말한다.

> 종종 내가 경험한 여러 가지 영상들이 많은 무리를 지어 긴 행렬로 내 앞을 지나갈 때, 현저히 세상 영예를 얻은 기독교인 배금주의자 집단이 무겁게 짐을 실은 약대 무리처럼, 전속력으로 멈출 줄 모른 채 바늘구멍을 통과하리라는 확신과 기대에 차서 달리는 모습이 내 상상의 눈에 나타난다!(Cheever, *Lectures on the Pilgrim's Progress*, 390).

우리는 "사람이 만일 온 천하를 얻고도 제 목숨을 잃으면 무엇이 유익하리요"(마 16:26)라는 질문을 스스로 해 보는 것이 좋을 것이다. 그렇다. 만일 여러분이 자신의 영혼을 팔고자 하면 온 천하를 얻을지도 모른다.

그러나 그 대가가 과연 무엇일까?

주님이시여, 우리를 헛된 시장의 이 미친 생각에서 구원해 주소서!

이기주의와 그의 지지자들은 돈에 대한 사랑과 그리스도에 대한 사랑을 연결하려는 이중적인 마음을 드러냈으나 실패했다. 그리고 그들은 첫 유혹에 즉각 데마에게로 건너가, 다시는 그 길에 나타나지 않았다.

두 순례자는 롯의 아내의 오래된 비석(소금 기둥)에서 경고를 받은 후, 하나님의 강에 이르러 강가의 나무 열매를 따먹고 강물을 마시며, 며칠 쉬는 동안 크게 원기를 회복했다. 그들이 계속 앞으로 나아간 지 얼마 안 되어 길이 갈라지며 도로가 험해졌다. 크리스천은 '앞길 좌편에서 초원을 발견하고 더 편해 보이는 길'로 가자고 제안했다. 샛길 초원(By-path Meadow)으로 건너가기 위해 그들은 디딤대를 넘어가야 했다. 즉, 그들은 그리스도의 보호를 떠나 자신의 지혜에 의지해야 했다.

샛길 초원은 순례 여행의 어려움으로부터 뒷걸음질 치고, 그 의무들로부터 떠나는 것을 나타낸다. 이 두 순례자가 이렇게 갑자기 천국 문(생명의 강)에서 지옥문(의심의 성)으로 바로 떨어질 수 있었다는 것은 믿기 어렵다. 이 일은 큰 기쁨과 영적 교화를 경험한 사람들에게 있어서, 능동적인 훈련과 의무의 실천으로 말미암는 유용성과 은혜 안의 성장을 구하지 않고, 영적 향락을 구하는 것을 주의하라는 경고가 되어야 한다. 진정한 순례 여행은 더 험한 길로 이어진다.

왜냐하면, 이 영적 향락들은 순례자가 행복하고 평온한 삶에서 떠나기 싫어하도록 만드는 몇이 될 수도 있기 때문이다. 순식간에 의심의 성은 감옥이 되며, 절망 거인은 스스로를 신뢰하고 그리스도에게서 벗어나는 모든 자를 가둔 감옥의 간수가 될 것이다. 우리의 순례자들은 몇 가지 실수를 범했다. 곧 그들은 불만을 느끼고는 보다 낫고 보다 쉬운 길을 원하게 된 것이다. 그들은 더욱 쉬운 길을 발견하고 디딤대를 넘어갔다.

이 일은 에덴동산에서 있었던 한 장면을 생각나게 하지 않는가?

절망 거인에게 잡혀 크리스천과 소망은 지하 감옥에 던져졌다. 절망 거인은 죄로 말미암아 우리에게 생겨날 수 있는 것을 의인화한 것이다. 즉, 우리 자신이 범한 죄에 대해 우리가 갖는 후회와 양심을 괴롭히는 죄의식이다.

『천로역정』의 이 부분은 죄가 그리스도인을 얼마나 깊이 비참한 상태에 던져 넣을 수 있는지를 보여 준다. 그뿐만 아니라 그리스도 안에서 하나님의 긍휼이 얼마나 깊은 곳까지 이를 수 있는지도 보여 준다. 순례자가 이 처량한 상태에 이른 것에 대해 취버는 다음과 같이 말한다.

> 어떤 사람들은 불신 때문에 이러한 상태에 빠진다. 우리의 구주를 차단하는 마음의 상태나 죄의 습관이 어떠한 것이든지 간에, 불신은 분명히 즉각 사람을 이러한 상태에 떨어뜨리고 만다. 어떤 사람들은 교만과 독선으로 인해 이런 상태에 빠진다. 만일 어떤 사람이 의를 얻기 위해 그리스도의 피와 의를 의존하는 대신에 자신의 공로를 의지한다면, 즉시 이런 상태에 떨어질 것이다. 어떤 사람들은 방종의 습관들로 인해, 어떤 사람들은 몰래 숨기고 있는 특별한 죄악들로 인해, 또 어떤 사람들은 갑자기 깊은 죄악에 빠짐으로써 그리고 어떤 사람들은 유혹을 가볍게 여기고 빈둥거리다가, 어떤 사람들은 경계와 기도를 게을리함으로써 이 절망의 성으로 들어간다. 어떤 이들은 신앙의 여러 가지 일에 점진적으로 스며들어 오는 냉담함과 무감각으로 인해, 즉 경

계와 저항을 못하게 하는 위험한 혼수상태의 상황에 의해 이 감옥에 던져진다. 어떤 이들은 사탄이 이용하는, 선천적으로 음울하고 의기소침한 마음으로 인해 이 감옥에 갇힌다. 하나님의 말씀에 대한 태만도 마찬가지다. 그것은 사람들이 자신의 지식에 의지하고, 하나님의 진리에 대해 편견을 지니게 함으로써 사람들을 이 감옥으로 끌고 간다. 영적인 죄로 인해, 또 어떤 사람들은 호색함으로 인해, 어떤 사람들은 세상에 순응함으로 인해, 어떤 사람들은 사업의 압박으로 인해, 또 어떤 사람들은 생활의 근심 걱정과 재물의 속임으로 인해 이 감옥에 갇힌다. 슬프게도 이 음침한 감옥으로 들어가는 길은 너무 많다! 만일 그리스도께서 항상 영혼과 함께하시지 않으면, 또는 언제라도 영혼이 그리스도로부터 빗나가면, 아니면 영혼이 의지하는 대상이 그리스도의 긍휼과 그리스도의 피, 그리스도의 은혜 이외의 어떤 다른 것이라면, 그곳은 이 음침한 지하 감옥 근처인 것이다(*Lectures*, 393-394).

존 번연은 평생 양심이 쉽게 상처받음으로 인해 고통받았다. 그러므로 그는 의심의 성과 절망 거인을 잘 알고 있었다. 우리는 성경, 특별히 시편을 고찰할 때, 거룩한 사람일수록 의심과 두려움, 심지어 절망에까지 이르는 공격을 받기 쉽다는 것을 알게 된다. 비록 절망은 좋은 게 아니지만, 죄에 대한 무관심보다는 훨씬 낫다. 다윗은 죄의식이 매우 깊었기 때문에 하나님의 거룩하심과 공의에 대한 견해가 매우 높았다. 그리고 그의 상처받은 마음이 슬픔으로 가득했기 때문에 그는 하나님께 탄원했다.

> 나를 주 앞에서 쫓아내지 마시며 주의 성령을 내게서 거두지 마소서 주의 구원의 즐거움을 내게 회복시켜 주시고 자원하는 심령을 주사 나를 붙드소서(시 51:11-12).

다윗은 죄로 성령을 슬프게 함으로써 성령이 떠나시는 것이 얼마나 무서운 일인지 명확히 알고 있었다. 그는 개인적인 경험을 통해 성령이 유일하게 참된 위로자라는 사실을 알고 있었다. 비록 귀한 약속들이 성경에 담겨 있지만, 성령을 통하지 않으면 우리는 그 약속들에서 위로를 얻을 수 없다.

왜냐하면, 말씀과 성령은 우리의 구원을 위해 함께 역사하기 때문이다.

수요일에서 토요일까지 감금되어 있다가 한밤중에 순례자들은 기도하기 시작했다. 신자들이 의심의 성에서 기도에 의지할 때 구원은 멀리 있지 않았다. 아침이 되기 직전 크리스천은 약속이라는 열쇠가 자기 품속에 있음을 기억했다. 성경의 귀한 약속들은 진실로 믿음 생활과 그리스도로 말미암는 구원의 열쇠이다. 여기서 우리는 의심과 절망이 어떻게 그리스도인들에게서 용기와 이성, 은혜를 빼앗아 그들을 감옥에 가둬 놓는가 하는 것 그리고 그리스도 안에서 베풀어지는 하나님의 사랑과 능력, 은혜에 대한 한결같은 마음이 어떻게 그리스도인들을 이 지하 감옥으로부터 해방하는가를 알게 된다.

순례자들이 자신의 지식에 의지함으로써 큰 죄를 지었음에도, 은혜로우신 하나님은 이 쓰라린 경험을 통해 값비싼 교훈을 가르치셨다. 그들은 하나님의 길과 하나님께서 그들이 경험하기 바라시는 모든 일을 절대로 벗어나지 말 것과, 하나님의 낯빛을 귀하게 여기고 자신들을 더 철저히 불신할 것을 체득했다. 그들은 죄의 무서운 해악과 그 결과들을 배웠다. 그들은 자신들의 연약함과 그리스도의 힘을 보았으며, 유일한 구원의 길은 자신을 완전히 그리스도께 맡기는 것이라는 사실을 알았다. 우리도 이 진리들을 기억하는 것이 유익할 것이다.

제8장

기쁨의 산에서의 영혼의 안식 (pp. 183-188)

| 토의와 묵상을 위한 질문들 |

크리스쳔과 소망이 의심의 성과 절망 거인에게서 벗어난 것을 통해 우리는 그리스도인의 삶이 오르막과 내리막, 행복과 불행의 연속이며, 그리스도인이라면 천국으로 가는 길에 반드시 이 과정을 통과해야 한다는 것을 우리는 깨닫게 된다. 이 모든 경험은 우리가 그리스도의 모습을 본받게 한다. 히브리서 5:8은 그리스도께서 고난을 받으심으로 순종함을 배우셨다고 말한다. 하나님의 아들께서 이 방법으로 배우셨다면, 우리도 분명히 같은 것을 기대해도 좋을 것이다. 이제 두 순례자는 기쁨의 산(the Delectable Mountains)에 이르러, 그곳에서 네 목자를 통해 비밀들을 본다.

1. 기쁨의 산에는 여러 가지 의미들이 적용됐다. 어떤 사람들은 기쁨의 산이 조용한 안식의 때라는 의미 외에 특별히 다른 것을 나타내지 않는다고 본다. 또 어떤 이들은 이 산이 지역 교회를 상징하는 것으로 본다. 그런가 하면 또 어떤 사람들은 기쁨의 산이 경건한 목사들에 의해 행해지는 하나님의 말씀 사역과 순례자들에 대한 그 결과를 나

타낸다고 말한다. 이러한 모든 해석은 기쁨의 산에 대한 훌륭한 해석들이긴 하지만, 나는 여기에 또 다른 가능성을 더하고자 한다.

청교도들은 안식일을 '영혼을 위한 장날'이라고 불렀다. 이 기쁨의 산은 안식일과 그 안식이 수반하는 모든 것(예를 들어 주일학교에서의 교육, 경건한 목사의 설교를 앉아서 듣는 것, 성경 묵상과 기도를 위해 구별된 날)을 나타내지 않을까?

기쁨의 산에 대한 이 해석이 옳다면, 여러분이 이 산은 '영혼을 위한 장날'에 대해 무엇을 생각하게 하는가?

2. 여러분은 기쁨의 산에 어떤 의미를 부여하고 싶은가?

   그 이유를 설명해 보라.

3. 네 목자의 이름을 말해 보라. 그들의 이름은 양떼에 대한 목사의 어떤 책임들을 암시하는가?

   만일 여러분에게 여러분 자신의 목사로서 이 목자 중 한 사람을 고르라고 한다면, 누구를 고르겠는가?

   또 여러분이 그렇게 선택한 이유를 말해 보라.

4. 아침에 목자들은 크리스천과 소망을 깨워 함께 걸으며, 그들에게 네 개의 다른 장소들을 보여 주었다. 그 네 장소의 이름을 말하라. 각 장소를 묘사해 보라.

   각 장소는 어떤 진리를 가르치는가?

5. 크리스천과 소망이 떠나려 할 때, 목자들은 어떤 선물과 충고를 주었는가?

요약과 적용

절망 거인으로부터 탈출한 후, 크리스천과 소망은 기쁨의 산에서 원기를 회복하고 유익한 시간을 갖는다. 만일 크리스천이 소망을 바로 인도해서 의심의 성에 갇히지 않았었다면, 두 여행자는 기쁨의 산에 훨씬 더 일찍 도착했을 것이다. 우리는 불순종과 죄로 말미암아 우리 자신과 타인들에게까지 슬픔과 쓸데없는 고통을 얼마나 자주 끼치는지 모른다.

기쁨의 산에서 이들은 네 명의 목자를 만난다. 목자들의 이름에서 경건한 목사의 특징들이 발견된다.

첫째, 목자는 지식(Knowledge)이다.

알렉산더 화이트는 그에 대해 이렇게 말한다.

> 그의 모든 귀한 재능은 그의 주님께서 주신 은사이고, 그의 뛰어난 학식은 주님을 섬기는 데 쓰기 위해 그 스스로 닦은 것이다 … . 이 지식과 기억력 그리고 학문[의 은사들]은 모두 매일 수 없이 드리는 은밀한 기도 때문에 성화 되어, 매일 그의 양 떼들을 훈육하고 감동을 주며 위로하는 데 사용되어야 한다(*First Series Bunyan Characters*, 240-241).

정말 뛰어난 목사는 최고의 지식, 즉 철저한 성경 지식과 자신에 대한 지혜를 지니고 있어야 한다(골 1:9). 그럴 때 이 지식으로 그는 자기 양 떼들을 먹이고, 그들에게 하나님의 거룩하심과 인간 심령의 부패를 보여 줄 것이다. 그가 열심을 다해 설교할 때, 하나님께서 그의 영혼에 무거운 책임을 맡기셨다는 사실이 드러날 것이다.

둘째, 목자는 경험(Experience)이다.

한 노 목사가 "하나님이시라도 영감으로 경험을 불어넣으실 수는 없다"라고 말했다. 경험은 그 본질상 반드시 겪어 보지 않으면 알 수 없는 것이다. 목사는 하나님의 위로와 그 영원하신 팔의 힘이 실제로 존재한다는 사실이 자신의 경험으로 증명된 시련의 시기를 통과한 후에야 비로소 권위를 갖고 그러한 속성들에 대해 말할 수 있다.

경험이란 목사가 인쇄된 성경 구절들에 생명을 부여하고, 불붙은 화살을 쏘아 굳은 마음을 관통할 수 있게 하려고 하나님의 용광로에서 단련되고 정련된 지식이다. 하나님에 대한 자기 자신의 경험에 기초한 권위를 가지고 설교할 수 있는 목사는 복 있는 사람이다.

셋째, 목자 경계(Watchful)는 자기 양 떼의 영혼에 주의를 기울이는 훌륭한 목사를 나타낸다.

그의 경계는 자기 양 떼를 심방하고 교육하며 개인적으로 상대할 때 드러날 것이다. 1600년대의 경계하는 목자(목사)였던 리처드 백스터는 교회 회중의 모든 사람에게 교리 문답을 하고 심방함으로써 경건한 모범을 보였다. 그는 한 주간 여러 번 설교하고 매일 엄청난 양의 저술을 하면서도 이 일을 했다.

백스터는 이 영역에서 많은 사람을 방해하는 것은 시간 부족이 아니라 의지 부족이라는 사실을 우리에게 보여 준다. 또한, 경계하는 목자는 이리들이 양을 해하려 뚫고 들어올 때, 그것을 발견해서 적절히 처리할 수 있다.

넷째, 성실(Sincere)이라는 이름의 목자에게서는 순결하고 경건한 의도들을 지닌 목사의 가치가 나타난다.

하나님을 향한 그의 성실은 그의 거룩한 생활에서 드러난다. 따라서 그는 자신의 양들에게 높이 존경받는다. 그에게는 다른 속셈이 없으며, 그는 자신의 양 떼들에게 말하는 바를 그대로 나타내는 투명한 사람이다. 그가 악에 대해서, 죄의 파괴적인 결과에 대해서 그리고 죄악이 마음속에 얼마나 깊이 숨을 수 있는지에 대해서 자기 양들에게 경고할 때, 그 경고들은 그들의 양심을 찌른다. 왜냐하면, 그들은 그가 자신들의 유익을 위해서 경고한다는 것을 알기 때문이다. 그는 의지력이 약한 사람들을 안내한다.

왜냐하면, 그는 그들이 자신들의 부주의로 스스로 상처 입는 것을 알고 있는 데다, 하나님께서 자신의 과실들을 오랫동안 인내하신 것을 기억하기 때문이다. 그는 자신의 양들에게 바르고 진실하며 경건한 관심과 그들을 위한 의지를 가진 목자이다. 따라서 그는 따를 만한 능숙하고 안전한 안내자이다.

주님이시여! 우리가 경건한 목자들의 훌륭한 특성들을 깊이 생각할 때, 목자들에 대해 말한 모든 것이 양들에게도 해당되어야 한다는 사실을 기억하도록 하소서. 우리가 진실하고 순결한 동기들을 소유하고, 우리의 행동과 신념들이 뿌리에 있는 우리 자신의 영혼을 깊이 관찰하며, 우리의 마음을 깨끗하게 할 수 있도록 하나님께 끊임없이 기도하게 하소서.

그리고 우리 머리의 지식이 마음의 지식과 결합되어 하나님의 존귀와 영광을 위한 진정한 열심과 열정을 세상 앞에 드러내게 하소서.

목자들은 크리스첸과 소망의 덕성을 함양시키기 위해 그들을 네 곳의 다른 장소로 데리고 갔다.

첫째, 오류(Error)의 언덕이다.

성경에 의해 뒷받침되지 않는 복잡한 공론과 인간적인 지론에 근거한 거짓 추론들로 이루어져 있다. 이 거짓 추론들은 사람들을 성경에서 발견되는 명백한 진리들로부터 위험하고 파괴적인 오류들로 인도한다. 그래서 그들이 푸석푸석한 지층으로 이루어진 불안정한 전망대로 너무 높이 올라가 결국 떨어져 산산조각이 나게 만든다.

둘째, 일행은 경고(Caution)라는 산꼭대기에 오른다.

우리는 항상 이 경고 산에 올라가 둘러보며 다른 사람들에게 어떤 무서운 일이 일어났는지를 보고, 그들의 실수에서 교훈을 얻을 필요가 있다. 크리스첸과 소망은 무덤 가운데서 걸려 넘어져 빠져나오지 못하는 소경들을 보고 감사의 눈물을 흘렸다. 만일 자신들을 향한 하나님의 자비와 긍휼이 없었다면, 자신들도 그 소경들과 다름없었으리라는 것을 깨달았기 때문이다.

셋째, 그들은 산기슭의 한 곳으로 인도되었다.

그들은 그곳에서 언덕 쪽으로 난 문을 보았다. 문을 열자 그들은 불이 맹렬히 타는 소리와 고통당하는 사람들의 울부짖음을 들었다. 목자들은 여기가 지옥으로 통하는 뒷길로서, 위선자들이 지옥으로 가는 길이라고 설명해 주었다. 슬프게도 우리는 많은 사람이 진리와 접할 수 있었지만, 마음이 강퍅하고 의지가 죄에 속박된 까닭에 결국 진리를 거부하는 것을 보고 있다.

이 실례들로 인해 우리를 타락으로부터 지키실 수 있는 예수님을 항상 바라보며, 겸손하면서도 열심히 행하라는 촉구를 받아야 마땅하지 않을까?

우리는 목자들이 우리에게 주는 이 교훈들을 돌아보며, 만일 우리를 오류에 빠지지 않게 막는 것이 모두 하나님의 긍휼과 은혜에 달려 있다면, 우리가 은혜의 수단에 전념하는 이유가 무엇인가 묻고 싶을 것이다. 비록 우리가 항상 하나님의 긍휼과 은혜에 붙잡혀 있는 것이 사실이라 해도, 하나님께서는 우리가 우리의 영적 성장과 안녕을 위해 사용할 수 있는 수단을 제정하셨다. 이 개념은 아마 항해에 비교할 수 있을 것이다. 어떤 뱃사람이 호수의 한쪽 끝에서 다른 쪽 끝까지 가고자 한다. 그는 먼저 자신의 장비를 세밀히 검사해서 적절히 수리하고 고정한다.

넷째, 그 후 그는 돛을 올린다.

하나님께서 바람을 보내 주기를 기뻐하지 않으시면 아무 데도 갈 수 없다. 또한, 그가 자신의 배를 바람에 맞추어 적절히 대비시켜 놓지 않았다면, 그의 배는 움직이지 않을 것이다. 그리스도인도 이와 마찬가지이다. 그는 성경을 읽고 기도하며 경건한 설교를 들을지 모른다. 그러나 성령께서 은혜로 신령한 진리를 조명해 주지 않으시면 영적 성장은 있을 수 없다. 조나단 에드워드는 웅변적으로 다음과 같이 말했다.

> 여러분이 하나님의 일들에 대한 이성적인 지식을 많이 갖고 있으면 있을수록, 성령께서 여러분의 심령에 임하실 때, 그 일들의 아름다움을 발견하고 달콤함을 맛볼 수 있는 더 많은 기회를 소유할 것이다(Patrick Alexander, *The Works of Jonathan Edwards*, 2:162).

다섯째, 순례자들은 청명이라는 언덕에서 천국을 바라본다.

우리는 매 주일 우리에게 천국을 어렴풋이 보여 주고 청명한 가르침으로 수정 같은 천성 부근을 산책하라고 이끄는 우리의 목사님들에게 얼마나 감사해야 마땅한가!

크리스천과 소망은 천성을 구경할 때, 하나님의 말씀이라는 망원경을 들여다보며 손이 떨려서 제대로 보지 못했다. 우리는 말씀의 지시를 따라 사랑으로 부단히 천성을 응시해야 하는데, 종종 불신과 두려움으로 인해, 그리스도와 함께 하나님의 영원한 나라를 얻을 상속자로서의 우리를 기다리는 모든 아름다운 것들을 명확히 인식하거나 보지 못한다.

바쁘고 어렵고 피로에 지친 한 주간 후, 순례자들은 기쁨의 산에서 영혼과 몸이 쉴 기회를 얻는다. 천국을 미리 맛볼 수 있는 안식일을 얼마나 소중히 여기고 아껴야 하는지!

그러므로 하나님을 예배하고 우리의 영원한 영혼을 살찌게 하는 데 안식일을 사용하도록 하자. 크리스천과 소망이 떠날 때 목자들은 이들의 여행에 도움을 줄 물건들을 선물했는데, 우리는 곧 그 선물들의 유익을 보게 될 것이다.

제9장

크리스천이 만난 악한 여행자들(pp. 189-214)

> 토의와 묵상을 위한 질문들

　원기를 회복시켜 준 기쁨의 산을 떠나 순례자들은 무지(Ignorance)라는 이름의 매우 활발한 청년을 만난다. 무지는 자만(Conceit)이라는 도시에서 왔다. 그는 아직 그곳의 관습과 전통을 많이 지키고 있으며, 어떤 면에서 자기 자신이 하나님 앞에서 자기 자신의 의에 기여할 수 있다고 믿고 있었다. 예수님께서는 이런 무지와 같은 자들을 도둑과 강도라고 칭하셨다.
　왜냐하면, 이들은 예수님의 은혜의 영광을 예수님에게서 도둑질하고 예수님의 대속의 희생의 완전한 충족성을 하찮은 것으로 만들기 때문이다. 크리스천은 소망과 여행을 계속하며 작은 믿음(Little-faith)이라는 사람이 도둑을 만난 이야기를 한다. 이 이야기를 통해 우리는 아무리 연약할지라도 진정한 믿음을 소유한 사람을 보게 되고, 또한 열심과 그리스도께서 주시는 은혜에 의존하는 것에 대한 교훈을 배운다. 그 후 우리의 순례자들은 아첨꾼(the Flatter)을 만난다. 우리는 복음의 위선자들뿐 아니라 진실한 제자들조차도 때로는 성경의 빛으로 검사되지 않은 망상들로 인해 미혹에 빠져 독선과 영적 교만에 이르는 것을 본다.

하나님의 은혜로 자신들의 과오의 그물에서 구출된 크리스천과 소망은 징계를 받고, 바른길을 따라 가벼운 발길로 찬송을 부르며 간다. 그때 시온을 등진 사람이 그들 쪽으로 다가온다. 소위 20년 동안 찾아다녔다는 이자는 십자가의 또 다른 대적임이 입증된다. 그 후 순례자들이 마법에 걸린 땅에 이르렀을 때 졸리기 시작한다. 왜냐하면, 이 땅에서는 모든 일이 쉽고 순조롭게 이루어지기 때문이다. 두 순례자는 잠에 빠지지 않겠다고 결심하고, 우정을 더욱 돈독히 하며 활기찬 대화를 시작한다.

1. 순례자들은 자만이라는 도시 출신의 무지와 만난다.
   크리스천이 무지에게 천국에 대한 그의 소망이 무엇에 근거를 두고 있는지 물었을 때, 무지는 어떻게 대답했는가?
   여러분은 무지와 같은 사람을 만난 경험이 있는가?
   크리스천과 소망은 어떻게 하는 것이 무지에게 증거하는 최선의 방법일 것이라고 결정했는가?
2. 크리스천과 소망은 매우 어두운 길로 들어섰다.
   그들은 무엇을 보았는가?
   이 사람의 등에 붙은 종이를 보고 여러분은 그가 마땅히 받아야 할 운명에 대한 어떤 단서를 얻을 수 있는가?
3. 크리스천은 작은 믿음이라는 이름의 사람에 대해 이야기했다.
   여러분은 이 이야기의 다음과 같은 요소들이 무엇을 나타낸다고 생각하는가?
   작은 믿음, 그의 은화 전대와 돈의 사용, 그의 보석, 그의 증명서, 비정(Mr. Faint heart), 불신(Mr. Mistrust), 범죄(Mr. Guilt), 큰 은혜(Great-grace).
4. 작은 믿음의 이야기에서 '세 명의 흉악한 악당'이 한 것과 같은 행동들은 오늘날 그리스도인의 삶에서 어떻게 나타나고 있는가?
   그들은 누구를 두려워하는가?

5. 작은 믿음은 어떻게 그의 증명서를 간직할 수 있었는가?
6. 작은 믿음은 자신의 증명서와 보석을 간직할 수 있었는데도, 왜 그것들을 좀처럼 사용하지 않았는가?
7. 왜 작은 믿음은 자신의 보석을 팔 수 없었는가?
8. 이 세 악당에 의해 패배당했다고 언급되는 성경 인물은 누구인가?
9. "그러므로 왕의 대로에서 강도짓이 행해진다"라는 이야기를 들을 때 우리가 해야 할 두 가지 일은 무엇인가?
10. 간략히 말하면, 이 이야기의 의미는 무엇인가?
11. 작은 믿음의 이야기를 토론한 후 크리스천과 소망은 그들이 가는 길에서 또 한 길이 갈라지는 곳에 이르렀다.

    그다음 무슨 일이 일어났는가?

    고린도후서 11:13-14은 그들이 만난 첫 번째 남자에 대해 무엇을 생각하게 하는가?

    크리스천과 소망은 어떻게 그물을 피할 수 있었는가?

    누가, 어떻게 크리스천과 소망을 구출했는가?

    그는 크리스천과 소망을 징계하고 주의를 시키기 위해 어떤 수단을 썼는가?

12. 그다음 순례자들은 '시온을 등진 사람'을 만났다.

    그의 이름은 무엇인가?

    그는 크리스천과 소망에게 어떤 충고를 했으며, 왜 그러한 충고를 했는가?

    크리스천이 소망을 시험하기 위해 "이 사람이 말한 것이 사실일까요?"

    이렇게 물었을 때 소망은 어떻게 대답했는가?

13. 크리스천과 소망은 마법에 걸린 땅에 이른다. 이 땅으로 존 번연은 그리스도인의 삶 중에서 편하고 어려움이 거의 없는 시기를 설명한다. 경제적인 문제가 없고, 건강이 좋으며, 친구 및 가족 관계도 조

화롭다. 큰 문제나 고통이 없다.

소망은 누워 한잠 자기 원했다.

크리스천은 왜 그가 잠들지 못하게 하려 했는가?

여러분은 그리스도인들이 마법 걸린 땅에서 잠들면 무슨 일이 일어난다고 생각하는가?

우리는 마법 걸린 땅에서의 크리스천과 소망의 이야기를 보며, 선한 그리스도인 친구들의 모임을 소중히 여겨야 한다는 것을 배운다.

크리스천은 졸음을 막기 위해 어떤 제안을 했는가?

14. 소망이 자신의 간증을 할 때, 몇 가지 귀중한 통찰이 거론되었다.

그는 어떻게 죄에 대한 확신을 깨달았는가?

그가 선행으로 자신의 삶을 고치고자 노력했을 때, 왜 고통이 되돌아왔는가?

무엇에 의해 소망은 "절대로 죄를 범한 적이 없으신 분을 얻어야 한다"라는 신실의 말을 믿게 되었는가?

소망은 은혜의 보좌 앞에 나아갔을 때, 무슨 말을 하라는 가르침을 받았는가?

그의 기도에는 신학적으로 명확하게 만드는 몇몇 주요 구절들이 있다.

그 구절들은 무엇인가?

여러분은 오늘날 그리스도를 영접하도록 돕는 전형적인 방법과 소망의 회심 경험 간에 어떤 차이를 보는가?

소망은 "그런데 주님이시여, 믿음이란 무엇입니까?"

이런 자신의 질문에 어떻게 대답했는가?

소망의 영혼에 나타나신 그리스도의 계시는 그의 심령에 어떤 결과를 일으켰는가?

요약과 적용

기쁨의 산에서 내려오다 크리스천과 소망은 자만이라는 도시에서 온 무지라는 활달한 청년을 만났다. 그의 도시에서 오는 공기는 호흡하지 않는 것이 훨씬 좋다. 그러나 슬프게도 너무 많은 사람이 그 도시의 공기를 계속 호흡하고 있다. 하나님 앞에서 스스로 의로워지기 위해 무언가 할 수 있다고 생각하는 한, 그들의 이름은 무지이며 그들의 영혼은 독선적인 자만으로 충만하다.

무지는 천국에 들어갈 소망의 근거를 그리스도께서 행하신 일과 그리스도의 완전한 역사를 통해 얻는 놀라운 신분에 두지 않고, 자신의 공로와 행위에 두었다. 나중에 우리는 또다시 무지와 만날 것이며 거기서 그의 신학이 더 자세히 토론될 것이다.

그리고 우리는 마지막으로, 자만으로 가득하고 자기중심적이며 스스로 높아지려는 그의 방식들로 인해 천성문에서 그를 기다리는 무서운 좌절을 보게 될 것이다. 크리스천과 소망은 그가 자기 나름대로 지혜롭다고 생각한다는 것을 알고 그를 얼마 동안 혼자 내버려 두었다. 그럼으로써 그가 자신들이 함께 이야기한 진리에 대해 생각해 보도록 했다.

순례자들은 어두운 길로 들어설 때, 일곱 귀신이 어떤 사람을 일곱 줄로 묶어 언덕 옆의 문(지옥으로 가는 곁길)으로 끌고 가는 무서운 광경을 보았다. 그의 등에는 '엉터리 신앙고백자이며 지옥에 떨어져 마땅한 배교자'라고 적힌 종이가 붙어 있었다.

방탕하게 사는 자들은 자신이 다른 사람보다 하나님의 큰 자비와 은혜에 대해 더 잘 알고 있다고 떠들며 흥겹게 지낼지 모른다. 하지만 그들은 죄의 얽어매는 촉수들을 망각하고 있어서, 음탕한 영의 노예가 되어 얼마나 파멸하기에 십상인지 모른다. 이기심과 육욕적인 쾌락들은 하나님에 대한 사랑, 신령한 기쁨들과 조화되지 않는다. 죄는 하나님에 대한 사랑의 온기를 매우 신속히 냉각시켜 버릴 것이다.

그리고 우리는 냉담하고 생기 없는 형식주의에 빠지게 될 것이다. 그 결과는 처음에는 위선, 마지막에는 배교가 될 것이다. 구속받은 사람들은 만약 자신의 마음에 하나님의 나라가 세워졌다면, 배교적인 태도가 절대로 용납되지 않는다는 것을 실감하고 있으며, 배교자에게서 자신의 삶을 검사하라는 경고를 받는다.

크리스천과 소망은 작은 믿음이라는 사람의 이야기를 가지고 토론한다. 너무 슬프게도 이것은 상당히 많은 그리스도인에 대한 이야기라고 할 수 있다. 우리는 확신과 평안과 기쁨(용돈)을 도적질 당해 평생 의심과 불안 속에 사는 많은 작은 믿음들이 있는 것을 본다. 만일 작은 믿음이 하나님을 열심히 따랐다면, 이 이야기에 나오는 것과 같은 도적질은 일어나지 않았을 것이다.

그러나, 그는 마치 이미 순례 여행의 끝에 다다른 것처럼 긴장을 풀고, 죽은 자의 길(Dead man's Lane)에서 태평하게 잠들었다. 세 명의 악당이 그를 공격하자 그는 그들을 격퇴할 수 없었다. 그의 여행은 내내 편안한 여행이었으므로, 하나님의 말씀을 깊이 숙고하거나 밤새워 번민의 기도를 드리며 자신의 영적 근육들을 단련한 적이 전혀 없기 때문이었다. 영적 근육이 축 늘어진 신자들에게 불행이 닥칠 때, 그들은 쉽게 패배당한다.

왜냐하면, 그들에게는 고난을 이길 힘을 얻을 기도와 성경공부 또 하나님과의 교제라는 비밀한 생활이 없기 때문이다.

비록 도적들은 작은 믿음의 용돈은 빼앗았으나, 그의 보석은 훔치지 못했다. 이 보석은 신자의 영혼을 그리스도와 연합시키는 은혜(신자와 하나님 가족의 일원이 되는 것 그리고 성경에 의해 그에게 주어진 그리스도의 의의 옷)이다. 또한, 그들은 작은 믿음의 증명서도 빼앗지 못했다.

왜냐하면, 이 증명서는 신자가 가진 믿음의 창시자이며 완성자이신 그리스도께서 주셨으며, 또한 그분이 안전히 지키시는 선물이기 때문이다. 오늘날의 무력한 교회에서 우리는 이와 동일한 악당들이 부주의하고 약한 신자들을 공격하는 것을 매우 자주 볼 수 있다. 어려운 상황이 닥칠 때 약함은 많은 신자를 낙담시키고 두려워 떨게 해서 그들을 유괴해 간다. 그리고 불신은 훨씬 더 많은 그리스도인을 의심과 믿음의 부족으로 떨게 해서 볼모로 잡는다. 죄책감은 하나님께서 그리스도로 말미암아 과거의 죄를 용서하셨음에도 불구하고, 그 과거의 죄들로 계속 자신을 정죄하는 순례자들을 마비시킨다. 이 악당들을 피하려는 노력이 약한 이유는 성경 지식이 부족한 데다 성경을 의심하기 때문이다.

우리는 큰 은혜(Mr. Great Grace)가 그 길에 나타나는 소리를 듣고 이 악한 자들이 도망치는 장면에서 하나님의 무한한 자비와 긍휼을 본다. 도둑질 당하고 상처 입은 작은 믿음은 그의 나머지 생애를 구걸로 지낸다. 즉 다른 신자들의 기쁨과 열심, 지식의 경험에 의지해 지내는 것이다. 그는 다른 사람의 부축을 받으며 순례 여행을 마감해야 한다. 은혜로 말미암아 구원받았으므로 모든 그리스도인은 스스로 자랑할 것이 없지만, 그렇다고 해서 다른 신자들의 경험들에 의지하면서 하나님에 대한 간접적인 개념으로 만족하면 안 된다.

취버는 작은 믿음과 같은 사람을 변호해서 다음과 같이 말한다.

> 그들은 도둑질당한 후 무거운 죄짐을 지고 가면서, 그리스도를 믿는다기보다는 문자 그대로 통곡하며 그리스도를 찾는다. 그렇지만 그리스도를 찾는 이 통곡은 때로 귀하다. 이 통곡은 완악하고 무관심한 마음이나 그릇된 안도감보다 훨씬 낫다. 또한, 위험하고 거짓된 확신이나 성경적 근거가 없는 기쁨보다 훨씬 낫다. 작은 믿음은 상처받기 쉬운 양심의 소유자였다. 그래서 그의 양심은 그가 그 죄악 된 잠과 행로의 모든 실패에 대해 통곡하게 했다(George Cheever, *Lectures on the Pilgrim's Progress*, 437).

작은 믿음은 믿음이 약했지만, 그 믿음은 진짜 믿음이었다.

왜냐하면, 그는 절대로 자신의 공로를 의지하지 않았기 때문이다. 그러므로 전혀 믿음이 없는 것보다는, 비록 위로와 기쁨은 적을지라도 작은 믿음을 소유하고 있는 게 좋은 것이다.

이 이야기에서 우리는 그리스도인이 주 예수 그리스도의 은혜와 그를 아는 지식에서 자라기 위해 항상 열심을 다해 노력해야 한다는 사실을 배운다.

왜냐하면, 단지 작은 믿음으로 만족할 때, 우리는 우리의 기쁨과 확신 그리고 힘을 도적질해 가라고 스스로 문 여는 것이기 때문이다. 취버도 이 이야기에 대해 다음과 같이 지적한다.

> 소망은 만일 자신이 작은 믿음의 입장이었다면, 그렇게 쉽게 굴복하지 않았을 것으로 생각하는 듯이 보였다. 그래서 크리스천은 그에게 자기 과신을 주의하라고 일렀다. 왜냐하면, 작은 믿음을 습격한 이 도적 떼들에 관한 이야기를 듣는 것과 자신이 직접 습격 당하는 것은 매우 다른 일이기 때문이었다. 베드로도 한때 자신은 절대로 굴복하지 않으리라고 생각했다. 그는 심지어 감옥에라도 가고 죽기까지 하면서 자신이 할 수 있는 모든 시도를 할 듯 싶었다. 그러나 이 무자비한 도적들이 그에게 닥쳤을 때, "그는 사도 중 수석 사도로 일컬어짐에도 불구하고 악당들이 그가 결국 보잘것없는 어린 소녀를 두려워하게 만들었다." 그러므로 그리스도 안에 있는 곧 우리 안과 우리 위에, 우리를 위해 있는 그 큰 은혜의 도우심과 의지와 힘, 안전 외에 다른 것은 없는 것이다. 큰 은혜가 작은 믿음을 지키는 투사였던 것처럼, 그 은혜가 우리와 함께 있어야 한다(George Cheever, *Lectures on the Pilgrim's Progress*, 438-439).

구원과 영적 전투에서의 승리를 위해 우리는 그리스도의 속죄 희생에서 나타나고 그리스도의 백성에게 적용되는 하나님의 은혜에 의지해야 한다.

주님이시여! 우리가 우리의 영적 성장을 위해 항상 은혜의 수단들을 쓰게 하시되, 언제나 그리스도께 매달려 있게 하소서. 이는 그리스도만이 우리의 유일한 바람이며 확실한 소망이시기 때문입니다.

작은 믿음에 대한 토론에서 상당히 의기양양해진 크리스천과 소망은 계속 길을 나아갔다. 그러나 연약한 그리스도인들에 대한 이 우월감을 가진 태도는 강한 자와 약한 자 모두에게 불행한 상황의 원인이 된다. 그들은 그리스도께서 상한 갈대도 꺾지 않으시며 꺼져가는 심지도 끄지 않으실 것이라고 하신 말씀을 기억해야 했다. 그들의 교만한 마음은(그들이 우월하다고 상상하는) 자기 자신의 지식에 의존하게 만들고, 또한 그들이 가야 할 길처럼 곧게 보이는 다른 길을 택하게 했다. 이 선택은 성경을 참고하지도 않고, 기도도 없이 이루어졌다.

또한, 그들에게 해를 입히기 위해 사탄에 의해 교활한 방법이 사용되었다. 아첨은 마음과 생각에 위험한 적이 될 수 있다. 우리가 영원한 가치를 지닌 모든 것에 가능성을 부여하시는 성령의 권능을 망각하고 모든 공로를 독차지할 때, 아첨은 그리스도인의 성장에 진실로 유익한 것들을 칭찬하는 듯이 가장하고, 교묘히 영적 교만으로 이끌어간다. 지나치게 우쭐해진 자아는 쉽게 오만해져, 신자가 항상 그리스도를 의지하는 대신 자신의 기호나 흥미에 따라 선택하게 만든다. 여러분이 예수님에게서 눈을 떼어 여러분 자신에게 집중하게 만들려는 자는 누구라도 경계하라.

이 흰옷 입은 검은 인물은 독선이라는 흰 악마로서 공공연히 죄짓게 하는 검은 악마보다 더 위험하다. 루터는 "검은 악마는 흰 악마의 절반만큼도 두려워할 필요가 없다"라고 말했다(Spurgeon, *Pictures from Pilgrim's Progress*, 175). 아첨꾼은 두 순례자에게 직접 그리스도를 버리라고 말하지 않는다.

왜냐하면, 그런 고의적인 죄는 즉각 거부할 것이기 때문이다. 그 대신 그는 그들이 이제 그들이 목자들에게서 매우 많은 것을 배웠으므로 몇몇 결정은 자가 나름대로 할 수 있다고 유혹한다.

왜 그런 작은 결정조차도 인도하심을 얻기 위해 기도하거나 성경을 봐야 하는가?

우리는 순례자들의 얼굴이 그리스도와 바른길에서 조금씩 다른 방향으로 돌려지는 것과, 곧 그들이 자신들의 오만에 찬 오류의 그물에 얽혀드는 것을 본다.

그때 광채 나는 사람이 와서 그들을 구출한다. 이 광채 나는 사람은 모든 신자의 인도자이며 안내자이신 성령을 나타낸다. 성령은 그리스도인들이 길이요 진리요 생명이신 그리스도로부터 빗나갈 때, 뉘우침과 징계의 채찍으로 그들을 때리심으로써 그들이 오만에 찬 어리석음에서 다시 겸손히 그리스도를 온전히 의지하게 하신다.

크리스천과 소망은 시온을 등지고 오는 무신론자를 만날 때까지 가벼운 발걸음으로 길을 따라갔다. 그리스도의 대적들은 얼마나 많은지 모른다. 순례자들은 독선적인 아첨꾼을 피하자마자 공공연히 모든 종교에 반대하는 불경스러운 냉소자를 상대해야 했다. 무신론자의 20년에 걸친 탐구는 아무것도 그에게 준 것이 없었는데, 이것은 놀라운 일이 아니다.

왜냐하면, 그는 세상의 마음과 죽은 신앙으로 탐구했기 때문이다. 만일 그가 천국을 발견해 들어갈 수 있었다고 가정할지라도, 그는 한순간도 천국을 즐거워하지 않았을 것이다. 왜냐하면, 천국이 즐거워할 수 있으려면 새로운 심령을 소유해야 하며, 그리스도 안에서 새로운 피조물이 되어야 하기 때문이다.

순례자의 길에서 무신론자에게 지적된 것은 그의 삶에 존재한 죄였다. 이 지적은 그가 자신의 죄를 직면해서 죄를 버리고 그리스도께로 피하기보다는, 이 길과 이 길에 수반되는 모든 것을 버리게 하기에 충분했다. 그가 한때 버렸던 이 세상의 일시적인 것들로 새로운 활기를 얻을 수 있다고 생각하다니, 슬픈 일이 아닐 수 없다. 불신의 유혹을 받을 때 우리는 크리스천과 소망처럼 해야 한다. 즉 과거에 본 시온산의 광경을 기억하고(하나님의 구원에 대한 과거의 경험들에 의지하고), 과거의 실수에 대한 징계들(예를 들어, 광채 나는 사람의 징계)을 생각해야 한다.

이제 우리는 여행 중 가장 위험한 지점에 이른다. 왜냐하면, 허울뿐인 순례자들이 사자나 거인에게 죽는 것보다 여기서 더 많이 죽었기 때문이다. 마법 걸린 땅은 많은 영혼을 안심시켜 잠들게 한다. 만사가 순조롭고 평탄하며 편안할 때 사람은 주님의 길에 덜 주의하게 하며, 죄에 대해 경계를 게을리하게 된다. 세상과 육체와 악마는 우리 영혼을 마치 인력처럼 아래로 끌어내리는 동일한 견인력을 지니고 있다. 순례자들은 여행의 끝을 향한 투쟁으로 피곤해지는데, 이것이 바로 마법 걸린 땅이 천성의 경계 근처에 있는 이유이다. 잠은 육체에 유익하다. 그러나 영혼에는 치명적일 수 있다.

신앙에서 낮잠을 잔다는 것은 무엇일까?

이 질문에 답하기 위해 스펄전에게 도움을 구해 보기로 하자.

잠자고 있는 그리스도인이여 당신의 상태가 어떠한지 보라.

때때로 당신은 자신의 무감각을 슬퍼했는가?

당신은 느낌을 지닐 수 있기 원했다. 그러나 당신은 고통밖에 느낄 수 없었다. 당신은 하나님의 집으로 간다. 그러나 대중이 하늘에 충만한 찬송을 보낼 때 당신은 그 찬송을 듣지만, 당신의 심장은 그 음에 따라 박동하지 않는다. 기도는 저녁 제사의 연기처럼 엄숙하게 하나님의 보좌로 올라간다. 한때 당신도 기도드릴 수 있었다. 그러나 이제 당신의 몸은 하나님의 집에 있으면서, 마음은 다른 곳에 가 있다. 당신은 형식주의자 같이 되었다. 당신은 설교에서 흘러나오는 향유의 향기를 느끼지 못한다. 당신의 목사님이 달라진 게 아니다. 당신이 변한 것이다. 찬송과 기도는 똑같은데 당신이 졸음 상태에 빠진 것이다 … .

기도회가 거의 보편적으로 소홀히 되는 이유는 무엇일까?

기도의 정신은 어디로 갔을까?

헌신의 생활은 또 어디로 갔을까?

거의 멸절된 게 아닐까?

이 잠은 사닥다리가 하늘과 땅을 연결하고 천사들이 밟고 올라가는 야곱의 잠이 아니다. 이 잠은 지옥에서 사닥다리가 솟아올라, 마귀들이 당신의 잠자는 영을 잡아가기 위해 구덩이에서 기어 올라오는 잠이다. 졸고 있는 그리스도인이여, 당신의 귀에 고함치는 것을 허락하라 당신은 영혼들이 죽고 있는데도 잠만 자고 있다. 사람들이 지옥에 떨어지고 있는데도 잠만 자고 있다. 지옥이 사람들로 넘치고 있는데도 잠만 자고 있다. 그리스도께서 모욕 받고 계시는데도 잠만 자고 있다.

마귀가 당신의 자는 얼굴을 보며 이빨을 드러내고 웃고 있는데도 잠만 자고 있다. 귀신들이 당신의 자는 송장 둘레에서 춤추며 그리스도인이 잠들었다고 지옥에서 떠들고 있는데도 잠만 자고 있다(Spurgeon, *Pictures from Pilgrim's Progress*, 183-187).

순례자들이 잠자는 동안에 귀신들이 우리의 영원한 보물을 빼앗아 가도, 우리는 그들을 보지 못한다. 지옥 불이 타는데도 우리는 그것을 못 느끼고, 지옥 거주자들의 육체가 타는 냄새를 못 맡는다. 목사님이 경고해도 우리는 듣지 못하고, 우리의 어리석음에 귀신들이 깔깔대며 비웃는 소리를 듣지 못한다. 졸음이 온 순례자들은 목자들의 경고를 기억해야 한다. 마법 걸린 땅에서 잠들지 말라. 잠깐의 낮잠도 자지 말라!

어떻게 우리는 이 잠(즉 미적지근하고 형식적인 예배, 기도와 성경을 읽는 것에 대한 영적 냉담 그리고 영적 실체들의 생생한 광경에 대해 닫힌 마음)을 막을 수 있을까?

강제적으로 잠을 쫓는 방식이 아니라, 하나님과의 교제로 훌륭히 처리한 크리스천과 소망처럼 할 수 있게 해 주시기를 하나님께 기도하라. 분명히 환난은 우리를 경계하게 하고, 고민하는 영혼은 잠자지 않는다. 그러나 주님의 방법들에 대한 활기찬 대화가 훨씬 더 바람직하다는 사실을 누구나 다 동의할 것이다.

소망은 크리스천에게 그리스도인으로서의 자신의 경험과 회심에 관해 이야기한다. 이 대화에서 우리는 하나님께서 소망을 죄의 회개와 회심으로 인도하시면서 그를 다루시는 긍휼과 은혜를 본다. 소망은 자신에게 죄를 깨닫게 하시는 하나님의 은혜로운 처리에 눈감고 저항하려 했다. 그러나 우리는 소망이 자신을 그리스도께로 이끄시는 하나님의 역사에 저항할 수 없었던 것에 대해 하나님께 감사할 수밖에 없다. 자신의 회심에 대한 소망의 이야기는 하나님께서 구원을 베푸시는 데 주권적이라는 사실을 증명한다. 육에 속한 자는 자신의 허물과 죄로(영적으로) 죽은 자이다(엡 2:1). 육체적으로 죽은 사람이 듣거나 볼 수 없는 것과 똑같이, 영적으로 죽은 자는 하나님을 보거나 깨달을 수 없다(요 3:3-9). 만일 성령께서 생명(중생)

을 주지 않으신다면, 아무도 그리스도를 믿는 믿음을 행사할 수 없다.

> 살리는 것은 영이니 육은 무익하니라(요 6:63).

사람들은 죽었을 뿐만 아니라 영적인 문제에 있어서 하나님과 완전히 반대된다.

> 육신의 생각은 하나님과 원수가 되나니 이는 하나님의 법에 굴복하지 아니할 뿐 아니라 할 수도 없음이라(롬 8:7).

하나님께서 이끌지 않으셨다면, 그 누구도 하나님을 찾지 못했을 것이다.

> 나(그리스도)를 보내신 아버지께서 이끌지 아니하면 아무라도 내게 올 수 없으니(요 6:44).

성경은 "의인은 없나니 하나도 없으며 깨닫는 자도 없고 하나님을 찾는 자도 없고"(롬 3:10-11)라고 말씀한다. 인간의 본성과 하나님의 은혜는 정반대이다. 육욕적인 본성은 은혜에 적대적이다. 그러나 은혜는 본성을 정복해서 복종시킨다. 믿음은 하나님께서 주신 선물이다(엡 2:8-9). 성령께서 생명을 주실 때, 우리는 기꺼이 나아가 그리스도를 영접할 수 있게 된다. 성령의 중생하게 하는 역사와 무관하게, 불신자들도 자신들의 능력으로 언제든지 믿을 수 있다고 가르치는 사람들은 성경이 말씀하시는 바와 정반대의 말을 하는 것이다.

> 내 아버지께서 오게 하여 주지 아니하시면 누구든지 내게 올 수 없다(요 6:65).
> 이방인들이 듣고 기뻐하여 하나님의 말씀을 찬송하며 영생을 주시기로 작정 된 자는 다 믿더라(행 13:48).

오늘날 대다수 강단이 믿음이 중생에 선행한다고 단언하는 것은 슬픈 일이다. 위대한 종교개혁자 마틴 루터와 존 칼빈은 모두 구원에 있어서 인간의 무능과 하나님의 주권적인 은혜를 가르쳤다. 우리는 구원에서 하나님과 인간이 협력한다(신인협력설, Synergism)는 종교개혁 이전 시대로 돌아가지 말고, 종교개혁자들과 일치해 구원하시는 분은 하나님, 오직 하나님 한 분이시라(monegism)고 선언하자!

오 주님이시여! 저희에게 영광이 있게 마시고, 오직 주님의 이름에 모든 영광이 있게 하소서.

소망이 성경을 듣거나 읽으므로, 또는 경건한 신자의 모범에 따라 또는 친구의 죽음이 그가 자기 죽음과 그 후의 심판을 생각나게 함으로써 그의 마음에 느껴졌던 회개의 시간에 대해 많은 사람이 공감할 수 있다. 소망은 자신의 죄와 죄악 된 친구들을 버리고, 기도하며 성경 읽기를 행함으로써 선한 삶을 살려고 시도했다.

그러나 그의 삶의 개선에도 불구하고 그는 "율법의 행위로는 의롭다 함을 얻을 육체가 없느니라"라는 사실을 깨닫고 번민에 빠진다. 비록 우리가 율법을 완벽하게 지킬 수 있다 해도, 그로써 우리가 과거의 죄악들로 인해 진 빚을 갚을 수는 없다. 소망은 자신이 거룩하고 공의로우신 하나님 앞에 설 때, 자신의 공로에 의지할 수 없으므로 그리스도의 완전한 의를 소유해야 한다는 것을 깨달았다. 신실은 소망에게 절대로 죄를 범한 적이 없으신 분의 의를 전가 받아야 한다고 말해 주었다. 그리고 그를 은혜의 보좌로 인도해 예수 그리스도를 알고 믿게 해 주시기를 하나님께 간구하도록 했다.

이 단락에서 제시되는 하나님 중심의 복음은 오늘날의 왜곡되고 희석된 해석과 얼마나 다른가!

오늘날 인간 중심의 복음을 통해 우리는 하나님의 사랑에 대해서는 많이 듣지만, 하나님의 거룩하심에 대해서는 거의 듣지 못한다. 그러나 거룩함과 사랑은 동등하게 중요한 하나님의 속성들이다. 하나님의 사랑에 대한 이 불균형적인 강조는 형벌 받을 자를 절대로 면죄하지 않으시는(출 34:7) 거룩하고 공의로우신 하나님을 거스르는 죄에 대한 의식을 감소시킨다. 오늘날의 신앙 편의주의는 그리스도의 주권에 대한 복종이 구원에 있어 선택 품목이라고 말한다.

그러나 성경은 그리스도의 주권에 대한 복종의 자세가 구원에 있어 필수적이라고 가르친다(마 7:21-33). 그리스도께 대한 의탁은 단지 복음의 메시지의 진리들에 대한 지적 동의일 뿐만 아니라 — 귀신들도 그렇게 한다(약 2:19) —, 거룩한 삶과 자신이 행하는 모든 일에서 하나님을 기쁘시게 해 드리고 하나님께 존귀와 영광을 드리고 싶어 하는 열망으로 이어지는 전인(全人, 생각과 마음과 뜻)의 응답이기도 하다.

우리의 구원의 기초는 창세 전에 하나님께서 우리를 택하셨다는 사실이며(엡 1:4), 우리는 하나님의 은혜로우신 선택과 초청에 응답하는 것이다. 그러므로 소망은 하나님께서 자격 없는 자신에게 은혜 베푸시기를 소망하며, 기도와 간구로 하나님을 기다렸다.

그리스도의 계시가 소망의 영혼에 끼친 결과는 소망이 어떻게 칭의의 본질과 그리스도의 아름다우심을 깨닫게 되었는가 하는 이야기에서 아름답게 묘사된다. 소망은 너무나 감동해 '예수 그리스도의 이름과 백성과 진리들에 대한 사랑'으로 차고 넘쳤으며, 만일 그의 몸에 백 갤런의 피가 있다면, 그 피를 주 예수님을 위해 다 쏟아부어 드릴 수 있다고 생각했다.

제10장

크리스천의 복음을 거부하는 무지(pp. 215-228)

> 토의와 묵상을 위한 질문들

이 단락에서 크리스천과 소망은 다시 '무지'를 만나 대화를 나눈다. '무지'는 자기 심령의 부패에 대한 몰이해를 그리고 용서와 의를 얻기 위해 그리스도의 능동적이며 수동적인 순종에 완전히 의지하는 대신, 자기 자신에 대해 헛된 확신을 지니고 있음을 드러낸다. 하나님께서 죄인들을 십자가로 인도하기 위해 죄의 자각과 죄에 대한 처벌을 사용하시는 방법에 대한 유익한 대화가 이어진다. 그 후 순례자들은 자신의 심령과 하나님의 진리, 영광스러운 복음에 대해 완전히 무지하므로 배교자가 된 무지에 관해 토론한다.

1. 크리스천과 소망은 마법 걸린 땅을 계속 걷다가, 뒤에 무지가 오는 것을 본다. 그들은 그와 복음에 대해 더 자세히 이야기하기 위해 그가 가까이 오기를 기다린다.
무지는 무슨 근거로 하나님과 자신의 영혼 사이가 완전무결하다고 생각하는가?

2. 무지의 소망은 궁극적으로 한 가지 권위, 즉 자신의 마음에 근거한다. 크리스천은 무지의 권위가 어떤 다른 것이 되어야 한다고 말하는가?
3. 성경에서의 자연 상태에 있다는 인간에 대해서 크리스천은 무엇이라고 질문했는가?
4. 무지는 "하나님에 관한 생각은 무엇이지요?"라고 물었다.
   크리스천은 어떻게 대답했는가?
5. 개신교의 정의와 다르고 천주교의 정의와 유사한 무지의 칭의에 대한 정의는 무엇인가?
6. 크리스천은 무지의 신앙고백을 네 가지 요지로 바로잡아 준다. 이 네 가지 요지는 무엇인가?
7. 무지는 크리스천에게 어떻게 대답했는가?
8. 크리스천은 무지의 부정확한 결론에 어떻게 답했는가?
9. 크리스천과 소망은 사람을 그리스도께로 인도하는 데 있어서 두려움의 역할에 관해 토론한다.
   크리스천은 두려움을 어떻게 묘사하는가?
   무지한 자들은 두려움을 일으키는 죄의 자각을 어떻게 억누르려 하는가?
10. 이제 크리스천과 소망은 정직(Honesty) 마을로부터 약 2마일 떨어진 무자비(Graceless) 마을에서 후퇴(Turnback) 씨 옆집에 살던 사람에 관해 토론한다.
    그는 누구이며, 자신의 급작스러운 배교에 대해 어떤 이유를 제시하는가?
    크리스천은 불완전한 회개에 대해 일례를 든다.
    그 예는 무엇인가?
    크리스천은 배교의 아홉 단계를 열거한다. 그중 여러분에게 해당하는 경고 표시들이 있는가?
    특별히 어떤 것들인가?

존 걸리버(John Gulliver) 목사는 배교를 막는 법에 대해 다음과 같이 기술한다.

배교는 마음의 불신에서 시작하여 삶의 공공연한 죄악들로 끝난다. 이 세상에 대한 사랑이 그처럼 금지되는 이유는 무엇일까?

왜 탐욕이 우상 숭배라고 일컬어지는가?

그 이유는 하나님으로부터 마음을 떼어놓아 그분과 친밀한 교제를 즐기지 못하게 하는 것은, 그것이 무엇이든지 간에 반드시 하나님으로부터의 이탈에 이바지하기 때문이다. 여러분의 마음과 애정을 잘 살피라.

무릇 지킬 만한 것보다 네 마음을 지키라 생명의 근원이 이에서 남이니라(잠 4:23).

명령에 순종하는 법을 매일 익히라. 만일 감시를 게을리하면, 여러분은 반드시 이 세상에서는 죄의식으로, 지옥에서는 죄의 저주로 고통당할 것이다(*The Complete Works of John Bunyan*, 165-166).

요약과 적용

순례자들은 무지와 또 한 번의 회담을 한다.

소망의 경험은 무지의 경험과 훌륭한 교훈적 대조를 이룬다. 소망의 경험은 새로워진 마음의 순결하고 신령한 진리에 관한 관심을 나타내지만, 무지의 경험은 순결하고 신령한 같은 진리에 대해 갱신되지 않은 마음의 은밀한 반대를 한다. 우리 본성의 교만은 우리에게 가장 늦게 드러나는 악 중 하나이다. 그러므로 이 본성에 거역하는 것이 무엇이든지 간에, 우리는 본능적으로 그것을 우리의 적으로 간주한다.

그러나 그리스도의 지식인 겸손은 달리 평가한다. 겸손은 자신을 낮추는 복음의 모든 진리와 덕의 가치를 평가할 수 없을 만큼 귀하게 여긴다. 하나님을 사랑하지 않는 자들은 하나님의 말씀에서 자신의 심령을 기쁘게 할 진리의 체계를 발견할 것으로 기대할 수 없다. 죄악 된 심령은 하나님에 대한 바른 시야를 가질 수 없으며, 또한 이 세상도 바르게 바라보지 못한다.

왜냐하면, 죄는 판단력을 왜곡시키고 모든 도덕적 주제들에 대한 생각을 뒤집어 버리기 때문이다. 그러므로 죄로 어두워진 마음, 하나님과 적대하는 심령에서는 하나님이나 하나님의 말씀에 대한 바른 사상이 나오지 않으며 나올 수도 없다. 그런 자는 항상 자신의 이기심을 통해 하나님을 보며 자신의 바람과 편견, 두려움의 채색을 통해 하나님 말씀을 본다(Cheever, *Lectures on the Pilgrim's Progress*)

이렇게 무지는 교만과 독선 때문에 자신의 사악한 마음에 대해 전혀 무지했으며 헛된 자신에 빠져 있었다.

사람들이 계속 자신들의 교만과 편견을 통해 하나님의 진리를 보는 한, 그들은 계속 하나님과 영원에 대한 그릇된 시야를 지니고 있을 것이고 우리에게 지혜와 의와 성화와 구속되는 하나님의 영광스러운 의보다 자신들의 독선이 더 거하기에 좋은 곳으로 보일 것이다(Cheever, *Lectures on the Pilgrim's Progress*, 448).

비록 하나님의 진리가 명백하다 해도, 무지의 부패된 마음은 이 진리를 흐리게 하고 왜곡시킨다. 그리고 그가 나름대로 하나님과 바른 관계에 서기 위해 (자신의 행위로) 그리스도와 협력하는 신앙 체계를 만들어 낸다. 무지는 하나님 앞에서 용납되기 위해 온전히 그리고 오로지 그리스도만을 의지하는 대신, 그리스도를 자신의 종교적 의무들을 정당화하는 자로 만들었다.

하나님의 가르침을 사랑함으로써 신자들은 자신의 구원에 대해 아무것도 자랑할 수 없고, 오직 그리스도 안에서 그리고 그리스도께서 그들 안에서 그들을 위해 행하신 일 안에서만 자랑할 수 있다는 사실을 깨닫는다. 그러므로 무지는 그가 크게 미혹 당했다는 사실의 표적인 자화자찬으로 인해 연민의 대상이 될 수밖에 없는 것이다.

무지는 그리스도의 의만이 신자가 의롭다 하심을 얻을 수 있는 수단이라는 크리스천의 말에 크게 당황한다. 그리하여 그런 신앙 체계는 도덕률 폐기주의(antinomianism)가 되고 말 것이라고 단언한다. 그러나 말씀을 통해 계시된 그리스도를 소유한 신자들은 진정한 복음의 충분성(우리의 구원은 처음부터 끝까지 완전히 그리스도의 모든 역사라는 것)을 깨닫고, 사랑과 감사로 율법에 순종하기 원할 것이다. 무지의 죄악 된 소경 상태에 대한 책임은 전적으로 그 자신에게 있다. 만일 하나님께서 무지에게 그리스도의 복음을 계시하기를 기뻐하지 않으신다면, 무지는 영원히 행위 구원이라는 생각에 사로잡혀 있을 것이다.

크리스천과 소망의 선한 조언을 경멸한 후 그는 허영과 교만으로 인해 뒤처진다. 우리의 순례자들은 이제 하나님을 경외함이 지혜의 근본이라는 사실을 토론한다. 하나님께서는 죄의 결과에 대한 두려움을 사용하셔서 사람들이 자신을 검사하도록 하신다. 이 검사가 유익한 것이 되기 위해서는 반드시 성경의 빛에 비추어 행해져야 한다. 하나님께서 유익하게 사용하시는 바른 종류의 두려움은 그 근원(하나님의 특별한 은혜)으로 구별될 수 있으며, 그러한 두려움은 사람이 구원을 얻기 위해 완전히 그리스도께 의존하는 것에 귀착한다.

바른 두려움은 영혼 안에서 하나님과 하나님의 말씀 그리고 하나님의 방법들에 대한 깊은 존경을 일으키고 지속시키며, 심령을 민감하게 하고 하나님께 기쁨을 드리는 일에서 떠나기를 주저토록 한다. 경건한 두려움은 영혼을 겸손하게 하며 거룩한 삶을 가능케 하시는 성령께 의지하게 한다. 그러므로 이런 두려움을 소유한 사람은 성령을 슬프게 하지 않기를 간절히 바란다. 사랑과 감사는 복음에 나타난 하나님의 크신 긍휼과 은혜를 아는 지식에서 나온다.

그리고 이 지식을 소유한 사람은 죄가 가져다줄 수 있는 어떤 즐거움보다도 하나님과의 친밀한 교제를 바란다. 그리스도인은 하나님께 불명예를 초래하거나 적에게 하나님, 또는 하나님 나라에 대해 멸시하는 말을 하도록 동기 부여할 수 있는 일은 어느 것도 해서는 안 된다.

사람들은 죄에 대한 회의가 악마에게서 온다고 생각하며 억누르려 한다. 이렇게 할 때 그들의 상상적인 믿음은 훼손되고 그들은 건방진 자신을 갖게 된다. 그들은 죄의 결과들에 대한 두려움이 스스로 거룩하다고 여기는 생각을 빼앗아간다고 믿는다. 그들이 주장하는 개인적인 의는 육에 속한 사람(상상의 선한 마음)에게서 오는 것으로서, 그들이 그리스도의 의를 바라고 의지하게 하는 대신, 자화자찬하며 스스로에 대해 자신만만하게 만든다. 불신자의 이러한 건방짐은 치명적이다.

소망은 하나님께서 은혜로 마음을 조명해 주고 진리에 눈뜨게 해 주시기 전까지, 자신이 이와 같은 부정확한 생각에 빠져 있었음을 인정한다. 회심 이전의 우리 상태를 돌아보는 것은 유익하다. 왜냐하면, 그럼으로써 우리는 불쌍하게도 교만과 독선의 미혹 속에서 살아가는 사람들과 우리의 다른 점이 오로지 하나님의 자비와 은혜 덕택이라는 것을 알고, 그분에 대한 감사가 넘치게 되기 때문이다.

그다음 그들의 대화는 무자비(Graceless) 마을에 사는 당분간(Temporary)으로 옮겨진다. 소망은 매우 많은 이들의 신앙이 당분간의 일이 되는 이유, 즉 많은 사람이 한동안 잘 달리다가도 가만히 정지했다가 되돌아가는 몇 가지 이유(배교자에 대한 그의 관찰에서 얻은)를 당분간과의 면식에 근거해서 설명한다.

소망은 배교자들이 죄의 결과들에 대해 불안해하는 양심을 소유하고 있지만, 차츰 죄책감이 약해지면 다시 과거의 길로 되돌아간다고 묘사한다. 그들이 종교를 원하는 이유는 심령이 변해서 하나님을 사랑하고 하나님과 함께 있기를 열망하기 때문이 아니라, 단지 지옥이 싫기 때문이다. 또한, 신앙에 수반되는 수치도 그들이 쉽게 신앙고백을 버리게 만들 수 있다.

인간의 마음은 얼마나 거짓된가! 당분간과 같은 야비한 자가 한때 즐거워했던 모든 것들을 왜 버려야 했는지, 그에 대해 얼마나 많은 강력한 이유를 설명할 수 있는지 알 수 없다. 그는 빵 한 조각으로 즐거워하기도 했고, 교회의 공공연한 대적들의 미소에도 즐거워했으며, 자신의 믿음, 구주를 즐거워하기도 했다(Whyte, *Second Series Bunyan Characters*, 59).

당분간과 같은 자들에게 문제의 근원은 그들이 자신 속에 있는 악을 보기 위해 마음을 수색하지 않는다는 점이다. 그들은 죄에 대해 자각하지만, 그 자각이 완벽하거나 충분히 깊지는 못하다. 또한, 사실상 그의 속사람은 죄를 괴로운 것으로 여기지 않는다. 토마스 쉐퍼드(Thomas Shephard)는 다음과 같이 경고한다.

> 당신이 죄로 인해 최초로 받은 상처가 충분히 깊은지 확인하라. 왜냐하면, 믿음과 성화에서 발견되는 모든 오류가 겸손에 있어서의 최초의 오류에서 솟아나기 때문이다. 만일 겸손이 그릇되거나 약하거나 부족하면, 그의 믿음과 그리스도를 붙잡는 힘도 약하고 부족하며, 그의 성화는 가짜이기 때문이다. 그러나 만일 죄로 인한 상처가 깊고 그의 겸손도 충분히 깊다면, 그의 믿음은 바르고 성화는 영광스러울 것이다(Shephard, *The Parable of Ten Virgins*, 482).

여기서 우리는 사람들이 자신의 마음에서 단지 작은 죄만을 발견하게 된다면, 그리스도의 십자가 역사에 대한 그들의 평가가 보잘것 없으며, 구주에 대한 사랑도 별로 없을 것이라는 사실을 배운다. 당분간과 같은 자들은, 비록 그리스도와 떨어져 있는 자신들의 절망적인 상황을 실감하지 못하는 자들이라 할지라도, 그들에게서 구원의 모든 소망이 사라진 것은 아니다. 그들은 진실로 죄에 대해 놀랐다. 그러나 겸손이 없는 경악은 절대로 자기 과신을 파괴하지 못한다. 그러므로 그들은 편안해지기만 하면 언제라도 세상으로 돌아갈 준비를 하는 것이다.

천성으로 가는 길의 순례자들은 당분간과 같은 인물에게서 경고를 받고 자신들의 마음을 살펴보아야 한다. 왜냐하면, 모든 배교는 우리의 애정이 소재하고 있는 곳인 마음에서 시작되기 때문이다. 우리가 만일 기도와 성경 연구를 게을리하며 이 세상의 일들(명성, 물질, 쾌락 등)을 추구하는 데 마음을 빼앗기고 있다면, 그것은 우리의 애정이 빗나가고 있고 하나님에 대한 열정이 식어가고 있다는 확실한 전조이다. 우리는 날마다 "모든 지킬 만한 것 중에 더욱 네 마음을 지키라 생명의 근원이 이에서 남이니라"(잠 4:23)라는 명령을 따라야 한다. 그리스도인은 부지런히 은혜의 수단을 써 마음에 연료가 떨어지지 않게 함으로써, 마음이 하나님을 향한 애정 가운데 뜨겁게 불타도록 해야 한다. 우리는 그리스도 안에서 우리를 부르신 하나님의 고귀한 소명의 푯대를 향해 끊임없이 믿고 나아가야 한다.

왜냐하면, 우리가 너무 쉽게 빠져 버리는 함정은 바로 후퇴이기 때문이다. 이 개념은 아래로 내려가고 있는 에스컬레이터에서 위로 걸어 올라가는 그리스도인의 모습에 비유될 수 있다. 신자는 한순간이라도 힘차게 위를 향해 올라가기를 멈추면, 중심을 잃고 아래로 굴러떨어질 것이다.

제11장

천성에 이르는 크리스천(pp. 229-239)

> 토의와 묵상을 위한 질문들

이 마지막 장에서 우리는 크리스천 그리고 소망과 함께 간 여행의 끝에 이른다. 뿔라 땅에 들어가서 '크리스천은 향수병에 걸렸고, 소망도 짙은 병으로 한두 번 기절했다.' 이 땅의 맛있는 과실들로 원기를 회복한 순례자들은 잠을 자고 난 후, 그들의 마지막 대적인 죽음의 강을 건널 준비를 했다. 그들은 자신들의 믿음의 창시자이시며 완성자이신 예수님을 바라보며 (히 12:1) 강 건너편에 도착했다. 주님의 명령으로 영광의 문이 그들에게 열렸다. 그들은 영광스러운 성으로 들어갔다. 우리는 무지의 끔찍한 망상의 마지막 결과를 보고 우리의 소망을 평가해서, 그것이 헛된 소망인지, 아니면 길이요 진리요 생명이신 그리스도와 우리의 연합에 기초한 소망인지를 밝혀야 한다는 사실을 깨닫는다.

1. 순례자들은 계속 그 길로 행해서 뿔라지역으로 들어간다. 뿔라는 "결혼하다"라는 행복의 의미이다. 이 이름은 이사야 62장 4절에서 취한 것으로 여호와가 기뻐하시는 경계의 땅이다.

여러분은 뿔라 땅이 그리스도인의 순례 여행 중 어떤 부분을 나타낸다고 생각하는가?

2. 크리스천과 소망은 천성으로 들어가는 문에 이르기에 앞서 요단강을 건너야 했다. 각 사람이 이 강을 어떻게 건넜는지 묘사해 보라.
3. 두 순례자는 천성이 있는 높은 언덕을 어떻게 쉽게 올라갈 수 있었는가?
4. 빛나는 사람들은 천성의 영광에 대해 순례자들에게 무슨 이야기를 해주었는가?

   크리스천과 소망이 "그 거룩한 곳에서 우리는 무엇을 해야 할까요?" 이렇게 물었을 때, 빛나는 영들은 무엇이라고 대답했는가?

5. 크리스천과 '소망'이 천성문을 향해 다가갈 때, 어떠한 영접을 받았는가?
6. 크리스천과 '소망'은 왕에게로 인도되는 문에서 사람들에게 무엇을 제출했는가?
7. 무지는 왜 '두 순례자가 겪었던 어려움의 반도 겪지 않고' 강을 건널 수 있었는가?

   성문 앞에서 무지에게 어떤 일이 일어났는가?

   우리는 앞에서 무지가 천성에 들어갈 자격을 얻기 위해 무엇에 의지했다고 읽었는가?

8. 결론에는 어떤 경고들이 주어졌는가?

   또 어떤 권면들이 주어졌는가?

요약과 적용

크리스천과 '소망'은 뿔라 지역으로 들어간다. 이 땅은 신자들이 생을 마감하면서 경험해야 하는 행복한 평안과 확신을 나타낸다. 이 천국의 경계에서 영혼은 영적인 일에 주의를 기울이며 생활한다. 이곳에서 그리스도인들은 영원의 환상을 소유하며, 신자들의 마음은 그들의 영혼을 사랑하시는 분과 함께 있기를 사모한다. 그리고 계속 그들을 함정에 빠뜨리려는 죄에서 자유를 얻기를 갈망하며, 천국의 성도들과 즐거운 교제를 기대한다.

또한, 이곳은 '신랑과 신부의 약혼이 다시 새로워지는' 곳이다. 아! 그 달콤한 약속, 우리의 약혼 날, 우리를 신부로 삼으시겠다는 그리스도의 청혼을 처음 받아들인 날이여!

그러나 신자의 죽음은 훨씬 더 행복하다. 왜냐하면, 분명히 이날은 그리스도께서 신부의 얼굴에서 면사포를 걷어 올리실 우리의 결혼일이기 때문이다. 그리고 면사포가 걷힐 때, 우리는 우리가 사랑하는 분을 처음으로 분명히 뵙게 될 것이기 때문이다. 드디어 '영화'에 들어간다.

뿔라 땅에서 즐겁게 머문 후에 순례자들은 천성을 향해 나아간다. 두 사람이 다가와, 그들이 두 가지 어려움을 더 만나야 한다고 일러준다. 우리는 이 두 가지 어려움이 외적 죽음과 내적 불신이라는 사실을 배운다. 내적 불신은 죽음이 우리에게 괴로움이 되게 만드는 것이다. 청교도들은 죽음을 준비하며 훌륭하게 죽는 일에 대해 평생 관심을 가졌다. 육은 흙으로 가지만 영혼은 천사들에 안기어 낙원에 이르게 된다.

존 번연은 "그대가 반드시 한 번밖에 죽지 않는다는 사실을 깊이 생각하라. 만일 당신이 이 세상을 떠날 때 훌륭하게 죽지 못한다면, 다시 돌아와서 더 훌륭하게 죽을 기회가 없다는 것이다"라고 기술했다.

드디어 순례자들은 마지막 원수인 사망을 만난다. 사망이 앞에서 그들을 바라보자, 그들에게는 두려움이 요동친다. 그러나 그들은 반드시 이 강을 통과해야 한다.

그들은 무엇을 바라보아야 했는가?

분명히 자기 자신이나 그들이 행하고 지내온 바를 바라보아서는 안 된다. 그렇다. 그들은 하나님의 자녀들을 위해 사망을 이기고 그들 안에 있는 사망에 대한 두려움을 제거하실 수 있으며 또 제거하실 예수님만 바라보아야 했다. 예수님과 그의 행하신 일을 믿는 믿음은 사망의 강을 건너기 위해 걸어가는 우리에게 필요한 단단한 기초를 공급한다.

> 오! 하나님의 자녀들이여, 사망을 지배하는 악마의 권세가 소멸했으므로 사망은 그 쏘는 것을 상실했습니다. 그러므로 죽는 것을 두려워하지 마십시오. 여러분은 죽음이 무엇인지 알고 있습니다. 죽음을 정면으로 쳐다보면서, 나는 너를 두려워하지 않는다고 말하십시오. 주님의 죽으심에 대한 자세한 지식과 확고한 믿음으로, 당신이 그 무서운 시간을 이길 힘을 얻기 위해 하나님께 은혜를 구하십시오. 만일 당신이 그렇게 살고 있다면 당신은 죽음을 기쁘게 생각할 수 있고, 죽음이 임할 때 즐겁게 환영할 수 있을 것입니다. 죽는 것은 즐거운 일입니다. 죽는 것은 그리스도의 가슴에 굽는 일이며, 영혼이 신령한 애정의 입술로 육체에 작별의 입맞춤을 하는 것입니다 (Spurgeon, *The New Park Street Pulpit*, 4:15).

그리스도인의 영혼에 있어 죽음은 사랑하는 자의 입맞춤이다. 취버는 하나님의 자녀를 본향으로 데리고 가는 하나님의 사자로서의 죽음에 대해 다음과 같이 말한다.

> 그(죽음)를 환영하는 영혼들이 있다. 왜냐하면, 그가 감옥의 문을 열기 때문이다. 영혼들은 그 감옥에서 나와 빛의 세계로 들어간다. 육신과 죄, 두려움과 의심, 노예 생활의 감옥에서 나와 완전한 거룩함 가운데 천국의 자유로 들어간다. 죄가 조금도 섞이지 않은 영혼의 완전한 평화와 축복을 손상하거나 변질시키는 것이 영원히 없는 사랑과 찬송 그리고 복된 찬미 속으로 들어간다. 이러한 영혼들에게 죽음은 그들을 하나님의 보좌 앞으로 데려가서, 그들을 흠 없고 티 없이, 그리스도와 닮은 모습으로 하나님께 알현시키는 그분의 사자일 뿐이다. 또한, 이러한 영혼들에게 죽음은 생명이다. 죽음은 타락한 인간의 죄악과 흑암 비참의 상태로부터 하나님의 영광이 밝게 비추이고, 어린 양이 그곳의 빛이신 나라에서 순결하고 빛나며 행복한 상태로 태어나는 것이다. 미래에는 사망이 왕 노릇을 하는 공포가 없다. 따라서 이러한 상태에서 죽음이란 본향으로 돌아가는 일일 뿐이다 (George Cheever, *Lectures on the pilgrim's progress*, 462-463).

그리스도인들은 죽음을 영원한 영광의 집으로 가는 확실한 소망을 두고 바라보아야 한다.

예수님께서 문을 여시고 여러분이 마침내 집에 도착했을 때, 예수님께 말할 여러분의 첫 마디는 무엇일까?

존 번연은 죽음의 강에서 천국의 문까지 가는 길을 다른 경건한 작가가 묘사한 적 없는 방식으로 묘사한다.

> 그는 아마 대부분 사람에게 단순한 공허, 허탈, 또는 기껏해야 당황과 흐릿한 기쁨으로 보일 일을 명확하고 행복에 넘치는 심상들로, 자연스러운 생각들로 그리고 고결한 영들의 공감하는 교제로 가득 채운다. 이 영들은 영혼이 자존 하는 빛으로 들어가기 위해 통과해야 할 외부의 입구와 영광의 원경을 형성한다. 말하자면 존 번연은 확인되지 않은 영적 실존의 깊고 갑작스러우며 광활한 공간 위에 상상의 다리를 놓는 것이다. 여기서 우리는 구원의 후사들이 될 사람을 돕기 위해 보냄 받은 섬기는 영들이 육신을 떠난 영혼을 영접하기 위해 예비하고 있는 것을 발견하게 된다(George Cheever, *Lectures on the pilgrim's progress*, 456).

이 장엄한 서술을 생각할 때, 존 번연이 마치 자신이 죽은 후에 경험하고 본 것을 돌아와서 묘사하는 듯한 경이로움을 금할 수가 없다.

> 기록된바 하나님이 자기를 사랑하는 자들을 위하여 예비하신 모든 것은 눈으로 보지 못하고 귀로도 듣지 못하고 사람의 마음으로도 생각지 못하였다 함과 같으니라(고전 2:9).

존 번연은 우리를 하늘 끝까지 올라가게 한 다음, 우리에게 무지가 어떻게 되었는지를 보여 주며, 이 책의 매우 엄숙하고 교훈적인 부분으로 우리를 데리고 간다. 헛된 희망(Vain-Hope)은 무지의 평생 반려자였고, 죽을 때도 그를 버리지 않았다. 무지는 스스로 상상한 자신의 의에 의지해서 여행을 떠났다. 그리고 하나님께서는 이 사탄적인 악한 망상에 그를 넘겨주시고, 그 거짓 가운데 망하도록 내버려 두셨다. 한 미혹에 빠진 신자의 장례식에 대해 스펄전은 다음과 같이 기술한다.

> 그 장례 마차의 선두에는 바알세불이 행렬을 인도하여 가고 있었다. 그는 사악한 기쁨으로 눈을 반짝이며 힐끗 뒤돌아보고는, "여기 한 영혼을 지옥으로 모셔가는 멋지고 화려한 행렬이 간다"라고 말했다.
> 아! 지옥의 마지막 처소로 가는 사람을 위해 장식된 깃털들과 촛대!
> 하나님께서 살아 있을 때도 저주하셨고, 죽었을 때도 저주하신 자에게 경의를 표하기 위한 마차들의 행렬이라니!
> 이 위선의 소망은 항상 지겨운 것이었다. 종이 울리고, 성직자가 장례 예배를 드리고, '확실한 소망' 중에 묻고 있다. 무덤보다 조금 더 아래 어딘가에서 웃음소리가 솟아나온다!
> 사탄이 말한다.
> "하하하! '확실한 소망'이라고?
> 너희의 '확실한 소망'은 정말 어리석은 것이로구나. 거품을 의지하여 별들에게로 날아갈 소망을 가지려무나.
> 광풍에 의지하여 안전하게 하늘까지 데려다주기 바라면 어떨까?
> 그런 것들에 의지하다니, 정말 너희는 미치광이로구나"(Spurgeon, The *New Park Street Pulpit*, 4:284-285).

이와 마찬가지로, 크리스천과 소망으로부터 그리스도의 의만이 죄인을 위한 유일한 소망이라고 가르침 받았음에도 불구하고, 무지는 자신의 행위에 의지해서 헛된 소망의 배를 타고 죽음의 요단강을 건넜다. 마지막으로 우리의 꿈꾸는 사람은 무지의 종말을 묘사한다. 그는 묶인 채 언덕 옆의 문으로 끌려갔다. 꿈꾸는 사람은 말한다.

"나는 지옥으로 가는 길이 멸망의 도시에만 있는 것이 아니라, 천국 문에도 있는 것을 알았다."

진실로 그의 꿈은 매우 우울한 결론이다. 걸리버는 우리가 배워 온 교훈들에 비추어 이 마지막 시험을 주시하라고 우리에게 요청한다.

깊이 생각하라. 다음과 같은 중요한 질문들에 대해 말씀에서 선한 만족을 얻기 위해 주의 깊게 고찰하라.

나는 길이신 그리스도, 그 나라로 가는 유일한 길이신 그리스도 안에 있는가?

나는 죄의 길 또는 독선의 길 등의 다른 길들은 지옥으로 이어진다는 사실을 아는가?

그리스도께서 믿음으로 말미암아 내 마음에 거하시는가?

나는 그리스도 안에 있는 새로운 피조물인가?

나는 나의 죄악들을 증오할 뿐만 아니라, 나 자신의 의를 단념했는가?

나는 긍휼을 얻기 위해 그리스도만 바라보고, 거룩함을 얻기 위해 그리스도에게만 의지하는가?

그리스도께서는 내 영혼의 유일한 소망이시며 내 마음의 유일한 확신이신가?

나는 내가 완전히 나 자신 안에서 잊힌 자라는 사실을 말씀 때문에 알고, 성령님의 가르치심에 의해 느낌으로써 그리스도 안에서 발견되기를 간절히 바라는가?

그리스도는 내 안에서 영광의 유일한 소망이신가?

나는 그리스도를 즐거워하고픈 소망이 있을 뿐만 아니라, 그리스도를 기쁘시게 해 드리기를 바라는가?

나는 성부 하나님 그리고 성자 예수 그리스도와의 교제를 다른 무엇보다 귀하게 여기며 추구하는가?

만일 그렇다면, 나는 자연과 세상과 사탄에게서 모든 것을 얻을 수 있다 하더라도, 항상 그것들을 적대하고 길이신 그리스도 안에 있는 자이며, 그리스도께서 내 안에서 진리와 생명이 되신다. 나는 그리스도와 하나이며, 그리스도께서는 나와 하나이시다(John Gulliver, *The Complete Works of John Bunyan*, 170-171).

만세 반석 열리니 내가 들어갑니다.

창에 허리 상하여 물과 피를 흘리니

내게 효험 되어서 정결하게 하소서

내가 공을 세우나 은혜 갚지 못하네
쉼 없이 힘쓰고 눈물 근심 많으나
구속 못할 죄인을 예수 홀로 속하네
빈손 들고 앞에 가 십자가를 붙드네
의가 없는 자라도 도와주심 바라고
생명 샘에 나가니 맘을 씻어 주소서
살아생전 숨 쉬고 죽어 세상 떠나서
거룩하신 주 앞에 끝날 심판당할 때
만세 반석 열리니 내가 들어갑니다(Augustus M. Toplady, 1776).

청교도들은 그렇게도 사모하던 천성에서 천군천사들의 환영을 받으며 주님의 베마(Bema, 고후 5:10) 심판대에서 5관왕 면류관을 받는다.

1. 의의 면류관(딤후 4:7-8)
2. 썩지 않는 면류관(고전 9:25-27)
3. 기쁨과 자랑의 면류관(살전 2:19-20)
4. 생명의 면류관(계 2:10)
5. 영광의 면류관(벧전 5:1-4)

면류관의 종류가 금, 은, 보석, 나무, 풀, 짚이 있다(고전 3:12).
공력이 불로 나타날 때 공력이 그대로 있으면 상(금, 은, 보석)을 받고 공력이 불타면 해(나무, 풀 짚)를 받는다

부록 존 번연의 생애와 작품 소개[1]

1. 존 번연의 생애

　전 세계적으로, 특히 영어권 국가에서 존 번연의 『천로역정』(*The Pilgrim's Progress*)은 성경 다음으로 널리 보급된 책이다. 존 번연만큼 사람들의 마음에 친밀감을 주는 경건 서적 작가는 없다. 그의 작품만 사랑받는 것이 아니라 존 번연 자신도 인간적으로 뜨거운 사랑을 받고 있다. 선천적으로 극적인 그의 천재성은 이 책에 나오는 수많은 인물에게 투영되어 있다. 그의 저서들에 등장한 다양한 인물들을 통해 존 번연은 매우 친숙한 인물로 우리 앞에 나타난다. 즉, 그는 그 누구도 능가할 수 없는 방법으로 자신과 모든 진지한 순례자의 영혼 투쟁을 보여 주고 있다.

　존 번연은 1628년에 베드포드(Bedford) 인근의 엘스토우(Elstow)에서 아버지 토마스 번연(Thomas Bunyan)과 어머니 마가렛 벤트리(Margaret Bentley) 사이에서 태어났다. 아버지는 가난한 땜장이, 즉 놋쇠 세공인이었다. 그의 가문은 많은 사람이 알고 있는 바와 같이 낮고 보잘것 없었다. 그는 자기 아버지가 그 지역에서 가장 열등하고 멸시받는 계층에 속해 있었다고 말한 적이 있다. 그런데도 존 번연의 가문은 엘스토우에서 여러 세대 동안 살아오면서 분명히 좋은 평판을 받고 있었다.

　노동자 계층에서 태어난 그는 아버지의 세 아내가 낳은 모든 아이 중 둘째였고, 아버지는 그를 땜장이(brazier, tinker)로 훈련했고 짧은 문법학교 교육만 받게 했다. 그가 이후에 얻게 되는 문학적 재능은 주로 청소년기에 성경과 경건 서적을 많이 읽으면서 형성된 것이었다. 그를 낳은 어머니가

---

[1] 본 부록은 박영호 교수의 『천로역정』강의안 서론을 첨부한 것이다.

죽은 후, 아버지는 재혼했다. 그는 1645년부터 1647년 후반까지 뉴포트 파그넬(Newport Pagnell)에서 크롬웰(Cromwell)의 의회군으로 복무했으며, 국교회와 무자비한 핍박을 체험했다. 그리고 19살에 이름이 알려지지 않은 처녀와 결혼했다.

존 번연의 부모가 아들에게 기초 교육인 문법학교 교육을 받게 할 정도로 매우 지혜로웠다는 것은 주목할 만하다. 비천하고 보잘것없는 하층민 신분에도 불구하고 존 번연은 학교에서 공부할 수 있었다. 그를 학교에 보내 읽고 쓰는 법을 배우게 하려는 생각을 그의 부모님에게 넣어주신 것은 하나님의 기쁘신 뜻이었다. 그리하여 그는 가난한 사람들의 자녀들에게 허락된 기초 수준의 교육을 받게 되었다. 그러나, 소년 시절 존 번연의 환경은 그가 영국 문학사에서 가장 유명한 작가 중의 하나가 될 것이라고는 아무도 믿지 못할 만큼 암울한 것이었다.

존 번연의 학교 교육 기간은 짧았다. 그는 일찍부터 아버지의 일을 돕지 않으면 안 되었다. 그는 또한 1644년 6월 어린 나이에 어머니를 여의었고, 한 달 뒤에는 사랑하는 누이를 잃는 슬픔을 당했다. 게다가 어머니의 장례를 치른 지 두 달도 못 되어 아버지가 재혼하자 큰 충격에 빠져 방황했다. 물론 일시적이긴 했으나, 그러한 고독감과 슬픔은 그에게 악한 영향을 끼쳤다. 그는 아버지 곁을 떠나 분별없는 방탕한 삶을 살게 되었다. 그의 말을 들어보자.

> 나는 이 세상 풍속과 지금 불순종의 아들들 가운데서 역사하는 영(엡 2:2-3)을 따라 살았다. 마귀에게 사로잡혀 그의 뜻을 따르는 것이 나의 즐거움이었고 나의 삶은 모든 불의로 가득했다. 그 모든 불의는 매우 강력하게 활동하여 어린 시절부터 나의 마음과 생활 가운데 유력하게 작용했다. 진실로 나는 이러한 악행 가운데 뿌리깊이 거함으로 죄악은 나에게 제2의 본성처럼 되었다. 나는 지옥 불의 무서운 고통을 생각하며 크게 고민하고 괴로워했다. 9-10세의 어린 영혼에 이러한 생각들이 큰 고통을 주었기 때문에 나는 여러 가지 오락과 유치하고 보잘것없는 일들을 즐기고 헛된 동

무들과 어울렸다. 그러면서도 나는 자주 크게 낙심했고 극도로 괴로워했다. 그렇지만 나는 나의 죄악들을 떨쳐 버릴 수가 없었다.

존 번연이 자신에 대해 하는 이러한 말들은 영적 갈등의 실재에 대해 무지한 사람들에게는 과장되게 보인다. 그런 사람들은 존 번연이 그리는 자화상을 완전히 어둡고 도덕적으로 비뚤어진 것으로 여겨왔다. 그들은 그의 이력에서 존 번연이 자기 질책적인 용어들을 사용하는 것을 정당화할 만한 그 어떠한 것도 발견하지 못했다. 그들은 그 어두운 시절의 모든 이야기를 하나의 망상으로 취급하고 싶어 했다.

그들은 이렇게 말한다.

과수원에서 과일을 훔친다거나 욕을 하는 것이 무슨 문제가 된단 말인가?
그것은 당시 어린이들 특히 존 번연이 속한 계층의 어린이들이 양심의 가책 없이, 전혀 악의 없이 행했던 일들이 아닌가?

그러므로 존 번연이 자신의 그런 말과 행동에 대해 깊은 자책감에 빠졌던 것은 유별난 과민성 때문이다.

그러나 존 번연은 표면이 아니라 내면을 살핀 것이었다. 다른 사람과 비교해 볼 때 그의 삶은 비난할 만한 점이 없을지도 모른다. 그러나, 그는 자신의 삶을 다른 사람의 삶과 비교한 것이 아니었다. 그는 하나님의 율법의 빛에 자신의 삶을 비추어 보았으므로 그가 본 자기 삶의 모습은 실망으로 가득 차게 했다.

존 번연은 자신이 너무나 불완전하고 죄악으로 가득 찼다고 보았다. 그는 자신의 행동을 인습적인 규범에 비추어 봄으로써 진실로 자신을 죄인의 괴수라고 느꼈다. 주위 사람들이 영위하는 평범한 생활로 만족해 보려는 존 번연의 시도들로 인해 그의 정신적 고통은 더욱 증가했다. 그는 자신을 보다 고귀한 삶으로 부르시는 음성에 귀를 막으려고 애썼다. 그는 친구들이 즐기는 오락들을 즐겨 보려 했으나, 수시로 고통스러운 생각들과 무서운 꿈으로 시달렸다.

그런 생활에 사로잡힌 나의 비참한 영혼에는 육신의 정욕과 육신의 열매밖에 없었고 그러므로 나는 귀한 은혜의 기적을 얻지 못했다. 나는 영원한 공의의 심판에 의해 파멸의 지경에 이르렀을 뿐 아니라, 세상 사람들 앞에서도 모욕과 수치를 당하게 하는 율법의 심판대 앞에 나 자신의 벌거벗은 몸을 내놓게 되었다. 이 당시 신앙에 대한 생각들은 나에게 매우 고통스러운 것이었다. 나는 그 생각들을 스스로 감당할 수 없었으나, 그렇다고 다른 사람이 감당해 줄 수도 없었다. 그리스도인의 경건에 관한 책들을 보았을 때 그 내용은 나를 감옥에 가두는 것 같았다. 그때 나는 하나님께 이렇게 부르짖었다.

"우리를 떠나소서 우리가 주의 도리 알기를 바라지 아니하나이다"(욥 21:14).

그러나 하나님께서는 나를 완전히 떠나지 않으시면서 설득이 아닌 심판과 함께 계속 나를 따라다니셨다. 그러나 그 심판은 자비가 함께 하는 심판이었다. 한번은 바다에 빠져 거의 죽을 뻔한 적이 있었다. 또 배를 타다가 베드포드 강에 빠지기도 했는데, 하나님의 자비로 목숨을 건졌다. 또 한번은 친구와 함께 들에 있는데 독사 한 마리가 앞으로 다가온 적이 있었다. 나는 손에 들고 있던 지팡이로 독사를 쳐서 기절시킨 후, 독사의 입을 벌려 손가락으로 뱀의 혀를 뽑았다. 만일 하나님께서 나에게 자비를 베푸시지 않았다면 나는 그런 무모한 행동의 대가로 목숨을 잃었을 것이다.

The Pilgrim's
Progress

2. 군입대

존 번연은 16살 경에 크롬웰의 지지자였던 사무엘 루크 경(Sir Samuel Luke)의 군대에 배치되어 3년간(1644-1647) 복무했다. 그는 1645년 6월에 네이스비(Naseby) 전투에 참여했다. 그러나, 그가 왕당군이었는지 의회군이었는지는 확실치 않다. 그의 저술을 보아도 이 문제가 풀리지 않는 것은 매우 이례적이나 대체로 의회군이었을 것으로 본다.

존 번연은 자기 경험의 영적 측면들에 집착했다. 그 영적 측면들의 무한한 중요성에 너무 집착했기 때문에 그는 외적인 일들을 거의 언급할 가치가 없는 것으로 생각하는 경향이 있었다. 그러므로 마콜레이 경(Sir. Macaulay)은 그가 의회군으로 전투에 참여한 것에 의심의 여지가 없다고 본다. 반면, 프라우드(Froude)는 그가 왕당파군에 지원한 것이 아니라 징집을 받아 왕당파군 편에서 전투에 참여한 것 같다고 본다. 베드포드의 브라운(Brown) 박사는 여러 가지 증거들을 면밀하게 비교 검토한 결과 미콜레이 경이 옳다고 결론 내렸다.

즉, 존 번연이 의회의 요청에 복종해서 군대 생활을 경험했고, 그로 인해 『천로역정』(*Pilgrim's Progress*)과 『거룩한 전쟁』(*The Holy War*)에 나오는 다양한 장면과 인물들에 특별한 정확성과 생동력을 부여할 수 있었다는 것이다. 어느 편에서 싸웠든지 간에 그의 이 작은 탈출은 그를 전율과 감사가 혼합된 감정으로 가득 차게 했다.

존 번연에 관한 자세히 상술된 영적으로 의미 있는 사건 중에는 다른 병사를 대신해서 야간 순찰하기로 하고 이 임무를 수행하다가 맞닥뜨린 전투에서 죽을 뻔한 것이 있다. 존 번연이 병사 생활을 하던 중 몇몇 동료들과 함께 포위 공격(1645년의 레스터 포위 공격)에 차출되었다.

> 내가 막 떠나려 할 때 한 동료가 내 임무를 대신하여 맡고 싶다고 했다. 내가 동의하자 그는 나를 대신하여 포위 공격에 나섰다. 그런데 그는 보초를 서다가 머스킷 총탄

에 머리를 맞고 죽어 버렸다.

그리고 존 번연은 습관적인 놀이 중독, 안식일에 어울리지 않는 생각, 종 울리기에 대한 과도한 애착, 욕을 다양하게 하는 경향 등이 있었다. 이 모두는 회개와 고백의 사례로 끄집어낸 것들이었다. 성적인 죄가 중대한 유혹의 일면으로 제시되지 않은 것 같은 부분을 빼면, 이런 양심의 가책은 칼빈주의 고백 문헌에 전형적인 것이었고, 이것은 아가 4:1을 본문으로 한 초기 설교에 대한 반응에서 볼 수 있다.

> 내 사랑 너는 어여쁘고도 어여쁘다 너울 속에 있는 네 눈이 비둘기 같고 네 머리털은 길르앗 산기슭에 누운 염소 떼 같구나(아 4:1).

이처럼 자신의 욕구를 신랑이신 그리스도에 대한 은혜를 깊은 영혼의 사랑으로 승화시키는 신비주의자의 직관적인 능력을 보여 준다.

3. 결혼생활

존 번연은 1649년 19세의 이른 나이에 결혼했다. 그의 아내의 이름은 전혀 알려지지 않았지만, 그녀가 존 번연에게 신앙심을 끼친 영향은 유익했던 것 같다. 그녀는 혼수로 청교도가 쓴 두 권의 책 『천국에의 길』과 『신앙심과 실행』을 번연에게 선물했으며 이 두 책을 읽고 예수를 처음 알았다.

> 우리의 신혼생활은 매우 가난했다. 우리는 가난한 대로 가난했는데 접시 하나와 우리 둘의 숟가락 같은 기본 살림살이조자 제대로 가지지 못할 만큼 가난했다.

그는 아내를 통해 세상을 살아가는 기쁨을 얻을 수 있었고 무의미한 생활에서 벗어날 수 있었다. 그의 신실한 아내는 1653년에 존 번연을 베드포드독

립교회에 입회하도록 이끌었다. 시각 장애를 안고 태어난 맏딸 메리(Mary)는 1650년 7월 20일에 세례를 받았다. 첫 아내가 1658년에 세 아이를 남겨 두고 죽자, 다음 해 1659년에 두 번째 아내 엘리자베스(Elizabeth)와 결혼했다.

> 나는 대단한 믿음으로 교회의 고위직, 사제, 목사, 예복 등 교회에 속한 모든 것들을 흠모하고 교회 안에 있는 모든 것을 거룩하게 여겼다. 특별히, 사제와 목사는 가장 행복한 사람들이요, 의심할 바 없이 큰 축복을 받은 사람들이라고 여겼다. 왜냐하면, 그때 내 생각에 그들은 하나님의 종들이며 성전에서 하나님의 일을 행하는 데 중요한 사람들이라고 여겼기 때문이었다.

존 번연은 다시 한번 큰 실망에 빠졌다. 마음의 평안을 얻기 위해 사방을 살폈으나, 어디서도 평안을 찾을 수 없었다. 그는 자신이 이스라엘 혈통이라는 것을 입증할 수 있다면 평안을 얻게 되리라고 생각하기도 했다. 그는 자기가 용서받을 수 없는 죄를 저질렀다고 때때로 상상했다. 그가 위안을 얻으려고 했던 어떤 나이 많고 어리석은 사람은 "나는 네가 평안하다고 생각해"라고 엄숙하게 말했다.

> 그러므로 그에게서 나는 차가운 위로밖에 얻을 수 없었다. 그리고 그와 좀 더 많은 이야기를 하는 동안 내가 알게 된 사실은 그가 비록 선하긴 하지만 악마와 싸우는 데는 문외한이라는 것이었다. 그러므로 나는 자비를 구하기 위해 가능한 한 하나님께 더욱더 나아갔다.

4. 신앙생활

존 번연은 악과의 전투에서 계속 미숙한 인간으로 머물러 있을 수가 없었다. 그는 불신과 불경으로 이끄는 모든 형태의 유혹들과 싸워야만 했다.

그러한 전투를 하는 동안 그는 계속 죽음과 심판에 관한 생각으로 두려워 떨었다. 몇몇 가난한 여인들이 믿음 안에서 소유하고 있는 기쁨에 대해 말하는 것을 우연히 듣게 된 그는 자신도 같은 기쁨을 소유하게 되기를 열망했다. 한편, 그는 기적을 행함으로 자신의 믿음을 입증할 생각도 했다. 간혹 희미한 평안함이 그에게 임하기도 했다. 예를 들어 보자.

> 여러 주간 동안 강박감으로 우울증에 빠져 영생에 대한 소망의 미미한 가능성까지 완전히 포기하고 있던 어느 날 '옛 세대들을 살펴보아 여호와를 믿으면서 좌절을 당한 자가 있었는지 확인해 보라'라는 경구가 무겁게 내 영혼에 임했다.

이 구절을 찾기 위해 존 번연은 창세기부터 요한계시록까지 다 뒤졌으나 허사였다. 그가 외경의 "집회서"에서 우연히 이 구절을 발견한 것은 그로부터 약 1년 후였다. 존 번연은 감동적이며 꾸밈없는 어조로 이렇게 말한다.

> 처음에 이 구절은 나를 약간 두렵게 했다. 그러나 이때부터 나는 하나님의 사랑과 자비를 더욱 많이 경험했기 때문에 고민을 덜 하게 되었다. 특별히, 이 구절은 거룩한 정경 본문에 있는 것은 아니었지만 성경 약속들의 요지이며 골자였기 때문에 나는 그 말씀의 위로를 받아들였다. 그 말씀은 나를 향한 하나님의 말씀으로서 시시때때로 내 앞을 밝게 비춰 줬기 때문에 나는 그 말씀으로 인해 하나님을 찬양했다.

5. 존 기포드 목사

존 번연은 많은 슬픔과 수고 눈물이 지나간 후에 드디어 다양한 지식을 얻게 되었다. 베드포드교회의 목사는 왕당파 군 소령 출신인 존 기포드(John Gifford)였다. 회심 전에 기포드는 무모하고 불경건한 사람이었다. 그러나, 회심 후 그는 죽는 날까지 흔들림 없는 일관된 삶을 살았다. 심각한 시대적 혼란 속에서 교회의 상황은 몇 년 동안에 크게 변했다. 그럴 때 기포드는 그 자신이 회중교회주의자이자 침례교도였음에도 불구하고 시 자치제에서 주는 성직 봉급 급여권을 받아들였다. 그것은 교구 주임의 사망으로 인한 공석이어서 가능한 것이었다.

기포드는 정력적인 활동가였다. 사우디(Southey)가 '지혜롭고 관대하고 진정한 그리스도인의 서신'이라고 묘사한 그의 한 편지는 오늘날까지 그가 세운 '성 요한교회'(St. John's Church)에서 해마다 정기적으로 낭독되고 있다. 그 서신에서 기포드는 성도들에게 자신이 죽은 후에도 계속 하나가 되라고 권한다. 왜냐하면, 성도들은 '목회자와 하나가 된 것이 아니라, 그리스도와 하나가 되었고 교회와 하나가 되었기 때문'이라는 것이다. 기포드는 분파에 대해서도 성도들에게 경고했다.

> 세례, 안수, 기름 부음, 찬송가 등의 외적인 일들을 이유로 교회에서 이탈하는 것에 대해 나는 여러분 각 사람에게 개별적인 경고를 합니다. 왜냐하면, 여러분 각자는 그 이탈에 대해 우리 주 예수 그리스도에게 설명해야 할 것이기 때문입니다. 예수 그리스도께서 산 자와 죽은 자를 심판하러 오실 때 여러분은 그 큰 죄악이 용서받지 못할 죄악을 알게 될 것입니다.

존 기포드는 임종의 자리에서 하나님께 교회를 맡기며 이 서신에 서명했다. 바로 이 비범한 사람 존 기포드가 시무하는 베드포드 성 요한교회에서 존 번연은 신앙적으로 성장했고 1651년 세례를 받았으며 교회의 중요한 집사 위치를 차지하게 되었다. 존 번연의 마음에는 기포드 목사가 항상 참된 목자 상으로 남아 있었다. 그는 집사가 되었고 얼마 후 설교하라는 요청을 받았다. 그는 정말 마지못해 요청에 응해 사적인 모임에서 두어 번 권면의 말을 전했다. 그런데 그가 매우 뛰어난 설교 능력을 보여 주었다. 곧 그는 집사의 의무를 포기하지 않을 수 없을 만큼 많은 설교 요청을 받게 되었다. 그의 설교는 강력한 열정과 현실성을 갖고 있었으므로 어느 곳에 가든지 깊은 감동을 주었다.

> 나는 자신이 붙들린 가운데 다른 붙들림을 받은 사람들에게로 가서 말씀을 전했고, 나 자신의 양심 속에 타는 불을 가지고 가서 사람들을 설득했다. 내가 설교할 때 비가 돌밭에 떨어지는 것과 같이 말씀이 사람들의 심령에 떨어진다고 생각했다. 그러나 내가 항상 심령으로 바라는 바는 나의 설교를 듣는 사람들이 내가 말한 그대로 죄와 죽음과 지옥 그리고 하나님의 저주 실상을 보는 것이었다. 또한, 주님으로부터 멀리 떠나 있는 사람들에게 그리스도를 통하여 하나님의 은혜와 사랑과 자비가 베풀어지기를 원했다. 나는 주님 앞에서 진심으로 이런 기도를 자주 드렸다. 만일 그들이 보는 앞에서 내가 목을 매는 것이 그들의 영혼을 깨우고 진리에 대한 확신을 심어주는 길이라면 나는 기꺼이 그렇게 하겠나이다.

1656년에 그를 신앙으로 인도해 준 기포드 목사가 사망했고, 1658년에는 사랑하는 아내가 앞을 보지 못하는 아이를 포함해서 두 명의 어린 자녀들을 남겨 두고 이 세상을 떠나자 그는 매우 낙심했으나 자녀 양육을 위해서 엘리자베스와 재혼했다.

6. 설교하다

그러나, 베드포드교회가 목자를 잃고 방황하자 존 번연은 다시 설교를 시작했고 많은 사람이 변화를 받았다. 존 번연이 케임브리지셔의 교회에서 설교할 때, 그 마을의 한 학자가 땜장이가 설교한다는 소문을 듣고 "땜장이의 시시한 이야기를 들어보기로 했다"라며 찾아왔다. 하나님께서는 존 번연의 사역을 통해 그를 만나 주셨다. 크게 변화된 모습으로 그곳을 떠난 그는 훗날 매우 뛰어난 목회자가 되었다.

존 번연의 일생에서 흥미로운 것은 성경에 대한 그의 접근법에 발전이 있었다. 분명히 칼빈주의 신학이 초기 저술 시기부터 그의 기본적인 해석 방식(modus)이다. 동시에 그는 동시대 칼빈주의자 일부의 주관주의(subjectivism)에 반대하며, 강하고 상상력이 가득한, 사실은 거의 환상적이라 할 만한 자신의 영성에 균형 감각을 제공하기 위해서 기본적으로 어거스틴 정통(Augustinian orthodoxy)으로 보일만 한 것들에 대한 확신을 점점 더 갖게 된다.

존 번연이 과거의 위대한 성경해석자들에게 신학적 인도를 구하려고 고개를 돌렸을 때, 그가 루터의 갈라디아서 강해를 만난 것은 기쁨의 순간이었다. 루터가 겪은 비슷한 심리적 경험과 '상처 입은 양심'(wounded conscience)을 위한 자유에 관한 이해는 존 번연에게 깊은 영향을 끼쳤다. 존 번연의 의심과 의혹이 끝났다는 말은 아니다. 그가 경험한 가장 어두운 시간들(그는 자신이 야곱의 운명이 아니라 에서의 운명을 타고났다는 강박 관념에 시달리며 괴로워했다)은 아직 오지도 않았다.

그러나, 결국 루터처럼 그는 "율법과 진노의 말씀은 생명의 은혜의 말씀에 그 자리를 내어주어야 한다"라고 믿으며 위기를 극복했고, 웨이크필드(Wakefield)가 주장하듯, '성경이 그에게 하늘나라를 여는 열쇠가 되었기 때문에' 시련을 이겨 낼 수 있었다.

명료한 성경, 스스로를 해석하는 성경에 대한 확신의 직접적인 결과로, 존 번연은 '말씀을 전하는 것은 말씀 자체에 이어 두 번째로 중요한 것'이라 믿게 되었다. 그는 더 이른 시기의 엘리자베스 시대 청교도주의를 특징지은 방식, 즉 연관된 본문을 상호 연결하는 설교, 지성적이고 학문적인 종류의 설교가 아니었다. 신분이 낮은 계층 출신인데다 교육을 많이 받지 못했기 때문에 성경 본문에 더 직접적이고, 신학적으로 덜 세밀한 접근법을 취할 수밖에 없었다.

더 이른 시기의 청교도들이 신학화하는 데 집중했다면, 존 번연은 존재론적 긴박함으로 극화하고 풍유화하는 데 집중했다. 1655년에 베드포드 분리파 회중(Bedford Separatist Congregation)에 합류했을 때, 그는 즉각 기도의 힘과 웅변 능력으로 유명해졌다. 이어서 '권고의 말씀'을 전해 달라는 초청을 받았다. 곧 존 번연은 자기 교회에서는 집사로 제대로 봉사할 수 없을 만큼 많은 요청을 받는 순회 설교자가 되었다.

존 번연은 설교가 신학을 낳는 것이지 그 반대가 아니었다. 존 번연의 신학 작품들은 그가 퀘이커교도(the Quakers)에 반대해 설교한 후『열린 복음 진리 몇 가지』(Some Gospel Truths Opened, 1656)라는 제목으로 발행한 소책자 같은 일종의 연장 설교였다. 존 번연은 퀘이커의 '내면의 빛'(inner light) 교리를 단호히 반대하고, 기독교인이 유일하게 의존할 수 있는 안내자로서의 성경을 본질상 객관적으로 읽어야 한다고 주장한다. 여기서 역시 그는 베드포드교회 목사 존 기포드(John Gifford)의 충실한 후계자임을 드러낸다. 아마도 존 번연의 설교를 지도하는 멘토였을 그와 존 번연의 관계가 정확히 어땠는지는 알려진 바가 거의 없음에도 불구하고, 기포드는 성경에 관한 한 본질주의자였고, '외적인 것'으로 분열되는 것에 반대했다.

7. 저술하다

존 번연은 설교뿐 아니라 저술로도 사람들을 그리스도에게 인도하고자 했다. 1656년에 출판된 그의 첫 번째 책은『공개된 몇 가지 복음의 진리들』(Some Gospel Truth Opened)이었다. 존 기포드의 뒤를 이어 베드포드교회의 목사가 된 존 버튼(John Burton)이 추천서 형식으로 이 책의 서문을 썼다. 존 버튼 목사는 복음의 보화란 이 세상에서 칭찬할 만한 위대함이나 지혜가 전혀 없는 사람에 의해 보잘것없는 질그릇에 담겨 전해진다고 말하며 이렇게 기술했다.

> 존 번연의 신앙과 경건한 담화의 건전성에 대해 그의 복음 전파 능력이 인간의 방법이 아니라 그리스도의 성령에 의한다는 것에 대해 그리고 그가 죄인을 회심시킴에 있

어 거둔 많은 성공에 대해 다른 성도들과 함께 나는 익히 경험했다. 이처럼 나 자신이 경험한 바 본서가 나를 포함한 많은 사람에게 유익하다고 판단했기 때문에 나는 나의 형제들과 더불어 우리 주 예수 그리스도의 명백하고 단순하지만, 영광스러운 진리들에 대해 증거하는 것이 나의 의무라고 생각했다.

존 번연의 책은 퀘이커파에 반대하는 논쟁 성향을 띤 작품이었다. 그의 소책자 『지옥으로부터의 신음들』(*A Few Sights from Hell*)은 퀘이커파를 공격하는 작품이다. 퀘이커파들은 물질은 악하고 영은 선하다는 이원론에 기초해 전통적인 기독교 신앙에 도전했다. 신자는 자신 안에서 말씀하시는 성령, 곧 내적인 빛의 지시를 쫓아야 한다는 것이다. 그리고 이원론에 기초해 그리스도는 영적인 존재일 뿐 육체를 입지 않았다고 주장함으로써 그리스도의 성육신을 부정하는 등 기독교의 전통 교리를 파괴했다.

존 번연은 퀘이커들의 위험성을 본 후 그에 반대하는 글을 써서 기독교의 계시관과 성육신 교리를 옹호했다. 저명하고 수완 있는 퀘이커교도 에드워드 부루프스(Edward Burroughs)가 자신들의 교리의 정당성을 주장하며 존 번연의 책에 대해 답하는 글을 썼는데, 이로써 이 두 뛰어난 인물 간에 매우 격렬한 논쟁이 벌어졌다. 존 번연은 비국교파들 중 한 집단에 매우 열정적으로 반대했으나, 왕정복고 이후 그의 견해나 행동이 케임브리지의 학자들과 교회 권위자들의 입맛에 맞지 않았다. 성직자들은 존 번연이 가르치는 직분을 맡는 것에 대해 공격하며 그를 마술사와 땜장이라고 조롱했다. 그뿐만 아니라 그의 강도사 자격에 대해 시비를 걸어 설교를 금했다.

존 번연은 이렇게 말했다.

> 사탄은 나의 사역을 포기하게 하려고 내가 마술사며 예수회 신도이며 노상강도라는 소문을 사람들 사이에 퍼뜨렸다.

더 황당하기 짝이 없는 것은 존 번연이 매춘부와의 사이에 사생아를 낳았다는 거짓 소문이었다. 또 두 명의 아내와 살고 있다는 소문도 돌았다. 그러나, 그는 이렇게 중상하는 사람들로 인해 수치를 당하기는커녕 영광스럽게 여겼다.

> 나로 말미암아 너희를 욕하고 박해하고 거짓으로 너희를 거슬러 모든 악한 말을 할 때에는 너희에게 복이 있나니 기뻐하고 즐거워하라 하늘에서 너희의 상이 큼이라 너희 전에 있던 선지자들도 이같이 박해하였느니라(마 5:11-12).

8. 감옥 생활

존 번연은 교구 교회에 출석하지 않았다는 죄목, 그가 인도하는 예배 집회가 불법이라는 죄목으로 인근의 치안 판사가 발부한 영장에 의해 체포당했다. 체포당할 때 그는 베드포드 근처인 로워 삼셀(Lower Samsell)의 한 농가 가정에 모인 사람들에게 복음서의 말씀을 막 전하려던 참이었다. 그는 자서전 『넘치는 은혜』(*Grace Abounding*, 1666)에서 비록 영적 자서전의 고전이기는 하지만 존 번연의 삶을 재구성하는 데는 충분치 못한 자료다. 비록 그가 최소한 두 차례 개정하고 재발간했다고는 해도(대략 1673, 1680), 본래 내용에 새로 추가한 것은 없었다. 더구나, 그가 가장 심한 영적 투쟁을 겪은 시기인 1650년과 1656년 사이에 일어난 것으로 기록된 사건들 대부분은 그리고 연대순으로 배열된 내용 전체는, 좋게 말해도 부정확하다고 할 수밖에 없고, 나쁘게 말하면 완전히 혼돈 그 자체다.

자세히 상술된 영적으로 의미 있는 사건 중에는 다른 병사를 대신해서 야간 순찰을 돌기로 하고 이 역할을 수행하다가 맞닥뜨린 전투에서 죽을 뻔했던 이야기, 습관적인 놀이 중독, 안식일에 어울리지 않는 생각, 종 울리기에 대한 과도한 애착, 욕을 다양하게 하는 경향 등이 있었다. 이 모두는 회개와 고백의 사례로 끄집어낸 것들이었다. 성적인 죄가 중대한 유혹의 일면으로 제시되지 않은 것 같은 부분을 빼면, 이런 양심의 가책은 칼빈주의 고백 문헌에 전형적인 것이었고, 그는(아 4:1을 본문으로 한 초기 설교에 대한 반응에서 볼 수 있듯이) 자신의 욕구를 신랑이신 그리스도에 대한 은혜를 깊은 영혼의 사랑으로 승화시키는 신비주의자의 직관적인 능력을 보여 준다.

그리고 재판장들의 조사 내용을 상당히 자세하게 말하고 있다. 당시의 법은 정의롭지 못했다. 그는 편견에 싸인 비이성적인 사람들 앞으로 끌려갔다. 그를 관대하게 취급해 달라는 분명한 요청들이 있었다. 하지만, 존 번연은 법에 따라 그에게 요구되는 바를 양심으로 따를 수 없었으므로 그의 재판 결과는 한 가지밖에 있을 수 없었다. 결국 그는 금고형을 선고받고 12년 동안 죄수의 몸으로 갇혀 지냈다. 적극적인 기질을 지닌 애정 깊은 사람에게 감옥은 무서운 고난이었다. 그는 침례교도이자 청교도로서 국교 불신분자로 고통받게 된 첫 번째 사람이었다.

> 아내와 자녀들과의 이별은 이곳에 있는 나에게 종종 뼈를 깎는 듯한 고통이었다. 이것은 내가 하나님의 크나큰 자비를 다소 지나치게 좋아했기 때문이 아니라, 가엾은 내 가족들이 당할지 모르는 많은 고통과 궁핍, 결핍을 생각하지 않을 수 없었기 때문이기도 했다. 특히, 다른 가족들보다도 앞 못 보는 불쌍한 딸 메리가 내 마음에 더 가까이 다가왔다.
> 불쌍한 아이야, 이 세상에서 네가 받아야 할 슬픔의 몫은 얼마큼일까?
> 지금도 나는 네게 불어 닥치는 바람을 막아주지 못하는데 아마 너는 매 맞고 구걸하며 굶주림과 추위, 헐벗음을 당해야 할 것이다 … 아, 마치 나는 집을 허물어 자기 아내와 자식들의 머리 위에 떨어뜨리는 자와 같구나! 그렇지만 나는 그렇게 하지 않을 수 없다. 그렇게 해야 한다.

존 번연의 첫 번째 부인은 단명했다. 그가 감옥에 갇혀 있을 때의 부인은 1659년에 재혼한 엘리자베스 부인이었다. 그녀는 용감한 여인으로서 위로와 사랑을 주었고 남편을 석방하기 위해 온갖 노력을 다했으나 허사였다. 찰스 2세가 왕위에 올랐을 때 많은 죄수에게 사면이 선포되었다. 그러나, 존 번연에게 자유가 허락되지 않았다. 바라바는 석방되었으나 그리스도의 겸손한 제자는 그 안에 남아 있어야 했다. 그러나, 때로 그는 자유를 누렸던 것으로 보인다. 그는 수시로 친구들과 만났고 간혹 감옥을 떠나는 일도 허용되었다.

존 번연의 『감옥의 묵상』(Prison Meditations) 시에서 표현되는 그의 생각 중 일부를 통해 감옥에서 그의 심정과 경건하고 독실한 특성을 보게 된다.

> 주님께서 기뻐하심으로 나의 발이 시온산에 선다.
> 분명히 나는 지금 육체로는 지옥에 있으나
> 나의 마음은 자유롭게 그리스도를 배우며,
> 주님께서 나에게 얼마나 자비하신지도 배운다.
> 너희 인간들이 나의 겉 사람을 자물쇠와 빗장 속에 가두었으나,
> 그리스도를 믿는 믿음으로 나는 별들보다 더 높이 오를 수 있다.
> 저들의 쇠사슬은 영혼을 복종시킬 수 없고
> 나로부터 하나님을 떼어놓을 수 없다.
> 그들은 나의 믿음과 소망을 훼손할 수 없으니,
> 나는 그들 위에 높이 존재하리.

존 번연은 감옥에서 구두끈을 만들어 팔아 생계비를 벌었고 저술로 많은 시간을 보냈다. 그는 감옥 생활 12년 동안 『천로역정』만을 쓴 것은 아니었다. 이 감옥 생활의 소산인 저서들은 『유익한 묵상』(Profitable Meditations), 『영 안에서의 기도』(Praying in Spirit), 『그리스도인의 행동』(Christian Behaviour) 그리고 『넘치는 은혜』(Grace Abounding) 등 12권의 책을 저술했다.

그는 감옥에서 성경과 존 폭스(John Fox)의 『기독교 순교집』(Book of Martyrs), 주로 이 두 권의 책을 읽었다. 존 번연은 44세가 된 1672년 5월 8일에 석방되었다. 그의 석방은 로마 가톨릭 신자에게 유익을 주기 위해 왕이 선포한 '신교 자유령'(a Declaration of Indulgence)의 결과였다. 로마 가톨릭 신자들을 허용하려면 비국교회 신자들도 허용해야 했기 때문에 '신교 자유령'에 존 번연도 포함된 것이다.

9. 목사가 되다

존 번연이 속했던 베드포드의 비국교도 침례교회에는 16년 동안 목사가 없었다. 교회는 1672년 1월 21일 공동의회를 열어 번연에게 목사직을 맡아달라고 간곡히 요청했고 존 번연은 그 초청을 받아들였다. 베드포드교회는 재세례파 계통의 회중교회로서 목사의 자격을 소명 여부에 두고 교회 자체가 결정했다. 그의 목회 사역의 영향력이 크게 확대됨에 따라 그는 자주 다른 교회에서도 설교했고 일반인들로부터 존 번연 감독(Bishop)이라는 칭호를 받았다.

10. 재수감 생활

존 번연은 찰스 2세가 '신교 자유령'을 철회하고 '심사령'(Test Act)을 내림으로써 자유를 얻은 지 3년 만에 다시 투옥되었다. '심사령'은 목사의 자격을 심사해 왕의 명령을 따르지 않는 자들을 목사직에서 추방하는 제도였다. 이것은 주로 로마 가톨릭을 겨냥한 것이지만 그 적용에 있어 모든 비국교도를 포함한 것이었다. 전에는 베드포드의 주립 교도소에 갇혔으나, 이번에는 베드포드 브릿지(Bedford Bridge)에 있는 작고 누추한 시골 감옥에 갇혔다.

존 번연의 두 번째 석방은 링컨셔의 감독 발로우(Barlow) 박사와 오웬의 중재로 이루어졌다. 발로우가 어떤 도움을 주었는지는 1721년에 출판된 오웬(Owen)의 설교집 서문에 나타나 있다. 기록에 의하면 오웬도 존 번연이 런던에 와서 설교할 때 종종 가서 듣곤 했다고 한다. 그래서 찰스 2세는 박사 정도의 학식을 가진 최고의 지성인이 땜장이의 설교를 듣는다며 놀라워했는데, 그때 오웬은 이렇게 대답했다고 한다.

> 폐하 만일 저에게 그 땜장이의 능력이 있다면 저는 기꺼이 저의 학문을 포기하겠습니다.

비록 존 번연은 청교도주의자로서 많은 한계를 갖고 있었지만, 넓고 포용적인 심령의 소유자였다. 기독교의 어떤 분파라도 그의 우화를 사용할 수 있고, 그 안에서 자신들의 가장 깊은 욕구와 신앙에 대한 진술을 발견할 수 있다. 존 번연은 다음과 같이 말한 적이 있다.

> 여러분은 나에게 얼마나 오랫동안 침례주의자였느냐고 질문한다. 그러면 나는 여러분에게 내가 알기로 침례주의자라는 칭호가 세례 요한의 제자들에게만큼 적절히 사용된 적이 없다고 말할 수밖에 없다. 여러분은 내가 어떤 칭호로 다른 사람과 구별되는지 알고 싶어 한다. 그래서 말씀드리는데, 나는 그리스도인이 되고 싶고 그렇게 되기를 소망한다. 그리고 만일 하나님께서 나를 가치 있다고 여기신다면 나는 그리스도인, 신자 또는 성령께서 인정하시는 어떤 다른 이름으로 불리기를 원한다.
>
> 나는 재세례파, 독립교회, 장로교회 등과 같은 명칭들이 예루살렘이나 안디옥에서 나온 것이 아니라, 오히려 지옥과 바벨론에서 나온 것이라고 단정한다. 왜냐하면, 그 명칭들은 본질에서 분리의 성향이 있기 때문이다. 여러분은 열매로 그들을 알 수 있다.

한때 존 번연은 영국 국교회의 「공동기도서」를 사용하는 사람들에게 가혹한 비난을 퍼부은 적이 있었다. 그러나, 후에 그는 어떤 기도 형태를 유지하는 것이 기도의 정신을 이루는 보장이 되지 않는다는 사실을 인정했다.

존 번연이 런던에서 설교했을 때 집회 정소에 수용될 수 있는 인원보다 훨씬 많은 사람이 그의 설교를 들으러 모여들었다. 약 1,200명의 사람이 휴일도 아닌 평일, 어두운 겨울 아침 7시에 그의 설교를 들으려고 모여들었다. 또 어느 주일날 런던의 한 집회 장소에서는 약 3천여 명이 그의 설교를 들으러 왔었는데, 그중 절반은 장소가 좁아 돌아갈 수밖에 없었고, 강단 층계까지 밀려든 사람들로 인해 존 번연은 거의 강단 뒷문까지 물러나야만 했던 적도 있었다.

존 번연의 생애에는 청교도 틴데일(Tyndale), 크랜머(Cranmer), 에인스워스(Ainsworth), 박스터(Baxter)의 작품들과 청교도 성경인 『천로역정』을 출판해 준 존 오웬이 그에게 상당한 영향을 미쳤으며 그 외에도 제네바 성경(Geneva Bible)과 흠정역(Authorized Version)이 존 번연의 신학을 형성했다.

11. 『천로역정』 제1부

『천로역정』이 이번 두 번째 구류 기간에 쓰였거나, 혹은 최소한 그 전부터 쓰던 것이 완성되었다고 생각하는 이들도 있다. 『천로역정』은 자신의 회심과정을 서술하고 있다. 존 번연의 생애의 분명한 역설 하나는 적들이 그에게 강제로 수차례 안식년을 갖게 한 것인데, 그가 정상적으로 목회를 했다면, 그래서 이런 감금의 시기가 없었다면 그토록 오래 살아남은 많은 작품들을 쓸 상황이 주어지지 않았을 것이다.

『천로역정』은 논의의 여지없이 그의 가장 탁월한 작품이고, 또한 영어로 쓰인 모든 작품 중 가장 영향력이 큰 작품 중 하나다. 콜러리지(Coleridge), 조지 엘리어트(George Eliot), 크리스티나 로세티(Christina Rossetti), D. H. 로렌스(D. H. Lawrence)가 이 책의 영향을 받았다. 중국 태평천국의 난에 참여한 급진 기독교인에게 이 책은 혁명을 선동한 '적서'(red-book)였다. 오늘날에도 이 책은 번역판으로 전 세계에서 읽힌다. 진리의 용사(Valiant-for-Truth)의 대사, 즉 <참된 전사를 보는 이 누굴까>는 찬송 <모든 재앙에 맞서는 용맹한 그>로 개작되어 지금은 침례교도보다 성공회 신자가 더 많이 부르는 찬송이 되었다.

더 중요한 것은, 『천로역정』의 허구 구조가 호메로스(Homer), 베르길리우스(Vergil), 단테(Dante) 같은 서구의 주요 대서사시 전통에 위치하고 있을 뿐만 아니라, 어거스틴의 『신의 도성』(City of God), 초서(Chaucer)의 『캔터베리 이야기』(Canterbury Tales), 랭글랜드(Langland)의 『농부 피어스』(Piers the Ploughman) 같은 다양한 (유사한) 작품에서 보이는, 특히 성경에 근거한 서사의 변형 유형에도 들어맞는다는 것이다.

이 모든 작품을 지배하는 요소는 성취와 복을 향해 가는 길에서 배움이 있는 순례다. 단테와 랭글랜드의 작품이 그렇듯, 천상의 도시를 향해 가는 기독교인의 인고하는 여행의 풍유와 더불어, 존 번연의 본문은 잠들어 있고 꿈꾸고 있는 '이 세상이라는 광야를 통과해' 길을 올곧게 걸어가는 내용으로 시작된다. 계시의 진리들을 인간의 허구로 표현하는 수단으로서의 꿈-환상이라는 방식, 거기다 성경과 연결되어 있고, 여러 중세 유럽 서민 언어들에 들어 있는 유비들을 통해 친숙해진 이 관습은 마치 이와 연관된 본문들을 거의 모두 알고 있는 듯한 존 번연에 의해 세상으로 튀어나왔다.

어거스틴, 초서, 단테가 그려낸 인물들과 마찬가지로, 존 번연의 신실하고 인내하는 순례자의 목적지는 새 예루살렘이었다. 초서처럼, 존 번연은 말하자면 세상의 도성인 서더크(Southwark)에서 출발해서 그의 순례자가 온전히 회개하고 은혜에 의존하는 능력을 계발하는 영적 교육의 과정을 통과하며 여행하고, 결국 거룩한 도성, 즉 성스러운 도시에 들어갈 수 있게 된다. 그러나, 존 번연에게 지상의 캔터베리도, 피렌체도, 로마도 이 거룩한 도성의 상징이나 표지가 될 수 없다.

순례자 자신의 도시, 즉 세상은 아이네이아스의 트로이(Troy of Aeneas)나 성경에 나오는 포로기 시대의 바벨론처럼 불타 없어질 것이다. 그는 시(베르길리우스)나 철학(지혜자)을 통해서가 아니라 그에게 복음을 전하는 전도자(Evangelist), 그에게 이해할 수 있도록 설명해 주는 해설자(Interpreter), 구원받은 동료 여행가이자 참된 교회의 상징인 신자(Faithful)를 통해 길을 안내 받는다. 의인화된 사상들, 그러나, 고전적인 이 사상들은 문학적으로는 유익이 된다.

이런 객관적이고 비인격적인 풍유 구조는 그렇지 않았으면 고리타분했을 이야기 안에 자아가 개입하는 과정을 보여 주는데, 이 이야기는 사실상 그 성격이 공동체적인 은혜로운 구속을 증언하기 위해 의도된 것이다. 이로써 이야기는 현실 적용성을 갖게 된다. 누군가가 주장했듯, 자기 자신의 쓰라린 경험을 존 번연만큼 효과적으로 승화시킨 근대 저술가는 거의 없었으며, 짐을 벗어 던지고 영혼의 자유를 획득하는 과정을 증언하면서 그토록 완벽하게 자기를 드러내지 않을 수 있었던 근대 저술가도 거의 없었다.

존 번연의 모든 독자가 이 책을 이런 식으로 읽은 것은 아니었다. 감흥을 제일 적게 느낀 이들은 일부 침례교도들이었다. 그들 중 하나인 'T. S. 엘리엇'('T.S. Eliot')는 자기가 직접 쓴 2부를 발간했는데, 이유는 그가 보기에 존 번연이 교회 생활과 성례를 제대로 설명하지 못했고, '경박과 웃음'이 담긴 구절이 너무 많다는 것이었다. 또한, 그는 보편침례교도(General Baptist, 예정론에 반대하는 침례교도)여서 기독교인이 되는 특별한 구원의 부르심이 있다고 존 번연이 강조한 것처럼 보이는 부분을 싫어했다.

'왜 악한 자들이 흥왕하는데, 하나님이 공의롭다며 바라보아야 하느냐?'

시편 73편의 질문을 던지는 습관적인 거짓말쟁이에 대해 다루는 『악인 씨의 삶과 죽음』(*The Life and Death of Mr. Badman*, 1680)과 종말론 관련 문헌을 연구한 『거룩한 전쟁』(*The Holy War*, 1682) 이후, 존 번연은 이제 자기가 『천로역정』 2부(1684)를 이어 써야 한다는 압박에 굴복했다.

표면상으로는 주인공 크리스천의 아내가 겪은 순례에 관한 이야기이고,

그가 죽을 때 아내가 회심하는 것으로 시작된다. 신학적으로는 하나님의 용서 의미를 탐구하는 것이며, 문학적으로는 수준이 높지 않지만, 일종의 신경 안정제(psychopharmicon)로 활용된 이 책의 대상 청중이 달랐을 수 있다. 밀로 카우프만(Milo Kaufmann)은 다음과 같이 지적한다.

> 제1부에서는 독자가 자기 부르심을 세밀하게 점검하도록 해서 편안한 자들을 힘들게 만드는 것이 존 번연의 관심이라면, 제2부에서 존 번연의 관심은 반대로 힘겨워하는 자들을 편안하게 하려는 것이다.

존 번연의 일생에서 흥미로운 것은 성경에 대한 그의 접근법에 발전이 있었다는 것이다. 분명히 칼빈주의 신학이 초기 저술 시기부터 그의 기본적인 해석 방식(modus)이다. 동시에 그는 동시대 칼빈주의자 일부의 주관주의(subjectivism)에 반대하며, 강하고 상상력이 가득한, 사실은 거의 환상적이라 할 만한 자신의 영성에 균형 감각을 제공하기 위해 기본적으로 어거스틴 정통(Augustinian orthodoxy)으로 보일만 한 것들에 대한 확신을 점점 더 갖게 된다.

과거의 위대한 성경해석자들에게 신학적 인도를 구하려고 고개를 돌렸을 때, 그가 루터의 갈라디아서 강해를 만난 것은 기쁨의 순간이었다. 루터가 겪은 비슷한 심리적 경험과 '상처 입은 양심'(wounded Conscience)을 위한 자유 이해는 존 번연에게 깊은 영향을 끼쳤다. 존 번연의 의심과 의혹이 끝났다는 말은 아니다. 그가 경험한 가장 어두운 시간들 (그는 자신이 야곱의 운명이 아니라 에서의 운명을 타고났다는 강박 관념에 시달리며 괴로워했다)은 아직 오지도 않았다. 그러나, 결국 루터처럼 그는 "율법과 진노의 말씀은 생명의 은혜 말씀에 그 자리를 내어주어야 한다"라고 믿으며 위기를 극복했고, 웨이크필드(Wakefield)가 주장하듯, '성경이 그에게 하늘나라를 여는 열쇠가 되었기 때문에' 시련을 이겨 낼 수 있었다.

명료한 성경, 스스로를 해석하는 성경에 대한 확신의 직접적인 결과로,

존 번연은 '말씀을 전하는 것은 말씀 자체에 이어 두 번째로 중요한 것'이라 믿게 되었다. 그의 설교는 더 이른 시기의 엘리자베스 시대 청교도주의를 특징지은 방식, 즉 연관된 본문을 상호 연결하는 설교, 지성적이고 학문적인 종류의 설교자 아니었다. 신분이 낮은 계층 출신인 데다 교육을 많이 받지 못했기 때문에 성경 본문에 더 직접적이고, 신학적으로 덜 세밀한 접근법을 취할 수밖에 없었다.

12. 『천로역정』 제2부

존 번연이 자신의 가장 위대한 작품인 『천로역정』을 쓰기 시작한 것은 1676년 바로 6개월 동안의 두 번째 투옥 기간이었다. 이와 같은 사실은 그가 감옥에서 크리스천과 소망이 기쁨의 산에서 목자들과 헤어지는 부분까지를 쓰고, 석방 후 『천로역정』 1부를 완성했다는 주장을 입증하는 것으로 보인다.

『천로역정』의 초판이 출판된 정확한 시기는 알려지지 않았으나, 1678년도에 출판된 제2판은 영국 대영박물관에 소장되어 있다. 1685년에 제10판이 출판될 정도로 『천로역정』은 대 선풍을 일으켰다. 오늘날 이 책에서 가장 기억할 만한 부분들은 제2판 이후 덧붙여졌다. 예를 들어 세상 지혜자, 아름다움의 집에서 자선과 크리스천이 나누는 대화, 절망 거인의 아내 의혹 또는, 순례자들이 강 건너편에서 희고 빛나는 옷을 입고 왕의 나팔수들을 만나는 이야기 등이다.

『천로역정』의 많은 인기로 인해 제2부가 나오기 전 많은 위작(僞作)이 나왔다. 존 번연은 제2부의 머리말에 그의 작품을 흉내를 내는 부정직한 모방자들에 대해 다음과 같이 불평하고 있다.

최근에 나의 천로역정 순례자를 모방해 자신들의 책에 내 책 제목을 갖다가 붙이는 자들이 있는 것 같다. 또 어떤 자들은 내 이름과 제목을 자기들 책에 절반쯤 끼워 놓고 자기들 것으로 만들기도 한다.

이렇게 위작을 만드는 사람들 때문에 존 번연은 제2부를 쓰려고 생각하게 되었던 것 같다. 1684년에 출판된 『천로역정』 제2부 뒷면에는 이렇게 명기되어 있다.

나는 이 책의 인쇄자로 나다니엘 폰더를 지명한다.

존 번연 1684년 1월 1일.

『천로역정』은 성도의 구원의 서정을 기초로 해 회심, 믿음, 칭의의 과정과 성화, 견인, 영화의 단계를 분명하게 연결해 설명한다. 그는 『천로역정』에서 새로 태어난 신자가 천성으로 향하는 과정을 그렸다. 그리고 신자가 회심에 있어 거룩함을 추구하고 성화를 계속 이뤄감을 풍류적으로 설명한다. 존 번연은 장망성을 떠나 천성을 향해 가는 언약도(청교도)가 당하는 여러 가지 시련과 여정을 통해 그리스도인이 추구해야 할 삶과 그릇된 곳으로 인도하는 거짓 순례자의 유혹, 겉은 그럴듯하지만 속은 텅 빈 위선자의 유혹에 대처하는 신자의 모습을 그렸다. 또한, 신자가 천국 문에 이르기까지 가는 과정에서 어떤 경우에도 세상과 타협하지 않는 그리스도인의 순수하고 깨끗한 모습을 묘사했다.

청교도들은 『천로역정』을 신학적, 성경적 묘사 부분에서 인정해 교회에서 신학 강해서로 사용했다. 청교도 신학에서는 천로역정이 청교도들의 주제와 특징을 많이 다루고 있음을 중요시한다. 청교도들 사이에서 존 번연의 명성은 계속 높아져 갔다. 당시 한 청교도의 말을 들어보자.

존 번연은 사람들에게 단지 믿기만 하면 다른 일은 할 필요가 없다—일단 하나님께로 돌이키면 그 후에는 만사가 평탄하다—고 말하는 교육 방식을 크게 우려했다.

이 이론이 『천로역정』에서 얼마나 적절하고 정교하게 일치되고 반박되고 있는가!

크리스천은 멸망의 도시를 떠난 후에도, 복음 전도자를 만난 후에도, 사망의 음침한 골짜기를 지난 후에도 그를 기다리는 많은 싸움과 슬픔과 유혹들과 만나야 했다. 『천로역정』의 두려움, 약함, 주저 등의 여러 인물은 진정한 신자들이었지만, 확신이 없었고 낙심 가운데 피곤하게 걸어가는 인물들의 투영이다. 예를 들어 위선적인 이기주의, 입만 살아 있고 허울뿐인 떠버리와 같은 인물들에서 존 번연은 해학과 풍자로 실재가 필요하다는 사실을 보여 준다.

존 번연의 마음이나 집에나 대화 속에는 신앙이 있을 곳이 없다. 그는 모든 것을 혀에 두고 있으며, 그의 신앙은 혀로 시끄러운 소리를 내는 것에 불과하다. 『천로역정』의 언어는 소박하고 조잡한 표현도 없지 않아 있으나, 전체적으로 언제나 솔직하고 힘이 있다. 이러한 자연스러운 문체로 인해 『천로역정』은 일반적인 인기를 얻게 되었다.

존 번연의 언어는 가장 무지한 독자라도 이해할 수 있는 수준이다. 『천로역정』이 인기를 얻은 또 다른 이유는 존 번연이 이해력보다 상상력에 크게 의존하고 있다는 점이다. 즉, 그는 자신이 작품에서 묘사하는 내용을 마음의 눈으로 바라보며 마치 꿈속에서 앞으로 나아가는 것처럼 글을 쓰면서 세부적으로 자세히 묘사하려고 하지 않는다. 그래서 독자는 독자 자신의 지적 능력과 상상력의 정도에 따라 세부적인 부분을 스스로 채우게 된다.

그레엥거(Grainger)는 다음과 같은 말로 존 번연에 대한 일반의 견해(그리고 그 자신의 견해)를 표현한다.

『천로역정』은 그의 걸작이다. 이 작품은 가장 널리 알려진 책 중의 하나이며, 덧붙여 말하자면 영어로 쓰인 가장 독창적인 책 중의 하나이다.

존슨(Johnson) 박사의 극찬이다.

『천로역정』이 독창적인 천재성으로부터 나온 작품이라고 극찬하면서, 모든 독자에 의해 책 내용이 더 길었으면 좋았을 것이라고 희망하는 극소수의 책 중 하나이다.

톱레이디(Toplady) 목사는 『천로역정』에 대해 다음과 같이 말했다.

존 번연의 『천로역정』은 현존하는 가장 훌륭한 풍유적 책이다. 이 책은 꾸밈이 없는 매우 단순한 언어로 신자가 경험하는 모든 단계를 회심에서 영화까지 묘사하고 있다. 영적 열정이 특별히 풍부하고 구성도 처음부터 끝까지 생생하고 훌륭하게 이루어져 있다. 간단히 말해서 이 책은 경건과 천재성이 이루어낸 걸작이다. 그러므로 해와 달이 존재하는 동안 하나님의 백성들 손에서 항상 떠나지 않을 것이 확실하다. 성경과 영국 국교회의 「공동기도서」 외에 영어로 쓰인 어떤 책도 그렇게 많이 재판되지 않았다는 것은 확인된 사실이며 나도 진실로 그렇다고 믿는다.

아이비메이(Ivimey)는 다음과 같이 말한다.

이 작품의 구상은 놀랍다 이 작품은 존 번연 자신의 생애에서 그 소재를 취한 것이다. 순례자는 멸망의 도시를 떠나 천국을 향해 길을 떠난다. 존 번연이 그리스도를 섬기기로 결단하면서 직면한 여러 가지 어려움이 순례자가 경험하는 많은 위험한 상황들의 소재가 되었다.

로이드 존스 목사는 존 번연에 대해서 말한다.

우리는 존 번연을 그저 작가로만 생각해 왔지만, 존 번연은 자신을 한 사람의 설교자로서 그리고 한 사람의 목사로서 생각했습니다. 그가 그 책을 쓰게 된 것은 자신이 목사였기 때문이었습니다.

또 몇몇 신앙고백자의 다양한 행동들은 주인공 크리스천이 여정에서 만나는 여러 가지 성격의 사람들을 만들어 냈다. 아마 이들은 존 번연이 잘 아는 사람들이었을 것이다. 그리고 아마도 그 당시 사람들은 그들이 누구인지 알고 있었을 것이다.

존 번연이 세상에 대해 갖고 있던 생각들 즉, 세상의 부와 명예에 대한 생각과 진리에 대한 최고의 평가는 '헛된 시장'에 대한 묘사에 잘 나타나고 있다. 이 '헛된 시장'에서 모든 나라의 사람들은 "육신의 정욕과 안목의 정욕과 이생의 자랑"(요일 2:16)을 만족하게 하는 모든 것을 거래한다.

존 번연이 경험한 판사의 영장에 의한 체포와 그가 받은 부당한 재판, 선고와 투옥은 '크리스천'과 '신실'이 재판장 '선을 증오하는 나라' 앞에서 받는 재판에 잘 묘사되고 있다. 그 재판장 '증선경'은 확실한 증거 없이 단지 '시기,' '미신,' '아첨'의 증언만으로 유죄를 선고한다. 배심원 없이 행해진 재판에서 존 번연이 부당한 선고를 받은 것은 순례자들에 대한 박해의 부당성과 불공정을 보여 주기 위해 등장하는 배심원들인 '소경,' '쓸모없는 자,' '악의,' '호색,' '방탕,' '성급,' '교만,' '적의,' '거짓말쟁이,' '잔인,' '빛을 싫어하는 자,' '무자비'의 이름들에 나타난다.

'신실'의 죽음은 불병거를 타고 천국으로 간 많은 그리스도인을 상징한다. 그리고 '크리스천'이 석방된 직후에 '소망'과 만나는 것은 기독교를 근절시키는 것이 불가능하다는 것을 보여 준다. 즉, 순교자들의 피는 항상 교회의 피가 되었고 순교자들의 재에서 다른 신자들이 불사조처럼 다시 살아났다. 그리고 크리스천과 신실과 소망, 크리스티아나와 자비가 걸어간 순례 여행은 우리 모두 그들의 모범을 따라 걸어가야만 하는 여행이다.

존 번연은 죽음의 공포를 믿음으로 극복했던 자신의 경험을 '의심의 성'에 갇혔던 순례자들을 통해 우리에게 보여 준다. 순례자가 거인 '절망'에 매를 맞고 자살하라고 권고 당한다.

또한, 존 번연은 그가 삶에서 느꼈던 큰 기쁨들을 '기쁨의 산'을 통해 묘사한다. 그 산에서 순례자들은 망원경으로 희미하게 천국을 바라본다.

이전 기쁨들은 허위가 아니었다. 왜냐하면, '지식'과 '경험'과 '경계'와 '성실'이라는 목자들이 함께했기 때문이었다.

카우퍼(Cowper)는 『천로역정』에 대해 다음과 같이 아름답게 묘사했다.

오! 그대, 인생의 행복한 봄의 계절로 돌아가
공상의 뜨거운 날개를 펼쳤던 그대를 나는 즐거이 기억하노라.
기억이 견고히 계속되는 동안에
우리는 그대를 결코 잊을 수 없노라
재능 있는 꿈꾸는 자! 그대에게는
멋진 표현의 이야기와 유쾌하게 꾸민 이야기,
그리고 달콤한 진리가 가득하구나
그대의 해학과 훌륭한 감정,
그리고 단순한 문체로 인해
가장 명랑한 자가 가르침을 받고
가장 엄숙한 자가 미소를 짓게 되도다
재치와 적절함이 있고,
그대의 주님처럼 비유를 통해
그의 무시당한 말씀을 전하네
나는 그대의 이름을 말하지 않았노라
그대의 이름이 경멸 당하는 일이 없도록
그대의 당연한 명성은 누구도 조소하지 못하리라
덧없는 삶의 때늦은 날에도
나의 갈색 머리가 수수한 회색빛과 섞이는 날에도
그대를 존경하리라
그대의 순례자는 길을 표시해 주고
하나님께로 나아가는 영혼의 여로를 인도해 주나니

13. 존 번연의 공헌

　더 이른 시기의 청교도들이 신학화하는 데 집중했다면, 존 번연은 존재론적 긴박함으로 극화하고 풍유화하는 데 집중했다. 1655년에 베드포드 분리파 회중(Bedford Separatist Congregation)에 합류했을 때, 그는 즉각 기도의 힘과 웅변 능력으로 유명해졌다. 이어서 '권고의 말씀'을 전해 달라는 초청을 받았다. 곧 존 번연은 자기 교회에서는 집사로 제대로 봉사할 수 없을 만큼 많은 요청을 받는 순회 설교자가 되었다.

　존 번연에게 설교가 신학을 낳는 것이지 그 반대가 아니었다. 존 번연의 신학 작품들은 그가 퀘이커교도(the Quakers)에 반대해 설교한 후 『열린 복음 진리 몇 가지』(Some Gospel Truths Opened, 1656)라는 제목으로 발행한 소책자 같은 일종의 연장 설교였다. 존 번연은 퀘이커의 '내면의 빛'(inner light) 교리를 단호히 반대하고, 기독교인이 유일하게 의존할 수 있는 안내자로서의 성경을 본질상 객관적으로 읽어야 한다고 주장한다. 여기서 역시 그는 베드포드 목사 존 기퍼드(John Gifford)의 충실한 후계자임을 드러낸다. 아마도 존 번연의 설교를 지도하는 멘토였을 그와 존 번연의 관계가 정확히 어땠는지는 알려진 바가 거의 없음에도 불구하고, 기퍼드는 성경에 관한 한 본질주의자였고, '외적인 것'으로 분열되는 것에 반대했다.

　육체노동으로 그날그날의 일용할 양식을 구한 당대의 비국교도 설교자들이 많았던 것 같다. 비록 그가 서더크(Southwark)와 런던에서 그랬던 것처럼 주일에 3,000명, 주중 아침 7시 설교에 1,200명을 모을 수 있었던 사람은 거의 없었음에도, '노동자 설교자'(mechanik preacher)라는 비난은 존 번연에게만 돌려진 것은 아니었다. 존 번연은 의심 없이 정직하게 성경과 성경 색인집만이 자기가 가진 책 전부라고 주장했다. 그러나, 자신이 성경 언어를 안다는 사실을 부끄러워 한 것은 전혀 아니다. 본디오 빌라도도 히브리어, 그리스어, 라틴어를 알았다고 그가 비꼬며 말한 적도 있다.

존 번연이 초기에 사용한 성경은 유용한 난외주가 붙어 있는 제네바 성경 영어판이었다. 훨씬 뒤에 가서야 킹제임스성경을 사용했는데, 후기 작품에는 이 성경을 인용하고 있다. 존 번연은 본문의 역사적 맥락에는 거의 무지(혹은 무관심)했다. 문자적 의미에도 별로 집중하지 않았다. 그의 해석법은 본능적으로 영적(spiritualizing)이고 풍유적(allegoricalizing)으로 상상력을 동원하는 해석이었고, 재미있게도, 그의 전형적인 '독해법'은 자신의 직계 교회론적 선조라 할 수 있고 주로 문자주의자로 알려진 롤라드파(Lollards, 14세기 존 위클리프의 추종자로 종교개혁의 선구자들-역주)에게보다는 중세 후기 가톨릭 신자들에게 더 환영받을 만한 것이었다.

그러나, 무엇보다 그의 설교에는 풍성하고 본문 중심적인 신선함이 있었고, 이 때문에 사역 시작 시기부터 사람들이 몰려들었다. 심지어 초기에 영적으로 씨름하던 그의 고뇌가 설교 중에 갑작스레 표출되어 신성모독적 표현(욕을 의미)이 담긴 유창한 웅변으로 흐를 때도, 청중은 그것을 '가나안 언어'로 표현된 생생한 강해 설교라고 생각했다. 비록 타고난 재능의 웅변가인 것이 분명하지만, 존 번연은 말이 많은 사람이 아니었다. 그의 첫 전기를 쓴 저자이자 편집자였던 서더크의 빗 제조업자 찰스 도(Charles Doe)는 존 번연을 '대화할 때 부드럽고 상냥하지만, 모여 있을 때 수다스럽거나 말을 많이 하지는 않았다'라고 했다.

분명히, 그는 중년이 되어 권위 있는 대화와 단순한 수다를 분명하게 구별하는 법을 배웠다. 이 구별은 그가 후에 『천로역정』에서 허영의 시장(Vanity Fair) 문 앞에서 신자의 평범한 고백과 '혀에 달라붙은 것 말고는 가진 것이 없고, 그의 신앙은 거기서 소음을 만들어 내는 것뿐인' 수다쟁이의 뽐내는 듯한 떠벌림이 어떻게 다른지를 대조하는 풍류에서 잘 드러난다.

일부 역사가들이 그를 특정 교파에 귀속시킬 수 없는 독립파로 주장하기도 하지만, 존 번연은 일종의 침례교도였다. 기퍼드의 베드포드침례교회에 합류하면서 그가 침례를 다시 받았을 수도 있지만, 설사 그랬다 해도 남아 있는 기록은 없다. 자녀 중 둘은 유아세례를 받았지만, 그는 세례나 성찬을 '우리 기독교의 근본'이라고 생각하지 않았고, '성도들과 교제하는 기반이나 법칙인 것도 아니다'라고 생각했다.

1672년에 설교자 인허를 받기 위해 응시하면서, 그는 자신의 소속 교회를 '회중교회'라고 했고, 그 시기에 출간된 두 편의 소책자(『나의 신앙고백』(*A Confession of My Faith*)와 『성찬에 장애가 되지 않는 물세례에 관한 판단의 차이』(*Difference in Judgement about Water-Baptism no Bar to Communion*)에서는 그가 어떤 교회에 소속되어 있는지 묻는 이들이 있다고 밝히고, 그에게 가장 필요한 것은 에베소서 4:5에 나오는 '한 세례'(물세례가 아니라 성령세례)라고 분명히 밝혔다. 그는 '합법적인 성령 안에서 행해지는' 어떤 종류의 물세례에 대해서도 특별하게 선호하는 것이 없었다.

청교도 진영을 지배하던 칼빈주의 언약신학에 대한 존 번연의 이해는 갈라디아서 본문과 루터의 주석 『율법과 은혜 교리 해설』(*The Doctrine of the Law and Grace Unfolded*)이 그에게 끼친 영향 덕에 훨씬 유해졌다. 의로움은 하나님의 것이지 우리 것이 아니며, 그의 선물이지 우리가 성취하는 것이 아니다. 유아세례주의자와 신자세례주의자(침례교도-역주) 사이의 갈등은 따라서 성격상 위험한 '옛 언약'에 속한 것이다. 존 번연은 이렇게 말했다.

> 나는 기독교인이기를 바란다 … 재세례파니, 독립파니, 장로파니, 뭐니 하는 당파적 이름에 대해서 나는 이것들이 예루살렘이나 안디옥에서 온 것이 아니라, 지옥과 바벨론에서 왔다고 결론 내린다. 이들은 자연스럽게 분열을 유발하기 때문이다. 열매를 보면 그들을 아는 법이다.

어떤 점에서 보더라도 그가 조직신학자는 아니었기 때문에 존 번연은 사람들이 그렇게 하고 싶어야 하는 대로 쉽게 분류될 수 있는 인물이 아니다. 그가 교리 논쟁이라는 모험에 참여한 경우 대부분은 결코 피해 갈 수 없는 토론과 갈등의 결과였다. 따라서 비록 신자의 교제에 깊이 헌신해 있었다고는 해도, 그가 건강한 교회는 정원사의 심고 가꾼 수고가 어디에서

나 뚜렷이 드러나는 잘 가꿔진 정원을 닮았다고 『기독교인의 행위』(Christian Behaviour, 1663)와 『천로역정』 II부 등에서 언급한 것을 제외하고는 틀을 갖춘 교회론을 제시한 적은 없다.

그러나, 퀘이커교도들의 '영으로 증언하는' 통제되지 않은 자유와 비국교도 일부(예를 들어, 고함치는 자[Ranters]나 평등주의자[Leveller])의 이상하고 편향된 성경해석에 대해 존 번연이 자신의 논쟁적 저작들에서 표현하고 있는 저항은, 최소한 회중으로 모인 교회가 비뚤어진 개인주의를 제한하는 기능을 수행해야 한다는 믿음을 그가 갖고 있었음을 입증하는 것이다. 비슷하게, 그는 성령 없는 기도는 신성모독이며, 또한 기도는 '믿음과 이해'를 토대로, 즉 일상어로 표현되어야 한다고 믿었다. 그에게 방언은 미사의 라틴어만큼이나 이 원리를 위반하는 것으로 보였다.

그러나, 존 번연은 논문 「성령과 함께 기도하리라」(I Will Pray with the Spirit, 1663)를 잉글랜드 국교회의 『공동기도서』(Book of Common Prayer)에 반대하기 위해 썼고, 다른 공격과 더불어 이 비판 때문에 투옥되었다. 이미 1660년에 비국교도 비밀 예배를 금지하는 옛 엘리자베스 법을 위반한 혐의로 처음 체포되었고, 1661년 1월에는 존 킬링 경(Sir John Keeling, 후에 대법원장이 된다)의 재판을 받았는데, 잉글랜드 국교회에서 설교 인허를 받지 못한 것도 중요한 원인이기는 했지만, 재판 공술서에 따르면, 그 이전 왕정복고(Restoration, 1660년 찰스 2세가 복위한 사건) 때 『공동기도서』 재도입에 반대한 것이 가장 중요한 재판의 이유였다.

처음에 그는 감옥에서 폭스의 『행위와 기념』(Acts and Monuments), 『순교자 열전』(Book of Martyrs)을 포함해, 책을 읽어도 좋다는 허락을 받았다. 특히, 1633년 이후 투옥 중에도 때로 여행과 방문을 해도 좋다는 허락을 받았기 때문에 두 번째 아내 엘리자베스와 그의 회중, 또한 멀리 런던에 있는 신자 일부도 이 혜택의 유익을 누렸다. 설교했다는 죄목으로 재수감된 후에는 건강 상태가 더 악화했다.

기도방식통일령(Act of Uniformity, 1662) 이후부터 공동기도서나 주교의 안수(episcopal ordination)를 받아들이기 거부한 수백 명의 목회자가 출교되고, 비국교도에 대한 법적 제한이 점점 더 가혹해지고, 허가받지 않는 예배에 참석하는 사람은 무거운 벌금을 내고 투옥되었다. 1665년의 5마일령(Five Mile Act)은 비국교도 목사는 그들이 이전에 봉사하던 교회에서 떨어져 5마일 이상 거리를 유지해야 하고, 그 안으로 들어가서는 안 된다고 규정했다.

그러나, 핍박 초기부터 감옥에 갇힌 덕에 존 번연은 이런 추가 조치를 직접 경험하지 않았다. 더구나 그가 처음으로 투옥된 시기는 저술가로서는 가장 생산적인 시기였다. 이 기간에 그는 이미 위에서 언급한 저술에 더해, 『거룩한 도성』(The Holy City, 1665), 『필요한 것 한 가지』(One Thing is Needful, 1664), 『죽은 자의 부활』(Resurrection of the Dead, 1665), 『옥중 묵상』(Prison Meditations, 1665)을 썼다.

수감 생활 막바지에 존 번연은 한때 청교도였다가 성공회 광교회파(Anglican Latitudinarian, 자유파)로 전향한 에드워드 파울러(Edward Fowler)의 책을 읽고 반응을 남겼다. 존 번연의 반박서 『예수 그리스도를 믿는 믿음으로 얻는 칭의 교리에 대한 변호』(A Defence of the Doctrine of Justification by Faith in Jesus Christ, 1672)는 평소에 차분한 논증을 펼치던 그가 가혹한 공격자로 바뀐 모습을 보여 주는 사례다. 이 책은 파울러의 『먼지를 털어 버리라: 존 번연이란 작자의 엄청난 무지, 오류, 가장 비기독교적이고 사악한 정신의 명백한 발견』(Dirt Wip't Off: A Manifest Discovery of the Gross Ignorance, Erroneousness and Most Unchristian and Wicked Spirit of One John Bunyan)에 대한 일종의 신속한 반격이었다. 파울러는 왕의 사면령으로 1672년 3월 15일에 존 번연이 (많은 퀘이커교도와 함께) 감옥에서 풀려났을 때 기뻐하지 않았다.

이후 존 번연은 다음과 같은 새로운 작품 몇을 출간했다.

『시든 무화과나무』(The Barren Fig Tree, 1673), 『어둠 속에 있는 이들을 위한 빛』(Light for Them that Sit in Darkness, 1675, 또 한 권의 퀘이커 반박서), 『무지

한 자를 위한 교훈』(*Instruction for the Ignorant*, 1675, 요리문답), 『은혜로 얻는 구원』(*Saved by Grace*, 1675), 『좁은 문』(*The Strait Gate*, 1675).

마지막 두 책에는 모두 성격 묘사 소설과 대화가 포함되어 있다.

이제 존 번연은 일종의 영웅이 되어 자기 교회로 돌아와 설교했다. 그러나, 1675년의 '신앙자유령'(Declaration of Indulgence, 찰스 2세가 1672년에 비국교도와 가톨릭교도의 신앙 자유를 선언한 법령) 철폐로 존 번연에 대한 영장이 발부되고, 가장 가까운 친구들의 노력에도 결국 그는 다시 약 6개월간 (1676년 12월-1677년 6월) 재수감되었다. 존 오웬(John Owen)이 그를 위해 중재에 나섰고, 다른 두 명과 함께 그의 석방을 위한 보석금을 냈다.

14. 존 번연의 죽음

어느 날 밤 존 번연은 아버지와 아들의 상속 문제를 서로 화해할 수 있도록 도와 달라는 심방 요청을 받고 차가운 비를 맞으며 신도의 집으로 갔다. 그러다 오한이 폐렴으로 발전했다. 열흘 후 1688년 8월 31일, 그는 식료품을 파는 친구 스트러딕의 집에서 사망한 후, 번힐 필드스(Bunhill Fields)의 비국교도 묘지에 묻혔다.

존 번연의 사망은 그의 삶과도 일맥상통하는 것이었다. 그는 화해의 사역을 하다가 치명적인 병에 걸렸다. 1688년 낭독회로 순회하던 그는 평소에 알고 지내던 한 부자(父子) 사이를 화해시키기 위해 런던으로 향했다. 이 임무를 마친 후 런던을 떠나 폭우를 헤치며 말을 타고 40마일을 여행했다. 그 후 다시 한두 번의 설교 준비와 시편 51편에 대한 논문 출판을 위해 출판업자와 만났다. 이 고된 여행으로 인해 그는 독감에 걸려 열병에 시달렸는데 끝내 회복되지 못했다.

존 번연은 신령한 진리들을 구체화하는 데 있어 대가였다. 그 때문에 그의 말은 문어체이든 구어체든지 간에 다른 사람을 하나님께 더 가깝게 나아가게 하는 도구가 되었다. 존 번연의 완벽한 작품들을 읽는 사람은 그의 말들이 그가 하나님과 끊임없이 교제하는 사람이라는 사실을 증거한다는 것을 알게 된다. 조지 취버(George Cheever) 목사는 존 번연의 죽음에 대해 다음과 같이 기술한다.

> 그는 실로 사랑과 박애를 성공적으로 수행하는 가운데 죽음을 맞이했다. 존 번연은 사이가 나쁜 한 아버지와 아들의 상속 문제를 화해시키러 레딩(Reading)으로 가서 불화를 제거하는 데 성공했다. 그러나 말을 타고 빗속을 뚫고 런던으로 돌아온 후 그는 치명적인 열병에 걸려 세상을 떠나고 말았다. 침상에서 죽어가면서도 그는 곁에서 우는 사람들을 위로했다. 그는 그들에게 하나님을 의지하고, 하나님께서 그들의 죄를 용서하고 긍휼을 베풀어 주시기를 위해 기도하라고 권고했다. 또한, 그들이 죽을 수밖에 없는 비참한 인생으로서 그 인생의 고통과 근심들을 떠나 표현할 수 없는 평안과 기쁨 속에서 그리스도와 영원히 살게 되는 일이 얼마나 영광스러운 변화인지를 설명해 주었다. 그리고 그들에게 소망을 주며, 마지막 날 복된 부활에 이르게 할 위로의 성경 말씀들을 해설해 주었다. 그는 몇몇 사람에게 자기와 함께 기도하자고 부탁한 후 그들과 함께 기도했다. 그의 마지막 말은 이러했다.
>
> 나를 위해 울지 말고 여러분 자신을 위해 우십시오. 나는 우리 주 예수 그리스도의 아버지께로 갑니다. 그분께서는 그의 복되신 아들의 중보로 말미암아 비록 죄인이지만 나를 영접하실 것입니다. 나는 멀지 않아 우리가 다시 만나 영원히 행복한 세상에서 끝없이 거하게 될 것을 소망합니다.

1688년 8월 31일 스노우 힐(Snow Hill)의 식료품 상인인 친구 존 스트래드 윈(John Stradwick)의 집에서 존 번연의 순례 여행은 이렇게 끝이 났다. 그의 시신은 번힐 필드스(Bunhill Fields)에 매장되었는데 이곳에는 이미 청교도 목사 토마스 구두윈(1679년)과 존 오웬(1683년)의 무덤이 있다. 그의 비문에는 아래와 같이 기록되어 있다.

매우 근엄한 사람

눈은 하늘을 우러르고

손에는 최고의 책을 들었고

진리의 법이 그의 입술에 놓였으며

세계는 그의 등 뒤에 있었다.

황금 왕관을 머리에 걸친 채

그는 마치 사람들과 변론하는 듯이 서 있다.

존 번연, 『천로역정』의 저자, 1688년 8월 31일, 향년 60세.

『천로역정』은 이제 여기서 끝나고, 그는 죽어 이 땅의 침상에 누웠도다.

존 번연이 죽은 후 그를 정신 이상자로 묘사하려 했던 사람은 어느 세기에나 있었다. 가장 최근에 존 스태치뉴스키(John Stachniewski)는, 많은 해설자가 윌리엄 쿠퍼(William Cowper)에게 그런 평가하듯, 존 번연을 절망의 지배를 받는 칼빈주의적 정신 분열의 희생자로 평가했다. 크리스토퍼 힐(Christopher Hill)은 존 번연이 그가 속한 계급이 영구적인 희생물이 되었던 사회에서 전투를 벌인 영웅이라는 유명한 평가를 했다. 리처드 그리브스(Richard Greaves)와 이사벨 리버스(Isabel Rivers)는 그를 잉글랜드 비국교도(English Nonconformity) 진영의 폭넓은 교리들 안에 있는 발전적 자료들을 활용해 활력 있는 민주적 교회 정치 체계를 탄생시킨 많은 공로자 중 각별한 한 인물로 본다.

이 모든 견해에 진실이 담겨 있지만, 무엇보다도 존 번연은 잉글랜드 기독교의 경건 문헌 역사에 우뚝 서 있는 거인이다. 고든 웨이크필드(Gorden Wakefield)의 평가에 따르면, '존 번연의 순례자들은 흥겨운 춤을 추고 있는 순간에도 언제나 어떤 의미에서는 상처를 입은 채 걸어가는 이들'이다. 그들에게 이 세상에서의 '완전함'이라는 것은 없다(즉 웨슬리와 반대되는 사상이다). 완성을 원하는 그들은 천상으로 가야 한다. 존 번연은 실제로 사회적으로 억압받는 이들, 부자와 권력자에게 학대받는 이들을 편든다.

그러나, 그의 신학은 유아기 해방신학도 아니고, 무기를 들자는 외침도 아니다. 오히려 그는 고난을 적극적으로 수용하는 것을 미덕으로 장려한다. 존 번연의 순례에서는 본향으로 이어지는 길은 십자가의 길이다.

15. 작품과 그의 영향

존 번연의 작품들에 특별한 매력을 부여하는 것은 무엇일까?

그는 매우 솔직하고 단순하게 글을 썼다. 그가 의미하는 바를 이해하지 못하는 사람은 없다. 서민들은 언제나 그의 설교 듣기를 좋아했다. 그가 드러내는 것들은 바로 인간의 본성에 관한 것들이기 때문에 교육을 받았든 못 받았든 상관없이 그는 누구에게나 흥미를 줄 수 있었다.

존 번연은 전심을 다 해 글을 썼다. 그의 작품들은 정직하고 가식 없는 그의 본성의 단순한 표현이었다. 그는 자신이 보고 아는 바를 단순하게 묘사했다. 로마서 7장의 율법의 역할에 대한 말씀에 대해서는 거의 필적할 만한 이가 없을 정도이고, 영적 생활의 복잡한 사항들에 대한 놀라운 통찰력을 나타내는 매우 심오한 구절들도 존 번연 자신이 경험한 바의 기록에 지나지 않는다. 그가 세상의 유익을 위해 마련한 미술관에는 셀 수 없이 많은 초상화가 전시되어 있는데, 그 초상화들은 매우 자연스럽게 서로 구별된다.

존 번연은 학구적인 신학자나 변증가가 아니었다. 그러나, 그는 자기 경험적인 영적 체험들을 성경적, 신학적으로 그 어느 사람보다도 뛰어나게 서술했다. 그의 필력은 교리적, 신학적으로 매우 날카롭고 치밀하며 정확하다. 그의 비평적인 난제나 과학적인 난제로 혼란스러워하는 사람들에게는 별로 도움이 되지 않을지도 모른다. 그는 20세기 사람이 아니라, 17세기 사람이었다.

그러나, 지금도 여전히 그리고 앞으로도 그의 작품들은 사람들의 마음에 호소할 것이다. 왜냐하면, 그의 작품들이 한 시대의 어떤 흔적과 문학

장르의 어떤 모습들을 갖고 있을지도 모르지만, 그가 사로잡혀 있던 것들은 보편적이면서도 영원한 진리이기 때문이었다. 그가 가르치는 내용은 어떤 특별한 견해가 아니라, 모든 기독교 교육의 핵심 주제가 되시는 하나님, 어제나 오늘이나 영원토록 동일하신 하나님이다.

존 번연은 두 번째 석방 후 남은 생애를 비교적 평안하게 보냈다. 하나님 나라를 확장하려는 그의 수고는 결코 지칠 줄 몰랐다. 그는 크리스천의 순례 여행 속편이며 대조 작품인 『악인 씨의 삶과 죽음』(The Life and Death of Mr. Badman, 1680)을 썼다. 이 책은 풍유 소설로서 천로역정에 버금가는 작품이다.

천로역정은 선택된 자(The elect)의 거룩함을 추구하며 애쓰는 삶에 대한 묘사지만 악인 씨(Mr. Badman)는 경건하지 못한 자의 삶과 죽음에 관한 이야기이다. 이 책은 천로역정의 유명세 때문에 널리 알려지지 못했다. 그러나, 교회 내에서 일어나는 상황 속에서 '위선자,' '무신론자,' '세상적인 자들'의 영적 현상에 관한 교과서와 같은 매우 중요한 작품이다.

존 번연이 쓴 두 번째 대작인 『거룩한 전쟁』(The Holy War, 1682)은 그리스도인의 구원과정을 은유적으로 묘사한 것으로 그리스도인이라면 그 누구도 면할 수 없는 영적 전쟁에 관한 것이다. 왕정복고 이후 공동기도서에 따라 예배하는 것을 거절했던 비국교도 목사들이 교회에서 추방을 당하고 박해를 받으면서 겪는 영적인 갈등에 대해 그렸다.

이 작품은 네 가지 풍류가 서로 조합되어 있다. 사탄의 타락과 마귀의 반역으로부터 시작해 우주의 역사를 그리고 회심의 과정에 대한 풍류와 찰스 1세와 그 주교들의 반기독교적 독재를 풍유적으로 묘사한다. 또 그가 1650~1682년 사이에 베드포드에서 일어났던 일들을 자세히 그리고 있다. 따라서 『거룩한 전쟁』은 그 당시의 상황과 연관성을 갖고 있다.

존 번연이 극찬하는 『넘치는 은혜』(Grace Abounding)는 자신의 회심 체험에 대한 작품으로 우리가 모두 의지해야 하는 은혜에 대해 다루고 있다. 이 책에서 그는 영국 국교회를 '세상의 지혜로운 사람'(Mr. Worldly Wiseman)으로 칭하고, 영국 성공회가 기독교를 윤리적인 교훈으로 격하시키며 세상의 영향을 받아 교회와 세상을 구별할 수 없게 만든다고 비난했다.

또한, 청교도의 회심 교리에 관해 서술하면서 죄의 심각성을 논하며 회개함으로써 하나님과 평화를 누릴 것을 주장했다. 또 『구원받은 예루살렘의 죄인』(The Jerusalem Sinner Saved)은 구원의 은혜에 대해 매우 강렬하면서 아름다운 구절들을 담고 있다. 『하나님을 두려워함』(A Treatise of the Fear of God)에서 존 번연은 참된 두려움은 구원을 위해 오직 하나님만 의지하게 만드나 노예적인 두려움은 하나님에 대해 의심하게 한다고 언급한다. 어린이를 위한 시집으로는 『소년과 소녀를 위한 책』(A Book for Boys and Girls)이 있다. 그리고 『은혜의 구원』(Saved by Grace), 『율법과 은혜의 교리』(The Doctrine of the Law and Grace Unfolded)는 율법과 은혜의 교리를 포함해 모두 구원의 은혜에 대한 강론들이다.

또한, 『영혼의 위대함』(The Greatness of the Soul), 『예수에게 오라』(Come and Welcome to Christ)는 청교도의 구원론의 특징인 구원받은 백성이 많지 않음에 관해 설명하는 작품이다. 『그리스도인의 거룩한 생애』(A Holy Life the Beauty of Christianity), 『지옥의 싸인』(A Few Sighs from Hell)에서도 이 원리를 설명하고 있다.

그리고 『곧은 문』(The Straight Gate)은 역시 많지 않은 구원 백성의 특징인 좁은 문으로 들어가는 것에 관한 이야기이다. 구원의 은혜에 대한 존 번연의 작품들은 모두 언약신학(Covenant Theology)에 근거하고 있다. 그리고 특히 『율법과 은혜의 교리』(The Doctrine of the Law and Grace Unfolded, 1659)는 언약신학을 강의하는 작품이다.

16. 천로역정에 관한 연구서와 논문

1. Kathleen Swaim, *Pilgrim's Progress, Puritan Progress*, University of Illinois Press, 1993.
2. Robert Richey, *The Puritan Doctrine of Sanctificatwn*, "Constructions of the Saint's final and complete perseverance as mirrored in Bunyan's the Pilgrim's Progress," Th. D. diss, Mid-America Baptist Theological Seminary, 1991.
3. Floyd Mercer, *Keeping the Vision*, "A Course in historic Baptist discipleship in response to the ascendency of Fundamentalism in the Southern Baptist Convention with reference to John Bunyan's Pilgrim's Progress," D. Min. diss, Prmceton Theological Seminary, 1991.
4. Barry Horner, *Pilgrim's Progress*, "Themes and Issues," Evangelical Press, 2003.

17. 19세기와 20세기 초 출판된 천로역정 강해 작품들

1. James Black, *Bunyans Pilgrim's Progress: An Exposition of the Christian Life*, 1873, N. D. James Nisbet.
2. George Cheever, *Lectures on the Pilgrim's Progress*, 1875, Robert Carter.
3. Robert Nourse, *Twenty Plain Lectures on the Pilgrim's Progress*, 1879, Richard Dickinson.
4. James Rodgers, *Lectures on Pilgrim's Progress*, 1883, Myers Shinkle.
5. Thomas Scott, *The Works of Thomas Scott*, Vol 3, 1823, L. B. Seely and Son.
6. Charles Spurgeon, *Pictures from Pilgrim's Progress*, 1903, Fleming H. Revell.
7. John Kelman, *The Road: A Study of John Bunyan's Pilgrim's Progress*, 2 Vols, 1911, Oliphant Anderson and Ferrier.
8. Robert Stevenson, *Exposition on the Pilgrim's Progress*, 1912, A&C Black.
9. Alexander Whyte, *The Characters in Pilgrim's Progress*, Reprint 1976, Baker.

The Works of John Bunyan, 3 Vols, [1854] reprinted by the Banner of Truth Trust, 1991.

18. 존 번역의 저작 전집

제1권

1. *Grace Abounding to the Chief of Sinners*
2. *Bunyan's Prison Meditations*
3. *The Jerusalem Sinner Saved*
4. *The Greatness of the Soul*
5. *The Work of Jesus Christ as an Advocate*
6. *Christ a Complete Saviour*
7. *Come and Welcome to Christ*
8. *Of Justification by an Imputed Righteousness*
9. *Saved by Grace*
10. *The Straight Gate*
11. *Light for Them that Sit in Darkness*
12. *A Treatise on the Fear of God*
13. *The Doctrine of the Law and Grace Unfolded*
14. *Israel's Hope Encouraged*
15. *A Discourse Touching Prayer*
16. *The Saint's Privilege and Profit*
17. *The Acceptable Sacrifice*
18. *Paul's Departure and Crown*
19. *The Desire of the Righteous Granted*

제2권

1. *The Saint's Knowledge of Christ's Love*
2. *Of Antichrist and His Min*
3. *The Resurrection of the Dead, and Eternal Judgment*
4. *Some Gospel Truth Opened According to the Scriptures*
5. *A Vindication of Gospel Truth Opened According to the Scriptures*

6. *A Discourse Upon the Pharisee and the Publican*

7. *A Defence of the Doctrine of Justification by Faith in Jesus Christ*

8. *Reprobation Asserted*

9. *Questions about the Nature and Perpetuity of the Seventh-Day Sabbath*

10. *Of the Trinity and a Christian*

11. *Of the Law and a Christian*

12. *Scriptural Poems*

13. *An Exposition on the First Ten Chapters of Genesis*

14. *A Holy Life the Beauty of Christianity*

15. *Christian Behaviour*

16. *A Caution to Stir up to Watch Against Sin*

17. *A Discourse of the Building, Nature, Excellency, and Government of the House of God*

18. *Bunyan on the Terms of Communion, and Fellowship of Christians at the Table of the Lord*

19. *On the Love of Christ*

20. *John Bunyan's Catechism*

21. *Seasonable Counsel*

22. *An Exhortation to Peace and Unity*

23. *Bunyan's Last Sermon*

제3권(풍유적 작품)

1. *The Pilgrim's Progress from this World to that which is to Come*

2. *The Holy War Made by Shaddai upon Diabolus, for the Regaining of the Metropolis of the World*

3. *The Heavenly Footman*

4. *The Holy City, or the New Jerusalem*

5. *Solomon's Temple Spiritualized*

6. *A Discourse of the House of the Forest of Lebanon*

7. *The Water of Life*

8. *The Barren Fig-Tree*

9. *Life and Death of Mr. Badman*
10. *A Few Sighs from Hell*
11. *One Thing is Needful*
12. *Ebal and Gerizim*
13. *A Book for Boys and Girls*

19. 존 번연의 생애와 신학에 관한 책들

1. Christopher Hill, *A Tinker and a Poor Man,* Norton, 1988.
2. Prank Harhson, *John Bunyan: A Story of His Life,* Banner of Truth, 1964.
3. Ernest Bacon, *John Bunyan: Pilgrim and Dreamer,* Baker, 1983.
4. Richard Greaves, *John Bunyan,* Eerdmans, 1969.
5. Lloyd-Jones, *John Bunyan: Church Union,* Westminster Conference, 1978.
6. John Harris, *Moving Heart-The Preaching of John Bunyan,* Westminster-Conference, 1988.

The Pilgrims's Progress

"항상 천국을 바라보며,
 눈에 보이지 않는 일들을 굳게 믿으십시오.
 이 세상의 다른 어느 것에도 마음 두지 마십시오."